징계 · 해고 · 퇴직

법률실무

김 수 복

(주) 중앙경제

징계·해고·퇴직 법률실무

초판 인쇄 2010년 1월 4일
초판 발행 2010년 1월 11일

지은이 김수복
펴낸이 김희성
펴낸곳 (주)중앙경제
편　집 김은경
디자인 전혜은

주　소 서울시 중구 신당2동 355-8 백석빌딩 신관 4층
전　화 02-2231-7293 | **팩　스** 02-2235-5344
홈페이지 www.elabor.co.kr | **출판등록** 80. 6. 21 제 2-66호
ISBN 978-89-7017-228-6 (93330)

정가 35,000원

징계 · 해고 · 퇴직 법률실무

김 수 복

(주) 중앙경제

:: 머리말

최근 경기침체에 따른 경제성장의 둔화와 고용불안 등 경영환경이 급속히 악화되고 있다. 미국의 금융위기로 촉발된 경제폭풍이 세계 경제를 휩쓸고 있다. 금융위기는 계속되고 글로벌 경기침체로 실물경제가 심각한 타격을 받고 있다. 이제 전 산업, 전 업종에 걸쳐 생산 및 인력에 대한 대규모 구조조정이 추진되고 있다. 이러한 국내외의 위기상황 속에서 무엇보다도 안정적인 노사관계 구축이 절실히 필요하다. 노사간에 첨예하게 이해관계가 얽혀있는 징계문제나 해고문제, 고용조정과 정리해고 문제, 희망퇴직이나 권고퇴직 등 퇴직문제는 기업의 존립과 발전에 반드시 해결하여야 할 숙명적인 과제가 되고 있다. 그런데도 이에 대한 적절한 사회적 안전망이 마련되지 아니한 상태에서 노사정 주체는 앞으로 다가올 위기의 심각성을 제대로 인식하지 못하고 있다. 근로자들은 부당한 징계로 인하여 불이익을 당하게 되고 해고처분이나 정리해고로 인하여 직장을 잃게 됨에 따라 생활기반이 무너져 생활자체가 심각하게 위협받고 있다. 이로 인해 징계문제나 해고 특히 고용조정과 정리해고문제, 퇴직문제는 최근 노사갈등의 주요 쟁점이 되고 있다.

그럼에도 불구하고 우리나라 기업에서 행하고 있는 징계나 해고, 퇴직처리는 사용자의 자의적인 징계권 행사나 해고나 인원삭감을 수반하는 고용조정, 정리해고나 희망퇴직 등이 광범위하게 확산되고 있고 이를 둘러싼 노동위원회나 법원을 통한 법적 분쟁이 증가하고 있다.

결국 기업이 변화하는 경영환경에 대응한 생존전략 차원의 일환으로 복무규율을 강화하고 기업질서를 정립하지 않을 수 없는 상황에서 징계나 해고, 고용조정은 기업이 적법절차에 따라 실시하면서도 동시에 고용불안에 직면하고 있는 근로자의 권익보호를 꾀할 수 있는 방안을 강구하는 것이 급선무라고 할 수 있다. 고용보장은 생계뿐만 아니라 자신의 존엄성 유지, 가족 유대의 원천으로서 중요한 기능을 한다. 이는 인간존엄에 대한 가치관이 정착

될 때만 가능한 일이다. 잘못된 징계권의 행사나 해고처분, 고용조정은 근로자의 생존권을 박탈하는 심각한 문제로서 근로자의 가정을 위협하는 수단이 될 수 있다. 따라서 기업이 징계처분을 하거나 가장 무거운 해고처분이나 고용조정을 실시함에 있어서 남용하는 일이 없이 신중하고 적법하게 실시하도록 세부적인 실무절차와 법률문제를 정확히 이해할 필요가 있다. 어떤 경우라도 기업은 기업질서를 정립하면서도 근로자를 직장상실의 위험으로부터 보호하도록 해야 할 것이다.

또한 퇴직은 근로자의 자유의사에 따라 근로관계를 종료하는 것이지만 사직강요, 퇴직시기, 퇴직사유, 퇴직금의 산정에 이르기까지 노사간의 견해 차이가 드러나는 문제로서 많은 쟁점을 안고 있다. 이러한 퇴직을 둘러싼 법률상의 해결책을 명쾌히 제시할 필요가 있으므로 이에 대하여서 각종 실무사례를 통하여 상세히 해설하고 있다.

본서는 그 동안 징계나 해고처분, 정리해고, 퇴직을 둘러싸고 제기될 수 있는 모든 문제점을 중심으로 관련사항을 다각도로 분석·해설하였으며 특히 실무절차에 주안점을 두고 해설하였다. 본서의 편제는 제1부 징계, 제2부 해고, 제3부 퇴직으로 구분하고 있다. 이러한 문제를 규명하기 위하여 징계나 해고, 퇴직에 대한 핵심이론과 관련 판례, 행정해석을 정확하게 소개하도록 노력하였다. 다행히 징계·해고·퇴직 분야는 노동위원회 판정이나 대법원 판례가 축적되어 있고, 행정해석도 체계적으로 정립되어 있는 분야이므로 이를 충실히 소개하도록 노력하였다.

본서가 근로자의 권리구제에 도움을 주고 사업주, 인사·노무관리자, 노조관계자의 업무처리에 널리 활용될 수 있기를 기원한다.

본서를 발간함에 있어서 (주)중앙경제 김희성 사장님의 각별한 지원과 편집부 직원 여러분의 노고에 감사드리며, 원고정리·교정에 힘써주신 한국노동연구소의 임승현·이상익 공인노무사의 노고에 감사드린다.

2010. 1.

金 洙 福

Contents

1부

징계를 둘러싼 법률문제

1장_ 기업질서를 둘러싼 법률실무 • 17

Ⅰ. 기업질서와 복무규율 17

Ⅱ. 시설관리권은 무엇인가 23

2장_ 기업질서와 징계를 둘러싼 법률실무 • 29

Ⅰ. 기업질서 위반과 징계 29

Ⅱ. 징계처분이란 무엇인가 31

Ⅲ. 징계처분과 면직처분은 어떻게 구별되는가 32

Ⅳ. 징계권의 법적근거와 한계 35

Ⅴ. 징계처분의 종류 43

3장_ 징계처분의 법률상의 원칙을 둘러싼 법률실무 • 46

Ⅰ. 취업규칙에 해당하는 징계사유 46

Ⅱ. 취업규칙에 규정된 처분의 종류 49

Ⅲ. 행위와 처분의 균형 49

Ⅳ. 판단에 있어서의 단계적인 고찰 52

Ⅴ. 증거에 의한 판단 53

Ⅵ. 처분절차의 엄수 54

Ⅶ. 이중처분 금지의 원칙 58

4장_ 징계처분사유의 유형을 둘러싼 법률실무 • 63

Ⅰ. 경력사칭 63

Ⅱ. 위장취업 …… 67
Ⅲ. 무단결근 등 불성실한 근무태도 …… 72
Ⅳ. 결근일수 계산방법 및 결근처리 절차 …… 78
Ⅴ. 출근불량 …… 83
Ⅵ. 협조성과 근무태도 불량 …… 86
Ⅶ. 회사공금 착복·횡령 …… 91
Ⅷ. 조합 임원의 부정과 징계·해고 …… 93
Ⅸ. 횡령·배임과 징계처분 …… 95
Ⅹ. 불륜문제를 야기한 근로자에 대한 징계 …… 99
Ⅺ. 전근, 전보 전적 등 인사명령을 위반한 경우 …… 104
Ⅻ. 업무명령 또는 업무상 지시의 위반 …… 107
XIII. 동료 또는 상사에 대한 폭행 …… 111
XIV. 폭행 상해 …… 115
XV. 고의 또는 과실로 중대한 사고를 발생시켜 회사에 손해를 끼친 때 …… 117
XVI. 기업 밖에서의 비행으로 인한 징계 …… 118
XVII. 겸직 금지의 위반 …… 122
XVIII. 사업장내에서 본래의 업무이외의 집회, 연설 등 활동금지의 위반 …… 126
XIX. 신뢰관계 파탄과 징계사유 …… 127

5장_ 조합활동 및 쟁의행위 관련 징계사유를 둘러싼 법률실무 • 128

Ⅰ. 정당한 조합활동의 의의 및 판단기준 …… 128
Ⅱ. 근무시간 중 노조활동의 허용범위와 한계 …… 131
Ⅲ. 회의·교육 등을 위한 기업 시설물 이용의 노조활동의 허용범위와 한계 …… 135
Ⅳ. 유인물 배포, 현수막 개시 등 홍보활동의 허용범위와 한계 …… 137
Ⅴ. 투쟁복·리본 등 착용의 허용범위와 한계 …… 142
Ⅵ. 근로자가 아닌 자의 사업장 출입의 허용범위와 한계 …… 145
Ⅶ. 조합원 개인의 노조 활동의 허용범위와 한계 …… 147
Ⅷ. 쟁의행위의 정당성의 의의 및 판단기준 …… 150
Ⅸ. 쟁의행위의 주체·목적·시기 …… 152
Ⅹ. 쟁의행위의 유형과 방법 …… 158

6장_ 징계처분을 둘러싼 법률실무 • 162

Ⅰ. 시말서 제출을 거부한 것을 이유로 무거운 처분을 할 수 있는가 ······· 162
Ⅱ. 징계처분 결정까지의 자택대기는 이중처분인가 ······· 165
Ⅲ. 대기발령의 정당성 판단과 장기 대기발령의 효력 ······· 166
Ⅳ. 기소휴직·명령휴직 이후 판결확정에 의한 징계처분은 이중처분인가 ···· 169
Ⅴ. 유죄판결을 선고받았을 때를 자동면직 사유로 할 수 있는가 ······· 171
Ⅵ. 휴직신청 거부와 무단결근 취급으로 인한 징계처분의 정당성 여부 ···· 174
Ⅶ. 징계 양정의 판단기준 ······· 174
Ⅷ. 퇴직 후에 발각된 사유로 징계처분을 할 수 있는가 ······· 179
Ⅸ. 퇴직원 제출자를 징계해고 할 수 있는가 ······· 180
Ⅹ. 감봉(감급)처분의 법령상의 제한 ······· 181
Ⅺ. 징계처분에 손해의 구상을 하는 것도 허용되는가 ······· 184
Ⅻ. 근로자의 사생활에서의 비행과 징계 ······· 187
XIII. 음주운전 사고를 야기한 근로자의 징계문제 ······· 189
XIV. 전자메일의 감시·점검과 징계처분 ······· 192
XV. 회사의 명예·신용에 대한 직접적인 훼손과 간접적인 훼손의 취급 방법 ·· 194
XVI. 개인파산 선고를 받은 자를 직권면직 또는 해고할 수 있는가 ······· 197
XVII. 근로자의 내부고발을 이유로 징계할 수 있는가 ······· 202
XVIII. 비밀유지의무 위반과 징계 ······· 210
XIX. 경쟁사 취업제한 계약의 효력 ······· 215

2부

해고를 둘러싼 법률문제

1장_ 해고 및 부당해고의 판단기준을 둘러싼 법률실무 • 223

Ⅰ. 해고의 의의 ······· 223
Ⅱ. 정당한 이유가 없는 해고의 효력은 ······· 229
Ⅲ. 해고의 종류 ······· 235

2장_ 법률상 해고가 제한되는 경우를 둘러싼 법률실무 • 239

Ⅰ. 노조법에 의한 제한 ······ 240

Ⅱ. 부당노동행위와 정당한 이유가 겹치는 경우의 해고 ······ 248

Ⅲ. 업무상의 부상・질병에 의한 휴업, 산전후 휴가중 및 그 후의 30일의 해고 금지 ······ 251

Ⅳ. 성별・국적・신앙 등을 이유로 하는 해고의 금지 ······ 255

Ⅴ. 해고예고 또는 예고수당을 지급하지 아니하는 즉시해고의 금지 ······ 256

Ⅵ. 감독기관에 대한 신고를 이유로 하는 해고의 금지 ······ 256

Ⅶ. 단체협약 또는 취업규칙에 반하는 해고의 금지 ······ 257

Ⅷ. 남녀고용법평등법 위반에 의한 정년 해고의 금지 ······ 260

Ⅸ. 고령자고용촉진법상의 해고의 제한 ······ 263

Ⅹ. 해고사유 및 해고시기의 서면통지 ······ 263

Ⅺ. 해고는 어떠한 요건을 충족하면 유효한가 ······ 265

3장_ 해고의 예고를 둘러싼 법률실무 • 278

Ⅰ. 해고의 예고 ······ 278

Ⅱ. 해고예고제도와 적용예외 ······ 284

Ⅲ. 해고예고를 하지 아니한 징계해고는 무효인가 ······ 286

Ⅳ. 즉시해고 ······ 292

4장_ 해고의 효력을 둘러싼 법률실무 • 295

Ⅰ. 해고의 효력 ······ 295

Ⅱ. 해고무효의 이론과 실효의 원칙 ······ 297

Ⅲ. 부당해고의 효과 ······ 300

Ⅳ. 해고기간 중의 임금과 중간수입 ······ 303

Ⅴ. 해고・직위해제처분과 불법행위와의 관계 ······ 306

5장_ 부당해고에 대한 구제방법을 둘러싼 법률실무 • 310

Ⅰ. 부당해고에 대한 구제방법 ······ 310

Ⅱ. 부당해고 등에 대한 구제절차 ······ 312

Ⅲ. 구제신청 기간과 그 기산점 ······ 314

Ⅳ. 부당해고 구제명령과 금전보상제 ······ 316
Ⅴ. 구제명령의 확정 ······ 319
Ⅵ. 부당해고 구제명령에 있어서의 이행강제금 제도 ······ 320
Ⅶ. 확정된 구제명령의 불이행과 벌칙부과 ······ 326

6장_ 보통해고 사유를 둘러싼 법률실무 • 330
Ⅰ. 보통해고 사유로서 인정되는 경우 ······ 330
Ⅱ. 보통해고의 유효성은 어떻게 판단하는가 ······ 332
Ⅲ. 보통해고시의 체크포인트 ······ 334
Ⅳ. 보통해고 사유의 구체적인 사례 ······ 339

7장_ 징계해고 사유를 둘러싼 법률실무 • 344
Ⅰ. 징계해고 사유에 대하여 ······ 344
Ⅱ. 징계해고를 할 경우의 주의사항 ······ 344
Ⅲ. 징계해고 사유의 규정예(모델) ······ 346
Ⅳ. 징계해고 사유의 유형 ······ 348

8장_ 정리해고를 둘러싼 법률실무 • 352
Ⅰ. 정리해고의 의의 및 법적 근거 ······ 352
Ⅱ. 정리해고의 판단기준과 특별요건 ······ 354
Ⅲ. 긴박한 경영상의 필요성 ······ 355
Ⅳ. 정리해고와 해고회피노력 의무 ······ 367
Ⅴ. 해고회피노력 의무와 희망퇴직자의 모집 ······ 375
Ⅵ. 희망퇴직에 있어서의 퇴직권장 ······ 389
Ⅶ. 정리해고와 정리대상자 선정의 합리·공정성 ······ 397
Ⅷ. 정리해고에 있어서의 정리기준의 설정 방법 ······ 402
Ⅸ. 정리해고와 노동조합이나 근로자와의 성의있는 협의 ······ 414
Ⅹ. 정리해고와 단체교섭의 대상 여부 ······ 423
Ⅺ. 정리해고와 행정절차 ······ 426
Ⅻ. 고용안정협약과 관련된 문제 ······ 427
ⅩⅢ. 고용조정과 정리해고에 있어서의 M&A ······ 432

9장_ 근로계약기간 만료와 해고를 둘러싼 법률실무 • 446

Ⅰ. 근로계약기간의 만료와 해고 ······ 446

Ⅱ. 근로계약기간 만료의 유형 ······ 448

10장_ 직장내 성희롱 관련 해고를 둘러싼 법률실무 • 471

Ⅰ. 직장내 성희롱의 의의 ······ 471

Ⅱ. 직장내 성희롱 관련 해고사례 ······ 484

11장_ 해고와 관련된 문제를 둘러싼 법률실무 • 498

Ⅰ. 퇴직증명서와 해고사유서는 다른가 ······ 498

Ⅱ. 해고예고수당이나 퇴직금의 이의없는 수령은 해고의 승인이 된다 ······ 500

Ⅲ. 근로자의 원직복귀와 취업청구권 ······ 502

Ⅳ. 징계사유로 삼지 않는 사유로 징계해고 할 수 있는가 ······ 504

Ⅴ. 법원이 정당해고확정판결시 최초의 해고일에 소급하여 해고할 수 있는지 여부. 부당해고 후 복직관련 급여정산방법 및 원직복직의 의미 ······ 506

Ⅵ. 회사해산을 행한 경우에 근로자는 당연히 해고되는가 ······ 509

Ⅶ. 건강진단을 받지 않았다는 이유로 해고할 수 있는가 ······ 512

Ⅷ. 유니온숍 협정에 의한 해고의무 부담 여부 ······ 514

3부

퇴직을 둘러싼 법률문제

1장_ 퇴직과 근로관계 종료를 둘러싼 법률실무 • 521

Ⅰ. 퇴직과 해고의 구별 ······ 521

Ⅱ. 퇴직・해고에는 어떤 종류가 있는가 ······ 522

Ⅲ. 근로계약 종료시에 사용자가 가져야 하는 의식은 ······ 523

Ⅳ. 근로계약의 종료에는 어떤 것이 있는가 ······ 527

Ⅴ. 중견 사원의 스카웃 퇴직의 금지 여부 ······ 534

Ⅵ. 근로자의 일방적인 무단퇴직의 유효 여부 ······ 535

Ⅶ. 징계해고된 근로자(또는 형사소추나 유죄판결을 받은 근로자)의 퇴직금 청구권의 인정 여부 ······ 536
Ⅷ. 일방적 퇴직자에게 퇴직금의 지급 여부 ······ 537
Ⅸ. 휴직기간 만료로 인한 자동퇴직의 유효 여부 ······ 538
Ⅹ. 행방불명된 증발사원의 퇴직취급 유효 여부 ······ 543

2장_ 퇴직의 효력 발생시기를 둘러싼 법률실무 • 546
Ⅰ. 퇴직의 의사표시 방법 ······ 546
Ⅱ. 퇴직의 효력발생 시기 ······ 548
Ⅲ. 퇴직일의 계속근로년수 산입방법 ······ 550
Ⅳ. 퇴직원의 철회는 어떤 경우에 유효한가 ······ 551
Ⅴ. 명예퇴직 합의 후 일방의 임의철회가 가능한가 ······ 554
Ⅵ. 권고퇴직을 행할 때의 주의하여야 할 포인트 ······ 557
Ⅶ. 권고퇴직이 유효 또는 무효로 되는 경우 ······ 560
Ⅶ. 일괄사표 제출 후 선별 수리한 경우 ······ 564

3장_ 근로관계의 합의해지를 둘러싼 법률실무 • 568
Ⅰ. 합의해지의 의의와 유형 ······ 568
Ⅱ. 합의해지와 해고와의 구분 ······ 569
Ⅲ. 합의퇴직 의사의 철회 ······ 571

4장_ 퇴직의 의사표시와 착오·강박을 둘러싼 법률실무 • 572
Ⅰ. 사직서 제출과 근로자의 비진의 표시 ······ 572
Ⅱ. 사기·강박에 의한 사직서 제출과 퇴직의 효력 ······ 576
Ⅲ. 사직의사의 진정성 판단기준 ······ 579

5장_ 합병·영업양도·분할·경매시의 근로관계와 퇴직금승계를 둘러싼 법률실무 • 585
Ⅰ. 기업의 합병시의 근로관계와 퇴직금승계 ······ 585
Ⅱ. 회사의 영업양도에 의하여 근로관계가 승계되는 경우 퇴직금 지급의무의 내용 ······ 588
Ⅲ. 회사분할에 따른 근로관계의 승계 ······ 592

Ⅳ. 경매를 통해 기업시설이 타인에게 양도되는 경우의 근로관계 승계와 퇴직금 승계 ······ 594
Ⅴ. 동종 업종의 타사 취직이나 동종 업종의 독립자영을 위한 퇴직과 경업금지의 유효성 ······ 595

6장_ 퇴직과 계속근로기간 산정을 둘러싼 법률실무 • 597

Ⅰ. 계속근로기간의 개념 및 산정기준 ······ 597
Ⅱ. 계속근로년수 산정의 기산점과 한계 ······ 600
Ⅲ. 계속근로년수 산정의 방식 ······ 601
Ⅳ. 1년 미만의 기간으로 반복 고용 및 근로계약을 반복 갱신시의 공백기간도 계속 근로로 인정될 것인가 ······ 602
Ⅴ. 휴직기간은 근속연수에서 제외하여 계속근로기간 계산에서 공제할 것인가 ······ 603
Ⅵ. 누진율지급제의 퇴직급제도를 단순지급제(법정제)의 퇴직금제도로 변경할 수 있는가 ······ 604
Ⅶ. 정년퇴직자의 재고용과 계속근로연수의 산정 ······ 605
Ⅷ. 연쇄적 계약 갱신의 경우의 계속근로년수 산정 ······ 609
Ⅸ. 고용형태가 변경된 경우의 계속근로년수 산정 ······ 610
Ⅹ. 재입사 경우의 계속근로년수 산정 ······ 611
Ⅺ. 계열기업간 인사이동 또는 전적의 경우의 계속근로년수 산정 ······ 612
Ⅻ. 해외근무의 경우의 계속근로년수 산정 ······ 619
XIII. 중간퇴직의 경우의 계속근로년수 산정 ······ 622
XIV. 명예퇴직 근로자에 대한 전직지원 교육기간을 유급휴직기간으로 처리하면서 계속근로기간에서는 제외하기로 한 단체협약의 효력 ······ 626
XV. 상시 5명 이상·미만 반복하는 사업장의 퇴직금 관련규정(1주 소정근로시간 15시간 이상·미만을 반복하는 근로자 포함)의 적용시의 계속근로기간의 산정방법 ······ 628

✓ 법률약칭

- 고용상연령차별금지및고령자고용촉진에관한법률 : 고령자고용촉진법
- 기간제및단시간근로자보호등에관한법률 : 기간제법
- 파견근로자보호등에관한법률 : 근로자파견법
- 근로자참여및협력증진에관한법률 : 근참법
- 노동조합및노동관계조정법 : 노조법
- 교원노동조합설립및운영등에관한법률 : 교원노조법
- 공무원노동조합설립및운영등에관한법률 : 공무원노조법
- 남녀고용평등과일·가정양립지원에관한법률 : 남녀고용평등법

징계를 둘러싼 법률문제

• 1장_ 기업질서를 둘러싼 법률실무
• 2장_ 기업질서와 징계를 둘러싼 법률실무
• 3장_ 징계처분의 법률상의 원칙을 둘러싼 법률실무
• 4장_ 징계처분사유의 유형을 둘러싼 법률실무
• 5장_ 조합활동 및 쟁의행위 관련 징계사유를 둘러싼 법률실무
• 6장_ 징계처분을 둘러싼 법률실무

11

1장

기업질서를 둘러싼 법률실무

Ⅰ. 기업질서와 복무규율

1. 기업질서의 의의

기업질서는 경영목적을 수행하는 기업의 존립과 사업의 원활한 운영의 유지를 위해 필요불가결한 것으로 구성원에 대한 통제의 전반을 말한다. 이러한 기업질서를 설정하여 이것을 유지하는 권한을 기업질서정립권이라고 한다. 기업은 그 기업질서를 유지 확보하기 위해 어떠한 규칙을 가지고 일반적으로 정하거나 구체적으로 근로자에게 지시・명령하는 것이 가능하다.

그리고 구체적인 기업질서에 위반하는 행위가 있는 경우는 그 위반행위의 내용, 양태, 정도를 명확히 규정하여 어지러운 기업질서의 회복에 필요한 업무상의 지휘, 명령을 발하고, 또는 위반자에 대해 제재로서 징계처분을 하는 것이 가능하다. 이와 같은 기업질서를 준수하는 것을 근로자에게 과하는 이유는 근로자는 근로계약을 체결해서 기업에 고용되고 기업에 대해 노무제공의무를 지게 되는 것과 함께 이것에 부수하여 기업질서 준수의무를 지기 때문이다.

따라서 기업은 그 존립과 사업의 원활한 운영을 꾀하기 위해 인적요소인 근로자 및 물적 요소인 시설의 양자를 합리적·합목적적으로 배치, 조직해 기업질서를 정립하고 그 정립한 질서의 토대에서 기업활동을 행하는 것이 가능하다.

2. 복무규율이란

(1) 복무규율의 의의

복무규율이란 광의로는 복무에 관한 규범을 중심으로 하여 기업이 근로자에게 설정하는 취업규칙상의 행위 규범이다.

복무규율이란 협의로는 개별근로자의 복무(근로의무 이행)에 관한 취업규칙상의 행위규범을 중심적 내용으로 하고, 여기에 취업규칙상의 회사재산보전을 위한 규율 및 근로자의 지위에 수반하는 규율을 부가한 것이다.

3. 복무규율의 내용

대부분의 기업에서는 복무규율이라고 부르는 근로자가 지켜야 할 행위규범이 취업규칙에 정하여져 있는데 복무규율이라는 조항을 만들지 않더라도 징계규정이나 그 밖의 관계 규정에서 그러한 조항이 규정된다.

복무규율로서는 기업질서(직장질서)를 유지하기 위해서 근로자는 어떠한 것을 해야 하는 것인가 혹은 어떠한 것을 해서는 안되는가를 정한 구체적 내용이 규정되는 것이 통상이다.

복무규율은 다음과 같이 나눌 수 있다.

① 노무제공 그 자체나 제공의 방법에 관한 규칙

② 기업시설의 관리방법에 관한 규칙

③ 근로계약에 따르지만 노무제공 그 자체와의 직접관계하지 않는 질서유지에 관한 규칙

④ 근로자의 회사시설 밖이나 취업시간 외 활동에 관한 규칙

①에 관한 것으로서 무단직장이탈의 금지나 상사의 지시에 따르는 것 등이 있다. ②에 관한 것으로는 무허가 시설이용의 금지, 끽연의 금지 등이 있

다. ③에 관한 것으로서는 회사의 비밀유지, 지각, 결근 등의 절차 등이 있다. ④에 관한 것으로는 겸업의 금지, 회사에 대한 비방, 중상의 금지 등이 있다.

복무규율의 내용은 법령, 취업규칙 등의 준수 의무나 근로자의 마음가짐을 제시한 일반적 규정을 기본으로 하여 다음과 같이 구체적으로 분류할 수 있다.

(1) 협의의 복무규율

근로자의 취업(노무제공) 및 직장에 관한 규율로서 여기에는 다음과 같은 사항이 포함된다.

① 출・퇴근에 관한 규율 : 업무의 시작・종료시각, 출・퇴근의 장소(출입문)의 지정, 그 절차(출근카드의 타각, 신분증명서의 제시, 소지품 검사, 개인용품의 지참 규제 등)

② 지각, 조퇴, 결근, 휴가의 절차(신고, 허가 등)

③ 근무 중 이석, 외출, 면회의 규제(신고, 허가, 대행자 등)

④ 복장 규정(제복, 모자, 기장, 두발 등 보기 흉한 복장의 금지 등)

⑤ 직무전념 의무(근로시간 중에는 직무에 전념해야 한다)

⑥ 상사의 지시, 명령에의 복종의무

⑦ 직장질서의 유지
(회사의 제규칙, 상사의 지시, 명령에 따르고 서로 협력하여 직장의 질서유지에 힘쓴다 등)

⑧ 직무상의 금품수수 금지

⑨ 안전, 보건 유지를 위한 규정(끽연장소의 지정, 화기의 제한, 안전, 보건규정의 준수 등)

⑩ 풍기질서유지를 위한 규정(싸움, 폭행・상해 금지, 주정, 도박금지 등)

⑪ 직장 정리, 정돈

(2) 기업재산의 관리, 보전 규율

복무규율의 주요 내용은 회사의 시설 내지 물품 등 기업재산의 관리, 보전을 위한 규율이다.

① 회사 재산의 보전(회사재산의 보호, 물품의 낭비, 사물화의 금지, 물품의 반출금지, 유용의 금지, 화기단속 등)

② 사내통신기기사용규정(사적 사용의 금지, 감시, 조사 등의 요건과 권한 규정)

③ 회사시설의 이용제한(업무종료 후의 직장 체류 제한, 회사 시설을 이용한 회합, 선전활동(집회, 연설, 방송, 인쇄물의 게시, 배포)의 허가제, 사업장 내의 정치 활동・종교 활동 금지 등)

(3) 근로자로서의 지위, 신분에 관한 규율

대부분의 기업에서 마련하고 있는 것이 근로자로서의 지위, 신분에 따른 규율이다.

① 신용의 유지(기업의 명예, 신용을 훼손하여서는 안된다) 근로자로서의 신용이나 품위를 훼손하는 행위가 있는 경우에는 그 내용, 상태, 정도 등을 명확히 하여 기업질서의 회복에 필요한 업무상의 지시, 명령을 발하거나 또는 위반자에 대하여 제재로서 징계처분을 하기 위하여 사실관계의 조사를 할 수 있다.

② 겸직・겸업 제한(근로자는 회사의 승인을 받지 않고, 재직 중 다른 직업에 종사해서는 안된다 등)

③ 공직입후보와 공직취임의 취급(신고, 승인 등)

④ 비밀유지의무(근로자는 회사의 업무상 비밀을 누설해서는 안된다 등)

⑤ 신상이동의 신고

4. 기업질서 위반의 행위가 직장에서 행하여지는 경우

근로자가 취업규칙, 사규, 사칙 또는 구체적 지시, 명령을 위반하는 경우에는 기업질서와 복무규율을 문란하게 한 자로서 당해 행위자를 규정에서 정하는 바에 따라 제재로서 징계처분을 할 수 있다.

5. 기업질서의 정립, 유지 권한

이러한 기업질서의 정립, 유지권한은 기업을 구성하는 인적요소 및 그 소유, 관리하는 물적 시설의 양자를 통합하여 합리적, 합목적적으로 배치, 조직하기 위한 것이다.

기업은 기업질서 정립, 유지권한의 일환으로서 직장환경을 적정, 양호하게 유지하고 규율 있는 업무의 운영태세를 확보하기 위하여 물적 시설을 관리운용할 권한이 있다.

또 기업질서의 유지 확보는 근로자의 직장내 또는 직무수행에 관계있는 행위를 규율함으로써 달성할 수 있다.

또한 근로자가 직장 외에서 행한 직무수행에 관계없는 행위라 하더라도 기업질서에 직접관련을 가지는 경우 및 기업의 사회적 평가의 저하, 훼손이 될 우려가 있다고 객관적으로 인정되는 행위에 대하여는 기업질서의 유지 확보를 위하여 이를 규제 대상으로 할 수 있다.

6. 기업질서의 준수의무

근로자는 이상과 같은 기업질서의 준수의무를 근로계약의 체결을 통하여 부담한다. 즉, 근로자는 근로계약을 체결하여 기업에 고용됨으로써 기업에 대하여 노무제공의무를 지는 동시에 이에 부수하여 기업질서 준수, 그 밖의 의무를 지게 된다.

사용자는 기업의 존립운영에 불가결한 기업질서를 정립, 유지할 당연한 권한을 가지며 근로자는 근로계약의 체결로 당연히 기업질서의 준수의무를 진다. 사용자의 기업질서 유지권한과 근로자의 준수의무는 기업 및 근로계약의 본질에 바탕을 둔 당연한 권한과 의무인 것이다.

7. 기업질서의 법적 근거와 한계

(1) 기업질서의 법적 근거

종래 기업질서나 복무규율의 정립운영의 법적 근거에 대하여는 근로계약상의 지휘·명령권, 사용자의 재산권, 근로계약상의 합의, 사용자의 법률상 의무 등을 들었으나 복무규율을 포함한 기업질서의 전체를 기업과 근로계약의 본질에서 찾으려고 한 것이 최근 판례의 태도다.

(2) 기업질서의 한계

가. 필요, 합리적인 기준

기업질서가 기업의 유지, 운영에 불가결하다는 것은 누구도 부정할 수 없다. 그리고 근로계약 관계는 기업질서를 불가결의 것으로 하는 것이므로 기업질서 준수의무를 당연한 의무로서 내포하고 있다고 하지 않을 수 없다.

이러한 의미에서 기업의 기업질서 정립권과 근로자의 준수 의무는 기업 및 근로계약의 본질 그 자체에 근거하고 있다.

그러므로 기업 및 근로계약의 본질에 따라 범위(한계)가 정해진다.

기업질서 준수의무에 있어서는 근로자는 근로계약상의 권리·이익 간에 적절한 조정을 행할 필요가 있다. 어디까지나 근로계약은 대등한 당사자간의 계약이므로(근로기준법 제4조) 기업질서 준수의무는 근로계약상의 의무이므로 근로자의 권리·이익을 과도하게 제약할 수 없는 것은 당연하다.

근로자는 기업 및 근로계약의 목적상 필요하고도 합리적인 한도 내에서만 기업질서에 복종하는 것이다.

구체적으로는 기업질서 안에서 정립되는 규칙이나 명령은 기업의 원활한 운영을 필요하고도 합리적인 것임을 요한다.

예컨대, 사업장의 풍기질서를 문란하게 할 염려가 없다고 인정되는 행위에 대하여는 기업질서의 위반은 성립되지 아니한다. 근로계약은 근로자의 사생활에 대한 사용자의 지배까지를 정당화하는 것은 아니므로 근로자의 사생활상의 행위는 기업질서에 관련성이 있는 한도에서만 그 규제의 대상으로 할 수 있다.

나. 근로자의 인격, 자유

근로계약 관계는 근로기준법상의 기본적 인권보호 규정(동법 제3조부터 제10조까지)에 의해 근로자의 인격이나 자유에 대한 법적보호와 배려가 요청되고 있는 관계다.

따라서 기업질서에 의한 규제가 근로자의 인격, 자유에 대한 지나친 지배나 구속은 허용되지 아니한다. 구체적 문제에 있어서는 기업질서에서 어느 정도의 규제의 필요성과 근로자의 인격·자유와의 비교 형량에 의하여 규제의 유효성이 판단되어야 한다. 보다 구체적으로는 ① 기업질서로서 정립된 규칙이나 여기서 발하는 명령의 기업운영상의 필요성과 정도 ② 기업은 근로자를 일반적으로 지배하는 것은 아니므로 규제의 대상과 근로자의 인격·자유가 어느 정도 고도의 것인가 ㈎, ㈏, ㈐를 비교 형량할 것 실질적으로는 근로자의 인격·자유에 대한 규제의 내용·태양이 기업의 원활한 운영상의 필요성으로부터 상당한 범위내에 있는가를 판단한다.

다. 복무규율의 한정해석

행정관청과 법원은 기업에 있어서의 복무규율의 관련규정을 합리적인 내용으로 한정해석 하는 등으로 기업질서에 관한 표면상 광범위한 사용자의 권한을 근로자 보호라는 이념에 따라 적절하게 한정시켜야 할 의무를 가지고 있다.

Ⅱ. 시설관리권은 무엇인가

1. 시설관리권의 의의와 내용

① 「시설관리권」이라고 하는 말이 자주 이용되지만, 그 의미는 논자에 의해 각기 다르다. 시설관리권이란 사용자가 자신의 소유권・점유권에 근거하여 회사의 물적 시설・설비 및 장소 등을 관리・사용・처분할 수 있는 권한으로 노동조합이 기업 내에서 또는 기업시설을 이용하여 조합활동(단결권활동, 예컨대 강당・운동장에서의 집회, 유인물게시, 현수막게양 등)을 할 수 있는가가 문제로 된다.

기업이 그 시설(건물, 비품 등의 물적시설)을 소유권이든 임차권에 기초해 사용하고 있는 경우, 그 소유권(내지 임차권)에 의해 시설을 관리하는 권한(권등)이 있는 것은 당연하다.

그곳에서 시설관리권이 단지 위에서 말한 물적관리 권한만을 지적하는 것인가, 이것에 더하여 무엇인가의 독자의 의미를 가지는 것인가에 대해서 다투어져 온 것이다.

단지 시설관리권이 물적관리 권한으로서만의 권한에 있다면 사용자는 그 침해(자)에 대해서 배제나 손해배상을 하게 하는 것은 가능해도 기업질서에 따른 이용을 하게 하는 명령하거나 혹은 기업질서침해를 이유로 해서 징계처분을 과하는 것은 시설관리권만으로 부터는 불가능하기 때문이다.

이와 같이 논자에 의해 각기 다른 사용방법이 있는 시설관리권에 대해서 직장환경을 적정양호하게 유지하는 규율이 있는 업무의 운영태세를 확보할 수 있도록 당해 물적시설을 관리 이용하는 사용자의 권한이며 판례도 이점을 명확히 하였다.

쟁의권의 행사방법은 …사용자의 기업시설에 대한 소유권 기타의 재산권과도 조화를 기해야 한다고 판시하였다(대법 1990.5.15, 89도357).

2. 시설관리권의 범위

그러나 시설관리권은 물적시설의 단순한 관리권에 머물지 않고, 기업질서 유지를 위해 필요한 조치를 취할 수 있는 권한도 포함하는 것이 분명하게 되었다. 즉, "물적시설을 유지 관리하는 권한과 근로자에 대해 그 관리방법이라고 하는 기업질서에 따르게 한다"라고 하는 권한을 양자 포함하는 것이다.

따라서 기업은 시설관리권에 기초해 그 침해(자)에 대해서

① 침해의 배제를 구한다.

② 손해배상을 구한다.

③ 기업질서에 따른 이용방법을 행할 것을 구한다.

④ 기업질서 위반으로 징계처분을 과한다.

이것이 가능하다. 기업질서와의 관계에서 보면 시설관리권은 물적시설에 있어서의 기업질서를 정립, 유지하는 권한이라고 하는 것이 가능할 것이다.

3. 시설관리권의 방법, 규제

시설관리권에 의해 사용자는 기업질서에 따른 이용을 하도록 명령하는 것이 가능하며 혹은 징계처분을 과하는 것이 가능하다고 하더라도 그것에는 사용자가 근로자에 대해서 구체적인 시설관리권의 방법(이용방법)을 정해 두는 것이 전제이다.

역으로 말하면, 사용자가 시설이용에 관한 구체적 방법(규정)도 갖추지 않고 또, 운용도 하고 있지 않다고 하면 근로자에 있어 시설이용에 관한 준수할 질서(규칙)가 없다는 것이 되고 시설관리권은 단지 물적관리권에 머무는 결과가 된다.

따라서 구체적인 취업규칙 혹은 시설이용규정 등에 의해 기업목적에 따르는 시설이용방법을 명확히 기재하고 또 기업목적에 따르지 않는 시설이용방법을 금지하는 취지를 명확히 기재한다. 그리고 실제로 시설이용방법을 운

용하고 있으면 사용자는 기업질서 유지를 위한 규제나 위반에 대한 징계처분이 가능한 것이다.

4. 구체적 문제

(1) 조합활동과의 관계

노동조합원이 노동조합의 지휘에 따라 기업시설을 이용하는 경우에 그것이 사용자의 허가없이 행하여진 때에는 시설관리권과 조합활동의 권리의 충돌이 나타날 수 있다.

근로자인 조합원이 사업장 밖에서 조합활동을 하는 경우에는 사용자의 시설관리권과 충돌하지 않으나, 사업장 내에서 조합활동을 하는 경우, 특히 우리나라와 같이 대다수의 노동조합이 기업별 조합인 경우에는 사용자의 시설관리권과 충돌이 발생하여 양자의 이익을 조정할 필요가 생기게 된다. 기업시설 내의 조합활동이 단체협약·취업규칙·노사관행 등에 의하여 인정되거나 사용자가 임의로 허용하는 경우에는 특별한 문제가 발생하지 않는다. 또한 그러하지 아니한 경우에도 노동조합의 기업시설 이용이 사용자의 시설관리권의 행사 또는 업무수행에 지장을 주지 아니하는 합리적인 범위 내에서 조합원은 기업의 시설을 이용할 수 있다고 해석한다.

기업별 조합의 경우 단결활동은 필연적으로 해당 기업의 시설을 이용하게 되고, 이는 사용자의 시설에 대한 소유권 내지 관리권, 즉 재산권의 침해 내지는 제한을 하게 된다. 궁극적으로 사용자의 재산권과 근로자의 단결권이라는 기본권 충돌의 문제로 귀결되는 것이다. 다수의 견해는 우리나라는 기업별 노조가 보편적이므로 노동조합이 기업시설을 이용하지 않고서는 조합활동이 커다란 제약을 받음으로써 헌법상 단결권이 침해될 우려가 있기 때문에 이를 정당한 것으로 인정해야 한다는 것이다.

'노동조합의 구체적 활동은 무허가 유인물 부착이나 무허가 유인물 배부나, 무허가 집회(시설이용)이지만 이것들의 조합활동이 위법이 되는가'라고 하는 문제이다.

종래 ① 노동조합의 다수는 기업내조합이다. ② 조합활동에 있어 사용자의 물적시설의 이용은 필요불가결하다. ③ 헌법 제33조(근로자의 단결권)에서 노동기본권을 보장하고 있다는 점에 있어 사용자의 시설관리권은 단결권 등에 의해 일정의 범위 내에서 제약되고, 조합활동으로서의 전단 부착, 배부, 집회 등의 활동을 일정 한도에서 수인의무(受忍義務)를 진다고 생각하는 학설이나 판례도 있기 때문에 업무수행이나 시설관리에 지장이 있는가 여부, 조합활동의 양태 등에 의해 사용자의 수인해야 할 범위인가(수인하여야 할 범위라면 조합활동은 정당하다고 한다)여부를 결정한다고 하는 견해도 유력하다.

(2) 조정기준

가. 사용자의 허락과 특별한 사정

① 그러나 원칙적으로 사용자의 허락을 얻지 않고 기업시설을 이용한 조합활동은 인정되지 않으며 위법이지만 예외적으로 사용자가 그 시설이용을 허락하지 않는 것이 시설관리권의 남용이라고 인정되는 특별한 사정이 있는 경우는 허락을 얻지 않고 기업시설을 이용한 조합활동이라도 정당하다고 할 것이다. 판례(대법 1992.4.10, 91도3044 ; 1992.9.25, 92다18542 ; 1994.2.22, 93도613)는 조합활동으로서 취업시간 외에 행하여졌다고 하더라도 장소가 사업장 시설인 경우에는 시설에 대한 소유권 또는 관리권에 바탕을 둔 합리적인 규율이나 제약에 따라야 한다고 판시하고 있다. 판례(대법 2006.5.26, 2004다62597)에서는 학교의 시설물로 범위를 한정하여 이를 학교장의 승인 없이 전국교직원노동조합 활동을 위한 장소로 사용하는 행위를 금지한 원심의 판단을 지지하고 있다.

② 따라서 사용자의 허락이 없는 이상은 예외(특별한 사정이 있는 경우)에 해당하지 않는 한 위법이다.

또 특별한 사정에 해당하는 경우란 복수의 조합이 있는 경우에 한쪽 조합에는 허락하면서 다른 조합에는 합리적 이유없이 허락하지 않는다든가 과거에는 허락해 왔었는데도 불구하고 돌연 합리적 이유도 없이 허락하지 않게 되었다는 경우이다.

역시, 유인물배부에 대해서는 특별한 사정의 판단에 따라 다른 유인물부착, 집회 등에 비교해서 시설관리권을 침해한다고 하는 면에 있어서 간접적 측면이 있기 때문에 시설관리권의 침해 및 직장질서를 어지럽힐 우려의 유무의 양면에서 특별한 사정을 생각해야 한다.

③ 최근 판례(대법 2008.1.24, 2007도6861)는 시설관리권과 조합활동과의 관계에 대하여 다음과 같이 판시하고 있다.

「사용자가 근로자에 대하여 징계해고 등 불이익처분을 함에 있어서 표면상의 징계처분 사유와는 달리 실질적으로는 근로자가 노동조합 업무를 위한 정당한 행위를 한 것을 이유로 징계처분을 한 것으로 인정되는 경우에는 '노조법'에 정한 부당노동행위의 하나라고 보아야 할 것인데, 근로자의 노동조합 업무를 위한 정당한 행위를 실질적인 징계처분사유로 한 것인지의 여부는 사용자측이 내세우는 징계사유와 근로자가 한 노동조합의 업무를 위한 정당한 행위의 내용, 징계처분을 한 시기, 사용자와 노동조합과의 관계, 기타 부당노동행위 의사의 존재를 추정할 수 있는 모든 사정을 비교 검토하여 종합적으로 판단하여야 한다. 원심이 그 채용증거에 의하여 인정한 여러 가지 사정을 종합하여, Y가 X1, X2에 대한 이 사건 2005.1.24자 직무정지 대기발령 및 2005.4.8자 해고 등 징계처분을 한 것이 Y의 부당노동행위 의사에서 비롯된 것이라고 단정할 수 없고, 달리 이를 인정할 증거가 없다는 취지로 판단한 것은 정당한 사실 인정과 판단으로 수긍할 수 있다. 또한, 원심이 그 채용증거에 의하여 인정한 여러 사정을 종합하여, Y의 2004.6.6 발언 및 그로 인한 교인들의 2004.6.7 행동들은 교회의 시설관리권한에 기하여 A교회 안에서 그 판시와 같은 출범식을 하지 못하게 한 것일 뿐, 근로자가 노동조합을 조직 또는 운영하는 것을 지배하거나 이에 개입하는 부당노동행위에 해당한다고 할 수 없고, 달리 이 부분 공소사실을 유죄로 인정할 증거가 없다고 판단한 것도 정당한 것으로 수긍할 수 있다. 원심판결에는 이에 관하여 판결 결과에 영향을 미친 채증법칙 위반이나 법리오해 등의 위법이 없다」고 한다. 이 판결은 기본권 충돌이라는 관점에서 접근하지 않고, 전국조직의 노동조합의 경우 개별사업장의 시설사용 문제는 사용자의 시설관리권이 우선한다는 기존의 입장에서 판단한 것이다.

나. 정치활동, 종교활동

조합의 정치활동이나 종교활동에 있어서도 조합활동의 경우와 같이 생각할 수 있다. 사용자의 허락이 없는 한 기업시설을 이용한 활동은 원칙으로 정당하다고 볼 수 없다. 특히 조합의 정치활동은 기업의 시설관리권과 관련하여 조합활동보다 규제와 제한을 받을 가능성이 많다.

(3) 간호조무사의 병원 내 시위

법원(서울중앙지법 2008.11.8, 2008카합3466)은 점유 및 사용방해금지가처분사건에서 「강남성모병원 시설 안에서 시위행위를 하는 것은 병원의 소유권 또는 시설관리권을 침해하는 것으로 특별한 사정이 없는 한 금지를 구할 권리가 있다. "환자의 안정이 절대적으로 보장돼야하는 병원시설 등의 특징에 비춰 가처분으로 시위를 금지할 긴급한 필요성도 충분히 소명된다"」고 하였다.

재판부는 "건물에서 퇴거하지 않을 경우 매일 100만원씩, 건물점거 불해제시, 구호 · 피켓시위 등 병원의 진료 업무를 계속 방해할 경우 매일 50만원씩 지급하라"며 간접강제결정을 함께 부과하였다.

2장

기업질서와 징계를 둘러싼 법률실무

Ⅰ. 기업질서 위반과 징계

1. 기업질서의 의의

기업질서란 일반적으로 경영 목적을 수행하는 조직체로서의 기업이 필요해서 실시하는 구성원에 대한 통제의 전반을 의미한다. 징계처분은 이러한 기업질서를 유지하는 가장 중요한 수단 중의 하나이다. 징계처분은 사용자가 근로자의 기업질서 위반행위에 대하여 불이익을 가하는 제재(징벌)를 말한다. 사용자가 징계처분을 행하는 권한을 징계권이라고 부른다. 기업질서는 다수의 근로자를 거느리는 기업의 존립, 유지를 위하여 필요한 질서이므로 사용자는 기업질서가 문란하게 되는 것을 방지하는 동시에 만일 기업질서에 위반하는 행위가 있었을 경우에는 그 위반행위의 태양, 정도 등을 조사하여 위반자에게 필요한 업무상의 지시를 내리거나 혹은 업무명령을 발하고, 또 취업규칙 등에 의거하여 징계처분을 행하는 등에 의하여 문란된 기업질서를 회복, 유지하여야 할 필요가 있기 때문이다. 기업질서는 기업의 존립과 사업의 원활한 운영을 위하여 필요불가결한 것이고, 따라서 사용자는 이러한 기업질서를 확립하고 유지하는데 필요하고도 합리적인 것으로 인정되는 한 근로자의 기업질서 위반 행위에 대하여 근로기준법 등의 관련 법령에 반하지 않는 범위 내에서 이를 규율하는 취업규칙을 제정할 수 있다(대법 1999.3.26, 98두4672).

2. 기업질서의 범위와 그 위반

그렇지만 단순히 직접적인 기업질서에 한정되는 것이 아니고 근로자로서의 의무에 위반하거나 배신적인 행위를 행하여 회사에 손해를 끼치거나 명예를 실추시키는 행위를 하는 일도 근로자로서 신의칙에 어긋나므로 사회일반으로부터 불명예스런 행위로서 비난되는 근로자의 행위에 의하여 회사의 명예, 신용, 그 밖의 사회적 평가를 현저하게 훼손하다고 객관적으로 인정되는 경우에 제재로서 당해 기업에서 배제할 수 있다는 것도 당연한 일로 인정되고 있다.

3. 기업질서와 취업규칙

사용자는 징계처분과 관련하여 취업규칙의 복무규율을 통하여 근로자가 준수해야할 사항을 구체적으로 정하고 있다. 이러한 징계처분은 사용자 측에서 보면 기업의 질서·이익을 유지하기 위해 불가결한 제도지만, 근로자에게는 근로관계상 중대한 불이익을 받는 제도이다. 그래서 양자의 이익을 적절하게 조정하기 위한 법규제가 필요하다. 이와 같은 사정아래 복무규율은 기업사회 내에 존재하는 기업질서를 구체적인 규범의 형태로서 제시하고 있는바 취업규칙의 제정을 통하여 설정된 복무규율 위반시에는 사용자로부터 징계처분을 받게 된다.

4. 한국마사회가 조교사 또는 기수의 면허를 취소하는 행위는 징계처분인가

한국마사회가 조교사 또는 기수의 면허를 부여하거나 취소하는 것은 경마를 독점적으로 개최할 수 있는 지위에서 우수한 능력을 갖추었다고 인정되는 사람에게 경마에서의 일정한 기능과 역할을 수행할 수 있는 자격을 부여하거나 이를 박탈하는 것에 지나지 아니하므로 이는 국가 기타 행정기관으로부터 위탁받은 행정권한의 행사가 아니라 일반 사법상의 법률관계에서 이루어지는 단체 내부에서의 징계 내지 제재처분이다(대법 2008.1.31, 2005두8269).

Ⅱ. 징계처분이란 무엇인가

1. 징계의 의의

징계란 '근로자의 기업질서 위반에 대하여 사용자에 의해 부과되는 일종의 제재벌'이다. 징계는 통상적으로 근로자의 기업질서 위반행위에 대한 제재벌이라는 점이 명확한 근로관계상의 불이익 조치를 말한다. 근로기준법에서는 그 불이익을 징벌(근로기준법 제23조, 제28조) 또는 제재(동법 제93조제11호, 제95조)라고 정하고 있으므로 징벌권 또는 제재권이라고도 말한다. 통상 기업에서는 그것은 징계해고, 권고해고, 출근정지, 감봉, 견책, 경고 등으로 제도화되고 있다. 기업질서는 다수의 근로자를 거느리는 기업의 존립·유지를 위하여 필요한 것이므로, 사용자는 기업질서가 문란되는 것을 방지하기 위해서 기업질서에 위반하는 행위가 있었을 경우에는 그 위반행위의 태양·정도 등을 조사하여 위반자에게 필요한 업무상의 지시를 내리거나 혹은 업무명령을 발하고, 또 취업규칙 등에 의거하여 징계처분을 행하는 등 문란된 기업질서를 회복·유지하여야 할 필요가 있다.

2. 징계에 대한 법적 규제의 필요성

사용자는 징계처분과 관련하여, 취업규칙의 복무규율을 통하여 근로자가 준수해야할 사항을 구체적으로 정하고 있다. 이러한 징계처분은 사용자 측에서 보면 기업의 질서·이익을 유지하기 위해 불가결한 제도지만, 근로자에게는 근로관계상 중대한 불이익을 받는 제도이다. 그래서 양자의 이익을 적절하게 조성하기 위한 법규제가 필요하다. 이와 같은 사정아래 복무규율은 기업사회 내에 존재하는 기업질서를 구체적인 규범의 형태로서 제시하고 있다. 복무규율 위반시에는 사용자로부터 징계처분을 받게 된다.

Ⅲ. 징계처분과 면직처분은 어떻게 구별되는가

1. 면직처분의 의의와 정당성 판단기준

징계처분과 면직처분은 구별되는 개념이다. 면직처분이란 임용(채용)결격사유가 채용시 또는 근속 중 발생 또는 발견된 경우에 근로계약을 해지할 수 있는 처분이다. 한편 취업규칙, 인사규정 등에 규정된 당연퇴직 사유에 의한 퇴직처리도 근로기준법의 제한을 받는 해고에 해당한다고 하더라도 그 정당성의 판단에 있어서는 이와 같은 당연퇴직 사유를 정한 것이 사회통념상 상당성을 인정하기 어렵다는 등의 특별한 사정이 없는 한 위 규정들의 취지는 존중되어야 하는 것이므로(대법 2005.6.10, 2004두10548), 해고인 당연퇴직처분에 정당한 이유가 있는지 여부를 판단함에 있어서는 당연퇴직규정이 사회통념상 상당성이 있는지 여부에 대한 판단도 함께 이루어질 필요가 있다고 할 것이다(서울중앙지법 2006.7.14, 2006가합17954). 취업규칙 등에 면직처분과 징계처분이 따로 규정되어 있으면서도 면직처분에 관하여는 일반의 징계처분과는 달리 아무런 절차규정도 두고 있지 아니하고 그 면직사유가 동일하게 징계사유로 규정되어 있는 것도 아니라면 사용자가 면직처분을 함에 있어 일반의 징계절차를 거쳐야 한다고 할 수 없고, 이는 면직사유가 실질적으로 징계사유로 보여지는 경우에도 달리 해석할 것은 아니다(대법 2000.6.23, 99두4235).

판례(서울고법 2008.7.25, 2007나125194)는 「공단의 정관 제17조는 표제가 직원의 신분보장으로 되어 있고 그 내용도 정관 제16조에서 규정한 직원의 임면에 관한 사항 중 특히 임면권자가 직원을 그 의사에 반하여 면직할 수 있는 경우를 제한하는 취지임이 분명하므로 정관의 위임에 따라 제정되는 인사규정에서 정관 제17조의 신분보장조항에 위배되는 규정을 둘 수 없고 그러한 규정은 무효라고 할 것인바, 인사규정 제83조는 정관 제17조가 본인의 의사에 반하여 해고할 수 있는 사유로 열거한 징계면직과 직권면직 외에 당연퇴직을 규정한 것이어서 정관 제17조에 위배되어 무효임이 명백하고 따라서 위 인사규정에 근거한 이 사건 당연퇴직처분은 정당한 이유가 없는 것으로서 무효이다」라고 한다. 이는 해고뿐만 아니라 당연퇴직을 포함한 모든 사용자의 일방적 의사표시에 의한 근로관계의 종료가 취업규칙 또는 단체협약에 이에 관한 근거규정을 가지고 있는 경우에 한하여 유효하다는 기존의 판례의 입장에 따른 것이다(대법 1994.12.27, 93다52525). 나아가 이는 근로자의 의사에 반하는 사용자의 일방적 의사표시에 의한 근로관계의 종료원인인 해고, 직권면직 및 당연퇴직을 엄격히 구별하는 기존의 판례의 입장을 전제로 하고 있다(대법 1993.9.28, 93다222524).

2. 면직처분과 근로기준법 제23조의 정당한 이유

(1) 근로관계의 자동소멸사유로 인한 퇴직처리의 법적 성격

사용자가 취업규칙 등에 어떤 사유의 발생을 당연퇴직 또는 면직사유로 규정하고 그 절차를 통상의 해고나 징계해고와 달리한 경우에 그 당연퇴직사유가 근로자의 사망이나 정년, 근로계약기간의 만료 등 근로관계의 위와 같은 당연퇴직 사유를 규정한 취업규칙이 유효한 이상 그러한 사유의 발생만으로 그 사유발생일 또는 소정의 일자에 당연히 근로관계가 종료하고, 정년 등과 같은 근로관계의 자동소멸사유로 인한 퇴직처리는 법률상 당연히 발생한 퇴직의 사유 및 시기를 공적으로 확인하여 알려주는 '관념의 통지'에 불과할 뿐 근로자의 신분을 상실시키는 '해고처분'과 같은 새로운 형성적 행위가 아니다(대법 2008.2.29, 2007다85997).

(2) 근로관계의 자동소멸사유에 해당하지 아니한 사유를 규정한 경우

그러나 그 이외의 사유로 인한 즉, 당연퇴직 및 직권면직처분도 근로기준법 제23조제1항의 해고에 해당된다(대법 1993.10.26, 92다54210). 위와 같이 취업규칙 등에 당연퇴직 사유로서 근로관계의 자동소멸사유에 해당하지 아니하는 사유를 규정한 경우 그 의미는 그 규정 취지나 다른 당연퇴직사 유의 내용 등에 비추어 합리적으로 판단하여야 한다(대법 2007.10.25, 2007두2067). 즉, 지하철공사의 근로자가 지하철 연장운행 방해행위로 유죄판결을 받았으나, 그 후 공사와 노조가 위 연장운행과 관련하여 조합간부 및 조합원의 징계를 최소화하며 해고자가 없도록 한다는 내용의 합의를 한 경우, 이는 적어도 해고의 면에서는 그 행위자를 면책하기로 한다는 합의로 풀이되므로, 공사가 취업규칙에 근거하여 위 근로자에 대하여 한 당연퇴직 조치는 위 면책합의에 배치된다고 판단한 사례이다. 또한 사용자가 주차관리 및 경비요원을 필요한 곳에 파견하는 것을 주요 사업으로 하는 회사로서 그 근로자와 사이에 근로자가 근무하는 건물주 등과 사용자 간의 관리용역계약이 해지될 때에 그 근로자와 사용자 사이의 근로계약도 해지된 것으로 본다고 약정하였다고 하여 그와 같은 해지사유를 근로관계의 자동소멸사유라고 할 수 없다(대법 2009.2.12, 2007다62840).

취업규칙에서 당연 면직사유로 정하고 있다고 하더라도 이에 기한 면직처분이 유효하기 위해서는 근로기준법 제23조제1항 소정의 정당한 사유로 인정되어야 할 것이므로, 회사 인사규정 역시 실질적으로 근로자가 겸업을 통해 사용자에 대한 성실의무나 충실의무에 반함으로써 사회통념상 더 이상 근로계약관계를 유지할 수 없다고 볼 수 있는 경우에만 이를 적용하여 당연 면직시킬 수 있다고 해석함이 상당할 것이다(서울행법 2001.2.15, 2000구22399). '금고 이상의 형을 받고 그 집행 유예기간이 종료된 날로부터 2년을 경과하지 아니한 자를 채용 결격 사유로 정하고, 재직 도중 위와 같은 채용 결격사유가 발생한 경우'를 당연 퇴직사유로 규정하고 있는 경우 근로기준법 위반 여부이다. 당연 퇴직과 관련하여 판례는 단체협약 등을 통한 노사간 진정한 의사의 합의가 있으면 일정한 사유 발생만으로 퇴직을 의제할 수 있는 당연퇴직이 인정된다고 보고 있다(대법 1995.4.11, 94다4011). 다만, 당연 퇴직 사유가 근로자의 사망, 정년, 근로계약만료 등 근로관계의 자동 소멸 사유가 아닌 경우에는 근로기준법 제23조 소정의 제한을 받는 해고에 해당하므로 사회통념상 합리성이 있어야 한다는 입장이다(대법 1996.10.29, 96다21065). 따라서 회사로서 그 구성원의 자질 및 역량, 도덕성, 법규 준수성이 공무원에 준할 정도로 높게 요구된다는 점, 국가공무원법・지방공무원법 및 다른 공사들의 취업 규칙 등에서도 위와 같은 내용의 당연 퇴직사유를 규정하고 있다는 점 등을 고려할 때 회사와의 위와 같은 당연 퇴직규정은 사회 통념상 합리성이 있다고 볼 수 있을 것이다. 아울러 폭력행위등처벌에관한법률 위반으로 대법원으로부터 징역 1년 6개월에 집행 유예 2년형을 선고 받은 직원에 대하여 회사의 당연 퇴직 규정에 따라 인사위원회 심의 후 당연 퇴직을 결정하여 통보한 것은 근로기준법에 위반된다고 볼 수 없다(2007.10.25, 근로기준팀-7228).

3. 수강생 부족으로 학과가 없어진 경우 전임강사의 직권면직 가능 여부

사립학교의 경우 폐과로 인한 폐직, 과원이 된 때 교원을 직권면직함에 있어서도 국가공무원법 제70조제3항, 지방공무원법 제62조제3항의 규정을 유추하여 임용형태 · 업무실적 · 직무수행능력 · 징계처분사실 등을 고려한 면직기준을 정하고 그 기준에 의한 심사결과에 따라 면직 여부를 결정하여야 한다는 것은 어디까지나 학교법인이 산하의 다른 사립학교나 해당학교의 다른 학과 등으로 교원을 전직발령 내지 배치전환함으로써 면직을 회피하거나 면직대상자를 최소화할 여지가 있는 경우에 한한다고 보아야 하고, 이와 달리 사립학교의 사정상 전직발령 내지 배치전환 등에 의한 교원의 면직회피 가능성이 전혀 없는 경우에는 위와 같은 면직기준에 따른 심사절차를 거치지 아니하였다고 하더라도 학과의 폐지 자체가 불가피하고 정당한 것이라면 이를 이유로 한 교원의 면직은 합리적이고 객관적인 근거에 기한 것으로서 역시 정당한 것이라고 할 수밖에 없다(대법 2008.3.13, 2007다66071).

Ⅳ. 징계권의 법적근거와 한계

1. 법적 근거에 관한 견해

징계권은 기업질서 위반행위를 한 근로자를 기업질서의 유지, 회복을 목적으로 제재하는 사용자의 권리이다. 징계권 내지 징계처분의 법적 근거에 관하여 크게 네 가지의 견해가 있다.

(1) 고유권설

징계권은 기업질서를 유지하기 위하여 사용자의 경영권 또는 지시권에 근거하여 당연히 인정된 권리로 본다. 따라서 단체협약 또는 취업규칙 등에서 그 근거규정이 없을지라도 기업질서 유지에 필요한 합리적인 범위에서 징계권을 가진다고 본다(대법 1994.6.14, 93누3001).

(2) 법규범설

법규범설은 근로관계를 규율하는 법규범에 근거하여 사용자의 징계권을 인정하고, 이러한 법규범으로 취업규칙을 든다(임종률, 「노동법」 8판, p.506). 이 견해에 의하면 사용자는 징계사유와 수단을 취업규칙으로 규정하여야 징계할 수 있고, 취업규칙에서 정하고 있지 않는 사유와 수단으로는 징계할 수 없다고 본다.

(3) 공동규범설

기업 공동질서의 유지를 위한 징계제도는 사용자에 의하여 전단적으로 제정・운영되어서는 아니되고, 단체협약과 같은 노사의 공동규범에 의하여 징계사유와 징계방법, 징계의 집행주체와 징계절차 등이 명확히 규정되어야 한다고 본다. 즉, 징계처분이 효력을 발생하기 위해서는 첫째 징계규정이 설정되어 근로자에게 충분히 숙지되어야 하고, 둘째 징계의 요건과 종류 등이 상세히 규정되어야 하며, 셋째 적법한 절차에 의하여 행해져야 하고, 넷째 청문과 소명의 기회가 주어져야 한다(김형배, 「노동법」 신판5판, p.634).

(4) 징계권부정설

사회규범으로서 징계규정을 인정하면서도 이를 단순히 사용자의 사실상의 힘에 의한 것이라고 하여 근로자의 동의가 없는 한 징계권의 법적 구속력을 부정하는 견해도 있다.

(5) 평 가

판례의 기본적인 입장은 “기업질서를 유지하기 위한 사용자 고유의 징계권 행사(대법 1994.12.23, 83누3001)”라고 판시하여 징계권이 원칙적으로 사용자의 권한에 속한다고 보고 “근로기준법 등의 관련 법령에 반하지 않는 범위 내에서 징계할 수 있다(대법 1994.6.14, 93다16151)”고 판시하고 있어 고유권설의 입장에서 강행법인 근로기준법의 ‘정당사유’범위 내의 징계권의 행사를 인정한다.

고유권설은 징계권의 근거를 지나치게 확대함으로써 근로자 보호라고 하는 노동보호법의 이념에 반한다. 반면에 공동규범설은 징계권의 근거를 지나치게 축소함으로써 합리적인 기업질서의 확립·유지의 필요성을 충족시키지 못하고 있다. 생각건대, 제재에 관한 사항은 취업규칙의 필요적 기재사항이고(근로기준법 제93조), 취업규칙의 작성과 변경에 대해서는 일정한 법적 제한이 가해지고 있는 점(근로기준법 제94조)에 비추어 볼 때, 징계권의 근거를 취업규칙에서 찾는 법규범설이 현행법의 체계에 가장 부합된다고 본다(김유성, 「노동법Ⅰ」, p.261).

2. 징계권의 법적성격

징계권의 법적성격은 근로자에 대한 제재벌(불이익조치)을 내용으로 하는 형성권이다. 즉, 징계는 근로자의 비위행위(기업질서침해행위)를 대상으로 경제적·정신적·캐리어 형성상의 불이익이 미치는 조치(감급·출근정지에 따른 임금 감액 또는 불지급, 승급지연이나 인사고과상의 마이너스 평가 등)로서 제재기능이 있다. 징계권은 이러한 제재벌로서 근로계약의 일반적 해약(징계해고) 또는 계약내용의 일방적 변경(감급, 강격, 출근정지)을 사용자의 일방적 의사표시(법률행위)에 따라 행사하는 권리로서 형성권이라고 할 수 있다.

그러므로 징계처분의 무효확인을 구하는 소에도, 근로자의 법률상의 지위의 변동이 있는 한 허용된다. 판례(대법 1994.6.14, 93누3001)는 징계권의 법적성격을 「기업질서를 유지」하기 위한 일종의 제재벌로 이해하고 있다.

3. 징계권의 한계

징계권의 행사는 취업규칙 또는 단체협약 등에 징계사유, 종류, 정도에 관하여 규정을 정하여 미리 근로자에게 명시될 것을 필요로 한다. 이러한 징계규정을 결여할 때에는 징계권의 행사는 허용되지 않는다.

징계권은 기업질서 유지상의 필요성이라는 징계의 본질 때문에 일정의 한계가 필요하다. 그 범위는 노사의 합의로 정해지는 것 이외에 유기적 조직체로서의 기업질시 유지에 필요한 범위로 한정된다. 따라서 근로자의 사생활상의 언동이나 범법행위는 원칙적으로 징계대상이 될 수 없다. 그러나 이러한 언동 또는 행위가 다른 근로자에게 나쁜 영향을 주거나 기업질서를 문란케 하여 기업의 사회적 평가 또는 신용을 실추시킬 염려가 객관적으로 인정될 때에는 징계권의 행사범위에 포함된다고 할 것이다(대법 1994.12.13, 93누23275).

징계는 근로자에게 불이익을 부과하는 징벌이기 때문에 징계사유는 행위규범으로 기능할 수 있도록 객관적이고 예측가능성이 있어야 한다. 징계사유는 강행법규에 어긋나서는 아니된다. 단체협약은 취업규칙에 우선하는 효력(근로기준법 제96조)을 갖기 때문에 단체협약상의 징계사유에 의하여 해고하여야 하고 취업규칙상의 징계사유에 의해서는 해고할 수 없다는 취지로 규정하고 있는 경우 취업규칙을 적용하여 해고할 수 없다(대법 1993.4.27, 92다48697). 그러나 단체협약에 반하지 않는 한 사용자는 취업규칙에서 새로운 징계사유를 정할 수 있다(대법 1999.3.26, 98두4672).

4. 법적 근거에 대한 현행법 관련규정

우리나라에서는 사용자에게 징계처분 권한이 있음은 법률상 당연한 일로 되어 있으며, 이 권한을 전제로 하여 근로기준법 제23조제1항은 정당한 이유 없이 해고 등 징벌을 하지 못한다고 규정하고 있으며 동법 제93조제11호는 취업규칙의 필요적 기재사항의 하나로서 '제재에 관한 사항'을 규정하고 동법 제95조는 감급의 제재에 관하여 규정하고 있다.

5. 징계처분시 징계사유의 판단 범위

근로자에게 당해 징계사유 외에 다른 비위행위가 있었다 하더라도 회사가 이를 징계사유로 삼지 않은 이상 그것을 이유로 근로자에 대한 징계해고가 정당화 될 수는 없다(대법 1999.11.23, 99다45246).

6. 징계처분시 징계사유에 관한 신·구 취업규칙의 적용방법

취업규칙 위반행위시와 징계처분시에 있어서 서로 다른 내용의 취업규칙이 있는 경우 다른 특별한 사정이 없는 한 해고 등의 의사표시는 의사표시의 시점에 시행되고 있는 신 취업규칙 소정의 절차에 따라 행하면 족하지만 징계권(징계사유)의 유무에 관한 결정은 징계가 근로자에게 있어서 불이익한 처분이므로 문제로 되어 있는 행위시에 시행되고 있던 구 취업규칙에 따라 행하여야 할 것이다.

그러나 이 경우 사용자가 징계권(징계사유)의 유무를 결정함에 있어 구 취업규칙을 적용하면서 신 취업규칙을 함께 적용하였다 하더라도 그 적용된 신 취업규칙 소정의 징계사유가 구 취업규칙상의 징계사유 이상으로 부가 확대된 것이 아니라 이와 동일하거나 이를 유형화, 세분화한 것에 불과하다면 근로자에게 있어서 특별이 불이익한 것이 아니므로 근로자는 이를 이유로 그 징계가 위법하여 무효라고 주장할 수는 없다고 할 것이다(대법 1994.12.23, 94다27960).

7. 징계사유와 징계처분의 시점

징계처분이 적법하기 위하여는 처분 당시에 징계사유가 존재하여야 할 것이므로 처분 당시에 유죄판결이 확정되어야 하고 처분 당시 유죄판결이 확정되지 아니한 이상 징계처분 후에 확정된다고 하여 하자가 치유된다고 볼 수는 없는 것이다. 회사는 1994.10.1 근로자를 징계해고 하였는데, 근로자는 이 사건 사고로 인하여 1994.11.29 기소되었으므로 단체협약 등 징계규정 소정의 '유죄의 확정판결을 받은 자'에 해당하지 아니하였다고 할 것인데도 회사가 이를 징계사유로 삼은 것은 잘못이라고 할 것이다(대법 1997.5.23, 97다9239).

8. 징계시효 규정의 취지와 기산시점

(1) 인사규정의 징계시효기간에 관한 규정의 취지와 그 기간의 기산일

판례는「적법한 시효기간 내에 파면처분을 하였으나 행정소송에서 징계양정의 과다를 이유로 그 처분이 취소되자 다시 그 징계종류를 경감하여 징계의결의 요구를 하였다면 이는 징계의결의 새로운 요구가 아니라 이미 적법하게 징계의결이 요구된 징계처분의 내용을 일부 수정하는 것에 불과한 것이므로 징계사유가 발생한 날로부터 징계의결 요구 기한인 2년이 경과된 후에도 이를 할 수 있다」(대법 1980.8.19, 80누189)고 판시하고 있다. 또한 지방공기업 근로자에 대한 징계절차를 규정하고 있는 인사규정의 징계시효기간에 관한 규정은 근로자에 대한 징계사유가 발생하여 지방공기업이 일방적으로 근로자를 징계할 수 있었음에도 그 행사 여부를 확정하지 아니함으로써 근로자로 하여금 상당 기간 불안정한 지위에 있게 하는 것을 방지하고, 아울러 지방공기업이 비교적 장기간에 걸쳐 징계권 행사를 게을리하여 근로자로서도 이제는 지방공기업이 징계권을 행사하지 않으리라는 기대를 갖게 된 상태에서 지방공기업이 새삼스럽게 징계권을 행사하는 것은 신의칙에도 반하는 것이 되므로 위 기간의 경과를 이유로 사용자의 징계권 행사에 제한을 가하려는 취지에서 둔 규정으로서, 그 기산점은 원칙적으로 징계사유가 발생한 때이다(대법 2008.7.10, 2008두2484)라고 하여 시효기간의 기산일을 명확히 하고 있다.

(2) 상벌규정의 징계시효 규정의 취지와 기산시점

① 회사의 근로자에 대한 징계절차를 규정하고 있는 상벌규정 제17조는 '징계사유의 시효'라는 제목 아래 "징계의결의 요구는 징계사유가 발생한 날로부터 1년을 경과한 때에는 이를 행하지 못한다"고 규정하고 있는바, 징계시효 규정의 취지는 근로자에 대한 징계사유가 발생하여 회사가 일방적으로 근로자를 징계할 수 있었음에도 그 행사 여부를 확정하지 아니함으로써 근로자로 하여금 상당기간 불안정한 지위에 있게 하는 것을 방지하고 아울러 회사가 비교적 장기간에 걸쳐 징계권행사를 게을리 하여 근로자로서도 이제는 회사가 징계권을 행사하지 않으리라는 기대를 갖게 된 상태에서 회사가 새삼스럽게 징계권을 행사하는 것은 신의칙에도 반하는 것이 되므로 위 기간의 경과를 이유로 사용자의 징계권행사에 제한을 가하려는 취지에서 둔 규정으로서 그 기산점은 원칙적으로 징계사유가 발생한 때라고 할 것이다(대법 1995.3.10, 94다14650 ; 1999.11.26, 98두10424).

② 근로자의 비위행위 중 회사의 명예와 위신에 대한 손상부분은 회사에 대한 검찰수사가 2005.1월경 언론에 보도됨으로써 비로소 그 결과가 발생하여 그때로부터 징계시효가 진행된다고 봄이 상당하므로 그루부터 2년 내에 이루어진 이 사건 해고 당시 그에 대한 징계시효는 만료되지 아니하였다고 할 것이다(서울행법 2007.7.13, 2006구합42945).

③ 또한 사용자는 징계사유 발생일인 2005.6.26로부터 1개월 이내인 같은 해 7.26 인사위원회를 개최하여 단체협약 제50조제1항의 "인사위원회는 징계사유 발생 인지일로부터 1개월 이내에 개최한다"는 요건을 충족하였고, 2008.4.18의 이 사건 정직 1개월의 처분은 새로운 징계처분이 아니라 적법한 기간 내에 개최된 2005.9.15의 징계해고 내용을 수정한 것에 불과하며, 또한 이 사건 사용자가 2008.3.4 대법원의 판결문을 송달받은 날로부터 1개월 이내에 징계에 대한 재심의를 위한 인사위원회를 개최하고자 한 점 등을 고려해 볼 때, 이 사건 사용자가 행한 정직 1개월의 징계처분을 단체협약상의 징계 시효기간을 경과한 부당한 처분이라고 할 수 없다(중노위 2008부해623・부노157).

(3) 부당해고로 복직된 근로자를 징계양정을 낮추어 재징계시의 징계시효의 기산일

사용자의 해고가 부당해고로 판정되어 복직된 근로자를 당초의 해고사유와 같은 사유로 해고보다도 가벼운 정직 6개월의 징계를 하면서 그 징계의 발효시점을 새로운 징계시점으로 하는 것이 정당한지에 대하여 근로기준법상 정한 바는 없으나, 사용자가 새로운 징계를 할 경우 그 발효시점을 재징계시점으로 함으로써 근로자는 당초의 부당해고로 인한 불이익에 더하여 새로운 징계로 인한 불이익을 입게 된다고 주장할 수 있을 것이나 당초의 부당해고로 인한 손해에 대해서는 근로자가 별도로 배상을 청구할 수 있다고 볼 것이므로 새로운 징계 자체에 대하여 정당성 여부를 다투는 것은 별론으로 하더라도 그 징계의 발효시점을 반드시 당초의 해고시점으로 소급해야 한다고 단정할 수는 없다(2005.12.14, 근로기준팀-1751).

9. 면책합의

(1) 면책합의의 의의와 취지

면책합의란 근로자의 비위사실에 대하여 징계를 하지 않기로 하는 합의를 말한다. 일반적으로 「파업기간 중의 민・형사상 책임을 묻지 않는다」는 내용의 약정이다. 민사책임의 면제는 사용자의 손해배상청구권의 포기를 의미하지만 형사책임의 문제는 국가의 형벌권과 관계되므로 면제될 수 없다. 면책합의는 주로 노동조합이 조직되어 있는 기업에서 파업 종식, 단체협약 체결 등 대타협을 이끌어 내는 전제조건으로 이루어진다.

(2) 면책합의를 위반한 징계의 정당성

① 면책합의를 하는 경우에는 사용자의 징계책임의 면제도 포함하는가 하는 것이다. 판례는 면책특약의 범위 내에서는 농성기간 중의 행위뿐만 아니라 그 농성과 일체성을 가지는 준비행위·유발행위에 대해서도 민사상의 책임은 물론 징계책임도 면제된다고 한다. 면책합의에도 불구하고 징계처분을 한다면 그 징계처분은 권한 없는 행위로서 정당성을 인정받을 수 없다(대법 1992.7.28, 92다14786).

② 지하철공사의 근로자가 지하철 연장운행 방해행위로 유죄판결을 받았으나, 그 후 공사와 노조가 위 연장운행과 관련하여 조합간부 및 조합원의 징계를 최소화하며 해고자가 없도록 한다는 내용의 합의를 한 경우, 이는 적어도 해고의 면에서는 그 행위자를 면책하기로 한다는 합의로 풀이되므로 공사가 취업규칙에 근거하여 위 근로자에 대하여 한 당연퇴직 조치는 위 면책합의에 배치된다.

③ 다만, 면책합의 후 근로자가 합의조건을 위반한 경우나 "최대한 선처하겠다"라고 합의한 경우에는 징계권을 행사할 수 있다(대법 1993.5.11, 93다1503). 왜냐하면 면책약정은 약정 이전의 위법한 단체행동을 면책하는 것이므로 약정 이후에 다시 비합법적인 단체행동을 반복함으로써 면책약정 자체의 존재의의를 부인한다면 회사에 대하여 약정을 해제할 수 있는 권한을 부여하는 것이 신의칙상 합당할 것이기 때문이다(대법 1994.9.30, 94다21337).

(3) 면책합의한 근로자의 비위행위를 다른 비위행위에 대한 징계에서 징계양정의 판단자료를 삼을 수 있는지 여부

근로자의 비위행위에 관하여 징계를 하지 않기로 하는 면책합의를 하였다 하더라도 이는 그 비위행위를 징계사유로 삼는 것을 허용하지 않는 것일 뿐, 그 밖의 다른 비위행위를 징계사유로 하여 근로자를 징계하면서 면책합의된 비위행위가 있었던 점을 징계양정의 판단자료로 삼는 것까지 금하는 것은 아니다(대법 2008.10.9, 2006두13626).

Ⅴ. 징계처분의 종류

근로자의 복무규율 위반에 대한 징계처분의 종류로는 경고, 견책, 감급, 출근정지, 징계해고가 있다. 이러한 징계조치는 주로 취업규칙에 규정되어 있다.

1. 견책 · 경고

'견책'이란 근로자가 사용자에게 시말서를 제출하는 것으로 징계하는 방법을 말한다. '경고'는 단순한 훈계로 시말서의 제출을 요하지는 않는 징계처분이다. 이러한 견책 · 경고는 당장 현실적으로 근로자에게 불이익을 수반하지 않으나 후에 승진이나 배치전환 등의 인사고과에서는 불리하게 반영될 수도 있다.

2. 감 급

(1) 감급의 의의

'감급'이란 근로자의 복무규율 등의 위반시의 징계조치로 근로자가 실제로 제공한 근로에 대한 임금액에서 일정액을 공제하는 것을 말한다. 단, 징계조치로서 감급에 대하여는 일정한 제한이 있는데 근로기준법 제95조는 "취업규칙에서 근로자에 대하여 감급의 제재를 정할 경우에 그 감액은 1회의 금액이 평균임금의 1일분의 2분의 1을, 총액이 1임금지급기의 임금총액의 10분의 1을 초과하지 못한다"라고 규정하여 감급의 한도를 정하고 있다. 감급은 근로자에게 이미 발생한 임금채권을 일부 소멸시켜 근로자의 생활에 영향을 미치는 것이므로 과대한 임금감액을 억제하는 취지에서 설정한 규정이다.

(2) 감급제재의 제한

우선 감급은 1회의 금액이 평균임금의 1일분의 2분의 1을 초과하지 못한다(근로기준법 제95조 전단). 1회의 금액이란 1건의 징계사안에 있어서의 감금액을 의미하는 것이므로 1건에 있어서 평균임금의 1일분의 2분의 1을 수회에 걸쳐 감액하는 것은 허용되지 아니한다. 다음으로 1임금지급기에 있어서 감급의 총액 규제를 정하는 것이 제95조 후단이다. 그 취지는 수회의 사안에 있어서 감급을 할 경우도 그 총액이 당해 임금지급기의 임금의 10분의 1을 초과하지 못한다는 것을 규제한 점에 있다. 그러므로 제95조의 제한을 초과하는 감급제재에 있어서는 차기의 임금지급기로 연장할 수 없는 것이다. 감급은 근로자에게 경제적 불이익을 과하는 처분이므로 경미한 사유에 대하여 행할 수는 없으나 징계해고나 출근정지보다는 경미한 처분이므로 사용자가 이 점을 고려하여 감급을 선택한 경우는 적법한 것이다.

(3) 다른 징계처분 · 조치와의 관계

감급은 근로자가 노무를 제공하여 구체적 임금청구권을 취득한 상태에서의 행해진 감급의 제재이다. 그러므로 결근 · 지각 · 조퇴 등에 따라 노무불제공을 이유로 한 임금 삭감은 감급에 해당하지 아니한다. 다만, 본래 공제하여야 할 금액을 초과하는 임금삭감은 감급의 제재가 아니다. 또한 출근정지처분에 따르는 임금의 불지급도 노무의 불제공에 따르는 결과이므로 노무제공을 전제로한 감급과는 다르다. 감급은 근로자측의 비위행위에 대하여 제재로서 행하는 처분이므로 배치전환 · 강격 등에 따라 임금을 감액하는 것은 감급이 아니다.

3. 출근정지

'출근정지' 또는 '정직'은 사용자가 근로의 수령을 일정기간 거부하는 징계처분이다. 이 기간 중에는 사용자와 근로자사이의 근로계약은 존속되고 근속년수에도 포함되나, 통상적으로 임금은 지급되지 않는다. 출근정지 처분으로 인한 출근정지 기간은 불취업 기간에 해당하므로 임금 청구권은 발생하지 않는 것이며, 사규에 출근정지 및 그 기간 동안에는 임금을 지급하지 않는다는 규정은 근로자가 징계의 일환으로 출근정지의 제재를 받게 된 경우 출근정지 기간 중 임금을 받지 못하는 것은 징계로서 출근 금지된 당연한 결과이다. 따라서 회사는 정당한 징계처분으로서 출근정지기간 동안에 임금지급 의무가 없으며 징계결정에 의한 출근정지 조치가 정당하다면 근로자는 출근정지와 이에 따른 연차휴가 등의 불이익도 감수해야 한다. 만약 이에 관하여 단체협약이나 취업규칙·근로계약에 정함이 있으면 그에 따라야 할 것이다.

4. 징계해고

징계해고는 질서위반에 대해 과해지는 가장 무거운 처분이며 통상 즉시해고의 형태로 행해지고 있다. 징계해고는 근로자를 기업 외로 배출하는 것으로 직장의 상실을 초래하고 재취직을 곤란하게 하는 중대한 불이익을 가져오므로 그 적법성은 엄격하게 판단하여야 한다.

해고처분은 사회통념상 고용관계를 계속할 수 없을 정도로 근로자에게 책임 있는 사유가 있는 경우에 행하여져야 그 정당성이 인정되는 것이다. 사회통념상 당해 근로자와의 고용관계를 계속할 수 없을 정도인지의 여부는 당해 사용자의 사업 목적과 성격, 사업장의 여건, 당해 근로자의 지위 및 담당직무의 내용, 비위행위의 동기와 경위, 이로 인하여 기업의 위계질서가 문란하게 될 위험성 등 기업질서에 미칠 영향, 과거의 근무태도 등 여러 가지 사정을 종합적으로 검토하여 판단하여야 한다(대법 2002.5.28, 2001두10455).

3장

징계처분의 법률상의 원칙을 둘러싼 법률실무

사용자가 징계처분 권한을 행사하여 근로자에게 징계처분을 부과함에 있어서 지켜야 할 원칙이 있다. 그것은 다음과 같다.

Ⅰ. 취업규칙에 해당하는 징계사유

1. 징계사유의 명확화

근로기준법은, 근로자가 지켜야 할 사유도 제시되지 아니하고 갑자기 징계처분을 받은 것을 방지하고 근로자를 보호하기 위하여 '제재에 관한 사항'을 취업규칙에 기재하도록 10명 이상의 근로자를 사용하는 사용자에게 의무화하고 있다(근로기준법 제93조제11호).

이 때문에 원칙적으로 징계처분을 하려면 그 행위가 취업규칙에 규정되어 있는 사유에 해당하는 것이어야 하며, 근로자에게 여러가지 징계혐의사실이 있는 경우, 이에 대한 징계해고 처분이 적정한지의 여부는 그 사유 하나씩 또는 그 중 일부의 사유만 가지고 판단할 것이 아니고, 전체의 사유에 비추어 사회통념상 근로관계를 계속할 수 없을 정도로 근로자에게 책임이 있는지 여부에 따라 판단하여야 하고, 징계처분 이후의 비위행위라 하더라도 징계양정의 판단 자료로 삼을 수 있다. 수 개의 징계사유 중 일부가 인정되지 않더라도 인정되는 다른 일부 징계사유만으로도 당해 징계처분의 타당성을 인정하기에 충분한 경우에는 그 징계처분을 유지하여도 위법하지 아니하다(대법 2002.9.24, 2002두6620).

2. 징계처분의 양정 결정

근로자에게 징계사유가 있어 징계처분을 하는 경우 어떠한 처분을 할 것인가는 원칙적으로 징계권자의 재량에 맡겨져 있는 것이므로, 그 징계처분이 위법하다고 하기 위해서는 징계권자가 재량권을 행사하여 한 징계처분이 사회통념상 현저하게 타당성을 잃어 징계권자에게 맡겨진 재량권을 남용한 것이라고 인정되는 경우에 한하여야 한다. 그 징계처분이 사회통념상 현저하게 타당성을 잃은 처분이라고 하려면 구체적인 사례에 따라 직무의 특성, 징계의 사유가 된 비위사실의 내용과 성질 및 징계에 의하여 달성하려는 목적과 그에 수반되는 제반 사정을 참작하여 객관적으로 명백히 부당하다고 인정되는 경우라야 한다. 회사가 취업규칙을 소속 근로자들에게 주지할 수 있도록 조치를 하였다면 이를 근로자에게 별도로 고지하지 아니하였다거나 근로자가 실제로는 그 내용을 알지 못하였다고 하여도 근로자는 그 무효를 주장하거나 그 적용을 거부할 수 없다 할 것이다. 취업규칙 미게시는 무단결근 등 해고사유의 원인이 아니므로 해고의 정당성 판단에 영향을 미치지 않는다(대법 2001.4.10, 2000두10151).

3. 단체협약과 취업규칙상의 징계규정이 상호 저촉되는 경우

판례(대법 1994.6.14, 93다26151) 또한 「단체협약상의 규정과 취업규칙 등의 규정이 상호 저촉되는 경우가 아닌 한 사용자는 취업규칙에서 새로운 해고사유를 정할 수 있고, 비록 단체협약에서 해고사유와 해고 이외의 징계사유를 나누어 구체적으로 열거하고 있다 하더라도 취업규칙에서 이와 다른 사유를 해고사유로 규정하는 것이 단체협약에 반하는 것이라고 할 수 없다」라고 하였으며, "분명히 기업질서를 문란케 하고, 기업목적 수행에 해를 미치는 근로자에 대해서는 사용자는 비록 준거하여야 할 명시하는 규범이 없는 경우일지라도 징계처분이 가능하다" 이 판례는 「단체협약에 징계사유를 규정하면서 그 단체협약의 규정에 의하지 아니하고는 징계할 수 없다고 규정하고 있다면, 취업규칙에서 새로이 정한 징계사유는 위 단체협약에 반하는 것으로서 그 사유로는 징계할 수 없다고 할 것인 바, 단체협약에서 "회사는 조합원이 다음 각 호의 1에 해당하는 경우를 제외하고는 징계할 수 없다"라고 규정하고 있다면 단체협약에 규정된 사유 이외에 새로운 징계사유를 규정한 회사의 취업규칙은 무효이다」라고 하였다.

단체협약에서 징계사유를 한정적으로 열거한 경우에는 이에 따라야 하며 이를 취업규칙에서 별도로 규정하는 것은 허용되지 아니한다. 그러나 「단체협약에 반하지 않는 한 사용자는 취업규칙에서 새로운 징계사유를 정할 수 있고, 회사 취업규칙이 단체협약 소정의 징계사유와는 관련이 없는 새로운 징계사유를 규정한 것이라면 이를 단체협약의 규정에 반하는 것이라 할 수 없고, 따라서 취업규칙을 적용하여 징계해고 한 것을 위법하다 할 수 없다(대법 1994.6.14, 93누20115)」라고 하였다.

4. 징계처분의 근거가 된 징계사유의 확정방법

근로자의 어떤 비위행위가 징계사유로 되어 있느냐 여부는 구체적인 자료들을 통하여 징계위원회 등에서 그것을 징계사유로 삼았는가 여부에 의하여 결정되어야 하는 것이지, 반드시 징계의결서나 징계처분서에 기재된 취업규칙이나 징계규정에서 정한 징계근거 사유만으로 징계사유가 한정되는 것은 아니다. 판례(대법 2009.4.9, 2008두2227)는 항공사 객실승무원들이 단독노조 설립을 위하여 모금한 후원금의 모금 및 관리·사용과 관련하여 객실노동조합 설립추진위원회 객실승무원들 사이에 발생한 분쟁을 이유로 회사가 위 추진위원회 핵심 임원들을 해고한 사안에서 노동조합 내부의 문제라 하더라도 그로 인하여 회사의 손실 등이 초래되는 경우에는 회사 취업규칙 등에서 규정하는 징계사유에 해당할 수 있다. 그러나 이 사건에서 사회통념상 고용관계를 계속할 수 없을 정도로 근로자에게 책임이 있는 경우에 해당한다고 보기 어려워 그 해고가 재량권의 범위를 일탈한 것으로 본 사례가 있다.

Ⅱ. 취업규칙에 규정된 처분의 종류

징계처분의 종류에 관하여서는 법령 및 사회질서에 위반되지 않는 한 사용자가 자유롭게 규정할 수 있으며 훈계, 견책, 감봉, 출근정지, 휴직, 강등, 해고 등이 실시되고 있다. 실제로 사용자가 징계처분을 함에 있어서 취업규칙에 규정되어 있는 종류의 처분을 행하여야 하며, 취업규칙에 없는 처분을 임의로 고안하여 과할 수 없다(서울고법 1990.10.12, 90나24474).

근로기준법 제23조제1항에서는 '그 밖의 징벌'이라는 용어를 사용하고 동법 제93조 및 제95조에서는 '제재'라는 용어를 사용하고 있으나 이는 모두 소위 징계를 의미하는 것이고, 이때, 징계란 근로자가 자신의 귀책사유로 인하여 법령·단체협약·취업규칙 및 근로계약 등에 위반하는 행위를 한 경우에 이에 대하여 사용자가 취하는 제재조치를 말한다.

사용자가 근로자에 대하여 징계를 할 수 있는 근거에 대하여는 여러 가지 논의가 있을 수 있으나 징계는 기업질서 위반자에 대하여 사용자가 행하는 배치전환 등 일반적인 수단과는 별개의 특별한 제재벌이므로 사용자가 근로자를 징계함에 있어서 단체협약 또는 취업규칙 등에 징계사유와 징계의 종류가 미리 정하여져 있는 경우에는 그에 따라야 하고, 단체협약 또는 취업규칙에 규정한 사유가 발생한 때에 그에 상응하여 단체협약 또는 취업규칙에서 정한 징계의 종류 중 하나를 선택히어 징게를 할 수 있다. 징계처분에서 징계사유로 삼지 않은 비위행위라고 하더라도 징계 종류의 선택의 자료로서 피징계자의 평소의 소행과 근무성적, 당해 징계처분 사유 이후에 저지른 비위행위 정도도 징계양정에 있어서의 참작자료가 될 수 있다(대법 1998.5.22, 97다49701).

Ⅲ. 행위와 처분의 균형

① 근로자가 행하였던 반기업질서 행위와 그에 대하여 과하여지는 징계처분은 균형을 이루어야 하므로 경미한 행위에 대하여 과중한 처분을 하는 것

은 '징계권 행사의 남용'이 되어 무효가 된다. 통상적으로 징계사유로 삼은 비위행위 정도에 비해 균형을 잃은 과중한 징계처분을 선택함으로써 비례의 원칙에 위반하거나 합리적인 사유 없이 동일한 정도의 비위행위에 대해 일반적으로 적용해 온 기준과 어긋나게 공평을 잃은 징계처분을 선택해 평등의 원칙에 위반한 경우 이러한 징계처분은 재량권의 한계를 벗어난 처분으로 위법한 것이다. 취업규칙이나 상벌규정에서 징계사유를 규정하면서 동일한 사유에 대하여 여러 등급의 징계가 가능한 것으로 규정한 경우에 그 중 어떤 징계처분을 선택할 것인지는 징계권자의 재량에 속한다고 할 것이지만 이러한 재량은 징계권자의 자의적이고 편의적인 재량이 아니며 징계사유와 징계처분 사이에 사회통념상 상당하다고 인정되는 균형의 존재가 요구되므로 경미한 징계사유에 대하여 가혹한 제재를 과하는 것은 징계권 남용으로서 무효라고 하여야 할 것이다(대법 2008.1.31, 2005두8269).

② 판례(대법 2007.12.28, 2006다33999 ; 2002.9.24, 2002두4860 ; 2002.8.23, 2000다60890·60906)는 「피징계자에게 징계사유가 있어서 징계처분을 하는 경우, 어떠한 처분을 할 것인가 하는 것은 징계권자의 재량에 맡겨져 있는 것이므로 그 징계처분이 위법하다고 하기 위하여서는 징계권자가 재량권의 행사로서 한 징계처분이 사회통념상 현저하게 타당성을 잃어 징계권자에게 맡겨진 재량권을 남용한 것이라고 인정되는 경우에 한하여 그 처분을 위법하다고 할 수 있고, 그 징계처분이 사회통념상 현저하게 타당성을 잃어 재량권의 범위를 벗어난 위법한 처분이라고 할 수 있으려면 구체적인 사례에 따라 징계의 원인이 된 비위사실의 내용과 성질, 징계에 의하여 달성하려고 하는 목적, 징계양정의 기준 등 여러 요소를 종합하여 판단할 때에 그 징계 내용이 객관적으로 명백히 부당하다고 인정할 수 있는 경우라야 한다」라고 한다.

그러므로 사용자가 취업규칙을 적용하여 징계처분을 행할 경우에 처분의 경중 등은 그 자유재량에 맡겨서는 아니되며 객관적으로 타당한 적용을 하여야 한다는 구속을 받는다.

③ 징계처분이 무효가 되는 사례의 대부분은 징계할 만한 사실은 인정되나 징계해고의 사유로 하기에는 아직 경미하거나 불충분한 경우가 많다. 판례(대법 1997.10.28, 96누5780)는 「징계권자가 징계대상자들에 대한 징계수위를 낮

추기 위한 방편으로 일응 징계 양정기준을 정하고 그에 따라 징계처분을 하였을 경우 정해진 징계양정기준이 전혀 합리성이 없다거나 특정의 근로자만을 해고하기 위한 방편이라는 등의 특별한 사정이 없는 한 이로써 바로 당해 징계처분이 형평의 원칙에 반하여 위법하다고 할 수 없다」고 한다.

④ 또한 판례(대법 1994.5.24, 93다26854)는 「이 사건 부정행위에 가담한 직원 가운데 의원면직된 지점장 외 1명을 제외한 나머지 직원들에 대하여는 모두 정직이라는 징계처분을 하였음에 반하여 비록 원고에게만 정당한 자기방어권의 행사의 범위를 넘었다는 점만으로 근로자가 개인적으로 판매대금을 영득한 것으로 인정되지 아니하는 이 사건에 있어서 징계의 종류로서 가장 무거운 파면(해고)의 처분을 한 것은 지나치게 가혹하여 징계재량권의 범위를 벗어났다고 볼 수밖에 없다」고 하였다.

근로자에게 여러 가지 징계혐의 사실이 있는 경우 이에 대한 징계해고 처분이 적정한지의 여부는 그 사유 중 일부만 가지고 판단할 것이 아니고 전체의 사유에 비추어 사회통념상 근로계약을 계속시킬 수 없을 정도로 근로자에게 책임이 있는지 여부에 의하여야 한다(대법 1996.9.20, 95누15742).

⑤ 정신병원 간호조무사들의 1일 집단결근을 이유로 주임간호조무사에 대하여만 해고처분을 한 것이 형평의 원칙에 반하여 징계권을 남용하였다고 본다(대법 1998.11.10, 97누18189).

⑥ 택시회사의 운전기사가 운송수입금을 납입하지 않다가 한꺼번에 납입한 것이 운송수입금을 유용하였거나 3일 이상 운송수입금을 납입하지 않은 경우로서 취업규칙에 정한 해고사유에 해당한다고 본 사안에서, 해고된 운전기사가 교통사고의 손해배상을 위하여 빌린 일수 사채를 변제하는데 따른 어려움 때문에 운송수입금을 연체하였고, 다른 운전기사들도 통상적으로 운수수입금을 일일납입하지 않고 2~3일분을 일괄 납입하였으며, 택시회사가 종전에 이를 이유로 징계한 사례가 없고, 일일납입 여부와 상관없이 말일까지의 운송수입금이 입금되기만 하면 성실수당을 지급해 왔다는 점 등에 비추어 볼 때 사용자의 해고처분이 지나치게 가혹하여 그 재량권의 범위를 일탈하였다는 등의 이유로 원심판결을 파기한 사례가 있다(대법 2006.11.23, 2006다48069).

Ⅳ. 판단에 있어서의 단계적인 고찰

징계처분을 함에 있어서 행위와 처분의 균형을 판단하여 결정해야 한다. 징계처분시에 징계의 종류를 결정함에 관하여 징계사유 해당 행위의 정상에 따라야 하므로 정상이 가벼운 것으로부터 무거운 것으로 차례로 단계적으로 파악하여 그 정상이 매우 중대한 경우에 한하여 징계해고가 가능하도록 해야 한다. 판례(서울행법 2007.3.27)는 "근로자가 업무태만 등 사유로 여러 건(18회)의 시말서를 제출하는 경우 사용자는 가장 무거운 징계인 면직처분을 하기 전에 먼저 상대적으로 가벼운 징계처분을 하고 그래도 시정되지 않으면 징계의 수위를 순차적으로 높여가야 한다"고 한다. 또한 판례(대법 2009.1.15, 2008두16094)는 「종전에 별다른 징계처분을 받은 적이 없음에도 불구하고 회사가 처음부터 징계해고라는 가장 무거운 징계에 처한 사정 등을 종합하면 사회통념상 이 사건 해고는 재량권의 범위를 일탈하거나 남용한 것이라고 판단된다」고 한다.

이것은 모든 징계가 가장 가벼운 처분부터 시작하여야 한다는 의미는 아니며, 사안이 중대한 것은 그보다 가벼운 처분으로는 균형을 결한다면 당연히 1회의 행위일지라도 즉시 징계해고 하여도 무방한 것이다. 즉 그 위반행위에 관하여 차례로 가벼운 처분을 적용할 수 없음을 고찰하여 징계해고밖에 타당한 처분이 없는 경우에 한하여 인정하여야 한다. 취업규칙이나 단체협약 등에서 징계사유를 규정함에 있어 동일한 사유에 대하여 여러 등급의 징계가 가능한 것으로 규정하였다면 그 중 어떤 징계처분을 선택할 것인지는 징계권자의 재량에 속한다고 할 것이나, 이러한 재량은 징계권자의 자의적이고 편의적인 재량에 맡겨진 것이 아니며, 징계사유와 징계처분과의 사이에 사회통념상 상당하다고 보여지는 균형의 존재가 요구되고, 경미한 징계사유에 대하여 가혹한 제재를 가한다든가 하는 것은 그 재량권의 남용으로서 무효라고 할 것이고, 또한 근로자에게 여러 가지 징계혐의 사실이 있는 경우, 이에 대한 징계해고 처분이 적정한지의 여부는 그 사유 하나씩 또는 그 중 일부의 사유만 가지고 판단할 것이 아니고, 전체의 사유에 비추어 사회통념상 근로관계를 계속할 수 없을 정도로 근로자에게 책임이 있는지 여부에 의하여 판단하여야 한다(대법 1997.12.9, 97누9161). 그리고 징계권 남용 여부를 가리기 위하여 참작할 사정은 대상 근로자에게 불리한 것이거나 유리한 것이거나를 막론하고, 나아가 '징계해고를 하기 전의 사정'에 국한되지 않으며, 경우에 따라 '징계해고를 한 후의 사정'도 참작하여야 한다(대법 1998.5.22, 98다2365).

Ⅴ. 증거에 의한 판단

징계사유에 해당하는 근로자의 비위행위가 있는지 여부는 증거에 의해 판단되는 사실인정의 영역이다. 이 단계에서 주의해야 하는 것은 사용자가 어떤 비위행위를 징계사유로 주장한다는 이유만으로, 곧바로 그에 대하여 증거가 있는지 없는지 여부를 검토해서는 안 된다는 점이다. 만약 취업규칙이나 징계규정에서 근로자에 대한 징계를 징계위원회의 의결을 거쳐 행하도록 규정하고 있다면, 그 징계처분의 정당성 여부는 징계위원회에서 징계사유로 삼은 사유에 의하여 판단하여야 하고 징계위원회에서 거론되지 아니한 징계사유를 포함시켜 징계처분의 당부를 판단할 수는 없기 때문이다(대법 1988.12.13, 86다카1035). 그리고 징계위원회에서 징계사유로 삼았는지 여부는 징계(해고)통보서, 징계위원회 의결서, 회의록 등 구체적인 자료들을 통하여 결정되지만, 반드시 징계의결서나 징계처분서에 기재된 취업규칙이나 징계규정에서 정한 근거만으로 징계사유가 한정되는 것은 아니다(대법 2001.12.27, 2000두9083). 그리고 징계위원회에서 징계사유로 삼지 않은 것이라고 하더라도, 그 사유들을 징계 양정에 참작할 수는 있다(서울행법 2000.6.24, 99구12464).

만약 사용자가 여러 가지 징계사유를 주장하는데, 그 일부에 대하여 입증할 증거가 없다면 그것들은 징계사유로서 고려되지 않는다. 이때는 나머지 징계사유만을 가지고서 다음 단계로 나가게 된다. 만약 전체 징계사유에 대하여 입증할 증거가 없다면, 다음 단계로 나가지 않은 채 그 징계처분은 징계사유가 존재하지 아니하여 무효라고 판단한다.

Ⅵ. 처분절차의 엄수

1. 처분절차의 공정

징계처분은 근로자에게 불이익을 과하는 처분이기 때문에 취업규칙이나 단체협약에 규정된 절차에 따라야 하며(처분절차의 공정), 그 절차에 따르지 않으면 처분에 중대한 하자가 있다고 하여 무효가 된다.

① 판례(대법 1991.8.13, 91다1283)는 「단체협약 등에서 조합원을 해고하는 경우 사전통보와 진술의 기회부여 등에 관하여 규정하고 있다면, 이는 징계처분의 객관성과 공정성을 확보하기 위한 것으로서 징계처분의 유효 요건이라고 하여야 한다」라고 한다. 또한 판례(2006.2.26, 2005두14806)는 「이 사건 해고를 함에 있어서 이사회 및 운영위원회를 개최하여 근로자들을 징계한 것은 징계절차상 중대한 위법이 있으며, 회사의 취업규칙에 의하면 직원의 징계 시에는 당사자에게 구두 또는 서면으로 소명할 기회를 부여할 수 있다고 규정되어 있는데 피징계자에게 소명의 기회를 부여할 것인지의 여부는 인사위원회의 재량사항이라고 보이기는 하지만, 소명의 기회를 부여하는 것은 객관적 진실을 규명하고 징계처분의 절차적 정당성을 확보한다는 중요한 의미를 가진다 할 것이므로 회사의 이사회 및 운영위원회가 근로자에게 소명의 기회를 부여하지 아니한 채 해고한 것은 징계절차의 재량권을 남용한 것으로서 중대한 위법이 있다」고 한다. 단체협약에서 당사자에게 징계사유와 관련한 소명기회를 주도록 규정하고 있는 경우에도 그 대상자에게 그 기회를 제공하면 되는 것이고, 소명 그 자체가 반드시 이루어져야 하는 것은 아니다(대법 2007.12.27, 2007다51758).

② 판례(대법 1983.7.8, 85다375·85다카1591)는 「일반적으로 근로자를 징계해고함에 있어서 취업규칙에서 징계에 관한 절차가 정하여져 있으면 반증이 없는 한 그 절차는 정의가 요구하는 것으로서 징계의 유효요건이라고 할 것이나 취업규칙 등의 징계에 관한 규정에 징계혐의자의 출석 및 진술의 기회부여 등에 관한 절차가 규정되어 있지 아니하다면 그와 같은 절차를 밟지

아니하고 해고하였다 하여 이를 들어 그 징계를 무효라고는 할 수 없다」라고 한다.

③ 판례(대법 1991.2.8, 90다15884)는「단체협약상 근로자를 징계에 회부하고자 할 경우 3일 전까지 본인과 조합측에 통보하도록 규정되어 있으나 해고근로자가 징계위원회의 개최 2일 전에 징계 회부 된 내용을 통지받고 징계위원회에 출석하여 변명의 기회를 부여받아 자신의 의사를 개진하였다면 징계회부사실 통지기간 불준수의 점을 징계결의의 무효사유로 삼을 수 없다」라고 한다.

④ 판례(대법 1991.7.23, 91다13731)는「취업규칙에 인사위원회에서 징계의결을 함에 있어서는 징계대상자에게 인사위원회에 출석하여 변명할 기회를 부여하도록 규정되어 있는 경우 인사위원회의 개최 통지는 징계대상자에게 변명과 소명자료의 준비를 할 수 있을 정도의 시간적 여유를 두고 고지되어야 하고, 이러한 시간적 여유를 둠이 없이 촉박하게 고지된 경우에는 실질적으로 변명의 기회를 부여하지 않은 것과 같아서 부적법하다. 위의 경우 인천지점에 근무하는 근로자에게 안양본사에서 개최되는 인사위원회에 출석하라는 통지서를 개최되기 1시간 50분 전에 수령케 하였다면 위 근로자에 대한 징계해고 처분은 무효라고 본 조치는 정당하다」라고 한다.

⑤ 사립학교법에 정해진 절차를 거치지 아니한 교원 임면의 효력이 문제되고 있다. 사립학교법 제53조의2제1항제1호는 각급 학교의 교원은 당해 학교법인 또는 사립학교 경영자가 임면하되, 학교법인 및 법인인 사립학교 경영자가 설치·경영하는 사립학교의 교원의 임면은 당해 학교의 장의 제청으로 이사회의 의결을 거쳐야 한다고 규정하고 있는 바, 위 규정은 학교법인 및 사립학교 경영자의 교원 임면에 학교의 장 및 이사회가 관여하도록 함으로써 교원임면의 적정성을 확보하려는데 목적이 있다 할 것이므로 위와 같은 절차를 거치지 아니한 학교법인 또는 사립학교 경영자의 교원 임면은 무효이다(대법 2005.12.22, 2005다44299).

⑥ 또한, 판례(대법 1995.1.24, 93다29662)는「회사는 조합원을 인사조치하였을 시, 본인 또는 조합이 인사조치일로부터 15일 이내에 이의를 제기할 경우 조합측과 그 재심에 임한다는 회사 단체협약 제19조의 의미는 인사협의조항으

로 볼 수는 없고, 문면 그대로 징계 등에 대한 재심을 함에 있어서는 노동조합측을 참여하게 하는 규정이라고 보는 것이 상당하다 할 것이고, 다만 회사 단체협약상 노동조합의 참여에 관하여 아무런 규정이 없다면 최소한 재심절차에 노동조합대표자를 참석하게 하여야 할 것이므로 노동조합의 참여없이 이루어진 재심은 절차에 있어서 중대한 흠이 있어 무효이고 재심의 효력을 인정할 수 없는 경우에는 그 징계처분도 무효가 된다」라고 하였다.

⑦ 판례(대법 1993.5.25, 92누8699)는 「징계혐의자에 대한 출석통지는 징계혐의자로 하여금 자기에게 이익되는 사실을 진술하거나 증거자료를 제출할 수 있는 기회를 부여하는 데에 목적이 있으므로, 징계위원회가 진술의 기회를 부여하였음에도 징계혐의자가 진술권을 포기하거나 출석통지서의 수령을 거부하여 진술권을 포기한 것으로 간주되는 경우 징계위원회는 차후 그 징계혐의자에 대하여 징계위원회 출석통지를 할 필요 없이 서면심사만으로 징계의결을 할 수 있다」고 하였다.

⑧ 그런데 징계대상자가 구속 중이고, 범죄행위가 인정된다 하더라도 당해 직원은 계속하여 근로관계를 유지하고자 하는 의사를 가질 수 있고, 형사상 유죄판결 등이 반드시 근로관계의 당연종료 사유가 된다고 볼 수도 없는 것이므로, 당해 직원이 징계위원회에서 소명할 이익은 구속과는 별론으로 여전히 있다 할 것이며, 따라서 근로자가 구속 중이라 하더라도 이러한 소명의 기회 등의 절차를 준수하지 않았다면 당해 징계는 무효가 될 것이다(대법 1996.9.6, 95다16400).

그러나 이 때 사전통지 또는 소명의 기회를 반드시 직접 당사자에게 또는 직접 당사자가 출석하게끔 할 필요는 없으며 대리인 등을 통하여 서면으로 소명하게 할 수 있다. 또한, 우편물이 등기취급의 방법으로 발송된 경우에는 반송되는 등의 특별한 사정이 없는 한 그 무렵 수취인에게 배달되었다고 보아야 한다(대법 2007.12.27, 2007다51758).

2. 징계혐의사유 피해자가 징계결의에 참여한 경우

상벌규정은 공정하고 합리적인 징계권을 보장하기 위해 징계혐의자나 징계자의 친족이나 그 징계사유와 관계가 있는 자를 모두 징계위원에서 제척시키려는 규정으로서, 이러한 제척원인이 있는 징계위원은 그 사유만으로 당연히 당해 직무집행으로부터 제외되고 이에 위배된 징계권 행사는 징계사유가 인정되는 여부에 관계없이 절차에 있어서 정의에 반하는 것으로 무효이다(서울고법 2008.7.25, 2007나77165).

3. 징계절차 위반의 하자가 재심절차에서 보완된 경우

징계절차위반의 하자가 재심절차에서 보완된 경우의 징계처분의 효력문제에 대하여 판례(대법 1993.10.26, 93다29358)는「징계처분에 대한 재심절차는 원래의 징계절차와 함께 전부가 하나의 징계처분 절차를 이루는 것으로서 그 절차의 정당성도 징계과정 전부에 관해 판단되어야 할 것이므로, 원래의 징계과정에 절차 위반의 하자가 있더라도 재심과정에 보완되었다면 그 절차 위반의 하자는 치유된다고 할 것이다」라고 한다.

4. 징계절차에 따르지 않았더라도 징계처분이 유효한 경우

취업규칙상의 징계절차에 따르지 않았더라도 징계처분이 유효하다고 본 사례가 있다. 취업규칙 등에서 근로자를 징계하고자 할 때에는 징계위원회의 의결을 거치도록 명하고 있는 경우, 이러한 절차를 거치지 아니하고 한 징계처분은 원칙적으로 효력을 인정할 수 없는 것이나, 다만 사용자와 노동조합 사이에 근로자에 대한 징계절차를 취업규칙에 정한 징계절차보다 근로자에게 유리한 방식으로 운영하기로 합의가 이루어져 상당한 기간 그 합의에 따라 징계절차가 운영되어 왔고, 이에 대하여 근로자들도 아무런 이의를 제기하지 아니하였다면, 그와 같은 징계절차의 운영은 취업규칙의 징계절차에 따르지 않았다고 하더라도 그 효력을 부인할 수는 없는 것이다(대법 2001.4.10, 2000두7605).

5. 취업규칙 등에서 노·사 동수로 징계위원회를 구성하도록 한 경우 노측 징계위원의 위촉 방법

취업규칙 등에서 노·사 동수로 징계위원회를 구성하도록 하고 있다면 이는 근로자들 중에서 징계위원을 위촉하여 징계위원회에 대한 근로자들의 참여권을 보장함으로써 절차적 공정성을 확보함과 아울러 사측의 징계권 남용을 견제하기 위한 것이라고 할 것이므로, 취업규칙에 직접적으로 징계위원의 자격과 선임절차에 관해서 규정하고 있지는 않지만, 노측 징계위원들이 이전부터 근로자들을 대표하거나 근로자들의 의견을 대변해왔다는 등의 특별한 사정이 없는 한 근로자들의 의견을 반영하는 과정 없이 임의로 노측 징계위원을 위촉할 수 있는 것까지 해석할 수는 없다(대법 2006.11.23, 2006다48069).

6. 면직처분과 징계절차

사용자가 면직처분을 함에 있어 징계절차를 거칠 필요가 있느냐의 여부에 관한 문제가 있다. 판례에서는 당연면직조항은 「근로자의 기본적 의무인 근로제공의무를 이행할 수 없는 상태가 장기간 계속되어 왔음을 근거로 사용자가 근로자를 당연 면직시켜도 근로자측에서 이의를 제기할 여지가 없을 정도의 상태를 말한다」라고 해석하고 있다(대법 1999.9.3, 98두18848). 여기에서 정년, 사망, 계약기간의 만료 등은 크게 문제될 것이 없으나 형사상 유죄판결이나 휴직 후 복직원 미제출과 관련하여서는 근로자가 근로를 제공할 수 없는 상태로 보기가 어려운 경우가 있는데, 예컨대 집행유예를 받았거나 제출기한 내에 불가피하게 복직원을 제출하지 못하였으나 충분히 근로를 제공할 의사와 능력을 갖추고 있는 경우 등이 이에 해당할 것이다.

판례(대법 2000.6.23, 99두4235)에 의하면 「취업규칙 등에 면직처분과 징계처분이 따로 규정되어 있으면서도 면직처분에 관하여는 일반의 징계처분과 달리 아무런 절차 규정도 두고 있지 아니하고 그 면직사유가 동일하게 징계사유로 규정되어 있는 것도 아니라면, 사용자가 면직처분을 함에 있어 일반의 징계절차를 거쳐야 한다고 할 수 없고 이는 면직사유가 실질적으로 징계사유로 보여지는 경우에도 달리 해석할 것은 아니다」고 한다.

Ⅶ. 이중처분 금지의 원칙

1. 이중처분 금지 원칙에 대한 학설과 판례의 태도

징계권 행사의 기본원칙 중 하나인 '이중처분 금지의 원칙'에 대하여는 두 가지 견해가 있다. 첫째 견해는 "모든 국민은 행위시의 법률에 의하여 범죄를 구성하지 아니하는 행위로 소추되지 아니하며, 동일한 범죄에 대하여 거듭 처벌받지 아니한다"라고 규정한 헌법 제13조제1항에 근거한 것으로 보고 있다. 둘째 견해는 형사정책적 차원에서 이루어지는 국가형벌권의 행사와 기업질서 유지차원에서 이루어지는 징계처분을 동일시하기는 어렵다는 점에서 이중처분금지 원칙이 형벌법규와 관련한 위 헌법조항에서 도출되는 것으로 파악할 수는 없다고 한다. 즉, 헌법 제32조제1항 및 제3항은 근로의 권리를 규정하고 있으며 근로기준법 제23조는 해고 등 징계에 있어서 '정당한 이유'를 구비할 것을 요구하고 있으므로, 이중처분금지의 원칙 역시 근로기준법 제23조 및 그에 의하여 인정되는 징계권의 한계에서 그 근거를 찾을 수 있을 것으로 보는 견해이다.

판례(대법 2000.9.29, 99두10902)는 이중처분 금지 원칙과 관련하여 "사용자가 근로자에 대하여 이중징계를 한 경우 일사부재리의 원칙이나 이중처분 금지의 원칙에 위배되어 그 징계처분은 무효"라고 판시하고 있는바, 일시부재리 원칙이나 이중처분 금지 원칙을 거론하고 있는 점에 비추어 본다면 판례는 위 첫째의 견해와 같이 헌법 제13조제1항을 이중처분 금지원칙의 근거로 삼고 있는 것으로 보인다. 위 대법원 판결은 "이와 같이 이중징계에 해당하려면 선행 처분과 후행 처분이 모두 법적 성질상 징계처분이어야 하고, 선행 징계처분이 취소됨이 없이 유효하게 확정되어야 하며, 선행 징계처분과 후행 징계처분의 징계혐의사실이 동일하여야 한다"라면서 이중징계의 요건을 제시하고 있다.

생각건대 이미 징계가 이루어진 동일한 비위사실에 대하여 이중으로 징계하는 것은 위법, 부당하며 허용되지 아니한다는 것을 뜻한다. 그러므로 한 가지 위반행위에 이중의 처분을 함은 허용되지 않으므로 어떤 사실에 의거하여 갑이라는 징계처분이 취하여진 뒤에 그 사실에 관하여 또 다시 을이라는 다른 징계처분(처분의 형식은 동일하여도 무방하다)을 취함은 일사부재리의 원칙에 비추어 허용되지 아니하는 것으로 해석하여야 한다. 사적 제재규범인 징계처분에도 일사부재리의 법리는 타당하다. 또한, 징계처분을 행하면서 개전의 정이 없이 다시 반복하였을 경우에는 당연히 앞의 징계사유를 고려하여 보다 무거운 징계처분을 과할 수도 있다.

2. 선행 처분과 후행 처분의 징계혐의 사실의 동일

사용자가 근로자에 대하여 이중징계를 한 경우 일사부재리의 원칙이나 이중처분금지의 원칙에 위배되어 그 징계처분이 무효이나 이중징계에 해당하려면 선행 처분과 후행 처분이 모두 법적 성질상 징계처분이어야 하고, 선행 징계처분이 취소됨이 없이 유효하게 확정되어야 하며, 선행 처분과 후행 징계처분의 징계혐의사실이 동일하여야 한다(대법 2000.9.29, 99두10902).

3. 징계사유가 다른 경우

예컨대 근로자가 회사로부터 받은 승무정지 40일의 징계처분상 징계혐의 사실은 1990년 8월 6일부터 1992년 8월 20일 까지 사이에 교통사고 11건, 무단조퇴 2건, 동료기사 폭행 2건을 저질렀다는 것으로서 이 사건 징계해고 처분상의 징계혐의 사실과는 전혀 다른 것임이 인정되므로, 이 사건 징계해고 처분은 이중징계에 해당하지 않는다(대법 2000.9.29, 99두10902).

예컨대 징계가 이루어지기 이전인 1997.8.9 회사가 근로자에 대하여 정직 3월의 징계처분(이하 '종전의 징계'라 한다)을 한 사실은 인정되나, 이는 감독기관인 국민체육진흥공단의 감사결과에서 지적한 해당 근로자의 방송장비의 도입계획 불철저 및 도입장비의 관리 소홀을 징계사유로 한 것이고, 이 사건 징계는 그 이후인 1998.2.9 근로자의 급여가 가압류되면서 근로자가 관련 업체를 위하여 연대보증을 하는 등으로 부적절한 관계를 유지하였다는 사실이 새로이 밝혀져 이를 징계사유로 삼아 이루어진 것임을 알 수 있다. 따라서 이 사건 징계는 종전의 징계와는 형식적으로는 물론, 실질적으로도 그 사유를 달리하여 이중징계에 해당한다고 할 수 없으므로 이 부분 상고이유의 주장도 이유 없다(대법 2001.12.14, 2000두3689).

4. 1차 징계를 취소한 후 재징계한 경우

① 1차 징계를 취소한 후 재징계시 일사부재리의 원칙에 위배되느냐의 여부이다. 판례(대법 1994.9.30, 93다26496)는「사용자의 근로자에 대한 징계처분은 근로자의 기업질서 위반행위에 대한 제재로서의 벌이고 자체의 재심절차에

서도 징계처분을 취소할 수 있으므로 사용자가 징계절차의 하자나, 징계사유의 인정, 징계양정의 부당 등에 잘못이 있음을 스스로 인정한 때에는 노동위원회의 구제명령이나 법원의 무효확인 판결을 기다릴 것 없이 스스로 징계처분을 취소할 수 있고, 나아가 새로이 적법한 징계처분을 할 수 있으며, 징계해고 처분이 취소되면 소급하여 해고되지 아니한 것으로 보게 되므로, 그 후 새로이 같은 사유 또는 새로운 사유를 추가하여 다시 징계처분을 한다고 하여 일사부재리의 원칙이나 신의칙에 위배된다고 볼 수는 없다고 징계 무효 확인판결이 선고된 뒤에 징계처분을 취소한다고 하여 법원의 판결을 잠탈하는 것이라고 할 수도 없다」고 한다.

② 판례(대법 1995.12.5, 95다36138)는 「징계해고에 관한 절차위반을 이유로 해고 무효판결이 확정된 경우 소급하여 해고되지 아니한 것으로 보게 될 것이지만, 그 후 같은 징계사유를 들어 새로이 필요한 징계절차를 밟아 다시 징계처분을 한다고 하여 일사부재리의 원칙이나 신의칙에 위배된다고 볼 수는 없을 뿐더러, 법원의 판결을 일탈하는 것이라고 할 수도 없다」고 한다.

③ 해고근로자가 직장 내 여직원들을 수차례 성희롱하고 조직력을 저해하였다는 이유로 1차 징계해고 되었다가 징계양정이 과다하다는 구제명령으로 회사에 복직하였다. 회사는 이후 새로이 상벌위원회를 열어 근로자가 성희롱한 징계사유를 보완하여 다시 2차 징계해고를 하였다. 그런데 이 과정에서 1차 해고사유와 같은 사유에다가 해고의 양정사유를 추가로 보완하여 한 2차 해고가 1차 해고와 그 사유가 같다고 하더라도 일사부재리의 원칙에 위배되는 것은 아니며, 나아가 그 징계처분이 사회통념상 현저하게 타당성을 잃은 것이 아니라면 재량권을 남용한 것이라 볼 수 없다(서울행법 2006.3.24, 2005구합13872).

5. 파면처분을 해임처분으로 변경한 경우

파면처분에 대해 지방노동위원회가 구제명령을 하자 회사 측이 중앙노동위원회에 재심을 신청하는 한편 파면처분을 해임처분으로 변경한 경우 파면처분은 소급하여 실효되고 해임만이 효력을 발생, 결국 재심신청의 이익이 없는 경우에 해당하므로 재심판정의 취소를 구하는 소는 부적법하다. 회사가 근로자에 대한 징계처분을 파면에서 해임으로 변경함으로써 종전의 파면처분은 소급으로 실효되고 변경된 징계처분인 해임만이 효력을 발생하게 되었으므로 종전의 파면처분에 대하여는 구제이익이 소멸되고 위 구제명령을 취소할 이익도 없게 되어 결국 재심신청의 이익이 없는 경우에 해당하므로 중앙노동위원회로서는 회사의 재심신청을 각하하는 재심판정을 하였어야 함에도 재심신청을 기각한 것은 잘못된 것이지만, 회사로서는 재심판정의 취소를 구할 소의 이익이 없는 이상 이 사건 재심판정의 적법 여부에 대하여 판단할 필요 없이 이 사건 소는 부적법하다(대법 2003.2.26, 2002두10506).

6. 국가공무원법 제14조제6항 소정의 불이익변경 금지원칙의 적용범위

국가공무원법 제14조제6항은 "소청심사위원회가 징계처분을 받은 자의 청구에 따라 소청을 심사할 경우에는 원징계처분에서 부과한 징계보다 무거운 징계를 부과하는 결정을 하지 못한다"고 규정하고 있는 바, 이는 소청심사결정에서 당초의 원처분청의 징계처분보다 청구인에게 불리한 결정을 할 수 없다는 의미라고 할 것이다. 의원면직처분에 대하여 소청심사청구를 한 결과, 소청심사위원회가 의원면직처분의 전제가 된 사의표시에 절차상 하자가 있다는 이유로 의원면직처분을 취소하는 결정을 하였다고 하더라도 그 효력은 의원면직처분을 취소하여 당해 공무원으로 하여금 공무원으로서의 신분을 유지하게 하는 것에 그치는 것이고, 이때 당해 공무원이 국가공무원법 제78조제1항 각호 소정의 징계사유에 해당하는 이상 같은 항에 따라 징계권자로서는 반드시 징계절차를 열어 징계처분을 하여야 하는 것이므로 이러한 징계절차는 소청심사위원회의 의원면직처분 취소결정과는 별개의 절차로서 여기에 국가공무원법 제14조제6항 소정의 불이익변경금지의 원칙이 적용될 여지는 없다(대법 2008.10.9, 2008두11853 • 11860(병합)).

4장

징계처분사유의 유형을 둘러싼 법률실무

Ⅰ. 경력사칭

1. 경력사칭과 징계처분

경력사칭은 대표적인 징계사유이다. 경력사칭이란 근로자가 근로계약의 체결 시에 이력서나 면접 등에서 교육경력, 직장경력, 면허나 자격 등 중요한 경력사항을 속이거나 숨기는 것을 말한다. 대부분의 취업규칙은 경력사칭을 징계사유로 하고 있는데 '중요한 경력의 사칭'에 한정하고 있는 경우가 많다. 여기서 중요한 경력이란 주로 노동력의 평가와 관련되는 것으로서 채용 여부, 근로조건의 결정, 배치될 직종이나 직위 등에 영향을 줄 만한 경력사항을 말한다. 물론 노동력의 평가자료가 근로자의 인격과 무관한 것은 아니지만, 이를 전인격적 평가자료까지 확대할 수는 없다. 중요경력의 구체적인 범위는 사업의 종류나 성질, 담당할 직위에 따라 달라져야 할 것이다. 판례도 한결같이 이것이 징계사유가 된다는 점을 긍정함과 동시에 사칭된 경력은 중요한 것이라는 점을 요구하고 있다.

중요한 경력사칭에 해당한다고 보는 것으로는 최종학력과 직력 그리고 범죄력의 사칭인데 사칭의 내용과 해당근로자의 직종 등에 입각하여 구체적으로 판단된다. 최종 학력의 사칭은 낮은 학력을 높게 사칭(과대사칭)하는 것만이 아니라 높은 학력을 낮게 사칭(과소사칭)하는 것도 포함된다. 게다가 판례는 해당 근로자가 수년간 근무한 후에도 채용시의 사칭이라는 하자의 치유를 용이하게 인정하지 않는 경우도 있다.

2. 경력사칭과 징계해고의 사유

문제는 경력사칭이 징계해고의 사유가 될 수 있느냐 여부에 있다.

① 긍정설은 경력사칭이 그 자체로써 징계(해고)의 대상이 될 수 있다고 본다. 판례(대법 1992.6.23, 92다8873 ; 1995.3.10, 94다14650 ; 1997.5.28, 95다45903 ; 1999.3.26, 98두4672 ; 2000.6.23, 98다54960)는 "기업이 근로자를 고용하면서 학력 또는 경력을 기재한 이력서나 그 증명서를 요구하는 이유는 단순히 근로자의 근로능력을 평가하기 위해서만 아니라, 노사간의 신뢰형성과 기업질서 유지를 위해서는 근로자의 지능과 경험, 교육정도, 정직성 및 직장에 대한 정착성과 적응성 등 전인격적인 판단을 거쳐 고용 여부를 결정할 필요가 있어 그 판단자료로 삼기 위한 것이므로, 당시 회사가 그와 같은 허위기재 사실을 알았더라면 근로자를 고용하지 않았을 것으로 보여지는 한 정당한 징계해고 사유가 될 수 있다"고 한다. 경력사칭을 징계사유로 보는 근거는 이것이 근로계약상 신의칙 위반이라는 점, 노동력 평가뿐만 아니라 근로자에 대한 전인격적 판단을 잘못하게 된 결과 고용 후 노동력의 조직화 등 기업의 질서와 운영에 지장을 초래할 우려가 있는 경우 등에서 요구하고 있다.

② 부정설은 경력사칭행위가 그 자체로서는 징계(해고)의 대상이 되지 않지만 이로 인하여 직장질서를 현실적으로 침해한 경우에는 징계해고의 대상이 된다고 해석한다.

이에 대해 학설에서는 경력사칭이 근로계약체결 당시의 행위로서 그 자체로는 기업질서를 침해하는 행위로 볼 수는 없으므로 근로계약 체결시의 의사표시의 하자로서 착오나 사기에 의한 근로계약의 취소사유가 될 수 있거나, 실제로 사칭의 결과 근로자가 노무의 제공을 완전하게 할 수 없다는 이유로 근로자를 해고할 수는 있다 하더라도 징계처분의 대상으로 삼을 수는 없다는 것이다(김형배, 「노동법」, 신판 제5판, 2009, p.643 이하 ; 하경효, 「징계해고의 정당사유와 절차에 관련된 문제」 중앙노동위원회(조정과 심판, 6호), 2001, p.38)).

③ 그러나 기업과 근로자간의 신뢰관계는 기업질서의 근간을 이루고 있으며 이것을 파괴하는 '중요한 경력사칭'은 실질적으로 보아 기업질서와의 관련성을 충분히 가진다고 생각할 수 있다. 기업이 근로자의 학력 또는 경력을 기재한 이력서나 증명서를 요구하는 것은 근로능력을 평가하기 위한 것뿐만 아니라 노사간의 신뢰형성과 기업질서 유지를 위해서 그 판단자료로 삼기 위한 것이므로 입사당시 허위기재 사실을 알았더라면 근로자를 고용하지 않았을 것으로 보이는 한 이를 해고사유로 들어 해고하는 것이 부당하다고 할 수 없고, 또한 이러한 허위기재가 회사의 취업규칙 소정의 징계사유에 해당하고, 또 그 허위기재가 착오로 인한 것이거나 그 내용이 극히 사소하다고 볼 수 없다(대법 2004.1.15, 2003두11339).

3. 경력사칭의 유형

(1) 학력, 경력 기재의 의의

사용자가 근로자의 신규 채용시 일정한 학력을 채용요건으로 정하는 경우가 많고, 이에 신규 입사자는 학력이나 경력을 기재한 이력서나 증명서를 회사에 제출한다. 이 경우 취업규칙 등에 '성명, 학력, 경력을 속이거나 이력서를 허위 기재한 것'을 징계사유의 하나로 규정하는 것이 보통이다.

(2) 채용 후 경력사칭 발견

근로자가 학력, 경력을 사칭 또는 은폐하여 채용된 후 근무하다가 이 사실이 발각되었을 경우 그 자체만으로도 정당한 징계해고 사유가 된다고 해석하는 것이 일반적인 해석이다(대법 1985.4.9, 83다카2202 ; 1992.9.25, 92다18542).

판례의 입장은 근로자 중에 학력이나 경력을 사칭, 은폐한 채 근무하고 있는 부정직한 근로자가 포함되어 있다는 것은 '노사간의 신뢰관계'나 '회사의 기업질서 유지'에 부정적인 영향을 준다고 한다.

따라서 회사는 신규채용 당시 이러한 사실을 알았더라면 그가 일할 능력을 갖추고 있다고 하더라도 근로자의 정직성 등 인격적인 측면을 고려하여 채용하지 않았을 것이므로 학력 등의 사칭, 은폐의 사유는 징계해고 사유로서 적법하고 근로관계를 더 이상 계속시킬 수 없는 정당한 해고사유로 된다고 한다.

(3) 과소 사칭

학력의 사칭, 은폐는 낮은 학력을 가진 자가 취업조건에 맞는 높은 학력으로 가장하는 것이 보통이다.

그러나 높은 학력을 가진 자가 일부러 이를 숨기고 낮은 학력자로 가장하는 위장취업의 사례가 있다(대법 1989.1.31, 87다카2410 ; 1992.6.24, 92다8873). 위장취업에 관하여는 Ⅱ에서 상세히 설명한다.

(4) 과대 사칭

근로자가 낮은 학력을 숨기고 취업하였으나 모자라는 학력 때문에 하는 일에 지장을 받은 일도 없고 오랜기간 동안 성실히 근무하여 왔다고 하더라도 정당한 징계해고 사유가 됨에는 변함이 없다(대법 1989.3.14, 87다카3196).

(5) 전과사실(강간치상죄)의 은폐 및 경력을 과장한 때

사용자가 근로자를 고용함에 있어 학력, 경력 등을 기재한 이력서를 요구하는 이유는 그것을 바탕으로 근로자의 노동력을 평가하기 위해서 뿐만 아니라 노사간의 신뢰형성과 기업질서 유지를 위해서는 근로자의 지능과 경험, 교육정도, 정직성 및 직장에 대한 적응성 등 전인격적 판단을 거쳐 고용여부를 결정할 필요가 있으므로 그 판단자료로 삼기 위한 것이어서, 근로자의 대부분이 여성인 회사에 입사지원서 및 이력서를 작성 제출함에 있어 강간치상죄로 형사처벌을 받고 그 바람에 징집이 면제된 전과사실을 은폐하고 경력을 과장한 것이 징계해고 사유에 해당한다고 본다(대법 1991.4.9, 90다카27402).

(6) 근로자의 학력 및 경력 은폐와 해고사유 해당 여부

근로자가 대학 4학년 1학기를 마치고 휴학, 자퇴한 학력과 지명 수배되었다가 대통령 특별사면 조치로 해제된 경력을 은폐한 것이 밝혀져 이를 이유로 징계해고한 것은 정당하다(대법 1992.6.23, 92다8873).

(7) 학력, 경력이 채용시 문제되지 아니한 경우

① 학력 등 사칭이 채용 여부를 결정하는데 아무런 영향을 주지 않았다고 볼 수 있는 경우로서 학교이름만 조금 다르게 기재하였을 뿐이고 단순한 생산직 육체노동자로 채용되어 채용시 학력이 전혀 문제되지 않은 경우를 생각할 수 있다. 그러한 경우는 '학력사칭'이라는 징계해고 사유가 적법한 것이 될 수 없다(대법 1989.5.9, 88다카918).

② 학력과 경력을 일부 은폐하거나 허위로 기재하였더라도 근로계약 체결 여부 또는 근로조건을 결정하는데 크게 영향을 주었다고 보기 어렵고, 동료들과의 위화감이나 노사간의 분쟁을 야기한 바 없는 등 학력과 경력 은폐와 관련하여 아무런 문제도 없었다면 이를 이유로 한 해고는 부당하다(대법 2004.2.27, 2003두14338).

(8) 경력사칭과 노조활동

적극적인 노조활동을 추진 중이던 근로자에 대한 보복적 제재의 방편으로 허위학력 등 사칭을 표면적인 이유로 내세워 해고한 경우라면 이는 '부당노동행위'(노조법 제81조제1호)에 해당되어 위법부당하다(대법 1986.10.28, 85누851).

(9) 경력사칭자에게 각서 징구후 계속 고용한 경우

사용자가 근로자의 학력, 경력의 사칭 은폐사실을 발견하고도 해당 근로자로부터 이를 자인하는 내용의 각서를 받고 계속 고용하여 온 경우에는 더 이상 해고사유로 삼을 수 없다(대법 1988.12.13, 86다204·86다카1035).

Ⅱ. 위장취업

1. 위장취업 문제의 대두 배경

경력사칭 중 주로 학력을 은폐하기 위하여 대학교 졸업사실을 숨기고 초등학교 졸업이라고 과소사칭하여 취업한 후 과격한 노동운동을 전개한 것을 위장취업이라고 한다.

과거 80년대 5, 6공화국의 권위주의 시대에 주로 운동권출신의 학생들이 자신들의 신분을 위장하고 노동현장에 침투하여 근로자들을 의식화함으로써 과격 노사분규를 유발하고 기업을 도산에 이르게 하는 사례가 급증하여 위장취업이라는 새로운 용어가 등장하였다.

위장취업자들은 노사관계를 기본적으로 억압과 착취하는 대립적 구도로 파악하고 대화가 아닌 투쟁을 통한 노동해방을 주장하면서 산업현장의 근로자들을 선동, 과격 노사분규를 야기하는 사례가 속출하여 사용자들이 그들을 고소하거나 즉시 해고하는 등 강력 대응하게 됨으로써 위장취업의 문제가 심각한 사회문제로 대두되었다.

2. 위장취업의 개념

통상 위장취업이란 임금 이외의 목적으로 성명 또는 학력, 경력 등을 은폐, 위장하고 취업하는 경우이다.

따라서 비록 학력을 위장하고 취업하였다 하더라도 진실로 생계를 위하여 신분 등을 위장한 경우는 본 유형에서 말하는 위장취업에는 속하지 아니한다.

3. 위장취업의 사례

(1) 자신의 성명을 사용하여 취업하되 학력, 경력을 위장하는 경우

취업을 위한 이력서 제출시 본적, 주거, 성명 등은 사실대로 기입하나 학력을 위장하거나(예컨대, 대졸을 중졸이나 고졸로) 경력을 허위로(예컨대, 취업사실이 없는데도 어떤 모사업장에서 취업한 사실이 있는 것처럼 위장) 기재하여 제출하는 경우가 있다.

(2) 이력서를 허위기재한 경우

피징계자들이 입사시 이력서 등을 허위기재하고 그 중 일부는 타회사에 가명으로 위장취업한 바 있는 사실에 비추어 회사에 입사시 "성명, 연령, 학력, 경력, 인적사항 등에 관하여 타인의 것을 도용하거나 허위신고하였을 경우 무조건 자진퇴사한다"는 내용의 각서를 제출한 사실, 회사가 취업규칙 소정의 각 징계사유에 해당된다는 사유로 적법한 절차에 따라 징계위원회를 개최하여 징계해고한 사실을 인정할 수 있다면 노동조합 활동을 이유로 한 부당노동행위라고는 볼 수 없다 할 것이다(서울고법 1991.6.13, 89구16685).

(3) 실재하지 아니한 회사에 근무한 것으로 경력을 사칭한 경우

근로자가 회사에 입사하면서 이력서를 제출함에 있어 전에 근무하던 회사에서 근무성적 불량으로 해고당한 사실과 주거침입 혐의로 지명수배된 사실 등이 알려질 것을 우려하여 전에 근무한 경력과 달리 실재하지도 아니한 다른 회사에서 근무한 것처럼 허위로 사칭한 경우에는 회사가 당해 근로자를 고용할 때에 위와 같은 내용을 알았더라면 그와 고용계약을 체결하지 않았을 것이 경험칙상 명백하므로 이는 근로자가 성명, 이력서 기타 중요한 사항을 기만하여 채용된 경우 징계해고 사유가 된다고 규정한 회사의 취업규칙 및 상벌규정에 정한 징계사유에 해당한다(대법 1990.10.30, 89다카30846).

(4) 타인의 주민등록증을 변조 행사하는 경우

타인의 주민등록증을 절취하거나 습득한 후 타인의 사진을 떼어내고 그 자리에 자신의 사진을 붙여 제출하거나 이력서 등을 타인명의로 작성, 제출하는 경우이다.

(5) 타인의 주민등록등본을 사용하는 경우

취업시 회사에서 주민등록증을 확인치 않고 취업서류로서 주민등록등본의 제출만을 요구하거나 또는 주민등록증의 제시를 요구함에도 주민등록증 분실을 이유로 제시하지 아니하고 타인의 주민등록등본을 제출한 경우이다.

(6) 타인명의 이력서, 서약서, 근로계약서 등 사문서를 위조행사하는 경우

구인난이 심한 영세업체에서 특별한 절차를 요구하지 아니하는 경우에 주민등록증이나 주민등록등본을 제출하지 아니하고 타인명의로 이력서 등을 제출하는 경우이다.

주민등록증을 변조하거나 기타 사문서를 위조하는 등 적극적으로 사용자를 기만하여 취업한 경우에는 당연히 해고사유가 된다고 할 것이다.

이 경우에는 일반형사범으로 처벌되게 되므로 위장취업사실이 발각되면 도주하거나 자퇴하게 되는 것이 상례이다. 단순히 학력이나 경력을 위장한 데 불과한 경우는 학력, 경력을 사칭한 경우에 해당된다.

(7) 4년제 대학 졸업을 고등학교 졸업이라고 이력서에 기재하고 채용된 경우

최근 서울행정법원은 중대한 학력·경력 사칭에 해당되지 않을 경우에는 징계해고는 부당하다고 한다. 판례(서울행법 2008.4.8, 2007구합31560)의 내용은 다음과 같다.

「살피건대, ① 대학입학정원의 증가·대학교의 증가·독학사 제도의 도입·평생교육제도의 강화 등으로 인한 고등교육의 대중화로 노동시장에서 4년제 대학 이상 졸업자의 비중이 현저하게 증가한 점, ② IMF 이후 경제성장률이 저하되고 국가간·기업간 경쟁이 격화됨에 따라 노동시장의 유연화가 가속화되고 취업률이 감소하고 있는 점, ③ 이에 따라 종전에 대학 졸업자들이 주로 취업하던 분야의 노동시장에 진입할 수 있는 대학 졸업자들의 비율이 줄어들어(청년실업률의 증가 등) 종래 고졸 이하의 학력을 가진 근로자들이 주로 취업하던 직장에 4년제 대학 졸업자들이 취업하는 경우가 늘어나고 있는 점, ④ 회사는 근로자들을 채용하면서 학력에 관한 조건을 명시한 적이 없는 점, ⑤ 회사가 4년제 대학 졸업자를 채용하지 아니하는 이유로 들고 있는 것(분수에 맞지 않는 고학력자로서 담당업무를 받아들이는 자세가 불량하고 상급자가 업무지시할 때 부담을 느끼며, 직원간의 위화감이 조성되는 등 업무의 능률과 직장 인화단결에 저해가 된다는 점)은 적어도 근로자의 입사시점에는 고학력자는 불성실하거나 상급자의 지시를 잘 따르지 않고 4년제 대학 졸업이라는 학력만으로 고졸 이하의 근로자들에게 위화감을 준다는 합리적인 근거가 없는 가정에 기초한 것인 점, ⑥ 위와 같은 이유를 들어 고학력자를 채용하지 아니한 것은 학력에 의한 차별로서 그 차별에 합리적인 있다고 보기 어려운 점(근로기준법 제6조 참조), ⑦ 최종학력을 낮게 기재한 것을 이유로 한 해고문제의 연혁을 살펴보면, 4년제 대학을 졸업한 근로자가 노동시장에서 차지하는 비중이 현저하게 낮을 때 고학력자들이 최종학력을 낮게 기재하고 생산직 근로자로 취업하여(이른바 '위장취업') 노동조합의 조직·조합활동에 적극적·주도적으로 참여함으로써 노사분쟁이 증가함에 따라 기업에서 이를 방지하기 위하여 경력사칭을 징계해고 사유로 지지하였으나, 이는 헌법에 보장된 근로3권을 행사하는 것 자체를 위법한 행위 또는 바람직하지 아니한 것으로 파악하는 것을 전제로 하고 있는 것이고 위와 같은 사용자의 태도는 인간의 존엄성·근로권의 보장에 반하는 불합리한 것으로 타파되어야 하는 점(만약 근로3권의 행사를 목적으로 취업한 것을 정당하다고 보았다면 위와 같이 위장취업을 할 동기도 생기지 아니하였을 것이고, 근로3권의 행사를 목적으로 취업한 근로자가 근로계약상의 의무를 제대로 이행하지 않는다면 이를 이유로 징계 등의 조치를 취하면 될 것이다), ⑧ 근로가 물화(物化)된 사업장·직위(생산직 근로자 등)에서는 인격화된 사업장·직위(사업주를 위하여 행위하는 자 등)보다 근로자의 인격적 요소가 차지하는 비중이 낮게 되는 바, 이 사건에서 근로자는 용접기능사 자격증을 취득하고 생산직 근로자로 채용된 것이어서 최종 학력 자체는 근로계약의 본질적인 내용과 직접적인 관련성이 없는 점, ⑨ 근로자가 회사에 취업한 이래 담당 업무를 받아들이는 자세가 불량하고 상급자가 업무지시할 때 부담을 느끼며, 직원간에 위화감을 조성하는 등 업무의 능률과 직장 인화단결에 저해를 주었다고 볼 만한 사정이 없는 점 등에 비추어 보면, 근로자의 경력사칭은 사전에 발각되었다면 회사는 근로계약을 체결하지 아니하였거나 적어도 동일 조건으로는 계약을 체결하지 아니하였을 것이라는 인과관계가 건전한 상식에 비추어 인정될 수 있을 정도로 중대한 경력사칭이라고 보기 어렵다」고 한다. 또한 최근 하급심 판례는 대학졸업자이면서도 고등학교 졸업자라고 기재한 학력사칭을 이유로 한 해고는 정당하다고 한다.

「해당근로자들은 회사의 생산직 사원으로 노동조합 간부로 활동하고 있다. 이들은 대학 졸업자임에도 입사 당시 이력서에 대학 졸업 사실을 기재하지 않았고 이를 이유로 해고당했다. 근로자들은 회사가 채용 당시 학력을 채용 조건으로 내세운 바 없고 학력이 업무 수행과 전혀 관계가 없어 부당 해고 및 부당노동행위라 주장했으나 이력서에 대학 졸업 사실을 기재하지 않은 것은 정직성에 대한 중요한 부정적인 요소가 되고, 학력 허위 기재 행위를 취업규칙에 해고 사유로 정하고 있어 정당한 해고 사유에 해당한다」(서울행법 2008.12.19, 2008구합20512)고 한다. 이와 같이 학력사칭에 대하여 상반된 하급심 판결이 있는바 최종 대법원 판결의 귀추가 주목되고 있다.

4. 근로자가 채용 후 장기간 근무한 경우

채용 후 장기간에 걸쳐 근무를 계속한 경우 경력사칭을 이유로 한 징계해고는 가능할 것인가라는 점이 문제되고 있다. 그러나 근로계약은 신뢰관계를 기초로 한 계속적 계약관계이므로 경력사칭이라는 배신적 행위를 함에 따라 본래 채용하여서는 안 된 사람을 채용하는 것은 사용자의 적정한 배치를 저해하여 기업질서를 침해하는 이상 징계해고는 가능하다고 생각된다. 판례에 있어서도 2001.11.26 입사한 근로자를 2003.12.5 입사시 학력을 허위 기재하였다는 이유로 2년이 지나서 징계해고하는 것은 정당하다고 한다(서울행법 2005.9.2, 2004구합34872).

5. 징계사유 판단기준

경력사칭이 정당한 해고사유가 되기 위해서는 사칭된 경력의 내용(학력·다른 기업에서의 근무경력 등), 사칭의 내용(낮은 최종학력을 높게 사칭하는 적극적 사칭, 높은 최종학력을 낮게 사칭하는 소극적 사칭), 경력을 사칭하게 된 동기, 사칭된 경력이 기업의 임금 및 근로조건의 체계를 문란하게 하거나 적정한 노무배치를 저해하는 등 기업질서를 현실적으로 침해하는 것인지 여부 등을 종합적으로 고려하여 사회통념상 합리성이 인정되어야 한다(서울행법 2008.4.8, 2007구합31560).

Ⅲ. 무단결근 등 불성실한 근무태도

1. 무단결근일을 구체적으로 명시한 경우의 판단상의 유의사항

취업규칙 등에서 일정기간 이상의 결근일수를 기준으로 하여 징계나 해고사유로 규정하고 있는 경우, 그 의미는 일정한 시간적 제한 없이 합계 며칠 이상의 무단결근을 한 모든 경우를 가리키는 것이 아니라, 상당하다고 인정되는 일정한 기간 내에 합계 며칠 이상의 무단결근을 한 경우를 뜻한다고 해석하여야 한다(대법 1995.5.26, 94다46596).

취업규칙 등에 '몇 일 무단결근한 때' 또는 '월 3회 이상의 무단결근한 때'

'근무성적이나 근무능력이 현저히 불량한 때' 등의 형식으로 무단결근 등 불성실 근무를 징계해고 사유로 규정하는 경우가 많다.

취업규칙 등에서 무단결근을 해고사유나 징계사유로 삼고 있는 경우 이러한 취업규칙 등의 규정은 특별한 사정이 없는 한 근로기준법에 위반되어 무효라고 할 수 없으므로 근로자에게 위 규정에 해당되는 무단결근 등의 사유가 있을 때 이를 징계해고의 사유로 삼아 해고하는 것은 정당한 이유가 있다(대법 1989.9.26, 89다카5475 ; 1990.4.27, 89다카5451 ; 1992.4.24, 91다17931).

무단결근을 이유로 해고하고자 할 때는 결근 행위 시기, 양태·원인·결과 등 구체적인 사정을 고려해야 하기 때문이다(대법 1989.3.14, 87누980).

그러나 「산술적·형식적 무단결근 일수만을 고려해 징계 해고한 것은 재량권의 범위를 일탈·남용한 것이다」고 판단된다. 판례(대법 2009.1.15, 2008두16094)는 「종래의 관행에 따르다가 무단결근에 이르게 된 경위, 무단결근으로 인하여 회사의 배차 업무 등에 별다른 피해를 주지 않은 점, 회사가 노동조합의 활성화를 막기 위한 수단으로 결근을 불허가한 측면이 있는 점 등을 고려하면 산술적·형식적으로 무단결근 일수만을 고려하여 해고에 처하는 것은 가혹하고, 나머지 징계 사유 및 추가적인 징계 양정 역시 고용 관계를 단절할 만한 중대한 배위 행위에 해당한다고 볼 수 없으며, 나아가 종전에 별다른 징계처분을 받은 적이 없음에도 불구하고 회사가 처음부터 징계 해고라는 가장 무거운 징계에 처한 사정 등을 종합하면 사회 통념상 이 사건 해고는 재량권의 범위를 일탈하거나 남용한 것이라 판단된다」고 한다.

2. 무단결근으로 인정한 사례

(1) 여성근로자의 생리휴가와 관련 3일간 계속 무단결근한 경우

① 단체협약에 회사는 여성근로자에게 월 1일의 생리유급휴가를 주어야 하고, 월 중 1일 결근은 생리유급휴가로 대체하고 결근으로 간주하지 아니한다고 규정하고 있는 취지는 여성근로자가 사전에 생리휴가의 청구없이 무단결근을 하더라도 결근 후 지체없이 그것이 생리로 인한 결근이었다는 통고를 하거나 그것을 생리휴가로 대체해 줄 것을 희망하는 경우에 사용자는 월 1일에 한하여 그것을 무단결근으로 처리할 수 없다는 것으로 해석하고, 원고

가 판시와 같이 3일 연속 결근하고 다음날 출근하여 회사간부들에게 어머니 제사 때문에 결근하였다는 말만하였지 생리휴가관계에 대하여는 아무런 언급이 없었던 사실이 인정되므로 근로자의 3일 연속결근은 모두 무단결근에 해당한다.

② 회사 단체협약에서 정당한 이유없이 1개월 동안 연속 3일 무단결근한 것을 해고사유로 규정한 것이 근로기준법 제23조에 저촉되는 것은 아니다(대법 1991.3.27, 90다15631).

(2) 휴직철회 후 복귀명령에 응하지 아니한 경우

회사가 관례에 따라 허가한 휴직이 정당치 아니하여 다시 이를 철회한 경우 그 이후의 결근은 무단결근이 되어 회사 취업규칙 소정의 징계해고 사유에 해당되어 위 취업규칙 규정이 근로기준법에 위반되어 무효로 볼 근거는 없다고 본다(대법 1989.9.26, 89다카5475).

(3) 결근절차를 불이행한 경우

어떠한 경우가 무단결근으로 취급될 것인가 하는 문제로서, 예컨대 회사의 복무규정 등 취업규칙에 질병 또는 부득이한 사유가 있어 결근할 때에는 사전에 결근계를 제출하여 승낙을 받도록 하고, 전화 또는 구두로 신고하여 사전승낙을 받은 경우에도 사후에 사유서를 첨부한 결근계를 제출하도록 규정하고 있다면, 위 규정에 따른 결근계를 제출하지 않은 이상 실제로 질병 또는 부득이한 사유가 있었다거나 전화 또는 구두로 신고하여 사전승낙을 받은 사실이 있다고 하더라도 무단결근으로 취급된다(대법 1987.4.14, 86다카1875 ; 1990.4.27, 89다카5451).

(4) 객관적인 소명자료 제출

취업규칙 등에 질병이나 부득이한 사유로 인한 결근이나 조퇴 등에 관한 특별한 규정이 없는 경우 역시 근로자에게 진실로 질병이나 부득이한 사유가 있었다고 하더라도 객관적인 소명자료를 제시하는 등 적당한 방법에 의하여 사용자측의 사전 또는 사후 승인을 받아야만 결근 또는 조퇴 등이 정당화된다(대법 1992.4.24, 91다17931).

(5) 아무 연락없이 출근하지 아니한 경우

회사의 판매국 기구개편이 회사의 경영상 부득이한 필요에서 단행된 것이라면 판매국의 인원감축이 불가피하고 이에 따라 근로자를 관리국으로 전보하여 대기발령한 것이 수긍이 되는 인사조치였다고 보여지는데도 근로자는 상사로부터 3차에 걸쳐 경고까지 받고도 원심이 적법하게 인정한 바와 같이 대기발령 받은 이후 처음 5일간은 사무실에 출근만 한 뒤 돌아갔고 그 후 3, 4일간은 근로자의 처가 병원에 입원하여 출근할 수 없다는 내용의 전화연락만 하고 출근하지 아니하다가 그 후 부터는 아무 연락없이 출근하지 아니하였다면 이는 회사의 인사규정에서 정한 해임사유에 해당되고 인사규정이 근로기준법에 위반되어 무효라고 볼 근거도 없다(대법 1987.4.14, 86다카1875 ; 1989.2.28, 86다카2567 ; 1997.5.28, 91다10497).

(6) 직무의 특수성 및 공익성을 고려하여 엄격하게 적용한 경우

판례 중에는 무단결근에 대한 해고의 정당성 여부와 관련하여, 사업이나 직무의 특수성을 고려하여 엄격하게 판단하는 경우가 있다. 예컨대 정기성·계속성이 요구되는 고속버스사업의 특수성 및 공익성을 고려하여, 고속버스 운전기사가 배차지시를 받고서도 1일 결근하여 예정노선이 1회 결행, 2회 대리운행된 사안에서, 회사의 해고처분은 유효하다고 판단하였다(대법 1994.9.13, 95누576).

(7) 전보명령에 항의하고자 무단결근을 통해 불법 쟁의행위에 가담한 경우

전보에 항의하는 과정에서 비롯된 무단결근이 일반적인 무단결근과 동일한 기준으로 평가될 수는 없다고 하더라도 이 사건 전보가 한시적이었고, 비록 절차상 흠이 있다고 하더라도 이는 회사와 노조지회 사이에 합의에 따른 것으로 해석될 여지가 있어 그 위법성이 그리 크지 아니한 것으로 보이는 점, 근로자들이 노조지회의 조직적인 불법쟁의 행위에 가담한 점, 비위 행위에 대한 회사의 소명 요구에 불응하였을 뿐만 아니라 적극적으로 징계 절차를 방해하기에까지 이른 점 등 근로자들에게는 사회 통념상 근로관계를 계속시킬 수 없는 중대한 귀책사유가 있다고 봄이 상당하므로 이 사건 해고의 징계 양정이 과중하다고 할 수 없다(서울행법 2007.9.14, 2006구합28413).

3. 무단결근으로 인정되지 않는 경우

(1) 사용자측의 귀책사유가 있는 경우

결근이 정당한 권리의 행사에 의한 것으로 볼 수 있는 경우, 근로자가 사용자측의 귀책사유로 인하여 결근하였고 사용자측에서는 결근계를 제출할 수 없으리라고 예측가능한 경우 등과 같이 결근에 정당한 사유가 있다면 결근계 제출이나 사전, 사후 승인이 없더라도 징계해고 사유에 해당하는 무단결근으로 취급할 수 없다.

(2) 회사가 시기변경권을 행사하지 아니한 경우

근로자가 갑자기 부상을 당하여 치료를 받게 되어 회사의 인사담당 간부 등 상사에게 전화로 치료기간 중 연차휴가를 실시한 것으로 처리하여 달라고 하였고 이에 대하여 회사가 시기변경권을 행사하지 아니하였다면 위 근로자가 출근하지 않는 기간은 그 당시 근로자가 갖고 있는 연차휴가일수의 범위 내에서 연차휴가권을 행사한 것이므로 결코 결근한 것이라고 볼 수 없다(대법 1992.4.10, 92누404). 다만, 근로자가 연월차휴가를 신청하면서 언제부터 언제까지 사용할 것인지를 특정하지 아니하였다면 이는 적법한 시기지정권의 행사라고 할 수 없으므로, 회사의 승인 없이 휴가신청 후 결근한 것은 무단결근에 해당한다(대법 1997.3.25, 96다4930).

(3) 회사간부로부터 구타를 당한 경우

업무와 관련하여 회사의 간부로부터 구타를 당하여 부상을 입고 그 치료를 위하여 수일간 결근한 것은 징계해고 사유에 해당하는 무단결근으로 볼 수 없다. 그러나 그 치료기간이 장기화되어 장기간 결근하게 된 경우에는 특별히 결근계를 제출하기 어려운 사정이 없었던 이상 결근계를 제출하지 않은 것에 대해 아무런 책임이 없다고 할 수 없다(대법 1989.9.29, 88다카19804).

4. 노조활동의 경우

(1) 무단결근으로 인정한 경우

가. 노조선거운동을 이유로 한 경우

노동조합 대의원 선거에 입후보하여 선거운동을 하여야 한다는 이유로 결근한 것이나(대법 1992.2.11, 91다5976), 사용자가 부당하게 시간외근로수당을 지급하지 않는다는 사유로 불성실한 근무를 하는 것(대법 1992.4.24, 91다17931) 등은 정당한 사유가 될 수 없다.

나. 노조전임자의 무단결근을 이유로 한 경우

① 노조전임자의 출근은 통상적인 조합업무가 수행되는 노조사무실에서 조합업무에 착수할 수 있는 상태에 임하는 것이라 할 것이므로 만약 노조전임자가 사용자에 대하여 취업규칙 등 소정의 절차를 취하지 아니한 채 위와 같은 상태에 임하지 아니하는 것은 무단결근에 해당한다. 노조전임자라 할지라도 사용자와의 사이에 기본적 근로관계는 유지되는 것으로서 취업규칙이나 사규의 적용이 전면적으로 배제되는 것이 아니므로 단체협약에 조합전임자에 관하여 특별한 규정을 두거나 특별한 관행이 존재하지 아니하는 한 출퇴근에 대한 사규의 적용을 받게 되고, 근로계약 소정의 본래 업무를 면하고 노동조합의 업무를 전임하는 노조전임자의 경우에 있어서 출근은 통상적인 조합업무가 수행되는 노조사무실에서 조합업무에 착수할 수 있는 상태에 임하는 것이라 할 것이므로 만약 노조전임자가 사용자에 대하여 취업규칙 등 소정의 절차를 취하지 아니한 채 위와 같은 상태에 임하지 아니하는 것은 무단결근에 해당한다(대법 1995.4.11, 94다58087 ; 2005.10.13, 2005두5093).

② 노조지부장 당선자가 사용자의 승인없이 종래 근무부서에 출근하지 않은 경우 이는 무단결근에 해당한다(서울지법 동부지법 1990.2.2, 88가합26100)고 한다.

이 판례에 의하면 「근로자가 근로계약에 의하여 사용자에게 부담하는 근로제공의무를 이행하지 못하게 된 경우, 이를 정당화하기 위하여는 사용자의 사전 또는 사후의 승인을 요하고 근로자의 일방적 통지에 의하여 근로제공 의무의 불이행이 정당화될 수 없으므로 노조지부장으로 선출된 근로자가 종래의 근무부서에 출근하지 아니하면서 결근계를 제출하였다 하더라도 사용자의 승낙이 없는 이상 무단결근에 해당한다」고 한다.

③ 노조간부가 아무런 연락없이 연속 11일간 결근한 경우는 정당한 이유없는 무단결근이다(서울지법 동부지원 1990.2.2, 88가합26100)고 한다.

이 판례에 의하면「회사의 일부 사원들에 의하여 노조사무실이 점거된 상황에서 그들로부터 위협을 받은 노조간부들이 회사에 아무런 연락이나 통지 없이 연속 11일간 결근했다면, 이는 정당한 이유없는 무단결근이다」고 한다.

④ 업무상 질병을 주장하며 1년 2개월의 결근기간 동안 지방선거에 출마하는 등의 활발한 사회활동에 나서고 있었으면서도 회사의 출근요구에 대해 뚜렷한 이유도 제시하지 아니한 채 출근을 거부한 근로자를 해고한 것은 정당하다(대법 2005.9.29, 2005두6751).

이 판례에 의하면「근로자는 결근기간 동안 단지 통원치료만을 받았을 뿐이고, 그러면서도 회사의 수차례에 걸친 출근독촉에는 응하지 아니한 채 지방선거에 출마하는 등 다양한 사회활동에 종사할 정도로 우울증 증세가 그리 중하지 아니하였던 점, 그럼에도 불구하고 근로자는 우울증을 빙자한 1년 2개월의 결근기간 동안 지방선거에 출마하는 등의 활발한 사회활동에 나서고 있었으면서도 회사에는 세 차례에 걸쳐 소명자료나 사유에 대한 내용증명 우편만을 보냈을 뿐 뚜렷한 이유도 제시하지 아니한 채 출근을 거부하였던 점에 비추어 근로자의 우울증이 업무상 재해에 해당한다고 보기는 어렵다는 점을 종합하여 보면 근로자에 대한 해고처분이 부당해고 및 부당노동행위에 해당한다고 볼 수 없다」고 한다.

Ⅳ. 결근일수 계산방법 및 결근처리 절차

1. 결근일수 계산방법

① 일정기간 이상의 결근일수를 기준으로 하여 징계해고 사유로 규정하고 있는 경우 결근일수는 원칙적으로 역일(오전 0시에서 오후 12시까지)에 의하여 계산하여야 한다. 휴일은 결근일수에서 제외된다.

② 교대제 등 특수한 근무형태에 있어서는 결근일수를 계산하는 방법이 문제될 수 있다.

3일 연속 근무 후 3일을 계속 쉬는 운전기사들의 근무형태에서 3일간의 비번일은 3일간을 정상적으로 근무한 경우에 인정되는 휴식일이므로 정상적인 근무를 함이 없이 일정기간 계속하여 결근한 자의 결근일수를 계산함에 있어서는 3일간의 정상근무를 전제로 한 비번일수를 참작, 공제할 것이 아니다(대법 1989.5.9, 88다카4277).

③ 징계해고 사유인 7일 이상 무단결근의 의미는 상당한 기간 내에 합계 7일 이상의 무단결근을 한 경우를 의미한다고 제한적으로 해석하여야 할 것이다(대법 1995.5.26, 94다46596)고 한다.

이 판례에 의하면 「인사위원회규정은 징계의 종류로 해고, 감봉, 감급, 견책, 경고의 5가지를 열거하고, 징계사유를 정하고 있는 징계양정기준에 의하면 7일 이상 무단결근하였을 때에는 징계의 종류 중 해고처분만을 할 수 있도록 규정하고 있으며, 단체협약에도 정당한 사유없이 7일 이상 무단결근하였을 때를 징계위원회에 회부할 수 있는 사유로 규정하고 있는 바, 해고는 징계처분 중 가장 무거운 처분으로서 사회통념상 고용계약을 계속시킬 수 없을 정도로 근로자에게 책임이 있는 사유가 있는 경우에야 할 수 있는 것인 점에 비추어 인사위원회규정에 의한 징계해고 사유인 7일 이상 무단결근하였을 때란 일정한 시간적 제한이 없이 합계 7일 이상의 무단결근을 한 모든 경우를 의미하는 것이 아니라 상당한 기간 내에 합계 7일 이상의 무단결근을 한 경우를 의미한다고 제한적으로 해석하여야 할 것이다」고 한다.

④ 무단결근의 일수를 계산함에 있어서 소정 근로일 만을 기준으로 해야 한다고 본 경우(대법 1989.5.9, 88다카4277)가 있다.

즉, 「단체협약상의 해고사유의 하나로 계속 7일 또는 월3회 이상 무단결근하였을 때라고 규정한 취지는 정당한 사유의 유무를 불구하고 계속 7일 이상 결근하기만 하면 무조건 해고할 수 있다는 취지로 해석할 수는 없다. 이 사건 운전사들에 대하여 1일 근무 1일 휴무제를 택하고 있어 원래 근무일은 1985.10.9부터 10.17까지 사이에는 10, 12, 14, 16일이었다는 것이므로 그 기간 동안 결근한 날짜는 4일에 지나지 아니한다고 보아야 할 것이고, 이중 무단결근은 12일 하루뿐이므로 10.9～17까지 결근하였음을 이유로 하여서는 동 단체협약의 해고사유에 해당하지 아니한다」고 한다.

⑤ 취업규칙에서 "교대근무 및 교번근무자인 결근자의 계속 결근기간 중의 휴일은 결근일수로 본다"고 규정되어 있는 경우 근무1일, 비번1일을 2주 동안 반복하는 근무기간 중의 비번일은 전날의 근무일에 정상적인 근무가 이루어지는 경우에 인정되는 휴일일 뿐이므로 정상적인 근무를 함이 없이 일정기간 계속하여 결근할 자의 결근일수를 계산함에 있어서는 3일간의 정상근무를 전제로 한 비번일수를 참작, 공제할 것이 아니다(대법 2004.6.25, 2002두2857 ; 1996.11.26, 95누17571)고 한다.

즉, 「취업규칙은 "교대근무 및 교번근무자인 결근자의 계속결근 기간 중의 휴일은 결근일수로 본다"고 규정하고 있는 점에 비추어 교대근무자를 4개조로 나누어 시행하는 4조3교대제의 근무형태에 있어서 근무 1일, 비번 1일을 2주 동안 반복하는 근무기간 중의 비번일은 전날의 근무일에 정상적인 근무가 이루어진 경우에 인정되는 휴일일 뿐 전날의 정상적인 근무 여부와는 상관없이 인정되는 휴일이라 할 수는 없다. 3일 연속근무 후 3일을 계속 쉬는 운전기사들의 근무형태에서 3일간의 비번일은 3일간을 정상적으로 근무한 경우에 인정되는 휴식일이므로 정상적인 근무를 함이 없이 일정기간 계속하여 결근할 자의 결근일수를 계산함에 있어서는 3일간의 정상근무를 전제로 한 비번일수를 참작, 공제할 것이 아니다」고 한다.

2. 결근처리 절차

① 전화나 구두로 결근신고를 했으나 출근 후에 회사의 취업규칙 규정에 따른 결근계를 제출하여 사후승인을 받지 않았다면 무단결근으로 취급할 수밖에 없다(대법 1990.4.27, 89다카5451)고 한다.

이 판례에 의하면 「회사의 취업규칙이 3일 이상 무단결근을 징계해고 사유의 하나로 규정하고 근로자가 질병 또는 부득이한 사유로 출근하지 못하였을 때에는 정오까지 결근계를 제출하여야 하고, 결근계 또는 사유를 신고하여 인증을 받지 못한 때에는 무단결근으로 취급하되, 다만 부득이한 사유가 있을 때에는 전화 또는 구두로 신고하여 사전 승낙을 받고 후에 출근한 때에는 사유서를 첨부한 결근계를 제출하도록 규정하고 있는 경우에 근로자가 어떤 인편 또는 전화상으로 구두에 의한 결근신고를 하고 그에 대한 승인을 받았다고 하더라고 후일 출근시에 사유서가 첨부된 결근계를 제출하여 사후승인을 받지 않았다면 무단결근으로 취급될 수밖에 없다」라고 한다.

② 노조지부장 당선자가 사용자의 승인없이 종래 근무부서에 출근하지 않은 경우 이는 무단결근에 해당한다(서울지법 동부지법 1990.2.2, 99가합26100)고 한다.

이 판례에 의하면「근로자가 근로계약에 의하여 사용자에게 부담하는 근로제공의무를 이행하지 못하게 된 경우, 이를 정당화하기 위하여는 사용자의 사전 또는 사후의 승인을 요하고 근로자의 일방적 통지에 의하여 근로제공 의무의 불이행이 정당화될 수 없으므로 노조지부장으로 선출된 근로자가 종래의 근무부서에 출근하지 아니하면서 결근계를 제출하였다 하더라도 사용자의 승낙이 없는 이상 무단결근에 해당한다」고 한다.

③ 노조간부가 아무런 연락없이 연속 11일간 결근한 경우는 정당한 이유없는 무단결근이다(서울지법 동부지법 1990.2.2, 88가합26100)라고 한다.

이 판례에 의하면「회사의 일부 사원들에 의하여 노조사무실이 점거된 상황에서 그들로부터 위협을 받은 노조간부들이 회사에 아무런 연락이나 통지없이 연속 11일간 결근했다면, 이는 정당한 이유없는 무단결근이다」라고 한다.

④ 취업규칙에 근로자가 연차휴가를 청구하는 절차에 관한 정함이 없는 회사에서 회사 차량계장 및 총무계장에게 전화상으로 치료기간 중 계속 연차휴가를 실시한 것으로 처리하여 달라고 한 경우 결근한 것이라고 볼 수 없다(대법 1992.4.10, 92누404)고 한다.

즉,「취업규칙에 근로자가 연차휴가를 청구하는 절차에 관한 정함이 없는 회사에서 근로자가 동료운전사와의 상호 폭행으로 입은 상해 때문에 출근하지 아니하면서 회사 차량계장 및 총무계장에게 전화상으로 치료기간 중 계속 연차휴가를 실시한 것으로 처리하여 달라고 하였다면 이는 적법하게 연차휴가를 청구한 것이고, 이에 대하여 회사가 근로기준법 제60조제5항 단서에 의한 시기변경권을 행사하였다고 볼 만한 자료가 전혀 없으므로, 위 근로자가 출근하지 아니한 기간은 연차휴가권을 행사한 것이어서 결근한 것이라고는 볼 수 없다. 또한 동료운전기사를 통하여 회사에 결근계를 제출한 사실, 이러한 당해 근로자의 조처로 회사의 근태일보 및 출근카드상에는 연차휴가 중인 것으로 정리된 사실, 진단서를 제출하면 연차휴가처리를 병가처리로 대체하여 주겠다는 말을 듣고 회사에 진단서를 제출하였는데 그 후 회사가 출근카드를 다시 정리하면서 결근한 것으로 처리하였다면 회사에 출근하지 아니한 것을 당해 근로자의 귀책사유로 돌려 해고사유가 되는 무단결근을 한 것으로 볼 수는 없다」고 한다.

⑤ 회사직원과 다툼 끝에 부상한 근로자가 아무런 계출없이 장기결근 한 경우 근로자에게 아무런 책임이 없다고 할 수는 없을 것이다(대법 1998.9.29, 88다카19804)고 한다.

이 판례에 의하면 「회사직원과의 싸움으로 부상을 입었기 때문에 부득이 수일간 결근하면서 그 계출을 하지 아니하였다면 그 결근은 회사측에서도 예측가능 하였을 것이라는 생각이 들었을지도 모르나, 입원기간이 2주일이고 계속하여 통원기간이 2주일을 소요하여 근 1개월 동안이나 장기간 결근하면서 회사에 아무런 계출을 하지 않았다고 하면 근로자에게 아무런 책임이 없다고 할 수 없을 것이다. 그러므로 27일이나 장기간 결근하면서 회사에 계출하지 아니한 연유가 무엇이었는지 알아보고, 그 무계출을 근로자의 책임으로 돌릴 수 없을 만한 사유가 없는 한 위 무단결근사실도 비위사실에 포함시켜 해고가 정당한 것인지 판단해야 한다」고 한다.

⑥ 형사사건으로 구속된 자에 대해 무단결근을 이유로 해고한 것은 위법하다(서울지법 동부지원 1990.2.2, 88가합26100)고 한다.

즉, 「회사는 유죄판결이 확정되었음을 이유로 징계할 수 있음은 별론으로 하더라도, 형사사건 구속으로 출근이 객관적으로 불가능한 근로자에 대하여 이 같은 사정을 잘 알고 있는 회사가 무단결근을 이유로 하여 징계해고 한 것은 위법하다」고 한다.

⑦ 결근을 생리휴가로 대체한다는 규정이 있는 사업장에서 3일 연속 무단결근 후 생리휴가에 대해 아무런 언급이 없었던 경우는 무단결근에 해당한다(대법 1991.3.27, 90다15631)고 한다.

이 판례에 의하면 「단체협약에 회사는 여성근로자에게 월 1일의 생리휴가를 주어야 하고, 월 중 1일 결근은 생리휴가로 대체하고 결근으로 간주하지 아니한다고 규정하고 있는 경우에 있어서 그 규정 취지를 여성근로자가 사전에 생리휴가의 청구없이 무단결근을 하더라도 결근 후 지체없이 그것이 생리로 인한 결근이었다는 통고를 하거나 그것을 생리휴가로 대체해 줄 것을 희망하는 경우에 사용자는 월 1일에 한하여 그것을 무단결근으로 처리할 수 없다는 것으로 해석된다. 따라서 3일 연속 결근한 다음 날 출근하여 회사 간부들에게 어머니 제사 때문에 결근하였다는 말만하였지 생리휴가 관계에 대하여는 아무런 언급이 없었던 여성근로자의 3일 연속 결근은 무단결근에 해당한다」고 한다.

Ⅴ. 출근불량

지각·조퇴 또는 결근이 많은 등 출근상황이 불량한 근로자에 대해서도 이를 징계해고 처분할 수 있는가의 문제이다.

취업규칙에는「정당한 사유없이 결근, 지각, 조퇴가 많고, 현저하게 업무를 태만한 때」라는 해고사유조항이 있다면 이를 징계해고 사유로 볼 수 있는가?

위 규정에 대하여 무단결근은 업무분담, 생산계획 등의 업무일정에 주는 영향이 크다고 인정되지만, 무단결근을 제외한 결근, 지각 등도 기업질서 위반으로서의 징계해고의 대상이라고 볼 수 있는지는 의문이 있다. 또한 결근만을 해고의 사유로 할 경우에도 사용자의 자의적 판단이 개입될 여지가 있으므로 각 사업장의 여건, 해당 근로자의 지위, 직종, 직무내용 및 기타의 상황을 고려하여 해고의 정당성을 판단하여야 한다. 즉, 이러한 제반사항을 고려함이 없이 형식적인 결근일수만을 기준으로 한 해고는 부당하다고 해석해야 할 것이다. 따라서 일반적으로 결근·지각·조퇴는 노무를 제공한다는 근로계약에 따른 이행이 행하여지지 아니한다는 점을 감안하여 근로계약의 해약으로서의 보통해고가 타당하지 않은까 생각된다(그렇다고는 하나 거듭되는 결근 등에 대하여 징계해고 이전에 가벼운 징계처분으로 주의를 촉구할 수 있다는 것을 생각하면 그 출근불량의 정도가 현저히 열악하게 된 경우에 징계해고와 같은 가장 무거운 징계처분을 할 수 없다는 것은 잘못이라는 생각도 있지만).

지각이나 조퇴는 통상 단체협약이나 취업규칙 등에 징계사유로써 규정되어 있으므로 경우에 따라서는 해고사유에 해당될 수 있다. 지각이나 조퇴도 결근과 마찬가지로 원칙적으로 노무급부의무의 위반이기 때문에 사용자의 사전적인 경고에도 불구하고 이를 반복하는 경우에는 해고사유에 해당한다고 보아야 한다. 그러나 근로자의 지각이 징계사유로 되기 위해서는 지각의 원인·빈도, 지체된 시간, 업무에 미치는 영향 등이 함께 고려되어야 할 것이다.

일반적으로 근무성적 불량을 이유로 하거나 근무태도를 나타내는 출근상황 즉 결근, 지각, 조퇴가 현저하게 많고 상사로부터의 여러 차례의 주의에도 불구하고 이를 고치지 아니하는 경우의 보통해고는 충분한 정당성이 있다고 판례는 보고 있다.

1. 근로자가 3개월간 59회의 무단외출과 7일간의 지각

「근로자가 1994년 4월 초순경부터 같은 해 6월 말경까지의 비교적 단기간 내에 59일에 걸쳐 무단외출을 하고서는 때때로 개인적인 용무를 처리하여 왔고 거기에 7일에 걸쳐 지각을 하였다면, 회사의 경우 근로자의 지각, 조퇴, 외출 등의 대하여 비교적 엄격한 태도를 취하고 있는 점, 근로자가 회사의 내근지시를 받고서도 그와 같은 비위행위를 계속 자행한 점, 근로자의 무단외출·지각의 횟수나 그 정도, 이에 대하여 근로자가 반성하는 태도를 전혀 나타내고 있지 아니하고 있는 점 등 여러 사정을 종합하여 볼 때, 달리 특별한 사정이 없는 한 그와 같은 비위사실만으로도 근로자에게는 사회통념상 근로관계를 계속할 수 없는 중대한 사유가 있다고 볼 여지가 충분하다 할 것이다(대법 1996.9.20, 95누15742).

2. 근로자가 질병으로 인하여 근무시간의 일부를 근무할 수 없는 경우

근로자가 질병이나 부상 등으로 인하여 근무시간의 일부를 근무할 수 없는 경우에는 객관적인 소명자료를 제시하는 등 적당한 방법에 의하여 사용자측의 사전 또는 사후 승인을 받아야 할 것인 바, 위와 같은 절차를 거치지 않고 단지 운행일지에 그러한 사실을 기재한 채 제멋대로 차량운행을 중단하거나 지체하고 사후에도 그와 같은 절차를 밟지 아니하였음이 명백한 이상 위 행위를 징계사유로 인정한 것은 정당하다.

단체협약에서 정한 근로시간에 시간외근로가 포함되어 있고 근로자들이 시간외근로를 하였는데도 사용자가 이에 대한 수당을 지급하지 않은 경우에는 근로자는 적법한 절차에 따라 이의 지급을 구함은 별론으로 하고 사용자가 위 수당을 지급하지 아니하였다는 사유를 들어 근로자의 불성실한 근무가 정당화되는 것은 아니므로 불성실근무에 대한 징계해고가 형평의 원칙에 반한다고 할 수 없다(대법 1992.4.24, 91다17931).

3. 무단결근, 지각, 교통사고가 빈발한 경우

시내버스가 대중교통수단으로서 가지는 공공성 및 특수성에 비추어 지각이나 무단결근의 비위정도가 가볍다고 볼 수 없는 점, 근로자가 2년 6개월가량의 근무기간동안에 지각 5회, 무단결근 1회, 교통사고 발생 3회의 비위를 저지른 점, 근로자가 그로 인하여 수회 징계처분을 받고 사직서와 각서까지 제출하였으나 반복적으로 잘못을 저지른 점, 근로자가 2003.2.28 부주의로 교통사고를 일으켜 승무정지의 징계처분을 받고도 복귀한지 열흘정도 지난 시점에서 또 다시 자신의 과실로 교통사고를 일으킨 점, 2003.3.20자 교통사고로 인한 피해액만도 상당한 액수일 뿐만 아니라 한 달 남짓한 기간에 합계 1,000만원을 초과하는 손해를 회사에 발생시킨 점 등을 종합적으로 고려하여 볼 때, 이와 같은 행위는 회사가 징계수단으로 해고를 선택한 것이 재량권의 범위를 벗어났다고 볼 수 없다(대법 2005.9.28, 2005두7969).

4. 근무기간 중 50일간을 전혀 업무에 임하지 않은 경우

2002.2.2부터 2000.12.19까지 239일의 근무기간 중 50일간을 전혀 업무에 임하지 않고 이후의 업무복귀지시도 계속 어겨 3회의 경고를 받았다면 사회통념상 더 이상 고용관계를 계속할 수 없다고 보아 해고한 것은 정당하다(대법 2006.6.15, 2003두5600).

Ⅵ. 협조성과 근무태도 불량

1. 협조성과 근무태도 불량

일반적으로 기업의 업무는 개인의 노력뿐 아니라 상사나 동료간의 협력에 의해서 비로소 성취된다. 따라서 상사나 동료간의 협력을 결하는 경우에는 충분한 성과를 올릴 수가 없고, 원활한 업무수행에 지장이 생기게 된다. 구체적으로는 상사·동료에 대한 반항적 언사가 근무태도 불량으로 나타나거나 적은 인원수의 기업에서 팀워크의 저해도 직장질서를 해치고, 업무를 저해하는 형태로 나타난 경우에 문제가 된다.

즉, 단순히 사교성이 나쁘다는 것은 정당한 해고이유가 되지 않는다. 그리고 일반적으로 이 협조성을 포함하여 근무태도가 불량하다는 것이라면 당연히 회사는 그러한 태도를 주의 지도하고, 근무태도의 개선을 요구하는 것이 필요하다.

특히 적은 인원수로 팀웍이 중시되는 사업장에서의 해고가 유효(업무명령위반, 상사에 대한 반항과 같은 것이 아니면 징계해고가 아니고 보통해고에 해당된다고 생각한다)로 되고 있다고 볼 수 있다.

2. 근무태도 불량과 해고의 가부

근로자는 근로계약에 의하여 사용자의 지시에 따라 노무를 제공하여야 할 의무를 부담하고 있다. 그러므로 결근한다든지 취업규칙 등에서 규정한 업무시작시간으로부터 종료시간 사이의 일부 시간을 노무를 제공하지 않는 지각·조퇴·사적목적의 외출(근태불량)은 근로계약상의 의무위반(채무불이행)으로서 보통해고 사유가 되고 나아가 직장질서의 면에서 정당한 이유가 없는 근태불량은 징계해고 사유도 될 수 있다. 근로자에게 결근·지각·조퇴·사적목적의 외출의 권리가 있는 것은 아니기 때문이다. 다만 사용자의 해고권의 행사는 「정당한 이유」(근로기준법 제23조제1항)에 따른 제약을 받게 된다. 구체적으로는 근태불량의 회수·정도·기간·태양(부득이한 이유의 유무 등), 직무에 끼친 영향, 사용자로부터의 주의·지도, 당해 근로자의 개선의 예정 내지 개전의 정도, 당해 근로자의 과거의 비행횟수나 근무성적, 과거의 선례의 존부 등을 판단요소로 하여 해고가 가혹한 것인가라는 관점에서 해고의 유효성을 판단하여야 한다.

3. 장기고용이 예정되어 채용된 일반직근로자에게 요구되는 개선노력

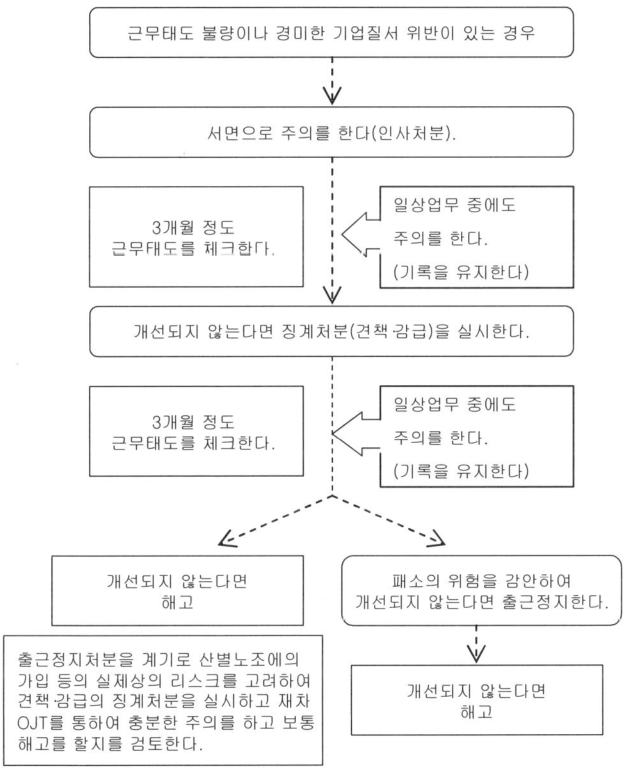

장기고용이 예정되어 채용된 일반직근로자의 경우에는 견책 등의 징계처분을 실시할 필요가 있다.

① 상사에게 반항적인 태도 등의 근무태도 불량이나 기업질서를 문란한 행위가 빈번한 근로자에 대하여는 서면으로 문제점을 명시하여 주의를 하여야 한다. 그리고 실제 업무 중에 개선되도록 지도를 한다.

이 지도개선에는 보통해고를 하기 위한 준비로서 채용된 근로자의 유효활용의 관점에서 행해질 것이 요구된다.

② 그 후 3개월 정도 근무태도나 일상의 행동을 체크한다. 그 후 3개월 동안에도 동일한 근무태도 불량이나 기업질서를 문란하게 하는 행위가 이어진다면 견책이나 감급 등의 징계처분을 실시할 수 있다.

4. 근무태도 불량과 해고에 관한 판례의 태도

(1) 성실성의 결여를 이유로 한 보통해고

고도의 주의를 요하는 작업에서 조는 행위에 대하여 판례(대법 1977.3.22, 74다103)는 「고도의 정밀성을 요하는 베어링 제조회사 근로자의 사소한 부주의는 회사에 중대한 손해를 생기게 할 가능성이 있는 바, 위 회사 근로자의 작업인원 배치·관리 및 기계의 고장수리작업 준비 등 베어링 제조과정에 있어서 기초적이고 중요한 임무를 띠고 있는 조장이 야간근무 중 졸다가 적발되어 재차 위와 같은 비행을 저지르지 아니할 것을 다짐하였음에도 불구하고 다시 감독의 눈을 피해 다른 방으로 옮겨 계속 졸았던 비행은 동 회사 취업규칙에 해당하는 징계사유가 되므로 이를 이유로 한 해고처분은 정당하다」고 한다.

(2) 근무성적 불량을 이유로 한 보통해고

근무성적·근무태도 불량은 노무제공의무의 불완전이행이므로 해고사유가 된다. 마찬가지로 적격성의 결여도 당해 근로계약상 요구되는 노무제공의 불완전이행으로 평가되어 해고이유가 될 수 있으며 징계해고 사유에 해당하는 경우도 있다. 이러한 근무성적 불량, 근무태도 불량이나 적격성 결여는 해고사유에 해당될 수 있으므로 해고가 정당한 이유가 있어 유효하다고 하기 위해서는 직무에 필요한 능력·당해 근로자의 지위에 따라 기대되고 있는 직책 등을 업종·규모·직무 등으로부터 객관적으로 판단하여 해고의 정당성이 요구되고 있다. 해고의 유효성의 판단은 구체적인 사안에 따라 개별적으로 판단하여야 할 것이지만 최근의 판례의 유형을 살펴본다.

가. 인사고과에서 5년 연속 하위 10%에 속하는 낮은 등급을 받은 경우

근로자는 회사 인사고과에서 5년 연속 하위 10%에 속하는 낮은 등급을 받은 점, 그 낮은 인사고과의 사유가 업무에의 무관심이나 기자로서의 자질부족에까지 이르고 있는 점, 정당한 이유 없이 무단결근을 한 점, 비록 비영리단체라 하더라도 문화센터와 합창단 등을 지휘・운영하며 기자로서의 노무제공에 지장을 초래하고 위 단체에 대한 지원금 등의 유치과정에서 지역단체들과 갈등이나 오해발생의 소지가 있었던 점 등을 고려하면 근로자에 대한 회사의 무기정직 처분은 정당한 이유가 있어 유효하고, 그 무기정직 처분 후 6개월 동안 그 무기정직의 상태를 유지할 수 없는 사정이 있었다는 등의 특별한 사정도 없는 이상 그 무기정직 처분에 이은 면직처분, 즉 해고 또한 유효하다고 판단하였다(부산지법 2008.5.23, 2007가합14400).

니. 승진호봉 심시시 7치례 승급이 제한된 경우

「근로자에게 특별히 징계해고 할 만한 비위사실이 없더라도 승급호봉 심사시 평균 이하로 평가되어 7차례 승급이 제한되고 연 3년에 걸쳐 근무평점을 최하위를 받았고 이에 대해 수차의 경고를 했음에도 변화가 없으며 부임직후부터 업무배치에 불만을 품고 사업소장과 불화를 하였으며 이로 인해 직원들이 같이 근무하기를 꺼리는 등 근무성적이 불량하고 직원 상호간의 융화가 부족하다는 등의 사실이 인정된다면 이를 이유로 해고한 통상해고는 정당한 이유가 인정된다」(서울민사지법 1990.4.12, 89가합33263)고 한다.

다. 판매관리부 차장으로서 미수금 회수실적이 극히 저조한 경우

판례(대법 1987.4.14, 86다카1875)는 「신문사 판매국 판매관리부 차장으로서 거래선개척, 사전품의, 계약서관리, 거래중지자 미수금관리 및 소송업무관리, 거래중지자에 대한 최고장 발송 등을 그 임무로 하고 있는 자에 대해, 그의 미수금 회수에 관한 1년간 실적이 전혀 없고, 다음 해에도 역시 같은 업무에 종사하는 다른 사원에 비해 극히 저조한 것(41,524,880원 임에 비해 3,300,000원에 불과)은 비록 내부 사무분장 및 미수금 회수 거래서의 부담관계가 불리한 상황이더라도 성실히 복무하여야 할 의무를 다하지 아니한 것으로 볼 수 있고, 위 신문사의 경영상 부득이한 사유로 행해진 기구개편에 따라 관리국으로 전보하여 대기발령한 것에 불만을 품고, 상사로부터 3차에 걸쳐 경고를 받았음에도 무단결근을 계속한 행위 등은 고용계약을 계속시킬 수 없을 정도로 근로자에게 책임이 있는 사유로서 해고의 정당한 이유가 된다」고 한다. 또한, 근로자가 사실의 왜곡·과장에 근거한 민원제기, 형사고소로 인하여 병원(사용자)의 명예를 훼손하고, 병원의 업무수행에 지장을 초래한 점은 징계사유에 해당하고, 그 내용과 정도, 위반 횟수, 공익적인 성격을 갖는 병원이 원고의 행위로 인하여 입었을 명예 손상의 정도 등을 함께 고려하면 이 사건 해고는 정당하다(서울행법 2005.7.29, 2004구합37253).

라. 새 직장에서 정착하기까지 다소 마찰을 빚은 경우

판례(대법 1991.11.26, 90다4914)는 「정식직원으로 채용된 근로자가 익숙하지 못한 새 직장에서 안정을 찾아 정착하기까지 다소 마찰을 빚어 언쟁을 벌인다거나 1회 조퇴한 정도, 날씨가 춥고 냉장고에 자주 드나드는 관계로 보온을 위하여 몇 차례 위생복 위에 사복을 덧입었다는 등의 사유만 가지고는 이것이 근무성적 또는 능률이 불량한 자로서 취업이 부적당하다고 인정되며 개전의 가망이 전혀 없는 경우(취업규칙 제12조제1호)에 해당한다거나 기타 이에 준하는 부득이한 사유가 있을 경우(취업규칙 제12조제7호)에 해당한다고 볼 수 없거나, 인정된 근로자의 위 비행사실 정도로써는 회사의 취업규칙상 해고사유에 해당한다고 볼 수 없거나 인정된 근로자의 비행사실이 위 취업규칙 제12조제1호, 제7호의 해고사유에 해당한다고 하더라도 그것 때문에 회사가 근로자와의 고용계약관계를 계속 유지하는 것이 객관적으로 보아 심히 부당하거나 현저히 불공평하다고 보여질 정도에는 이르지 못한다고 하겠고, 따라서 위와 같은 사유만으로 근로자를 징계해고하는 것은 현저히 징계권을 남용한 것으로 인정된다고 판단하였다.

마. 버스 운전사가 13회에 걸쳐 시말서를 제출한 경우

판례(서울고법 1992.12.11, 91구10611)는 「버스 운전사가 1년 11개월 동안 13회에 걸쳐 시말서를 제출, 그 행위가 취업규칙상 해고사유에 해당한다 해도 근무기간 동안 교통법규위반 1회 외에 인사사고 등 중대한 잘못을 저지른 적이 없다면 이를 이유로 한 해고는 무효이다」라고 한다.

5. 소송 준비나 재판기일에 출석하는 것이 결근의 정당사유가 될 수 있는가

소송 준비나 재판기일에 출석하기 위한 결근은 부득이한 이유가 있다고 생각할 수 없다. 그리고 근로자에게 결근의 권리가 있는 것은 아니므로 이것을 이유로 한 결근이 당연히 허용되는 것은 아니다. 재판기일에 출석하기 위해서나 소송계속 중인 법원의 소재지 등에 따라서 반드시 전일 쉬어야 한다는 필연성이 있는 것은 아니므로 소송준비를 이유로 하는 결근이 부득이한 이유가 있다고는 볼 수 없다. 또한 결근 등을 이유로 하는 해고의 경우 그 이유, 원인, 회수, 정도, 업무에 끼친 영향, 개선의 전망 등이 고려요소가 되므로 부득이한 이유가 없는 결근 등에 대하여 견책 등의 처분을 하여 근로자 본인에게 개선의 기회를 부여할 필요가 있다. 이를 위해서는 이러한 사실을 입증하기 위하여 일상적인 출 · 퇴근 상황, 근태 태도의 관리가 중요하며 근로자는 휴가 등을 사용하는 방법이 있다.

Ⅶ. 회사공금 착복 · 횡령

1. 회사의 금품을 착복 · 횡령하면 당연 징계 해고할 수 있다고 생각하는데 특별한 문제는 없는가?

회사의 금품을 부정하게 착복 · 횡령하는 행위는 징계해고의 대상이 된다. 특히, 버스 · 택시의 운전기사에 의한 요금의 부정획득에 관해서는 기업의 수입확보에 중대한 장해가 되므로 불과 몇 백원을 착복한 사안에 대하여도 징계해고를 타당하다고 하는 예를 볼 수 있다.

① 판례는 「근로기준법 제23조제1항은 사용자는 근로자에 대하여 정당한 이유없이 해고 등의 징벌을 하지 못한다고 규정하여 사용자로 하여금 자유로이 근로자를 해고할 수 없도록 제한하고 있는 바, 여기에서의 정당한 이유란 사회통념상 고용계약을 계속시킬 수 없을 정도로 근로자에게 책임이 있는 사유가 있다던가 부득이한 경영상의 필요가 있는 경우를 말한다 할 것이므로, 단체협약 · 취업규칙 등에 해고에 관한 규정이 있는 경우에는 그것이

위의 근로기준법에 위배되어 무효가 아닌 이상 그에 따른 해고는 정당한 이유가 있는 해고라고 할 것이다.

횡령은 범죄행위로서 그 액수가 적다하여 그 사실만으로 비행의 정도가 낮다고 평가할 수 없고, 당해 근로자가 제품을 정당한 절차를 거치지 아니하고 창고 밖으로 유출한 것은 상부의 감사에 대비하여 제품의 장부상 수량과 실제 재고량의 차이를 은폐하기 위한 것으로 보이고, 미수금 카드를 임의로 정정한 것은 영업소장으로서 장부보관책임 불이행을 은폐하기 위한 것이지 업무집행의 편의를 위한 것으로는 보이지 아니한다. 또한 사건 비위사실이 상당한 기간, 수차에 걸쳐 고의로 행하여진 점에 비추어 볼 때 성실한 근무로 평가하기는 어렵다.

우유협동조합의 지방영업소장이 우유판매대금을 일부 횡령하였다는 등의 이유로 징계 면직된 경우 그가 횡령금의 일부를 판촉비에 사용하였고, 징계면직 이전에 조합이 입은 손해를 모두 배상하였다고 하더라도 징계면직이 재량권의 범위를 일탈한 것으로서 위법하여 무효라고 할 수 없다」는 것이 있다(대법 1990.11.23, 90다카21589).

② 또한「식품회사 영업소의 판매원이 판매대금을 횡령했더라도 그 부정을 적발 또는 감시하는 것이 본사 업무과 및 영업부의 담당업무로 되어 있다면 영업소장에게는 감독·사고발생의 보고책임이 없으며, 따라서 이를 해태하였다는 이유로 자연 면직케 한 처분에 정당한 이유가 있다고 할 수 없다」(대법 1986.9.23, 86다카679)고 한다.

일반적으로 취업규칙에는 '회사의 금품 등을 지출하며 또는 하려고 한 때' 등과 같이, 금품(금원과 물품)을 구별 없이 규정하고 있다고 생각되는데, 경제적으로는 물품이나 금전은 구별이 없다고 생각하지만, 금전(돈)과 물품의 지출(그것이 회사 제품이라면 별도)은 그 정상에 있어서 차이가 있다고 생각하여야 할 것이다.

③ 초등학교 교사가 학부모로부터 학생 문제로 상담요청을 받고 수차례에 걸쳐 술 등의 향응을 제공받고, 음란한 내용의 비디오테이프를 빌려주었으며, 두 차례에 걸쳐 합계 금 200,000원의 현금을 받고, 술에 취한 학부모와 새벽 3시경까지 공원에 함께 있는 등의 행위로 인하여 물의를 일으킨 것은

국가공무원법 제61조제1항 소정의 청렴의무와 동법 제63조 소정의 품위유지 의무를 위반한 것이라는 이유로, 그러한 비위사실을 들어 한 해임처분은 정당하다(대법 1997.4.25, 96누17479)고 한다.

④ 근로자가 총 15회에 걸쳐 운송수입금을 입금하지 아니하고, 회사로부터 승무정지처분을 통해 1차 경고를 받았음에도 불구하고 다시 운송수입금을 입금하지 아니한 행위는 회사의 임금협정 제6조의 성실의무를 위반한 것으로 소정의 징계사유에 해당한다. 회사가 이와 같은 사유로 근로자에 대한 징계로 해고를 선택하였다고 하더라도 그 징계양정이 과중하여 징계권을 남용하였거나 일탈한 것이라 볼 수 없다(서울행법 2005.9.16, 2005구합11913).

Ⅷ. 조합 임원의 부정과 징계 · 해고

1. 조합 임원이 조합비를 횡령 · 유용한 경우

노조의 임원이 조합비를 횡령·유용한 것을 이유로 회사에서 징계 또는 해고할 수 있는가? 기업과 근로자의 관계는 노동력의 처분을 매개로 하여 맺어지는 것이므로 사용자는 근로계약상의 취업시간 내에서 '노동력'에 대한 지휘·명령권을 가질 뿐, 기업·취업시간 외에 근로자의 행위는 그것이 비록 위법시 되는 경우라 해도 사용자는 당해 근로자에 대한 책임추궁을 할 수 없다. 그러나 사용자가 관여할 수 없는 노동조합의 조합비 부정사용에 관하여도 회사종업원의 이익이나 질서문란 등을 이유로 징계할 수 없다고 봐야 할 것인가

조합 임원이 조합비를 횡령하는 행위는 기업의 활동이라 볼 수 없고 회사가 피해자가 아니라는 점에서 회사는 해당 근로자에 대한 징계권이 없다고 볼 수 있다. 그러나 노동조합 내부의 문제라 하더라도 그로 인하여 회사의 손실 등이 초래되는 경우에는 취업규칙 등에서 규정하는 징계사유에 해당할 수 있다(대법 2009.4.9, 2008두22211). 따라서 이러한 경우 회사는 횡령행위에 대해 형사상의 소추만이 가능하며, 또한 해당 근로자가 단순히 기소유예처분만을 받는 경우에는 회사는 피해자는 아닐 뿐 아니라 사실관계도 명확하지 않으므로 무거운 징계처분은 곤란하다.

그러나 조합비 횡령·유용이 비록 노동조합 내부의 문제라 하더라도 그로 인하여 회사의 손실 등이 초래되는 경우에는 회사 취업규칙 등에서 규정하는 징계사유에 해당할 수 있다(대법 2009.4.9, 2008두22211 ; 2002.5.28, 2001두10455).

2. 노조 전임자가 회사로부터 부정하게 금품을 수수한 경우

노동조합 위원장으로 재직하는 동안 회사측 관계자로부터 조합원들이 알지 못하게 거액의 돈을 노조 운영비 명목으로 지급받아 왔던 바, 위 돈은 근로자들이 노동조합을 회사에 협조적인 방향으로 운영하는데 대한 부정한 대가로 보이는 등, 이러한 행위는 회사 취업규칙 소정의 징계 사유인 '직무를 이용하여 금품을 수수한 때'에 해당한다 할 것이다. 따라서 근로자들이 드는 모든 사정을 감안하더라도 근로자들에게는 더 이상 회사와 근로관계를 유지하기 어려운 중대한 귀책사유가 있다고 봄이 상당하므로 회사가 근로자를 해고한 것이 지나치게 가혹하거나 그 징계 양정이 과중하여 부당하다고 볼 수는 없다(서울고법 2008.10.16, 2007누31845·2007누31852(병합).

위 판례는 이 사건에서 「① 근로자들은 각 노동조합 위원장으로 재직하는 동안 회사측 관계자로부터 조합원들조차 알지 못하게 거액의 돈을 노조 운영비 명목으로 지급받아 왔던 바, 위 돈은 근로자들이 노동조합을 회사에 협조적인 방향으로 운영하는데 대한 부정한 대가로 보이는 점, ② 회사측이 노동조합의 운영비를 원조하는 행위는 부당노동행위에 해당하고 형사처벌의 대상이 되는 것이므로(노조법 제81조제4호, 제90조) 위와 같은 금품수수 행위는 관행에 따른 것이었다는 이유만으로 정당화될 수는 없으며 반드시 근절되어야 하는 것인 점, ③ 근로자들은 노동조합 위원장으로서의 전임근무에 대하여 과장급 이상에 해당하는 높은 수준의 임금을 지급받고 있으면서도 위와 같이 부정하게 금품을 수수한 점, ④ 근로자들이 노조 운영비를 사용한 용도가 명확히 드러나지 아니하는 바, 근로자들은 이를 전부 또는 대부분 개인적인 용도로 사용한 것으로 보이는 점, ⑤ 회사가 징계사유로 삼은 것은 회사가 주식회사 B에 인수된 2000년경 이후에 근로자들이 위와 같이 돈을 받은 부분으로 보이는데, 위 인수 후에는 회사의 주주나 실질적 대표자(일본인 경영진)가 김○○이 근로자들에게 제공한 금품을 지원하거나 김○○의 금품 제공

행위를 용인한 바는 없는 점 등에 비추어 보면, 근로자들이 드는 사정을 모두 감안하더라도 근로자들을 해고한 것이 지나치게 가혹하거나 그 징계 양정이 과중하여 부당하다고 볼 수는 없다」고 한다.

Ⅸ. 횡령 · 배임과 징계처분

1. 횡령 · 배임과 징계처분

횡령이나 배임행위는 기업질서를 문란하게 하고 재무면에서 회사 존립을 위태롭게 하는 것으로 중대한 기업질서 위반으로서 징계해고 사유에 해당될 수 있다. 이 점에 관하여 횡령행위를 이유로 한 징계해고를 인정하고 있는 것으로 지방영업소장이 물품판매대금을 일부 횡령하였다는 등의 이유로 징계면직된 경우 그가 횡령금의 일부를 판촉비에 사용하였고, 징계면직 이전에 회사가 입은 손해를 모두 배상하였다고 하더라도 징계면직이 재량권의 범위를 일탈한 것으로서 위법하여 무효라고 할 수 없다(대법 1990.11.23, 90다카21589)고 한다. 또한 영업소 판매원 등이 거액의 횡령행위를 한 경우, 이에 대한 지휘감독상의 책임을 물어서 영업소장을 면직(징계해고)한 것은 정당하다(대법 1989.1.17, 87다카1999)고 한다.

2. 횡령 · 배임행위에 대한 징계해고시의 판단기준

횡령이나 배임행위를 이유로 하여 징계해고를 실시할 것인지를 검토하는 경우 다음 사항 등을 판단기준으로 고려할 수 있다.

① 횡령이나 배임행위를 행한 기간
② 횡령이나 배임행위의 횟수
③ 횡령이나 배임에 의한 회사의 손해액
④ 자기뿐만 아니라 타인의 이익을 꾀할 의도가 있는가
⑤ 장부상의 숫자를 조작하는 등 직무와 관련이 있는가
⑥ 회사의 업종과 본인이 담당하는 업무

횡령이나 배임행위의 객관적 사실로서의 ①~③을 전제로 ④ 및 ⑤가 징계해고를 선택할지의 여부의 중요한 판단 포인트가 된다. ④는 간단한 예로는 자기 포케트의 수입을 목적으로 한 것인가 타인의 이익을 꾀할 의도가 있는 경우에도 결국에는 그 제3자로부터 리베이트나 접대를 받는 형식으로 부당하게 이득을 취득할 목적으로 한 경우가 많다.

이와 같은 경우에는 징계해고도 가능하다고 생각된다. ⑥에 있어서는 슈퍼의 현금담당자 등이 고객으로부터 직접 금전을 맡는 직무에 종사하는 자가 횡령하였다면 소매업은 적은 금액의 횡령이라도 그 영향이 크므로 엄중한 처분을 해야 한다고 생각된다.

한편 ⑤의 경우에 장부상의 숫자를 맞추기 위해 조작하였으나 실제 부족이 발생한 경우에는 ④와 같이 악질성에 있어서 차이가 있으므로 징계해고를 하는 것은 어렵다고 생각된다.

그러므로 출근정지 등의 징계처분이나 배치전환으로 대응할 수 있을 것이다. 그 후 재차 동종의 사항이 행해진 경우에는 그 근로자를 해고할 수 있을 것이다.

3. 재고 조사시의 부족분 발견과 징계처분

재고 조사를 할 때 매입상품 숫자에 부족분이 있는 것을 발견, 다시 조사한 결과, 용의자 2명을 찾아냈다. 본인들은 이를 부정하고 있다. 사내 질서회복을 위해 이 두 사람을 징계해고 할 수 있는가?

회사의 재산을 횡령했다는 추정만 있을 뿐 증거가 불충분하고 본인이 횡령사실을 인정하지 않는 경우에는 징계가 곤란하기 때문에 관리를 엄격히 하는 방법으로 그 후의 추이를 지켜볼 수밖에 없다. 그러나 사실을 인정했다던가, 분명한 증거가 있는 경우에는 일반적으로는 회사소유물에 대한 절도나 횡령을 이유로 징계해고하는 것이 가능하다.

다만, 횡령재산이 매우 낮은 가치의 물건이나 그 횡령횟수가 1회 뿐인 경우 또는 본인이 반성하는 경우에는 정상을 참작하여 출근정지처분 등으로 그 징계정도를 낮추고, 갱생의 기회를 주는 쪽이 타당할 것이다.

마찬가지 취지에서 다수의 근로자가 회사제품을 반출하여 간 것이 판명된 경우 전원을 징계할 수 있는 것인가?

결론적으로 당연 전원을 징계할 수 있지만 횟수, 금액, 공모의 유무 혹은 상사의 관리실수 등을 감안하여 주모자나 횟수가 많은 자에 대해서는 징계해고가 가능하나, 그 이외의 자는 가벼운 징계처분을 선택하는 것이 타당할 것이다.

4. 횡령·배임과 관련된 구체적 사례

(1) 반복·상습적으로 사납금을 미납한 경우

버스업계나 택시업계는 기업의 운영자금이 거의 운송수입금에 의하여 충당되고 있으므로 운송수입금의 횡령 또는 불성실 입금행위는 중대한 징계사유가 될 수 있는 바, 택시회사의 근로자가 사납금 미납으로 승무정지처분을 받고 향후 사납금 미납시 처벌을 감수하겠다는 각서까지 제출한 후 또 다시 사납금을 미납하여 해고하였다면 이는 정당한 해고이다(서울고법 2006.6.29, 2005누20629).

(2) 경영수지에 악영향을 끼친 사실이 명백한 경우

유적공원 기념품코너나 스낵코너에서 예산품목 외에 비예산품목을 판매하는 것은 공단의 수지에 악영향을 미치고, 공단(사용자)의 인력관리의 효율성을 저해할 수 있는 점, 따라서 유적공원 관리업무를 총괄하게 된 근로자(근로자)로서는 비예산품목의 판매행위를 근절하여 공단의 수익개선과 인력관리에 효율을 도모하여야 할 위치에 있었음에도 90여 품목으로 대폭 확대하였을 뿐만 아니라, 장기간 그 행위를 지속하였고, 더구나 스낵코너의 경우 그 판매에 소요된 비용과 수익을 전혀 알 수 없게 자료를 남기지 않아 그 투명성을 의심할 수밖에 없는 점 등에 비추어 볼 때 이 사건 해고는 정당하다(서울고법 2006.6.27, 2005누16064)고 한다.

(3) 금융기관 근로자의 여신업무 수행과정에서 제반규정을 위반한 경우

조합이 금융기관인 점까지 고려하면 수익증대 등을 목적으로 위와 같이 제반 규정을 위반한 것은 실제 조합에 손해가 크지 아니하고, 근로자의 사업실적이 뛰어나다는 점만으로는 이를 정당화할 수 없는 중대한 위반행위로 평가되는 점, 약속어음 및 당좌수표의 불법·부당지급은 조합에게는 손해를 야기하는 행위일 뿐만 아니라 근로자가 그 이전에 이미 제규정을 위반하여 담보물의 불법·부당취급을 한 비위행위를 은폐하기 위한 조치로도 판단되는 점, 근로자는 이 사건 징계면직 이전에도 고객의 정기예탁금 등을 담보로 하여 사금융 알선을 주선한 비위행위로 형사판결과 함께 조합으로부터 감봉 1월의 징계처분을 받았으며, 정기예탁금 담보취급 부적정의 사유로 감봉 5월의 징계처분을 받았으며, 두 차례에 걸쳐 경고처분을 받은 점 등에 비추어 볼 때, 이 사건 징계면직이 사회통념상 명백하게 타당성을 잃어 재량권의 범위를 일탈하거나 재량권을 남용한 것으로서 위법하다고 할 수 없다(서울고법 2006.6.14, 2005누20285)고 한다.

(4) 버스운전기사가 버스요금을 유용한 경우

버스여객운송회사는 소액의 버스요금을 수입원으로 하여 존립하는 점, 버스운전기사에게 운송수입금의 관리를 일임함으로써 버스 운전기사가 버스요금을 유용할 경우 금액의 다과를 불문하고 노사간의 신뢰를 치명적으로 해치게 되며 회사경영에도 심각한 손상을 주게 되는 점을 고려할 때 횡령한 금액이 불과 2,600원에 지나지 않는다 하더라도 정당한 해고에 해당한다(대법 2004.4.28, 2004두2714).

(5) 간부지위에 있는 자의 10회에 걸쳐 500만원의 뇌물을 수수한 경우

고도의 청렴성이 요구되는 간부의 지위에 있던 근로자가 시공업체로부터 10회에 걸쳐 5백만 원이라는 적지 않은 금액의 뇌물을 수수한 것은 그 비위의 정도가 결코 가볍다고 볼 수 없고, 자신과 유사하게 뇌물수수죄로 자격정지 1년의 선고유예를 받고서도 감봉처분을 받았다고 주장하는 직원들은 직급이 낮고 수수금액이 적은 경우로서 사안의 경중을 달리하는 것이며, 인사규정에 유죄의 확정판결이 있어야 해임할 수 있다는 규정이 없는 이상 형사절차에서 유죄의 확정판결을 받기 전이라도 징계혐의 사실은 인정될 수 있는 것이므로 근로자의 책임 있는 사유로 인하여 더 이상 근로관계를 지속할 수 없는 지경에 이르렀으므로 이 사건 해임처분에 있어 재량권을 남용하거나 일탈한 위법이 있다고 볼 수 없다(대법 2004.5.27, 2004두27525).

(6) 공사현장의 감리업무 담당자가 향응과 휴가비를 수령한 경우

근로자가 공사현장의 감리업무를 담당하는 자로서 공정하고 성실하게 업무를 수행하여야 함에도 불구하고, 시공회사에 대하여 향응 등의 제공을 적극적으로 요구하고, 두 차례에 걸쳐 비싼 술 접대와 휴가비를 수령한 행위는 건축물의 공사감리를 주 업무로 하는 사용자의 명예와 신용을 크게 손상한 것으로서 더 이상 근로관계를 지속하기 어려운 정도의 잘못에 해당한다(대법 2005.4.19, 2004두14182).

(7) 업무수행상 과실로 인하여 사용자의 재산상 손실을 초래된 경우

전대차 계약체결, 건강검진기관에 대한 변경 등은 당시 대표이사의 지시에 의하여 이루어진 것으로서 이로 인하여 이득을 얻은 것이 없고, 부하직원으로서 거부하기 어려웠을 것인 점, 구매계약을 체결한 것은 수의계약이 가능한 것으로 잘못 판단하여 이루어졌고, 이로 인한 회사의 손실이 크지 않으며, 근로자가 이득을 취한 것이 없는 점, 총무팀장의 직책에서 그 비용처리를 위한 회계처리 과정 등에서 발생한 것이며, 감사팀 및 인사위원회에서도 근로자에게 변상조치를 취하지 않았으며, 비위의 도가 경하여 경과실에 해당한다고 본 등에 비추어 볼 때, 해고사유로 볼 수 없다(대법 2005.7.8, 2005두1701).

X. 불륜문제를 야기한 근로자에 대한 징계

1. 불륜이나 연애에 있어서의 기업의 룰의 설정과 한계

기업은 기업의 존립과 사업의 원활한 운영상의 필요에 따라 규제할 수 있으나 일반 기업은 근로자를 일반적으로 지배하는 것은 아니므로 근로계약의 이행과의 관련성이 없는 한 근로자의 인격·자유를 불필요하게 규제하여서는 아니된다. 양자의 조화는 기업운영상의 규제 필요성의 유무나 정도와 규제를 받는 근로자의 인격·자유와의 비교 교량 즉, 기업운영상의 규제필요성·합리성, 수단 방법의 상당성으로부터 판단하여야 한다. 그 중에서도 불륜문제나 연애사건은 근로자의 고도의 인격적 이익에 해당되므로 다른 자유 이상으로 존중되어야 한다.

2. 구체적인 룰 설정과 한계

편의상 「취업시간 중」, 「취업시간 외에 있어서의 기업시설 내」, 「취업시간 외에 기업시설 외」의 3개 유형으로 나누어 룰의 설정과 한계를 정할 수 있다.

(1) 취업시간 중

취업시간 중에는 근로자에게는 직무전념의무가 있으므로 취업시간 중의 연애행동(불륜도 포함)은 금지된다. 따라서 기업은 소속근로자에 대하여 취업시간 중의 사적인 연애메일이나 전화사용을 일체 금지할 수 있다.

(2) 취업시간 외에 있어서 기업시설 내의 경우

기업은 근로자에 대하여 물론이고, 기업의 물적 구성요소에 대하여도 기업질서 정립권 있으므로 취업시간 외에 있어서도 그 물적 요소인 기업시설의 사용을 기업목적으로 한정하여 연애나 불륜을 목적으로 하는 사적인 이용을 금지할 수 있다. 직장은 직무를 수행하는 곳이므로 연애는 직장 밖에서 자유롭게 할 수 있다. 그러므로 기업시설 내의 연애활동은 기업의 시설관리권의 남용으로 인정되는 특별한 사정이 없는 한 금지된다.

(3) 취업시간 외에 있어서 기업시설 외의 경우

이 경우에는 근로자의 자유가 보다 존중된다. 예외로서는 그 자유에 의하여 기업질서에의 영향이 생길 가능성이 있다면 그 가능성의 한도에서 규제된다.

가. 연애의 경우

기업질서에 영향 있는 케이스는 아주 희소하다.

회사동료간의 연애사건

남자사원이 부하인 여성사원과 연애문제를 일으킨 경우에 취업규칙에 의거 징계할 수 있는가?

남자사원과 여성사원의 관계는 원칙적으로 사생활상의 행위이다. 그러나 이러한 관계가 기업활동에 장애가 되는 경우에는 징계의 대상이 될 수 있다. 예컨대 상사인 과장과 부하인 여성종업원간의 불륜관계가 판명된다면 그 직장내의 질서에 악영향이 생긴다. 금후의 업무에 지장이 생긴다는 이유로 어느 일방을 배치전환시켜 그 직장의 질서를 회복할 수 있다.

남성직원이 회사밖의 이성과의 연애사건

그러나 반드시 기업질서에 영향을 주지 않는다고 볼 수 있는 경우도 많을 것이므로, 예를 들어 법적 배우자가 있는 남성이 여성직원과 연애관계가 있었다는 사실만으로는 징계대상이 된디고는 힐 수 없다. 남사사원이 술집접대부와의 통정을 이유로 한 회사의 면직처분에 대하여 중앙노동위원회(1990. 5.7 판정 90부해37)는 이를 중한 징계처분으로 징계권의 남용이라고 판정한 예가 있다. 판례(서울행법 2008.11.28, 2008구합13897)는 사용자가 근로자에 대해 징계권을 행사할 수 있는 것은 사업 활동을 원활하게 수행하는데 필요한 범위 내에서 규율과 질서를 유지하기 위한데 그 근거가 있으므로 근로자의 사생활 비행은 사업 활동에 직접 관련이 있거나 기업의 사회적 평가를 훼손할 염려가 있는 것에 한해 정당한 징계 사유가 될 수 있다. 근로자의 간통 행위는 근로자가 회사에서 수행하는 업무와 아무런 관계가 없는 사생활 영역에서 범한 비행으로서 회사의 경영 질서나 사업 활동에 별다른 영향을 미치지 않았고, 근로자의 비위 행위가 회사 명예와 신용 등 사회적 평가에 별다른 악영향을 미친 바도 없다.

"근로자는 불구속 상태로 정상적으로 근무하면서 수사의 재판을 받았기 때문에 업무 수행에 어떤 장애를 초래하지 않았다"며 근로자에 대한 유죄판결이 확정된 후 각종 언론 매체에 보도되기는 했으나, 이는 법리와 관련된 판결 내용 때문으로 근로자의 직업이나 범행 내용이 문제가 된 것은 아니었으며, 성명이나 직업은 모두 익명으로 처리되는 등 간통죄로 집행 유예 확정판결을 받았다는 이유만으로 고용 관계를 계속할 수 없을 정도로 근로자에게 책임 있는 사유가 발생한 경우에 해당한다고 보기 어렵다고 한다.

나. 불륜의 경우

회사동료간의 불륜

불륜문제 중에서도 회사내에서의 불륜과 거래처 관계자와의 불륜은 전혀 별개의 문제로 인식되고 있으므로 대응할 필요가 있다. 회사내에서의 불륜의 경우에는 기업질서를 문란시킨 범위가 자기회사에 한정되고 있으나 거래처관계자와의 불륜은 고객인 거래처회사의 질서를 문란시킨 것이다. 그러므로 거래처관계자와의 불륜은 회사가 그 고객의 신용을 잃을 수 있는 중대한 배신행위이므로 이에 대응할 필요가 있다.

상사와 부하간의 불륜

부서관리자이자 직장 상사의 지위에 있는 자로서 기혼임에도 불구하고 미혼의 부하 여직원에게 교제를 요구하며 부적절한 관계를 오랜기간 지속하여 온 것은 그 행위 자체로서 사회적으로 비난받을 수 있는 것이고 나아가 그 관계의 청산을 요구하는 여직원에게 만남을 지속하고자 폭력을 행사하고 그 과정에서 상해까지 입혀 결국 부하 여직원이 회사를 퇴사할 수밖에 없는 결과를 초래하였으며, 이로 인하여 회사 내 직원들이 근로자의 행위에 대한 진상규명 및 적절한 징계를 요구하며 근로자의 행위를 규탄하는 상황에 이르렀다면 이는 회사의 사회적 평가에 중대한 악영향을 미치는 것으로서 회사가 근로자를 해고한 것은 징계권을 남용한 것이라고 볼 수 없다(서울행법 2006. 2.10, 2005구합10576). 근로자가 직장동료 한○○과 오랜 기간 부적절한 관계를 맺어왔던 사이임에도 그 관계를 정리하는 과정에서 이를 원만히 해결하지 못하고, 허위내용의 진정을 통하여 한○○에 대한 인사조치를 요구하는 등의 행위를 한 것은 취업규칙상 직원으로서의 품위유지의무를 위반한 것으로서 징계사유가 된다 할 것이다.

위와 같은 근로자의 행위는 회사 내부의 기본적인 조직관리, 인사질서를 해치는 것일 뿐 아니라 타 직원들의 근무환경에도 영향을 미치는 것이고, 근로자가 위와 같은 행위에 이르게 된 동기, 목적 등 모든 사정을 종합하여 볼 때 그 비위의 정도도 중하다 할 것이어서 이를 이유로 한 사용자의 이 사건 해고는 징계사유 및 징계양정에 있어서 모두 정당하다(서울행법 2005.11.4, 2004구합16430).

예를 들면, 판례(대법 1987.5.26, 86구765)는「형사상 친고죄인 강간죄의 고소기간이 경과되었더라도 동일 직장 내에서 업무상 자기의 감독 하에 있는 미성년자인 여성 안내원을 강간하였다는 사실은 회사의 취업규칙의 규정 등에 비추어 보더라도 징계해고의 사유에 해당된다」고 한다. 또한 버스운전기사와 안내원의 관계에서는 여성안내원 모집에 지장이 생긴다는 문제가 있음으로 징계해고를 인정한 판례가 있다. 불륜의 경우에는 기업질서에의 악영향을 당해 기업의 사업내용이나 당해 근로자의 직무, 불륜의 형태 등 개별 구체적으로 판단하여야 한다. 기업질서에의 악영향이 생기는 경우에도 이에 대한 징계처분의 선택은 그 불륜행위에 의한 기업질서에의 악영향의 정도와 균형있는 선택이 필요하다.

불륜이나 연애에 관한 기업의 룰의 설정

구 분		연애의 경우	불륜의 경우
취업시간 중		금지된다(메일이나 전화사용을 포함한다).	
취업 시간 외	기업 시설 내	기업의 시설관리권 남용이 인정되는 특별한 사정이 없는 한 금지된다.	
	기업 시설 외	특수한 케이스를 제외하고 규제는 없다.	당해 기업의 사업내용·그 근로자의 직무(입장), 불륜의 태양 등을 개별구체적으로 검토·판단한다. + 처분하는 경우 기업질서에 대한 악영향의 정도와 균형이 필요하다.

거래처 관계자와의 불륜문제와 해고

거래처 관계자와의 불륜, 예컨대 자기회사 영업담당직원이 거래처 여성직원간에 불륜관계가 있다면 자기회사의 기업내 질서에 영향을 미치고 거래처 회사의 질서를 문란하게 할 수 있어 결과적으로 거래처의 신뢰를 잃을 수 있고 사업활동에 크게 손상을 입을 수 있다. 거래처 경영자의 배우자와의 불륜이라면 거래자체가 중지될 수 있다. 그러므로 이와 같은 불륜행위는 기업의 사회적 평가를 훼손하는 행위로서 징계해고로서 곤란한 사례임에도 불구하고 보통해고는 이론상 충분하다고 생각된다. 다만, 대기업에 있어서는 배치전환에 따라 대응하는 것도 선택할 수 있는 방법의 하나이다. 영업주체인 기업으로서는 교육・연수 과정에서 근로자 전체에게 거래처 관계자와의 불륜문제는 회사에 대한 중대한 배신행위라고 평가되므로 이와 같은 행위를 하는 경우에는 사직도 할 수 있는 중대한 징계처분을 받을 가능성이 있다는 것을 인식하도록 철저히 주지시키는 것이 중요하다.

XI. 전근, 전보 전적 등 인사명령을 위반한 경우

1. 전직, 전보명령에 불응한 경우

① 근로자가 원칙적으로 사용자의 권한에 속하는 전직이나 전보명령을 받고서도 스스로 이를 자신의 사용자의 대한 근로조건 개선요구 등에 대한 보복이라고 단정하고 위 명령에 불응한 채 20여일이 넘도록 무단결근을 계속하였다면 위와 같은 행위는 근로자와 사용자 사이의 근로계약관계를 지속하는 것이 현저히 불공정 또는 부당하다고 인정될 정도의 무거운 비위행위에 해당한다 할 것이므로 이를 이유로 근로자를 징계해고한 사용자의 조치는 정당하다(서울민지법원 1989.4.25, 88가합31628).

② 회사는 서울시장의 감축 운행 명령에도 불구하고 상당 시간 노선별 운전기사 수를 조정하지 않다가 뒤늦게 근무 인원을 조정할 필요성을 인식하게 됐다. 그런데 근로자는 이러한 사정을 평소 잘 알고 있었던 점, 근로자 등을 전보 대상자로 선정하면서 노무팀장 등을 통해 비교적 단기간 내에 복귀토록 노력하겠다고 설명하면서 협조를 요청했고 실제로 전보 대상자 모두를 추후 원래 근무지로 복귀시킨 점, 전보 명령으로 인한 생활상 불이익이 통상 감수해야 할 정도를 현저하게 벗어난 것이라 볼 수 없는 점 등을 볼 때, 이 사건 전보 명령은 유효한 것인데도 이에 불응하면서 상당 기간 무단

결근한 것은 지나쳐 적정하지 못하다 할 것이다. 따라서 당해 근로자를 해고한 것은 징계권자의 재량권을 일탈·남용한 것이라 볼 수 없다(서울고법 2007.10.17, 2007누2984).

2. 경비원 직제 폐지로 인한 생산직으로의 전직명령을 거부한 경우

경비원 직제 폐지로 인한 전직명령을 거부한 근로자에 대한 해고는 정당한 이유가 있다(대법 1989.2.28, 88다카11145).

3. 업무상 필요에 따른 근로자 배치전환의 효력

회사와 소외회사의 계약관계에 비추어 볼 때 소외회사의 요구에 따른 회사의 근로자들에 대한 위 배치전환은 업무상의 필요성이 있었다고 보여질 뿐 아니라 그로 인하여 근로자들에게 봉급감소, 직급저하, 근무장소변경 등을 초래한바 없어 회사의 고유한 인사권의 범위를 넘지 않는 적법한 처분이라 할 것이다(대법 1993.6.22, 92다40938).

4. 부당하게 제명된 노조지부장에 대한 인사명령

노조의 제명처분을 받은 노조지부장에 대해 회사가 노조전임 파견을 해지하고 회사업무로의 복귀인사명령을 내리자 노조지부장이 이에 응하지 않고 종전 근무처로 출근한 것에 대하여 무단결근 및 인사명령 불복종 등을 들어 해고한 경우, 사건의 단서가 되었던 노조의 제명처분이 부당하여 무효라면 이에 기하여 행해진 인사명령도 무효이기 때문에 인사명령에 불응하였나는 것을 이유로 한 해고도 정당한 것이 아니다(서울민사지법 1991.5.23, 90가합43839).

5. 노조간부임을 내세워 인사명령에 불응한 경우

근로자가 합리적인 이유없이 노조간부임을 내세워 근로자 본인에게 불이익을 가져오지 않는 인사명령에 불응하고 경위서 제출명령에도 응하지 않는 것은 회사의 정당한 업무지시를 거부함으로써 회사규율과 질서를 문란케 한 행위로서 사용자의 징계권발동대상이 되는 행위라 할 것이다(서울민사지법 1990.10.11, 90가합25015).

6. 입사시 동의 얻은 경우 지방 전보명령의 효력

회사의 전보명령은 지방에 정비업소를 신설함에 따라 인력관리 등 경영상 필요에 의하여 행한 인사조치라 할 것이므로 업무상의 필요성이 인정되고 회사가 근로자의 입사 당시 미리 지방근무에 대한 동의를 받은 이상 그 후 전보발령시마다 동의를 받아야 하는 것은 아니며 전보로 인하여 근로자에게 생활상의 불이익이 있다고 하더라도 업무상의 필요성에 비추어 보면 그러한 불이익만으로는 전보조치가 정당한 이유가 없다거나 권리남용에 해당한다고 볼 수 없으므로 결국 회사가 근로자에 대한 전보 발령은 인사규정에 따라 인사권을 정당하게 행사한 것이다(대법 1993.9.14, 92누18825).

7. 전근, 전적 등 인사이동의 거부

근로자가 전근, 전적 등 사용자의 명령에 반발하여 회사에 출근하지 않아 이것이 취업규칙상 무단결근 또는 회사의 업무상 정당한 명령위반이라는 징계사유에 해당되는 경우가 있다.

이것이 징계해고 사유로 정당한 이유가 있는 것인지 여부는 결국 사용자의 전근, 전적 명령 등의 정당성 여부에 달려있는 바, 동 명령의 정당성 문제로서 판단되어야 한다. 전근명령에 불응하여 연・월차휴가계를 내고 장기간 시위 및 농성, 유인물 배포 등에 의한 업무방해 등을 한 경우 이는 무단결근에 해당하고 항의의 수단으로서 적정성이 결여된 것이므로 이에 대한 징계파면은 정당하다(대법 2004.2.12, 2003두13250). 이 판례에 의하면 「전보명령은 업무상의 필요에 의한 전보 등에 따른 생활상의 불이익이 근로자가 통상 감수하여야 할 정도를 현저하게 벗어난 것이 아니라면 정당한 인사권의 범위 내에 속하는 것으로서 권리남용에 해당되지 않고 전보처분 등을 함에 있어서 근로자 본인과 성실한 협의를 거쳤는지의 여부는 정당한 인사권의 행사인지의 여부를 판단하는 하나의 요소라고 하면서, 근로자가 본사 종합사령실로 전보된다고 하여도 이에 따른 생활상의 불이익이 없으며, 생활상의 불이익이 전보명령에 따라 근로자가 통상 감수하여야 할 정도를 현저하게 벗어난 것이 아니라면 이는 정당한 인사권의 범위 내에서 이루어진 것이다.

근로자가 인사명령을 거부하고 장기간 무단결근, 시위 및 농성, 유인물 배포 등에 의한 업무방해 내지 명예훼손 고소 등은 기본적 신뢰관계를 무너뜨릴 뿐만 아니라 항의의 수단으로 적정성을 결하였다고 보아 이에 대한 징계파면은 정당하다」고 한다.

XII. 업무명령 또는 업무상 지시의 위반

1. 판단기준 및 업무명령위반 판단의 전제조건

① 사용자의 업무상 지시에 불응하였다는 것이 징계해고의 사유로 되는 경우에도 사용자의 지시가 근로계약, 취업규칙, 단체협약이나 법령에 위반되지 않는 정당한 것인지 여부를 가려보아 그에 따라 징계 사유의 정당성 여부를 판단하여야 한다. 사용자의 업무명령이 부당한 경우 그 거부행위를 이유로 한 해고는 부효이다. 반면에 그 업무명령이 정당한 경우 그 거부행위는 해고사유에 해당한다.

② 근로기준법상의 휴게시간이란 근로자가 근로시간의 도중에 사용자의 지휘명령으로부터 완전히 해방되고 또한 자유로운 이용이 보장된 시간을 의미하므로 만일 시외버스 운전사의 대기시간이 근로기준법 소정의 휴게시간에 해당한다면 그 운행시간은 기준근로시간을 초과하지 않으나, 그렇지 않고 위 대기시간이 근로시간에 해당한다면 기준근로시간을 초과하게 되는 경우 이러한 기준근로시간을 초과하는 운행시간의 배차지시는 법령에 위반한 것으로서 정당한 작업지시라고 볼 수 없을 것이므로 위 대기시간이 근로시간에 해당하는지의 여부를 심리하여 운전사에 대한 회사의 배차지시의 적법 여부를 가린 다음 이를 거부한 운전사의 행위가 회사 취업규칙 소정의 징계해고 사유에 해당되는지의 여부를 판단하였어야 함에도 불구하고 이에 이르지 아니한 채 운전사에 대한 회사의 징계처분이 정당하다고 판단한 원심판결을 심리미진의 위법을 이유로 파기한다(대법 1992.4.14, 91다20548)는 사례가 있다.

2. 업무명령 위반으로 인정된 경우

(1) 업무명령 불복종 등

노동조합 대의원인 근로자가 7일 이상 무단결근, 질서문란, 회사와 조합의 사전승인 없는 유인물배포, 업무명령 불복종, 작업장 무단이탈 등의 이유로 단체협약 및 취업규칙에 위반된다고 하여 징계해고한 것은 정당하다(대법 1993.4.9, 92누16973).

(2) 배차지시 위반이 업무명령 위반으로 인정된 경우

여객자동차운송사업을 영위하는 사업체에 있어서 사용자가 승무직 근로자인 운전사에 대하여 행하는 배차행위 또는 배차지시는 통상적인 업무수행명령에 속한다 할 것이므로 근로자인 운전사는 특별한 사정이 없는 한 이러한 사용자의 배차지시에 따라야 할 것이고 이를 거부하는 것은 근로계약에 따른 근로자의 본질적이고 기본적인 근무인 근로제공의무를 이행하지 않는 것으로서 이는 채무불이행이 될 뿐 아니라 일반적으로 해고사유가 된다 할 것이고, 회사의 단체협약 제53조에서 "회사는 조합원의 정직 · 해고 · 휴직 · 승급 · 상벌 · 배차 기타 제반 인사원칙에 관하여는 사전에 노조의 의견을 들어 결정한다"고 규정하고 있다하여 달리 볼 수 없다(대법 1994.12.23, 94누3001).

(3) 개인사업의 도모가 업무지시 위반으로 인정된 경우

근로자가 허락 없이 회사와 경쟁관계에 있는 다른 회사와 레미콘 운반업무를 수행하기로 하는 내용의 지입계약을 체결하여 레미콘차량 지입사업을 하려고 그에 필요한 준비작업을 한 행위는 취업규칙 제19조, 제21조를 위반하는 것이고 이는 결국 회사의 복무규율을 위반하여 회사의 위계질서를 문란케 하는 행위라고 보아도 무방하다 할 것이므로 근로자가 회사 이익에 반하여 사리를 도모하였다는 회사 주장의 비위사실 부분은 징계의결서나 징계처분장에 징계근거로 기재된 취업규칙 제60조제4항 및 징계규정 제4조제3항 제14호 소정의 징계해고 사유인 '업무상 지시에 따르지 아니하여 회사의 위계질서를 문란시킨 때'에 포함되었다고 볼 것이다(대법 1996.9.20, 95누15742)라고 한다.

(4) 합의된 연장근로 거부를 업무명령 위반으로 인정한 경우

근로자는 회사와 사이에 1주에 1회 순번에 따라 돌아오는 주간근로자가 근무를 마치는 18:30분부터 야간근로자가 근무를 시작하는 20:00까지 1시간 30분의 당직근무(이는 통상적인 일·숙직 근무와는 다른 일반적인 연장근로이다)를 하기로 약정하는 내용의 근로계약을 체결한 사실을 알 수 있는 바, 위에서 본 법리에 비추어 근로자와 회사 사이의 연장근로에 관한 위 합의가 근로기준법 등의 관계법령에 위반된다고 할 수 없고, 근로자가 회사와 사이에 체결한 위 근로계약은 기간의 약정이 없는 것으로서 이와 같은 경우 매년 당사자가 근로계약을 새로이 갱신하여야 하는 것도 아니므로 근로자가 위 근로계약을 해지하지 아니한 이상 연장근로에 관한 합의의 효력은 그대로 유효하다 할 것이다.

따라서 근로자는 위 근로계약에 따른 회사의 연장근로지시를 이행할 의무가 있다할 것이고, 근로자가 매년 회사에게 근로계약서를 체결하여 줄 것을 요구하였다거나 정비사에 대한 처우 개선을 요구하여 왔음에도 회사가 이를 거절하였다는 소론의 사정만으로 연장근로에 관한 당사자간의 합의의 효력이 상실한다거나 근로자가 회사의 연장근로에 대한 지시를 거부할 정당한 이유가 있다고 할 수 없다.

결국 근로자가 회사의 지시에도 불구하고 연장근로에 해당하는 근로계약상의 당직근무를 거부한 것은 회사의 정당한 업무명령을 위반한 것으로서 취업규칙 제57조제9호 소정의 징계사유인 '업무상의 지휘명령에 위반한 때'에 해당한다고 할 것이다(대법 1995.2.10, 94다19228)라고 한다.

(5) 휴일·연장근로의 거부를 업무명령 불응으로 인정한 경우

근로자들이 1992년경부터 토요일 연장근로를 거부하고 일요일 근무일에 출근하지 아니하였으며 평일 주휴일에 주휴를 거부하고 회사에 출근하여 소일하는 등 근무불성실 등의 이유로 몇 차례 징계를 받았음에도 불구하고 계속하여 회사의 근무명령에 불응하고 이로 인하여 결과적으로 회사에 용차비 상당의 손해를 끼친 것은 취업규칙 제81조 및 징계규정 제3조제1호, 제9호, 제11호, 제13호 등의 징계사유에 해당하는 사실, 1992년경부터 원고들뿐만 아니라 다른 유조차 기사들도 토요일 연장근로와 일요일 근무 및 평일 주휴실시를 거부하였고 이에 피고 회사는 노동조합 위원장을 비롯한 다른 운전기사들에 대하여도 징계를 하였음에도 계속 거부하여 1993년 6월경 근로자들과 마찬가지로 징계절차에 회부하여 근로자들보다 가벼운 징계를 하였으나, 근로자들은 자신들의 주관적이고 개인적인 불만에 기하여 때때로 회사측의 배차운행지시가 부당하다며 이를 거부하는 등 평소 근무태도도 불성실하였던 사실, 다른 동료 운전기사들에 대하여도 직·간접적으로 자신들의 근무거부행위에 동참하도록 권유하고 이를 주도하는 등 회사 내 전체 근무분위기를 해치고 근무의욕을 떨어뜨리는 언행을 자주 해온 사실, 무엇보다도 근로자들에 대하여 징계해고를 의결한 1993년 6월에 개최된 인사위원회에 출석하여 앞으로도 계속하여 토요일 연장근로 및 일요일 근무 등에 관한 회사의 업무지시에는 따를 의사가 없음을 명백히 표시한 사실을 인정한 다음, 위 인정 사실과 유류수송이 회사의 주된 업무로서 회사의 존립자체와 직결되어 있는 점을 고려하면 근로자들의 위와 같은 근무거부행위는 사회통념상 고용계약을 계속시킬 수 없을 정도로 근로자에게 책임이 있는 사유에 해당한다 할 것이므로 회사가 다른 운전기사들과는 달리 징계의 종류 중 가장 무거운 해고를 선택하여 근로자들을 징계한 것은 정당하고, 이를 가리켜 징계재량권을 남용한 것으로는 볼 수 없다고 판단하였다(대법 1997.7.25, 96다29892).

(6) 출장업무 중의 사적행위를 직무위반으로 인정한 경우

근로자가 공단으로부터 출장명령을 받아 출장업무 수행기간 중에 서울고등법원의 법정에 출석하여 행정소송 사건의 판결선고 내용을 방청한 사실은 업무출장 중 사적인 이유로 출장지를 이탈한 것으로서 업무수행을 소홀히 한 행위라고 판단하였는바, 기록과 대조하여 보면 원심의 위와 같은 증거의 취사선택 및 사실인정은 정당하다(대법 1999.9.3, 97누2528·2535).

3. 업무명령 위반으로 인정하지 않을 경우

(1) 노조전임자의 교육불참을 징계사유로 인정하지 않은 경우

노동조합 전임자로 승인된 근로자가 회사가 실시하는 근로정신 함양교육에 참가하지 않은 것이 징계사유가 되지 않는다고 판단한 것은 옳다(대법 1999.11.23, 99다45246).

(2) 소송비용 상환의무 불이행을 직무위반으로 인정하지 않은 경우

패소한 근로자의 공단에 대한 소송비용 상환의무는 소송당사자로서 상대방 당사자에게 부담하는 채무에 불과할 뿐 공단의 직원으로서 지는 직무상의 의무는 아니므로 그 상환의무의 불이행이 직무의무 위반행위가 될 수는 없다(대법 1999.9.3, 97누2528・2535).

XIII. 동료 또는 상사에 대한 폭행

1. 폭력행위를 징계해고 사유로 규정한 경우

취업규칙이나 단체협약에서 근로자가 직장동료 또는 상사 등에 대한 폭력행위를 한 것을 징계해고 사유로 규정하는 것은 통상적으로 회사의 경영질서 유지를 위하여 사원들의 엄격한 근무기강의 확립이 요구된다는 점에 근로기준법에 위배되는 무효의 규정이라고 할 수 없다(대법 1992.3.13, 91다39559).

사업장 내에서 일어난 근로자의 폭력행위를 이유로 한 해고처분의 경우, 그 폭력행위의 동기와 경위 등 전후의 여러 가지 사정을 종합하여 그 해고가 징계권이나 해고권의 남용에 해당하지 않는지 여부를 판단하여야 한다. 결국 구체적인 사건에서 징계의 정당성 판단은 그 행위가 일어난 경위에 대한 정밀한 검토가 선행되어야 한다.

징계의 정도에 있어서는 폭행・협박의 동기, 내용・태양, 다른 종업원에의 영향 등을 종합적으로 참작하여 판단한다. 그러므로 종합적으로 고려한 결과 중대한 기업질서 위반이 있다고 판단된 경우에는 징계해고 할 수 있으나 다만, 동료간에 싸움이 있는 경우에는 폭력행위가 있더라도 상대방도 부상을 입는 등의 태양으로 악질적인 사정이 없다면 징계해고는 아니고 근로계약의 존속을 전제로 해고이외의 징계처분을 선택할 수 있다. 특히 상사가 직위를 이용하여 부하직원을 폭력으로 지배하였다고 인정되는 사안에는 중대한 기업질서 위반으로 징계해고로서 대응할 필요가 있다.

2. 폭행·협박을 이유로 징계를 할 때의 고려사항

폭행·협박을 이유로 징계를 할 때의 고려사항은 다음과 같다.

① 행위요소
- 폭행·협박의 동기는 어떤 것인가
- 폭행·협박의 내용·형태는 무엇인가
- 폭행·협박에 따라 발생된 결과는 어떤 것인가

② 시간적 요소… 폭행·협박행위는 취업시간 중에 발생한 것인가
③ 장소적 요소… 폭행·협박행위는 기업시설 내에서 발생한 것인가
④ 인적요소
- 상사에 대한 것인가
- 동료에 대한 것인가
- 부하에 대한 것인가
- 외부사람에 대한 것인가(거래처관계자인가, 전혀 관계없는 제3자인가)

⑤ 상대방에게 잘못이 있는가, 우발적인가
⑥ 다른 근로자에의 영향은 어떤 것인가

3. 상사에 대한 폭행의 구체적 사례

① 회사 내에서 다른 근로자가 지켜보는 가운데 대표이사와 상무에게 욕설, 폭행을 한 것은 회사의 경영질서 및 위계질서를 크게 해쳤다고 할 것이고, 이는 사용자와 근로자 사이의 고용관계를 계속시킬 수 없을 정도의 중대한 사유라고 인정된다(대법 1996.5.31, 95누2487). 사납금미납행위로 승무정지조치 후 징계에 회부되자 상사에게 협박, 폭언, 업무방해 등을 한 운전사에 대한 징계해고는 정당하다(대법 1994.8.12, 94누1890).

회사의 사업장내에서 상사를 폭행한 것이 업무시간 중에 업무수행과정에서 이루어졌다면 적어도 다른 근로자들의 업무가 방해받은 것으로 보아야 하므로 단체협약 소정의 징계사유인 '폭행으로 업무집행을 방해한 자'에 해당된다(대법 1992.2.11, 91다25109).

② 어떤 근로자에 대한 징계해고가 상사를 폭행한 것을 사유로 하고 있다고 하더라도 그 상사가 먼저 근로자를 폭행함으로서 유발되었고 그로 인하

여 그 근로자는 약 4주간, 상사는 약 10일간의 상해를 입었으며 그 후의 수습과정에 참작할 만한 사정이 있다면 위 징계해고는 징계권을 남용한 경우에 해당된다(대법 1992.2.11, 91다25109).

③ 회사직원들과 술집에서 단합대회를 하다가 술기운에 상사의 멱살을 잡아당기다가 옷이 찢어지게 하는 등의 폭행을 가한 근로자에 대하여 취업규칙상 가장 무거운 징계를 선택하여 징계해고 처분을 한 것은 징계권을 남용한 것으로 보아야 한다(대법 1992.5.22, 91누5884).

④ 7차례의 징계전력이 있으며, 징계위원회에서 해고가 결의되었는데 대표이사가 근로자에게 재발방지를 경고하면서 승무정지로 감경하기도 하였음에도 불구하고 반성하기 보다는 징계절차에 불만을 품고 회사 사무실에서 욕설과 폭언을 하고 회사기물을 파손한 경우 징계해고를 전후하여 취한 태도 등을 고려할 때 해고할 수 있다(서울행법 2006.4.21, 2005구합24322).

⑤ 이 사건 전날 및 당일에 작업현장에서 추돌 및 감전사고가 있었고, 입환기관차 운전이라는 위험성이 큰 업무를 담당하고 있어 매우 긴장된 상태에서 작업에 임하고 있었던 점, 이 사건 중량측정 작업 시작 전에 이미 선로상의 장애물을 모두 치워 놓았던 터라 입환기관차에 연결된 전동차 및 중량시험장 쪽에 더 신경을 쓰면서 운전을 하다가 예상과 달리 선로 상에 정차된 파워카와 충돌위험직전에 까지 이르게 되자 심리적으로 매우 흥분된 상태에서 김○○ 생산과장에게 감정적으로 대응하게 되었지만 그 후 원만히 합의하였던 점 등을 살펴보면 위와 같은 폭행행위가 신뢰관계를 무너뜨려 사회통념상 고용관계를 더 이상 계속할 수 없을 정도에까지 이르렀다고 보기는 어렵다(대법 2004.7.8, 2004두4765).

⑥ 이전에 3차례에 걸쳐 폭력행위로 인한 징계전력이 있는 노동조합위원장인 근로자가 임금교섭과 관련하여 무단으로 사장실에 들어가 회사임원들을 폭행하여 상해를 입힌 행위는 회사 내 위계질서를 근본적으로 해친 행위로서 사회통념상 근로계약을 계속시킬 수 없을 정도에 해당한다(대법 2005.3.24, 2005두807).

⑦ 근로자들이 노조간부로서 근로자의 안선을 위하여 관리자들과 작업환경 측정 문제를 논의하는 과정에서 폭력사태가 발생하고 상호 폭력으로 인

하여 근로자들도 상해를 입은 경우에도 정당한 절차를 거치지 아니한 문제제기, 폭력으로 인한 징계전력, 개전의 정 등을 고려할 때 해고는 정당하다(대법 2006.2.24, 2005두14516).

⑧ 근로자가 대표이사와 상무에게 폭력을 행사하였더라도 근로자가 소액주주협의회 회장이었고, 상무와는 친구인 점, 폭행의 정도가 중하지 아니한 점 등을 고려하면 폭력 등을 이유로 한 해고는 부당하다(대법 2005.3.11, 2004두13332).

4. 동료이나 연상인 근로자에 대한 폭력

대규모 제조업체인 회사에서 비행(非行)근로자가 자기보다 16세나 연상이고 회사 근무경력이 10년이나 많은 노조위원장을 탁자위에 뛰어 올라 발로 턱을 차 쓰러뜨리고 주먹으로 얼굴을 때리는 등 폭행을 가하여 약 3주간의 치료를 요하는 상해를 입히고 그로 인하여 형사처벌까지 받았다면, 비록 그가 입사 후 단 한 차례의 징계처분도 받은 전력이 없고 회사내 다른 근로자가 동료를 칼로 찔러 요치 3주간의 상해를 가한 것에 대하여 회사측으로부터 아무런 징계처분이 내려진 바 없다는 사정이 있다고 하더라도 위 징계해고처분을 징계권이 남용된 경우라고 할 수 없다(대법 1992.3.13, 91다39559).

5. 남자사원의 동료여사원에 대한 폭력

회사에서 남자직원이 직무상 상명하복관계에 있지 아니한 동료여직원이 사사로운 심부름을 즉시 하여주지 않는다는 이유로 폭행을 하여 상해를 입힌 일이 있는 이상 그 진단서가 위조되었다 하여도 그 여직원이 그로 인한 수치심과 모욕감을 못 이겨 회사를 사직하였고 폭행의 동기가 자신의 복무질서를 교란시키고 동료사원간의 융화단결을 심히 해하는 행위일 뿐만 아니라 회사의 명예와 위신을 손상시킨 행위로 징계사유에 해당한다(서울고법 1986.4.4, 85나3265).

6. 기업 외에서 폭행・협박 등의 행위가 있는 경우

기업 외에서 비행인 폭행・협박행위에 있어서는 범죄행위가 있는 것을 이유로 하더라도 반드시 회사의 사회적 신용을 훼손하는 것은 아니므로 이론상으로는 징계대상은 아니다. 그러나 실무상으로는 다른 사안과 마찬가지로 경계를 실시하는 경우도 있으며 그 정도에 대하여는 당해 행위의 태양・정도에 덧붙여 비위행위자의 연령, 지금까지의 근무태도・근무성적, 장래의 기대, 상사・동료의 평판, 반성의 자세 등도 고려하여 결정하고 있다.

XIV. 폭행 상해

폭력행위에 대해서는 사유 여하를 불문하고, 징계해고라는 엄중한 처분을 하는 것이 허용되는가?

노조법 제4조 단서에서 「어떠한 경우에도 폭력이나 파괴행위는 정당한 행위로 해석되어서는 아니 된다」고 하고 있는 바 폭력행사는 허용될 수 없다. 그러나 폭력행위가 모든 경우에 징계해고로서 인정되는 것은 아니다.

근무시간 외 또는 직장 외에서 발생한 폭력행사는, 그것이 직장질서 위반이나 중대한 명예훼손 등에 해당되는 것이 아니라면 해당 근로자에 대한 해고처분은 과중한 징계라고 볼 수 있다. 또한 근무시간(휴게 또는 근무시간에 가까운 시간)중의 직장에서의 폭력행사는 일반적으로 직장질서 위반이라고 취급될 수 있으나 이러한 경우에도 ① 범행에 이른 경과・동기, ② 폭행의 정도・형태, ③ 폭행의 대상 등을 감안하여 징계처분의 정도를 결정하여야 한다.

1. 입원가료 4주일간 상해

회사 간부에 대한 폭언과 함께 4주간의 치료를 요하는 상해를 가한 노조위원장에 대한 파면은 정당하다. 임금협상을 위한 단체협상 기간 중 개최된 노사간담회에서 회사간부에게 폭언하고, 물 컵을 던지고, 휴지꽂이로 안면을 가격하여 4주간의 치료를 요하는 상해를 가한 노동조합위원장에 대한 징계파면은 정당하다(대법 1997.6.24, 96누16063)라고 판시하고 있다.

2. 동료간의 인쟁에 의한 폭행

다음과 같은 사안에 대하여 판례(대법 1992.3.13, 91다39559)는 징계해고를 유효라고 하고 있다. 「소외회사는 약 1,200여명의 생산직 근로자가 함께 일하는 대규모 제조업체임을 알 수 있는 바, 그 기업의 규모나 성격상 회사의 경영질서 유지를 위하여 무엇보다도 회사 내에서의 사원들의 엄격한 근무기강확립이 당연히 요구될 것임에 비추어 이러한 회사 근무질서를 저해하는 사원들의 폭력행위 등에 대하여 이를 징계해고대상으로 삼을 수 있다고 정한 소외회사의 단체협약 등의 위와 같은 징계규정이 무효라고 할 수 없음은 물론이고, 또한 원심이 적법하게 확정한 사실관계에 의하더라도 근로자는 회사의 노동조합 위원장인 위 김○열의 업무수행태도에 대하여 평소 개인적인 불만을 가지고 있던 터에 마침 그가 조합원들에게 작성 배포한 유인물의 내용을 트집 잡아 갑자기, 회사 구내에 있는 위 노동조합 위원장 사무실에 침입하여 자기보다 16세나 연상이고 회사 근무경력이 10년이나 많은 위원장인 위 김○열에 대하여 폭언하면서 탁자 위에 뛰어 올라 발로 그의 턱을 차 쓰러뜨리고 주먹으로 얼굴을 때리는 등으로 폭행을 가하여 그에게 약 3주간의 치료를 요하는 상해를 입히고 그로 인하여 형사처벌까지 받은 것임이 분명한 바, 이와 같은 근로자의 이 사건 비행의 동기 및 그 구체적인 경위 내지 결과와 그 밖의 기록에 나타난 근로자 사후태도 등 모든 사정에 비추어 볼 때 비행근로자에게는 다른 특별한 사정이 없는 한 사회통념상 고용계약을 계속 존속시킬 수 없을 정도의 책임 있는 사유가 존재하는 경우에 해당한다고 보아야 옳을 것이다」.

3. 유서를 내보이며 자살하겠다고 위협한 경우

근로자가 업무시간 중 회사의 잘못을 시정하겠다며 미리 작성한 유서를 내보이며 자살하겠다고 위협하며 자신의 주장을 관철하려는 것은 생명을 수단으로 자신의 주장을 관철하려는 인륜에 반하는 행위라 할 것인 바, 이를 협박으로 인한 업무방해로 보아 단체협약규정에 따라 해고한 것은 정당하며, 부당노동행위 또한 성립되지 아니한다(중노위 2000.6.5, 99부해822).

4. 쌍방 폭행의 경우

회식 장소에서 일어난 우발적 쌍방 폭행에 근로자 또한 상처를 입었고 상대방은 경미한 '주의' 처분에 그친 점을 감안하더라도 당시 부하 직원을 폭행해 감봉 6개월 처분으로 근신 중이었다는 점, 여직원에게 성희롱에 해당하는 부당한 행위를 요구해 견책 처분을 받았던 전례가 있는 점, 법인 카드 부당 집행으로 회사를 상대로 손해 배상 청구 소송을 제기한 점 등 제반 사항을 종합해 보면 폭행을 이유로 근로자를 파면한 것은 징계권자의 재량을 남용한 것이라 볼 수 없다(서울행법 2007.9.11, 2006구합37660).

XV. 고의 또는 과실로 중대한 사고를 발생시켜 회사에 손해를 끼친 때

1. 중대한 사고를 발생시켜 회사에 손해를 끼친 때의 판단기준

회사에 대하여 횡령, 배임, 절도, 손괴 등 범죄행위를 하거나 과실로 인하여 중대한 사고를 발생시킨 경우이다. 이는 근로계약상 근로자의 성실의무에 대한 중대한 위반에 해당하므로 이러한 사유가 존재하는 한 해고의 정당성을 긍정할 수 있다. 그러나 실제로 위와 같은 사정을 들어 해고가 이루어진 경우 그 정당성 여부는 관련경위를 구체적으로 살펴 판단하여야 한다. 그런데 그 판단 과정에서 지나치게 구체적인 사정에 집착하다보면 횡령, 배임, 절도 등이 회사에 대한 중대한 범죄행위라는 점을 간과할 수도 있다. 또한 그것이 범죄행위라는 점에만 주목하면, 그 사건에 일어날 당시 회사의 관행이나 당해 근로자의 지위 등과 같은 특별한 사정을 경시할 우려도 있다. 요컨대, 횡령, 배임, 절도와 같은 경우 그것이 범죄행위라는 점을 고려하면서도 개별 사건의 구체적인 사정을 살펴 해고의 정당성 여부를 판단해야 한다.

2. 구체적 사례

① 시내버스 운전사가 회사 주차장에서 브레이크 대신 가속페달을 밟아 동료를 사망케 하고 여러 대의 차량을 파손시킨 행위는 운수회사의 취업규칙상 해고사유인 '과실로 인한 중대한 사고'에 해당한다(대법 1997.4.8, 96다33556). 또한 회사의 내규에 따른 채권확보 조치 없이 신용거래를 개시하고,

거래 중에도 거래처의 신용상태 악화에 따른 적절한 조치를 취하지 않음으로써 회사에 중대한 손해를 입힌 업무담당자에 대한 해고처분은 정당하다(대법 1997.4.25, 96누9508). 그러나 회사가 부정행위에 가담한 직원 가운데 의원면직된 지점장 외 1명을 제외한 나머지 직원들에 대하여는 모두 정직이라는 징계처분을 하였음에 반하여 그 근로자가 개인적으로 판매대금을 영득한 것으로 인정되지 아니하는 사안에 관하여 해고처분을 결정한 것은 지나치게 가혹하여 징계재량권의 범위를 벗어난 것이다(대법 1994.5.24, 93다26854).

② 지방영업소장의 물품판매대금을 일부 횡령하였다는 등의 이유로 징계면직된 경우 그가 횡령금의 일부를 판촉비에 사용하였고 징계면직 이전에 조합이 입은 손해를 모두 배상하였다고 하더라도 징계면직이 재량권의 범위를 일탈한 것으로 무효라고 할 수 없다(대법 1990.11.23, 90다카21589).

③ 29차례에 걸쳐 대출을 고의로 부당하게 취급함으로써 부실채권을 발생시켜 확정된 회사의 손실만 하더라도 7,600만원으로 상당한 액수이고, 더욱이 근로자는 형사 판결을 통해 드러났듯이 부당 대출에 포함되지 않은 다른 부당 대출로 인해서도 회사에 적지 않은 손실을 입혔다. 게다가 근로자는 형사 재판에서 위 징계 사유 및 그 밖의 참작 사유에 대해 비교적 무거운 형을 선고받았다. 이러한 징계 사유를 이유로 근로자를 해고한 것은 징계 양정이 과중하다고 인정하기에 부족하다(서울행법 2008.7.25, 2007구합13111)고 한다.

XVI. 기업 밖에서의 비행으로 인한 징계

1. 기업 밖에서의 비행의 의의와 판단기준

기업 밖에서의 행위란 단순히 직장 또는 사업장 밖이라고 하는 장소적 의미뿐만 아니라 근로자가 근로의무로부터 해방된 시간인 취업시간 이외에 있어서의 시민으로서의 사생활 영역(직무 외)에서의 언동이나 행위를 말한다. 비행이란 근로자의 사생활 영역에서의 범죄 등의 위법행위나 반도덕적이라고 할만한 사회통념상의 비위행위를 일반적으로 포함하나, 그밖에 사용자의 입장에서 허용하기 어렵다고 볼 수 있는 행위를 포함한다.

직무와는 관계없이 근로자가 운전 중 교통사고를 일으키거나 폭행·상해를 가하는 등의 기업 밖에서의 비행에 대해서도 취업규칙상의 '불명예스러운 행위를 하여 회사의 체면을 현저히 훼손시킨 때', '형벌법규에 위반하여 유죄의 판결을 받은 때'와 같이 징계처분사유에 해당되는 경우가 있다. 근로자의 사업장 외·취업시간 외·직무 외의 비행에 대한 징계처분이 재판에서 다투는 케이스는 범죄행위, 교통사고, 가두정치활동에 따른 형사처분에 관한 것, 남녀 간의 스캔들, 반사회적이라고 할 수 있는 단체와의 관계나 교우관계, 2중 취직(겸직) 등 그 유형은 다양하다.

이러한 케이스에서의 쟁점은 사용자의 징계처분의 법적효력에 관해서인데 그 판단에 있어서 본래 사용자의 징계권은 근로자의 기업밖의 비행에 대해서도 미치는가, 미친다고 하면 징계처분의 타당성이나 정도를 판단하는 구체적 기준을 어디에서 구하는가 하는 점에 있다. 이 문제에 관해서는 징계권과 기업질서와의 관계에 관한 견해의 차이나 우리나라 노사관계상의 근로계약의 법적인식 방법에 따라 상이한 결론이 도출하게 된다. 또한 근로자의 사생활영역에서의 시민적 자유를 기업과의 관계에서 어떻게 파악할 것인가라는 기본적 문제가 그 바탕에 있다.

2. 기업 밖에서의 비행의 주요 유형

(1) 범죄행위

근로자가 기업 밖에서의 범죄행위로 인하여 형사상 수사 또는 구속되거나 유죄판결을 받는 경우에 그 범죄사실에 의하여 해고라는 징계처분을 하는 것이 아니라 '장기결근 할 수밖에 없는 근로자측의 사정으로 말미암아 근로계약에 따르는 기본적 의무인 근로를 제공할 수 없는 경우'와 '업무의 종류에 따라 특별히 요구되는 근로자에 대한 신뢰나 품위 또는 사용자의 명예가 손상됨으로써 근로관계의 유지가 기대될 수 없는 경우'에 정당한 해고의 사유가 있는 것이다.

(2) 부정행위 또는 비유리적 행위

업무의 성격이나 직무에 비추어 특별히 요구되는 신뢰나 명예를 손상케

하는 경우 또는 근로제공에 영향을 미칠 때에는 근로계약상의 부수적 의무인 충실의무 위반으로서 해고의 사유가 될 수 있다.

3. 기업 밖에서의 비행에 대한 징계처분권의 근거

사용자가 기업질서 유지를 위하여 취업규칙에 복무규율을 정하고 이에 위반하는 근로자를 징계처분하는 징계권은 일반적으로 인정되고 있으나(근로기준법 제93조제11호에는 제재에 관한 사항이 있고 동법 제95조에는 감급의 제재에 관한 사항을 규정하게 되어 있는 바, 사용자에게 징계처분권이 있음은 당연한 전제가 되고 있다) 그 징계처분 권한이 기업 외의 비행에까지 미칠 수 있는가

이에 대하여 ① 사생활상의 자유는 노동력의 매매와는 관계가 없고, 대체로 징계의 근거가 될 수 없다고 하는 견해, ② 직장 내에서의 기업질서를 문란케 하는 경우에 한하여 징계의 대상이 된다고 하는 견해, ③ 직장 내의 기업질서를 문란시키는 경우 외에 대외적으로 기업의 신용 내지 거래관계를 훼손하는 경우에도 징계가 인정된다고 하는 견해 등의 세 가지 견해로 분류할 수 있다.

전기 ②는 사용자의 징계권이 오로지 작업과정에서의 지휘명령의 확보를 위하여 인정되는 것이라는 입장에서 징계가 기업질서 및 작업에 관한 규율 확보 라는 관점에서 협소하게 이해하는데 대하여, ③은 근로자의 사생활자유의 원칙에 비추어 징계권이 미치는 범위를 한정시켜야 한다는 점에서는 ②와 기본적 지향을 같이 하면서도 기업의 유기적 운영을 위해서는 회사의 사회적 신용을 유지하기 위한 규율도 징계에 의해서 지켜야 할 기업질서를 구성한다고 보고 있다.

4. 판례의 태도

사용자가 근로자에 대하여 징계권을 행사할 수 있는 것은 사업활동을 원활하게 수행하는데 필요한 범위 내에서 규율과 질서를 유지하기 위한 데에 그 근거가 있으므로, 근로자의 사생활에서의 비행은 사업활동에 직접 관련이 있거나 기업의 사회적 평가를 훼손할 염려가 있는 것에 한하여 정당한 징계사유가 될 수 있다 할 것이다(대법 1994.12.13, 93누23275).

판례는「영리를 목적으로 하는 회사가 그 명예, 신용 기타 이에 상당하는 사회적 평가를 유지하는 것은 회사의 존립 내지 사업운영을 위해 불가결하므로 회사의 사회적 평가에 중대한 영향을 줄 종업원의 행위에 대해서는 그 것이 직무수행과 직접 관계가 없는 사생활상으로 행하여진 것일지라도 이에 대해 회사가 규제를 할 수가 있는 것은 당연 인정되어야 한다」하였다.

여기서 기업의 사회적 평가를 훼손할 염려가 있다고 하기 위해서는 반드시 구체적인 업무저해의 결과나 거래상의 불이익이 발생하여야 하는 것은 아니고 당해 행위의 성질과 정상, 기업의 목적과 경영방침, 사업의 종류와 규모 및 그 근로자의 기업에 있어서의 지위와 담당 업무 등 모든 사정을 종합적으로 고려하여 그 비위행위가 기업의 사회적 평가에 미친 악영향이 상당히 중대하다고 객관적으로 평가될 수 있어야 한다.

징계해고의 정당성 여부는 취업규칙상의 징계해고 사유를 일응의 기준으로 삼되, 사용자의 사업의 성격 및 사업장의 여건, 당해 근로자의 지위 및 구체적 담당 직무의 내용, 비위사실의 동기와 정도, 이로 인하여 기업의 위계질서가 문란하게 될 위험성 등 기업질서에 미칠 영향, 과거의 근무태도 등 여러 가지 사정을 종합적으로 검토하여 사회통념상 사용자가 당해 근로자와 근로계약관계를 계속할 수 없는 상태에 이르렀다고 볼 사정이 있는지 여부에 의하여 판단하여야 한다(대법 1995.4.25, 94누13053 ; 1998.11.10, 97누18189).

또한 근로자의 사적인 영역에서 이루어진 행위가 회사와 직접 관련이 있다거나 사회적 평가를 훼손하였다면 정당한 징계사유에 해당한다고 보고「근로자는 회사의 방송용 중계차 도입계획 수립, 사양결정, 제작 감독 및 검수 등을 좌지우지하고 설계를 전담하는 등 중계차 도입의 전 과정에서 상당한 영향력을 가지고 있는 상태에서 중계차 제작업체인 금양기전을 위하여 개인 간의 보증관계에서 통상적으로 있을 수 있는 범위를 초과하는 거액의 채무에 관하여 연대보증인이 되는 등 특수한 관계를 계속 유지하는 행위를 했다. 이런 행위로 해임되었다면 이는 징계재량권을 남용한 부당해고에 해당한다고 볼 수 없다」(대법 2001.12.14, 2000두3689)라고 판시하여 사생활상의 비행일지라도 회사의 사회적 평가에 중대한 영향을 주거나 또는 직장규율을 문란시키는 경우에 징계처분권이 미친다는 것을 인정하고 있다.

따라서 기업 외 비행에 관해서는 ① 범행의 동기(파렴치한가의 여부), ② 형벌의 정도, ③ 당해 근로자의 기업에서의 지위 등의 모든 요건을 검토한 후, 징계처분을 결정하게 되는 바, 일반론으로서는 기업 외 비행에 징계처분권이 미치는 것을 인정하고 있다고 할지라도 원칙적으로는 직무수행중의 위반이 문제가 되는 것으로 특히, 징계해고에 대해서는 전기 요건을 감안하여 신중하게 임해야 한다.

부동산투기행위는 객관적으로 보아 도시개발공사의 사회적 평가에 심히 중대한 악영향을 미치는 것으로 평가될 수 있다(대법 1994.12.13, 93누23275)고 보아 징계해고는 정당하다고 한다.

「근로자에 대한 징계사유인 부동산 투기행위가 근로자의 사생활에서의 비행에 불과하다고 볼 여지가 없지 아니하다 하더라도, 택지의 개발과 공급, 주택의 건설, 개량, 공급 및 관리 등을 통하여 시민의 주거생활의 안정과 복지향상에 이바지함을 목적으로 지방공기업법 제49조에 의하여 특별시가 전액 출자하여 설립한 도시개발공사의 설립목적, 그 업무의 종류와 태양, 부동산보상 관련 업무를 담당하는 근로자의 업무내용 등의 여러 사정을 종합적으로 고려하면, 도시개발공사 소속 근로자의 부동산 투기행위는 객관적으로 그 공사의 사회적 평가에 심히 중대한 악영향을 미치는 것으로 평가될 수 있는 경우라고 할 것이므로 이는 그 공사의 인사규정 소정의 '공익을 저해하는 중대한 행위를 하였을 때'에 해당한다고 본 것은 정당하다」고 한다.

XVII. 겸직 금지의 위반

1. 겸직 금지의 취지

취업규칙상 회사의 허가 없이 다른 사업장에 겸직하는 것을 금지하는 규정을 두고 이에 위반한 것을 징계해고 사유로 하는 경우가 흔히 있다. 2중취직 등의 부업은 금지되고 있는 바, 부업을 하게 되면 회사의 기업질서가 문란하거나 문란하게 될 가능성이 크거나 근로자가 노무제공을 하지 않거나 불충분하게 하는 것을 방지하기 위한 것이다.

근로자는 근로계약을 체결하여 노무제공의무를 부담하는 것이므로 취업시간 중에 다른 회사에 취업하는 것은 노무제공의무를 위반한 것이 된다. 그러므로 근로제공의무는 근로계약에서 정한 소정근로시간에 노무에 종사하여야 할 의무가 있으므로 생활 전반에 걸쳐 사용자의 지배하에 있는 것은 아니다. 근로자는 근로계약을 체결하여 노무제공의무를 주된 의무로 부담하는 것이므로 그 밖에 부수의무로서는 성실의무, 구체적으로는 비밀유지의무, 경업금지의무, 사용자의 명예·신용을 훼손하지 않을 의무 등을 부담하고 있다. 그러므로 노무제공이 불가능하거나 곤란하다든지 그러한 원인이 겸직하는 경우에는 단순히 채무불이행이 그치는 것이 아니라 기업질서를 문란하게 되어 겸직회사에 있어서는 성실의무에 위반되는 일이 있다. 이러한 의미에서 사용자는 합리적인 이유가 있다면 근로자의 겸직을 금지하여 이에 위반한 경우에는 징계해고도 할 수 있다. 그러나 근로자의 직장 외·근무시간 외의 행위에 있어서는 근로자의 사생활의 존중과 직업선택의 자유의 요청이 있으므로 이중취업이나 겸업의 징계처분사유해당성이나 이에 대한 징계처분의 상당성은 보다 엄격하게 판단할 필요가 있다.

2. 취업시간 외에 부업하는 경우

① 근로자가 취업시간 외에 다른 사업장에 겸직하는 것은 근로자 개인능력에 따른 사생활의 범주에 속하는 것이므로 기업질서나 노무제공에 지장이 없는 겸직까지 전면적, 포괄적으로 금지하는 것은 부당하다. 사기업의 근로자는 일반적·원칙적으로 겸업이 금지되는 것은 아니고, 취업규칙 등을 통한 구체적 제한이 없는 한 근로자는 근로계약상의 취업시기 중에만 복종하고 그 외의 시간활용은 거의 자유이며 취업규칙에 의하더라도 겸업을 전면적으로 금지하는 것은 특별한 경우를 제외하고는 합리성을 결여한 것으로서 무효라 할 것이다. 그러나 근로자가 그 취업시간 외의 자유시간에 정신적·육체적 피로회복을 위한 적절한 휴식을 취하는 것은 다음의 노동을 위한 필수조건이므로 사용자로서 근로자의 자유시간의 이용에 관하여 관심을 가짐은 당연하다 할 것이며, 겸업의 내용에 따라서는 기업의 경영질서를 해하고 기업의 대외적 신용·체면을 손상하는 경우도 있으므로 겸업의 여부에 관하

여 회사의 승낙을 얻도록 취업규칙에 정하는 것은 부당하다 할 수 없다.

② 따라서 노무제공에 지장을 줄 정도의 장시간의 겸직, 경쟁회사의 이사에 취임하는 경우 등이 금지의 대상이 될 수 있고 이를 징계해고 사유로 하더라도 정당성을 인정받을 수 있을 것이다.

③ 판례는 「회사로부터 승낙을 얻음이 없이 무단으로 취업시간 종료시로부터 오전 0시까지 카바레에 취업하는 것은 그 자체로서 기업질서를 저해하여 사용자와의 신뢰관계를 파괴하는 행위일 뿐만 아니라, 겸업의 노무내용이 매일 심야까지 근무하는 것이어서 단순한 아르바이트의 범위를 넘어서서 소속회사에 대한 성실한 노무제공에 지장을 초래할 개연성이 높다는 점 등에 비추어 이를 이유로 한 해고는 정당하다」(일본동경지재 1982.11.19)고 한다.

3. 취업시간 중에 부업하는 경우

취업시간 중에 부업을 행하는 것은 사용자의 허가가 없는 한 노무제공의무에 위반되므로 허용할 수 없는 것은 너무도 당연한 것이다. 종래 블루칼라 직장에서는 감독자의 감시에도 취업시간 중에 부업을 하는 것은 생각할 수도 없었다. 그러나 오늘날 화이트칼라 직장에서는 근로자가 컴퓨터 등 직무를 하고 있으므로 인터넷을 통하여 주식거래, 인터넷에서의 낙착물의 전매 등을 부업으로 하는 일이 많아졌다. 만일 이러한 것을 부업으로 취업시간 중에 하는 경우라면 본질적으로 노무제공자체는 아니다. 이런 의미에서 시대의 변화에 따라 종래보다는 징계해고가 가능한 사안이 발생할 가능성이 있다고 생각된다.

4. 금지되는 겸업의 내용

겸업 금지의 취지는 다른 회사에 취업함에 따라 노무제공이 불가능・불완전하거나 경영질서를 문란하게 되는 것을 방지하기 위한 것이다. 그러므로 당해 겸업이 취업규칙의 겸업 금지규정에 위반하는가의 여부는 겸업의 실질에 따라 판단할 필요가 있다. 예컨대 아르바이트 등의 일시적 고용은 원칙적으로 금지되는 겸업에 포함되지 아니하나 일시적 고용이라도 근로자의 성실의무에 위반되는 업무에 종사하는 경우에는 겸업금지에 위반된 경우라고 해야 할 것이다.

5. 겸업금지 위반과 징계 및 징계해고의 효력

① 겸업 금지 위반에 대하여는 징계해고 사유로 정하는 취업규칙이 많이 있다. 금지되는 겸업은 겸업의 내용에서 보아 노무제공에 지장이 생길 것인가 아니면 기업질서를 위반하는 경우로 한정할 것인가의 문제이다. 이에 따라 금지되는 겸업에 해당된다고 판단되는 경우에는 징계해고는 가능하다고 할 것이다. 그러나 금지되는 겸업에 해당하는 경우이더라도 징계해고의 효력은 겸업의 구체적인 태양과 금지하고자 하는 사용자의 사정 등에 따라 근로자의 노무제공의 지장의 유무, 기업질서에 끼친 영향 등을 종합 판단할 필요가 있다. 겸업 금지 규정에 위반한 겸업에 있어서도 구체적 사안에서는 징계해고는 해고권의 남용이 되는 경우도 있을 수 있다는 점에 유의하여야 한다(서울행법 2001.2.17, 2000구18062).

② 예컨대 근로자의 이중취업을 이유로 근로자를 해고하는 경우 이러한 근로자의 이중취업 행위가 기업의 경영질서를 해할 뿐만 아니라 기업의 대외적 신용・체면을 손상하여 사용자와의 신뢰관계를 파괴하고 소속회사에 대한 성실한 노무제공에 지장을 초래하는 등 사회통념상 당해 근로자와의 계속적인 근로관계의 유지를 기대하기 어려울 정도의 사정이 있어야 정당한 이유가 있는 것으로 인정될 수 있을 것이다(2002.6.8, 근기 68207-2165).

③ 판례(서울행법 2005.5.27, 2004구합28228)는 「근로자가 비록 비상근으로 재건축조합장직을 수행하였다 하더라도 근무시간 중 조합업무와 관련하여 전화를 주고받고 근무지를 무단이탈하는 등 근무를 소홀히 한 점, 위 재건축조합이 전조합장의 업무와 관련하여 수차례의 소송이 제기되는 등 분쟁이 있었고, 그 업무의 양이 방대할 뿐 아니라 조합원들간의 관계 뿐 아니라 시공사 등 관련업체들과의 관계에서도 그 이해관계가 첨예하게 얽히는 등 분쟁의 소지가 많을 수밖에 없는 점 등을 고려하면 근로자가 조합장직을 수행함으로 인하여 회사에 대한 노무제공에 지장을 초래할 수 있음은 넉넉히 추인할 수 있다 할 것이므로, 재건축조합장직의 수행은 취업규칙상 회사의 승인을 받아야 하는 타 업무라 봄이 마땅한에도 근로자가 회사로부터 승인을 받음이 없이 조합장직을 수행하였고, 수차례에 걸친 회사의 사퇴요구 및 지시에

불응하여 왔을 뿐 아니라, 재건축조합을 둘러싼 각종 분쟁으로 인하여 감독기관을 경유한 민원을 포함하여 수차례 민원을 야기시키는 등 물의를 일으킨 이상 이는 근무기강확립규정 및 품위유지위반에도 해당한다고 보아야 할 것이다.

회사가 근로자에게 최초 조합장직의 사퇴를 요구한 이래 1년여에 걸쳐 사퇴지시, 최고, 1월의 정직처분 등을 통해 단계적으로 사퇴를 촉구하였으나 근로자가 이에 불응함에 따라 이 사건 정직처분에까지 이르게 된 점, 회사가 유가증권의 집중예탁업무 전등 공적업무를 처리하는 법인으로서 그 임직원은 일반 사기업의 근로자에 비하여 업무 내외에 걸쳐 고도의 공정성과 청렴성이 요구되는 점, 회사가 이 사건 정직처분과 동시에 2월 이내에 조합장식을 사퇴하도록 최고한 것에 비추어 이 사건 정직처분은 근로자가 조합장직을 사퇴할 경우 복직명령을 할 것을 전제로 한 조건부 정직처분이라고 보여지는 점 등 모든 사정에 비추어 볼 때 이 사건 정직처분에 그 재량권을 일탈, 남용한 위법이 있다고 보기 어렵다」고 한다.

XVIII. 사업장내에서 본래의 업무이외의 집회, 연설 등 활동금지의 위반

1. 취업시간, 휴게시간 중의 활동규제

사업장에서 업무이외의 활동에 대하여 허가제를 규정한 것이 취업시간뿐만 아니라 휴게시간 중에 있어서도 사업장에서의 시설관리나 다른 직원의 휴게시간의 자유로운 이용을 방해할 염려가 있고 그 내용 여하에 따라서는 기업질서를 어지럽힐 가능성이 있으므로 그 합리성을 부인할 수는 없으며, 따라서 이를 징계해고 사유로 한 취업규칙의 규정을 근로기준법에 위배되어 무효라고 할 수 없다.

2. 사용자의 허가 및 허가제의 허용한계

취업규칙이나 단체협약에서 근로자가 회사내에서 노무제공과 무관한 집회, 연설, 벽보판의 게시, 유인물의 배포 등 활동을 일반적으로 금지하고, 단

사용자의 허가를 받은 경우에 한하여 허용한다는 규정을 두고 이에 위반한 것을 징계해고 사유로 삼는 경우가 있다.

그러나 근로자의 이러한 활동이 헌법과 노조법에서 보장되는 노동조합의 정당한 활동에 해당하는 경우에는 사용자는 위와 같은 허가제를 이유로 그 활동을 금지할 수 없다(대법 1992.6.23, 92누4253).

3. 허가제 위반시의 징계가능 여부

징계해고 사유로 된 근로자의 업무외 활동이 노동조합의 정당한 활동에 해당한다면 취업규칙상 그 허가제에 위반하였음을 이유로 하는 징계해고는 부당하나, 노동조합의 정당한 활동에 해당하지 않는 경우라면 징계해고 사유가 될 수 있다. 이는 흔히 위 해고처분이 노조법상 부당노동행위(노조법 제81조제1호)에 해당되는지 여부의 관점에서 문제되고 있다.

XIX. 신뢰관계 파탄과 징계사유

사용자와 폭 넓은 재량권이 인정된 근로자 사이의 신뢰관계와 해고사유의 관계이다. 자치관리를 위하여 아파트입주자 대표회의에 고용된 아파트 관리소장과 같이 근로형태에 있어 근로자에게 비교적 재량권이 폭넓게 인정됨으로써 그 사용종속의 정도가 다른 일반 근로자에 비하여 비교적 완화되어 있는 경우에는 사용자와의 강한 신뢰관계를 기초로 하여서만 근로관계가 유지될 수밖에 없다고 할 것이어서, 만일 사용자와의 신뢰관계가 깨진 것으로 볼 만한 객관적으로 합리적인 사유가 있게 된 경우에는 그것으로 통상의 근로관계는 사회통념상 더 이상 유지될 수 없게 되었다고 보아야 한다(서울행법 2007.7.19, 2006구합36339). 예컨대 아파트 입주자 대표회의에 고용된 아파트 관리소장이 아파트 보수공사의 진행과정에서 관리주체로서의 책임과 의무를 제대로 이행하였다고 볼 수 없는 경우, 아파트 입주자 대표회의와 그로부터 고용된 아파트 관리소장의 근로관계가 관리소장의 귀책사유로 신뢰관계가 깨져 사회통념상 더 이상 유지될 수 없게 되었다고 본다.

5장

조합활동 및 쟁의행위 관련 징계사유를 둘러싼 법률실무

Ⅰ. 정당한 조합활동의 의의 및 판단기준

1. 정당한 조합활동의 보장

노동조합의 활동(이하 '노조활동'이라 한다)은 근로의 의무 및 사용자의 경영권과 조화를 이루는 범위 내에서 행사되어야 하는 한계가 있다. 노동조합의 활동 중 단체교섭, 쟁의행위에 있어서는 노조법상 명문의 규정, 법해석 등으로 상당 정도 내용이 정립된 상황으로 단체교섭과 쟁의행위 이외의 노조활동을 중심으로 정당한 노조활동의 허용범위를 살펴본다.

정당한 노조활동은 민사상 면책(노조법 제3조), 형사상 면책(노조법 제4조), 부당노동행위(노조법 제81조) 등의 보호가 주어지는 반면에 노조활동이 그 한계를 일탈할 경우에는 책임이 따른다. 불합리한 노사관행을 해소하고 정당한 노조활동을 보장하는 취지에서 '정당한 노조활동의 허용범위와 한계'에 대한 명확한 인식이 있어야 할 것이다.

2. 노동조합 활동의 정당성 판단기준

근로자의 행위가 노동조합의 활동으로서 정당하다고 인정받기 위하여는 다음과 같은 요건이 충족되어야 한다(대법 1992.9.25, 92다18542).

① 조합활동의 성격 : 조합원이 조합의 결의나 구체적인 지시에 따라서 한 노동조합의 조직적인 활동 그 자체가 아닐지라도 행위의 성질상 노동조합의 업무를 위한 활동으로 볼 수 있거나 노동조합의 묵시적 수권 혹은 승인을 받았다고 볼 수 있는 것이어야 한다.

노동조합의 위원장으로 출마한 행위(대법 1990.8.10, 89누8217), 다수의 노조위원장 입후보자중 일부만 사퇴하고 복수 이상의 후보자가 남았는데 그 중 한 사람이 사퇴자의 사퇴이유를 왜곡하여 그의 선거운동에 이용하는 경우 당해 사퇴자가 그의 사퇴이유를 조합원에게 알리기 위하여 유인물을 배포한 행위(대법 1991.11.12, 91누4164) 등은 노동조합의 활동에 해당한다.

그러나 노동조합의 결정이나 방침에 반대하거나 이를 비판하는 행위는 조합원으로서의 자발적이고 순전히 개인적인 활동에 불과하므로 노동조합의 활동에 해당하지 않는다(대법 1992.9.25, 92다18542).

② 조합활동의 목적 : 근로조건의 유지, 개선과 근로자의 경제적 지위의 향상을 도모하기 위하여 필요하고 근로자들의 단결 강화에 도움이 되는 행위여야 한다.

③ 조합활동의 시기 : 취업규칙이나 단체협약에 별도의 허용규정이 있거나 노동관행 또는 사용자의 승낙이 있는 경우 외에는 취업시간 외에 행해져야 한다.

④ 조합활동의 방법 : 사업장내의 조합활동에 있어서는 사용자의 시설관리권에 바탕을 둔 합리적인 규율이나 제약에 따라야 하고 폭력과 파괴행위 등의 방법에 의하지 않는 것이어야 한다. 예컨대 택시운수회사의 노동조합장이 운전자보험 가입희망 조합원들의 위임을 받아 회사 업무과장에게 위 조합원들을 위하여 보험료납부를 위한 일괄가불을 요청하였으나 해당운전기사의 서명날인이 없다고 하여 가불을 거절한다는 이유로 그를 때려 상해를 가하고 회사의 책상 등을 손괴하는 등 하여 구속됨을 이유로 한 징계해고가 실질적으로 노동조합 활동을 이유로 부당해고한 것이라고 단정할 수 없다고

한다(대법 1991.9.24, 90누5696).

또한 판례(대법 1993.4.13, 92누16515)는 불법시위, 업무방해 등의 비위행위로 뒤늦게 징계해고한 경우 그 정당성 여부에 관하여, 노동조합의 교육선전부장인 근로자의 불법시위, 업무방해, 무단결근, 폭행, 재물손괴, 교통사고 등은 회사의 단체협약과 취업규칙이 정한 정당한 해고사유에 해당되므로 조합장 등의 다른 임원들과 죄질을 동일하게 하여 사건발생 이후 뒤늦게 징계조치 하였더라도 그 형평성에 어긋난 조치는 아니라고 하였다.

노조법은 정당한 노조활동의 범위에 대한 명시적 규정을 두고 있지 않으므로 부당노동행위 성립 여부를 둘러싼 판례 등을 통해 정립되어 있다. 노조활동이 근로자의 근로의무나 사용자의 노무지휘권·시설관리권과 충돌하는 경우에는 아래의 기준에 따라 정당한 노조활동 여부를 판단하여야 한다.

① 근무시간 중의 노조활동은 원칙적으로 이를 허용하는 단체협약·취업규칙 등이 있거나 사용자의 승낙이 있어야 가능하다.

② 사업장내의 노조활동에 대하여는 사용자의 시설관리권에 바탕을 둔 합리적인 규율이나 제약에 따라야 한다.

③ 노조활동이 취업시간 외에 사업장 밖에서 이루어졌을 경우에는 자유롭게 할 수 있는 것이 원칙이나, 근로계약상 성실의무에 위반하지는 않아야 한다. 노조활동이 근무시간 외에 사업장 밖에서 이루어졌을 경우에도 근로자의 근로계약상의 성실의무는 거기까지도 미친다고 보아야 하므로 그 점도 이행되어야 한다(대법 1990.5.15, 90도357).

판례(대법 1992.4.10, 91도3044)에서 제시한 정당한 노조활동의 기준은 다음과 같다.

「노조활동이 근무시간 중 또는 기업시설 내에서 이루어지는 경우에 정당한 활동으로 인정받기 위해서는 그 행위가 우선 노동조합의 활동으로 볼 수 있어야 하고 그 목적이 근로조건의 유지·개선, 단결강화를 위한 것이어야 하며, 단체협약·취업규칙에 별도의 허용규정이 있거나, 사용자의 승낙이 없는 한 취업시간 외에 하여야 하고 사용자의 노무지휘권이나 시설관리권에 바탕을 둔 합리적인 규율이나 제약에 따라야 하며, 사회상규에 반하지 않아야 한다」

3. 노조활동을 위한 결근이 징계사유인지 여부

① 노조활동을 위한 결근이 정당하기 위해서는 취업규칙이나 단체협약에 별도의 허용 규정이 있거나 관행 또는 사용자의 승낙이 있는 경우 외에는 취업시간 외에 행해져야 함에도 취업시간 중 노조활동을 허용하는 취업규칙이나 단체협약 규정 또는 그런 내용의 관행이 있다는 점을 인정할 아무런 증거도 없는 상황에서 참가인이 사전에 승낙을 받지 않고 노조활동을 이유로 결근한 것이 이 회사 취업규칙에서 정한 해고사유에 해당한다면 이를 이유로 한 해고는 정당한 징계 사유가 될 수 있다고 할 것이다(서울고법 2008.8.21, 2008누3915).

② 노동조합 전임자인 공무원에게 국가공무원법상의 성실의무, 복종의무, 직장이탈금지의무가 면제되지 않는다고 본 사례가 있다(대법 2008.10.9, 2006두13626). 「공무원은 누구나 국가공무원법 제56조의 성실의무, 제57조의 복종의무, 제58조의 직장이탈금지의무가 있으므로 노동조합 전임자가 되어 근로제공의무가 면제된다고 하여 위 의무까지 면제된다고 할 수 없으므로 노동조합의 전임자가 목적과 절차상 정당성이 인정되지 않는 파업을 주동하고 파업에 참가하며 다른 조합원의 파업 참가를 선동한 행위는 정당한 노동조합의 활동을 벗어난 것이어서 국가공무원법 제56조의 성실의무, 제58조제1항의 직장복귀명령에도 불구하고 복귀시한까지 노조사무실 등 지정된 장소에 복귀하지 아니한 것은 국가공무원법 제57조 소정의 복종의무를 위반한 것이다」라고 한다. 이 판결은 노동조합의 전임자가 됨으로써 근로제공의무가 면제되더라도 공무원으로서의 의무까지 면제된다고 할 수 없다고 한 것이다.

Ⅱ. 근무시간 중 노조활동의 허용범위와 한계

1. 현황 및 문제점

노동조합의 활동은 반드시 근무시간 중에 하여야 할 특별한 사정이 없는 한 사용자의 노무지휘권을 존중하고, 사업운영을 부당하게 저해하지 않도록 근무시간 외에 하는 것이 원칙이다. 따라서, 근무시간 중 노조활동은 원칙적으로 단체협약·취업규칙 등에 의하여 허용되거나 사용자의 승인을 받아 행하여야 한다.

이러한 원칙에도 불구하고 근무시간 중 노조활동이 무단으로 행해지거나, 총회·교육 등을 빙자하여 노조활동 시간을 불법 쟁의행위의 방편으로 이용하는 사례 등이 발생하고 있으며 또한, 관행으로 이루어지는 경우 관행의 형성 여부를 둘러싸고 노사간에 분쟁이 자주 발생하며, 어느 정도 인정해야 하는지에 대해서도 논란이 있다.

2. 판례 및 행정해석

(1) 판 례

① 일반적인 근무시간 중의 노조활동은 단체협약·취업규칙 등에 허용규정이 있거나 사용자의 승낙을 받아야 하고, 합리적인 방법으로 이루어져야 정당하다고 본다. 조합활동이 정당하려면 취업규칙이나 단체협약에 별도의 허용규정이 있거나, 사용자의 승낙이 있는 경우 외에는 취업시간 외에 행해져야 하며, 사업장 내의 조합활동에 있어서는 사용자의 시설관리권에 바탕을 둔 합리적인 규율이나 제약에 따라야 한다(대법 1990.5.15, 90도357).

② 노조가 노동조합 활동을 위하여 할애 받은 시간을 사용자의 동의 없이 불법파업 참여나 경영진 퇴진, 법 개정 등 정당하지 아니한 목적으로 이용하는 경우 정당한 노조활동으로 보호받을 수 없다.

노동조합원에 대한 교육시간의 할애를 빙자하여 파업 결의대회 등에 참가하였다고 하더라도 진정으로 교육시간으로 할애할 의사에서 나온 것이 아닐 뿐만 아니라 실제로 교육시간으로 사용한 바도 없으므로 이는 불법파업에 동참하려는 의사에서 나온 것임이 분명하고 그 결과로 회사의 업무수행이 지장을 받은 이상 그것 역시 업무방해죄의 죄책을 면할 수 없다(대법 2002.4.12, 2000도3485).

③ 단체협약에서 '취업시간 중의 집회는 사전에 통보해야 하며 사용자는 특별한 사유가 없는 한 승낙해야 한다'고 규정한 경우에도 정당하지 아니한 쟁의행위를 결행할 것인가 여부를 결정하기 위해 취업시간 중 임시총회를

개최하는 것은 단체협약에서 조합원의 취업시간 중 조합활동을 허용하도록 규정한 취지에 어긋난다(대법 1994.9.30, 94다4042).

이 판례는 단체협약에서 근무시간 중 총회 개최나 교육이 자유롭게 허용된 경우라도 그 총회 개최나 교육 목적이 원래 목적이 아닌 타목적 내지 위법한 목적으로 행해지는 경우, 이에 대한 책임을 물을 수 있다는 점을 유념할 필요가 있다.

④ 근무형태나 업무의 특수성 등에 비추어 부득이하게 근무시간 중에 하여야 할 필요성이나 불가피성이 인정되는 경우 사용자의 명시적 승인을 받지 않은 때에도 정당하다. 노동조합 임시총회가 근무시간 중에 열렸고 4시간의 전체 총회시간 중 찬반투표를 실시하고 남은 1시간을 여흥에 사용하기는 하였으나, 위 임시총회가 노조법상 쟁의행위를 하기 위한 필수적 요건인 조합원투표를 위한 것으로서 2회에 걸친 서면통보를 거쳐 개최되어 이에 대비할 여유가 충분히 있었고, 일부 조합원들이 야간근무를 하는 회사의 근무형태 때문에 조합원 찬반투표를 위한 총회개최를 비록 근무시간 중이기는 하지만 야간근무가 끝나고 주간근무가 시작되는 교대시간에 개최한 것은 위법하다고 할 수 없다(대법 1994.2.22, 93도613).

(2) 행정해석

근로계약이란 기본적으로 노무를 제공하고 그 대가로 임금을 지급하겠다는 쌍무계약이므로 노동조합의 회의·행사·교육 등 조합활동은 정상적인 업무를 저해하지 않도록 근무시간 외에 실시하는 것이 원칙이나, 부득이한 사유로 근무시간 중에 조합활동을 하고자 할 때에는 사용자의 승인이 있거나 단체협약상 허용규정이 있는 경우에 한하여 단체협약이 정하는 절차와 방법에 의해 조합활동이 가능하다(2001.8.14, 노조 68107-919).

3. 대응방안

① 근무시간 중 노조활동은 단체협약·취업규칙 등에 허용규정이 있거나 사용자의 승낙을 받아야 한다. 다만, 조합활동의 성질 등에 비추어 보아 아래의 원칙에 따라 예외인정 범위가 결정되어야 한다.

- 조합운영상 필요불가결한 활동(예 : 파업 찬반투표를 위한 총회개최 등)으로 근무시간 중에 하여야 할 부득이한 사유가 있는 경우에는 단체협약 · 취업규칙에 없고, 사용자의 사전 승낙이 없어도 허용될 수 있다.
- 이 경우 부득이한 사유가 있는지 여부는 근무형태의 특수성, 업무중단으로 인한 영향, 사용자에 대한 사전통보 여부 등의 사정을 종합하여 판단하여야 한다. 긴급 · 비상시의 노조활동(예 : 쟁의행위, 사업 변동시 노조 조직변동을 위한 임시총회 개최 등)으로서 긴급을 요하는 등 부득이한 사유가 있는 경우 인정될 수 있다.

② 조합 운영상 중요성이 있으나 필요불가결한 활동이 아니라면(예 : 교육 등) 근무시간 중 노조활동은 원칙적으로 단체협약 등에 근거가 있는 경우에 허용된다.

③ 한편, 비록 단체협약이나 관행 등에 의해 허용된 경우라도 휴게시간 등 근무시간 외에 가능한 활동(예 : 홍보 · 단결활동 등)이라면 근무시간 밖에 하도록 하여야한다.

④ 관행인지 여부를 둘러싸고 노사간에 다툼이 있는 경우는 단순히 몇 년에 걸쳐 반복적으로 행해져 왔다는 것만으로는 인정될 수 없으며 필수불가결한 활동으로서 부득이 할 때 인정된다.

4. 정당성이 부인되는 경우 주요 예상책임

(1) 징계책임

근무 중 무단이탈, 근무지시 위반 등의 사유가 있을 경우에는 사내 징계책임을 물을 수 있다.

(2) 민사책임

① 노무제공 의무 불이행이 있을 경우에는 민법 제390조에 따른 채무불이행 책임이 있다.

② 업무방해죄 등 불법행위 성립시에는 민법 제750조에 따른 손해배상 책임이 있다.

(3) 형사책임

근무시간 중 조합활동에 참여하여 집단적으로 노무제공을 거부하였을 경우 형법 제314조에 의한 업무방해죄(5년 이하 징역 또는 1천 500만원 이하 벌금) 성립이 가능하다. 다만, 참여한 조합원수가 미미하여 사람의 자유의사를 제압할 만한 정도가 되지 않는다면 업무방해죄 성립이 부인된다(대법 1991.4.23, 90도2961).

Ⅲ. 회의 · 교육 등을 위한 기업 시설물 이용의 노조활동의 허용범위와 한계

1. 현황 및 문제점

총회개최 등의 노조활동이 사업장 내에서 이루어지는 경우 기업시설의 이용과 관련하여 원칙적으로 사용자의 재산권 및 시설관리권에 따른 합리적 규율에 따라야 한다. 단체협약에 근거하거나 사용자의 승인 등을 통해 시설관리권과 노조활동이 조화를 이룰 수 있는 범위에서 허용한다. 그러나 노동조합이 세력을 과시하기 위하여 시설물을 무단으로 점거함으로써 사업운영을 저해하고 사용자의 시설관리권을 본질적으로 침해하는 사례 등이 발생한다.

2. 판례 및 행정해석

(1) 판 례

① 노동조합의 기업시설 이용은 사용자의 기업시설 관리권의 행사 또는 업무의 수행에 지장을 주지 아니하는 합리적 범위 내에서 허용된다.

「노동조합의 기업시설 이용은 그 시설 이용의 목적, 필요성, 이용된 시설의 성격, 시간, 횟수, 양태, 영향 등을 종합하여 사용자의 기업시설 관리권의 행사 또는 업무의 수행에 지장을 주지 아니하는 합리적인 범위 내에서 허용되고(중략) 노동조합 결성보고 대회장소로 합당하다고 보여지는 의료원 당국 지정의 지하 직원식당을 마다하고 굳이 의료원 당국의 허가없이 위 병원 1층 로비에서 노동조합결성 보고대회를 개최하여 내원자 등에게 불편을 끼치고 의료원의 정상적인 수납 및 진료업무를 방해함으로써 노동조합에 허용되는 기업시설 이용의 범위를 일탈한다」(서울고법 1997.9.4, 96나35424).

② 단체협약 또는 노사간의 관행에 의하여 노동조합이 사용자의 시설 등 편의제공을 이용해 온 경우 사용자가 일방적으로 편의제공의 이용을 거부하는 것은 부당하다.

「단체교섭의 결과로 또는 확립된 노사간의 관행에 의하여 노동조합이 사용자의 시설을 이용해 온 경우로서 그 시설이 노동조합의 운영에 긴요한 것이지만 기업의 운영에는 그다지 현저한 지장을 주지 아니하는 경우에는 원칙적으로 사용자는 노동조합의 시설이용을 수인하여야 할 것이므로 그 같은 경우에 사용자가 일방적으로 노동조합의 시설이용을 거부하거나 종전의 관행을 파기하는 것은 노동조합의 운영에 대한 지배·개입행위가 된다고 할 것이다(서울행법 2004.7.22, 2003구합32923).

(2) 행정해석

노동조합이 노조관련 모임 등을 위해 학교 시설물을 사용할 때는 사용자의 승인을 얻어야 할 것이므로 일과시간 내·외를 불문하고 승인없이 임의로 학교시설물을 사용하는 것은 정당성을 인정받기 어렵다(2002.3.2, 노조 68107-186).

3. 대응방안

(1) 시설관리권의 행사

사업장 내의 시설이용은 사용자의 재산권에 기한 시설관리권의 행사와 조화를 이루는 범위 내에서 이루어져야 한다는 점에서 당해 사업장의 근로자가 아니라면 승인된 시설 이외의 장소에 출입하는 것은 금지되며, 승인된 시설의 이용이라도 기물 손괴, 폭력 및 과도한 소란발생으로 인하여 업무를 저해하는 등의 경우에는 이용금지 조치가 가능하다.

(2) 시설허용의 한계

한편, 단체협약에 의하여 시설이용이 허용된 경우라면 사업운영에 현저한 지장을 초래하지 않는 한 시설이용을 거부하는 것은 정당하지 않는 것이다.

4. 정당성이 부인되는 경우 주요 예상책임

(1) 징계책임

시설무단 사용, 사내질서 문란 등의 사유가 있을 경우에는 사내 징계책임을 물을 수 있다.

(2) 민사책임

시설물 훼손 등 불법행위 발생시에는 민법 제750조에 따른 손해배상 책임을 물을 수 있다.

(3) 형사책임

① 당해 기업의 근로자가 아닌 외부 조합원 등이 사용자의 의사에 반하여 무단출입 하였을 경우 형법 제319조에 의거 건조물침입죄(3년 이하의 징역 또는 500만원 이하의 벌금) 성립이 가능하다.

② 사용자가 퇴거를 요구하였음에도 정당한 사유없이 이에 불응할 경우 형법 제319조에 의거 퇴거불응죄(3년 이하의 징역 또는 500만원 이하의 벌금) 성립이 가능하다.

Ⅳ. 유인물 배포, 현수막 개시 등 홍보활동의 허용범위와 한계

1. 현황 및 문제점

노동조합은 조합원간 단결을 강화하고 조합활동에 있어 조합원의 동의와 지지 등을 확보하기 위하여 사업장 내에서 다양한 선전·홍보활동을 전개하고 있다. 이러한 노동조합의 홍보활동은 원칙적으로 사용자의 시설관리권을 침해하지 않고, 타인의 신용이나 명예를 훼손하지 않는 범위에서 이루어져야 함에도 게시·부착 장소를 위반하고 회사시설물에 손상을 초래하거나 회사에 대한 근거없는 비방이나 사용자의 명예를 훼손하는 사례 등이 발생하고 있다.

2. 정당성 판단기준

노동조합 활동의 주체, 목적, 수단의 정당성이라는 측면에서 볼 때, 유인물 배포행위의 경우에는 그 유인물의 내용, 매수, 배포의 시기, 대상, 방법, 이로 인한 기업이나 업무에의 영향 등 여러 가지 사정을 고려하여야 하고, 특히 취업시간이 아닌 휴게시간중의 배포는 다른 근로자의 취업에 나쁜 영향을 미치거나 휴게시간의 자유로운 이용을 방해하거나 구체적으로 직장질서를 문란하게 한 것인지 여부 등이 정당성을 판단하는 기준이 된다.

3. 구체적 사례

(1) 조합원의 유인물 배포행위를 이유로 한 징계해고의 효력

조합원이 유인물을 배포한 행위가 비록 근로조건의 개선을 목적으로 했다 하더라고 그 내용이 사실을 왜곡 또는 과장한 것으로서 회사 경영진에 대한 극도의 불신 내지 증오심을 유발케 하여 직장질서를 문란케 할 위험성이 있었다면 이를 이유로 한 사용자측의 징계해고는 정당하며 부당노동행위도 아니라고 본다(대법 1993.2.9, 92다20880).

(2) 휴게시간에 회사 시설물에서의 유인물 전달

휴게시간인 점심시간에 회사의 시설물을 이용하지 않고 다른 조합원들에게 유인물을 단순히 전달하였을 뿐이고 배포한 유인물의 내용에 다소 과장된 표현이나 개인적인 자기변명을 한부분이 있으며 부분적으로 사실과는 다른 내용이 포함되어 있다고 하더라도 전체적인 내용이 노조위원장에 입후보하였던 사람으로서 노조위원장 선거와 관련된 문제에 대한 의견을 말하고 위원장 후보 사퇴에 따른 조합원의 오해를 해명하기 위한 것이라면 그 정당성을 인정할 수 있다(대법 1991.11.12, 91누4164).

(3) 허위사실 적시로 회사비방의 유인물 배포

배포한 유인물이 허위사실을 적시하여 회사를 비방하여 내용을 담고 있는 것이어서 근로자들로 하여금 사용자에 대하여 적대감을 유발시킬 염려가 있는 것이고, 위 유인물을 근로자들에게 직접 건네주지 않고 사용자의 공장에

은밀히 뿌리는 것은 사용자의 시설관리권을 침해하고 직장질서를 문란시킬 구체적인 위험성이 있는 것으로서 비록 그 유인물의 배포시기가 노조의 대의원 선거운동 기간이었다 할지라도 위 배포행위는 정당화될 수 없다(대법 1992.6.23, 92누4254).

(4) 회사간부의 명예훼손 내용의 인쇄물 회람

근로자가 작성하여 회람시킨 인쇄물이 회사간부의 명예를 훼손하는 내용으로서 그 중 일부는 근거가 없는 것이고 또 그가 배포한 인쇄물이 회사와 노조 또는 근로자 사이의 근로관계와는 직접 관계없는 사항과 관련하여 집단적으로 월차휴가를 실시할 것을 선동하는 내용인 데다가 그 결과 다수의 근로자가 이에 동조하여 사업장을 무단이탈함으로써 회사업무의 정상적인 운영에 지장을 주었다면 이러한 유인물 배포행위는 정당한 조합활동이라고 할 수 없다(대법 1992.3.14, 91누5020).

(5) 노조 인터넷 내부 게시판에 법인 이사장의 명예를 훼손하는 행위

과거에도 수차례 징계처분을 받은 노조 간부가 노조 인터넷 내부 게시판에 지나치게 원색적이고 법인 이사장의 명예를 심하게 훼손하는 주장의 게시물을 게시하였다. 그런데 글을 게시한 곳이 내부 게시판이긴 하나 그 내용이 다수의 노조원들에 의해 쉽게 전파될 수 있는 점, 비위 행위를 행한 노조 간부가 자신의 행위 동기를 합리화하는 주장만을 되풀이하고, 이사장에 대한 특별한 사과나 반성의 의사를 표시하지 않고 있는 점 등을 볼 때, 해당 노조 간부를 징계 해고한 것은 재량권을 남용한 것이라고 인정할 수 없다(서울고법 2007.8.14, 2006누31770).

4. 판례 및 행정해석

(1) 판 례

① 홍보물 부착장소가 정해져 있는 경우 지정장소 외의 곳에 임의로 벽보 등을 부착하는 것은 정당성이 없고, 철거요구에 불응 시 징계사유에 해당한다는 판결이 있다.

「병원이 노동조합의 정당한 홍보활동을 보장하기 위해 노조 전용게시판을 설치하였음에도 지정장소 외의 곳에 부착하고, 또한 노동조합이나 병원과는 직접 관련 없는 전국병원노련위원장의 구속을 철회하라는 내용의 현수막을 병원 현관 앞 외벽에 임의로 설치한 후 병원의 거듭된 자진철거 요구에 불응한 것은 복무규정을 위반한 징계사유에 해당한다」(대법 1996.4.23, 95누6151).

② 선전·홍보물이 사실왜곡·과장, 허위사실 적시 등으로 회사에 대한 불신감을 유발하고 직장질서를 문란케 할 위험이 있는 경우 정당성이 부인되는 것으로 판시하고 있다.

「조합원의 유인물 배포행위가 비록 근로조건 개선을 목적으로 하였더라도 그 내용이 사실을 왜곡 또는 과장한 것으로서 회사 경영진에 대한 극도의 불신 내지 증오심을 유발케 하여 직장질서를 문란케 할 위험성이 있다면 그 배포행위를 정당하다고 할 수 없다」(대법 1993.2.9, 92다20880).

③ 취업시간이 아닌 휴게시간 중의 유인물 배포행위는 근로자의 취업에 나쁜 영향을 미치거나 휴게시간의 자유로운 이용 등을 방해하지 않는 한 허가를 얻지 아니하였다는 이유만으로 정당성을 잃는 것은 아니라고 판결하고 있다.

「단체협약에 유인물의 배포에 허가제를 채택하고 있다고 할지라도 노동조합의 업무를 위한 정당한 행위까지 금지시킬 수는 없는 것이므로 위 유인물 배포행위가 정당한가 아닌가는 허가가 있었는지 여부만 가지고 판단할 것은 아니고, 그 유인물의 내용이나 배포방법 등 모든 사정을 고려하여 판단하여야 하고, 취업시간이 아닌 휴게시간 중의 배포는 다른 근로자의 취업에 나쁜 영향을 미치거나 휴게시간의 자유로운 이용을 방해하거나 구체적으로 직장질서를 문란케 하는 것이 아닌 한 허가를 얻지 아니하였다는 이유만으로 정당성을 잃는 것은 아니다」(대법 1991.11.12, 91누4164).

(2) 행정해석

현수막 게시가 사용자의 승인범위를 벗어나 사업장 내 시설관리권을 침해하거나 근무시간 중의 정상적인 업무수행에 지장을 초래한 것이라면 사용자가 이를 제지하는 것은 부당노동행위가 아니라고 해석하고 있다(1995.6.21, 노조 01254-710).

5. 대응방안

(1) 무단으로 게시부착된 홍보물의 철거와 부당노동행위 성립 여부

① 단체협약·취업규칙 등으로 정한 홍보물의 게시·부착장소가 정해져 있는 경우 사용자의 승인 없이 다른 장소를 이용하는 것은 정당하지 않음을 지도하고 무단으로 게시·부착된 홍보물을 사용자가 철거하는 것은 부당노동행위를 구성하지 않는다.

② 정해진 게시장소 이외의 장소를 사용하고자 하는 경우 원칙적으로 사용자의 동의를 받아야 하며, 시설관리권을 침해하지 않아야 한다. 이 경우 시설관리권의 침해 여부는 업무에 지장을 초래하였는지 시설의 원상회복에 과도한 비용이 들어가는지 시설의 효용가치를 손상하였는지 시설의 미관을 훼손하였는지 여부 등을 종합하여 판단하여야 한다.

(2) 유인물 배포행위와 정당성

유인물 배포행위는 출퇴근 시간 등 원칙적으로 근무시간 이외의 시간에 업무의 정상적 수행에 지장을 초래하지 않는 방법으로 이루어져야 함을 지도하고 게시물·유인물 등의 내용이 사실왜곡·과장, 허위사실 적시 등으로 기업에 대한 불신감을 유발하고 직장질서를 문란케 할 위험성이 있거나 기업 또는 개인의 명예·신용·인격·비밀 등을 침해하는 경우 정당성이 인정되지 않는다.

(3) 사용자의 의견표명

한편, 사용자의 행위로서 연설·사내방송·서한 등을 통한 의견표명이 보복·위협 및 이익의 공여 등을 통해 조합활동을 억압하거나 강제하는 경우 또는 사용자의 우월한 지위에 비추어 발언 당시 상황이나 내용 등 여러 사정을 종합하여 조합활동을 방해할 위험이 있는 경우에는 부당노동행위가 될 수 있다.

6. 정당성이 부인되는 경우 주요 예상책임

(1) 징계책임

시설무단사용, 시설훼손 등의 사유가 있을 경우 사내 징계책임을 물을 수 있다.

(2) 민사책임

허위사실 유포로 명예·신용 손상, 선전·홍보 활동 과정에서 시설물 훼손 등 불법행위 발생시에는 민법 제750조에 따른 손해배상 책임을 물을 수 있다.

(3) 형사책임

① 허위사실 유포로 명예·신용 훼손시 형법 제307조에 의거 명예훼손죄(2년 이하의 징역·금고 또는 500만원 이하 벌금), 동법 제313조에 의거 신용훼손죄(5년 이하 징역 또는 1천 500만원 이하 벌금) 성립이 가능하다.

② 홍보물 무단부착 등으로 시설물 훼손시 형법 제366조에 의거 재물손괴죄(3년 이하의 징역 또는 700만원 이하의 벌금) 성립이 가능하다. 재물손괴죄는 타인의 재산을 그 본래의 사용목적에 제공할 수 없게 함으로써 효용을 해치는 경우에 성립한다(대법 2007.6.28, 2007도2590).

Ⅴ. 투쟁복·리본 등 착용의 허용범위와 한계

1. 현황 및 문제점

사용자는 원칙적으로 직장내 질서유지, 성실근무 분위기 조성 등을 위하여 취업규칙 등에 근거하여 근로자의 복장을 규제할 수 있다. 노동조합이 단결력을 과시하기 위한 노조활동의 일환으로 규정복 이외에 리본·완장 등을 착용하는 것이 정당한 것인지 여부가 논란이 되며 쟁의행위에 들어가기 전에 투쟁복·머리띠·리본 등을 착용하는 행위가 업무의 정상적 운영을 저해하는 쟁의행위에 해당하는지 다툼이 발생하고 있다.

2. 판례 및 행정해석

(1) 판 례

① 사업의 특성상 취업규칙 등에 의하여 복장을 엄격하게 관리하고 있는 경우 근무시간 중 지정된 근무복을 착용하지 않는 것은 징계사유에 해당될 수 있다고 판시하고 있다.

「병원사업에서 사용자의 승인없이 조합원들로 하여금 모든 직원이 착용하도록 되어 있는 위생복 위에 "동지여 내가 있다. 그 날이 올 때까지"라는 구호가 적힌 주황색 셔츠를 근무 중에도 착용하게 함으로써 병원의 환자들에게 불안감을 주는 등으로 병원내의 정숙과 안정을 해치는 행위를 계속한 것은 인사규정상 징계사유에 해당한다」(대법 1996.4.23, 95누6151).

② 한편, 단체교섭 과정에서 규정된 복장을 착용하지 않는 것이 업무의 정상적 수행을 어렵게 하는 경우에는 규정복 미착용 자체가 쟁의행위에 해당한다고 본다.

「사용자와의 단체협약 갱신협상에서 유리한 지위를 차지하기 위하여(중략) 위생문제에 특히 주의해야 하고, 신분을 표시할 필요가 있는 간호사들이 집단으로 규정된 복장을 하지 않는 것은 병원업무의 정상적인 운영을 저해하는 것으로 쟁의행위에 해당한다(대법 1994.6.14, 93다29167).

(2) 행정해석

① 택시회사의 사례에서 승무 중 노조명찰 착용과 관련하여 노동소합이 조합원인 운전기사에게 노조의 명찰을 패용하도록 하는 것은 노조활동의 범위 내에서 인정될 수 있을 뿐이므로 승무 중에 노조명찰을 패용하기 위하여는 노사간에 협의가 먼저 이루어지는 경우에 한하여 허용된다(1996.6.19, 노조 01254-629).

② 열차승무원이 투쟁구호가 적힌 조끼를 착용하고, 제모도 착용하지 않아 고객에게 불쾌감을 주고 승무원을 쉽게 구별하기 어렵게 한 사례에서 업무의 정상적 운영을 저해하였다면 쟁의행위에 해당하므로 노조법상 소정의 소정절차와 찬반투표 등을 거쳐 행해져야 한다(2002.1.25, 협력 68140-30).

3. 대응방안

(1) 단체협약상의 근거나 사용자의 승인

노동조합이 평소에 단결활동의 일환으로 근무복 이외의 명찰 등을 패용하는 경우 복장자체가 그 업무수행에 중요한 요소가 되는 사업(열차·병원·호텔·백화점·은행 등)에 있어 근무복 이외의 명찰·리본 등을 근무시간 중에 착용하는 것은 단체협약 근거가 있거나 사용자의 승인이 있어야 가능하다. 다만, 그렇지 않은 사업의 경우에 사업운영에 지장을 초래하지 않는 범위에서 정당한 노조활동의 일환으로 허용될 수 있을 것이다.

(2) 단체교섭 및 쟁의행위 중의 복장규정 적용 완화

한편, 단체교섭 및 쟁의행위 중에는 복장규정의 적용이 다소 완화되어 적용될 수 있다고 판단되는 바, 복장이 업무수행에 중요한 요소가 되는 사업의 경우라도 단순히 명찰·리본 등을 착용함으로써 노동조합의 요구사항을 표시하는 정도라면 업무를 저해하는 구체적 사실이 없는 한 쟁의행위로 보기는 어려울 것이다. 다만, 투쟁복·사복 등을 착용함으로써 사업의 정상적 운영을 저해한다면 쟁의행위로 보아 쟁의행위의 요건을 충족하여야 할 것이다. 복장이 엄격하지 않은 사업의 경우에는 복장규정을 준수하지 않더라도 사업의 정상적 운영을 저해하지 않는 한 쟁의행위로 보기 어렵다고 판단된다.

(3) 비방·명예훼손 등을 내용하는 경우

근로자가 착용하는 투쟁복·리본·명찰 등의 내용이 사용자에 대한 근거 없는 비방·명예훼손 등을 내용을 하는 경우라면 정당한 노조활동으로 인정하기 어려울 것이다.

4. 정당성이 부인되는 경우 주요 예상책임

(1) 징계책임

회사 복장규정 위반 등의 사유가 있을 경우에는 사내 징계책임을 물을 수 있다.

(2) 민사책임

투쟁복·리본 등에 적힌 사항이 회사의 명예·신용을 훼손하는 불법행위가 되는 경우에는 민법 제750조에 의거 손해배상 책임을 물을 수 있다.

(3) 형사책임

① 투쟁복·리본에 적힌 구호 등이 회사의 명예·신용 훼손시 형법 제307조에 의거 명예훼손죄(2년 이하의 징역·금고 또는 500만원 이하 벌금), 형법 제313조에 의거 신용훼손죄(5년 이하 징역 또는 1천 500만원 이하의 벌금)의 성립이 가능하다.

② 복장규정 위반으로 업무의 정상적 운영을 저해하는 경우 형법 제314조에 의거 업무방해죄(5년 이하 징역 또는 1천 500만원 이하 벌금) 성립이 가능하다.

Ⅵ. 근로자가 아닌 자의 사업장 출입의 허용범위와 한계

1. 현황 및 문제점

원칙적으로 사업장내에서의 조합활동은 사용자의 시설관리권에 바탕을 둔 합리적인 규율이나 제약에 따라야 하며, 사용자는 업무상 필요에 따라 사업장 출입을 제한할 수 있다. 이와 관련하여 특정 사업장에서 해고된 자가 노조활동을 이유로 노조사무실 출입 등을 요구함에 따라 허용 여부를 둘러싼 다툼이 발생하고 또한, 지역노조·일반노조 등 초 기업단위 노조의 경우 노조간부 등의 사업장 출입을 둘러싸고 사용자의 시설관리권과 충돌을 일으키는 사례가 나타나고 있다.

2. 판례 및 행정해석

(1) 판 례

① 사업장내에서의 조합활동은 사용자의 시설관리권에 바탕을 둔 합리적인 규율이나 제약에 따라야 하며, 사용자는 업무상 필요성에 따라 사업장 출입의 제한이 가능하다.

「건조물 침입죄는 사실상의 주거의 평온을 그 보호법익으로 하는 것이므로 건조물 관리자의 의사에 반하여 건조물에 침입함으로써 성립하는 것이고, 일반적으로 개방되어 있는 장소라 하더라도 관리자가 필요에 따라 그 출입을 제한할 수 있다」(대법 1996.5.10, 96도419).

② 부당노동행위 구제신청을 통해 해고의 효력을 다투고 있는 근로자라 하더라도 근로관계는 종료된 것이므로 일반적으로 사업장 출입을 금지한다 하여 부당하다고 할 수 없다.

「해고의 효력을 다투고 있는 자를 근로자가 아닌 자로 해석하여서는 아니 된다는 노조법 제2조제4호 단서규정은 노동조합의 구성원이 될 수 있는 자격에 관하여 규정한 것일 뿐 사용자와 근로자와의 근로관계에 관한 규정은 아니므로 노동조합의 조합원으로서의 지위와 관련하여서만 적용이 되어야 할 것이고, 근로자와 사용자와의 개별적인 근로계약 일반의 효력에 확대 적용될 수는 없다 할 것이다」(대법 2004.3.12, 2003두11834).

③ 한편, 단체교섭을 위임받은 자가 단체교섭 이외의 출입목적이나 허락범위를 벗어난 장소를 출입하는 경우에는 출입제한 조치가 가능하다고 판결하고 있다.

「피고인이 속한 상급단체가 ○○노동조합으로부터 단체교섭에 관한 권한을 위임받았다하더라도, 당시 그 노동조합이 파업에 돌입하면서 단체협약체결 촉구를 위한 결의대회를 개최하는 데에 피고인 등이 참가하는 것은 정당한 단체교섭 행위라고 보기 어렵고, 그 회사 직원들이 피고인 등의 출입을 제한하기 위해 신분증을 제시하라고 요구한 것을 위법하다고 할 수 없다」(대법 2002.4.12, 2000도3485).

(2) 행정해석

부당노동행위로 해고의 효력을 다투고 있는 자는 중앙노동위원회 재심판정시 까지 조합원으로서의 자격이 유지되므로 조합원으로서의 정당한 조합활동을 위한 노조사무실 출입은 허용된다(1993.8.1, 노조 01254-969).

3. 대응방안

(1) 사업장 출입의 허용한계

특정 사업장의 근로자가 아닌 자는 원칙적으로 단체협약 등에 근거가 있는 경우가 아니라면 사용자의 승인을 받지 않는 한 사업장 출입이 허용되지 않음을 지도하고 다만, 업무에 지장을 초래하지 않는 범위 내에서 정당한 노조활동을 위하여 필요한 범위 내에서 사업장 출입은 허용되어야 한다. 예컨대, 조합원 접견 등을 위한 노동조합 사무실 출입, 사용자의 장소 사용 승인을 받은 회의참석을 위한 회의장 출입, 단체교섭 및 협약체결을 위임받은 자가 단체교섭을 목적으로 하여 교섭장소를 출입하는 행위 등이다.

(2) 허용장소 이외의 장소의 출입

사용자의 승인을 받아 출입한 경우라도 당초 허용된 출입목적을 위반하여 허용장소 이외의 장소를 출입하는 등 시설관리권을 침해하는 경우 이용금지·퇴거요구 등이 가능하다.

(3) 해고의 효력을 다투고 있는 자의 출입 허용한계

한편, 노동위원회에 부당노동행위 구제신청을 하여 해고의 효력을 다투고 있는 자의 경우에는 일반적인 사업장 출입은 허용되지 않으나 중앙노동위원회 재심판정시 까지는 조합원 자격은 유지되므로 정당한 노조활동을 위한 노조사무실 출입, 총회·대의원회 참석 등 사업장 출입은 허용된다.

4. 정당성이 부인되는 경우 주요 예상책임

형사책임을 물을 수 있다. 당해 기업의 근로자가 아닌 자가 사용자의 의사에 반하여 무단출입 하였을 경우 형법 제319조에 의기 건조물침입죄(3년 이하의 징역 또는 500만원 이하의 벌금) 성립이 가능하다. 사용자가 퇴거를 요구하였음에도 정당한 사유없이 이에 불응할 경우 형법 제319조에 의거 퇴거불응죄(3년 이하의 징역 또는 500만원 이하의 벌금) 성립이 가능하다.

Ⅶ. 조합원 개인의 노조 활동의 허용범위와 한계

1. 현황 및 문제점

조합원 개인의 행위가 노동조합의 결의·지시에 의하거나 묵시적인 수권 또는 승인을 받았다고 인정되는 경우에는 노조 활동으로 인정된다. 이와 관련하여 일부 조합원들의 노동조합의 의사에 반한 행위나 근로조건 유지·개선 등을 위한 목적이 아닌 개인적 이익추구행위는 조합활동으로 인정하기 곤란함에도 일부 조합원들이 노조 활동을 방해하는 독자적 행동을 하거나 노조 활동을 빙자하여 근거없이 사용자를 고소하는 등 직장질서를 문란케 하는 사례가 발생하고 있다. 조합원이 개인명의로 또는 반 집행부가 노동조합의 방침에 반하는 행위를 하는 경우에 노조 활동으로 보호받을 수 있는지를 판단하기 위해서는 그러한 개인활동 등을 노동조합의 활동으로 볼 수 있을지 판단기준을 검토할 필요가 있다.

2. 판례 및 행정해석

(1) 판 례

① 조합원의 행위가 그 행위의 성질상 노조 활동으로 볼 수 있거나, 노동조합의 묵시적 수권이나 승인을 받았다고 볼 수 있는 경우에 노조 활동으로 인정된다.

「조합원이 조합의 결의나 지시에 따라서 한 노동조합의 조직적인 활동 그 자체가 아닐지라도 그 행위의 성질상 노동조합의 활동으로 볼 수 있거나 노동조합의 묵시적인 수권이나 승인을 받았다고 볼 수 있을 때에는 그 조합원의 행위를 노동조합의 업무를 위한 행위로 보아야 한다」(대법 1999.11.9, 99두4273).

② 조합의 의사결정과정에서 소수파의 집행부 비판 등은 그 내용이 사실에 부합하고, 근로조건의 유지·개선 등 정당한 노조 활동의 목적에 부합하는 한 노조활동으로 인정된다.

「유인물의 내용이 노동조합위원장에 대하여 조합원의 의견수렴에 충실을 기하지 못한 조합 운영상의 문제점을 지적하거나 근로기준법에 미달되는 각종 수당의 산정방식 등 근로조건의 개선을 요구하는 것인데다가 대부분 사실에 부합하는 점에 비추어 원고들의 위 유인물 배포행위는 기본적으로 노동조합의 민주적 운영과 활성화를 촉구하고 근로조건의 유지·개선과 근로자의 복리증진 기타 경제적·사회적 지위의 향상을 도모하기 위한 것으로서 노동조합의 업무를 위한 행위로 보아야 한다」(대법 2001.4.27, 99두11042).

③ 개인적 불만을 표출하기 위하여 명확한 근거 없이 사용자를 고소·고발하여 기업의 신용과 명예를 훼손하는 행위는 노조 활동으로 보기 어렵다. 「회사의 임금산정방식이 잘못된 것이라는 명확한 근거나 확신이 없는 상태에서 근로자가 이를 회사 내부에서 합리적으로 해결하려는 자세를 보이지 않은 채 굳이 노동관서에 고발이나 질의의 형태로 문제를 제기함으로써 회사의 신용과 명예가 크게 훼손되었고, 회사관계자들이 수차 노동관서에 불려가 조사를 받느라 업무에도 지장을 받았고, 근로자가 임금산정 방법이 잘못되었다는 것을 구실로 회사측에 심히 부당한 요구를 한 것은 징계사유에 해당하므로 징계 후 전보발령한 것은 정당하다(서울행법 2003.11.6, 2003구합12578).

(2) 행정해석

근로자가 사용자에 대하여 근거없는 고소·고발권을 남용한 행위는 노조 활동으로 보기 어렵고, 이를 징계사유로 한 것은 정당하다(중노위 2000.12.18, 2000부노139).

3. 대응방안

(1) 조합원 개인 행위의 정당성 판단

조합원 개인의 행위가 노동조합의 업무를 위한 정당한 행위로 인정받기 위해서는 노동조합의 목적에 부합하고, 그 행위가 노동조합을 위하여 행한 것으로 인정되어야 하되 나반, 노동조합의 명시적 결의·지시에 의한 것이 아니라도 묵시적 수권 또는 승인을 받았다고 인정되는 경우에도 조합활동으로 인정이 가능하며, 이 경우 묵시적 수권 또는 승인을 받았는지 여부는 노동조합에서의 위치나 비중, 조합 활동의 내용이나 목적, 평소 노동조합·임원 등과의 관계를 토대로 판단하여야 한다.

(2) 노조규약이나 방침 등에 위반하는 조합원의 활동

노동조합 규약이나 방침 등에 위반하는 조합원의 활동은 실질상 노조활동으로 볼 수 있는 등 특별한 사정이 없는 한 원칙적으로 노동조합 업무로 보기 어렵다. 다만, 조합선거에서 소수파의 선거운동이나 조합의 의사결정 과정에서의 집행부 비판 등은 근거 없는 비방이 아닌 한 조합의 민주적 운영을 위한 것으로 정당성이 인정된다.

4. 정당성이 부인되는 경우 주요 예상책임

(1) 징계책임이 있을 경우에는

사내 질서문란 등 사용자에 의한 사내 징계책임을 물을 수 있고, 노동조합 규약이나 방침 위반에 따른 노동조합 내부의 자체 징계책임을 물을 수 있다.

(2) 민사책임

조합원 개인활동이 회사의 명예·신용 훼손 등 불법행위 구성시에는 민법 제750조에 따른 손해배상 책임을 물을 수 있다.

(3) 형사책임

회사에 대한 근거없는 고소·고발 등의 경우 형법 제156조에 의거 무고죄(10년 이하의 징역 또는 1천 500만원 이하의 벌금) 성립이 가능하다.

Ⅷ. 쟁의행위의 정당성의 의의 및 판단기준

1. 쟁의행위의 정당성의 의의

쟁의행위란 파업·태업·직장폐쇄 기타 노동관계 당사자가 그 주장을 관철할 목적으로 행하는 행위와 이에 대항하는 행위로서 업무의 정성적인 운영을 저해하는 행위를 말한다(노조법 제2조제6호).

쟁의행위는 그 목적·방법 및 절차에 있어서 법령 기타 사회질서에 위반되어서는 아니된다(노조법 제37조제1항). 쟁의행위는 근로자가 소극적으로 노무제공을 거부하거나 정지하는 행위만이 아니라 적극적으로 그 주장을 관철하기 위하여 업무의 정상적인 운영을 저해하는 행위까지 포함하는 것이므로 쟁의행위의 본질상 사용자의 정상업무가 저해되는 경우가 있음은 부득이한 것으로서 사용자는 이를 수인할 의무가 있으나, 이러한 근로자의 쟁의행위가 정당성의 한계를 벗어날 때에는 근로자는 업무방해죄 등 형사상 책임을 면할 수 없다(대법 2007.12.28, 2007도5204 ; 1996.2.27, 95도2970).

정당한 쟁의행위인 경우, 그 기간 동안 근로자는 사용자에 대한 주된 의무인 근로제공의무 등이 정지되므로, 근로자들이 파업에 참가함으로써 회사에 출근하지 않았다 하여 그것이 무단결근에 해당하지는 않는다. 따라서 근로자들이 출근하지 않음으로써 다른 직원의 업무부담이 가중되고, 그로 인하여 회사의 업무에 지장이 초래된 것 역시 근로자들이 정당한 쟁의행위인 파업에 참가한 결과에 불과하므로 이를 징계사유로 삼을 수는 없다(서울행법 2003.10.21, 2003구합15171).

근로자의 노동조합 활동 중에서도 특히 근로자가 노동조합의 조합원으로서 위법하게 파업 등 쟁의행위를 하였음을 직접 또는 간접의 징계해고 사유로 삼아 해고한 경우에는 결국 그 쟁의행위가 정당성이 있는 것인지 여부에 따라 그 징계사유의 당부도 결정된다.

2. 쟁의행위의 정당성 판단기준

근로자의 쟁의행위가 형법상 정당행위가 되기 위해서는 첫째, 그 주체가 단체교섭의 주체로 될 수 있는 자이어야 하고, 둘째, 그 목적이 근로조건의 향상을 위한 노사간의 자치적 교섭을 조성하는 데에 있어야 하며, 셋째, 사용자가 근로자의 근로조건 개선에 관한 구체적인 요구에 대하여 단체교섭을 거부하였을 때 개시하되 특별한 사정이 없는 한 조합원의 찬성 결정 등 법령이 규정한 절차를 거쳐야 하고, 넷째, 그 수단과 방법이 사용자의 재산권과 조화를 이루어야 함은 물론 폭력의 행사에 해당되지 아니하여야 한다는 여러 조건을 모두 구비하여야 할 것이다(대법 2008.1.18, 2007도1557 ; 2008.9.11, 2004도746).

근로자의 쟁의행위가 정당하기 위하여는 다음과 같은 여러 가지 요건을 갖추어야 한다(대법 2007.12.28, 2007도5204 ; 2006.5.25, 2002도2277).

① 주체 : 쟁의행위의 주체가 단체교섭이나 단체협약체결 능력이 있는 자, 즉 노동조합이어야 한다(노조법 제29조). 노동조합의 단체인 분회나 지부가 독자적인 규약 및 집행기관을 가지고 독립된 조직체로서 활동을 하는 경우 당

해 조직이나 그 조합원에 고유한 사항에 대하여는 독자적으로 단체교섭하고 단체협약을 체결할 수 있으며, 이는 그 분회나 지부가 노조법 시행령 제7조의 규정에 따라 그 설립신고를 하였는지 여부에 영향 받지 아니한다(대법 2008. 1.18, 2007도1557).

② 목적 : 쟁의행위의 목적이 근로조건의 향상을 위한 노사간의 자치적 교섭을 조성하기 위한 것이어야 한다(노조법 제2조제4호).

③ 시기 : 쟁의행위의 시기는 사용자가 근로자의 근로조건 개선에 관한 구체적인 요구에 대하여 단체교섭을 거부하거나 단체교섭의 자리에서 그러한 요구를 거부하는 회답을 했을 때 개시하되, 특별한 사정이 없는 한 법령이 정하는 바에 따라 조합원의 찬성결정(노조법 제41조제1항), 조정기간(노조법 제54조) 및 조정전치(노조법 제45조) 등을 거쳐야 한다.

④ 방법 : 쟁의행위의 방법은 소극적으로 노무의 제공을 전면적 또는 부분적으로 정지하여 사용자에게 타격을 주는 것이어야 하며, 노사관계의 신의성실의 원칙에 비추어 공정하게 이루어져야 하고, 사용자의 기업시설에 대한 소유권 기타의 재산권과 조화를 이루어야 함은 물론 폭력이나 파괴행위를 수반하여서는 아니된다(노조법 제42조). "피고인들이 업무개시 전후 또는 점심시간을 이용해 주로 현관로비에서 쟁의행위를 한 것이어서 업무방해죄가 아니라고 주장하나 종합병원의 특성상 로비에서는 점심시간과 관계없이 환자접수 등 업무가 이뤄지는 점 등을 감안할 때 피고인들의 쟁의행위로 병원업무가 방해됐다고 봐야 한다"(대구지법 2008.9.18, 2007고단2911). 종합병원 로비는 점심시간과 상관없이 환자접수 등 업무가 이뤄지는 곳이어서 점심시간을 이용해 집회를 했더라도 업무방해에 해당한다.

IX. 쟁의행위의 주체 · 목적 · 시기

1. 쟁의행위의 주체

① 쟁의행위는 '노동조합'이 주체일 경우에 한하여 정당하고 노동조합이 아닌 근로자집단에 의한 쟁의행위는 정당성이 인정되지 않는다(대법 1991.5.24, 91도324).

쟁의행위는 궁극적으로 단체교섭을 통한 단체협약을 체결함에 있어서 근로조건에 관한 주장을 관철하기 위한 것이므로 단체교섭이나 단체협약을 체결할 능력이 없는 자(예 : 일시적인 쟁의집단)의 쟁의행위는 노동쟁의의 해결에 도움을 주지 않고, 따라서 그러한 자들에 의한 무책임한 쟁의행위의 남용을 방지할 필요가 있기 때문이다.

② 조합원은 노동조합에 의하여 주도되지 아니한 쟁의행위를 하여서는 아니된다(노조법 제37조제2항). 노동조합의 일부 조합원이 조합의 승인없이 또는 조합원전체의 의사에 반하여 행하는 파업(흔히 '살쾡이파업'(Wildcat Strike)이라 부른다) 역시 일시적인 쟁의단의 쟁의행위와 마찬가지로 단체교섭 또는 단체협약의 체결능력이 없는 자들에 의한 파업이므로 정당성을 인정받을 수 없다.

③ 쟁의행위는 그 주체가 단체교섭의 주체로 될 수 있는 자이어야 한다(대법 2008.1.18, 2007도1557). 이 사건 파업은 전국민주버스노동조합 ○○교통지부가 이미 조직되어 있었으므로 ○○교통지부는 단체교섭 및 쟁의행위의 주체가 될 수 있으나 파업을 비상대책위원회가 진행하였다. 대법원 판결은 철도기관사들 일부가 조직한 특별단체교섭추진위원회가 한 파업이나 일부 조합원들이 노동조합의 승인 없이 한 파업은 위법하다고 판시한바 있었는바(대법 1991.5.24, 91도324 ; 1995.10.12, 95도1016) 대법원은 이러한 판례를 따라 비상대책위원회가 쟁의행위의 주체가 될 수 없다고 판단한 것이다.

2. 쟁의행위와 목적

① 쟁의행위는 노사의 자치적 교섭을 조성하기 위한 목적에 적합하여야 한다. 쟁의행위는 '근로조건에 관한 노동관계 당사자간의 주장'의 불일치가 있을 때, 그 주장을 관철하기 위한 목적으로 행하는 행위이다(노조법 제2조제4호).

② '노사관계 당사자의 주장'은 개별적 근로관계와 집단적 노동관계의 어느 것에 관한 주장이라도 포함되는 것이고, 단체협약이나 근로계약상의 권리의 주장뿐만 아니라 그것들에 관한 새로운 합의의 형성을 꾀하기 위한 주장도 포함되며, 따라서 노조법 제2조제4호 소정의 임금, 근로시간, 후생, 해고 기타 대우 등 근로조건에 관한 주장 모두를 포괄하고, 반드시 임금 등 근로자와 경제적 지위, 향상에 국한되는 것은 아니다(대법 1990.5.15, 90도367 ; 1992.5.12, 91다34523).

③ 하나의 쟁의행위에서 추구하는 목적이 여러 가지이고 그 중 일부가 정당하지 못한 경우에는 '주된 목적' 내지 '진정한 목적'의 당부에 의하여 그 쟁의행위의 정당성 여부를 판단하여야 한다(대법 1992.1.21, 91누5204 ; 1992.5.12, 91다34523).

④ 목적이 위법한 파업

정치파업

정치파업의 의의 : '정치파업'이란 근로자들이 근로자이면서 동시에 시민으로써 국가의 입법이나 정책에 항의하는 파업이다. 노동조합이 정치활동의 하나로 국가기관으로 하여금 일정한 조치를 하거나(예 : 정권의 퇴진 또는 노동법규의 개정을 주장하는 것, 구속된 노조 위원장의 석방을 주장하는 것) 하지 못하게 할(예 : 노동법규의 제정 또는 개정의 반대를 주장하는 것) 목적으로, 또는 국가기관의 일정한 조치에 대한 의견을 표명할(예 : 정부가 설정한 임금정책 또는 사용자에게 유리하게 개정된 노동법규의 시행에 항의하는 것) 목적으로 행하는 파업을 말한다. 그 개념요소로서는 첫째, 파업 상대방이 근로계약을 맺고 있는 사용자가 아니라 국가라는 점이고 둘째, 파업의 주장이 정치적 성격을 띄고 있다는 점이다.

정치파업의 정당성 판단기준 : 정치파업에 관하여는 「정치파업 위법론을 주장하는 견해(김형배, 「노동법」 신판5판, 2009, p.821)와 이를 지지하는 판례(대전고법 1998.2.12, 97나5372 ; 대법 1998.5.12, 98다11840 ; 헌재 2004.7.15, 2003헌마878)」와 「정치파업 2분론」에 따라 순수하게 정치적 성격을 띠는 주장을 관철하기 위한 '순수 정치 파업'의 적법성은 부정되지만, 정치적인 주장이더라도 그 내용이 근로조건과 관련성이 있는 '노동법적·경제적 정치 파업'의 적법성은 인정된다고 한다(임종률, 「노동법」 제8판, 2008, p.219) 판례도 정치 파업이라고 해서 곧바로 위법한 것이 아니라 '예외적인 사정'이 있는 경우에는 적법할 수 있음을 내비친 결정(부산지법 울산지원 1997.2.26, 97카기95)이나 나아가 명시적으로 정치 파업 이분론을 채택하고 경제적 정치 파업의 적법성을 인정한 결정(대전지법 1997.1.17, 97노41) 및 판결(춘천지법 1999.10.7, 98노1147)이 있다. 대법원은 2002년 4월 26일의 판결(2000두4637)을 통해 입장을 밝혔다. 대법원이 수용하고 있는 1심 판결(서울행법 1999.8.19, 98구19178)의 법리를 보건대, 법원은 "이 사건 파업은 주로 국회에서 통과된 노동관계법의 무효화 및 재개정 등을 요구한 것으로서 근로조건에 관한 주장을 관철하기 위한 것이 아닌데다 그 상대방도 노사관계의 당사자인 참가인 회사가 아닌 국가에 대한 것이었으므로 노조법상 쟁의행위에 해당하지 아니하는 불법 쟁의행위임이 분명하고”라고 하면서 일견 ‘정치 파업 위법론’의 입장을 취하는 듯 하면서 결론에 가서는 “비록 이 사건 파업이 사용자를 상대로 근로조건의 유지 또는 향상을 도모하기 위해 행해진 것이 아니었다고는 하나 노동관계법은 근로자 내지 노동조합의 경제적 이익과 밀접하게 관련된 것이므로 노동관계법의 폐지 내지 재개정을 요구하는 것은 순수한 정치적 목적의 쟁의행위와는 구별되는 측면이 있는 점… 등에 비추어 볼 때… 이 사건 해고는 정당한 이유 없이 징계 재량권을 남용해 이뤄진 것으로서 부당하다”고 하여 ‘정치 파업 이분론’에 가까운 태도를 보이고 있다. 그러나 이 판례가 정치파업의 정당성의 한계를 직접 판시한 것으로는 볼 수 없다.

구체적 사례 : ㉠ 헌법재판소(헌재 2004.7.15, 2003헌마878)는 「교육행정정보시스템(NEIS)반대집회」 참석을 위한 전교조소속 교사들의 집단 연가투쟁은 정치적 목적의 파업으로서 노조법이 인정되는 정당한 쟁의행위에 해당하지 않는다고 한다.

쟁의행위는 근로조건에 관한 노동관계 당사자간의 주장을 관철하기 위한 것이므로 노동관계 당사자가 법률적, 사실적으로 처리할 수 있는 사항의 범위 내에서만 그 목적의 정당성을 인정받을 수 있으므로, 위와 같이 정치적 주장의 관철을 위한 목적으로 행하는 정치파업은 정당성을 인정받기 어렵다(대법 2008.1.18, 2007도1557 ; 2003.11.13, 2003도687 ; 1991.1.29, 90도2852).

㉡ 한미 FTA 체결 저지를 위하여 근로제공을 거부하도록 한 행위가, 정치활동의 하나로서 국가기관에게 일정한 행위를 하게 하는 것을 목적으로 한 것으로 사용자가 법률적, 사실적으로 처리할 수 있는 사항의 범위를 벗어난 것이고 조합원 과반수의 찬성절차를 거치지 않은 것이어서, 그 목적 및 절차의 정당성을 인정할 수 없다(울산지법 2009.4.17, 2008노404 · 975 · 976 · 977).

㉢ 현대자동차에게 전국금속노동조합과의 산별 중앙교섭에 참여하도록 하거나 대각선교섭에서 중앙교섭 요구안을 논의하게 할 것을 목적으로 한 현

대자동차지부의 쟁의행위에 대하여, 현대자동차가 현대자동차지부와의 단체협약 유효기간 중 현대자동차의 금속산업 사용자협의회 가입이나 비정규직 관련 제반 대책 등의 내용이 포함되어 있는 중앙교섭 요구안의 논의를 거절한 것이 부당한 것으로 볼 수 없어, 그 목적의 정당성을 인정할 수 없다(울산지법 2009.4.17, 2008노404·975·976·977).

미국산 쇠고기 수입반대 시위 중 체포된 전국금속노동조합 위원장의 석방 등을 목적으로 전국금속노동조합의 파업지침에 따라 행한 현대자동차지부의 쟁의행위에 대하여, 쟁의행위의 주된 목적이 부당하여 위법하다.

동정파업

'동정파업'(연대파업이라고도 한다)이란 쟁의행위를 하는 다른 사업장의 노동조합을 지원하기 위하여 행하는 파업을 말한다.

동정파업은 직접 노사관계를 맺고 있는 당사자의 지위에 있지 아니한 제3자로서의 주장을 목적으로 하는 것이므로 그것이 파업 중인 노동관계 당사자를 조종, 선동, 방해하거나 기타 노동관계 당사자의 자유롭고 자주적인 의사결정에 영향을 미칠 목적으로 하는 간섭행위에 해당하는 것이며(헌재 1990.1.15, 89헌가103) 원칙적으로 허용될 수 없다.

정리해고나 구조조정 실시 저지를 위한 파업

한편, 정리해고나 사업조직의 통폐합 등 기업의 구조조정의 실시 여부는 경영주체에 의한 고도의 경영상 결단에 속하는 사항으로서 이는 원칙적으로 단체교섭의 대상이 될 수 없고, 그것이 긴박한 경영상의 필요나 합리적인 이유 없이 불순한 의도로 추진되는 등의 특별한 사정이 없는 한, 노동조합이 실질적으로 그 실시자체를 반대하기 위하여 쟁의행위에 나아간다면, 비록 그 실시로 인하여 근로자들의 지위나 근로조건의 변경이 필연적으로 수반된다 하더라도 이러한 쟁의행위는 그 목적의 정당성을 인정할 수 없다(제주지법 2008.7.17, 2006가합2687).

팀제 개편, 병원장 퇴진 등을 위한 쟁의행위

노조의 쟁의행위는 팀제 개편, 병원장 퇴진 등 주로 인사문제로 이것은 경영권에 전속한 사항이어서 단체교섭 대상이 될 수 없으므로 쟁의행위 자체가 적법성을 상실한다(대구지법 2008.9.18, 2007고단2911).

3. 쟁의행위의 시기

① 쟁의행위는 원칙적으로 그 시기나 절차가 법령의 규정에 따라야만 정당하다고 할 수 있다.

② 조정기간이나 조정절차 등에 관한 노조법 제54조, 제45조 규정의 취지는 분쟁을 사전 조정하여 쟁의발생을 회피하는 기회를 주고, 또 쟁의발생을 사전 예고하게 하여 손해방지조치의 기회를 주려는데 있으며 쟁의행위자체를 적극적으로 금지하려는 것이 아니다.

③ 법령의 규정에 위반함으로써 처벌대상이 된다고 하여 이것만으로 바로 쟁의행위로서의 정당성이 상실되는 것이 아니며, 그 위반행위로 말미암아 국민생활의 안정이나 사용자의 사업운영에 예기치 않은 혼란이나 손해를 끼치는 것과 같은 부당한 결과를 초래하는지 여부 등 구체적 사정에 따라 그 정당성 여부가 가려진다(대법 1991.5.14, 90누4006 ; 1992.12.8, 92누1094).

④ 필수공익사업상의 쟁의행위 금지기간 동안 이루어진 파업에 대한 징계의 정당성 여부이다. 판례(대법 2007.12.7, 2007구합29192)는 「이 사건 중재 회부 결정이 적법하므로 필수 공익사업을 영위하는 공사의 사업장에서는 중재 회부 결정이 이루어진 15일 동안은 파업 등의 쟁의 행위를 할 수 없는 바, 이 기간 동안에 이루어진 이 사건 파업의 결정과 시행에 주도적으로 참여하고 공사의 업무 복귀지시에 불응하였을 뿐만 아니라 파업 이후에도 근무지를 이탈하는 등의 현장 투쟁에 나아감으로써 공사의 철도 운행에 지장을 초래하였는바, 공사의 취업 규칙 및 인사규정에 의거 징계 사유에 해당한다. 또한 이 사건 파업으로 인하여 공사는 직접적으로 막대한 경제적 손해를 입었을 뿐만 아니라 전국 철도 운행의 파행으로 국민 생활에 커다란 불편이 초래됨으로써 공익사업을 수행하는 공기업으로서의 대외적 이미지 및 신뢰에 손상을 입은 점, 근로자들이 재심 절차에서 상당한 정도로 징계가 감경된 점 등으로 변론에 나타난 제반 사정을 종합하면, 이 사건 징계가 징계 재량권을 남용하거나 일탈하여 위법하다고 할 수 없다」고 한다.

X. 쟁의행위의 유형과 방법

1. 기본적인 쟁의행위

'파업'은 근로자가 집단적으로 노무제공을 완전하게 정지하는 것으로서 가장 대표적인 쟁의행위 방법이다.

'태업'은 노무제공을 불완전하게 정지하는 쟁의행위 방법이며, '생산관리'는 노무정지가 아니라 적극적으로 노무제공 및 생산을 강화함으로써 하는 쟁의행위 방법(예 : 경기불황 등으로 사용자가 생산을 기피할 때 사용자의 의사에 반하여 기업시설의 가동을 강화하고 조업을 계속하여 생산량을 늘리는 것)이다.

2. 보조적인 쟁의 행위

쟁의행위의 방법은 기본적으로 위의 3가지 형태를 취하지만, 특히 파업의 효율성을 강화하기 위한 보조적 수단으로 피케팅, 직장점거, 보이콧트 등이 수반된다.

가. 피케팅의 의의와 정당성 판단

'피케팅'이란 파업에 참가한 근로자들이 파업에 동조하지 않고 조업을 하려는 자들에게 파업에 협조하도록 하거나 파업의 방해행위를 방지하도록 하는 쟁의행위이다. 쟁의행위는 그 쟁의행위와 관계없는 자 또는 근로를 희망하는 근로자에게 파업에 참여할 것을 권유하고 제3자가 파업 중인 사용자에게 고용되어 일하려는 것을 저지하며 공중의 이해를 얻는 행위이다. 그러나 피케팅은 파업에 가담하지 않고 조업을 계속하려는 자에 대하여 평화적 설득, 구두와 문서에 의한 언어적 설득의 범위 내에서 정당성이 인정되는 것이 원칙이고, 폭행, 협박 또는 위력에 의한 실력적 저지나 물리적 강제는 정당화될 수 없다(대법 2007.12.28, 2007도5204 ; 1990.10.12, 90도1431 ; 1992.7.14, 91다43800).

나. 직장점거의 의의와 정당성 판단

'직장점거'란 파업에 참가한 근로자들이 직장에 체류하여 연좌농성하는 것인데, 직장 또는 사업장시설의 점거는 적극적인 쟁의행위의 한 형태이다.

직장 점거의 범위가 직장 또는 사업장시설의 일부이고 사용자측의 점유를 완전히 배제하지 않고 그 조업도 방해하지 않는 부분적, 병존적 점거일 경우일 경우에 한하여 정당성이 인정되는 것이고, 이를 넘어 사용자의 기업시설을 장기간에 걸쳐 전면적, 배타적으로 점거하여 조합원 이외의 자의 출입을 저지하거나 사용자측의 관리지배를 배제하여 업무의 중단 또는 혼란을 야기케 하는 것은 사용자의 시설관리권능에 대한 침해로서 정당화될 수 없다(대법 1990.5.15, 90도357 ; 1992.7.14, 91다43800).

판례(대법 2007.12.28, 2007도5204)는 「원심은 회의실 점거행위는 쟁의행위에 해당하고, 협회의 업무가 실제로 방해되었거나 또는 적어도 그 업무방해의 결과를 초래할 위험성이 발생하였다고 봄이 상당하다고 판단하여, 근로자들에 대하여 업무방해죄의 책임을 인정하였다. 그러나 근로자들을 비롯한 노동조합 조합원들이 위 회의실을 점거하고 있는 동안 비조합원들 및 협회가 고용한 대체 근로자들이 사무실에서 통상의 업무를 처리하는 데에는 별다른 지장이 없었고, 협회의 사업장시설을 전면적, 배타적으로 점거한 것이라고 보기 어렵다. 오히려 그 점거의 범위가 협회의 사업장시설의 일부분이고 사용자측의 출입이나 관리지배를 배제하지 않는 부분적, 병존적인 점거에 지나지 않으며, 그 수단과 방법이 사용자의 재산권과 조화를 이루면서 폭력의 행사에 해당되지 아니하는 것으로 봄이 상당하다. 그러므로 원심판결을 파기하고, 사건을 원심법원에 환송한다」는 것이다.

판례(서울고법 2009.7.10, 2008나110151)는 「"건물 라운지에 진입하여 점거농성을 한 행위는 적극적인 쟁의행위의 한 형태로서 그 점거의 범위가 직장 또는 사업장 시설의 일부분이고, 사용자측의 출입이나 관리지배를 배제하지 않는 병존적인 점거에 지나지 않는 정당한 쟁의행위에 해당한다." 다만 "쟁의행위가 정당행위로 인정되는 경우에도 폭력이나 파괴행위는 정당한 쟁의행위로 볼 수 없으므로, 파손이나 손괴행위를 하였다면 이는 불법행위로서 그로 인한 손해를 배상할 의무가 있다"」고 한다.

다. 보이콧트의 의의와 정당성 판단기준

'보이콧드'('불매운동'이라고도 한다)란 파업에 참가한 근로자들이 소비자들에게 사용자가 생산한 제품의 불매를 호소하는 등 그 제품의 거래를 거부하도록 하는 것으로서 이러한 보조수단 자체는 위법하다고 할 수 없다.

보이콧트 역시 폭행, 협박, 허위선전 등 위법한 실력행사나 위력에 의하지 않는 경우에 한하여 정당성을 인정받을 수 있다.

라. 쟁의적 준법투쟁의 의의와 정당성 판단기준

쟁의적 준법투쟁

근로자들이 집단적으로 동시에 사용자에 대하여 주어진 권리의무를 행사하는 형식을 빌어 쟁의 행위의 목적으로 달성하려는 것을 말한다. 사용자와의 단체협약 갱신협상에서 유리한 지위를 차지하기 위하여 조합원들로 하여금 집단으로 월차휴가를 실시하게 한 것은 이른바 쟁의적 준법투쟁으로서 쟁의행위에 해당된다(대법 1994.6.14, 93다29167).

준법투쟁 사례

예를 들어, 집단적으로 동시에 연, 월차휴가 등을 실시하는 것(대법 1991.1.29, 90도2852), 노사간에 관행적으로 사용하여 온 휴일근로나 시간외근로 등을 집단적으로 일시에 거부하는 것(대법 1991.7.9, 91도1051), 연장근로가 당사자 합의에 의하여 이루어지는 것이라고 하더라도 근로자들을 선동하여 근로자들이 통상적으로 해 오던 연장근로를 집단적으로 거부하도록 함으로써 회사업무의 정상 운영을 저해하는 것(울산지법 2009.4.17, 2008노404 · 975 · 976 · 977), 집단적으로 사표를 제출하는 것, 집단적으로 안전, 보건에 관한 법규 또는 취업규칙이나 단체협약상의 규정을 철저히 준수하거나 위반사항의 시정을 요구하는 것 등이 그 대표적인 사례에 해당한다.

쟁의적 준법투쟁은 형식적으로 근로계약상의 권리를 행사하는 것이지만 실질적으로는 쟁의행위에 해당하므로 쟁의행위로서 정당성을 인정받기 위하여는 그 집단적인 권리행사가 신의성실의 원칙에 비추어 공정성이 있는 정당한 것이어야 하고, 특히 시기 및 절차에 관한 법령상의 요건을 갖추어야 함은 물론이다. 예컨대 위생문제에 특히 주의해야 하고 신분을 표시할 필요가 있는 간호사들이 집단으로 규정된 복장을 하지 않는 것은 병원업무의 정상적인 운영을 저해하는 것으로서 역시 쟁의행위에 해당한다(대법 1994.6.14, 93다29167).

교원의 집단 연가투쟁에 관하여 이를 쟁의행위로 보고 있다. 조합원 대다수가 일시에 휴가, 조퇴, 출장 등을 통해 단체행동을 하는 경우 이는 원칙적으로 쟁의행위에 해당하므로 전교조 조합원들이 집단적으로 각급학교에 연가를 내고 2006년 11월 교원능력개발 평가제도 반대 집회에 참석한 것은 교원노조법상 허용되는 정당한 단결권 행사의 범위를 벗어나 '파업·태업 기타 업무의 정상적인 운영을 저해하는 일체의 쟁의행위'를 금지하고 있는 교원노조법 제8조에 위반하는 쟁의행위에 해당된다. 따라서 이러한 행위는 국가공무원법 소정의 집단행위 금지 의무를 위반한 것이 되어 이를 이유로 한 견책 처분은 정당하며, 교육과학기술부장관이나 각 시·도교육감이 조합원들의 연가 신청을 불허토록 지시·시달한 행위는 정당한 지시·감독권의 행사로서 적법한 직무 수행 범위에 해당하므로 노동조합의 운영에 대한 지배·개입의 부당노동행위로 볼 수 없다(서울행법 2008.7.8, 2007구합35753 ; 부산지법 2008.7.16, 2007구합3740).

3. 직장폐쇄와 퇴거불응죄의 성립 여부

사용자의 직장폐쇄는 노사간의 교섭태도, 경과, 근로자측 쟁의행위의 태양, 그로 인하여 사용자측이 받는 타격의 정도 등에 관한 구체적 사정에 비추어 형평상 근로자측의 쟁의행위에 대한 대항·방위 수단으로서 상당성이 인정되는 경우에 한하여 정당한 쟁의행위로 평가받을 수 있는 것이다. 사용자의 직장폐쇄가 정당한 쟁의행위로 인정되지 아니하는 때에는 적법한 쟁의행위로서 사업장을 점거 중인 근로자들이 직장폐쇄를 단행한 사용자로부터 퇴거 요구를 받고 이에 불응한 채 직장점거를 계속하더라도 퇴거불응죄가 성립하지 아니한다. 사용자측의 노사간 교섭에 소극적인 태도, 노동조합의 파업이 노사간 교섭력의 균형과 사용자측 업무수행에 미치는 영향 등에 비추어 노동조합이 파업을 시작한 지 불과 4시간 만에 사용자가 바로 직장폐쇄 조치를 취한 것은 정당한 쟁의행위로 인정되지 아니하므로, 사용자측 시설을 정당하게 점거한 조합원들이 사용자로부터 퇴거요구를 받고 이에 불응하였더라도 퇴거불응죄가 성립하지 아니한다(대법 2007.12.28, 2007도5204).

6장

징계처분을 둘러싼 법률실무

Ⅰ. 시말서 제출을 거부한 것을 이유로 무거운 처분을 할 수 있는가

1. 시말서 제출의 의미

시말서는 사고나 비위행위에 관련된 근로자가 그 사건의 경위·전말을 자세히 적어서 제출하는 경위서를 의미하는 경우와 사고를 일으킨 근로자가 그 보고와 사죄를 위하여 그동안의 사정을 적어서 제출하는 사죄문·반성문을 의미하는 경우가 있다.

2. 시말서 불제출과 징계처분

일사부재리의 원칙에서 흔히 문제가 되는 것은 시말서의 제출이 없다고 하여 더 무거운 처분을 과하는 예이다.

예를 들어, 본래 해고하여야 할 사안인데 일단 감봉처분에 그치고 그 대신 시말서의 제출을 명하였으나 이에 응하지 아니하고 시말서의 제출이 없어 해고하였던 사건에 관하여, 판례는 위 처분이 일체적으로 결정되었다 하더라도 이는 하나의 행위에 관하여 재차 처분함과 다를 바 없다고 한다고 한다. 판례(대법 1995.3.3, 94누11767)는 「인사규정에 견책의 징계처분을 당한 근로자는 시말서를 제출하도록 규정하고 있는데도 시말서를 불제출한 것은 새로운 징계사유가 있으나, 이를 이유로 징계 중 가장 무거운 해고를 한 것은 징계권의 범위를 일탈한 것이다」라고 하였다.

판례(대법 1991.12.24, 90다12991 ; 1995.3.3, 94누11767 ; 1995.4.25, 94누13053)에 의하면 「취업규칙 등에 징계처분을 당한 근로자는 시말서를 제출하도록 규정되어 있는 경우, 징계처분에 따른 시말서의 불제출은 그 자체가 사용자의 업무상 정당한 명령을 거부한 것으로서 징계사유가 될 수 있으므로(대법 1991.8.13, 91다1274) 이 사건에 있어서도 원고들이 위와 같이 기한 내에 시말서를 제출하지 아니한 것은 징계사유가 된다 할 것이다. 이 사건 징계사유는 종전 징계처분에 뒤따르는 시말서 불제출이라는 가벼운 비위인 데다가 근로자들이 시말서를 기한 후에라도 제출하려 하였고, 또 그 제출하기까지의 경위가 판시와 같은 사정이었음을 이유로 징계종류 중 가장 무거운 파면을 선택한 이 사건 징계처분은 그 징계권의 범위를 일탈한 것이라고 본 원심의 판단은 기록에 비추어 정당한 것으로 수긍할 수 있다」고 한다.

3. 징계처분으로서의 시말서제출과 업무명령에 의한 시말서의 구별

(1) 시말서 불제출의 징계 사유 해당 여부

사용자로부터 시말서 제출 명령이 난순히 사건의 경위 등을 기재하여 보고하도록 하는 취지라면, 근로관계와 관련한 사고 등이 발생한 경우 근로자에게 근로계약에 부수하는 신의칙상 의무로서 근로자는 사용자의 조사에 협조하여야 할 의무가 있으므로 사용자의 시말서 제출 명령은 정당한 업무 명령이라 할 것이고 따라서 근로자가 이에 불응하여 시말서를 제출하지 않은 것은 징계사유에 해당한다.

(2) 사죄를 강요하는 시말서

한편 근로자는 사용자로부터 신분적·인격적 지배까지 받는 것이 아니므로 사죄를 강요하는 시말서는 개인의사에 반하여 강요할 수 없으며 근로자의 임의에 맡겨져 있다. 시말서 제출 명령이 단순히 사건의 경위를 보고하는 데 그치지 않고 더 나아가 근로관계에서 발생한 사고 등에 관하여 자신의 잘못을 반성하고 사죄한다는 내용이 포함된 사죄문 또는 반성문을 작성하여 제출하도록 하는 취지라면 이는 우리 헌법상 보장하고 있는 양심의 자유 즉, 양심에 반하는 행동을 하지 않을 자유를 침해하는 것으로서 위법한 업무 명령이라 할 것이므로 위법한 시말서 제출 명령에 불응하여 시말서를 제출하지 않은 행위를 독립된 징계사유 또는 징계양정의 가중 사유로 판단하는 것은 적정하지 않다(서울행법 2008.7.17, 2007구합46005).

(3) 평 가

사용자는 징계처분을 통고 하는 것으로 충분하며 근로자 본인이 시말서를 제출함은 처분 후의 실제상의 실행행위로써 이를 강요할 수는 없다. 그러나 행위내용에 관한 보고를 요구하는 보고서로서의 시말서를 요구하는 것은 그것이 업무에 관한 것이라면 근로자는 사용자에게 업무의 수행내용에 관하여 보고할 의무가 있으므로 이러한 사안의 내용을 명확히 할 목적으로 '보고서로서의 시말서'를 요구하는 것은 업무명령이라 할 수 있다.

4. 시말서제출 거부와 해고의 정당성 판단기준

시말서제출 거부와 관련한 해고의 정당성은 형식적으로 징계해고 사유에 해당하는지 여부에 따라 결정되는 것이 아니라, 사회통념상 사용자가 당해 근로자와 근로계약관계를 계속할 수 없는 상태에 이르렀다고 볼 사정이 있는지의 여부에 의하여 판단하여야 한다. 즉 해고의 정당성 판단기준은 징계대상자가 시말서 제출의 제재처분을 받게 된 경위, 그 처분을 받게 된 비위사실의 구체적인 내용과 정도, 이로 인하여 기업의 위계질서가 문란케 될 위험성 등 기업질서에 미칠 영향, 징계대상자가 그 제재처분에 따라 시말서를 제출하는 등으로 자신의 비위사실에 대하여 반성하고 있는지의 여부, 과거의 근무태도, 기업질서 위반으로 다른 징계처분 등을 받은 전력이 있는지의 여부 등 여러 사정을 종합적으로 검토하여야 할 것이다(대법 1995.4.25, 94누13053).

최근 하급심 판례(서울행법 2008.7.17, 2007구합46005)는 시말서를 '경위서'와 '사죄문 · 반성문'으로 구분하고 경위서의 시말서는 기존과 같이 불제출의 경우 징계사유가 될 수 있다고 판단하였으나, 사죄문 · 반성문의 시말서는 그 작성 · 제출을 강요하는 것이 헌법이 보장하고 있는 양심의 자유를 침해하는 것이므로 위법한 업무명령이며 이를 사유로 징계처분 하는 것은 위법하다고 판단하였다. 이 사건에 대한 상급심(고법, 대법)의 판단이 주목된다.

Ⅱ. 징계처분 결정까지의 자택대기는 이중처분인가

1. 징계처분 결정까지의 자택대기

징계해고에 상당하는 중대한 위반행위를 행한 근로자에 관하여 징계처분 결정까지의 기간 중에 자택에 대기시켜 출근을 정지하는 처분을 행하는 경우가 있다. 이와 같이 출근정지를 한 이후 징계해고 등의 처분을 행하는 일은 하나의 사안에 관하여 2회 처분하는 결과가 되므로 이중처분의 금지에 해당하는지 여부가 문제가 된다.

또한 징계처분까지의 기간 중에 본인을 회사에 출근시키는 것이 부적당하다는 합리적인 이유가 있다면 자택대기를 시켜도 무방하다. 그 합리적인 이유란 그 근로자가 취업함으로써 동종의 질서위반을 반복할 위험이 있거나 증거를 인멸시키거나 조작할 우려 또는 다른 근로자에게 악영향을 미치고 직장질서를 문란하게 하는 우려가 있거나, 회사의 거래처에 대하여 나쁜 감정을 주어 회사의 신용을 떨어뜨리는 위험이 있는 등 회사 경영에 방해가 되는 경우를 가리킨다고 해석한다.

또 그 기간 중의 임금은 100%가 아니라 평균임금의 70%(근로기준법 제46조)로 하여도 무방하며, 휴직발령이 이루어질 경우일지라도 위의 합리적 타당성이 객관적으로 인정되는 경우라면 70%의 임금으로 무방하다.

2. 자택대기와의 이중처분 해당 여부

그러나 자택대기가 징계처분으로서의 출근정지처분이 아니라 처분결정까지의 기간 중 임금을 지급하는 전제하에 이루어진 것이며 또한 자택대기의 처분 및 당해 해고처분이 극히 밀접한 기간 내에 이루어졌다면 징계처분에 해당되지 아니하며, 그 준비적인 행위로서 유효라고 해석되고 있다.

Ⅲ. 대기발령의 정당성 판단과 장기 대기발령의 효력

1. 대기발령의 의의 및 정당성 판단기준

(1) 대기발령의 개념

대기발령이란 회사의 경영상의 사정을 이유로 하거나 또는 근로자의 일신상・행태상의 사유 등을 이유로 근로계약관계는 존속시키면서 근로자의 근로제공을 일정기간 정지・금지 또는 면제시키는 인사처분을 말한다. 기업이 그 활동을 계속적으로 유지하기 위하여는 노동력을 재배치하거나 그 수급을 조절하는 것이 필요불가결 하므로, 대기발령을 포함한 인사명령은 원칙적으로 인사권자인 사용자의 고유권한에 속한다 할 것이고, 따라서 이러한 인사명령에 대하여는 업무상 필요한 범위 안에서 사용자에게 상당한 재량을 인정하여야 하며, 이것이 근로기준법 등에 위반되거나 권리남용에 해당하는 등의 특별한 사정이 없는 한 위법하다고 할 수 없다(대법 2006.8.25, 2006두5151).

(2) 직위해제와의 구별

직위해제 처분은 근로자의 지위를 그대로 존속시키면서 다만, 그 직위만을 부여하지 아니하는 처분이다(대법 2007.12.28, 2006다33999). 직위해제 이후에는 직무에 종사하지 못하도록 하는 대기발령을 명하여 일체적인 처분으로 행함이 일반적이다. 실무적으로는 직위해제와 대기발령을 엄격하게 구분하지 않고 있어 양자간의 구별의 실익은 거의 없다. 만일 어떤 사유에 기하여 근로자를 직위해제 한 후 그 직위해제 사유와 동일한 사유를 이유로 징계처분을 하였다면 뒤에 이루어진 징계처분에 의하여 그 전에 있었던 직위해제처분은 그 효력을 상실한다고 할 것이고, 이와 같이 직위해제 처분이 효력을 상실한 경우에는 인사규정 등에 의하여 승진・승급에 제한이 가하여지는 등의 특별한 사정이 없는 한, 그 무효확인을 구할 이익은 없다고 할 것이다.

(3) 대기발령의 정당성 판단기준

대기발령이 정당한 인사권의 범위 내에 속하는지 여부는 대기발령의 업무상의 필요성과 그에 따른 근로자의 생활상의 불이익과의 비교교량, 근로자와의 협의 등 대기발령을 하는 과정에서 신의칙상 요구되는 절차를 거쳤는지의 여부 등에 의하여 결정되어야 한다. 근로자 본인과 성실한 협의절차를 거쳤는지의 여부는 정당한 인사권의 행사인지의 여부를 판단하는 하나의 요소라고는 할 수 있으나 그러한 절차를 거치지 아니하였다는 사정만으로 대기발령이 권리남용에 해당되어 당연히 무효가 된다고는 볼 수 없다(대법 2005.2.18, 2003다63029 ; 2002.12.26, 2002두8011).

(4) 징계로서의 대기발령과 인사권 행사로서의 대기발령

운송사업체에 있어서의 승무정지처분은 사용자가 경영권 행사의 일환으로 업무수행을 위하여 근로자에 대하여 행하는 업무명령인 승무지시의 소극적 양태라 할 것이다. 이러한 승무정지처분이 경영상의 필요나 업무수행의 합리적인 이유에 기인한 경우에는 이는 정당한 업무명령에 속한다고 할 것이므로 비록 단체협약에 승무정지가 징계사유로 열거되어 있다고 하여도 징계로서의 승무정지와는 별도로 업무명령으로서의 승무정지도 가능하다.

회사가 근로자를 징계위원회에 회부하면서 징계위원회에 회부된 자가 차량을 운행할 경우 사고의 위험 등을 예방하기 위하여 징계처분이 이루어질 때까지로 기간을 한정하여 행한 대기발령은 업무수행의 합리적인 이유에 기인한 정당한 업무명령에 해당한다고 판단한 것은 정당하고 거기에 대기발령에 관한 법리오해의 위법이 없다(대법 2006.12.1, 2006구합12359).

(5) 인사규정에 대기발령 절차가 규정되어 있지 않은 경우

또한, 인사규정에 대기발령을 할 수 있는 사유에 관하여 규정하고 있으나 그 형식 및 절차에 관하여는 인사규정은 물론 취업규칙, 단체협약 등에서도 아무런 규정이 없는 경우, 대기발령의 사유를 명시하지 아니하였다는 사정만으로 대기발령이 무효로 되는지 여부이다.

대기발령은 인사권자의 인사권에 속하는 사항이므로 그 사유를 명시하시 않았다고 하여 그 자체로 대기발령이 무효로 된다고는 할 수 없다.

(6) 대기발령 기간이 일정기간 경과했다는 사정만으로 행한 면직처분의 효력

「대기발령 후 일정기간이 경과하여 복직발령을 받지 못한 경우 당연퇴직된다」는 내용이 취업규칙이나 인사규정에 포함되어 있더라도 당연퇴직 당시에 해고사유가 없었다면 부당해고에 해당한다. "인사규정 등에 대기발령 후 일정기간이 경과하도록 복직발령을 받지 못하거나 직위를 부여받지 못하는 경우에는 당연퇴직 된다는 규정을 두는 경우 대기발령에 이은 당연퇴직 처리를 일체로서 관찰하면 이는 근로자의 의사에 반해 사용자의 일방적 의사에 따라 근로계약 관계를 종료시키는 것으로서 실질상 해고에 해당하므로 정당한 이유가 필요하다." 일단, 대기발령이 정당하게 내려진 경우라도 일정한 기간이 경과한 후의 당연퇴직 처리 자체가 인사권 내지 징계권의 남용에 해당하지 아니하는 정당한 처분이 되기 위해서는 대기발령 당시에 이미 사회통념상 당해 근로자와의 고용관계를 계속할 수 없을 정도의 사유가 존재했거나 대기발령 기간 중 그와 같은 해고사유가 확정되어야 한다(대법 2007. 6.20, 2007두1460).

2. 근로자에 대한 장기간 부당한 대기발령 효력

(1) 대기발령 기간의 설정

대기발령이 일시적으로 당해 근로자에게 직위를 부여하지 아니함으로써 직무에 종사하지 못하도록 하는 잠정적인 조치이고, 근로기준법 제23조제1항에서 사용자는 근로자에 대하여 정당한 이유 없이 전직, 휴직, 그 밖에 징벌을 하지 못한다고 제한하고 있는 취지에 비추어 볼 때, 사용자가 대기발령 근거규정에 의하여 일정한 대기발령 사유의 발생에 따라 근로자에게 대기발령을 한 것이 정당한 경우라고 하더라도 당해 대기발령 규정의 설정 목적과 그 실제 기능, 대기발령 유지의 합리성 여부 및 그로 인하여 근로자가 받게 될 신분상·경제상의 불이익 등 구체적인 사정을 모두 참작하여 그 기간은 합리적인 범위 내에서 이루어져야 하는 것이다.

(2) 장기간 부당한 대기발령의 효력

만일 대기발령을 받은 근로자가 상당한 기간에 걸쳐 근로의 제공을 할 수 없다거나, 근로제공을 함이 매우 부적당한 경우가 아닌데도 사회통념상 합리성이 없을 정도로 부당하게 장기간 동안 대기발령 조치를 유지하는 것은 특별한 사정이 없는 한 정당한 이유가 있다고 보기 어려우므로 그와 같은 조치는 무효라고 보아야 할 것이다(대법 2007.2.23, 2005다3991).

이 판결은 구조조정 과정에서 발생한 잉여인원에 대하여 2000.12월에 행하여진 대기발령 처분이 자산매매 및 고용승계가 이루어진 2002.10월 이후에도 상당기간 지속된 것이 정당한 것인지 여부가 문제된 사안으로, 최초 대기발령을 행할 필요성은 인정될 수 있으나 고용승계가 이루어진 2002.10월 이후에도 당해 대기발령 조치를 계속 유지한 것은 그에 관한 합리적 필요성이 보이지 아니하므로 무효라고 보아야 한다는 견해를 제시하고 있다. 이 판결은 하나의 인사명령에 의하여 연속된 기간으로 이루어진 대기발령 기간 전체를 무효로 보는 것이 아니라, 객관적으로 보아 대기발령의 사유가 해소된 것으로 볼 수 있는 시점 이후에도 계속된 대기발령 기간만을 무효로 보는 입장으로 대기발령 기간이 부당하게 장기간 지속된 것을 이유로 하여 그 정당성을 부인한 사례라는 점에서 특색이 있다.

Ⅳ. 기소휴직 · 명령휴직 이후 판결확정에 의한 징계처분은 이중처분인가

1. 기소휴직(명령휴직) 명령의 의의

휴직처분이란 일반적으로 '당해 근로자에게 집무시키는 것이 불가능하거나, 혹은 적합하지 아니하다는 사유가 발생하였을 경우에 근로자의 지위는 그대로 유지시키면서 집무만을 금지하는 처분'을 말한다.

휴직은 위의 처분이 필요한 각종의 사유에 의거하여 행하여지는데, 그 사유 중 '형사사건으로 기소되었을 때'도 휴직의 테두리 안에서 고찰된다. 취업규칙에 "형사사건으로 기소된 자는 그 사건이 법원에 계속되는 기간 동안 (혹은 형사판결이 확정될 때까지) 휴직시킨다"라는 규정을 두고 있는 경우가 흔한바, 사용자가 이러한 규정에 근거하여 근로자가 기소되었음을 이유로 그 근로자에 대하여 휴직을 명령하는 조치를 기소휴직이라 한다. 이러한 기소휴직은 기업의 사회적 신용유지, 직장질서 유지, 징계 또는 해고 등의 처분의 유보나 유예 등을 그 취지로 한다.

이처럼 기소휴직은 유죄가 확정되지 않은 근로자에 대하여 휴직이라고 하는 중대한 불이익을 부과하는 것이기 때문에 다른 인사조치에 비하여 신중한 취급이 요구된다. 특히 기소된 근로자의 신병이 구속되어 있는 것이 아니라면 기소에도 불구하고 기소된 근로자는 여전히 노무제공이 가능하고, 또한 피고인이라 할지라도 유죄판결 확정 전에는 무죄의 추정을 받음에도 불구하고 일반적으로 기소휴직 중에는 임금이 보장되지 않는다는 점에서 그 정당성이 더욱 문제될 수 있을 것이다.

2. 기소휴직의 정당성 판단기준

형사사건으로 구속기소된 경우에는 상당한 기간 근로의 제공이 현실적으로 불가능하게 되므로 그로 인한 휴직처분에 대하여는 그 정당성을 인정받을 수 있을 것이다. 근로기준법 제23조제1항에서 사용자는 근로자에 대하여 정당한 이유 없이 휴직하지 못한다고 제한하고 있는 취지에 비추어 볼 때, 사용자의 취업규칙이나 단체협약 등의 휴직근거규정에 의하여 사용자에게 일정한 휴직사유의 발생에 따른 휴직명령권을 부여하고 있다 하더라도 그 정해진 사유가 있는 경우 당해 휴직규정의 설정 목적과 그 실제 기능, 휴직명령권 발동의 합리성 여부 및 그로 인하여 근로자가 받게 될 신분상·경제상의 불이익 등 구체적인 사정을 모두 참작하여 근로자가 상당한 기간에 걸쳐 근로의 제공을 할 수 없다거나 근로제공을 함이 매우 부적당하다고 인정되는 경우에만 정당한 이유가 있다고 보아야 한다.

예를 들어, 근로자가 형사사건으로 기소되었음을 이유로 하는 휴직처분의 취지·목적은 근로자가 기소에 의하여 직무에 전념할 수 없다고 간주되는 동안 잠정적인 신분상의 조치를 취할 필요성 및 기소에 관련된 불확정한 기간 중 그 근로자를 그대로 직무를 계속하는 것이 직무질서상 바람직하지 아니하다는 배려에 있다. 그러나 형사사건으로 구속되었다가 구속취소로 불구속 기소된 근로자에 대한 사용자의 명령휴직처분이 근로자가 구속취소로 석방된 후에는 정당한 이유가 없어 무효라고 한다(대법 2005.2.18, 2003다63029).

'기소휴직'은 징계처분으로서 행하는 것이 아니고 본인의 취업에 있어서 부적합 사유의 발생에 의한 휴직이므로, '징계처분으로서의 휴직'에는 해당되지 아니하며, 양자는 목적·사유·효과 모두가 다르므로 그 후 판결의 확정을 기다려 징계처분을 행하는 것은 이중처분에 해당하지 아니한다.

3. 파업행위와 관련하여 징계처분을 하였다가 다시 형 확정을 이유로 당연 퇴직처분을 한 것이 이중징계인가 여부

파업행위와 관련하여 정직 3개월 또는 2개월의 징계처분을 하였다가 다시 형 확정을 이유로 당연퇴직처분을 한 것이 이중징계인가의 문제이다. 판례는 「회사가 근로자에 대하여 정직 3개월 또는 정직 2개월의 징계처분을 한 것은 근로자들이 폭력을 행사하여 출근을 방해하는 등의 불법쟁의행위 자체에 대한 것이고, 이 사건 당연퇴직처분은 근로자들이 징역 8개월에 집행유예 1년의 형사유죄 판결을 받고 그 판결이 확정되었다는 사유에 기한 것이어서 위 정직처분과는 별개의 사유라고 할 것이므로 이중징계가 아니라고 할 것이다」(서울행법 2002.12.17, 2002구합20671)라고 한다.

V. 유죄판결을 선고받았을 때를 자동면직 사유로 할 수 있는가

1. 당연면직 여부

취업규칙에서 자동면직 사유의 하나로 '구속기소로 인하여 휴직처리된 근로자가 제1심에서 유죄판결을 선고받았을 때' 또는 '구속기소 후 6개월이 경과하였을 때' 등을 자동면직사유로 규정하고 있는 경우 그 유효성이 문제될 수 있다.

단체협약에 해고사유로서 '형사사건으로 기소된 자가 금고 이상의 형의 판결을 받았을 때'라는 규정을 두고 있는 취지는 통상 그러한 유죄판결로 인해 근로자의 기본적인 의무인 근로제공 의무를 이행할 수 없는 상태가 장기화될 경우, 기업 내의 다른 종업원과의 신뢰관계나 인간관계가 손상되어 직장질서의 유지를 저해하거나 당해 근로자의 지위나 범죄행위의 내용 여하에 따라서는 회사의 명예와 신용을 심히 훼손하거나 거래관계에까지 악영향을 미치게 되기 때문이라고 할 것이므로 이 사건에서의 '금고이상의 형의 판결'이 반드시 실형판결만을 의미한다고 단정해서는 아니된다(대법 1997.9.26, 97누1600). 기소휴직된 후 기소된 범죄사실에 관하여 근로자에게 무죄판결이 선고되는 경우에는 사용자는 즉시 당해 근로자에 대한 휴직상태를 종료시키고 직장에 복귀시켜야 할 것이다.

2. 유죄판결을 선고받을 때의 의미

① 먼저, 기소휴직에 따른 면직사유로 규정된 '구속기소로 인한 휴직에 있어서 유죄판결을 선고받을 때'라는 의미는 구속기소로 인하여 휴직처리된 근로자가 그 휴직기간이 만료되는 제1심판결 선고시 까지도 현실적인 근로제공이 불가능한 신체구속이라는 당초의 실질적인 휴직사유가 해소되지 아니하는 내용의 유죄판결 즉 실형의 판결을 선고받는 것을 의미하는 것으로 보아야 할 것이다. 그 이유는 당해 유죄판결의 대상이 된 범죄사실이 당해 판결의 선고에 의해 확정적으로 인정되는 것으로 간주하여 그 범죄사실에 의하여 면직이라는 불이익처분을 한다는 것이 아니라, 근로자가 휴직기간이 만료되는 제1심판결의 선고시 까지는 물론이고 그 이후에도 장기구속에 따른 장기결근이라는 근로자측의 사정으로 말미암아 근로계약에 기한 기본적 의무인 근로의 제공을 할 수 없게 되었다는 사실 그 자체에 기하여 면직처분을 한다는 취지이다. 그리고 이것은 형사피고인이 유죄의 판결이 확정될 때까지는 무죄로 추정된다는 헌법상 무죄추정의 원칙에 어긋나는 것은 아니다(대법 1995.3.24, 94다42082).

② 최근 판례는 「단체협약에서는 당연퇴직 사유와 해고 사유를 구분하고, '금고 이상의 형의 확정'은 해고 사유로 규정하고 있는 점, 단체협약에서는

'금고 이상의 형의 확정'과 '공민권의 정지 또는 박탈'을 함께 규정하고 있는데, '공민권의 정지 또는 박탈'은 실형 판결에 의해서만 발생하는 것이 아닌 점, 또한 위 규정에서는 '금고 이상의 형의 확정'에 '도로교통법 위반으로 인한 경우'를 예외 사유로 두어 범죄의 내용도 고려하고 있는데, 이는 단순히 근로 제공 의무의 장기간 불이행만을 해고 사유로 정한 것이 아님을 뒷받침하는 점 등과 아울러 이 사건 단체협약상 해고 사유로 규정된 다른 사유들과 당연퇴직 사유로 규정된 사유들을 종합적으로 비교·검토하여 보면, 단체협약에서 규정하고 있는 '금고 이상의 형'이 반드시 실형만을 의미한다고 볼 수 없다」고 한다(대법 2008.9.25, 2006두18423).

3. 당연면직 처분과 근로기준법 제23조제1항의 정당한 사유와의 관계

그리고 이와 같이 사용자의 일방적인 당연면직 처분으로 근로자와의 근로계약관계를 종료시키는 경우, 그 처분이 정당한 것으로 인정되기 위하여는 종국적으로 근로기준법 제23조제1항에서 말하는 '정당한 사유'가 있어야 할 것이다. 당해 자동면직 처분의 정당성 유무는 결국 휴직기간 만료시에 있어서의 조기 석방가능성의 유무, 구속이 직장에 미치는 영향, 당해 형사사건의 성질 등 모든 사정을 종합적으로 고려하여 합리적으로 판단하여야 할 것이다(대법 1993.5.25, 92누12452).

4. 형의 집행이 종료되지 아니하거나 집행을 받지 아니하기로 확정되지 아니한 자의 범위

'금고 이상의 형의 선고를 받고 그 형의 집행이 종료되지 아니하거나 집행을 받지 아니하기로 확정되지 아니한 자'에는 금고 이상의 형의 선고를 받은 자로서 형의 시효에 의하여 형의 집행이 면제될 때까지 사이의 자, 일반사면 또는 특별사면에 의하여 형의 선고의 효력을 상실하거나 형의 집행이 면제되기까지의 자, 일반사면 또는 특별사면에 의하여 형의 선고의 효력을 상실하거나, 형의 집행이 면제되기까지의 자, 집행유예의 선고를 받은 경우에는 그 선고의 실효 또는 취소됨이 없이 유예기간을 경과하여 형의 선고의 효력을 잃게 되기까지의 자 등이 포함된다(대법 1998.2.13, 97두1804).

Ⅵ. 휴직신청 거부와 무단결근 취급으로 인한 징계처분의 정당성 여부

근로자가 상사·동료의 폭행·협박으로 직장생활을 감당할 수 없어 휴직신청을 했으나 회사가 승인하지 않자 계속 그 승인을 요구하면서 무단결근한 경우 징계면직처분의 정당성 여부이다.

휴직신청 당시 근로자가 근무부서의 상사·동료로부터 여러 차례에 걸친 폭행·협박으로 불안한 직장생활을 감당할 수 없게 되었고 자신에게 폭행·협박 등 부당노동행위를 한 직원들을 수사기관에 고소까지 제기한 상태인 점 등을 종합하면, 근로자로서는 근무부서에서 상당한 기간에 걸쳐 근로를 제공함이 매우 부적당한 상태에 있었다고 할 것이므로 그 휴직신청에는 상당한 이유가 있었다고 할 것이다.

그럼에도 회사가 휴직신청 사유의 사실 유무에 관하여 면밀히 조사하지도 아니한 채 정당한 휴직사유가 아니라는 이유로 휴직신청을 승인하지 아니한 조치는 부당하므로 근로자가 회사에 그 휴직신청의 승인을 계속 요구하면서 출근을 거부하게 되었다면, 비록 그 결근이 회사의 승인없이 이루어져 무단결근에 해당하는 것이라고 할지라도 이는 통상의 무단결근 행위와는 달리 사회통념상 근로계약관계를 지속케 하는 것이 현저히 부당하다고 인정할 정도의 비위행위라고는 볼 수 없으니, 회사가 징계양정상 가장 무거운 징계처분인 징계면직처분을 한 것은 징계권의 남용이거나 형평의 원칙에 어긋난 것으로 무효이다(대법 1997.7.22, 95다53096).

Ⅶ. 징계 양정의 판단기준

1. 징계 양정의 적정한 행사

징계는 기업질서 또는 복무규율 위반의 종류·정도 그 밖의 사정에 비추어 정당한 것이어야 한다. 징계처분에 대한 법원의 가장 중요한 법규제는 이 원칙을 통하여 이루어지고 있다. 즉, 대부분의 징계처분(특히 징계해고)이 해당 사범의 징계사유의 해당성을 긍정하면서도 해당 행위와 피징계자에 관한 제반 사정을 고려하여 징계양정이 지나치게 무겁다고 하여 무효로 하고 있다. 사용자가 해당 징계사유 행위와 피징계자에 관한 정상을 적절히 형량하지 않고 너무 무거운 중징계를 내린 경우는 징계권을 남용한 경우로 보는 것이다.

또한 판례에서 사용자의 징계권 행사에 있어서 양정의 과다는 객관적으로 합리적인 이유를 결하며 혹은 사회통념상 적절하다고 시인할 수 없는 경우에는 징계권 남용으로서 무효가 된다고 판시하고 있다.

2. 징계 양정에 관한 판례의 태도

(1) 객관적으로 명백히 부당하다고 인정하는 경우

판례는 징계 양정은 사용자의 재량권 행사의 대상 영역이라고 보면서 재량의 현저한 일탈·남용이 있는 경우에만 징계 양정이 과다하다고 보기 때문에, 징계 양정이 과다하다고 평가하는데 신중한 접근을 하고 있다.

「징계사유가 있어 징계처분을 하는 경우 어떠한 처분을 할 것인가는 원칙적으로 징계권자의 재량에 맡겨 있으므로 그 징계처분이 위법하다고 하기 위해서는 징계권자가 재량권을 행사하여 한 징계처분이 사회통념상 현저하게 타당성을 잃어 징계권자에게 맡긴 재량권을 남용한 것이라고 인정되는 경우에 한하고, 그 징계처분이 사회통념상 현저하게 타당성을 잃은 처분이라고 하려면 구체적인 사례에 따라 직무의 특성, 징계의 사유가 된 비위사실의 내용과 성질 및 징계에 의하여 이루고자 하는 목적과 그에 수반되는 제반 사정을 참작하여 객관적으로 명백히 부당하다고 인정되는 경우라야 한다」(대법 2008.2.1, 2007두20997 ; 1999.11.26, 98두6951)고 한다.

(2) 평등의 원칙에 위반한 경우

징계권의 행사가 임용권자의 재량에 맡겨진 것이라고 하여도 공익적 목적을 위하여 징계권을 행사하여야 할 공익의 원칙에 반하거나 일반적으로 징계사유로 삼은 비행의 정도에 비하여 균형을 잃은 과중한 징계처분을 선택함으로써 비례의 원칙에 위반하거나 또는 합리적인 사유 없이 같은 정도의 비행에 대하여 일반적으로 적용하여 온 기준과 어긋나게 공평을 잃은 징계처분을 선택함으로써 평등의 원칙에 위반한 경우에 이러한 징계처분은 재량권의 한계를 벗어난 처분으로서 위법하다 할 것이다(대법 2008.10.9, 2006두13626 ; 2007.4.13, 2006두16991).

(3) 중과실 또는 고의가 없이 공사 감독·점검을 게을리한 과실이 있는 경우

근로자들이 설치 공사 감독이나 점검을 게을리 해 회사의 취업규칙에 규정된 '직무상의 의무를 위반하거나 직무에 태만하였을 때'에 해당한다. 그러나 근로자가 재직기간 중 별다른 징계처분 없이 성실히 근무해 온 점, 근로자의 관리·감독상의 과실이 구조상이나 안전상의 결함으로까지 나타나지 않은 점, 해당 과실이 '중과실 또는 고의'가 있다고까지 할 수는 없는 점 등을 종합하면 해고는 징계 재량권 범위를 일탈한 것이다(서울행법 2008.1.31, 2007구합23033).

(4) 위법한 쟁의행위를 주도한 조합간부에게 중한 징계를 한 경우

공익 사업장에서 위법한 쟁의행위를 기획·지시·감독 등으로 주도한 조합 간부에서 일반 조합원보다 중한 징계를 내린 것은 재량권 남용이 아니라고 본 사례가 있다.

「근로자 등은 철도노조 간부로서 이 사건 파업에 조합원들이 적극 참여토록 독려하고 자신도 적극 참여하면서 회사의 복귀 명령에 따르지 않은 점, 파업으로 인해 회사는 직접적으로 막대한 경제적 손해를 입었을 뿐 아니라 공익사업을 수행하는 공기업으로서 대외적 이미지 및 신뢰에 손상을 입은 점, 위법한 쟁의행위를 기획·지시·지도하는 등으로 주도한 조합 간부들이 일반 조합원보다 중한 책임을 지는 것이 합리적인 점 등을 종합하면 이 사건 징계가 징계 재량권을 남용해 위법하다고 할 수 없다」(서울행법 2008.4.24, 2007구합29352).

(5) 징계 양정 기준에 다소 추상적 표현이 있는 경우

징계 양정 분류표에 기재된 항목이 다소 추상적인 내용으로 구성돼 있다

하더라도 정적(靜的)인 법률관계와는 달리 동적(動的)인 근로관계 및 징계 재량권의 본질상 징계 양정 항목을 정함에 있어 어느 정도 추상적인 표현이 불가피한 점 등에 비춰보면, 이 사건 징계 양정 기준이 전혀 합리성이 없다거나 특정 근로자만을 해고하기 위한 방편이라는 등 사용자의 징계권 행사의 재량권의 범위를 벗어나 사회 통념상 현저히 불합리한 것이어서 무효라고 할 수는 없다(서울행법 2008.10.17, 2008구합5254).

(6) 징계양정기준의 구체적 적용과정에 잘못이 있는 경우

파업 참가 행위를 전제로 한 징계양정분류표와 징계양정결정기준표에 따른 점수를 정함에 있어 업무 방해나 폭언을 이유로 이 사건 징계양정분류표상의 '폭행 파손 욕설 등'의 항목에 가점을 하는 것은 부당하다고 여겨지는 점, 업무 방해로 인하여 회사가 실질적인 큰 손해를 입었다고 보기 어렵고 출근 집회에서 간부들에 대한 폭언은 불특정 나수에 행해진 것으로서 이로 말미암아 폭언을 들은 간부들이 실제로 심한 위협과 불안을 느꼈을 것이라고 보기도 어려운 점에 미루어, 이 사건 해임 처분은 재량권의 한계를 벗어난 처분으로서 위법하다 할 것이다(서울고법 2009.7.15, 2008누26369).

이 판례는 회사의 징계양정기준은 회사의 징계재량권이 구현된 것에 불과한 것으로 일부 기준의 구체적인 적용과정에서의 잘못이 있었다고 판단한 것이다.

(7) 징계권자에게 맡겨진 징계권을 남용한 것이 아닌 경우

근로자에게 부여된 담당 업무 특성상 교대 근무가 불가피하여 수차례 면담과 더불어 서면으로 근로자에게 주·야간 교대 근무 업무 지시를 하고 이를 이행하지 않을 경우 징계할 것임을 경고한 바 있음에도, 근로자는 정당한 이유 없이 거부한 점, 이전에도 회사로부터 정직 2개월의 징계처분을 받은 바 있고, 그 이후에도 수차례에 걸쳐 지시 사항 불이행, 근무 태도 불량 등의 사유로 경고를 받은 바 있음에도 워크숍에 불참하고 무단결근하는 등 개선의 태도나 노력을 전혀 보이지 아니하는 점 등을 고려하면, 이 사건 해고가 사회 통념상 현저하게 타당성을 잃어 징계권자에게 맡겨진 재량권을 남용한 것이라고 할 수 없다(서울행법 2009.2.17, 2008구합42406).

3. 징계 양정 판단기준

징계 양정의 판단기준으로 고려될 요소는 다음과 같다.

① 행위 관련 요소
- 징계사유의 내용과 성질
- 비위행위의 동기와 경위
- 기업의 경영질서가 문란하게 될 위험성의 정도

② 행위자 관련 요소
- 피징계자의 평소 소행
- 근무성적 이외의 과거의 행적
- 징계사유 발생 이후의 태도
- 당해 근로자의 담당직무의 내용

③ 사용자 관련 요소
- 사업의 목적 및 성격(예 : 금융기관)
- 사업장의 여건, 기업의 규모
- 징계에 의하여 이루고자 하는 목적
- 재심징계위원회를 통한 감경 여부(해고제외)

4. 징계 양정 과다로 사후에 법원에 의하여 무효로 판정된 경우의 불법행위 책임

사용자의 근로자에 대한 징계의 양정이 결과적으로 재량권을 일탈・남용한 것이라고 인정되어 징계처분이 무효라고 판단된다 하더라도 그것이 법률 전문가가 아닌 징계위원들의 징계 경중에 관한 관련 법령의 해석 잘못에 불과한 경우에는 그 징계의 양정을 잘못한 징계위원들에게 불법행위책임을 물을 수 있는 과실이 없으며, 또 근로자에 대한 해고 등 불이익처분을 할 당시의 객관적인 사정이나 근로자의 비위행위 등의 정도, 불이익처분을 하게 된 경위 등에 비추어 사용자가 그 비위행위 등이 취업규칙이나 단체협약에 정한 근로자에 대한 불이익처분 사유에 해당한다고 판단한 것이 무리가 아니었다고 인정되고 아울러 소정의 적법한 절차 등을 거쳐서 당해 불이익처분을 한 것이라면 사용자로서는 근로자에 대하여 불이익처분을 하면서 기울여야 할 주의의무를 다한 것으로 보아야 하므로 비록 당해 불이익처분이 사후 법원에 의하여 무효라고 판단되었다 하더라도 거기에 불법행위책임을 물을 만한 고의·과실이 없다(대법 2008.1.31, 2005두8269).

5. 징계 양정시의 유의사항

사용자의 기업질서나 복무규율 위반에 대하여 행하는 징계사건에 있어서 해당 징계사유에 대한 징계양정을 판단할 때에는 적정한 양정이 유지되도록 신중한 접근이 필요하며 양정 과다로 인한 징계권 남용이 되지 않도록 할 필요가 있다.

Ⅷ. 퇴직 후에 발각된 사유로 징계처분을 할 수 있는가

1. 퇴직 후에 발각된 사유와 징계처분

징계처분이란 기업질서의 위반자에 대하여 기업질서 유지를 위하여 과하여지는 제재벌이므로 이미 퇴직한 사람에게는 질서 유지상의 걱정도 없으며, 최고의 징계처분인 기업 외로 배제하는 징계해고의 필요성도 이미 소멸하고 있으므로 퇴직한 전근로자에 대한 징계처분은 그 법적 근거를 결여하므로 무효가 된다.

이 점에 관하여 판례에서도 사비에 의하여 해외유학을 하고 있던 사원이 유학기간 종료 직전에 일신상의 사정으로 퇴직하고 싶다는 취지를 회사에 제의하였던 바(6월 중순), 회사는 이를 승낙하지 아니하고 8월 1일자로 본인을 징계해고 하였던 케이스에 관하여 퇴직신청 후 1개월이 경과하면 퇴직의 효력이 발생하고 있으며, 기간으로 보수를 정한 경우에도 당기 후에 1기를 경과하면 퇴직의 효력이 발생하므로 그 징계해고는 퇴직 후 이루어진 것이므로 무효라고 판시하고 있다.

2. 징계처분과 퇴직금문제

또 퇴직에 관하여 징계처분 문제가 발생함은 퇴직금의 불지급 내지 반환(부당이득)을 둘러싼 문제가 있을 때이다. 퇴직금의 성격이 「사용자가 근로자에게 지급하는 퇴직금은 근로제공에 대한 미지급임금이 축적된 것이 그 재원이 된 것으로서 본질적으로는 후불적 임금의 성질을 가진다」(대법 1975.7.22, 74다1840). 따라서 그 퇴직사유가 사표제출이든 징계해고이든 묻지 아니하고 퇴직금을 지급하여야 한다.

그런데 이미 퇴직한 자를 징계해고 할 수는 없으며, 또 퇴직금은 지급일 이후로 연장한다는 당사자간의 합의가 없는 한 지급사유가 발생한 날로부터 14일 이내에 지급하여야 하므로 퇴직 후에 본인의 중대한 위반행위가 발각되더라도 '퇴직금을 반환하라'고 청구할 수 없다. 이와 같은 사태가 발생하였을 때는 본인의 중대한 위반행위로 인하여 회사가 입은 손해의 배상을 청구하는 이외에 방법이 없다. 다만 누진제퇴직금이 실시되는 경우에는 법정 퇴직금을 하회하지 않는 범위 안에서 취업규칙 등의 소정기준에 따라 감액하는 것은 근로기준법 위반으로 되지 않는다.

Ⅸ. 퇴직원 제출자를 징계해고 할 수 있는가

1. 퇴직원 제출자에 있어서의 징계해고

어떤 근로자에게 부정혐의가 있어 장차 징계해고나 그 밖의 징계처분이 예상되어 그 결정까지의 기간까지 퇴직원 제출자에게 그 퇴직일을 연기할 수 있느냐의 문제와 관련이 있다.

퇴직원이 제출되어 있더라도 회사직원으로서 고용관계가 계속되고 있으므로 아직 그 퇴직을 승인하지 아니한 때에는 징계해고 하여도 무방하다. 근로자에게 징계사유가 인정되는 이상 관련된 형사사건이 아직 유죄로 확정되지 아니하였다고 하더라도 징계처분을 할 수 있다(대법 2001.11.9, 2001두4184).

2. 퇴직원의 효력발생시기

퇴직원이 제출되면 회사가 그 승인을 거부하더라도 민법 제660조에 의하여 ① 원칙적으로 1개월을 경과하였을 때, ② 기간으로 보수를 정한 때에는 상대방이 해지의 통고를 받은 후 당기 후의 1기를 경과하였을 때 고용계약은 종료되며 자동적으로 퇴직이 되어 버린다.

그러므로 이 기간을 경과하여 징계처분을 하더라도 퇴직자에 대한 처분으로 무효가 된다. 그러므로 본인의 동의에 의하여 퇴직일을 연기하거나, 위의 기간 내에 회사측에서 조사하여 징계처분을 결정하여야 한다.

또한 본인의 비행사유의 조사(횡령, 불법거래 등)에 기간을 요하게 될 경우 만일 본인의 퇴직 후 징계해고 사유가 판명되어 본인이 퇴직금의 청구권을 포기하거나 또는 수령한 퇴직금을 반환하는 취지의 각서가 본인의 자유의사에 의하여 제출되었을 때라도 이와 같은 합의는 근로기준법의 강행적 성격에 반하므로 무효이며, 근로자의 중대한 과실로 인해 회사의 손해에 대한 손해배상 청구소송을 할 수 있는 것이다.

3. 징계처분의 정상참작사유

퇴직원을 제출하였다고 함은 근로자 스스로 회사를 떠나겠다는 의사를 표시한 셈이므로 정상참작 사유가 된다. 판례에서도 「징계에 해당하는 비행을 하였던 근로자가 이미 퇴직하겠다는 의사표시를 하고 있음에도 불구하고 굳이 이를 징계해고 함에 관하여서는 그 비행이 당해 근로자가 장기간 근속한 공을 말살하여 버리는 정도로 중대한 것이며 그렇게 함이 회사의 규율 유지상 부득이한 경우임을 요한다」고 한다. 그러므로 퇴직원을 그대로 수리하느냐, 아니면 그것을 인정하지 아니하고 징계처분 하느냐에 대해서는 정상참작을 신중히 하여야 할 것이다.

X. 감봉(감급)처분의 법령상의 제한

1. 감봉(감급)처분의 의의

근로기준법 제95조에 의하면 「취업규칙에서 근로자에 대하여 감급의 제재를 정할 경우에 그 감액은 1회의 금액이 평균임금의 1일분의 2분의 1을, 총액이 1임금지급기에 있어서의 임금총액의 10분의 1을 초과하지 못한다」고 규정하고 있다. 근로기준법 제95조에서 규정한 감급의 제재는 근로자가 근로를 제공함으로써 일단 발생한 임금채권을 감액하는 것으로서 근로자가 자신의 귀책사유로 인해 취업규칙 등에 정한 정당한 사유에 의해 출근정지, 정직이나 직위해제 등의 징계를 받음으로써 임금의 전부 또는 일부를 지급받지 못했다는 것은 징계의 결과 근로를 제공하지 못한 데 따른 것으로서 동법 제95조 위반은 아니다. 근로기준법 제95조의 취지는 사용자가 취업규칙으로 감급의 제재를 정하는 경우 감급의 최고한도를 정함으로써 근로자의 생계를 보호하고자 하는 규정으로 해석된다.

2. 감봉제재의 제한

근로자의 임금에 대한 감급의 제재를 정함에 있어 아래와 같은 이중적 제한을 규정하고 있는 것이다.

① 1회의 감급액은 평균임금의 1일분의 반액 이하일 것

② 감급총액은 1임금지급기에 있어서의 임금총액의 10분의 1 이하일 것 예를 들어 1일 평균임금이 50,000원이고 1임금지급기가 월급형태이며 월 임금총액이 1,500,000원이고 감급이 감봉 6월의 경우라면 감급 1회의 액은 1일 평균임금 50,000원의 반액인 25,000원을 초과하지 않는 범위 내에서 6개월 동안 분할 감액 할 수 있으며, 6월간의 감급총액은 1임금지급기 임금총액의 10분의 1인 150,000원을 초과하여 감액할 수 없는 것이다.

따라서 1개월(1회) 25,000원을 기준으로 6개월 동안 총 150,000원을 감액할 수 있다(1999.12.30, 근기 68207-997).

1일 평균임금이 50,000원이고 감봉 4개월에 해당한다면 감급 1회의 액은 50,000원의 반액인 25,000원을 초과하지 않는 범위 내에서 4개월 동안 감액하되, 4개월간의 감급총액은 1임금지급기 임금총액의 1/10을 초과하여서는 아니된다(2000.1.20, 근기 98207-144).

3. 감봉처분과 다른 처분 · 조치와의 관계

감급은 근로자가 노무를 제공하여 구체적 청구권을 취득한 것을 대상으로 행해진 제재이다. 그러므로 결근 · 지각 · 조퇴 등에 있어서 노무부제공을 이유로 한 임금삭감은 감급에 해당하지 아니한다. 다만, 본래 공제되어야 할 금액을 초과하는 임금삭금은 감급의 제재가 된다. 또한 출근정지처분에 따

른 임금의 부지급도 노무의 부제공에 따른 결과이므로 노무제공을 전제로 한 감급은 아니다. 감급은 근로자의 비위행위에 대한 제재로서 행해진 처분이므로 배치전환·강격 등에 따라 임금을 감액하는 것도 감급은 아니다.

4. 월급의 10분의 1을 6개월간 감봉한다는 규정과 그 정당성

또한, 감봉의 제재를 둘러싸고 자주 문제가 되는 것은 "월급의 10분의 1을 6개월 간 감봉한다"라는 처분이다. 이것은 공무원에 관하여 신문지상 등에 자주 보도되고 있으므로 민간기업에서도 관리자의 처분에 관하여 행하여지는 케이스가 많은데, 공무원에 관하여 인정되고 있다고 하여 민간기업에서 인정되는 것은 아니며 1회의 사안에 관하여 이와 같은 처분을 하게 된다면 민간기업의 경우에는 근로기준법 제95조에 위반하므로 위법 무효의 처분이 된다(공무원에 관하여서는 국가공무원법 제80조제4항에서 「감봉은 1개월 이상 3개월 이하의 기간동안 보수의 3분의 1을 감한다」고 규정되어 있다). 그러나 부하종업원의 횡령 등에 관하여 위의 '1개의 사안'으로 취급함에 관하여 형법상의 포괄일죄라는 사고방식은 근로기준법상 취급되지 아니하고 있으므로(예를 들어, 매일 연속지각도 포괄하여 1회로 하지 아니하고 1회마다 대상으로 하여도 무방하다) 3개월 동안에 20회 합계 1,000만원의 착복 횡령이라는 케이스에서는 20개의 사안이 되므로 평균임금의 10일분의 감봉이 허용되므로 '감봉 1할, 3개월'이라는 처분이라면 적법이 된다. 그러나 급여 전액의 감봉은 본조의 취지 및 민법 제103조의 사회질서에 어긋나므로 무효로 해석한다.

5. 성과 인센티브를 개인별 인사고과에 의거한 차등 지급의 적법성 여부

연봉제 도입에 따라 성과인센티브를 개인별 인사고과에 의거하여 차등 지급하는 경우에도 근로기준법 제95조에 의한 감급제재 규정이 적용되는가의 문제이다. 성과인센티브가 처음부터 실적 등에 따라 차등 지급하기로 되어 있는 것이라면 근로기준법 제95조에 의한 감급제재로 볼 수 없을 것이다(2001.9.24, 근기 68207-3273).

6. 징계자에 대한 상여금 지급 제한을 규정할 경우 감급제재규정의 적용 여부

'상여금 지급규정'이 당해 사업장의 전체 근로자에게 적용될 근로조건을 정한 것이라면 그 명칭 여하를 불문하고 취업규칙으로 볼 수 있으며, 징계자에 대하여 상여금을 제한하여 지급토록 정하는 것은 단순히 '상여금 지급조건을 정한 것'이라기보다는 징계를 이유로 근로조건에 차별을 둠으로써 제재하는 것으로 볼 수 있으므로 달리 볼 사정이 없는 한 근로기준법 제95조의 적용을 받는다(2006.3.29, 근로기준팀-1394).

XI. 징계처분에 손해의 구상을 하는 것도 허용되는가

1. 징계처분과 손해배상

근로자가 고의 또는 중대한 과실에 의하여 회사 재산을 훼손한 것과 같은 경우, 징계사유에 해당하는 것뿐만이 아니고, 불법행위에 의한 손해배상 책임을 지게 된다. 징계처분과 민사상의 손해배상책임과는 별개의 문제이고, 징계처분을 받았다하여 민사책임이 면책되는 것은 아니다. 역으로 민사배상이 있다고 하여 사용자의 징계권 행사가 제약을 받는 것도 아니다(민사배상이 행해진 것은 정상의 하나로서 참작되고 있다).

근로자가 사용자에게 손해를 끼친 경우에는 채무불이행(민법 제390조)이나 불법행위(민법 제750조) 또는 근로자가 사무집행에 관하여 제3자에게 손해를 끼친 경우에 사용자는 사용자책임에 따라 그 제3자에게 배상한 경우에는 사용자의 근로자에 대한 구상권의 행사가 인정된다(민법 제756조제3항).

사용자의 근로자에 대한 손해배상 청구나 구상권 행사는 경제력이 궁핍한 근로자에게 가혹한 결과가 되고 사용자는 근로자의 근로수행으로부터 경제적 이익을 얻고 있는 이상 그로부터 발생하는 손해의 리스크를 전부 근로자에게 부담하는 것은 공평하지 않는 것이다. 이에 관한 판례(대법 1996.4.9, 95다5261)는 손해의 공평한 부담이라는 견지에서 신의칙상 상당하다고 인정되는 한도 내에서 손해배상책임을 제한하고 있다.

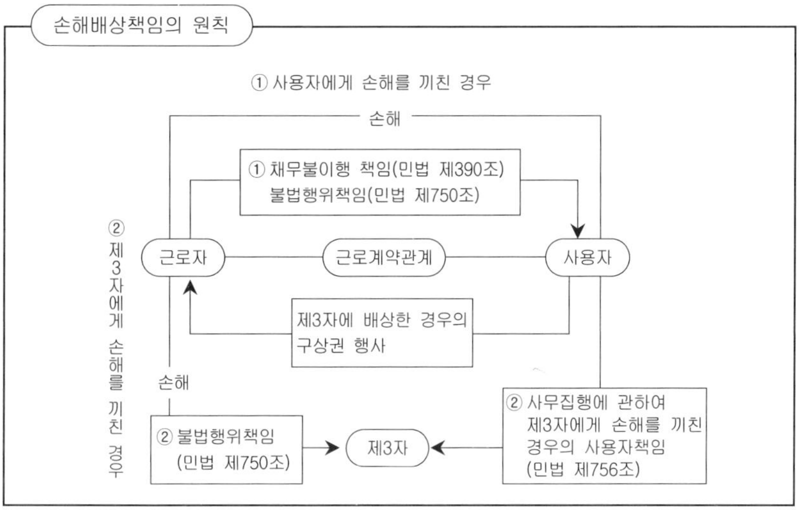

2. 징계처분과 손해의 구상

취업규칙 중에 "고의 또는 과실로 인하여 회사에 손해를 끼쳤을 경우에는 징계로서 손해배상을 면할 수는 없다"라고 규정하고 있는 경우 징계처분과 손해배상은 법적으로는 별개 차원의 문제이므로 이와 같은 규정은 주의적으로 규정한 경우에 한하여 적법하다.

회사는 근로자가 업무 중에 고의 또는 과실로 인하여 제3자에게 손해를 끼쳤을 경우(특히, 교통사고 등의 경우) 민법 제756조제1항에 의하여 사용자가 제3자에게 손해를 배상하여야 하는데, 회사는 당해 손해에 대하여 실제로 가해행위를 행하였던 근로자에 대하여서는 손해의 구상에 관한 취업규칙상의 규정이 없더라도 민법 제756조제3항에 의하여 "사용자 또는 감독자는 피용자에 대하여 구상권을 행사할 수 있다"라고 규정하여 구상권을 인정하고 있다. 이 경우 민법 제756조제3항에 의하여 회사는 제3자에게 손해배상을 한 경우에 그 전액 구상을 인정하고 있다.

구상권의 행사에 관하여 법원은 이를 인정하는 취지의 다음과 같은 판결을 내렸다. 「사용자가 그 사업의 집행에 관하여 행한 피용자의 가해행위로 인하여 직접 손해를 입거나 또는 사용자로서의 손해배상책임을 부담하였음에 의거하여 손해를 입었을 경우에는 사용자는 그 사업의 성격·규모, 시설의 현황, 피용자의 업무내용, 근로조건 및 근무태도, 가해행위의 발생원인과 성격, 가해행위의 예방 또는 손실의 분산에 관한 사용자의 배려의 정도, 그 밖의 모든 사정에 비추어 손해의 공평한 분담이라는 견지에서 신의칙상 상당하다고 인정되는 한도 내에서만 피용자에 대하여 손해배상을 청구하거나 그 구상권을 행사할 수 있다」(대법 1996.4.9, 95다5261).

3. 구상권 행사의 대상이 되는 손해발생 행위

그러므로 민법 제756조제3항은 전액 구상을 가능하게 하고 있는데, 판례에 따라 단순한 과실에 관하여는 전액 구상을 제한하고 있으며 구상의 대상으로서도 경미한 과실에 관해서는 부정되고 있다. 즉 구상권 행사의 대상이 되는 손해발생행위는

① 고의 : 횡령·사기·절도 등

② 중과실 : 교통사범(음주운행) 등

③ 책임이 비교적 무거운 과실 : 단순히 벌금형에 그치는 과실이 아니라 사회적으로 비난되는 실형(집행유예를 포함함)에 처하여진 과실

④ 명백·중요한 사내규칙 위반 : 명백히 금지되어 있는 개인승용차의 업무사용에 의한 가해행위 등

⑤ 배신적인 행위 : 회사 소유차량의 무단사용 중이나 제3자에게 무단 대여 중의 가해행위 등에 관하여서는 구상권의 행사가 인정되는데 반하여 경미한 과실, 단순한 과실로 의무를 위반한 것에 관하여서는 구상권의 행사대상으로 할 수 없다.

4. 구상금액에 대한 구체적 사례

구상금액에 관하여서도 고의나 악의가 있는 행위에 관하여서는 전액 구상을 하는 것은 물론 무방하다. 그러나 과실의 경우에는 회사측의 관리상의 소홀, 교육지도의 불철저, 업무의 성질 그 밖의 모든 사정을 고려하여 회사의 감독 불충분에 관하여 과실상계, 신의칙, 공평의 원칙 등에서 금액을 감소하는 것이 통례로 되어 있는데 판례에 나타난 사례를 보면 다음과 같다.

① 음주운전에 의한 사고에 관하여 7할의 구상

② 전방 부주의에 의한 사고에 관하여 회사의 업무량으로 인한 과도한 영향도 있다고 하여 청구금액의 4분의 3의 구상

③ 차량간 거리 미확보, 전방 부주시에 의한 선행차 추돌사고에 관하여 4분의 1의 구상

④ 건축업의 잡역인부의 통상적 과실사고에 관하여 자동차를 이용하는 빈번한 업종을 고려하려 5분의 1의 구상

⑤ 전방을 주시하지 않은 트럭운전기사의 충돌사고에 대하여 2분의 1의 구상

⑥ 신차를 적재하여 운송하는 차의 운전기사에 대하여, 선행차의 진로 변경에 대응해서 전방을 주시하지 아니한 채 차선변경을 하였기 때문에 정차중인 작업차에 추돌한 사고에 대하여 4분의 1의 구상 등의 케이스에서 볼 수 있는 바와 같다.

구상한도로서는 고의·중과실이 아닌 한 본인의 생활상의 문제도 있으므로, 2할 내지 3할 5분 정도로 한하여야 할 것이다.

XII. 근로자의 사생활에서의 비행과 징계

1. 사생활에서의 비행과 징계권의 행사

사용자의 징계권은 사업활동을 원활하게 수행하는데 필요한 범위 내에서 규율과 질서를 유지하기 위한 것에 그 근거가 있으므로, 근로자의 사생활에서의 비행은 사업활동에 직접 관련이 있거나 기업의 사회적 평가를 훼손할 염려가 있는 것에 한하여 정당한 징계사유가 될 수 있다.

일반적으로 사용자는 직무와 관계가 없는 사생활상의 프라이버시에 간섭하여 그 자유를 침해할 수는 없다. 따라서 사용자의 징계권은 근로자의 기업질서 위반에 대한 제재이므로 업무와 관계없는 근로자의 사생활상의 언동까지 미치는 것은 아니다. 개인의 프라이버시권은 무제한으로 인정되는 기본권이 아니므로, 사업주의 재산권으로부터 파생되는 시설관리권과 영업활동의 자유 등과 같은 기본권과 충돌되는 경우, 양 기본권이 조화롭게 보장되어

야 할 것이므로 적정범위까지는 제한될 수 있는 것이다. 더구나 근로자는 근로계약상의 성실의무를 지고 있으므로 회사의 명예·신용을 훼손하거나 기업질서에 영향을 미치는 비행을 하는 경우에는 징계처분 대상이 된다.

2. 기업의 사회적 평가를 훼손했을 때의 판단기준

징계규정 사유 중에 '회사의 명예, 신용을 훼손했을 때'와 '형벌에 처할 수 있는 범죄를 저질렀을 때'가 있다. 사용자가 근로자에 대하여 징계권을 행사할 수 있는 것은 사업활동을 원활하게 수행하는데 필요한 범위 내에서 규율과 질서를 유지하기 위한 것에 그 근거가 있다. 근로자의 사생활의 비행은 사업활동에 직접 관련이 있거나 기업의 사회적 평가를 훼손할 염려가 있는 것에 한하여 정당한 징계사유가 될 수 있다 할 것이다. 이러한 기준에 따라 회사측 판단으로 당사자를 징계처분(해고처분)할 수 있는지 여부와 그 판단기준이 문제된다.

여기에서 기업의 사회적 평가를 훼손할 염려가 있다고 하기 위해서는 반드시 구체적인 업무저해의 결과나 거래상의 불이익이 발생하여야 하는 것은 아니고, 당해 행위의 성질과 정상, 기업의 목적과 경영방침, 사업의 종류와 규모 및 그 근로자의 기업에 있어서의 지위와 담당 업무 등 제반 사정을 종합적으로 고려하여 근로자의 사생활에서의 비위행위가 기업의 사업활동에 직접 관련이 있거나 기업의 사회적 평가에 미친 악영향이 상당히 중대하다고 객관적으로 평가될 수 있어야 한다(대법 2001.12.14, 2000두3689). 그러므로 근로자가 회사의 유력한 납품업체를 위해 거액의 보증을 섰다는 이유로 해고한 것은 정당하다. 사생활의 비행은 사용자의 지휘·명령에서 해방되는 근로시간 외의 생활공간에서 발생되는 것이므로 노동력의 평가나 근로의 제공과 직접 관련되는 것이 아닌 근로자의 사적 영역에 속한다는 점을 고려하여 사생활상의 비행이 사업활동에 직접 관련이 있거나 기업의 사회적 평가를 훼손하고 직접적이고 중대한 침해를 야기한 경우에만 정당한 해고사유로 인정될 여지가 있다(대법 1994.12.13, 93누23275).

XIII. 음주운전 사고를 야기한 근로자의 징계문제

1. 기업시설 외의 음주운전 사고를 이유로 한 징계해고에 대한 법적 평가

오늘 날 음주운전 사고에 대한 사회적 평가는 대단히 엄격하다. 그러나 회사가 징계해고를 포함한 징계대상으로 할 수 있는 것은 기업질서를 문란하게 하는 행위라고 직접 평가되는 기업시설 내 또는 근무시간 내에 있어서의 종업원의 행위이다. 기업시설 외에 근로시간 외의 음주운전으로 인한 사고에 있어서는 사적생활의 범위이므로 원칙적으로 징계의 대상은 아니다.

기업시설 외의 근무시간 외에 행해지는 범죄행위(업무상 과실치사상, 도로교통법 위반)는 기본적으로는 국가와 국민과의 관계로서 형사처벌을 받는데 불과하다. 회사와 근로자와 관계에 있어서 당연히 기업질서를 문란하게 하는 것은 아니므로 징계처분의 대상은 아니라는 것이 원칙이다. 그러나 당해 행위가 사업활동에 직접 관련되는 경우나 회사의 사회적 명예·신용을 침해하는 경우에는 기업질서를 문란하게 하는 것으로 예외적으로 징계처분의 대상이 된다. 그러므로 근로자가 자유로운 시간에 음주운전으로 사고를 야기하는 경우 반드시 이것을 기업질서를 문란하게 하는 행위는 아니므로 이것이 징계에 해당하는 경우에는 대법원판례를 신중히 검토할 필요가 있다. 여기에서 기업의 사회적 평가를 훼손할 염려가 있다고 하기 위해서는 반드시 구체적인 업무저해의 결과나 거래상의 불이익이 발생하여야 하는 것은 아니고, 당해 행위의 성질과 정상, 기업의 목적과 경영방침, 사업의 종류와 규모 및 그 근로자의 기업에 있어서의 지위와 담당 업무 등 모든 사정을 종합적으로 고려하여 근로자의 사생활에서의 비위행위가 기업의 사업활동에 직접 관련이 있거나 기업의 사회적 평가에 미친 악영향이 상당히 중대하다고 객관적으로 평가될 수 있어야 한다(대법 2001.12.14, 2000두3689). 또한 판례(대법 2007.11.15, 2005두4120)는 「음주·무면허 운전의 도로교통법 위반죄로 징역형의 집행유예 판결을 선고받아 그 판결이 확정되었다는 사유만으로 사회통념상 고용관계를 계속할 수 없을 정도로 근로자에게 책임 있는 사유가 발생한 경우에 해당한다고 보기 어려워 이 사건 면직처분에는 정당한 이유가 없다고 판단한 것은 정당하다」고 한다. 회사는 임용결격사유인 집행유예의 선고를 원칙적인 면직사유로 정하면서도 교통사고로 인한 경우에는 예외로 삼도록 한 취지는 오늘날 자가 운전이 일반화되고 과실로 교통사고를 유발하여 집행유예를 받은 경우에는 사회적 비난가능성이 그다지 크지 않으며 일반적으로 보험처리 등으로 사고수습이 가능하다는데 있는 것으로 보인다. 따라서 근로자처럼 고의로 반복하여 음주·무면허 운전을 하였다는 이유로 집행유예를 선고받은 경우에는 면직사유에 해당하는 것으로 보아야 할 것인바, 이는 대형 참사를 초래할 수도 있는 음주·무면허 운전을 강력히 처벌해야 할 필요성에 대한 우리 사회의 공감대에 비추어 음주·무면허 운전에 대한 사회적 비난가능성이 결코 과실로 인한 교통사고에 비하여 가볍다고 볼 수 없기 때문이다. 원심이 이 사건 집행유예 선고가 면직사유에 해당하지 않는다고 볼 여지가 있는 것처럼 판시한 부분은 적절하지 아니하나, 이를 제외한 나머지 판시 사유들만으로도 충분히 원심판결의 결과를 수긍할 수 있는 바, 위와 같은 잘못은 판결 결과에 영향을 미친 경우에 해당하지 않는다.

그러므로 이러한 종류의 판례를 검토하고 다음과 같은 고려요소가 징계처분의 유효성의 판단에 미칠 수 있다고 생각한다.

① 음주량 및 운전시의 알코올 농도
② 사건이 텔레비전·신문 보도로 문제가 되었던 사정
③ 당해 음주운전에 따라 인신사고 등 중대한 결과를 발생시켰는가
④ 당해 회사가 버스·택시 등의 여객운송사업을 영위하였는가
⑤ 여객운송사업을 영위한 회사인 경우 당해 비위행위자가 운전업무에 종사하였는가 여부

이러한 고려요소 중 중요한 포인트는 ④와 ⑤라고 생각한다. ④와 ⑤와 같이 여객운송사업을 영위하는 회사에서 행위자가 운전업무에 종사한다면 회사의 사회적 평가의 저하·훼손을 초래하는 것이 너무도 큰 것이다. 여객운송사업을 영위하는 회사라고 하면 안전운전상의 비판을 강하게 받을 것으로

예상된다. 이와 같이 기업 외 비행으로서 음주운전 사고의 경우 택시나 버스 회사의 운전기사라면 음주운전 자체가 당해 기업의 사회적 신용을 현저히 훼손한 예외적인 사안에 한하여 징계해고를 포함한 징계처분의 유효성을 인정할 수 있을 것이다. 그러나 제조업인 회사 공장에서 근무하는 일반 근로자가 음주운전 사고를 야기하더라도 반드시 징계할 수 있는 것은 아니다. 이러한 사고를 야기할 수 있는 것은 사회통념상 충분히 가능성이 있으므로 사장의 명예감정에 좌우되는 것은 아니고 음주운전에 따른 사고로서 회사의 사회적 신용이 훼손되었는지에 달려있다.

2. 기업 외의 음주운전 사고에 대한 실무상의 대응

이론적으로는 징계대상이 아닌 기업 외의 비행에 대하여 징계해고와 권고퇴직 이외의 근로계약의 존속을 전제로 한 정직이하의 징계는 사실상 실시되고 있다. 실무상으로는 여기에도 노무관리방법이 있다고 생각된다. 정직이하의 징계처분을 과하는 경우, 징계의 정도는 다음과 같은 요소를 고려할 수 있다.

① 음주량
② 당해 사고의 보도의 유무(이것이 회사에 끼친 영향)
③ 사고의 형태 · 정도
④ 당해 비위행위자의 연령
⑤ 지금까지의 근무태도 · 근무성적 · 장래의 기대 정도
⑥ 상사 · 동료로부터의 평판
⑦ 반성의 자세

특히 사망사고를 야기하는 등 체포 · 구류를 당함에 따라 노무제공이 장기간 불가능한 경우에는 노무제공에 있어서 근로자의 귀책사유에 의한 채무불이행이 발생하므로 징계처분 문제와는 별도로 그 채무불이행을 이유로 하는 보통해고를 논의하는 경우가 있다

XIV. 전자메일의 감시 · 점검과 징계처분

1. 전자메일의 감시 · 점검

근로자가 업무용 기기인 컴퓨터를 사용하고 사용자의 서버를 통하여 전자메일을 발신 · 수신하는 경우에 있어서 사용자가 이러한 메일을 어느 정도 감시 · 점검할 수 있는가가 근로자의 프라이버시와의 관계에서 문제되고 있다.

먼저 사용자는 개인의 사적 사용을 위한 통신을 회사 사용규정에 의하여 금지할 수 있다. 이러한 금지규정이 없는 경우에는 근로자는 기업의 업무용 기기를 사적인 목적을 위해 사용할 수 없으며 특히 근로시간 중에는 직무전념의무와의 관계에서 더욱 사용할 수 없다. 다만 이러한 원칙이 있음에도 불구하고 근무에 부수해서 경미한 사적 사용은 직장생활에 필연적으로 따르는 것으로서 사회통념상 허용된다고 할 것이다.

2. 전자메일의 감시 · 점검과 근로자의 프라이버시

보다 곤란한 문제는 사용자는 사적 사용의 유무 · 정도에 있어서 평상시 감시 한다던가 문제가 발생한 경우에는 점검할 수 있는 것인가의 문제이다. 회사 사용규정에 의하여 감시 또는 점검에 관하여 그 권한을 명확히 한다면 근로자는 프라이버시가 아닌 통신수단으로 평소 사용할 수 있는 것이므로 사용자는 감시 또는 점검이 가능한 것이다. 회사 사용규정에 그 권한이 규정되어 있지 않은 경우에는 사용자는 기업질서 위반의 유무의 조사에 필요한 경우 등 사업경영상의 합리적인 필요성이 있고, 그 수단 · 방법이 상당하다고 인정되는 한 허용된다. 전자 메일의 열람 · 감시자에 있어서는 사적이용의 정도, 감시의 목적 · 수단 · 태양 등을 종합고려하여 전자메일의 감시가 사회통념상 상당한 범위를 일탈하지 않는다면 프라이버시의 침해라고 볼 수 없다.

메일이나 인터넷의 사적 사용과 메일의 감시 등의 판단기준

구 분	사내통신기기사용규정을 설정하여 그 중 사적 사용 금지규정이 있고 감시 등의 요건과 권한을 정한 경우	사내통신기기사용 규정이 없는 경우
메일 등의 사적 사용	허용되지 아니한다.	원칙적으로 허용되지 아니하나 예외적으로 경미한 사적 사용은 허용된다.
메일의 감시 · 점검의 가부	가능하다.	업무상의 필요성·합리성과 태양의 상당성(감시·점검을 받는 측의 불이익과의 비교 형량)이 있다면 가능

3. 최근 판례의 태도

판례(서울동부지법 2007.7.5, 2007노318)는 근로자의 컴퓨터는 업무용으로서 대표이사가 식무감독의 일환으로 컴퓨터에 저장된 내용을 확인하는 것은 정당한 권한범위 내의 행위로 인정된다고 명시적으로 밝히면서, 업무상 배임혐의가 강하게 의심되는 직원의 컴퓨터 비밀장치를 풀고 그 안에 저장된 정보를 검색하여 내용을 알아낸 행위는 정당행위에 해당하여 위법성이 조각된다고 판시한 바 있다. 또한 "버스 내 CCTV 발견을 이유로 한 임의노선 이탈 및 상당시간 운행중지는 정당한 징계사유에 해당한다(서울행법 2004.12.7, 2004구합19439)"고 판시한 바 있어, 사용자의 정당한 지휘·명령권 및 시설관리권을 존중한 사례로 볼 수 있다. 판례(서울행법 2006.4.4, 2005구합37328)는 성적희롱·음란전화·비방중심의 메일이 있어서 그 진위나 태양을 조사하기 위해 근로자가 발수신한 메일을 기업이 점검하는 행위는 이러한 관점에서 적법하다는 것이다.

4. 회사의 근로자에 대한 근무관련 정보의 관리 한계

근로자의 자기정보 관리·통제권은 일반 국민이 공공기관에 대해 갖는 자기정보관리·통제권보다 제한적인 것이다. 사용자가 인사노무관리를 행함에 있어, 근로자는 이에 협조할 근로계약상의 의무를 부담하고 있으므로 회사(한국철도공사)가 ERP(Enterprise Resource Planning)시스템을 통해 근무관련 정보를 집적·관리해 온 것은 정당한 경영권의 행사로서 행복추구권, 사생활의 비밀과 자유를 침해받지 않을 권리, 자기정보관리·통제권 등을 침해하였다고 보기 어렵다고 판단하고 있다(대전지법 2007.6.15, 2007카합527).

XV. 회사의 명예·신용에 대한 직접적인 훼손과 간접적인 훼손의 취급 방법

1. 명예·신용훼손 행사와 징계권 행사 대상

원래 징계권은 기업의 질서를 유지하고 생산성 향상을 꾀하기 위해 규율위반을 한 근로자에게 불이익을 줄 목적으로 인정되고 있다. 따라서 근로자의 사생활의 행위는 원칙적으로 징계대상으로 할 수 없다고 해석되지만 모두 이 원칙론에 해당하는 것은 아니다.

'회사의 명예 내지 신용'도 사회적으로 보장되어야 할 대상이라는 점은 말할 것도 없다. 특히, 회사의 근로자란 지위는 회사와 밀접한 관계에 있으므로 회사의 명예 및 신용을 보호하고 함부로 이를 훼손해서는 안 될 의무를 지는 일은 당연하다.

기업질서의 유지 확보는 일반적으로 근로자의 직장 내 또는 직무수행에 관계가 있는 행위를 대상으로 이를 규제함으로써 달성할 수 있지만, 반드시 항상 위의 행위만을 대상으로 하는 것만으로 충분하다고는 말할 수 없다. 즉 근로자의 직장 외에서 이루어진 직무수행에 관계가 없는 행위라도 기업질서에 직접 관련이 있는 것도 있는데 이것이 규제대상이 될 수 있는 것은 자명하며, 또 기업은 사회활동을 하는 것이기 때문에 그 사회적 평가 저하·훼손은 기업의 원활한 운영에 지장을 줄 소지가 있으며, 그 평가의 저하·훼손으로 이어질 소지가 있다고 객관적으로 인정되는 행위에 대해 직장 외에서 이루어진 직무수행에 관계가 없는 것이라도 또한 폭넓게 기업질서의 유지 확보를 위해 이를 규제대상으로 하는 것이 허용되는 경우도 있을 수 있다.

그러나 '회사의 명예·신용을 훼손한 경우'에는 직접적이고 적극적인 훼손행위 외에 간접적인 훼손행위가 포함된다고 생각할 수 있다. 예컨대 회사나 회사 간부의 단순한 소문을 사실처럼 부풀려 왜곡선전하는 직접적인 훼손행위와 근로자가 사생활로 인해 범죄, 기타 도덕적·사회적으로 보아 불명예스러운 행위를 하여 간접적으로 회사의 명예·신용·체면 등을 더럽힌 경우가 있다. '형벌에 처할 수 있는 범죄를 저질렀을 때'라는 징계사유도 결국은 이 간접적인 훼손행위라 생각할 수 있기 때문이다.

2. 직접적인 훼손과 징계권 행사 대상

이상 두 가지 유형 중 첫째 유형의 직접적인 훼손행위는 노사 신뢰관계를 파괴하는 것이므로 가령 회사 밖의 사생활에 관한 것이라도 그 행위가 이루어진 배경 내지 행위정도 등을 감안해 경미한 것은 제외하고 원칙적으로 징계대상으로 할 수 있다고 해석해야 한다.

해고사유로 된 품위손상행위 및 의무위반행위 가운데에는, 근로자가 동료직원들의 대화내용을 비밀리에 녹음하여 이를 토대로 그들이 다른 직원을 비방하였다는 내용의 진술서를 작성하여 다른 직원에게 교부함으로써, 그 진술서가 동료직원들에 대한 형사고소사건의 자료로 제출되도록 한 일련의 행위가 포함되어 있다고 보여지고, 사실관계가 원심이 확정한 바와 같다면 근로자의 위와 같은 행위는 사생활의 비밀과 자유를 침해하고 직원 상호간에 불신을 야기하여 직장내의 화합을 해하는 것으로서 비정규직원계약 및 근무 등에 관한 규정의 근무기강 확립과 품위유지의무에 위반되는 것이다(대법 1995.10.13, 95다184).

취업시간 외에 직장 외에서 전단배포에 대해 「근로자가 취업시산 외에 직장 외에서 한 전단지 배포행위라도 전단지의 내용이 기업의 경영정책이나 업무 등에 관해 사실에 반하는 기재를 하거나 또는 사실을 과장·왜곡해 기재한 것으로 그 배포로 인해 기업의 원활한 운영에 지장을 가져올 소지가 있는 경우 사용자는 기업질서의 유지보호를 위해 위 전단지 배포행위를 이유로 근로자에게 징계를 하는 것이 허용된다고 해석하는 것이 당연하다」라고 판시한 것이 있다.

예컨대, 「근로자에 대한 징계사유인 부동산투기행위가 근로자의 사생활에서의 비행에 불과하다고 볼 여지가 없지 아니하다 하더라도 택지의 개발과 공급, 주택의 건설·개량·공급 및 관리 등을 통하여 시민의 주거생활의 안정과 복지향상에 이바지함을 목적으로 지방공기업법 제49조에 의하여 서울특별시가 전액출자 하여 설립한 도시개발공사의 설립목적, 그 업무의 종류와 태양, 부동산 보상관련 업무를 담당하는 근로자의 업무내용 등의 여러 사정을 종합적으로 고려하면, 근로자의 위 비행행위는 객관적으로 그 공사의 사회적 평가에 심히 중대한 악영향을 미치는 것으로 평가될 수 있는 경우라고 할 것이므로, 이는 그 공사의 인사규정 제43조제5호 소정의 "공익을 저해하는 중대한 행위를 하였을 때"에 해당한다고 본 것은 정당하다 할 것이다」(대법 1994.12.13, 93누23275)라고 하였다.

3. 간접적인 훼손행위의 판단

명예, 신용훼손의 둘째 유형은 첫째 유형과는 달리 큰 문제가 된다. 회사업무에 관계가 없는 사생활상의 일로, 도덕상 책임져야 할 행위가 있다 해도 곧 회사의 명예·신용을 훼손한 것이라고는 말할 수 없는 징계권의 한계로서 문제가 된다. 그러나 회사의 업무내용에 따라서는 간접적인 훼손행위라고 볼 수 있다.

예를 들면, 택시회사에서 후배 운전사에게 술을 권해 음주운전, 교통사고를 유발시킨 택시운전사에게 취업규칙에 '술에 취해 자동차를 운전했을 때'를 적용해 「원심이 적법하게 확정한 사실관계 하에서 근로자의 행위는 회사의 기업질서에 영향을 미치고 그 사회적인 평가를 저하·훼손할 소지가 있다고 객관적으로 인정되기 때문에 이를 징계해고 사유로 한다는 점에 특별히 불합리한 점은 없다. 또 위 행위는 회사의 취업규칙 제48조제10호 소정의 징계사유에 직접 해당하는 것은 아니지만, 동호 소정의 사유와 위반유형 및 정도에서 동등한 행위라 인정할 수 있기 때문에 동호를 적용하여 징계사유에 해당하는 것으로 징계해고를 하는 것도 당연하다. 이와 같은 취지의 원심 판단은 정당하고 원판결에 위법은 없다」라고 하여 징계해고를 인정하고 있다.

사생활상의 범죄행위에 대해 「근로자라 하더라도 그 전인격, 전생활영역에 걸쳐 사용자의 평가통제에 복종하는 것이 아니라 근로자의 직장 외 즉 사생활 영역에서 행해진 범죄행위가 죄질 정상에 비추어 보아(사용자의 기업유지 입장에서 보아) 다른 근로자에게 악영향을 주거나 나아가서는 기업 내에서 질서 내지 노무관리를 혼란케 할 소지가 있으며, 또한 대외적으로 기업의 신용을 훼손할 소지가 있다고 해서 기업으로부터 제재를 받아 추방당할 수 없다」는 입장을 밝히고, 근로자가 술에 취해 파출소 유리문을 파괴해 징계해고 된 사안에 대해 취업규칙 '형벌에 처할 수 있는 범죄를 저질렀을 때'의 해석 적용을 잘못한 무효인 제재라고 판단한 것이 있다.

간접적인 명예·신용훼손인 경우 앞의 판례에서 본바와 같이 신중히 판단할 필요가 있다.

XVI. 개인파산 선고를 받은 자를 직권면직 또는 해고할 수 있는가

1. 개인파산제도

개인파산제도는 변제능력을 완전히 상실한 개인의 경제적·사회적 재건을 도모하기 위한 제도이다. 그러나 외국의 입법례와는 달리, 우리의 법률적 관행들은 개인파산제도의 이러한 제도적 특성을 수렴하기보다는 거꾸로 파산선고 등을 불성실의 징표 또는 사회적 신뢰의 상실로까지 이해하여 차별하고 불이익을 주고 있는 것이 현실이다. 즉, 우리의 법령은 위임인과의 신뢰관계가 중요한 경우는 물론이고 위임인과의 신뢰관계가 중요하지 않은 경우조차도 파산선고를 자격상실이나 당연 퇴직 등의 사유로 삼고 있다. 더구나 자격상실은 곧 해직 등으로 이어져 향후 면책결정을 통해 복권되더라도 지위를 회복할 수는 있겠으나 한 번 잃은 직장을 되찾기 어려운 것이 현실이다. 그러므로 '위임인과의 신뢰관계가 중요하다고 인정할 수 있는 경우(예: 변호사나 법무사 또는 특정한 법인이나 특정 위원회 등의 임원·위원·이사 또는 금융관련 업무 종사자 등)'가 아닌 파산선고자 등에 대해서까지 가혹하게 불이익 등을 주고 있는 문제를 해소하여 개인파산제도를 활성화 할 필요가 있다. 공인노무사법은 개업노무사가 둘 수 있는 직무보조원의 자격을 대통령령으로 정함에 있어 '파산선고를 받고 복권되지 아니한 자라는 이유로' 그 자격을 제한할 수 없도록 규정하고 있다(동법 제11조제3항 단서).

최근 다액 카드연체·은행융자 등의 채무(이른바 다중채무)를 안고 지급불능에 놓여 있는 근로자가 개인파산을 신청하는 사례가 많이 있다. 개인파산 신청 건수는 2005년 38,773건, 2006년 123,691건, 2007년 154,039건, 2008년 118,643건에 이르고 있다. 근로자가 개인파산을 신청한 경우 법원은 신청은 적법한가, 파산선고를 방해하는 사유는 있는가, 파산원인이 있는가를 심사한다.

2. 파산원인에 대한 판단기준

근로자의 개인파산의 경우에 파산원인은 「지급을 할 수 없는 때」이다(채무자회생및파산에관한법률 제305조 이하 동법이라 칭함). 지급불능은 채무자가 지급수단의 계속적 결핍(부족)으로 금전조달을 하지 못하고, 더구나 즉시 이행해야 할 금전채무를 일반적으로 이행하지 아니한 객관적 상태에 있고, 채무자의 재산이 없으며, 직업, 연령, 성별, 수입(급료), 노력, 신용, 가족관계 등을 고려하여 이를 위해 파산신청 후 법원의 지정일에 출석하여 심문을 받기 위해 법관과의 비공개 면접이 있다. 근로자에게 재산이 없고 다중채무가 많이 있으나 이를 지급하지 못한 경우에는 개인파산이 인정된다. 개인파산을 신청하기 위해서는 파산원인으로서의 지급불능 즉, 변제능력이 부족하여 변제기가 도래한 채무를 일반적·계속적으로 변제할 수 없는 객관적인 상태가 인정돼야 하며(대법 1999.8.16, 자99마2084). 단순히 채무가 보유 재산액을 초과한 것만으로는 지급불능이라고 볼 수 없다. 또한 지급불능은 신용, 노동력, 재산으로 평가되며, 구체적으로 채무자의 재산, 학력, 현재 수입, 채무의 액수, 연령, 장애 유무, 부양가족 수 등에 따라 지급불능 여부가 결정될 수 있다. 구체적으로 ① 채무를 변제할 재산이 있다고 인정되거나 현재 생계비 이상의 수입이 있는 경우, ② 고등교육을 받아 장차 일정한 생계비 이상의 소득이 있을 것으로 예상되는 경우, ③ 채무 총액이 소액으로서 특별한 사정이 없는 한 이를 변제할 수 있는 것으로 인정되는 등의 경우는 지급불능으로 평가되기 어렵다. 그러나 채무자가 다른 재산이 없는 상태에서 ① 고령으로 계속적인 소득활동을 할 수 없다고 인정되는 경우, ② 장애가 있어 일반적인 사람들과 같은 소득을 얻을 수 없다고 인정되는 경우, ③ 일정한 수입이 있는 경우라도 부양가족 수에 따른 생계비를 고려할 때 변제능력이 없다고 평가될 경우는 파산원인으로서 지급불능을 인정받을 수 있다.

3. 법률에 의하여 퇴직 또는 등록·면허 취소사유에 해당하는 경우

파산선고와 관련하여 공무원, 변호사, 공증인, 공인회계사, 공인노무사, 세무사, 변리사, 의사, 한의사, 간호사, 약사, 건축사, 국공립·사립학교 교수, 전임강사 및 교사, 증권거래소 임원, 상장법인의 상근감사, 부동산중개업자 등의 경우, 각 개별법에서 '파산선고를 받고 복권되지 아니한 자'를 당연퇴직 사유 또는 면허·등록의 임의적 또는 필요적 취소사유로 규정하고 있고(국가공무원법 제33조제1항제2호, 제69조 등), 법원은 파산선고가 그 면허·등록의 임의적 또는 필요적 취소사유로 되어 있는 자격을 가지고 있는 채무자에 대해 면책신청이 각하·기각되거나 면책불허가 또는 면책취소결정이 확정된 때 면허·등록의 주무관청에 이를 통지하고 있다

결국 위와 같이 법률에 퇴직 또는 등록·면허 취소 사유에 해당하는 경우 법률의 규정에 따라 근로관계가 종료되거나 면허 등이 박탈될 수 있다.

4. 개인파산 선고와 불이익처분

거래계약의 경우에는 파산·민사재생·회사갱생 등을 계약의 해지사유로 할 수 있다. 그러나 근로계약 내지 고용계약을 단순한 재화의 거래와는 달리 근로자는 노동력을 제공하고 사용자는 이에 대하여 임금을 지급한다는 점에서 달리보아야 할 것이다. 사용사가 파산선고를 받은 경우에는 고용기긴의 약정이 있는 때에도 노무자 또는 파산관재인은 고용계약을 해지할 수 있으나(민법 제663조제1항), 근로자가 개인파산을 한 경우에는 민법상 아무런 규정을 두고 있지 아니하다. 근로기준법 제23조제1항에 의하면 '사용자는 근로자에게 정당한 이유없이 해고, 휴직, 정직, 전직, 감봉 그 밖의 징벌(이하 "부당해고 등"이라 한다)을 하지 못한다'라고 규정하고 있고, 더욱이 「채무자회생및파산에관한법률」 제32조의2는 '누구든지 이 법에 따른 회생절차·파산절차 또는 개인회생절차 중에 있다는 이유로 정당한 사유 없이 취업의 제한 또는 해고 등 불이익한 처우를 받지 아니한다'라고 규정하고 있다.

그러므로 개인파산 선고를 받은 자에 대하여 불이익한 처우를 하기 위해서는 '정당한 사유'가 있어야 할 것이다.

특별히 신용을 중시하는 업무에 특약(한정사원)하여 종사하는 사원이나 사용자인 임원, 회사의 간부로서 특히 신뢰관계가 고도로 요구되는 자 등에 있어서는 고용계약(취임시의 서약서) 등에서 「개인파산의 경우에는 당연퇴직한다」고 미리 합의한 경우에는 유효하며, 파산선고가 있을 때에는 퇴직처리 할 수 있을 것이다.

그러나 일반사원의 경우에는 특약이 있더라도 그 합리성에는 문제가 있으므로 개인파산선고 되었다는 사실 그 자체만을 이유로 하여 해고할 수는 없고, 근로기준법 제23조제1항에 규정된 정당한 이유가 있는 경우에만 해고처분은 정당할 것이다. 즉 사회통념상 당해 근로자와의 고용관계를 계속할 수 없을 정도에 이르렀는지 여부에 따라 판단하여야 할 것이다.

5. 판례의 태도

(1) 일반 근로자의 경우

판례(서울중앙지법 2006.7.14, 2006가합17954)도 같은 견해를 취하고 있는바, 「개인의 경제적 사정으로 인하여 원고가 파산을 선고받았다는 사유만으로는 사회통념상 고용관계를 계속할 수 없을 정도로 근로자인 원고에게 책임 있는 사유가 발생한 경우에 해당한다고 보기는 어렵다. 따라서 피고가 원고에 대하여 행한 이 사건 당연퇴직처분은 근로기준법상의 정당한 이유가 없으므로 무효이다」라고 한다. 판례의 내용은 '① 인사규정에 근거한 당연퇴직 사유는 근로자의 의사와 관계없이 사용자 측에서 일방적으로 근로관계를 종료시키는 것으로서 성질상 이는 해고에 해당하며 「근로기준법」 제23조 소정의 정당한 이유가 있어야 하고 ② 당연퇴직규정은 「채무자회생및파산에관한법률」 제32조의2 규정의 취지에도 명시적으로 반하여 직원의 근로의 권리, 직업행사의 자유를 과도하게 침해하는 것으로 결국 그 사회통념상 상당성을 인정하기 어렵다'라고 한다. 판례는 사회통념상 당해 근로자와의 고용관계를 계속할 수 없을 정도에 이르렀는지 여부에 따라 해고의 정당성을 판단하고 있다.

(2) 사립학교 교원의 경우

사립학교 교원이 파산선고를 받으면 당연퇴직 되도록 정하고 있는 사립학교법 제57조 중 국가공무원법 제33조제2호 부분(파산산고를 받고 복권되지 아니한 자)이 과잉금지원칙을 위반하여 청구인의 직업선택의 자유를 침해하는지 여부이다. 헌법재판소결정(헌재 2008.11.27, 2005헌가리)은 직업선택의 자유를 침해하는 것은 아니란 것이다. 「파산선고를 받은 사립학교 교원에 대하여 당연퇴직이라는 신분상 불이익을 가하는 이 사건 법률조항은 교원의 사회적 책임 및 교직에 대한 국민의 신뢰를 제고하고, 교원으로서의 성실하고 공정한 직무수행을 담보하기 위한 법적 조치로서 그 입법목적의 정당성이 인정되고, 파산선고를 받은 교원을 교직에서 배제하도록 한 것은 위와 같은 입법목적을 달성하기 위한 효과적이고 적절한 수단이 될 수 있다. 파산선고를 받은 사립학교 교원이 교직을 계속 수행할 경우 공평무사하게 학생들을 교육하는 본업에 전념할 수 있을지에 관하여는 회의적일 뿐만 아니라 피교육자나 그 학부모 등 사회공동체의 구성원들이 당해 교원의 신뢰성에 근본적인 의문을 가지게 될 개연성이 대단히 높다는 점, 입법목적을 효과적으로 달성할 수 있으면서도 제약이 덜한 대체적인 입법수단의 존재가 명백하지 아니한 점, 파산선고에 따른 자격제한을 없앨 경우 파산신청의 남용이 우려되는 점, 파산선고를 받은 교원의 지위가 박탈된다고 하여도 그것이 교원의 사회적 책임과 교직에 대한 국민의 신뢰를 제고한다는 공익에 비해 더 비중이 크다고는 볼 수 없다는 점에서 이 사건 법률조항이 과잉금지원칙에 위반하여 청구인의 직업선택의 자유를 침해한다고 볼 수 없다」고 한다.

6. 개인파산 선고와 해고

따라서 개인파산이 선고되면 근로자가 업무를 수행함에 있어 중대한 지장이 발생한다는지, 회사의 명예·신용의 훼손이 현저한 경우라든지, 그 밖의 기업질서 내지 취업상의 신용을 계속 유지함에 있어 현저히 곤란한 사태가 발생한다는 등의 사유를 이유로 한 해고는 정당성이 인정될 것이지만 봉상 개인파산을 이유로만 해서는 정당한 해고이유가 될 수 없을 것이다.

예컨대 보증인이 직장 동료인 경우에 개인파산이 선고되어 동료에게 금전적으로 상당한 손해(채무자회생및파산에관한법률 제567조에 의하면 본인은 면책되지만 보증인은 면책되지 않으므로, 보증인이 동료에 대하여 채무를 덮어씌우는 결과를 초래)를 야기함에 따라 인간관계의 악화 등 기업질서를 문란하게 하는 경우라거나, 금융·회계·경리담당직원과 같이 금전을 취급하는 업무이어서 금전상의 신뢰가 요구되는 경우 또는 금융 사고를 야기할 수 있는 업무를 수행하는 경우, 특히 본인·동료·근접자 등의 생명·신체에 위험이 미칠 가능성이 높은 업무, 간부사원 등으로서 충실의무가 고도로 요청되는 경우에 있어서는 업무 부적격자로서 해고가 정당하다고 인정되는 경우도 있다. 다만 이러한 경우에도 해고는 가능한 한 피하여야 할 것이고, 설득·대화를 통하여 자기 사정에 의한 퇴직이 되도록 하거나, 대기발령이나 배치전환 등이 선행되도록 하여야 할 것이다.

XVII. 근로자의 내부고발을 이유로 징계할 수 있는가

1. 직장의 내부사실의 외부공표

일반적으로 내부고발이란 일정한 조직에 소속된 근로자 또는 소속원이 직장의 특정한 위법·비리행위를 인지하고 그러한 위법행위가 공익에 반해 발생시킬 수 있는 위해를 방지하기 위하여 당해 위법사실을 조직내 상급자 내지 외부공공기관 등에 알리는 행위를 말한다.

근로자는 사용자의 이익을 배려해야 할 근로계약상의 성실의무 및 비밀유지의무를 지고 있으므로 근로자가 직장의 내부사실을 외부에 공표하여 사용자의 비밀, 명예, 신용 등을 훼손하는 것은 징계사유가 될 수 있는지 문제가 된다. 구체적인 경우에 있어서 내부고발이 정당한 징계원인이 되는지 여부는 공표된 내용과 그 진위, 그 행위에 이르게 된 경위와 목적, 공표방법 등에 비추어 판단해야 할 것이다(대법 1999.9.3, 97누2528·2535). 기업의 신용이나 명예 등과 관련하여 비밀을 제3자나 공공기관에 공표하여야 할 정당한 이익이 있고, 그 이익이 기업이 침해받을 이익과 비교하여 더 클 경우에는 근로자의 비밀유지의무는 성립되지 않는다. 예컨대 근로자가 산업안전보건법 위반 및 근로기준법 위반에 대해서 노동부장관 또는 근로감독관에게 신고하는 것은 비밀유지의무에 위반되지 않는다(산업안전보건법 제52조 및 근로기준법 제107조). 마찬가지로 기업의 환경훼손이나 소비자의 건강 또는 이익을 침해하는 명백한 위법행위에 대해서는 근로자의 비밀유지의무가 성립되지 않는다고 해석하는 데에 특별한 이견이 없는 것으로 보인다. 그러나 '어떠한 내용'을 '어떠한 절차'를 거쳐서 '어떠한 방법'으로 내부정보를 공표하느냐에 대해서는 기업의 신용과 경영상의 비밀을 고려하는 법적 논의를 필요로 한다.

고도의 공공성을 갖는 법인인 경우에는 그 업무수행에 있어서 무엇보다도 우선적으로 관련 법령 및 제규정을 준수할 것이 요구되고, 공단의 업무수행상의 위법행위는 널리 공단의 내·외부로부터 감시·견제되어야 할 필요가 있으므로 공단의 직원에 의한 공단업무에 관련한 사실의 공표행위는 일반 사기업의 경우와 동일하게 평가되어서는 아니되지만, 공단의 업무수행상의 적법성이 강조되는 것은 공단의 목적사업인 건강보험업무 자체의 공익성 때문인 것이고 공단은 사업의 원활한 수행을 위하여 스스로 규율과 질서를 유지하여야 할 필요가 있으므로 그 내용이 건강보험업무의 공익성에는 영향을 미치지 아니하는 경미한 사항으로서 주로 사익적인 목적이나 동기에서 행하여진 공표행위까지 허용된다고 볼 것은 아니다(대법 1999.9.3, 97누2528·2535). 그러나 회사정리 절차에 들어간 회사의 업무는 일반 사기업의 경우와 비교하여 더욱 투명하고 적법하게 수행되어야 하고, 내부 직원들로부터도 감시·견제되어야 할 필요가 더 크다 할 것이므로 외부기관에 비밀을 유출하였다는 이유로 해고한 것은 부당하다(대법 2005.7.29, 2005두4366).

2. 내부고발 보호의 필요성

최근 한국사회에서 정당·관청·기업 기타 사회단체 등 조직에 있어서의 법령 위반 등의 불상사가 계속 발생되어 사회문제화 되고 사직당국에 의한 책임추궁이 행해지고 있다. 기업사회에 있어서도 공공공사의 담합, 총회꾼에 대한 이익제공, 증권거래의 손실보전, 식품의 허위표시, 리콜은폐 등으로 나타나다가 여러 가지 조직적 부정·위법행위에 대한 법적책임의 추궁과 사회적 규탄이 행해져 경영자의 사임, 기업이미지의 훼손, 소비자의 상품불매 등이 확산되고 있다. 여기에 법령 준수 등 준법경영이 기업경영의 중요과제가 되고 기업윤리 확립을 위하여 여러 가지 활동이 전개되고 있다. 경제계에 지금까지의 기업의 부정행위는 많은 경우 근로자나 기타 기업관계자의 내부고발 행위에 의하여 밝혀지기 때문에 위법행위를 바로잡기 위한 내부고발의 적극적 가치와 정당성이 점차 사회적으로 인식되고 있다.

여기에 소비자보호 분야를 중심으로 근로자의 내부고발행위를 보호하기 위한 입법제정의 움직임이 높아지고 있으나 아직 법제정은 없었지만 공직에 대하여는 2001년에 부패방지법이 제정되었으나 2008년에 「부패방지및국민권익위원회의설치와운영에관한법률」(2008.2.29, 법률 제887호)로 통합되었고 2008년 및 2009년도에 대폭 개정되었다.

3. 내부고발보호를 위한 법적장치

현재 근로기준법 등 노동관련 입법에 있어서는 법 이행확보의 하나의 수단으로 법 적용 대상자가 감독관청에 위반신고를 행할 권리를 규정하여 신고에 대하여는 사용자에 의한 해고 기타 불이익 취급을 행하는 것을 금지하고 있다(근로기준법 제107조, 산업안전보건법 제52조).

근로자의 내부고발행위라도 이에 의한 위반신고행위의 한도에서 보호되고 그 이외의 사항이나 그 이외의 태양으로 행해지는 경우에는 별도의 입법에 의하여 보호되고 있다. 그리고 내부고발이 기업조직 내에서 비밀로 되어 있는 정보를 기업 외의 제3자(수사당국·매스컴·소비자·의원 등)에게 명확한 양태로 행해지는 경우에는 근로계약상의 성실의무와의 충돌이 생기고, 복무규율(기업질서)에 있어서도 취업규칙상의 기업비밀의 누설이나 기업의 명예·신용훼손을 금지하는 규정 등에 위반하는 행위로 파악된다.

4. 내부고발의 정당성 판단기준

최근의 판례에서도 이러한 사회적 상황을 반영하여 기업의 근로자의 내부고발행위에 대하여 기업질서 위반으로 징계처분 등을 행하여 근로자가 이것을 다투는 사례가 있다. 판례는 이에 대하여 당해 내부고발의 내용, 목적, 태양, 그 밖의 모든 사정을 종합적으로 고려하여 복무율과의 충돌에 있어서 보호가치가 있는 행위인지 여부를 판정하고 있다.

내부고발의 정당성의 요건은 다음과 같다. 첫째로, 사실의 진실성이 있어야 한다. 고발내용이 진실한가 또는 진실이라고 믿을 수 있는 충분한 근거가 있는가 아주 중요하다. 이 점은 내부고발 행위가 보호되기 위한 전제적 요건이 된다. 비록 기업의 이익에 반하더라도 공익을 한 기업의 이익보다 우선한다는 입장에서 그 내용이 진실하거나 그 내용이 진실하지 않더라도 상당한 이유가 있다면 이러한 행위는 정당행위로서 취업규칙위반의 책임을 물을 수 없다는 것이다.

둘째로, 목적의 공익성이 있어야 한다. 고발행위의 기본목적이 법 위반이나 부정의 시정에 있어야 한다. 노동조합의 경우에는 고발의 목적이 사적 이익을 추구하는 것이 아니라 근로조건의 개선을 위한 공익활동으로서의 측면을 가지고 있어야 한다. 내부고발행위가 기업조직의 내부규범(성실의무, 복무규율)과의 충돌이 있더라도 법적인 보호를 위해서는 법령의 준수나 부정의 시정이 내국적 견지에서 당해 기업에 보다 큰 이익이 있어야 하고 그 위에 사회적으로도 이익이 되어야 한다는 점에서 그 목적의 공공성도 기본적 요건이 된다.

판례(대법 1999.9.3, 97누2528·2535)는 「고도의 공공성을 갖는 법인인 경우에는 그 업무 수행에 있어서 무엇보다도 우선적으로 관련 법령 및 제규정을 준수할 것이 요구되고, 공단의 업무 수행상 위법행위는 널리 공단 내·외부로부터 감시, 견제돼야 할 필요가 있으므로, 공단 직원에 의한 공단 업무에 관련한 사실의 공표행위는 일반 사기업 경우와 동일하게 평가해서는 아니 되지만, 공단 업무 수행상 적법성이 강조되는 것은 공단의 목적 사업인 의료 보험 업무 자체의 공익성 때문인 것이고, 공단은 사업의 원활한 수행을 위해 스스로 규율과 질서를 유지해야 할 필요가 있으므로 그 내용이 의료 보험 업무의 공익성에는 영향을 미치지 아니하는 경미한 사항으로서 주로 사익적인 목적이나 동기에서 행하여진 공표 행위까지 허용된다고 볼 것은 아니다」라고 한다. 즉, 근로자 자신에게는 아무런 이익이 없으면서 오로지 사용자의 업무 수행에 지장을 주거나 손해를 입히려는 목적, '보호할 가치가 없는' 주로 사익적인 목적이나 동기, 공익성에 미치지 아니하는 경미한 사항에 대해서 이뤄진 것이라면 징계사유에 해당할 수 있다고 본다.

셋째로, 수단·양태의 상당성이 있어야 한다. 내부고발행위의 수단·양태도 상당한 것이어야 한다. 이 점에 있어서 기업내부에 있어서 위법행위의 시정절차나 조직이 구성되어 있는 등 다른 시정절차에 앞서 온당하고 효과적인 수단이 있는 경우에는 이것을 거칠 것이 기대된다. 시정의 내부절차가 없고, 내부적 시정을 기대할 수 없는 상황에 있어서 고객이나 주주·회원에게 부정을 호소하는 사례에서 양태상의 상당성을 인정하고 있다.

넷째로 정보수집수단이 적법해야 한다. 위법·부정의 정보 취득이 기업의 기밀문서 등 관리규정에 위반하여 부정하게 입수하여 행해지는 경우에는 다른 시정절차에 정보 입수의 수단이 없고 위법·부정의 시정에 있어 보다 큰 가치가 있는 상황에 있어서 긴급피난적이거나 부득이하게 행해진 경우이어야 할 것이다.

5. 내부고발과 징계처분

(1) 정직처분의 경우

근로자가 사용자에 대한 탄원·고발·언론기관에의 제보 등을 했다는 이유로 징계처분한 경우이다(중노위 2001.5.10, 2001부해3).

근로자들이 사용자와 노동조합장이 공모하여 부가가치세 감면분을 사용자가 횡령하였다는 추측에 집착하여 확실한 증거자료도 없이 행정관청이나 사법기관에 탄원 또는 고발을 남발하고 검증되지 않은 사실을 제보하여 언론기관으로 하여금 이를 보도하게 하고 이러한 사실을 동료근로자들에게 유포함으로써 노사관계에 불신을 초래케 한 바, 사용자가 이러한 일련의 행위를 주도한 자에 대하여는 해고처분, 동조한 자에 대하여는 90일 내지 60일의 정직처분 등의 징계처분을 한 것은 정당하다. 단 동조한 자에게 정직처분이 외에 차량전속 해제처분을 한 것은 이중의 징계처분으로 볼 수 있고 행위에 비하여 징계양정이 과하다고 판단되므로 이는 징계권 남용으로 부당하다.

(2) 징계해고의 경우

① 객관적으로 무리한 주장을 하며 집회와 시위, 무고한 고소, 고발을 일삼아 업무차질 등 손해를 입힌 자를 해고한 것은 정당하다(서울행법 2004.12.17, 2004구합12971).

근로자가 집회 및 시위를 한 것은 근로조건 개선을 위한 조합활동의 일환으로 시작된 것이라고 하더라도 임금교섭이 모두 타결되어 다른 노조원들은 노조전임자에 관한 요구가 무리한 주장임을 인정하며 모두 업무에 복귀하였음에도 유독 근로자만은 차장급 이상의 대우로 노조전임자 2명을 둘 것을 고집하며 집회와 시위, 고소, 고발을 일삼은 점, 근로자 수가 34명밖에 되지 않는 회사의 사업장에 노조전임자 2명을 둔다는 것은 객관적으로 무리한 주장임이 명백한 점, 참가인은 회사를 압박하기 위한 수단으로 원고 회사 또는 회사의 대표이사에 대한 고소, 고발, 진정을 남발하고 언론에 이러한 사실을 배포하였으나 거의 대부분 혐의가 없는 것으로 밝혀진 점, 그러나 그 과정에서 회사는 수사기관, 관할 관청 등으로부터 조사를 받느라 업무수행에 막대한 지장이 초래되었고 소각동 정밀검사를 위하여 소각시설 가동을 중지하고, 불법매립 여부를 확인하기 위하여 매립장을 굴삭하는 등 금전적으로도 손해가 컸던 점, 위와 같은 근로자의 행위에 대하여는 동료 근로자들도 반감을 가지고 있었고 결국 근로자를 불신임하기에 이른 점, 새로 구성된 노조집행부는 근로자로 인하여 위기에 빠진 회사를 우선 정상화시킨 후에 단체교섭을 하기로 한 점, 노조위원장이었던 근로자가 사직, 고소, 고발의 취하 등을 조건으로 거액의 금전을 요구한 것은 도덕적으로 용인되기 어려운 점, 회사의 근로수령 거절과 단체교섭 해태행위는 부당노동행위라고 할 수 없는 점 등을 종합하면 위와 같은 근로자의 행위는 사회통념상 고용관계를 지속시킬 수 없을 정도의 책임 있는 사유라고 보기에 충분하다고 할 것이어서 이 사건 해고에는 징계재량권을 일탈, 남용한 위법이 있다고 할 수 없다.

② 고발행위가 악의적으로 사실을 왜곡하였다거나 허위의 사실을 주장한 것이 아니고 상당부분 사실로 밝혀진 이상 근로관계를 단절시킬 정도의 중대한 잘못이 있다고 볼 수는 없다(중노위 1998.5.7, 98부해30).

뚜렷한 자료도 없이 사용자를 수사기관에 고소·고발하거나, 공개석상에서 진실과 다른 내용이나 과장된 내용을 가지고 회사를 비방한 행위는 정당한 징계사유가 된다. 다만 수사기관에 고소·고발하거나 언론기관에 유포한 내용이 진실한 것이거나 상당한 근거가 있는 경우에는 이를 징계사유에 해당한다고 보더라도 이를 이유로 근로자를 징계해고까지 하는 것은 재량권을 일탈한 것이라고 한다(대법 1995.3.3, 94누11767). 근로자들의 고발행위가 악의적으로 사실을 왜곡하였다거나 허위의 사실을 주장한 것이 아니고 상당부분 사실로 밝혀진 이상 이에 대하여 근로관계를 단절시킬 정도의 중대한 잘못이 있다고 볼 수는 없으며 또한 근로자들이 서울고등검찰청에 수사미진을 주장하며 항고하여 이 사건 수사가 진행중에 있다면 서울지방검찰청의 일부 무혐의 처분이 그 결과가 확정되지 아니하였음에도 이를 가리켜 무혐의처분이라며 해고사유로 정한 것은 정당하지 아니하다는 것이다.

③ 30여 차례 진정·고소·고발한 경우이다(중노위 2000.12.18, 2000부노139·부해549).

신청인(근로자)이 27회에 걸쳐 미터기상의 금액보다 적은 금액을 운송 수입금으로 입금하거나 노사합의하에 시행하고 있는 기준 입금액에 미달하는 금액을 34회에 걸쳐 입금시킨 것은 근로자로서 성실의무를 다하지 아니한 것이고 신청인이 피신청인(사용자)의 사전 승인 없이 회사를 비방하는 유인물을 제작 배포한 행위는 취업규칙에서 정한 해고사유에 해당한다고 보여지며, 또한 관계기관에 30여 차례 진정·고소·고발을 한 사안이 사실로 확인되어 피신청인 회사가 처벌받은 사실이 없다는 점을 종합하여 볼 때 신청인과 피신청인간에 원만한 고용관계의 회복을 기대하기 어려울 뿐만 아니라 신청인을 징계해고 조치한 것 이외에는 노동조합 활동에 대하여 어떠한 방해 내지는 압력을 가하였는지에 관한 구체적인 입증을 하지 못하고 있는 이상 부당노동행위로 볼 수 없다.

④ 뚜렷한 증거 없이 회사 대표를 고소·고발하거나 비난하는 진정서를 관계기관에 제출함으로써 회사의 신용과 명예를 훼손한 행위를 이유로 징계해고한 것은 정당하다(중노위 2000.1.25, 99부해683).

근로자들이 세무서에 회사의 탈세혐의 부분 등에 대한 조사를 요청한 후 언론기관에 사용자가 임금을 유용 및 배임하고 노동조합을 파괴한다는 취지의 제보를 하였으며 이에 더하여 회사 임직원들을 임금착취 및 부당노동행위 혐의 등으로 각각 고발을 하였지만 세무조사결과 혐의사실이 발견되지 않았음은 물론 임직원의 근로기준법 위반 등 혐의 또한 각각 '공소권 없음' 또는 '혐의 없음'으로 처분된 사실이 있다. 이와 같이 근로자들이 뚜렷한 증거도 없이 소속 직장의 대표자 등을 고소·고발하거나 그에 대한 인격을 비난하는 내용까지 담은 진정서를 관계기관에 제출함으로써 회사의 신용과 명예를 훼손한 행위는 비난받아 마땅하다 할 것이다. 따라서 이를 이유로 근로자들을 징계해고 처분한 것은 정당한 징계권의 행사에 해당한다고 판정한 사건이다

(3) 위법성이 조각(阻却)되는 경우

근로자가 고발한 내용이 전적으로 진정한 사실이어야 하는 것은 아니지만 대체로 진정한 사실이고, 이를 고발하는 공공의 이익에 부합하고 공익을 위한다는 근로자의 주관적인 의사로 고발한 경우에는 위법성이 조각된다. 따라서 고발행위는 적법한 행위이므로 사용자는 근로자의 고발을 이유로 징계할 수는 없다(서울행법 2001.11.29, 2001구34368).

회사직원이 회사의 편법행위와 그로 인한 부당요금징수 사실의 제보를 방송사에 한 행위는 공공의 이익으로 보아 허위사실도 아니어서 징계사유가 될 수 없고 또 상여금 미지급을 이유로 자신의 노무제공거부만이 아니라 동료 근로자들과 함께 집단적으로 노무제공을 거절함으로써 사용자의 업무수행을 방해했다는 이유로 징계해고를 한 것은 잘못이다.

6. 부패방지법

부패방지및국민권익위원회의설치와운영에관한법률(이하 '부패방지법'이라 한다)은 국민권익위원회를 설치하여 고충민원의 처리와 이에 관련된 불합리한 행정제도를 개선하고, 부패의 발생을 예방함과 동시에 부패행위를 효율적으로 규제함으로써 국민의 기본적 권익을 보호하고 행정의 적정성을 확보하며, 청렴한 공직 및 사회풍토의 확립에 이바지함을 그 목적으로 한다(동법 제1조). 누구든지 부패행위를 알게 된 때에는 이를 국민권익위원회에 신고할 수 있다(동법 제55조). 누구든지 부패방지법에 따른 신고나 이와 관련한 진술 그 밖에 자료 제출 등을 한 이유로 소속기관·단체·기업 등으로부터 징계조치 등 어떠한 신분상 불이익이나 근무조건상의 차별을 받지 아니한다(동법 제62조 제1항).

XVIII. 비밀유지의무 위반과 징계

1. 비밀유지 의무

기업에 고용된 근로자로서 직무수행을 할 때 기업비밀이나 노하우 등 업무상의 비밀과 관련된 일이 많기 때문에, 오늘날 기업사회는 정보사회로서 기업비밀의 보호가 중시된다. 근로자는 회사에 성실한 행동을 취할 의무가 있고 그 의무의 하나로 근로자는 고용되어 직무를 수행할 기업의 업무상의 비밀을 엄수하는 '비밀유지 의무'를 진다.

비밀유지 의무란 근로자가 근로제공과 관련하여 지득한 사업 또는 경영상의 비밀을 다른 제3자에게 누설 또는 공표를 하지 않을 의무이다. 비밀유지 의무의 대상이 되는 것은 극히 소수의 사람 외에는 알 수 없도록 공개되어 있지 않은 것으로서, 경영자가 의도적으로 비밀로 하는 모든 사업에 관한 사항이다. 업무상의 비밀이란 기술·영업상 기타 제3자에게 알리지 않음으로써 그 이익이 될 수 있는 사항을 말한다. 판로, 신용관계, 고객관계, 기술상의 비결 등이 이에 포함된다. 그러므로 「부정경쟁방지및영업비밀보호에관한법률(이하 '부정경쟁방지법'이라 한다)」에서 규정하고 있는 영업비밀사항(동법 제2조제2항)보다도 광범위하다고 할 것이다.

비밀유지 의무에 대하여 우리나라에서는 부정경쟁방지법상 영업비밀사항 이외에는 법령상 의무화한 규정은 없고 다만 취업규칙, 기타 당사자간의 특약으로 근로자에게 부과하는 경우가 대부분이다.

이러한 법규 또는 특약이 없다 하더라도 비밀유지 의무는 근로계약의 본질상 당연히 발생하는 충실의무의 하나다. 그리고 이미 일반화된 사실이나 통상적인 경험으로부터 인식될 수 있는 사실 등은 비록 사용자가 그것을 비밀유지의 대상으로 삼았다 하더라도 부작위의무의 대상이 되지 않는다. 또한 사용자의 범죄행위·법령위반행위 등에 대하여도 비밀유지 의무가 인정되지 않는다(근로기준법 제104조).

2. 비밀유지 의무의 존속기간

기업 핵심인력의 전직을 둘러싼 법정 분쟁이 잇따르고 있다. 기업의 기술

노하우 보호와 개인의 직업선택의 자유를 놓고 '기업과 개인' 또는 '관련기업간' 갈등이 증폭되는 추세다. 반도체·통신 등 세계적인 첨단 기술노하우를 가진 기업일수록 핵심인력 1명이 경쟁사로 빠져나갈 경우 차세대사업을 포기해야 할 정도로 치명적인 연구개발 손실이 발생하기 때문에 핵심 인력 유출에 신경을 곤두세우고 있다.

근로자는 일반적으로 근로계약 종료 후에도 또한 일정기간 및 일정한 정도와 내용에 관해서 계속 업무상 비밀유지의무를 진다. 그러나 근로관계종료 후의 비밀유지 의무의 존속이 실질적으로는 경업을 금지하는 것과 같은 효력을 가지게 되어 결과적으로 근로자의 직업활동을 부당하게 제약하는 경우에는 비밀유지 의무는 소멸된다.

3. 최근의 사례

최근에는 기업이 다액의 비용을 투입하여 연구개발한 컴퓨터시스템이나 소프트프로그램에 관한 자료가 거기에 종사한 기술자 등에 의해 무단으로 복사되어 외부에 유출되는 사건이 발생되기도 하는데, 이러한 일에 대응하여 기업의 인사관리상의 '윤리관과 성실근무의무'에 관한 근로자 교육이 앞으로 점차 중요해 지고 있다.

① 판례(대법 1986.9.23, 86도1205)도 「근로자가 퇴사하면서 그 회사 연구실에 보관되어 있던 회사 소유의 입도계산기 1매, 발포제와 수지성분에 관한 미국특허사본 1부를 가방에 넣어가지고 나온 것이 인정되고, 위 서류들이 비록 이미 공개된 기술내용에 관한 것이고, 외국회사에서 선선용으로 무료로 배부하여 주는 것이며, 연구실 사원인 근로자가 이를 사본하여 사물처럼 사용하여 온 것이라 하더라도 이는 회사의 기술분야에 관한 문서들로서 이를 국내에서 손쉽게 구할 수 있는 것도 아니며, 업무수행을 위하여 이를 사용하도록 허용된 것임을 인정할 수 있고 회사에 있어서는 소유권의 대상으로 할 수 있는 주관적 가치뿐만 아니라 그 경제적 가치도 있다 할 것이어서 절도죄에 있어서의 재물에 해당한다」고 하였다.

② 또한 판례(대법 1997.1.24, 96도1519)는 「피고인이 피해자 회사에 재직할 당시 폐기물소각로의 제작기술 내용이 들어 있는 동 회사소유의 서류들을 사

본이나 부본의 형태로 업무상 필요에 따라 사용할 수 있었다하더라도 그 때문에 위 서류들의 사본이나 부본에 대한 피해자인 회사의 점유가 상실된다거나 피고인이 회사와는 무관하게 독자적으로 점유를 하고 있다고는 볼 수 없으므로, 피고인이 동종 제조업체에 취업하기 위하여 위 회사를 퇴사하면서 승낙없이 위 서류들의 사본이나 부본을 가지고 간 이상 그 점유를 침해한 것이 아니라거나 절도의 고의가 없이 이를 취거한 것이라고 말할 수도 없으며, 위 서류들의 사본이나 부본도 절도죄의 객체가 되는 재물에 해당한다」고 한다.

③ 또한 회사가 다이아몬드 공구의 제조공정에 있어서 일반적 지식 또는 기능이라고 할 수 없는 특수한 기술상의 비밀정보를 가지고 있고 이러한 비밀정보는 일종의 객관화된 지적 재산이므로 퇴직사원의 영업비밀 침해행위에 대하여 회사와의 사이에 침해행위 중지 및 위반시 손해배상약정금을 정한 합의가 이루어진 경우, 그 합의서의 내용을 회사의 영업비밀을 취득하는 입장에 있었던 사원들에게 퇴직 후 비밀유지의무 내지 경업금지의무를 인정하는 것으로 해석하는 것이 직업선택의 자유에 관한 헌법규정에 반하지 않는다(대법 1997.6.13, 97다8229).

4. 업무상의 비밀내용

(1) 영업비밀의 정의

업무상의 비밀로서는 일반적으로 ① 경리・재무상의 비밀, ② 인사・노무상의 비밀, ③ 제조상의 비밀, ④ 영업판매상의 비밀, ⑤ 대외정책(마케팅, P・R 등)의 비밀, ⑥ 연구・개발, 기획상의 비밀 등이 있다.

영업비밀 보호법규로는 부정경쟁방지법이 있으며 영업비밀 침해행위에 대한 금지 또는 예방청구권 및 손해배상 청구권, 신용회복청구권의 대상이 되는「영업비밀이란 공연히 알려져 있지 아니하고 독립된 경제적 가치를 가지는 것으로서 상당한 노력에 의하여 비밀로 유지된 생산방법・판매방법 그 밖에 영업활동에 유용한 기술상 또는 경영상의 정보를 말한다」(동법 제2조제2호)는 것으로, 그 요건은 ① 비밀로 관리되고 있는 것(비밀관리), ② 생산방법・판매방법, 그 밖의 영업활동에 유용한 기술상 또는 경영상의 정보일 것(유용성),

③ 공연히 알려져 있지 아니할 것(비공지성)의 세 가지이다. 따라서 여기에서 비밀사항이란 근로자가 인식가능한 정도로 비밀로서 관리되는 생산, 판매, 연구개발, 경영효율의 개선, 그 밖의 다른 영업활동에 유용하다고 할 수 있는 가치를 지닌 정보로서, 스캔들이나 탈세, 공해 등의 반사회적인 것이 아닌 일반적으로 입수할 수 없는 상태에 있는 것이 여기에 해당한다. 여기서 공연히 알려져 있지 아니한다는 것은 그 정보가 간행물 등의 매체에 실리는 등 불특정 다수인에게 알려져 있지 않기 때문에 보유자를 통하지 아니하고는 그 정보를 통상 입수할 수 없는 것을 말하고, '독립된 경제적 가치를 가진다'는 것은 그 정보의 보유자가 그 정보의 사용을 통해 경쟁자에 대하여 경쟁상의 이익을 얻을 수 있거나 또는 그 정보의 취득이나 개발을 위해 상당한 비용이나 노력이 필요하다는 것을 말하며, '상당한 노력에 의하여 비밀로 유지된다'는 것은 그 정보가 비밀이라고 인식될 수 있는 표시를 하거나 고지를 하고, 그 정보에 접근할 수 있는 대상자나 접근 방법을 제한하거나 그 정보에 접근한 자에게 비밀준수의무를 부과하는 등 객관적으로 그 정보가 비밀로 유지·관리되고 있다는 사실이 인식 가능한 상태인 것을 말한다(2009.7.9, 2006도7916).

(2) 영업비밀의 보호

영업비밀이 외부에 누설되어 부정하게 취득되고 사용, 개시되어 영업상의 이익을 해할 염려가 있는 경우에는 그 금지(행위의 정지와 예방조치)도 인정되고 있다. 영업비밀 침해금지를 명하기 위해서는 그 영업비밀이 특정되어야 할 것이지만, 상당한 정도의 기술력과 노하우를 가지고 경쟁사로 전직하여 종전의 업무와 동일·유사한 업무에 종사하는 근로자를 상대로 영업비밀 침해금지를 구하는 경우 사용자가 주장하는 영업비밀이 영업비밀로서의 요건을 갖추었는지의 여부 및 영업비밀로서 특정이 되었는지 등을 판단함에 있어서는 사용자가 주장하는 영업비밀 자체 내용뿐만 아니라 근로자의 근무시간, 담당업무, 직책, 영업비밀에의 접근 가능성, 전직한 회사에서 담당하는 업무의 내용과 성격, 사용자와 근로자가 전직한 회사와의 관계 등 여러 사정을 고려하여야 한다(대법 2003.7.16, 2002마4380).

회사직원이 영업비밀을 경쟁업체에 유출하거나 스스로의 이익을 위하여 이용할 목적으로 무단으로 반출한 때 업무상배임죄의 기수에 이르렀다고 할 것이고, 그 이후에 위 직원과 접촉하여 영업비밀을 취득하려고 한 자는 업무상배임죄의 공동정범이 될 수 있다(대법 2003.10.30, 2003도4382). 영업비밀의 보유자는 영업비밀 침해행위를 하거나 하려는 자에 대하여 그 행위에 의하여 영업상의 이익이 침해되거나 침해될 우려가 있는 경우에는 법원에 그 행위의 금지 또는 예방을 청구할 수 있고(부정경쟁방지법 제10조), 고의 또는 과실에 의한 영업비밀의 침해행위로 영업비밀 보유자의 영업상 이익을 침해하여 손해를 입힌 자는 그 손해를 배상할 책임을 진다(동법 제11조).

그리고 법원은 고의 또는 과실에 의한 영업비밀 침해행위로 영업비밀 보유자의 영업상의 신용을 실추하게 한 자에게는 영업비밀 보유자의 청구에 의하여 동법 제11조에 따른 손해배상을 갈음하거나 손해배상과 함께 영업상의 신용을 회복하는 데에 필요한 조치를 명할 수 있다(동법 제12조).

(3) 영업비밀보호와 직업선택의 자유의 관계

헌법 제15조는「모든 국민은 직업선택의 자유를 가진다」라고 하여 직업선택의 자유를 규정하고 있다. 따라서 근로자가 퇴직한 후에 그때까지의 지식과 경험을 가지고 동업종의 타사에 들어가거나 독립해서 동종의 사업을 경영하는 경우가 발생할 수 있다.

그러나 아무리 직업선택의 자유가 인정된다 하더라도 퇴직한 근로자가 종전의 회사에서 알게 된 비밀 등을 무분별하게 사용하여 종전회사의 이익을 침해해서는 안 된다고 보아야 할 것이다. 이렇게 사용자가 경업행위를 금지하는 것은 영업비밀을 보호하기 위하여 신의칙상 당연하다고 보고 있다. 근로자가 전직한 회사에서 영업비밀과 관련된 업무에 종사하는 것을 금지하지 않고는 회사의 영업비밀을 보호할 수 없다고 인정되는 경우에는 구체적인 전직금지 약정이 없다고 하더라도 부정경쟁방지법 제10조제1항에 의한 침해행위의 금지 또는 예방 및 이를 위하여 필요한 조치 중의 한 가지로서 그 근로자로 하여금 전직한 회사에서 영업비밀과 관련된 업무에 종사하는 것을 금지하도록 하는 조치를 취할 수 있다(대법 2003.7.16, 2002마4380).

경업금지약정은 근로자가 사용자와 경쟁관계에 있는 업체에 취업하거나 스스로 경쟁업체를 설립, 운영하는 등의 경쟁행위를 하지 아니할 것을 내용으로 하므로 직업선택의 자유를 직접적으로 제한할 뿐만 아니라, 자유로운 경쟁을 저해하여 일반 소비자의 이익을 해칠 우려도 적지 아니하고, 특히 퇴직 후의 경쟁업체로의 전업금지 약정은 근로자의 생계와도 직접적인 연관이 있으므로 사용자와 근로자 사이에 경업금지의 약정이 있는지의 여부에 관하여는 이를 엄격하게 판단하여야 할 것이다(대법 2003.7.16, 2002마4380).

근로자가 전직한 회사에서 영업비밀과 관련된 업무에 종사하는 것을 금지하지 않고서는 회사의 영업비밀을 보호할 수 없다고 인정되는 경우에는 구체적인 전직금지약정이 없다고 하더라도 부정경쟁방지법 제10조제1항에 의한 침해행위의 금지 또는 예방 및 이를 위하여 필요한 조치 중의 한 가지로서 그 근로자로 하여금 전직한 회사에서 영업비밀과 관련된 업무에 종사하는 것을 금지하도록 하는 조치를 취할 수 있다고 하면서도 다만 이 사건에서는 채무자에 대한 전직을 금지하지 않고서는 채권자의 영업비밀의 침해를 방지할 수 없다고 단정하기 어렵다는 이유로 역시 채권자의 주장을 배척하였다.

이 판결은 사용자의 근로자에 대한 전직금지약정 또는 영업비밀을 이유로 한 전직금지가처분에 대한 근로자의 직업선택의 자유와 생존권 등을 고려하여 비교적 엄격하게 해석한 것으로서 그 의미가 크다고 할 것이다. 생각건대 영업비밀의 보호를 위한 근로자의 경업금지는 근로자의 헌법상의 직업선택의 자유와 영업비밀의 유지로부터 얻는 기업의 이익 사이에 소화를 통하여 해결하여야 할 것이다.

XIX. 경쟁사 취업제한 계약의 효력

1. 경업금지 약정의 의의

경업금지약정은 근로자가 사용자와 경쟁관계에 있는 업체에 취업하거나 스스로 경쟁업체를 설립, 운영하는 등의 경쟁행위를 하지 아니할 것을 내용으로 하므로 직업선택의 자유를 직접적으로 제한할 뿐만 아니라, 자유로운 경쟁을 저해하여 일반 소비자의 이익을 해칠 우려도 적지아니하고, 특히 퇴직 후의 경쟁업체로의 전직금지약정은 근로자의 생계와도 직접적인 연관이 있으므로 사용자와 근로자 사이에 전직금지약정이 있는지에 관하여는 이를 엄격하게 판단하여야 할 것이다.

회사에서 근로자에 대하여 영업비밀 보호를 목적으로 일정 기간 동안 경쟁사에의 취업을 제한하는 계약은 당해 근로자의 생계를 위협할 수 있으므로 그 보호의 필요성에 비하여 약정기간이 부당하게 장기간이어서는 아니된다.

근로관계 종료 후의 경업피지의무에 관해서는 현행법상 규정이 없다. 근로관계의 존속 중에 얻은 능력이나 지식은 근로자의 자산이고, 이것을 가능한 한 방해받지 않고 이용하는 것은 근로자가 근로관계 종료 후에 생계를 유지해 가는 데 필요한 것이기 때문이다. 그러므로 근로관계 종료 후의 경업피지의무는 별도의 약정에 의하여야 한다는 점에서 근로관계존속 중의 경업피지의무와는 다르게 평가될 수 있다. 경쟁사 취업제한계약의 효력의 유·무효를 판단하기 위해서는 아래 사항을 종합적으로 판단하여야 한다.

2. 취업제한계약의 효력의 판단기준

(1) 특정 영업비밀이 존재할 것

보호해야 할 영업비밀(비공지성, 비밀성, 유용성 등)이 필요하다. 일반적인 경험이나 노하우, 도서나 논문 등으로 소개된 기술 등은 영업비밀이 아니다. 비밀성에 있어서는 그 영업비밀이 경쟁회사 및 그 근로자에 대해 객관적으로 비밀로서 관리되고 있는 상태에 있을 것이 요구된다.

(2) 영업비밀을 소유하거나 소유할 가능성이 있을 것

경쟁사의 취업제한 계약이 유효하기 위해서는 근로자가 영업비밀을 소유하거나 소유할 가능성이 있어야만 한다. 즉 해당 근로자가 회사의 임원이나 기술개발의 책임자 등으로 영업비밀을 개발했거나 영업비밀에 접근할 수 있는 사람이어야 할 것이다. 회사에서 영업비밀보호를 목적으로 비밀제한 가능성이 적은 일반근로자와 취업제한계약을 체결하였다고 하더라도 그 효력을 인정받기 어렵다.

(3) 영업비밀에 대한 보호노력이 있을 것

경쟁사의 취업제한 계약이 유효하기 위해서는 회사에서 영업비밀을 보호하려는 노력이 있어야 한다. 즉, 보호해야 할 정보나 기술은 영업비밀로서 관리되어야 한다는 것을 공지시키고, 비밀가치를 등급으로 정하여 직급이나 직무에 따라 비밀에 대한 접근을 통제하는 등의 노력이 있어야 한다. 삼성전자 재직 중 알게 된 핸드폰단말기 부품 관련 정보를 엘지정보통신으로 옮겨가 이용한 혐의를 받고 있는 자의 부정경쟁방지법 위반 항소심에서, 원심을 파기하고 징역 8월에 집행유예 2년을 선고했다.

(4) 사용자와 근로자의 이익 비교

보호해야 할 영업비밀에 관하여 비밀을 유지함으로써 사용자가 얻는 이익과 근로자가 입는 불이익을 비교 형량하여 판단한다. 문제의 영업비밀을 근로자가 갖고 있다고 하더라도 당해 영업비밀이 사용자에게는 의미가 없는 것인데 근로자에게는 생계유지를 위한 중요한 수단이 되는 경우에는 그 영업비밀에 대하여 근로자에게 비밀유지의무를 부과하기는 힘들 것이다.

(5) 최소한의 기간과 장소(직장)에 그칠 것

회사의 영업비밀을 보호할 필요가 있다고 하더라도, 취업제한계약은 근로자의 생존권이나 직업선택의 자유를 침해할 수 있으므로 최소한의 기간과 장소에 그쳐야 할 것이다.

근로자가 퇴직 후의 영업비밀 유지기간을 3년 이상 장기간으로 정할 경우 경제적 약자인 근로자의 직업선택의 자유 및 영업의 자유를 제한하고 경쟁의 제한에 부당한 독점상태를 초래할 가능성이 있는 점 등을 감안할 때 영업비밀의 공개금지기간은 회사가 그 직원들에 대한 전직금지기간으로 정하고 있는 1년으로 보는 것이 합리적이다(대법 2003.7.16, 2002마4380).

(6) 영업비밀 유지에 대한 보상이 있을 것

영업비밀의 명칭에 불구하고 비밀취급과 그 유지에 대한 보상이 지급되어야 영업비밀을 보호받기가 더 쉬울 것이다. 예를 들어 비밀취급과 관련된 사람들에게 기밀수당, 직무수당 등의 명목으로 월급이나 연봉에 더하여 보상을 하여야 할 것이다.

3. 영업비밀 침해 금지기간 및 전직 금지기간의 기산점

근로자가 회사에서 퇴직하지는 않았지만 전직을 준비하고 있는 등으로 영업비밀을 침해할 우려가 있어서 이를 방지하기 위한 예방적 조치로서 미리 영업비밀 침해금지 및 전직금지를 구하는 경우에는 근로자가 회사에서 퇴직하지 않았다고 하더라도 실제로 그 영업비밀을 취급하던 업무에서 이탈한 시점을 기준으로 영업비밀 침해 금지기간 및 전직 금지기간을 산정할 수 있을 것이지만, 근로자가 회사에서 퇴직한 이후 전직금지를 신청하는 경우에는 전직금지는 기본적으로 근로자가 사용자와 경쟁관계에 있는 업체에 취업하는 것을 제한하는 것이므로 근로자가 영업비밀을 취급하지 않는 부서로 옮긴 이후 퇴직할 당시까지의 제반 상황에서 사용자가 근로자가 퇴직하기 전에 미리 전직금지를 신청할 수 있었다고 볼 특별한 사정이 인정되지 아니하는 이상 근로자가 퇴직한 시점을 기준으로 산정하여야 한다.

4. 영업비밀보호 관련 판례의 내용

우리나라의 판례에서는 위와 같이 여러 가지를 종합적으로 판단하여야 한다고 주장하고 있다. 대표적으로 「① 필기구 제조업체의 연구실장이 ② 다른 회사로부터 고액의 급여와 상위의 직위를 받는 등의 이익을 취하면서, ③ 회사에서 비밀로 관리되고 있던 기술정보를, ④ 동일한 제품을 만드는 경쟁업체에 유출하여, ⑤ 그 회사가 시간적·경제적인 면에서 이익을 얻게 하는 것은 불법이다」라는 판례가 있으며(대법 1996.12.23, 96다16605), 「영업비밀 침해행위를 금지시키는 것은 침해행위자가 침해행위에 의하여 공정한 경쟁자보다 유리한 출발 내지 시간절약이라는 우월한 위치에서 부당하게 이익을 취하지 못하도록 하고, 영업비밀 보유자로 하여금 그러한 침해가 없었더라면 원래 있었을 위치로 되돌아갈 수 있게 하는 데에 그 목적이 있으므로 영업비밀 침해행위의 금지는 공정하고 자유로운 경쟁의 보장 및 인적 신뢰관계의 보호 등의 목적을 달성함에 필요한 시간적 범위 내로 제한되어야 하고, 그 범위를 정함에 있어서는 영업비밀인 기술정보의 내용과 난이도, 영업비밀 보유자의 기술정보 취득에 소요된 기간과 비용, 영업비밀의 유지에 기울인 노력과 방법, 침해자들이나 다른 공정한 경쟁자가 독자적인 개발이나 용역설계와 같은 합법적인 방법에 의하여 그 기술정보를 취득하는데 필요한 시간, 침해자가 근로자(퇴직한 경우 포함)인 경우에는 사용자와의 관계에서 그에 종속하여 근무하였던 기간, 담당업무나 직책, 영업비밀에의 접근정도, 영업비밀 보호에 관한 내규나 약정, 근로자였던 자의 생계활동 및 직업선택의 자유와 영업활동의 자유, 지적 재산권의 일종으로써 존속기간이 정해져 있는 특허권 등의 보호기간과의 비교, 기타 변론에 나타난 당사자의 인적・물적 시설 등을 고려하여 합리적으로 결정하여야 한다」.

5. 기업비밀 누설에 대한 회사의 대응방법

회사의 대응으로서는 누설된 기밀내용에 따라 회사가 받게 되는 데미지도 크고 사실과 다를 경우에는 그 기밀내용을 확인하여 그것이 어느 정도의 데미지를 받았는가를 판단한다.

여기에는 누설의 목적・회수・기간 등을 종합적으로 고려하여 징계대상으로 할 것인지 징계대상으로 한다면 어떤 징계를 선택할 것인지를 판단하게 된다. 특히, 중대한 기업비밀 누설이 있는 경우에는 징계해고도 할 수 있다. 또한 개인적 이익을 취득할 목적으로 계속적으로 기업비밀을 누설하는 경우에는 징계해고가 그 기업비밀내용으로부터 어려운 사안이더라도 회사에 대한 중대한 배신행위가 있고 신뢰관계의 파괴를 이유로 보통해고는 충분히 할 수 있다고 생각된다.

해고를 둘러싼 법률문제

• 1장_ 해고 및 부당해고의 판단기준을 둘러싼 법률실무
• 2장_ 법률상 해고가 제한되는 경우를 둘러싼 법률실무
• 3장_ 해고의 예고를 둘러싼 법률실무
• 4장_ 해고의 효력을 둘러싼 법률실무
• 5장_ 부당해고에 대한 구제방법을 둘러싼 법률실무
• 6장_ 보통해고 사유를 둘러싼 법률실무
• 7장_ 징계해고 사유를 둘러싼 법률실무
• 8장_ 정리해고를 둘러싼 법률실무
• 9장_ 근로계약기간 만료와 해고를 둘러싼 법률실무
• 10장_ 직장내 성희롱 관련 해고를 둘러싼 법률실무
• 11장_ 해고와 관련된 문제를 둘러싼 법률실무

1장

해고 및 부당해고의 판단기준을 둘러싼 법률실무

Ⅰ. 해고의 의의

1. 해고의 개념

'해고'란 '퇴직'과는 달리 유효하게 존속하여 왔던 근로계약을 사용자측에서 일방적으로 해약(해지)하는 것을 말한다. 근로계약의 종료사유에는 해고 외에도 합의해약이나 사직, 계약기간의 만료, 정년의 도달, 당사자의 소멸 등이 있으나 해고는 사용자에 의한 일방적인 근로계약의 해약을 하는 의사표시인 점에서 노사의 합의에 의하여 근로계약을 해지하는 합의해지와 다르며 사용자가 한다는 점에서 근로자가 일방적으로 하는 사직과 다르다.

근로기준법상의 해고는 그것이 징계해고이든 직권면직이든 본질적으로는 고용계약의 해지로서 그 법적 성질은 상대방 있는 단독행위라고 할 것이며, 상대방 있는 단독행위는 그 의사표시가 상대방에게 도달하는 때에 효력이 발생한다고 할 것이다.

해고의 의사표시의 방법은 서면, 구두 또는 전화 등 어떠한 방법으로 알려도 상관없다(대법 1997.9.26, 97누1600). 사용자가 근로자를 해고하려면 해고사유와 해고시기를 서면으로 통지하여야 한다. 근로자에 대한 해고는 서면으로 통지하여야 효력이 있다(근로기준법 제27조).

2. 해고의 중요성

해고는 근로관계의 종료사유의 하나로서 특히 사용자의 일방적인 의사표시에 의하여 근로자를 근로관계에서 배제시키는 것이므로 근로자에게는 불리한 조치이다. 노사간의 합의해약, 임의퇴직, 기간만료의 형식을 띠었다 하더라도 실질적으로 사용자의 일방적 의사표시에 의한 해고인 경우도 있으므로 단순히 외형으로 판단할 것이 아니고 실태에 따라 판단하여 근로기준법 각 규정을 적용할 필요가 있다. 따라서 민법상 고용계약에서 인정되는 계약해지권은 노동법상의 근로계약에서는 근로자에게는 그대로 인정되지만, 사용자에게는 그대로 인정되지 않고 근로기준법 제23조에 의한 제한을 받게 된다. 즉, 사용자가 근로계약을 일방적으로 종료시키기 위한 해고처분을 하려면 '정당한 이유'가 있어야만 하는 것이다.

근로계약에 의거하여 제공하는 근로의 대가로서의 임금으로 생활을 유지하여 왔던 근로자에게 사용자의 일방적 해고권의 행사는 근로자의 생활에 큰 영향을 주게 되므로 '해고'를 둘러싸고 법률상 여러 가지 문제가 발생하게 된다.

따라서 해고에 관하여 근로기준법상 여러 가지 제한을 가하여 근로자보호를 도모할 필요가 있다.

3. 해고의 법적 근거

근로기준법 제23조제1항은 해고의 일반적 제한으로서 사용자는 근로자에게 정당한 이유없이 해고하지 못한다고 규정하고 있다. 그러므로 우리나라에 있어서는 이른바 해고자유설이 터 잡을 여지가 없다. 그러나 무엇이 정당한 이유인가에 관해서는 근로기준법이 구체적으로 규정하는 바가 없다. 정당한 이유는 취업규칙이나 단체협약으로 정할 수 있다. 그러나 취업규칙이나 단체협약이 규정하였다 하여 모두 정당한 것으로 볼 수는 없으므로 그 정당성 여부는 해고제한의 법리에 따라 평가하여야 한다.

4. 해고와의 구별 여부가 문제되는 경우

(1) 당연퇴직

취업규칙이나 단체협약에 어떤 사유의 발생을 당연퇴직 또는 면직사유로 규정하고 그 절차를 통상의 해고나 징계해고와 달리하고 있더라도 그 당연퇴직 사유가 근로자의 사망, 정년, 근로계약기간의 만료 등과 같이 근로관계의 자동소멸을 가져오는 경우를 제외하고는 그 단체협약 등에 따른 당연퇴직처분은 근로기준법 제23조제1항에서 정한 해고에 해당한다 할 것이다. 위와 같이 취업규칙 등에 당연퇴직 사유로서 근로관계의 자동소멸사유에 해당하지 아니한 사유를 규정한 경우 그 의미는 그 규정 취지나 다른 당연퇴직 사유의 내용 등에 비추어 합리적으로 판단하여야 한다(대법 2007.10.25, 2007두2067 ; 1999.9.3, 98두18848).

당연퇴직 처분에는 그 사유가 동일하게 징계처분 사유에도 해당하는 경우를 제외하고는 일반의 징계절차를 거칠 필요가 없고, 이는 당연퇴직 사유가 실질적으로는 징계사유에 해당하는 경우에도 마찬가지이다. 직위해제처분 후 일정기간이 경과하여도 직위부여를 받지 못한 자에 대한 당연퇴직 처리는 직위해제 처분과 당연퇴직 처리를 일체로서 관찰할 때 근로자의 의사에 반하여 사용자의 일방적 의사에 따라 근로계약 관계를 종료시키는 것으로서 실질상 해고에 해당한다(대법 2004.10.28, 2003두6665).

(2) 의원면직 · 명예퇴직

가. 권고사직 및 의원면직

사용자가 근로자에게 퇴직할 것을 권유하고 근로자가 자유의사에 따라 사표를 제출하여 퇴직하는 '권고사직'이나, 근로자가 자의에 따라 사표를 낸 다음 사용자가 이를 수리하여 퇴직하는 '의원면직' 등은 근로계약의 합의해지의 한 형태로서 해고와는 구별된다. 사용자가 근로자에게 "사표를 제출하지 아니하면 해고하겠다"고 하여 어쩔 수 없이 사표를 제출하고 그것이 수리되는 경우는 '권고사직'이나 '의원면직'의 형식에 의하여 퇴직하였다고 하더라도 결국 사용자가 사표를 강요한 결과에 지나지 않으므로 이러한 의원면직은 실질상 '해고'로 보아야 한다(대법 2002.6.14, 2001두11076). 근로자의 사직서 작성, 제출이 진의에 의한 것이 아니어서(비진의 의사표시) 무효라면 사용자의 사직서 수리행위는 실질적으로 사용자의 일방적인 의사에 의하여 근로계약관계를 종료시키는 것이어서 해고에 해당한다.

나. 의원면직의 법적 성질

사용자가 사직의 의사 없는 근로자로 하여금 어쩔 수 없이 사직서를 작성 제출하게 한 후 이를 의원면직 형식으로 수리하여 실질적으로 해고라고 보는 경우를 제외하고, 근로자가 자의로 사직서를 제출한 것의 법적 성질을 무엇으로 볼 것인가 문제될 수 있다.

판례는 근로자가 한 사직의 의사표시는 특별한 사정이 없는 한 당해 근로계약을 종료시키는 취지의 해약고지(해지)로 볼 것이라고 한다(대법 2000.9.5, 99두8657; 2001.1.19, 2000다51919·51926). 따라서 사용자가 사표를 제출받은 날부터 1월이 경과하거나, 기간으로 보수를 정한 때에는 사용자가 사표를 제출받은 당기(當期)후의 1기를 경과하면 근로계약 해지의 효력이 생긴다(민법 제660조제2항·3항). 그리고 이 경우 이와 같이 근로계약의 해지를 통고하는 사직의 의사표시가 사용자에게 도달한 이상 근로자로서는 사용자의 동의 없이는 비록 민법 제660조제2항, 제3항 소정의 기간이 경과하기 이전이라 하여도 사직의 의사표시를 철회할 수 없다고 한다(대법 2000.9.5, 99두8657). 또한 위와 같은 근로계약 해지의 효력이 생긴 후 사용자가 근로자에 대하여 한 근로계약 소멸의 통지는 관념의 통지에 불과하고 이를 해고라고 할 수 없다(대법 1996.7.30, 95누7765). 근로자의 사표제출에 따라 근로계약 해지의 효력이 생기는 기간을 민법 제660조제2항, 3항 소정의 기간보다 짧은 기간을 취업규칙에 정하고 있다 하더라도 민법 제660조는 근로자의 해약의 자유를 보장하기 위한 규정이므로 취업규칙에 정한 기간의 경과에 따라 근로계약의 유효하게 해지되어 종료된다(대법 1997.7.8, 96누5087).

다. 합의해지

그러나 위와 같이 근로자가 일방적으로 근로계약관계를 종료시키는 해약의 고지방법에 의하여 임의 사직하는 경우가 아니라, 근로자가 사직원의 제출방법에 의하여 근로계약관계의 합의해지를 청약하고 이에 대하여 사용자가 승낙함으로써 당해 근로관계를 종료시키게 되는 경우에 있어서는 사용자가 사직원을 수리하고 이를 근로자가 통지받은 시점에서 근로계약의 합의해지에 의한 퇴직의 효력이 발생한다. 판례는 따라서 사용자가 사직원을 수리하여 근로자의 해지 청약에 대한 승낙의 의사표시를 하고 이러한 의사표시가 근로자에게 도달하기 이전에는 그 의사표시를 철회할 수 있으나 그 이후에는 임의로 이를 철회할 수는 없다고 보아야 할 것인데, 다만 근로계약 종료의 효과 발생 전이라고 하더라도 근로자가 사직의 의사표시를 철회하는 것이 사용자에게 예측할 수 없는 손해를 주는 등 신의칙에 반한다고 인정되는 특별한 사정이 있는 경우에 한하여는 그 철회가 허용되지 않는다고 해석함이 상당하다고 한다(대법 1992.4.10, 91다43148).

한편, 근로자가 사직의 의사표시를 철회하기 위하여서는 반드시 사표를 반려 받아야만 하는 것은 아니고 명시적 또는 묵시적으로 사의를 철회한다는 뜻이 전달되면 된다.

일단 사직의 의사표시를 철회한 후에 징계해고 사유가 있다 하여도 그에 따른 해고절차를 거치지 아니하고 이미 철회되어 효력이 없는 사표를 수리하는 형식으로 한 해고처분은 아무런 효력이 없다(대법 1992.4.10, 91다43138).

라. 명예퇴직

근로계약의 합의해지에 해당하는 경우로서 명예퇴직이 있다. 판례는 명예퇴직의 법적 성질에 관하여 명예퇴직이란 근로자가 명예퇴직의 신청(청약)을 하면 사용자가 요건을 심사한 후 이를 승인(승낙)함으로써 합의에 의하여 근로관계를 종료시키는 것이므로 이러한 합의가 있은 후에는 당사자 일방이 임의로 그 의사표시를 철회할 수 없으며, 이 합의에 따라 퇴직의 효력은 명예퇴직 대상자로 확정되었을 때가 아니라 명예퇴직 일자에 비로소 발생한다고 한다(대법 2000.7.7, 98다42172). 다만, 위와 같은 명예퇴직 합의 이후 명예퇴직

예정일 도래 이전에 근로자에게 근로관계를 계속하게 하는 곤란할 정도의 중대한 비위행위가 있는 경우에는 사용자로서는 명예퇴직의 승인을 철회할 수 있다고 한다(대법 2002.8.23, 2000다60890 • 60906).

(3) 조건부 면직처분

① 근로자가 징계처분 통지를 받은 날로부터 일정한 기간 내에 사직원을 제출하지 아니하면 징계면직한다는 조건부 면직처분이 실체상 또는 절차상 이유로 무효인 경우 그에 따라 제출된 사직원에 의한 의원면직처분도 무효이다(대법 1995.11.14, 95누1422).

만약 사직원 제출기간을 지나치게 촉박하게 정하였다면 그 기간내에 제출하지 아니하였다고 하여 징계면직 효력이 확정적으로 발생하는 것은 아니다. 그 기간은 지났지만 상당한 기간내에 사직원을 제출하였다면 이는 조건부 면직처분에 기초한 사직원 제출로 보아야 한다.

② 회사가 근로자에게 일정기간 종전과 동일한 급여를 지급하면서 개업 내지 취업준비기간을 부여하면 근로자는 기간 종료시 자진 퇴사하기로 하는 조간부 합의가 성립됐고, 회사가 이 조건을 준수한 이상 근로자는 위 합의해지에 의해 당연 퇴직됐다고 보아야 할 것이므로, 회사가 근로자에 대하여 한 해고통지는 위와 같은 당연 퇴직사실을 확인하는 관념의 통지에 불과해 이를 근로기준법상의 해고라고 볼 수 없다(대법 2007.12.27, 2007두15612).

(4) 기간갱신의 거절

대학의 시간강사의 경우와 같이 기간을 정하여 채용된 근로자라고 할지라도 장기간에 걸쳐서 그 기간의 갱신이 반복되어 그 정한 기간이 단지 형식에 불과하게 된 경우에는 사실상 기간의 정함이 없는 근로자의 경우와 다를 바가 없게 되는 것이고, 그 경우에 사용자가 갱신계약의 체결을 거절하는 것은 해고와 동일시되어 정당한 사유가 없으면 무효이다(대법 1998.5.29, 98두625).

(5) 기 타

정식사원인 근로자에 대하여 임시고용사원임을 전제로 한 정식사원 임용거부처분의 법적 성질이 문제된 사안에서 위 임용거부처분은 이미 정식사원의 지위에 있던 근로자에게 있어서는 사용자에 의한 근로계약관계의 일방적 해지로서 징계해고 처분에 해당한다고 한 판례가 있다(대법 1999.10.26, 99두2604).

Ⅱ. 정당한 이유가 없는 해고의 효력은

1. 민법상의 해지의 효력

(1) 민법 제660조 및 제661조의 내용

민법은 「고용기간의 약정이 없는 때에는 당사자는 언제든지 계약해지의 통고를 할 수 있다」(민법 제660조제1항)라고 규정하고 있으며 「고용기간의 약정이 있는 경우에도 부득이한 사유가 있을 때에는 각 당사자는 계약을 해지할 수 있다」(민법 제661조 본문)라고 규정하고 있다.

민법 제660조제2항에 의하면 「전항의 경우에는 상대방이 해지의 통고를 받은 날로부터 1월이 경과하면 해지의 효력이 생긴다」라고 하였으며, 근로기준법에 있어서도 「사용자는 근로자를 해고(경영상의 이유에 의한 해고를 포함한다)하려면 적어도 30일 전에 그 예고를 하여야 하고, 30일 전에 예고를 하지 아니하였을 때에는 30일분 이상의 통상임금을 지급하여야 한다」(근로기준법 제26조제1항본문)라고 규정하고 있다.

민법상의 고용관계는 기간의 약정이 없는 경우에는 해지의 일방적 의사표시가 있은 다음 해지통고기간의 경과에 의하여, 기간의 약정이 있는 경우에는 약정기간의 경과에 의하여 해지의 효력이 발생한다.

(2) 4명 이하의 사업장에서 근로계약 체결시에 해고제한 특약을 한 경우에 민법 제660조제1항과 특약 중 어느 것이 우선 적용하는가

근로기준법상 상시 4명 이하의 근로자를 사용하는 사업 또는 사업장에 대하여는 사용자가 정당한 이유 없이 근로자를 해고하지 못한다는 동법 제23조제1항이 적용되지 않고, 이 경우 그 근로계약이 기간의 정함이 없는 것이라면 민법 제660조제1항을 적용할 수 있게 되어 사용자는 사유를 불문하고 언제든지 근로계약의 해지를 통고할 수 있다. 그러나 민법 제660조제1항은 당사자의 의사에 의하여 그 적용을 배제할 수 있는 임의규정이므로 상시 4

명 이하의 근로자를 사용하는 사업 또는 사업장의 사용자가 근로자와 기간의 정함이 없는 근로계약을 체결하면서 해고의 사유를 열거하고 그 사유에 의해서만 근로자를 해고할 수 있도록 하는 해고제한의 특약을 하였다면, 근로자에 대한 해고는 민법 제660조제1항이 아닌 위 해고제한의 특약에 따라야 하고 이러한 제한을 위반한 해고는 무효라고 보아야 한다(대법 2008.3.14, 2007다1418).

2. 근로기준법 제23조제1항의 정당한 이유

(1) 정당한 이유의 의미

근로기준법은 사용자의 해고와 근로자의 임의퇴직을 동일하게 취급하지 아니하고 사용자의 해고에 대하여 보다 많은 제한을 하고 있다. 근로기준법 제23조제1항에 의하면 「사용자는 근로자에게 정당한 이유없이 해고, 휴직, 정직, 전직, 감봉 그 밖의 징벌(이하 '부당해고 등'이라 한다)을 하지 못한다」라고 규정하고 있다. 그러므로 우리나라에 있어서는 이른바 해고자유설 또는 권리남용설이 주장될 여지가 없다. 즉 정당한 이유가 없는 한 해고는 할 수 없다. 그런데 무엇이 정당한 이유인가에 관해서는 근로기준법이 구체적으로 규정하고 있지 않다.

(2) 정당한 이유에 대한 헌법재판소의 견해

정리기준을 일반추상적 개념인 '정당한 이유'의 유무에 두고 있지만 그 의미는 법적 자문을 고려한 예견 가능성이 있고 집행자의 자의가 배제될 정도로 의미가 확립되어 있어 헌법상 명확성의 원칙에 반하지 아니하며 또 이 조항이 법정형의 경중의 면에서 자의적이고 불균형한 처벌로서 형벌체계의 정당성을 해친다고 볼 수 없어 과잉금지의 원칙에 위배되지 않는다(헌법재판소 2005.3.31, 2003헌바12).

헌법재판소에서 해고의 정당한 이유로 열거한 것을 보면 업무에 대한 적성에 흠이 있거나 직무능력이 부족한 경우, 계약상의 노무급부를 곤란하게 하는 질병, 사업상의 기밀누설의 가능성, 무단결근이나 지각·조퇴, 근로제공의 거부, 업무능력을 갖추었음에도 불구하고 불완전급부 내지 열등한 급부의 제공, 범법행위의 초래, 특정 신조나 사상과 밀접히 연관된 소위 경향

사업(傾向事業)에 있어서 근로자가 이러한 경향성을 상실한 경우 등이 일반적으로 이러한 정당한 이유에 해당하는 것으로 인정되고 있다.

(3) 정당한 이유에 대한 대법원 판례의 태도

「근로기준법 제23조제1항은 사용자는 근로자에게 정당한 이유없이 해고 등의 징벌을 하지 못한다고 규정하여 사용자로 하여금 자유로이 근로자를 해고할 수 없도록 제한하고 있으나 여기에서의 '정당한 이유'란 사회통념상 고용계약을 계속시킬 수 없을 정도로 근로자에게 책임이 있는 사유가 있다든가 부득이한 경영상의 필요가 있는 경우를 말하는 것이므로 근로계약이나 취업규칙 등에 해고에 관한 규정이 있는 경우 그것이 위의 근로기준법에 위배되어 무효가 아닌 이상 그에 따른 해고는 정당한 이유가 있는 해고이다」라고 판시하고 있다(대법 1992.3.13, 91다39559).

3. 정당한 이유의 판단기준

(1) 정당한 이유

정당한 이유가 있는지의 여부에 있어서는 ① 진실성, ② 객관성, ③ 해고규범(기준) 해당성으로 판단한다.

① 진실성 - 당해 해고사유인 근로자의 작위·부작위(직무태만 등)가 객관적인 사실로서 존재한다.

② 객관성 - 당해 해고사유인 사실이 외부적으로 검증·인식할 수 있는 사실인 것, 즉 증거나 증인 등에 의하여 외부의 제3자로서도 인식될 수 있는 가능한 상태일 것

③ 해고규범(기준) 해당성 - 당해 해고사유인 사실이 취업규칙에 규정되어 있는 해고사유에 해당하거나 적어도 이에 준하거나 비슷한 유형의 사유에 해당할 것

여기에 해당되는 사유로는 일반기업에 있어서 다음과 같이 둘 수 있다.

① 노무제공의 불능, 곤란, 불안정

② 노동능력, 기술, 지식 등의 현저한 결여

③ 노무의 현저한 부적격(업무의 현저한 부적격, 협조성의 결여, 불안전행동의 상습, 직장부적응)

④ 노무신뢰성의 현저한 결여, 상실(직무태만, 업무저해, 중대손해 초래 등을 포함한다)

⑤ 중대한 규율・질서・근무의무 위반

⑥ 중대 또는 반복의 업무명령・직무수행・비밀준수 의무 위반 등

⑦ 기업 또는 종업원의 현저한 명예・신용추락 행위

⑧ 사회적 부당, 불법행위(형사사범, 중대한 위법)

⑨ 경영상의 필요(인원정리, 합리화에 따른 직종・업무의 소멸・감소 등)

⑩ 기타 고용을 계속할 수 없는 부득이한 사유

(2) 사회통념상 근로관계를 계속하는 것이 곤란한 경우

해고에 있어서 사회통념상 상당하다고 인정되지 않는 경우가 있어야한다. 이것은 해고 이유가 정당하고 객관적이고 합리적이라고 인정되더라도 더 나아가 사회통념상에 비추어 근로자를 기업에서 배제할 수밖에 없다고 평가되는 부득이한 경우이어야 한다. 해고이유가 객관적으로 정당한 이유가 있더라도 사회통념상 상당성을 잃은 경우가 아니면 해고권의 남용이 될 수 있다. 사회통념상 상당하다고 인정되지 아니한 경우란 일반기업에 있어서는 다음의 점이 문제된다.

근로자의 취업규칙상 해고사유 해당 사실은 있더라도 다음과 같은 사항을 검토할 필요가 있다.

① 사용자측에서 취업규칙상의 징계사유 위반사실을 알고 방치하거나 묵인하고 있는가

② 사용자가 위반행위 방지를 위해 적절한 지시명령을 결여한다던지 주의, 지도, 감독의 태만이 없었는가

③ 본인의 부적격성 시정을 위한 지도, 배치전환 등 개선의 노력이 있었는가

④ 본인의 지식, 능력, 기술의 부족이나 협조성의 결여 등에 따른 교육, 지도, 훈련 등을 행하였는가

⑤ 상사, 다른 동료 등 관련 행위 위반자의 처분과의 균형에 맞게 해고처분을 하였는가

⑥ 근로자의 귀책사유가 아닌 이른바 정리해고에 있어서 4원칙을 준수하였는가

⑦ 당해 해고가 불법·부당한 목적이나 동기가 있었는가

(3) 판례상의 구체적 사례

가. 정당한 이유 여부

해고의 정당한 이유 여부는 사회통념상 당해 근로자와의 계속적인 근로관계의 유지를 기대할 수 없을 정도의 사정이 있는지를 가지고 개별적·구체적 사안별로 판단하여야 한다. 취업규칙에 규정된 징계해고 사유에 해당된다는 이유만으로 사용자의 모든 징계해고 처분이 정당한 것으로 인정되지 아니한다. 징계해고를 하기 위해서는 사회통념상 고용관계를 계속할 수 없을 정도로 근로자에게 책임있는 사유가 있어야 하며, 이는 당해 사용자의 사업의 목적과 성격, 사용자의 여건, 당해 근로자의 지위 및 담당업무의 내용, 비위행위의 동기와 경위, 위계질서 문란 위험을 포함한 기업질서에 미칠 영향, 과거의 근무태도 등 여러 가지 사정을 종합적으로 검토하여 판단하여야 할 것이다(대법 2009.4.9, 2008두22211 ; 2007.28, 근로기준팀-3764).

나. 정당한 이유와 단체협약이나 취업규칙상의 규정

'정당한 이유'는 단체협약이나 취업규칙 내에 해고의 기준으로 정립될 수 있다. 그러나 단체협약이나 취업규칙 내에 정하여진 해고의 기준이 모두 정당한 것은 아니기 때문에 그 실질적 정당성에 대하여 엄격한 법적 제한이 필요하다. 취업규칙 등의 징계해고 사유에 해당된다고 하여 이루어진 해고처분이 당연히 정당한 것으로 되는 것이 아니라, 사회통념상 고용관계를 계속할 수 없을 정도로 근로자에게 책임있는 사유가 있는 경우에 행하여져야 정당성이 인정되는 것이다. 그리고 사회통념상 당해 근로자와의 고용관계를 계속할 수 없을 정도인지의 여부는 당해 사용자의 사업의 목적과 성격, 사업장의 여건, 당해 근로자의 지위 및 담당직무의 내용, 비위행위의 동기와 경위, 이로 인하여 기업의 위계질서가 문란하게 될 위험성 등 기업질서에 미칠 영향, 과거의 근무태도 등 여러 가지 사정을 종합적으로 검토하여 판단하여야 한다(대법 2003.7.8, 2001두8018 ; 2001.12.28, 2000두7315). 그동안 이에 대한 상당수의 판례와 행정해석이 형성되어 정당한 이유를 판단하는 기준이 되고 있다.

4. 정당한 이유없는 해고의 효력

근로기준법상 "정당한 이유없이 해고하지 못한다"라는 규정을 비롯하여 실태상은 판례법에 의하여 민법 제2조제1항(신의칙) · 제2항(권리남용), 제103조(반사회질서의 법률행위) 등의 일반적 규정의 운용으로서 정당한 이유없이 근로자를 해고한 경우에는 구제명령(근로기준법 제30조) 및 이행강제금(근로기준법 제33조)이 적용되는 것 이외에 그 해고는 사법상 당연히 무효이다. 판례(대법 1969.3.31, 69다135)는 '정당한 이유'가 없이는 해고 등을 할 수 없다는 강행규정임을 명백히 하고 있다. 근로기준법 제23조제1항의 규정은 사용자가 함부로 근로자를 해고 그 밖에 근로자에게 불리한 처분을 과하는 것을 금하여 근로자의 근로권과 생활권을 보호하기 위하여 설정된 것으로서 이에 위반한 해고 그 밖의 사용자의 처분은 당연한 무효가 되는 이른바 강행법규라 할 것이다.

5. 해고처분 정당성의 주장 · 입증책임

따라서 해고 그 밖에 사용자의 처분이 유효하다고 하기 위하여는 사용자측에서 그 처분의 정당한 이유를 주장 입증하여야 한다. 해고에 정당한 이유가 있다는 점의 주장 · 입증책임은 사용자에게 있다(대법 1999.4.27, 99두202 ; 1992.8.14, 91다29811). 실무에서 근로자가 출근을 안 한 사실은 다툼이 없으나, 근로자는 해고를 당하였기 때문에 출근하지 않았다고 주장하고, 사용자는 근로자가 사직을 하였다고 주장하는 경우가 있다. 이 경우 해고 여부에 대한 입증책임이 문제가 된다.

첫째 견해에 의하면 자신에게 유리한 사실을 주장하는 자에게 입증책임이 있다는 대원칙에 비추어 볼 때 해고 등에 대한 구제신청을 하는 자는 최소한 해고 등이 있었다는 사실에 대한 입증책임은 있다고 한다.

둘째 견해에 의하면 부당해고 등 구제신청 사건에서 근로관계의 종료원인을 둘러싸고 근로자측에서는 해고라고 주장하고 사용자측에서는 사직이나 합의해지라고 주장하고 있는 경우에는 사용자측에게 그 종료원인이 사직이나 합의해지라는 점에 대한 입증책임이 있다(서울행법 2008.1.31, 2007구합19195)고 한다.

생각컨대 해고 자체에 대한 입증책임은 원칙적으로 근로자에게 있다(법률요건분류설). 그러나 이는 근로관계 단절의 존재를 입증하라는 의미이고, 그것이 해고란 법률적인 주장이므로 입증의 대상이 아니다. 통상적으로는 사용자도 근로관계 단절은 인정하므로 다툼 없는 사실로 정리하면 될 것이다. 이에 대해 사용자는 그 근로관계의 단절이 해고가 아니라 사직이라는 주장을 함으로 사용자가 사직임을 입증하여야 할 것이다. 사용자가 이를 입증하지 못하는 경우 일응 해고라고 보고 판단을 하여야 할 것이다.

6. 해고사유의 판단시점

해고사유의 존재는 해고의 시점을 기준으로 판단하여야 한다. 해고는 근로관계의 유지를 목적으로 하는 규정인 만큼 근로관계의 유지를 기대할 수 없는 사유가 해고시점에 존재하여야 한다.

Ⅲ. 해고의 종류

1. 보통해고와 징계해고

(1) 보통해고와 징계해고의 의의

많은 취업규칙에는 보통해고와 징계해고를 별도로 규정하고 있다. 이것은 해고사유에 의한 구별이다. 징계해고는 근로자가 기업질서를 위반한 경우에 그 제재로서 행한 해고이다. 이에 대하여 보통해고는 징계해고 이외의 해고로서 근로자가 근로계약에 따른 노무 제공을 할 수 없는 부득이한 사정이 있거나 불완전한 노무제공을 한 경우(예컨대 질병, 능력부족, 적격성 결여 등), 유니온숍 협정에 따른 해고요구를 받는 경우 등이 있다.

징계해고와 보통해고는 그 어느 것이나 당해 근로자와의 근로계약을 사용자측에서 일방적으로 해지하는 것으로 근로계약의 종료를 수반하는 것이다.

(2) 보통해고와 징계해고의 구별의 실익

양자는 그 해약의 정당사유 즉, 해고의 효력발생요건의 차이라는 기본적 조건 및 해고예고수당의 지급이 필요한가라는 근로기준법상의 차이 외에 재취업의 곤란성 등 실질상으로도 중요한 차이가 있다.

그런 의미에서 같은 해고라 해도 징계해고와 보통해고는 원칙적으로 이를 구별해서 취급하여야 할 것이다. 그리고 징계해고 처분은 지나치지만 보통해고는 부득이하다는 경우도 생기는 것이다. 특정 사유가 단체협약이나 취업규칙 등에서 징계해고 사유와 통상해고 사유의 양쪽에 모두 해당하는 경우뿐 아니라 징계해고 사유에는 해당하나 통상해고 사유에 해당하지 않는 경우에도 그 사유를 이유로 징계해고 처분의 규정상 근거나 형식을 취하지 아니하고 근로자에게 보다 유리한 통상해고 처분을 택하는 것은 근로기준법 제23조제1항에 반하지 않는 범위 내에서 사용자의 재량에 속하는 적법한 것이다. 「그러나 근로자에게 변명의 기회가 부여되지 않더라도 해고가 당연시될 정도라는 등의 특별한 사유가 없는 한, 징계해고 사유가 통상해고 사유에도 해당하여 통상해고의 방법을 취하더라도 징계해고에 따른 소정의 절차는 부가적으로 요구된다고 할 것이고, 나아가 징계해고 사유로 통상해고를 한다는 구실로 징계절차를 생략할 수는 없는 것이다」(대법 1994.10.28, 94다25889).

(3) 징계해고 사유가 있는 것을 이유로 보통해고를 할 수 있는지 여부

징계해고는 취업규칙상의 징계사유에 해당하는 경우가 아니면 행할 수 없다. 징계해고는 기업질서 위반에 대한 제재벌로서 통상해고와는 제도상 구별되는 것이고, 실제로도 징계해고는 근로자에게 통상해고에 비하여 단순히 금전적, 경제적인 불이익만을 주는데 그치는 것이 아니라 징계를 받아 해고되었다는 불명예스런 경력을 남기게 되어 재취업에 중대한 장해를 수반하는 특별한 불이익을 주는 것이다. 사용자가 당초 징계해고를 하면서 동일한 비위사실이 통상해고 사유에도 해당한다 하여 예비적으로 통상해고의 의사표시를 하였다는 등의 특별한 사정이 없는 한, 징계해고의 의사표시는 어디까지나 징계해고로서 독자적으로 그 유효성이 검토되어야 하고 징계해고 사유가 통상해고 사유에 해당한다 하여 사후적으로 이른바 징계해고의 통상해고로의 전환을 허용하여서는 아니된다. 처음에는 징계해고를 하였는데 나중에 징계해고로서는 무효이나 보통해고로서는 유효하다고 주장할 수 있을까의 문제이다. 이른바 무효행위의 전환이 징계해고에 관해서도 허용될 수 있느냐의 여부이다. 이를 긍정하는 견해와 부정하는 견해의 대립이 있다.

그러나 해고의 의사표시는 사용자가 가지고 있는 형성권의 행사로서 단독행위에 무효행위의 전환을 허용하면 상대방의 지위를 심히 불안하게 하고 또 그런 것을 쉽게 허용하면 징계해고를 안이하게 행할 우려가 있기 때문에 부정적으로 해석되어야 할 것이다(서울행법 2006.1.27, 2005구합23879).

(4) 징계해고 사유에 기초하여 보통해고를 하는 경우의 유효성의 판단기준

(3)에서 언급한 바와 같이 징계해고 사유가 있는 것을 이유로 보통해고를 할 수 있는가의 문제인데 이 경우 해고의 유효성은 징계해고 사유를 기준으로 할 것인가 보통해고를 기준으로 할 것인가의 문제가 있다. 이 점에 관하여 다툼이 있을 수 있으나 해고는 원칙적으로 정당한 이유가 있어야 하므로 보통해고를 하는 이상 당해 해고의 효력은 징계해고의 요건을 갖추는 것이 아니라 보통해고의 요건을 충족하는 것으로 충분한 것이다.

2. 예고해고와 즉시해고

해고의 사전절차라는 면에서 구별하면 예고해고와 즉시해고가 있다. 사용자가 근로자를 해고하는 경우에는 민법상으로는 해지의 통고를 하려면 1월전까지 하여야 하며(민법 제660조제2항) 기간으로 보수를 정한 때에는 사용자는 예고한 후 당기 후 1기의 경과시 해지의 효력이 발생한다(민법 제660조제3항). 이 점에서 근로기준법에 의하여 수정되어 원칙적으로 적어도 30일 전에 예고를 하여야 하고 30일 전에 예고를 하지 아니하였을 때에는 30일분 이상의 통상임금을 지급(해고예고수당이라고 한다)하여야 한다(근로기준법 제26조 본문). 이 절차에 따라 행하는 해고를 예고해고라 한다. 이 원칙에 대하여 「천재・사변, 그 밖의 부득이한 사유로 사업을 계속하는 것이 불가능한 경우 또는 근로자가 고의로 사업에 막대한 지장을 초래하거나 재산상 손해를 끼친 경우로서 노동부령으로 정하는 사유에 해당하는 경우」에는 해고예고나 해고예고수당의 지급을 하지 않을 수 있다(근로기준법 제26조 단서). 이러한 해고예고 내지 해고예고수당을 지급하지 않을 수 있는 해고를 즉시해고라 한다. 위와 같이 보통해고・징계해고는 해고이유에 의한 구별이고 예고해고·즉시해고는 예고 내지 예고수당을 지급하는지의 유무에 따른 구분으로서 해고란 점에서는 동일하다.

3. 경영상의 이유에 의한 정리해고의 제한

근로기준법 제24조제1항에 의하면 사용자가 경영상의 이유에 의하여 근로자를 정리해고하고자 하는 경우에는 긴박한 경영상의 필요가 있어야 한다. 이 경우 경영악화를 방지하기 위한 사업의 양도, 인수·합병은 긴박한 경영상의 필요가 있는 것으로 본다고 규정하여 정리해고의 요건과 절차를 명시하였다. 이에 관한 설명은 별도의 항목에서 언급한다.

2장

법률상 해고가 제한되는 경우를 둘러싼 법률실무

해고는 원칙적으로 정당한 이유가 있어야 행사할 수 있는 사용자의 권한으로 이와 같은 정당한 이유가 없는 경우 이외에도 법률상 당연하게 해고가 금지되거나 제한되는 경우가 있다.

법률에 의한 해고금지

근거조문	금지되는 해고사유
근로기준법 제6조	남녀, 국적, 신앙 또는 사회적 신분
근로기준법 제23조	정당한 이유
근로기준법 제104조, 산업안전보건법 제52조, 진폐의예방과진폐근로자의보호등에관한법률 제29조	각 법률 위반사실을 노동부장관이나 근로감독관에게 통보한 것
산업안전보건법 제25조제3항	산업재해발생의 급박한 위험으로 인하여 작업중지 및 대피를 한 경우
진폐의예방과진폐근로자의보호등에관한법률 제22조제2항	작업전환조치된 자에 대한 퇴직금지급을 이유로 한 것
남녀고용평등법 제11조제1항, 제2항	여성 혼인·임신 출산

남녀고용평등법 제14조·제14조의2	직장내 또는 고객에 의한 성희롱 발생시 피해여성
남녀고용평등법 제19조 제19조의2	육아휴직 육아기 근로시간 단축
노조법 제81조제1호	① 근로자가 노동조합의 조합원인 것 ② 노동조합 가입 또는 결성 ③ 노동조합의 정당한 행위
제5호	① 정당한 단체행위참가 ② 노동위원회신고, 증언, 행정관청 증거제출
고용보험법 제105조	피보험자 확인청구
기간제법 제16조	① 부당한 초과근로요구거부 ② 차별적 처우에 대한 시정 신청, 노동위원회참석 및 진술, 재심신청 또는 행정소송의 제기 ③ 시정명령 불이행의 신고 ④ 감독기관에 대한 통고
고용상연령차별금지및고령차고용촉진에관한 법률 제14의9	차별에 대한 진정·답변·증인, 소송, 신고 등을 한 것

Ⅰ. 노조법에 의한 제한

노동조합의 조합원이라는 것, 정당한 조합활동을 하였다는 것 등을 이유로 하는 해고는 헌법 제33조의 단결권 등의 보장을 내용으로 하는 사회질서에 위반이 되어 무효로 된다. 또한 그러한 해고는 부당노동행위로서 노동위원회에 의한 구제명령의 대상이 된다(노조법 제81조).

1. 부당노동행위로서의 해고와 그 범위

(1) 부당노동행위로서의 해고

노조법 제81조는 사용자의 부당노동행위로서 ① 노동조합의 조직·가입·활동에 대한 불이익 대우, ② 비열계약의 체결, ③ 단체교섭의 거부 또는 해태, ④ 노동조합의 조직·운용에 대한 지배·개입과 경비원조, ⑤ 단체행동에의 참가 또는 그 밖의 노동위원회 및 행정관청에의 신고 등에 대한 불이익대우 등 5가지를 들어 금지하고 있다.

이 중에서 근로자에게 신분상의 불이익 특히 해고의 위협을 주게 되는 것은 제1호와 제5호에서 말하는 불이익대우와 함께 제2호에서 정하는 비열계약의 체결이다. 이를 나누어 보면 다음과 같다.

(2) 노동조합의 조직 · 가입 · 활동에 따른 해고

노조법 제81조제1호는 「근로자가 노동조합에 가입 또는 가입하려고 하였거나 노동조합을 조직하려고 하였거나 기타 노동조합의 업무를 위한 정당한 행위를 한 것을 이유로 그 근로자를 해고하거나 그 근로자에게 불이익을 주는 행위」를 금지하고 있다.

가. 노동조합에 가입한 이유

「노동조합에 가입」한 이유로 한다는 것은 근로자가 기존의 노동조합에 가입하여 현재 조합원이 되어 있음을 이유로 한다는 의미이다. 여기서 노동조합이란 노조법 제2조제4호에 의한 노동조합을 말한다. 신고를 하지 아니한 조합의 조합원인 경우 문제가 될 수 있으나 동법 제2조제4호의 규정에 따라 근로자의 자주적 단체로서 노동조합의 실질적 요건을 구비하고 있는 경우에는 부당노동행위제도의 취지에 비추어 이들에 대하여도 「불이익대우」가 성립한다(노조법 제7조제2항). 근로자들 중 과장급 이상의 직원들은 소속 직원의 업무 분장 · 근태 관리 등에 관해 전결권을 부여받은 자들로서 노조법 제2조제2호의 '근로자에 관한 사항에 대하여 사업주를 위하여 행동하는 자'에 해당하고, 업무 내용으로 봐서 주임급 이하의 직원들 또한 노조법 제2조제4호 가목의 '항상 사용자의 이익을 대표하여 행동하는 자'로 볼 수 있어 한국○○지부 조합원으로서의 자격을 가지지 아니한다고 할 것이다. 따라서 이 사건 근로자들은 노조의 조합원이 될 수 없음에도 가입돼 있는 것을 시정하기 위해 노조를 탈퇴하지 않았다는 이유로 내린 징계처분은 부당노동행위에 해당하지 않는다(대법 1989.11.14, 88누6924 ; 서울행법 2007.11.9, 2007구합17731).

나. 노동조합에 가입하려고 하였거나 조직하려고 한 이유

근로자가 기존의 노동조합에 가입한다는가 이를 새로이 소식하는 행위는 단결권의 행사이므로 근로자의 이러한 권리행사를 방해하는 행위는 당연히 헌법상 보장된 기본권을 침해하는 것이다.

부당노동행위의 유형 중 실제에 있어서 신규조직의 설립시 가장 많이 나타나는 형태이다. 노조 설립에 주도적인 역할을 한 근로자에 대한 해고가 전형적인 모습이다.

노조의 설립 활동의 시점을 언제로 볼 것인가 하는 것이 문제이겠으나 설립에 찬동하는 자를 물색하는 등 초기단계로부터 인정함이 옳다. 가입하려한 시점은 가입의 의사를 확인할 수 있는 사실관계에 따라 판단하여야 할 것이다.

다. 노동조합의 업무를 위한 정당한 행위를 한 이유

「노동조합의 업무를 위한 정당한 행위」 요건은 다시 「노동조합의 업무」와 「정당한 행위」로 나누어 보아야 한다.

노동조합의 업무

노동조합이 하나의 단체인 이상 단체가 가지는 목적 및 이를 달성하는데 필요한 범위 내에서 조직적인 통일의사에 의하여 행하는 활동과 이에 부수되는 활동을 노동조합의 업무라고 할 수 있다. 그러므로 단체교섭과 단체행동 등 직접적인 대사용자 활동 뿐만 아니라 노동조합의 상례적인 업무·회의참석·발언·간부선거·업무출장 등은 당연히 노동조합의 업무에 속한다고 할 수 있다.

조합원의 행위가 이에 해당되느냐는 노동조합의 목적과 기능 등에 따라 판단하여야 하되 객관적으로 노동조합을 위하여 하는 행위이냐가 판단기준이 되어야 할 것이다. 외견상으로는 개인적인 행위이지만 조합원이 근로조건에 관하여 의견을 교환한다든가 사용자에게 건의하는 등의 행위는 조합활동으로 보아야 할 것이다.

「사용자가 근로자를 해고함에 있어서 표면상의 해고사유와는 달리 실질적으로는 근로자가 노동조합 업무를 위한 정당한 행위를 한 것을 이유로 해고한 것으로 인정되는 경우에는 부당노동행위라고 보아야 하고, 근로자의 노동조합 업무를 위한 정당한 노동조합 행위를 실질적인 해고사유로 한 것인지의 여부는 사용자측이 내세우는 해고사유와 근로자가 한 노동조합 업무를 위한 정당한 행위의 내용 사용자와 노동조합과의 관계, 해고의 시기, 기타 부당노동행위 의사의 존재를 추정할 수 있는 모든 사정을 비교, 검토하여 종합적으로 판단하여야 한다」(대법 2006.9.8, 2006도388 ; 1993.12.10, 93누4595). 그러므로 판례(대법 2008.6.26, 2007두223443 ; 1999.7.9, 97다36224)는 「정당한 해고사유가 있어 해고한 경우에 있어서는 비록 사용자가 근로자의 노동조합 활동을 못마땅하게 여긴 흔적이 있다거나 사용자에게 반노동조합 의사가 추정된다고 하더라도 당해 해고사유가 단순히 표면상의 구실에 불과하다고 할 수는 없는 것이므로 부당노동행위에 해당한다고 할 수 없다」고 판시하고 있다.

정당한 행위

모든 조합활동에 대한 불이익대우가 금지되어 있는 것이 아니라, 「정당한」 조합활동만이 부당노동행위제도에 의하여 보호를 받는다. 정당성의 한계는 목적, 내용, 질차 등에서 찾아야 한다. 조합의 결의나 통제에 반하는 행위, 자신의 권리나 직위와 전혀 상관없는 행위 등은 원칙적으로 정당한 행위라고 볼 수 없다. 근무시간 중의 조합활동은 단체협약이나 취업규칙에서 인정된 경우, 사용자가 허가한 경우, 정당한 쟁의행위 절차에 따른 경우에 가능하다.

(3) 비열계약(황견계약)에 따른 해고

노조법 제81조제2호는 「근로자가 어느 노동조합에 가입하지 아니할 것 또는 탈퇴할 것을 고용조건으로 하거나 특정한 노동조합의 조합원이 될 것을 고용조건으로 하는 행위. 다만, 노동조합이 당해 사업장에 종사하는 근로자의 3분의 2 이상을 대표하고 있을 때에는 근로자가 그 노동조합의 조합원이 될 것을 고용조건으로 하는 단체협약의 체결은 예외로 하며, 이 경우 사용자는 근로자가 그 노동조합에서 제명된 것 또는 그 노동조합을 탈퇴하여 새로 노동조합을 조직하거나 다른 노동조합에 가입한 것을 이유로 근로자에게 신분상 불이익한 행위를 할 수 없다」고 규정하고 있다.

가. 비열계약의 의의

노조법 제81조제2호 본문은 「근로자가 어느 노동조합에 가입하지 아니할 것 또는 탈퇴할 것을 고용조건으로 하거나 특정한 노동조합의 조합원이 될 것을 고용조건으로 하는 행위」를 부당노동행위라고 규정하고 있는데, 이 규정이 소위 비열계약 금지조항이다.

비열계약의 금지는 원래 와그너(Wagner)법 제8조 (3) 그 후 태프트-하틀리(Taft-Hartlry)법 제8조 a) (3)이 규정한 것인데 우리 노조법이 이를 받아들인 것이다. 비열계약은 기업이 근로자를 고용하고자 할 때 고용의 조건으로 ① 노동조합에의 불가입 또는 이미 가입하고 있는 경우에는 탈퇴 또는 ② 사용자가 지정하는 특정조합 즉, 어용조합에의 가입강제를 약속시키는 계약이다.

또한 이와 같은 반조합적 조건을 고용조건으로 하는 것은 반드시 근로계약 체결시에 약정될 필요는 없으며 근로자로 채용된 후에 고용계약의 조건으로 약정하는 것도 동일하게 보아야 한다.

비열계약은 헌법 제33조제1항과 노조법 제81조에 위배되므로 사법상 당연히 무효이다(민법 제103조). 그러나 이 경우 비열계약의 부분만이 무효이며 근로계약 전체가 무효로 되는 것은 아니다. 비열계약을 근거로 하여 행하여진 해고는 무효이며, 실제에 있어서는 불이익취급으로서 해고의 경우와 같이 다루어진다.

나. 유니온 숍(union shop) 협정과 부당노동행위

노조법 제81조제2호 단서 전단은「노동조합이 당해 사업장에 종사하는 근로자의 3분의 2 이상을 대표하고 있을 때에는 근로자가 그 노동조합의 조합원이 될 것을 고용조건으로 하는 단체협약의 체결은 예외로 한다」고 규정하고 있다. 이와 같은 유니온 숍 협정은 노동조합의 발의를 기초로 하여 단결강화를 위해 체결한 것이므로 문제의 소재는 사용자의 부당노동행위의 인정에 있는 것이 아니다. 그러므로 동호의 규정은 소극적으로 사용자가 이러한 유니온 숍 협정을 체결하더라도 이를 부당노동행위로서 취급하지 않겠다는 데 지나지 않는다. 즉, 부당노동행위제도의 예외로서 유니온 숍 제도를 인정하고 있을 뿐이다.

유니온 숍 협정의 의의는 새로 채용되는 근로자를 노동조합으로 조직화하고 기존 조합원이 조합으로부터 탈퇴하는 것을 방지하려는 것이므로 사용자가 일정한 기간내에 조합에 가입하지 않는 자 또는 노동조합으로부터 탈퇴 또는 제명된 자를 해고하는 것이 원칙이다. 그러나 동호 단서 후단은「사용자는 근로자가 당해 노동조합에서 제명된 것을 이유로 신분상 불이익한 행위를 할 수 없다」고 규정하고 있다. 이와 같이 우리나라는「제명」된 자는 해고할 수 없지만「탈퇴」한 자는 단체협약에서 해고해야 한다고 규정하는 경우에 해고하는 이른바「불완전 유니온 숍」제도를 가지고 있었으나 2010.1.1.부터 복수노조의 허용으로「그 노동조합을 탈퇴하여 새로 노동조합을 조직하거나 다른 노동조합에 가입한 것을 이유로 근로자에게 신분상 불이익한 행위를 할 수 없다」고 규정하고 있다(노조법 제81조제2호 단서).

신규노조가 설립될 때 체결한 유니온 숍(union shop) 협정이 새로 채용되는 근로자에게 적용된다는 것은 이의가 없으나 노조설립 이전에 이미 채용된 근로자에게도 적용되는지 여부에 대해서는 이론이 있다.「그러나 노동조합과 사업주가 단체협약에 구속되지 않는 조합원이 아닌 근로자의 의사에 반하는 근로조건 기타의 사항에 관하여 교섭, 협약을 체결할 수 없는 것이므로 기존 근로자의 노조가입은 본인의 의사결정에 따라야 한다」(1989.3.21, 노조 01254-1004).

(4) 보복적 해고

노조법 제81조제5호에서는「근로자가 정당한 단체행위에 참가한 것을 이유로 하거나 또는 노동위원회에 대하여 사용자가 이 조의 규정에 위반한 것을 신고하거나 그에 관한 증언을 하거나 행정관청에 증거를 제출한 것을 이유로 그 근로자를 해고하거나 그 근로자에게 불이익을 주는 행위」도 이른바 보복적 해고로서 부당노동행위라고 규정하고 있다.

가. 정당한 단체행동

단체행동은 근로자가 특정목적을 위하여 집단적으로 행동하는 것을 말한다. 단체행동은 주체에 있어서 노동조합의 유무와 무관하며, 목적에 있어서도 근로조건의 유지·개선 등을 위한 주장의 관철을 위한 권리분쟁에 국한되어야 한다는 견해와 이익분쟁도 모두 포함하는 견해가 있으나 단체협약의 이행 확보나 부당노동행위의 취소를 위한 권리분쟁에 국한된다는 견해가 노조법 제2조제5호에 비추어 타당하다고 본다.

단체행동은 그 주체가 노동조합이냐 아니냐 또는 이익분쟁에 관한 것이냐 권리분쟁에 관한 것이냐 등에 따라서도 구분할 수 있으나 그 행동이 근로계약을 준수하고 정상적인 업무를 수행하면서 이루어지느냐 여부에 따라 단순 단체행동, 준법투쟁, 쟁의행위로 나누어 볼 수 있다. 특히 쟁점이 되는 것이 쟁의행위의 정당성 여부를 둘러싼 문제이다.

노조법 제2조제5호에서 말하는 노동쟁의는 단체교섭의 결과 그 주장이 일치되지 아니하여 발생하는 것이므로 근로조건에 관한 것으로 해석하여야 할 것이다.

쟁의행위의 목적이 아무리 정당하여도 그것을 달성하기 위한 방법이나 수단이 정당성을 결여하는 경우 전체로서 그 행위는 정당성을 결여하는 것이 된다. 노조법 제4조에 노동조합의 행위가 노동조합의 목적을 달성하기 위한 것이면 이는 정당하나 「어떠한 경우에도 폭력이나 파괴 행위는 정당한 행위로 해석되어서는 아니된다」고 규정하고 있다.

쟁의행위는 다수의 근로자가 사용자에게 압력을 가하기 위한 실력행사로서 사용자에게 긴박한 분위기를 조성하게 된다. 그러므로 폭력의 개념을 확대 해석하여 정당성을 결여하는 것으로 취급하는 것은 위험한 일이므로 신중하게 판단하여야 한다.

또한 쟁의행위는 노동조합의 통일적 의사에 의하여 행하여지는 것이므로 일부 근로자의 개별적인 폭력 등 불법행위를 가지고 쟁의행위 자체를 정당성이 없는 것으로 판단할 수 없다. 이때 불법행위를 한 개별근로자의 책임 문제는 별개이다. 따라서 쟁의행위의 정당성 여부는 쟁의행위 전체를 통일적으로 파악하여 판단하여야 한다.

나. 노동위원회에의 신고・증언

사용자가 노조법 제81조를 위반하여 부당노동행위를 한 경우 이로 인하여 그 권리를 침해당한 근로자 또는 노동조합은 노동위원회에 그 구제를 신청할 수 있다(노조법 제82조제1항). 노동위원회에 대하여 사용자가 제81조제5호의 규정에 위반한 것을 「신고」한다는 것은 위와 같이 그 권리를 침해당한 근로자 또는 노동조합이 행하는 「구제신청」보다는 넓은 의미로 해석하여야 할 것이다. 따라서 반드시 직접 이해관계에 있지 않은 자가 어느 사용자의 부당노동행위를 노동위원회에 신고하였다 하여 사용자가 당해 근로자를 해고하지 못한다.

노동위원회가 노조법 제82조에 의한 구제신청을 받은 때에는 필요한 조사와 관계당사자의 심문을 하여야 한다(노조법 제83조제1항). 노동위원회가 이에 따른 심문을 함에 있어서는 관계 당사자에 대하여 증거의 제출과 증인에 대한 반대심문을 할 수 있는 충분한 기회를 주어야 한다(노조법 제83조제2항). 따라서 관계 당사자로서 노동위원회에 출석하여 심문에 응한 경우에는 물론이고 증인으로 출석하여 증언한 것을 이유로 해고하지 못한다.

다. 행정관청에의 증거제출 등

그 밖에 노조법 제81조제5호는 「기타 행정관청에 증거를 제출한 것」을 이유로 해고하지 못한다고 하였다.

사용자가 근로기준법과 그 시행령 등을 위반한 것을 근로감독관에게 통보한 것을 이유로 해고하지 못하는 것(근로기준법 제104조제2항)과 마찬가지로 이 규정은 사용자가 노조법을 지키도록 하고 행정관청의 기능을 확보하기 위한 것이다.

2. 부당노동행위로서 해고의 범위 및 효력

노조법 제81조제1호 및 제5호에서 규정하고 있는 부당노동행위로서의 해고란 이른바 징계해고, 기업합리화를 이유로 한 정리해고, 그 밖의 위장된 이유에 의한 해고이든 이를 불문한다.

헌법 제33조제1항이 보장하고 있는 노동기본권에 대한 침해행위는 특히 이를 부당노동행위라 하여 노조법이 구제제도를 마련하고 있는데 이와 같은 부당노동행위로서의 해고의 효력은 사법상 무효라고 해석되어야 할 것이다.

3. 근로계약의 갱신거부

기간의 약정이 있는 근로계약에 대하여 사용자가 단결권 활동을 방해할 목적으로 차별적 취급의사를 가지고 계약갱신을 거절하는 경우도 노조법 제81조제1호의 불이익취급의 한 형태로서 부당노동행위에 해당된다.

4. 부당노동행위와 정당한 이유가 겹치는 경우의 해고

부당노동행위와 관련해서 사용자가 행한 해고처분이 부당노동행위에 해당되나, 그 원인에 있어서 근로기준법 제23조제1항의 '정당한 이유'를 아울러 구비하고 있는 경우에 그 처분의 효력이 문제되고 있다. 이에 관하여는 별도로 (Ⅱ. 부당노동행위와 정당한 이유가 겹치는 경우의 해고)에서 설명한다.

Ⅱ. 부당노동행위와 정당한 이유가 겹치는 경우의 해고

1. 징계사유의 경합

부당노동행위와 정당한 이유가 겹치는 경우의 해고는 개별 사안에 따라 구체적인 해고의 사유가 무엇인지를 잘 따져서 판단할 문제이다. 정당한 이유는 그 존재가 확실한 반면 지배개입 의사가 해고의 주된 동기라고 보기 힘든 경우(부당노동행위 여부가 단순 개연성을 가지거나 불명한 경우가 될 것이다)는 해고는 유효하다고 판단될 것이나, 반면 부당노동행위로 보이는 측면이 보다 분명한 경우에는 정당한 이유의 주장에도 불구하고 해고는 무효로 판정될 가능성이 높다.

2. 징계사유의 경합에 관한 견해와 판례의 입장

징계사유와 부당노동행위 의사가 경합하는 경우 근로자에 대한 불이익의 정도와 사용자의 부당노동행위 의사를 확인하는 절차를 거치게 된다. 사용자의 부당노동행위 의사의 유무와 관련하여 견해의 대립이 있다.

(1) 의사불필요설 또는 객관적 인과관계설

외형적, 객관적으로 누가 보아도 불이익처분을 한 것이라고 할 정도로 입증되었다면 사용자의 부당노동행위 의사가 없었다 하더라도 부당노동행위로 보아야 한다는 견해이다.

(2) 의사필요설 또는 주관적 인과관계설

외형적, 객관적 사실에서 추정이 가능한 정도로 사용자의 부당노동행위

의사를 입증하는 것이 필요하다는 견해가 있다.

(3) 판례의 입장

판례의 입장은 기본적으로 의사필요설에 입각하고 있다. 음주・무면허 운전으로 집행유예를 선고받은 근로자에 대한 면직처분이 사회통념상 고용관계를 계속할 수 없을 정도로 근로자에게 책임 있는 사유가 발생한 경우에 해당한다고 보기 어려우므로 정당한 사유가 없어 위법하지만 위 면직처분이 사용자의 부당노동행위 의사에 기인한 것이라는 점에 대해서는 증명이 부족하여 부당노동행위에는 해당하지 않는다고 판단하였다(대법 2007.11.15, 2005두4120). 이 판례는 「사용자의 행위가 노조법에 정한 부당노동행위에 해당하는지 여부는 사용자의 부당노동행위 의사의 존재 여부를 추정할 수 있는 모든 사정을 전체적으로 심리 검토하여 종합적으로 판단하여야 하고, 부당노동행위에 대한 증명 책임은 이를 주상하는 근로자 또는 노동조합에게 있으므로, 필요한 심리를 다하였어도 사용자에게 부당노동행위 의사가 존재하였는지 여부가 분명하지 아니하여 그 존재 여부를 확정할 수 없는 경우에는 그로 인한 위험이나 불이익은 그것을 주장한 근로자 또는 노동조합이 부담할 수 밖에 없다. 이와 관련하여 사용자가 근로자에게 징계나 해고 등 기타 불이익한 처분을 하였지만 그에 관하여 심리한 결과 그 처분을 할 만한 정당한 사유가 있는 것으로 밝혀졌다면 사용자의 그와 같은 불이익한 처분이 부당노동행위 의사에 기인하여 이루어진 것이라고 섣불리 단정할 수 없다」고 한다. 판결례 중에는 그 의사의 존재에 대하여 객관적 사실로 추성할 수 있는 정도면 충분하다고 함으로써 의사불필요설과 큰 차이를 보이지 않는 것도 존재한다(대법 2006.9.8, 2006도388).

그러나 다수의 판결례는 사용자가 정당한 해고사유가 있어 근로자를 해고한 경우에 있어서는 비록 사용자가 근로자의 노동조합 활동을 못마땅하게 여긴 흔적이 있다거나 사용자에게 반 노동조합의사가 추정된다고 하더라도 당해 해고사유가 단순히 표면상의 구실에 불과하다고 할 수는 없을 것이므로 불이익취급의 부당노동행위에 해당한다고 할 수 없나는 입장을 견지하고 있다(대법 2007.11.15, 2005두4120 ; 2004.2.13, 20038876). 판례는 사용자의 부당노동행위 의사 확인보다 근로자에 대한 불이익처분의 정도와 그 근로자의 형태(비위행위, 근무태도 등)를 중심에 놓고 판단한다. 즉 징계처분은 원칙적으로 인사권자인 사용자의 권한에 속하므로 업무상 필요한 범위 내에서 사용자는 상당한 재량을 가지며 그것이 근로기준법 등에 위반되거나 권리남용에 해당되는 등의 특별한 사정이 없는 한 무효라고 할 수 없고, 징계처분이 권리남용에 해당하는지의 여부는 징계처분의 업무상 필요성과 형평성 등을 비교 형량하고 징계처분의 과정에서 신의칙상 요구되는 절차를 거쳤는지 여부를 종합적으로 고려하여 결정하여야 한다는 것이다. 이러한 판단구조에 따라 부당노동행위를 판단하기에 앞서 근로자의 행위와 해고를 비교 형량하여 해고가 부당하다고 판단되면(상당성판단), 당해 해고처분이 실질적으로 노동조합을 조직하여 활동한 것에 대하여 불이익을 주기 위한 것으로서 부당노동행위에 해당한다고 귀납적으로 판단한다(대법 2000.4.11, 99두2963).

3. 해고가 정당하다고 한 사례

① 판례는 징계해고에 관하여「원고의 노동조합 활동을 배제하려는 의도가 추정된다고 하여도 징계해고 요건 사실이 명백히 인정되어 더 이상 고용관계를 계속시킬 수 없다고 보아 해고한 이상 반노동조합의 의사가 추정된다는 것만으로 위 해고처분은 위법하다고 볼 수는 없다」(대법 1997.3.14, 96누5520)고 판시하고 있다.

② 판례(대법 2006.9.8, 2006도388 ; 2000.4.11, 99두2963)는「사용자가 근로자를 해고함에 있어서 표면적으로 내세우는 해고사유와는 달리 실질적으로 근로자의 정당한 노동조합 활동을 이유로 해고한 것으로 인정되는 경우에 있어서 그 해고는 부당노동행위라고 보아야 할 것이다. 근로자의 노동조합 업무를 위한 정당한 행위를 실질적인 해고사유로 한 것인지의 여부는 사용자측이 내세우는 해고사유와 근로자가 한 노동조합 업무를 위한 정당한 행위의 내용, 해고를 한 시기, 사용자와 노동조합과의 관계, 동종의 사례에 있어서 조합원과 비조합원에 대한 제재의 불균형 여부, 종래의 관행에 부합 여부, 사용자의 조합원에 대한 언동이나 태도, 기타 부당노동행위 의사의 존재를 추정할 수 있는 제반 사정 등을 비교 검토하여 종합적으로 판단하여야 한다」고 한다.

③ 판례(대법 1999.7.9, 97다36224)는 「정당한 해고사유가 있어 해고한 경우에 있어서는 비록 사용자가 근로자의 노동조합 활동을 못마땅하게 여긴 흔적이 있다거나 사용자에게 반노동조합 의사가 추정된다고 하더라도 당해 해고사유가 단순히 표면상의 구실에 불과하다고 할 수는 없는 것이므로, 부당노동행위에 해당한다고 할 수 없다」고 판시하고 있다.

④ 사용자의 근로자에 대한 불이익처분을 할 당시 실제로 그 처분사유가 존재하였고 당시 사정으로 보아 사용자가 당해 불이익처분을 할 만한 정당한 이유가 있다고 판단한 것이 무리가 아니었다고 인정되는 경우에는 그 불이익처분이 노조법 제90조, 제81조제1호의 형사처벌 대상이 되는 부당노동행위에 해당한다고 단정하기는 어렵다(대법 2008.9.25, 2006도7233)고 한다.

4. 해고가 부당하다고 한 사례

그리고 노동조합에 대해 불이익을 주기 위한 징계는 부당노동행위이다. 판례(대법 2001.4.27, 99두11059)는 「종래 다른 근로자들이 영업시간 중에 버스정류소에서 노동조합의 업무와 관련해 유인물을 배포한 경우에는 이를 문제삼지 않았는데 노동조합과 단체교섭 결과 원고들이 이 사건 유인물로서 요구한 내용이 대폭 반영된 임금협정을 체결한 직후에 갑자기 수개월 전의 유인물 배포행위를 문제 삼아 원고들에 대해 징계전직처분을 하고 이에 불응하는 원고들을 징계해고 하기에 이르렀다. 이 사건 징계처분은 실질적으로 원고들의 노조활동에 대해 불이익을 주기위한 것으로 그 징계사유는 표면적으로 내세운 사유에 불과하다 할 것이므로 부당노동행위에 해당하고 징계전직처분에 응하지 아니한 행위를 징계사유로 삼아 이루어진 징계해고 역시 부당노동행위로서 부당해고에 해당한다」라고 판시하고 있다.

Ⅲ. 업무상의 부상 · 질병에 의한 휴업, 산전후 휴가중 및 그 후의 30일의 해고 금지

1. 해고금지의 취지

근로기준법 제23조제2항 본문에 「사용자는 근로자가 업무상 부상 또는 질병의 요양을 위하여 휴업한 기간과 그 후 30일 동안 또는 산전·산후의 여성이 이 법에 따라 휴업한 기간과 그 후 30일 동안은 해고하지 못한다」고 규정한 취지는 근로자가 업무상의 재해 또는 출산으로 인하여 노동력을 상실하고 있는 기간과 노동력을 회복하기에 필요한 그 후의 30일간은 근로자를 실직의 위협으로부터 절대적으로 보호하고자 함에 있다(대법 2001.6.12, 2001다13044).

사용자가 이에 위반하여 근로자를 해고한 경우에는 위법한 해고로서 무효라고 할 것이고, 해고 후 해고금지기간의 경과로 인하여 무효였던 해고가 유효로 될 수도 없다고 할 것이다. 회사로부터 적법 절차에 따라 해고될 때까지는 그 신분을 유지하면서 근로계약상의 급여청구권 등을 행사할 수 있을 뿐만 아니라, 근로자가 위 해고처분의 위법성을 다투고 있는 이상 회사로서는 그 무효 확인을 구할 법률상의 이익이 있다.

2. 해고금지기간 해당 여부

(1) 산전·산후휴가기간에 행해진 파면처분이 그 후 취소되어 해임처분으로 변경될 경우

파면처분이 비록 산전·산후휴가기간 중에 행하여졌다고 하더라도 재심위원회의 재심의결에 따라 근로기준법 제23조제2항에 의하여 해고가 금지되는 기간을 훨씬 지난 때에 원징계처분인 파면을 해임으로 결정하는 처분이 행하여졌다면 위 파면처분은 소급하여 실효되고 해임처분이 그 효력을 발생한 것이라 할 것이니 위 해임처분은 위 법조의 해고금지를 위반한 것이라고 할 수 없어 유효하다(대법 1993.9.28, 93다5765).

(2) 업무상 부상으로 치료 중에 정상적으로 출근하고 있는 경우

따라서 근로자가 업무상의 부상 등으로 치료 중이라 하더라도 휴업하지 아니하고 정상적으로 출근하고 있는 경우, 또는 업무상의 부상 등으로 휴업하고 있는 경우라도 그 요양을 위하여 통원치료를 하면서 회사에는 출근하여 근로를 제공하고 있는 경우에는 근로기준법 제23조제2항의 해고가 제한되는 휴업기간에는 해당하지 아니한다. 요양과 휴업사이에는 상당인과관계가 존재하지 않으면 안 된다. 판례(대법 1991.8.27, 91누3321)는 「트럭운전수가 업무상의 부상을 입고 통원치료를 받은 결과 일상생활 및 직장생활이 가능하다는 진단을 받고 그 날부터 정상적으로 출근을 하였다면, 특별한 사정이 없는 한 요양을 위한 휴업기간은 통원치료가 끝나 정상적으로 출근할 수 있게 된 그 전날까지로 보아야 할 것이고, 위 치료기간 중 회사에 나와 파업농성을 주도했다는 것만으로는 업무성격으로 보아 부상의 요양을 위하여 휴업을 할 필요가 없는 경우라고 단정할 수는 없다」고 하여 요양을 위한 휴업기간 중의 휴업에 대하여 엄격한 제한을 가하고 있다.

(3) 휴업의 범위에 일부휴업의 포함 여부

업무상의 부상·질병 및 산전·산후의 휴가로 인하여 휴업 중 및 그 후의 30일 동안은 해고가 금지되어 있는데, 이 '휴업'에는 일부휴업도 포함되므로 30일에 1회 치료만을 위하여 전부 또는 일부휴업하고 있는 근로자도 그 해고 후 30일 동안은 해고하지 못한다. 또한 이 해고의 금지규정은 근로자의 귀책사유를 제외하고 있지 아니하므로 설령 근로자의 중대한 비행을 이유로 하는 징계해고라 할지라도 금지되어 있다. 따라서 이 동안에는 근로자의 횡령사실이 발각되었을지라도, 본인이 퇴직한다면 모르되 회사측에서 그만두게 할 수는 없다.

3. 해고금지기간 중의 해고예고의 효력

해고제한에 있어서 학설상 해고제한을 보다 두텁게 보호하는 관섬에서 사용자는 해고제한 기간 내에는 해고예고를 포함하여 해고의 의사표시를 하는 것은 일체 금지된다는 견해가 많다. 그러나 행정해석(2007.11.29, 근로기준팀-8048 ; 2004.8.27, 근로기준과-4503)은 사용자는 제한 기간내에 효력이 발생하는 해고를 금지시키는 것이라고 해석하여 치료기간 중 치유 후 30일의 경과 후에 해고한다는 취지의 예고해고는 해고제한의 위반이 되지 아니한다고 하므로 해고금지기간에도 사용자의 해고예고조치는 가능하다. 근로기준법이 「휴업한 기간」 및 「그 후 30일간」은 해고금지기간으로 규정하고 있는 것은 휴업기간 종료시점에서의 해고예고를 예상하여 그 효과발생을 해고예고 의무규정(근로기준법 제26조)에 따라 30일 앞서 규정한 것이 그 취지라고 읽을 수도 있다. 「해고」와 「해고예고」는 근로기준법상 명확히 구분하여 사용하고 있으므로 규정의 문언상 행정해석이 타당하다는 견해가 있으나 해고금지기간의 취지를 고려할 때 해고예고는 금지된다는 견해가 타당하다.

4. 해고금지의 예외

(1) 일시보상의 지급

해고금지의 예외로서 첫째 업무상 재해에 의한 요양의 경우의 해고금지에 있어서이다. 요양개시 2년경과 후 사용자가 일시보상을 하였을 경우(근로기준법 제84조) 및 요양급여를 받는 근로자가 요양을 시작한 후 3년이 지난 날 이후에 상병보상연금을 지급받고 있으면 근로기준법 제23조제2항 단서를 적용할 때 그 사용자는 그 3년이 지난 날 이후에는 같은 법 제84조에 규정된 일시보상을 지급한 것으로 본다(산업재해보상보험법 제80조제4항).

업무상 부상 또는 질병이 치유되어 요양 종결된 자가 산업재해보상보험법 제77조에 의해 근로복지공단으로부터 후유증상에 대하여 공단지정 의료기관에서 약물치료 등 필요한 조치를 받을 수 있도록 승인받은 기간은 원칙적으로 근로기준법 제23조제2항의 업무상 부상 또는 질병의 요양을 위하여 휴업한 기간으로 보기는 어렵다(2002.10.15, 근기 68207-3064). 요양을 위하여 휴업한 경우의 휴업에는 전부휴업뿐만 아니라 일부휴업도 포함한다.

업무재해의 경우의 해고제한에 있어서의 「요양」이란 근로기준법 및 산업재해보상보험법상의 요양보상·휴업보상의 대상인 요양과 동일하므로 치유(증상고정) 후의 통원 등은 포함하지 아니한다. 즉 업무상의 부상, 질병이 치유된 후에 직업복귀 불능을 이유로 해고하는 것은 해고제한의 적용을 받지 아니한다.

(2) 상병보상연금을 받는 경우

산업재해보상보험법 제80조제4항에서 「요양급여를 받는 근로자가 요양을 시작한 후 3년이 지난 날 이후에 상병보상연금을 지급받고 있으면 근로기준법 제23조제2항 단서를 적용할 때 그 사용자는 그 3년이 지난 날 이후에는 같은 법 제84조에 따른 일시보상을 지급한 것으로 본다」고 규정하고 있으므로 산업재해보상보험법의 이와 같은 요건을 갖추는 경우라면 근로기준법 제84조에 의한 일시보상을 받은 것으로 볼 수 있으므로 해고가 가능하다(2008. 3.6, 근로조건지도과-70).

(3) 사업을 계속할 수 없게 된 경우

① 사업을 계속할 수 없게 된 경우란 전쟁, 폭동, 지진, 홍수, 화재 등의 불의의 재해이거나 이에 준하는 불가항력적인 것 뿐만 아니라 사업을 계속할 수 없게 된 경우를 말한다. 「사업을 계속할 수 없게 된 경우」란 사업의 전부 또는 대부분의 계속이 불가능한 경우를 말하며 사업의 일부를 축소하는 경우에는 해당되지 않는다.

② 사용자의 고의·과실은 물론 불경기, 자금난, 자재부족, 판매부진 그밖에 경영상의 사정으로 인하여 사업을 계속할 수 없게 된 경우는 이에 해당된다.

Ⅳ. 성별·국적·신앙 등을 이유로 하는 해고의 금지

1. 일반원칙

근로자의 성별·국적·신앙·사회적 신분을 이유로 하여 근로조건에 대한 차별적 처우는 금지되는데 그 일환으로서 이러한 사유에 의한 해고는 금지된다. 그러므로 정치적 신조 등을 이유로 행한 해고 등은 그것이 사상·신앙에 의한 차별에 해당할 경우에는 무효로 된다(근로기준법 제6조).

2. 경향사업에 종사하는 근로자에 대한 해고제한의 특례

사용자가 경영하는 사업이 특정한 신념이나 사상과 밀접한 관련을 가지고 있는 경우에 사용자는 그 특정의 신념이나 사상에 반하는 행위를 한 자를 근로기준법 제23조제1항과 관계없이 해고할 수 있는가의 문제이다.

독일에서는 정치·노동조합·신앙·과학·미술·자선·교육·언론과 같은 사명으로 봉사하는 사업을 경향사업(독일경영조직법 제118조제1항)이라 하고, 이러한 사업에 취업하는 사람들 중에서 당해 사업의 특징적 활동을 직접 수행해야 할 의무가 있는 자(예컨대, 교회에 고용된 목사·전도사·신학교에 고용된 신학과목 담당교사, 오케스트라단에 고용된 연주자, 노동조합에서 발행되는 신문의 편집국장 등)가 당해 사업의 경향성에 반하는 행위를 할 경우에는 해고제한법의 규정과는 관계없이 해고할 수 있다는 것이 일반적 견해이다.

우리나라의 경우에도 경향사업에 대한 이와 같은 특례는 견해의 대립이 있으나 원칙적으로 근로기준법 제23조제1항의 적용에 있어서도 허용될 수 있다고 생각된다. 그러나 특례의 적용과 근로기준법상의 정당한 이유 있는 해고의 차이는 해고를 인정하는 정도의 차이에 지나지 않는 경우가 많을 것이다(예컨대, 노동조합에서 발행되는 신문의 편집국장이 반노동조합적 기사를 게재한 경우에 사용자인 노조위원장은 편집국장을 해고할 수 있다).

Ⅴ. 해고예고 또는 예고수당을 지급하지 아니하는 즉시해고의 금지

사용자는 근로자를 해고하려면 적어도 30일 전에 예고를 하거나, 30일 전에 예고를 하지 아니하였을 때에는 30일분 이상의 통상임금을 지급하여야 한다. 그러나 사용자가 이에 반하여 해고의 통지를 하였을 경우일지라도 즉시해고를 고집하는 취지가 아니한 ① 통지 후 30일의 기간을 경과하였느냐, ② 통지 후 해고예고수당을 지급하였을 때이냐의 양자 중 어느 쪽이든 빠를 때부터 해고의 효력이 발생한다. 다만, 천재·사변 그 밖의 부득이한 사유로 사업을 계속하는 것이 불가능한 경우 또는 근로자의 귀책사유로 인한 징계해고인 경우에는 해고예고나 예고수당을 지급하지 아니하고 '즉시해고'가 허용된다. 즉시해고가 아닌 통상해고를 하기 위해서는 해고의 예고는 물론 정당한 이유가 있는 경우에 한하므로 해고의 예고를 했다고 해서 정당한 이유 없이 해고할 수 있는 것은 아니다(근로기준법 제26조).

Ⅵ. 감독기관에 대한 신고를 이유로 하는 해고의 금지

근로기준법 제104조에서는 사업 또는 사업장에서 근로기준법이나 산업안전보건법, 기타 법령에 위반하는 사실이 있으면 근로자는 그 사실을 노동부장관 또는 근로감독관에게 통보하여 시정하기 위한 조치를 취하도록 요구하는 '근로자의 통보권'이 보장되어 있다. 그리고 이 통보권의 보장을 담보하기 위하여 근로자가 위의 통보를 하였다는 것을 이유로 해고 그 밖의 불이익한 처우를 하지 못한다고 금지되어 있다.

근로자가 사용자의 비위사실을 들어 소속 부서의 장관에게 해임하여 달라는 청원서를 제출한 경우이다. 청원권은 국민이 국가기관에 대하여 자신의 희망이나 의견을 진술할 수 있는 기본권이므로 근로자도 사용자에 관한 사항으로서 널리 공공기관의 권한에 속하는 사항에 대하여는 청원할 수 있음은 당연하다. 다만 그 청원서의 내용이 허위의 사실이거나 사용자를 비방하는 것이라면 사용자의 인격·비밀·명예·신용 등을 훼손하여서는 아니 되는 성실의무에 반하여 징계사유가 된다고 할 것이다. 그러나 이는 청원행위 자체를 이유로 한 불이익처분이 아니므로 청원법 제11조에 반하는 것이라고 할 수 없다.

근로자가 이사장의 해임사유로 내세운 사유 가운데 불필요한 변호사선임 비용지출의 점은 아무런 근거없는 독단적인 추측에 의한 주장에 불과한 것임을 알 수 있고, 이와 같은 방법으로 예산을 낭비하였다고 공단의 지휘·감독기관인 보건복지가족부장관에게 통지한 것은 국고의 지원을 받고 있는 공단에 대한 명예·신용의 훼손행위라고 할 것인 바, 위와 같은 허위사실까지 포함한 사유를 들어 한 청원은 징계사유에 해당한다(대법 1999.9.3, 97누2528, 2535).

Ⅶ. 단체협약 또는 취업규칙에 반하는 해고의 금지

1. 해고의 제한

단체협약 또는 취업규칙에는 통상 해고사유와 해고절차를 규정하고 있다. 단체협약으로 이와 같은 규정을 하였을 경우에는 원칙적으로 '근로조건 기타 대우에 관한 기준'으로서 규범적 효력이 부여되므로 그에 반하는 해고는 무효다. 또한, 취업규칙으로 해고사유를 규정하였을 때는 소정의 해고사유가 예시적 규정으로 해석되는 경우를 제외하고 '해고권의 자기규제'로 해석되므로 취업규칙에 규정하는 것 이외의 사유로 인한 해고는 원칙적으로 행할 수 없다.

해고절차를 위반하였을 경우에도 절차의 중요성, 위반의 정도 등에 따라 다르지만, 그 규정절차를 취하지 아니하는 해고는 하자가 있다고 하여 무효가 되는 경우가 많다.

(1) 취업규칙에 의한 제한

근로기준법 제93조는 「퇴직에 관한 사항」을 취업규칙의 필요적 기재사항으로 하고 있다. 이 퇴직에 대한 사항에는 임의퇴직 뿐만 아니라 해고도 포함되므로 취업규칙에는 해고사유 및 절차에 관하여 기재하여야 한다. 취업규칙에 해고사유를 열거하는 경우 소정의 해고사유가 제한열거라고 해석될 때에는 사용자는 그 제한에 구속되어 소정사유에 해당되지 않는 한 해고할 수 없다.

또 취업규칙에서 소정의 해고사유에 해당할 때에는 해고에 관한 일반적 제한 및 법령에 의한 제한에 구속을 받는 것은 당연하다.

취업규칙의 해고기준내용이 법기준보다 근로자에게 불리한 때에는 그 부분은 무효가 되고 법소정의 기준에 따른다.

(2) 단체협약에 의한 제한

가. 단체협약에 의한 해고규제의 종류

단체협약에 의한 해고규제는 세 가지 종류가 있다. 첫째, 해고의 사전절차의 규제로서 해고협의조항이나 동의조항이 이에 속한다. 둘째, 해고이유의 규제로서 협약상 해고사유를 한정열거하는 규정 등이 그 전형이다. 셋째, 해고의 사후절차의 설정으로서 고충처리가 이에 속한다.

근로조건 중에는 해고도 포함되어 있으므로 해고사유, 절차 등은 당연히 단체교섭의 대상이 되고 또 단체협약의 내용이 된다.

「단체협약으로 해고의 사유나 절차 등을 정하고 있을 때에는 사용자가 그 제한에 구속을 받는 것은 물론이고 또 단체협약에 의할 때에도 해고의 일반적 제한 및 법령에 의한 제한을 받는다」(대법 1990.10.23, 89누6792).

나. 해고협의조항의 효력

원래 인사에 속하는 근로자의 채용·배치전환·해고 등은 사용자의 경영권 사항이지만 실제로 단체협약 내의 해고협의조항이 의미를 가지는 것은 정당한 이유가 있는 해고가 행하여졌지만 해고협의기구의 협의를 거치지 않았거나 노동조합의 동의를 얻지 아니한 경우이다. 즉, 해고협의조항에 위반한 해고의 효력을 어떻게 판단할 것인가의 문제로 다음과 같다.

첫째, 근로기준법상 정당한 이유가 없는 해고는 해고협의기구를 거쳤거나 노동조합의 동의를 얻었다 하더라도 무효이다.

둘째, 해고에는 정당한 이유가 있었으나 그 해고에 관하여 사전에 해고협의기구의 절차를 거치지 않았거나 노동조합의 동의를 얻지 못한 경우이다.

일반적으로 해고협의조항은 해고의 절차에 관한 약정으로서 해고사유의 실체적 기준을 정한 것이 아니기 때문에 채무적 효력을 가진다고 해석해야 한다. 그러나 예외적으로 해고의 정당한 이유가 있는 경우라도 사용자가 그의 해고권 행사의 효력을 노동조합의 동의에 의존케하는 의사표시를 명백히 한 경우에는 동 조항이 규범적 효력을 갖게 되고 개별적 근로관계에 대하여 강행적 효력을 미치게 되므로 동 조항 위반의 해고는 무효라 할 것이다.

2. 취업규칙과 단체협약의 해고사유가 상충될 경우의 효력

단체협약에 반하지 않는 한 사용자는 취업규칙에서 새로운 징계사유를 정할 수 있고 그 징계사유에 터잡아 징계할 수도 있다. 동일한 징계사유에 관하여 단체협약상의 규정과 취업규칙 등의 규정이 상호 저촉되는 경우가 있다. 그러나 단체협약에 해고는 단체협약규정에 의하여만 하고 취업규칙에 의해서는 해고할 수 없다고 규정되어 있다면 취업규칙에 의한 해고는 무효라고 할 것이다(대법 2005.5.26, 2005두1152).

3. 단체협약에 없는 해고사유가 취업규칙에 정해진 경우의 효력

단체협약의 "조합원에 대한 회사측 징계는 본 협약에 의한다"라고 규정한 것은 동일한 징계사유나 징계절차에 관하여 단체협약상의 규정과 취업규칙 등의 규정이 상호 저촉될 경우에는 단체협약이 우선 적용된다는 취지이고, 노동조합의 조합원인 근로자에 대한 징계를 함에 있어서는 어떠한 경우라 하더라도 징계에 관한 사항을 정한 취업규칙 등의 규정이 독자적인 징계의 근거규정이 될 수 없다는 취지를 밝힌 것은 아니다(대법 1993.1.15, 92누13035).

Ⅷ. 남녀고용법평등법 위반에 의한 정년 해고의 금지

1. 정년의 차별금지

① 남녀고용평등법(제11조제1항)에 의하면 「사업주는 근로자의 정년·퇴직 및 해고에서 남녀를 차별하여서는 아니된다」라고 규정하고 있다. 그 입법취지는 단지 여성임을 이유로 정당한 이유없이 해고하는 것을 금지하려는 것이 아니라 남·녀 근로자 모두에게 정당한 해고이유가 존재하는 경우에 특별한 사유없이 여성근로자만을 차별적으로 해고하는 것을 금지하려는 것이다.

여성임을 이유로 정당한 이유없이 해고하는 것은 근로기준법 제6조, 제23조제1항에 위반하는 것으로 무효이지만 비록 정당한 이유의 요건을 갖춘 경우에도 여성임을 이유로 남자근로자에 비해 차별적으로 해고하는 것을 금지하려는 것이 그 취지이다.

② 따라서 남성 60세, 여성 55세라고 하는 남녀간에 차이가 있는 정년이나, 사원 55세, 교환직렬직종 43세라고 규정한 정년규정이나 인원정리시의 해고에 있어서 '30세 이상의 여성'이라든가 '유부의 여성' 등 여성임을 이유로 하는 기준으로 선정하여 해고하는 것은 위법, 무효로 된다. 따라서 동일한 직종에서 남녀의 정년을 다르게 규정한 경우 또는 종사자 대부분이 여성으로 구성된 직종의 정년을 합리적인 이유없이 다른 직종의 정년보다 낮게 규정한 경우는 법 위반으로 무효라 할 것이다. 또한 단체협약에서 적법하게 남녀 차등 정년제에 관한 규정을 체결하였다 하더라도 차등 정년의 합리성을 입증하지 못하는 한 효력이 없다(대법 1988.12.27, 85다카657).

2. 해고의 차별금지

경영상의 이유에 의한 해고(정리해고)에 있어서 합리적이고 공정한 기준을 정하고 이에 따라 그 대상자를 선정하여야 하는데 남녀의 성을 이유로 차별하여서는 아니된다(근로기준법 제24조제2항). 남녀고용평등업무처리규정(노동부예규 제422호) 제10조제2항은 「남녀고용평등법 제11조에 의한 해고에 있어서의 성차별행위는 다음과 같다. ① 혼인·임신·출산 등을 이유로 여성을 해고하는 경우, ② 정리해고에 있어서 합리적인 이유없이 여성을 우선적으로 해고하는 경우, ③ 징계사유·절차 등에서 여성을 남성에 비해 불리하게 대우하여 해고하는 경우, ④ 기타 해고에 있어서 합리적 이유없이 남성 근로자에 비해 여성 근로자를 불리하게 대우하는 경우」라고 규정하고 있다.

4. 여성 근로자의 혼인·임신·출산을 퇴직이유로서 예정한 근로계약의 금지

사업주는 여성 근로자의 혼인, 임신 또는 출산을 퇴직사유로서 예정하는 근로계약을 체결하여서는 아니된다(남녀고용평등법 제11조제2항). 그리고 그러한 계약(또는 규정)에 근거한 퇴직도 위법, 무효로 된다.

'예정하는 계약'이란 전기한 혼인 등을 퇴직사유로 하는 단체협약, 취업규칙 또는 근로계약 등을 말하는데, 입사에 있어서 그러한 뜻의 각서 등이 이에 해당된다. 또한 '혼인'은 법률상의 혼인을 말하며 내연이나 동거는 포함되지 아니한다. 다만, 이러한 정함이 있더라도 본인의 자주적인 퇴직에 의한 것이라면 유효하다.

5. 직장 내 성희롱을 이유로 한 해고의 금지

사업주는 직장 내 성희롱과 관련하여 피해를 입은 근로자 또는 성희롱 피해 발생을 주장하는 근로자에게 해고나 그 밖의 불리한 조치를 하여서는 아니된다(동법 제14조제2항). 사업주는 고객 등 업무와 밀접한 관련이 있는 자가 업무 수행 과정에서 성적인 언동 등을 통하여 근로자에게 성적 굴욕감 또는 혐오감 등을 느끼게 하여 해당 근로자가 이에 따른 피해를 주장하거나 고객 등으로부터의 성적 요구에 불응한 것을 이유로 해고나 그 밖의 불이익한 조치를 하여서는 아니된다(동법 제14조의2제2항).

사업주는 고객 등 업무와 밀접한 관련이 있는 자의 성희롱 행위로 인하여 근로자가 고충 해소를 요청할 경우 근무장소 변경, 배치전환 등 가능한 조치를 취하도록 노력하여야 한다. '고객 등 업무와 밀접한 관련이 있는 자'(이하 '제3자')란 일반적으로 해당 사업장과 납품, 구매, 용역 등 어떠한 명칭이로든지 업무나 영업과 관련하여 지속적 또는 일시적으로 거래관계에 있는 자, 해당 사업장에서 제공하는 서비스를 지속적 또는 일시적으로 이용하는 자를 말한다.

사업주는 근로자가 제3자의 성희롱으로 인해 피해를 주장하며 고충 해소를 요청할 경우 사실 여부를 조사하여 제3자의 성희롱이 인정되면, 근로자가 원하는 근무 장소로의 변경이나 배치전환 등 가능한 조치를 취하고 다른 근무 장소가 없거나 배치전환이 불가능한 사업장의 경우 재발방지 대책을 수립하는 등 근로자 보호에 만전을 기하도록 노력하여야 한다. 또한 증거 불충분 등으로 제3자의 성희롱이 있었다고 보기 어렵지만 근로자의 고충 해소 요청에 참작할 만한 사정이 있는 경우에는 사업주는 근무 장소 변경 등 가능한 조치를 취하여 주는 것이 바람직한 것이다.

사업주는 성희롱 피해를 주장하거나 고객 등으로부터의 성적 요구 등에 불응한 것을 이유로 근로자를 해고 그 밖의 불이익한 조치를 하지 못한다. 이를 위반한 사업주에 대해서는 500만원 이하의 과태료 처분이 가능하다(동법 제39조제2항). '부당해고 등' 불이익한 조치를 당한 근로자는 위 과태료 처분과는 별개로 근로기준법에 따라 노동위원회에 '부당해고 등의 구제신청'을 할 수 있다(근로기준법 제23조, 제28조). 구제신청은 노동위원회에 부당해고 등이 있었던 날부터 3개월 이내에 하여야 한다.

6. 육아휴직 및 육아기 근로시간 단축을 이유로 한 해고의 금지

사업주는 육아휴직을 이유로 해고 그 밖의 불리한 처우를 하여서는 아니되며 육아휴직 기간에는 그 근로자를 해고하지 못한다. 다만 사업을 계속할 수 없는 경우에는 그러하지 아니하다(남녀고용평등법 제19조제4항). 또한 사업주는 육아기 근로시간 단축을 이유로 해당 근로자에게 해고나 그 밖의 불리한 처우를 하여서는 아니된다(동법 제19조의2제5항). '그 밖의 불리한 처우'란 근로기준법 제23조제1항에 규정한 휴직, 정직, 전직, 감봉 등 징벌조치(근로기준법 제23조

제1항 참조)를 말한다. 또한 원거리 전보 등 사회통념상 단축근무 전과 비교하여 근로여건이 현저하게 불리하게 변경된 경우도 이에 해당될 수 있다. 이를 위반한 경우에는 3년 이하의 징역 또는 2천만원 이하의 벌금이 부과된다.

Ⅸ. 고령자고용촉진법상의 해고의 제한

사업주는 근로자가 고령자고용촉진법이 금지하는 연령차별행위에 대한 진정, 자료제출, 답변·증언, 소송, 신고 등을 하였다는 이유로 해고, 전보, 징계 그 밖의 불리한 처우를 하여서는 아니된다(동법 제4조의9).

Ⅹ. 해고사유 및 해고시기의 서면통지

1. 서면통지 내용과 입법취지

사용자는 근로자를 해고하려면 해고사유와 해고시기를 서면으로 통지하여야 한다. 근로자에 대한 해고는 서면으로 통지하여야 효력이 발생한다(근로기준법 제27조).

종전에는 해고통지에 관한 규정이 없어 해고 및 퇴직금 관련 분쟁 해결에 어려움을 겪는 경우가 발생하였다.

따라서 부당해고 등 관련 분쟁의 사전예방 및 조속한 해결을 도모하기 위해 사용자가 근로자를 해고하려면 서면으로 해고사유와 해고시기 등을 서면으로 통지할 필요가 있다. 해고사유 및 해고시기의 서면통지는 해고와 관련된 법률관계를 명확히 함으로써 사용자에 의한 무분별한 해고의 남용을 방지하고 관련 분쟁의 조속한 해결을 도모할 수 있을 것이다.

2. 근로기준법 제27조의 법적 성격

특히 근로자에 대한 해고는 서면으로 통지하여야 그 효력이 발생한다고 규정함으로써 서면통지가 해고의 효력요건임을 명확히 한 것이다.

3. 서면통지의 의미

해고의 남발 방지 및 법률요건의 명확화라는 근로기준법 제27조의 입법취지로 볼 때 서면통지는 종이문서에 의한 통지에 국한되는 것으로 보아야 할 것이다.

해고의 서면은 사용자의 서명 또는 날인이 있어야 유효하다고 해석된다. 서면통지는 해고의 효력요건이므로 해고자의 진정한 의사가 분명히 드러나야 하기 때문이다. 공인전자서명이 포함된 전자문서도 전자서명법 제3조제1항에 의하여 서면으로서 인정된다. 동법 제3조제1항은 「다른 법령에서 문서 또는 서면에 서명, 서명날인 또는 기명날인을 요하는 경우 전자문서에 공인전자 서명이 있는 때에는 이를 충족한 것으로 본다」고 규정하고 있기 때문이다. 반면에 이메일·문자메시지·팩스나 복사 그 자체는 서면방식의 요건을 충족하지 못하는 것으로 생각된다. 그 경우에는 사용자의 서명 또는 날인이 있다고 보기 어렵기 때문이다.

4. 서면통지에 의하지 아니한 해고의 효력

서면으로 통지하지 아니한 해고는 해고의 정당성에 관한 나머지 요건을 모두 충족한다고 하더라도 정당성을 인정받을 수 없다. 당해 해고는 당연 무효이다.

해고사유 및 해고시기 통지서

소 속 : 영업과
성 명 : 조철봉

귀하에 대한 해고사유와 해고시기를 다음과 같이 통지합니다.

1. 해고예고일 : 2009년 10월 31일
2. 해고사유 : 취업규칙 제20조제1항제1호 및 제3호
(취업규칙의 해당 조항을 기재한다)
3. 해고시기 2009년 9월 30일

주식회사 대한철강
대표이사 장길산(인)

XI. 해고는 어떠한 요건을 충족하면 유효한가

해고가 유효하기 위하여서는 다음의 요건 모두를 충족할 필요가 있다. 이를 도식으로 표시하면 다음과 같다.

〈유효한 해고 도식〉

취업규칙 해당사유

\+

취업규칙・단체협약 해당절차의 이행

\+

근로기준법의 해고예고절차의 이행

\+

해고사유 및 시기 서면통보

\+

법률상의 해고금지에 불해당

\+

해고의 정당한 이유

‖

유효한 해고

이하 이 점에 관하여 설명한다.

1. 취업규칙・단체협약의 해고사유에 해당할 것

해고는 근로자로서의 지위를 일방적으로 잃게 하여 근로자의 생활에 미치는 영향이 크므로 취업규칙의 필요적 기재사항이다. 따라서 상시 10명 이상의 근로자를 사용하는 사업장에서는 반드시 취업규칙을 작성할 의무가 있으며, 그 규칙 가운데에 '표창과 제재에 관한 사항'을 규정하여 두어야 한다(근로기준법 제93조제11호). 또 노동조합이 있는 회사에서 조합과 단체협약을 체결하고, 그 속에서 해고에 관한 사항을 규정하고 있다면 반드시 그에 따라야만 한다(노조법 제33조).

단체협약이나 취업규칙에 근로자에 대한 징계해고 사유가 제한적으로 열거되어 있는 경우에는 그와 같이 열거되어 있는 사유 이외에는 징계해고 할 수 없다(대법 1993.11.9, 93다49935).

또한 단체협약에서 "해고에 관하여는 단체협약에 의하여야 하고 취업규칙에 의하여 해고할 수 없다"라는 취지로 규정하거나 "단체협약에 정한 사유 외의 사유로는 근로자를 해고할 수 없다"라고 규정하는 등 근로자를 해고함에 있어 해고사유 등을 단체협약에 의하도록 명시적으로 규정하고 있거나, 동일한 징계사유에 관하여 단체협약상의 규정과 취업규칙 등의 규정이 상호 저촉되는 경우에는 사용자는 단체협약 소정의 징계사유에 의하여만 근로자를 징계할 수 있다(대법 1995.2.14, 94누5069).

그러나 단체협약에서 "해고에 관하여는 단체협약에 의하여야 하고 취업규칙에 의하여 해고할 수 없다"라는 취지로 규정하거나 또는 "단체협약에 정한 사유 외의 사유로는 근로자를 해고할 수 없다"라고 규정하는 등 근로자를 해고함에 있어서 해고사유 및 해고절차를 단체협약에 의하도록 명시적으로 규정하고 있거나 동일한 징계사유나 징계절차에 관하여 단체협약상의 규정과 취업규칙 등의 규정이 상호 저촉되는 경우가 아닌 한, 사용자가 취업규칙에서 단체협약 소정의 해고사유와는 관련이 없는 새로운 해고사유를 정하여 이에 기하여 근로자를 해고할 수 있다(대법 1999.3.26, 98두16132).

단체협약에 "이 협약은 취업규칙보다 우선한다"라고 규정한 것은 근로기준법 제96조제1항이나 노조법 제33조제1항의 정신에 따라 단체협약상의 제 규정에 저촉되는 취업규칙의 효력을 인정할 수 없다는 취지를 밝힌 것에 불과할 뿐 사용자가 취업규칙으로 새로운 해고사유를 정할 수 없다는 취지는 아니다(대법 1995.4.7, 94다30249).

한국공항공단의 주차료징수원들에 의한 주차료 횡령이 지속되어 왔으나 그 정확한 액을 파악하기는 불가능하므로 회사가 주차료를 횡령한 정도가 낮은 자를 구제하기 위하여 정식기소된 자는 제외하고 기소되지 아니한 자와 약식기소된 자 중 벌금액이 1백만원을 초과하지 아니한 자, 주차장 근무기간이 1년 미만이며, 주차장 근무횟수가 1회인 자를 해고제외대상자로 하기로 징계양정기준을 정하였다면 이는 상당한 합리성이 있고 그러한 기준이 특정의 근로자만을 해고하기 위한 방편이라고 보이지 않는 한 이에 따른 파면처분은 징계재량권을 일탈·남용한 것이 아니다(대법 1997.11.14, 96누11303).

2. 취업규칙이나 단체협약에 해고절차에 관한 규정이 있으면 이를 엄수할 것

해고는 일방적인 근로계약의 해약이며, 근로자에게 중대한 불이익을 주는 것이므로 그 절차에 관하여서도 취업규칙이나 단체협약에 규정되어 있다면 반드시 이를 엄격히 준수하여야 한다.

(1) 사전통보와 진술의 기회부여규정은 징계처분의 유효요건인가

단체협약 등에서 조합원을 해고하는 경우 사전통보와 진술의 기회부여 등에 관하여 규정하고 있다면, 이는 징계처분의 객관성과 공정성을 확보하기 위한 것으로서 징계처분의 유효요건이라고 하여야 한다(대법 1991.8.13, 91다1233). 단체협약에서 당사자에게 징계사유와 관련한 소명기회를 주도록 규정하고 있는 경우에도 그 대상자에게 그 기회를 제공하면 되는 것이고, 소명 그 자체가 반드시 이루어져야 하는 것은 아니다. 우편물이 등기취급의 방법으로 발송된 경우에는 반송되는 등의 특별한 사정이 없는 한 그 무렵 수취인에게 배달되었다고 보아야 한다(대법 2007.12.27, 2007다51758).

(2) 징계절차를 위반한 징계해고의 효력

판례(대법 1991.7.9, 90다8077)는 「단체협약이나 취업규칙 또는 이에 근거를 둔 징계규정에서 징계위원회의 구성에 노동조합의 대표자를 참여시키도록 되어 있고, 또 징계대상자에게 징계위원회에 출석하여 변명과 소명자료를 제출할 기회를 부여하도록 되어있음에도 불구하고 이러한 징계절차를 위배하여 징계해고를 하였다면 이러한 징계권의 행사는 징계사유가 인정되는 여부에 관계없이 절차에 있어서의 정의에 반하는 처사로서 무효라고 보아야 한다. 징계규정에 징계대상자에게 징계위원회에 출석하여 변명과 소명자료를 제출할 기회를 부여하도록 되어 있다면 그 통보의 시기와 방법에 관하여 특별히 규정한 바가 없다고 하여도 변명과 소명자료를 준비할 만한 상당한 기간을 두고 개최일시와 장소를 통보하여야 하며, 이러한 시간적 여유를 주지 않고 촉박하게 이루어진 통보는 징계규정이 규정한 사전통보의 취지를 몰각한 것으로서 위법하다고 보아야 할 것이다. 징계위원회의 개최일시 및 장소를 징계위원회가 개최되기 불과 30분 전에 통보하였다면 이러한 촉박한 통보는 징계대상자로 하여금 사실상 변명과 소명자료를 준비할 수 없게 만드는 것이어서 적법한 통보라고 볼 수 없다. 징계대상자가 위 징계위원회에 출석하여 진술을 하였다고 하여도 스스로 징계에 순응하는 경우가 아닌 한 그 징계위원회의 의결에 터 잡은 징계해고는 징계절차에 위배한 부적법한 징계권의 행사임에 틀림없다」고 한다.

(3) 징계절차 위반의 하자가 재심절차에서 보완된 경우

근로자에 대한 징계절차에 하자가 있었으나 그에 대한 재심심의 과정에서 정당한 절차를 밟은 경우 그 징계절차는 적법한 것이냐의 여부를 둘러싸고 논란이 있다.

징계처분에 대한 재심절차는 원래의 징계절차와 함께 전부가 하나의 징계처분절차를 이루는 것으로서 그 절차의 정당성도 징계과정 전부에 관해 판단되어야 할 것이므로 원래의 징계과정에 절차위반의 하자가 있더라도 재심과정에서 보완되었다면 그 절차위반의 하자는 치유된다고 할 것이다(대법 1992.9.22, 91다36123 ; 1999.10.26, 93다29358 ; 1993.11.9, 93다17690).

(4) 당연퇴직 처분에 있어서 절차규정이 없을 경우

당연퇴직 처분에 있어서 절차규정이 없을 경우 효력문제가 있다.

판례(1995.3.24, 94다42082)는 「당연퇴직 처분이 유효하려면 근로기준법 제23조제1항 소정의 정당한 이유가 있어야 하는 것이므로, 단체협약 등에서 당연퇴직 사유에 대하여 다른 징계해고에 관한 절차 등을 거치도록 규정하고 있지 않다 하여 그것이 근로기준법상의 해고제한규정을 회피하려는 것으로서 무효라고 할 수 없고, 이처럼 당연퇴직에 대하여 일반의 징계해고와 달리 아무런 절차규정을 두고 있지 아니한 경우에는 당연퇴직 사유가 동일하게 징계사유로도 규정되어 있는 경우를 제외하고는 당연퇴직 처분을 함에 있어서 다른 일반의 징계절차를 거쳐야 한다고 할 수 없다」라고 하였다.

(5) 당연퇴직 사유 있는 근로자 징계시 절차상 흠결의 허용 여부

근로자의 비위사실이 징계해고 사유 외에 취업규칙 규정소정의 당연퇴직 사유에 해당한다고 하더라도 회사가 근로자의 비위사실을 이유로 징계위원회에 회부한 이상 재심규정 등 단체협약 소정의 징계절차에 관한 규정을 준수해야 할 것이나 노동조합의 적법한 재심신청에도 불구하고 재심절차를 흠결했다면 그 절차는 위법하다할 것이며 근로자의 비위사실이 당연퇴직 사유에도 해당하다고 하여 징계절차의 하자가 치유된다고는 할 수 없으므로 징계해고 처분은 절차적 정의에 합치된다고 할 수 없다(대법 1993.10.22, 92다49935).

(6) 인사규정 등에서 정한 재심사 기간이 경과한 재심의결을 하였다는 이유만으로 그 결정이 무효가 된다고 볼 수 있는가

절차상의 규정 위반 여부를 보건대, 법인의 구 규정인 '일반직원 재심위원회 조직·운영 규정'에 '재심청구시 재심위원회는 30일 이내에 이를 심사해야 한다'고 규정하고 있는 반면, 개정된 신 규칙은 이 같은 규정을 두지 않고 있다. 인사규정 등에 재심사기간을 두는 것은 근로자의 불안정한 신분상태를 조속히 해소하려는데 그 취지가 있고, 그와 같은 규정은 강행규정이라고 볼 수는 없다. 따라서 이 사건에서와 같이 재심위가 상당한 기간 내에 재심위를 열어 재심의결을 하였다면 인사규정 등에서 정한 재심사기간이 경과한 후 재심의결 하였다는 이유만으로 그 재심결정이 무효가 된다고 할 수 없다(대법 2005.11.25, 2003두8210).

(7) 징계처분시 의견청취·협의 및 합의의 의미

가. 의견청취

단체협약서 제28조제2항은 「회사는 조합원을 신규로 채용, 해고, 휴직, 상벌에 관하여 노조의 의견을 참작하여 인사결정은 7일 이내에 노조에 통보하여야 한다」라고 규정하고 있는 바, 이 의견참작은 노동조합과 협의하여 결정하는 경우와는 달리 단지 노동조합의 의견을 인사결정에 있어서 참고자료로 삼기 위한 것에 지나지 아니하여 인사결정의 효력에는 영향이 없다고 보이므로, 원심이 이와 같은 취지에서 이 사건 해고에 노동조합의 의견을 참작하지 않는 하자가 있다고 하여도 무효가 아니라고 판단하였음은 정당하다(대법 1992.4.14, 91다4775).

나. 협 의

특히 중요한 것은 "조합원의 해고에 관하여는 노동조합과 협의한다"라는 취지의 협의약관 등이 단체협약으로 있는 경우이다. 이와 같은 협의약관 등이 있는 경우에는 그에 따라 성의를 다하여 협의하였다면 합의하지 아니하는 경우일지라도 해고할 수 있다. 즉 성의를 다하여 교섭하였지만 합의를 보지 못하는 경우에 회사는 일방적으로 인사권을 행사할 수 있다.

판례(대법 1992.6.9, 91다41477)는 「사전 협의는 회사와 노동조합의 합치된 의사에 따르게 함으로써 사용자의 인사권이나 징계권을 전반적으로 제한하려는 취지에서 사용자로 하여금 노동조합의 승인 또는 동의를 얻거나 노사 쌍방이 협의하여 공동으로 결정하도록 규정하는 경우와는 달라, 노동조합의 간부에 대한 사용자의 자의적인 인사권이나 징계권의 행사로 노동조합의 정상적인 활동이 저해되는 것을 방지하려는 취지에서 사용자로 하여금 노동조합의 간부에 대한 인사나 징계의 내용을 노동조합에 미리 통지하도록 하여 노동조합에게 인사나 징계의 공정을 기하기 위하여 필요한 의견을 제시할 기회를 주고 제시된 노조의 의견을 참고자료로 고려하게 하는 정도에 지나지 않는 것이라고 봄이 상당하므로, 퇴직처분이 위와 같은 사전협의를 거치지 아니한 채 행하여졌다고 하여 반드시 그 효력에 영향이 있는 것이라고 할 수 없다」라고 한다.

다. 합 의

근로기준법 제23조제1항은 "사용자는 근로자에게 정당한 이유 없이 해고를 하지 못한다"고 규정하여 원칙적으로 해고를 금지하면서, 다만 예외적으로 정당한 이유가 있는 경우에 한하여 해고를 허용하여 제한된 범위 안에서만 사용자의 해고 권한을 인정하고 있는데, 노사간의 협상을 통해 사용자가 그 해고 권한을 제한하기로 협의하고 노동조합이 동의할 경우에 한하여 해고권을 행사하겠다는 의미로 해고의 사전 합의 조항을 단체협약에 두었다면 그러한 절차를 거치지 아니한 해고처분은 원칙적으로 무효이다. 단체협약에 해고의 사전 합의 조항을 두고 있다고 하더라도 사용자의 해고 권한이 어떠한 경우를 불문하고 노동조합의 동의가 있어야만 행사할 수 있다는 것은 아니고, 노동조합이 사전동의권을 남용하거나 스스로 사전동의권을 포기한 것으로 인정되는 경우에는 노동조합의 동의가 없더라도 사용자의 해고권 행사가 가능하나, 여기서 그로 인하여 사용자측의 절차의 흠결이 초래되었다거나, 피징계자가 사용자인 회사에 대하여 중대한 위법행위를 하여 직접적으로 막대한 손해를 입히고 비위사실이 징계사유에 해당함이 객관적으로 명백하며 회사가 노동조합측과 사전 합의를 위하여 성실하고 진지한 노력을 다하였음에도 불구하고 노동조합측이 합리적 근거나 이유 제시도 없이 무작정 반대함으로써 사전 합의에 이르지 못하였다는 등의 사정이 있는 경우에 인정되므로, 이러한 경우에 이르지 아니하고 단순히 해고사유에 해당한다거나 실체적으로 정당성 있는 해고로 보인다는 이유만으로는 노동조합이 사전동의권을 남용하여 해고를 반대하고 있다고 단정하여서는 아니된다(대법 2007.9.6, 2005두8788).

(8) 경고처분이 징계처분의 하나로 규정되어 있지 아니한 경우와 변명절차

경고처분은 직능급과 성과급의 일부가 감액되는 것으로서 근로자에게 불이익한 처분이므로 징계절차에 있어서와 같은 절차를 거쳐야 한다는 것이나, 기록에 의하면, 이 사건 경고처분은 회사의 단체협약, 취업규칙이나 인사규정에 징계의 종류로 명시되어 있지 아니한 사실을 알 수 있는 바, 단체협약, 취업규칙이나 인사규정에 이 사건 경고처분이 징계처분의 하나로 규정되어 있지 아니한 이상 위 처분을 함에 있어서 해당자에게 변명의 기회를 부여하는 등의 절차를 거칠 필요는 없다고 할 것이므로 회사가 그러한 절차를 거치지 아니하였다고 하여 이 사건 경고처분이 무효라고 할 수는 없다(대법 2002.9.24, 2002두3959).

(9) 이사회 및 운영위원회를 개최하여 징계한 경우

근로자의 징계와 같이 근로자의 권리와 의무에 영향을 미치는 사항은 이

사회 등의 업무관련기관과는 별도의 기관으로 하여금 담당하게 하는 것이 공정한 징계절차가 담보되어 절차적 정당성이 확보된다는 점에 있으므로 회사가 근로자를 해고함에 있어 이사회 및 운영위원회를 개최하여 근로자를 징계한 것은 징계절차상 중대한 위법이 있으며 회사의 취업규칙에 의하면 직원의 징계 시에는 당사자에게 구두 또는 서면으로 소명할 기회를 부여할 수 있다고 규정되어 있는데 피징계자에게 소명의 기회를 부여할 것인지의 여부는 인사위원회의 재량사항이라고 보이기는 하지만, 소명의 기회를 부여하는 것은 객관적 진실을 규명하고 징계처분의 절차적 정당성을 확보한다는 중요한 의미를 가진다 할 것이므로 회사의 이사회 및 운영위원회가 근로자들에게 소명의 기회를 부여하지 아니한 채 해고한 것은 징계절차의 재량권을 남용한 것으로서 중대한 위법이 있다(대법 2006.2.26, 2005두14806).

(10) 노·사 동수 징계위원회 구성시 노측 징계위원의 위촉방법

취업규칙 등에서 노·사 동수로 징계위원회를 구성하도록 하고 있다면 이는 근로자들 중에서 징계위원을 위촉하여 징계위원회에 대한 근로자들의 참여권을 보장함으로써 절차적 공정성을 확보함과 아울러 사측의 징계권 남용을 견제하기 위한 것이라고 할 것이므로 취업규칙에 직접적으로 징계위원의 자격과 선임절차에 관해서 규정하고 있지는 않지만 노측 징계위원들이 이전부터 근로자들을 대표하거나 근로자들의 의견을 대변해왔다는 등의 특별한 사정이 없는 한 근로자들의 의견을 반영하는 과정 없이 임의로 노측 징계위원을 위촉할 수 있는 것으로까지 해석할 수는 없다(대법 2006.11.23, 2006다48069).

(11) 근로자측 징계위원이 찬성하지 않은 징계위원회 의결의 효력

근로자 측이 단체협약에 규정된 징계위원 선정을 포기 또는 거부하였다는 사정이 없는 경우, 근로자 측 징계위원이 참석하지 않은 징계위원회 의결의 효력이 문제된다.

단체협약에서 징계위원회의 구성에 근로자 측의 대표자를 참여시키도록 되어 있음에도 불구하고 이러한 징계절차를 위배하여 징계해고를 하였다면 그 징계권의 행사는, 근로자 측에 징계위원 선정권을 행사할 기회를 부여하였는데도 근로자 측이 스스로 징계위원 선정을 포기 또는 거부하였다는 등의 사정이 없는 한, 징계사유가 인정되는지 여부에 관계없이 절차에 관한 정의에 반하는 처사로서 무효라고 보아야 할 것이다(대법 2009.3.12, 2008두2088).

3. 30일 전에 예고하거나 해고예고수당을 지급할 것

근로기준법 제26조는 「사용자는 근로자를 해고(경영상의 이유에 의한 해고를 포함한다)하려면 적어도 30일 전에 예고를 하여야 하고, 30일 전에 예고를 하지 아니하였을 때에는 30일분 이상의 통상임금을 지급하여야 한다. 다만, 천재·사변 그 밖의 부득이한 사유로 사업을 계속하는 것이 불가능한 경우 또는 근로자가 고의로 사업에 막대한 지장을 초래하거나 재산상 손해를 끼친 경우로서 노동부령으로 정하는 사유에 해당하는 경우에는 그러하지 아니하다」라고 규정하고 있다. 또한 위의 근로자의 귀책사유가 있는 경우에는 즉시해고를 할 수 있다(근로기준법 제26조 단서후단)라고 규정하고 있다. 해고예고의무를 위반할 경우의 그 사법상의 효력에 대해서는 견해의 대립(무효설, 유효설, 상대적 무효설)이 있다. 이 경우 유효설은 해고예고제도에 관한 규정은 단속규정이므로 근로기준법 제26조에 위반하더라도 '정당한 이유'로 인한 해고인 경우 그 사법상 효력은 유효하다는 것이고 무효설은 해고예고제도는 강행규정으로 보아야 하므로 이에 위반한 해고는 무효라는 입장이나 상대직무효설은 해고예고제도에 위배된 해고는 본래 무효이나 후에 근로기준법 제26조의 요건을 구비하면 유효가 된다는 견해가 대립하고 있다. 판례 및 행정해석은 유효설의 입장을 취하고 있는 것으로 보인나(대법 1970.3.31, 69두75 ; 1980.12.9, 80다1616 ; 1993.12.7, 93다39992 ; 2007.11.29, 근로기준팀-8048). 판례(대법 1994.5.13, 94다2800 ; 1993.9.24, 93누4199 ; 1994.3.22, 93다28553)는 「해고예고의무를 위반한 해고라 하더라도 해고의 정당한 이유를 갖추고 있는 한 해고의 사법상 효력에는 아무런 영향이 없고, 해고수당의 지급 여부도 해고의 효력을 좌우하는 것은 아니라고 하여야 할 것이다」라고 하여 유효설의 입장을 취하고 있다.

4. 법률상의 해고금지에 해당하지 아니할 것

법률상 예외적으로 특별한 경우에 있어 해고가 금지되어 있는 경우가 있는데, 이 점에 관하여서는 이미 논술한 바와 같다.

5. 해고이유에 정당성이 있을 것

(1) 정당한 이유

「사용자는 근로자에게 정당한 이유 없이 해고, 휴직, 정직, 전직, 감봉, 그 밖의 징벌(이하 '부당해고 등'이라 한다)을 하지 못한다」(근로기준법 제23조제1항)라고 명문으로 「해고에 정당한 이유를 요한다」라고 규정하고 있지만 이 규정이 없더라도 판례상으로 민법 제2조제1항의 '신의성실의 원칙'이나 동조 제2항의 '권리남용의 금지'나 민법 제103조의 '반사회질서의 법률행위' 등의 이른바 일반조항이라 일컬어지는 것을 적용하여 정당한 이유(합리적인 이유, 타당한 이유 등)가 없는 해고는 해고권의 남용으로서 무효가 된다.

'정당한 이유'란 '일반인으로 하여금 수긍할 수 있는 충분한 이유'이며, 해당 근로자와 사용자 사이의 근로관계를 계속 유지할 수 없을 정도의 이유, 다시 말하면 해당 근로자와의 근로관계의 유지를 사용자에게서 더 이상 기대할 수 없을 정도의 이유를 말한다. 즉 사회통념상 고용계약을 계속시킬 수 없을 정도로 근로자에게 책임이 있는 사유가 있다든지 부득이한 경영상의 필요가 있는 경우를 말한다(대법 1992.5.22, 91누5884).

(2) 정당한 이유의 판단기준

정당한 이유가 있는지의 여부에 있어서는 ① 진실성, ② 객관성, ③ 해고규범(기준) 해당성으로 판단한다. 이에 관하여는 제1장 Ⅱ에서 이미 기술하였다.

(3) 사회통념상 근로관계를 계속하는 것이 곤란한 경우

이에 관하여는 제1장 Ⅱ에서 이미 기술하였다.

6. 해고사유 등의 서면통지

근로기준법 제27조(해고사유 등의 서면통지)는 다음과 같이 규정하고 있다.

① 사용자는 근로자를 해고하려면 해고사유와 해고시기를 서면으로 통지하여야 한다.

② 근로자에 대한 해고는 제1항에 따라 서면으로 통지하여야 효력이 있다. 이에 관하여는 이미 설명하였다.

종전에는 근로자 해고시 해고사유 및 시기를 명시하여 통지하도록 하는 규정이 없어 사용자가 일시적인 감정으로 근로자를 해고하는 경향이 있고 정당한 이유 없는 해고와 관련된 분쟁 해결에 어려움이 있었다.

사용자가 근로자를 해고하는 경우에는 해고사유와 해고시기를 서면으로 통지하여야 해고의 효력이 발생하도록 한 것이다.

동법 제3조제1항은「다른 법령에서 문서 또는 서면에 서명, 서명날인 또는 기명날인을 요하는 경우 전자문서에 공인전자서명이 있는 때에는 이를 충족한 것으로 본다」고 규정하고 있기 때문이다.

해고의 서면은 사용자의 서명 또는 날인이 있어야 유효하다고 해석된다. 서면통지는 해고의 효력요건이므로 해고자의 진정한 의사가 분명히 드러나야 하기 때문이다. 공인전자서명이 포함된 전자문서도 전자서명법 제3조제1항에 의하여 서면으로서 인정된다. 전자서명 방식이 아닌 이메일·문자메세지·팩스나 복사 그 자체는 일응 서면방식의 요건을 충족하지 못하는 것으로 생각된다. 그 경우에는 사용자의 서명 또는 날인이 있다고 보기 어렵기 때문이다.

해고사유와 해고시기를 서면으로 통지하도록 함으로써 근로자 해고시 신중을 기하게 하여 근로자의 권익이 제고될 것으로 기대된다.

해고의 서면통지 관련 업무처리 지침[2007.11.29, 근로기준팀-8048]

Ⅰ. 검토배경

그 동안 해고관련 사건은 해고의 사유 및 해고의 시기 등이 불명확한 경우가 많아 부당해고 등 관련사건 해결에 어려움이 있었다. 이에 근로기준법을 개정하여(2007.1.26, 법률 제8293호) 해고를 서면으로 통지하도록 함과 동시에 이를 해고의 효력요건으로 규정하였다.

이러한 서면통지 원칙의 신설에 따라 구두통지 등의 방법으로 이루어진 해고의 노동위원회 구제신청 가능 여부, 해고의 서면통지와 해고예고와의 관계 등에 대한 업무처리방식을 명확히 할 필요가 있다.

Ⅱ. 해고의 서면통지 원칙

1. 서면통지의 방법으로 하지 않은 해고의 효력을 부인

해고는 사용자의 근로자에 대한 의사표시만으로 성립되고, 다만 법 제27조제2항은 근로자의 보호를 위하여 해고의사의 서면통지라는 특별효력요건을 규정한 것이다. 따라서 구두 등에 의한 해고도 해고는 존재(성립)하나 그 효력이 법에 의하여 부인되는 것이므로(일반적인 부당해고 사건과 동일) 해고 자체가 부존재(불성립)하는 것으로 보아서는 아니된다.

가. 법 제27조제2항은 해고가 서면으로 통지되지 않은 경우는 그 해고는 효력이 없다는 점을 명확히 하고 있다. 이는 사용자가 해고를 서면통지의 방법으로 하지 않은 경우 사용자의 해고행위의 효력을 부정함으로써 근로자를 보호하고자 하는 것이다. 즉 서면으로 통지되지 않은 해고는 부당해고에 해당한다는 취지이다.

따라서 근로자는 구두통지 등의 방법으로 이루어진 해고에 대하여 사용자가 해고예정일로 정한 날로부터 90일 이내에 노동위원회에 부당해고 구제신청을 할 수 있으며 이 경우 서면통지가 없었다는 이유만으로도 부당해고가 성립된다.

나. 근로자가 해고의 서면통지의무 위반을 이유로 부당해고 구제신청을 한 상태에서 다시 사용자가 해고의 서면통지를 한 경우 절차적 정당성이 결여된 부당해고에 관하여는 더 이상 다툴 실익이 없게 되며, 서면통지에 의한 해고에 대하여 정당한 이유가 없음을 이유로 부당해고 구제신청을 할 수 있다.

2. 서면통지의 방법 및 절차

해고의 서면통지의 형식과 방법에 관한 규정은 없으나 내용에는 해고사유와 해고시기가 구체적으로 기재되어야 하고 사용자가 발송할 것임을 입증할 만한 서명, 날인 등이 있어야하며 통지의 방법은 근로자에게 도달하였다는 사실이 입증될 만한 등기우편, 직접교부 등의 방식을 사용하는 것이 혼선을 줄일 수 있다.

* 휴대폰 문자, e-메일, 회사 홈페이지 등을 이용하여 해고를 통지한 경우 등은 법 제27조에 따른 서면 해고통지로 볼 수 없다.

3. 해고의 서면통지와 해고예고와의 관계

해고의 서면통지와 해고예고는 엄밀하게는 서로 다른 단계에서 이루어지는 별개의 행위이다. 다만, 사용자가 해고하고자 하는 날로부터 30일 이전에 해고사유와 해고시기를 명확하게 표기하여 해고를 서면통지한 경우는 이 자체가 해고예고의 효과도 가지므로 별도의 해고예고는 불필요하다.

Ⅲ. 업무처리 지침

1. 서면에 의하지 않은 해고 사건

지방노동관서에 서면에 의하지 않은 해고 관련사건이 접수된 경우

민원인에게 노동위원회의 구제신청제도를 안내하고(제27조는 법시행일(2007.7.1) 이후에 행해진 예고에만 적용되므로 예외없이 노동위원회의 구제절차에 따르도록 안내하여야 한다) 진정사건은 내사종결 처리, 고소·고발사건은 검사의 지휘를 받아 각하 처리한다.

2. 서면에 의한 해고통지와 연계된 해고예고 위반사건 접수시

가. 사용자의 서면통지가 ① 해고하고자 하는 날로부터 적어도 30일 전에 이루어지고 ② 내용상 '해고사유'와 '해고시기'가 구체적으로 기재되어 있으며 ③ 서면통지의 방법 등에 하자가 없는 경우라면 이때는 해고의 서면통지로서 해고예고도 이루어진 것으로 보아야 한다.

나. 사용자의 서면통지가 해고하고자 하는 날이 30일도 남지 않은 기간 이내에 이루어진 경우는 법에 정한 해고예고의무를 다한 것으로 볼 수 없고, 사용자는 30일분 이상의 통상임금(해고예고수당)을 지급할 의무가 있다.

다. 만약 사용자가 해고통지 서면에서 예정한 해고일과 다른 날에 실제로 해고한 경우에는 실제로 해고한 날을 기준으로 30일 전에 이에 관한 해고예고가 있었는지를 살펴 위의 사례를 적용하면 된다.

3장

해고의 예고를 둘러싼 법률실무

Ⅰ. 해고의 예고

1. 해고예고의 의의 및 취지

근로기준법 제26조 본문에서 「사용자는 근로자를 해고(경영상 이유에 의한 해고를 포함한다)하려면 적어도 30일 전에 그 예고를 하여야 하고, 30일 전에 예고를 하지 아니하였을 때에는 30일분 이상의 통상임금을 지급하여야 한다」고 규정하고 있다. 해고에 있어 해고예고 제도를 도입한 취지는 근로자들의 이익을 위하여 임금이 유일한 생활의 원천인 근로자에게 30일 전에 다른 직장을 구할 수 있는 기간을 마련해 주고자 함에 있다(서울서부지법 2007.5.29, 2007노209). 정당한 이유없는 해고는 사법상 무효이므로 해고 예고는 정당한 이유가 있는 경우에 적용되는 것이다. 이는 정당한 해고의 경우에도 근로자의 갑작스런 실업의 위험으로부터 보호하고, 재취업을 준비할 수 있는 기회를 주려는 취지로 볼 수 있다. 해고의 예고를 했다고 하여 정당한 이유없이 해고할 수 있는 것이 아님은 물론이다. 정당한 이유가 없음에도 불구하고 해고예고를 할 수 있다면 근로자를 자유로 해고할 수 있는 결과가 되어 근로기준법 제23조제1항은 그 의미를 상실하게 될 것이다.

근로자를 해고할 때에는 비록 동법 제23조제1항에 의한 정당한 이유가 있는 경우라 하더라도 갑작스러운 해고로 인하여 초래될 근로자의 곤궁과 실업의 위험에 대처하여 새로운 직장을 구할 수 있는 시간적 여유를 부여함은 물론 그 기간 동안의 생계비를 지급할 필요가 있다.

2. 예고수당의 법적 성격

「30일분 이상의 통상임금」 즉, 예고수당은 근로의 대가로서의 임금이라기보다는 법정의 해고수당이며 상여금과 같이 계약에 의하여 발생하는 것이 아니라 법률에 의하여 발생하는 것이다. 그리고 퇴직금규정에서 예고수당을 포함한다는 취지가 명시되어 있지 아니하면 퇴직금 이외에 예고수당을 별도로 지급하여야 한다.

3. 예고기간

예고는 적어도 30일 전에 하여야 한다. 예고기간의 계산에 대해서는 근로기준법에 특별한 규정이 없으므로 민법의 일반원칙에 따라야 한다. 그러므로 해고예고를 한 당일은 계산되지 않고(2003.10.20, 근기 68207-1346) 그 다음 날부터 계산되어(민법 제157조) 기간의 말일의 종료로 기간이 만료되기(민법 제159조) 때문에 예고일과 해고의 효력발생일 사이에 적어도 30일의 기간을 두어야 한다. 또한 여기에 말하는 30일은 근로일이 아니고 역일이기 때문에 이 30일 중에 휴일·휴무일 등이 있더라도 기간이 연정되지 않는다.

이와 같은 계산에 따라 근로자를 예컨대 6월 30일부로 해고(이 날의 종료로 해고의 효력발생)하고자 하는 경우 늦어도 5월 30일에는 해고의 예고를 하지 않으면 안된다. 특정일을 해고일로 정하여 통보하는 경우, 동법 동조의 해고예고의무를 다하기 위해서는 동 해고일로부터 30일 전에 예고를 하였거나 30일분 이상의 통상임금을 해고와 동시에 지급하여야 하는 것으로서 잔여 근로계약기간이 30일에 미치지 못한다 하여 30일분의 통상임금보다 적은 금액을 지급할 수는 없으며 이를 이행치 아니하는 경우에는 동법 동조 위반이 될 수 있다(2003.12.17, 근기 68207-1627).

4. 예고방법

사용자는 근로자를 해고예고하려면 해고사유와 해고시기를 서면 또는 구두로 통지하여야 한다. 해고의 경우와는 달리 예고방법에 관하여는 근로기준법에 특별한 규정이 없으므로 서면 또는 구두로 할 수 있다. 행정지침(2007.11.29, 근로기준팀-8048)은 「해고예고는 반드시 서면으로 할 필요가 없고 구두 등의 방법으로 하더라도 그 효력이 인정된다」고 한다. 근로자에 대한 해고는 서면으로 통지하여야 효력이 있다(동법 제27조). 예고의 경우에도 해고의 효력이 발생하는 일자를 특정하여 예고하지 않으면 안되기 때문에 불확정기한부의 예고 또는 조건부의 예고는 예고로서의 효력이 없다.

5. 예고의 철회

해고의 예고는 사용자가 일방적으로 행하는 근로계약해지의 의사표시이므로 이를 철회할 수 없다(민법 제543조제2항).

그러므로 일단 해고의 예고를 한 후 사정이 변경되었다는 이유로 이를 철회할 수 없다. 이와 같이 사용자의 단독행위인 예고를 일방적으로 철회할 수 없다는 것은 예고를 철회한다는 통지를 받은 근로자의 법률상의 지위가 불안정한 상태에 놓이게 되는 것을 예방하기 위한 것이므로 이러한 불안정 상태가 없는 철회 즉, 근로자의 동의를 얻은 철회는 당연히 허용된다고 해석된다.

6. 예고 후의 해고시기의 변경

사용자가 당초 해고의 의사표시에 기한 해고시기에 도달하기 이전에 해고시기를 연기하는 취지로 새로이 해고의 의사표시를 한 경우, 이는 새로운 해고의 의사표시에 해당하고, 그 내용에 있어서도 근로자들에게 이익이 된다면 새로운 해고예고의 의사표시의 효력이 적법·유효하게 발생한다(서울서부지법 2007.5.29, 2007노209).

7. 예고기간 중의 근로관계

해고예고를 한 경우에도 예고기간 만료시 까지는 종래의 근로관계가 유효하게 존속된다. 따라서 원칙적으로 예고기간 동안 근로자는 근로제공의 의무가 있고, 사용자는 이에 대한 임금지급의 의무가 있다. 그러나 근로자가 새로운 직장을 구하기 위하여 부득이 결근한 경우라도 사용자는 임금을 지급해야 할 것이다. 이 문제와 관련하여 경우에 따라서는 예고기간의 엄수보다 오히려 30일분 이상의 예고수당을 지급하는 것이 근로자에게 유리한 경우도 있을 것이다.

8. 해고금지기간과 해고예고기간이 중복된 경우

해고예고기간과 금지기간이 중복된 경우에 두 가지 문제가 발생하는데 첫째, 해고금지기간 중 해고예고를 할 수 있는지 둘째, 해고예고기산 중 해고금지 사유가 발생한 경우에 해고예고는 중단되는지가 문제이다.

(1) 해고금지기간 중 해고예고를 하는 경우

유효설에 의하면 해고금지기간 중에 해고 자체만을 금지시키는 것이므로 해고금지기간 중이라도 해고예고를 할 수 있고, 양기간이 경과한 후에는 해고를 할 수 있다고 하는 견해이다. 부정설에 의하면 해고금지기간 중의 근로자는 심신이 약화된 상태이므로 이 때 해고예고를 행한다면 근로자에게 부정적인 영향을 미치므로 해고예고를 할 수 없다는 견해가 있다. 해고금지제도는 신체적·정신적으로 미약한 근로자로 하여금 해고의 위험으로부터 보호하는데 목적이 있고 사실상 이 기간의 근로자가 재취업을 위한 준비를 하는 것은 어려우므로 유효설에 의하면 해고예고제도의 취지에도 벗어나는 결과를 가져온다. 따라서 이 기간의 해고예고의 효력은 무효가 된다고 생각한다(김형배, 「노동법」, 신판5판, p.547).

(2) 해고예고기간 중에 해고금지 사유가 발생한 경우

이 경우 해고예고는 당연히 효력을 상실하며 해고금지기간의 종료 후에 다시 해고예고를 하여야 한다는 무효설과 해고예고 자체는 유효하나 해고금지 사유의 발생으로 그 효력의 발생이 일시적으로 정지되어 해고금지기간이 종료되면 새로 예고를 하지 않더라도 나머지 해고 예고기간이 계속 진행된다는 '효력정지설', 해고 금지기간이 장기인 경우에는 해고예고가 무효가 되고 단기인 경우에는 일시정지된다는 '절충설' 등의 견해가 제시되고 있다. 절충설의 견해가 타당하다고 생각된다.

9. 예고수당의 산정

(1) 예고수당의 산정

30일 전에 해고예고를 하지 않은 경우에는 이에 갈음하여 30일분 이상의 통상임금을 해고예고수당으로서 지급해야 한다.

(2) 예고수당의 지급방법

이와 같은 예고수당은 과거의 근무제공에 대한 반대급부가 아니므로 근로기준법상의 임금(동법 제2조제1항제5호)이나 민법상의 보수(민법 제656조)로 볼 수 없으나 임금에 준하는 것이라 할 수 있으므로 임금지급에 관한 근로기준법 제43조를 유추해석하여 당해 근로자에게 직접 전액을 통화로 지급하여야 하며, 이를 지급하지 않는다는 특약이나 분할하여 지급한다는 약정은 무효이다.

(3) 예고수당의 공탁

해고에 반대하는 근로자가 예고수당의 수령을 거부하는 경우에는 사용자는 어느 정도의 지급조치를 해야 해고의 효력이 발생하는가의 문제이다. 예고수당의 지급은 일반 채무의 변제와 실질적으로 성질이 같으므로 일반 채무의 변제의 제공에 준하여 생각할 수 있다. 공탁을 요한다는 견해가 있으나 원칙적으로 현실의 제공에 의한 지급을 한다면 동일한 효과가 발생한다고 해석된다.

(4) 예고수당의 지급시기

또한 예고수당은 그 지급이 예고기간 만료와 같은 효력을 갖게 되므로 늦어도 해고와 동시에 지급하여야 할 것이다. 예고수당은 해고예고의 적용예외 사유가 존재하지 아니한 경우에 즉시해고의 효력발생요건으로서 그 지급을 법률에서 요구하는 특수한 성질의 수당이므로 그 지급시기는 적어도 해고와 동시에 지급하여야 한다.

10. 해고예고 위반시 해고의 효력

정당한 이유가 없는 해고는 당연히 무효이므로 해고예고를 했는지의 여부는 문제가 되지 않는다. 문제는 해고에 정당한 이유는 있지만 해고의 예고를 하지 않는 경우 그 해고의 효력은 어떻게 되느냐에 관하여 견해의 대립이 있다.

(1) 유효설

근로기준법 제26조의 본문규정은 단순한 단속규정에 지나지 않으므로 그 위반의 해고는 유효하다는 견해(김유성, 「노동법 I」 법문사, p.315)

(2) 무효설

상기의 규정은 효력규정이므로 그 위반의 해고는 당연히 무효라는 견해(김형배, 「노동법」 신판5판, 박영사, p.547).

(3) 상대적 유효설

예고 위반의 해고가 즉시해고로서의 효력은 발생하지 않지만 그 후 예고기간이 경과하거나 예고수당을 지급하면 그때부터 효력이 발생한다는 견해 등으로 대립하고 있다(하경효, 「해고예고규정위반과 단체협약에 따른 노조와의 합의 없이 행한 징계면직의 효력」 경영계(1994.7), p.56).

(4) 평 가

해고예고는 돌연한 해고로 인한 근로자의 생활상의 위협을 방지하기 위한 것이므로 이것은 해고의 효력발생을 위한 하나의 강행적 요건으로 파악되어야 한다. 따라서 예고 위반의 해고는 무효라고 봄이 타당하다. 그러나 판례(대법 1998.11.27, 97누14132)와 행정해석(2007.11.29, 근로기준팀-8048)은 「근로기준법 제

26조는 단속규정이므로 해고의 예고를 하지 아니하였다고 하더라도 해고의 정당한 이유를 갖추고 있는 이상 해고의 효력에는 영향이 없다」고 한다.

Ⅱ. 해고예고제도와 적용예외

1. 민법상의 해약고지와 근로기준법상의 해고예고

민법상 고용기간의 약정이 없는 때에는 당사자는 언제든지 계약해지의 통고를 할 수 있으며(민법 제660조제1항) 이 경우에는 상대방이 해지의 통고를 받은 날로부터 1월이 경과하면 고용계약은 종료된다(민법 제660조제2항). 그러나 근로기준법상으로는 갑작스런 해고에 따라 근로자의 생활의 파탄을 피할 수 있도록 사용자는 근로자를 해고(경영상의 이유에 의한 해고를 포함한다)하려면 적어도 30일 전에 예고를 하여야 하고, 30일 전에 예고를 하지 아니하였을 때에는 30일분 이상의 통상임금을 지급하여야 한다(근로기준법 제26조 본문). 근로기준법은 기간의 정함이 없는 근로계약의 해약의 예고기간을 적어도 30일 이상 또는 30일분 이상의 통상임금을 지급하는 것을 벌칙(근로기준법 제110조제1호)으로 강제한다. 이런 의미에서 해약예고기간에 관하여는 근로기준법 제26조에 의하여 민법 제660조제2항의 적용은 배제된다.

2. 예고해고의 적용예외

근로기준법 제35조 각호에 규정된 단기간의 근로계약으로 취업하는 근로자에 대하여는 해고예고제도가 적용되지 않는다. 물론 근로기준법 제35조의 각호에 해당한다 하여도「정당한 이유」없이 근로자를 무조건 해고할 수 없음은 당연하다.

그러나 단기간의 근로계약을 반복 갱신함으로써 해고예고규정을 고의적으로 회피하려는 탈법행위에 대하여는 근로기준법 제35조 각호가 적용되지 않아야 할 것이다.

① 일용근로자로서 3개월을 계속 근무하지 아니한 자

② 2개월 이내의 기간을 정하여 사용된 것

③ 월급근로자로서 6개월이 되지 못한 자

④ 계절적 업무에 6개월 이내의 기간을 정하여 사용된 자

⑤ 수습 사용 중인 근로자 : 수습 사용한 날부터 3개월 이내인 자를 말한다(동법시행령 제16조).

3. 월급근로자로서 6개월이 되지 못한 자의 예외규정의 위헌 여부

월급근로자로서 6개월이 되지 아니한 자를 해고예고제도의 적용에서 제외함을 규정하여, 사용자 입장에서 근로자의 대체를 용이하게 할 수 있는 일정기간을 부여하는 것을 그 내용으로 하고 있다. 이는 근로자보호와 사용자의 효율적인 기업경영 및 기업의 생산성이라는 측면의 조화를 고려한 합리적 규정이라고 할 수 있고, 이 사건 법률조항에서 규정하는 6개월이라는 기간 또한 특별히 위와 같은 입법목적을 달성하는 수단으로는 너무 길어 해고예고제도의 입법취지를 몰각시킬 정도로 과도하다고 볼 근거는 없다. 동 법률조항이 위헌이라고 하기는 어렵다(헌법재판소 2001.7.9, 99헌마663). '월급근로자로서 6개월이 되지 못한 자'에 해당하는지 여부의 판단시점은 그 근로자가 해고 될 당시를 기준으로 판단한다(대법 2002.5.10, 2002도1216).

4. 수습사용 중인 근로자

기간의 정함이 있는 근로계약에 있어서도 수습 사용기간이 3개월을 초과한 경우에는 해고의 예고를 하여야 한다. 수습사용 중인 근로자에게 해고를 하여야 할 정당한 이유가 있는 경우에도 3개월 까지는 해고예고의 적용을 받지 아니하지만 3개월을 초과할 때에는 즉시해고의 사유가 있는 경우를 제외하고는 해고의 예고를 하여야 한다(근로기준법시행령 제16조).

5. 일시보상을 행할 경우의 적용예외 사유 여부

근로기준법 제26조와 제35조에서 일시보상을 행한 경우를 해고예고 적용제외사유로 규정하고 있지 않고 동법 제24조에서도 일시보상을 행할 경우 향후 모든 재해보상 책임만 면제된다고 규정하고 있을 뿐 해고예고의무

까지 면제된다는 규정은 없으며 동법 제26조는 해고의 실체적 정당성이 있는 경우에도 적용되는 해고절차와 관련된 조항이라는 점을 감안할 때, 일시보상을 통해 정당한 이유가 있어 제23조제2항에 의한 요양기간 중에 해고할 수 있는 경우라도 제26조에 의한 해고예고조항은 적용된다(2002.5.24, 근기 68207-2026).

Ⅲ. 해고예고를 하지 아니한 징계해고는 무효인가

1. 해고예고와 해고의 효력

해고예고 또는 해고예고수당 지급 제도는 사용자가 근로자를 해고하기 일정기일 전에 그 해고를 예고하도록 함으로써 갑작스런 해고로 인한 생계유지의 곤란으로부터 근로자를 보호하고 근로자의 재취업에 필요한 충분한 시간적 여유를 부여하기 위한 제도이다. 근로기준법 제26조의 규정에 의한 해고의 예고는 정당한 이유가 있어 해고하고자 할 때만 유효하게 적용되는 것으로 정당한 이유가 없었다면 해고예고를 하였거나 해고예고수당을 지급하더라도 해고로서의 효력이 없다. 근로기준법 제26조에서 규정하는 해고예고제도는 사용자가 근로자를 해고할 경우에 근로자가 다른 직장을 구할 기회를 가질 수 있도록 최소한의 시간적인 여유를 부여하거나, 그렇지 않으면 그 기간 동안의 생계비를 보장하여 근로자의 경제적 어려움을 완화시켜주고자 하는 취지에서 규정된 것이다. 그러므로 해고예고제도는 해고자체를 금지하는 제도는 아니며, 대법원 판례 또한 예고의무를 위반한 해고도 유효하다고 보므로 해고자체의 효력과도 무관한 제도이다. 즉 해고예고제도는 근로관계의 존속이라는 근로자보호의 본질적 부분과 관련되는 것이 아니다(헌재 2001. 7.19, 99헌마663).

징계해고는 근로자의 질서위반행위에 대한 제재로서 가장 중대한 위반행위의 경우에 과하여지는 최고의 처분으로 근로자의 신분을 잃게 하는 징계행위이다. 따라서 사안의 성질의 인정, 동기, 그 영향, 본인의 변명 등 신중한 배려를 요한다.

통상 '즉시해고'는 예고기간을 두지 아니하는 것이 원칙이다. 이 경우 '30일분의 해고예고수당'을 지급한 다음의 즉시해고라면 문제가 없지만 통상은 수당의 지급을 하고 있지 아니한데, 예고수당의 부지급은 '근로자의 귀책사유'가 있어야 한다. 그러므로 징계해고라고 하여 예고제도를 무시하여 예고수당도 예고기간도 주지 아니하고 '즉시해고'를 하는 것은 근로자의 귀책사유가 있는 경우에 한하며 근로자의 귀책사유가 없는 경우에는 위법무효가 되는 것이므로 특히 주의하여야 한다.

2. 예고의무

해고예고는 적어도 해고일부터 '30일 전'에 해야 하며 해고의 예고방법은 반드시 해고사유와 해고시기를 서면으로 통지하여야 한다. 그러나 행정해석(2007.11.29, 근로기준팀-8048)은 해고예고는 「반드시 서면으로 할 필요가 없고 구두 등의 방법으로 하더라도 그 효력이 인정된다. 이 점에서 근로기준법 세27조의 해고사유 등의 서면통지규정과 구별된다」고 한다. 해고예고의 종료시점에 확정적인 해고의 효력이 발생하므로 근로자 보호와 해고효력시기의 명확성이라는 점에서 타당하지 아니하다. 불확정한 기한이나 조건을 붙인 예고는 예고로서의 효력이 없다.

예고기간 중에는 근로자와 사용자가 여전히 정상적인 근로관계에 있으므로 임금 또는 근로를 청구할 수 있음은 물론이나 근로자가 새로운 직장을 구하기 위하여 부득이 결근한 경우라도 사용자는 이에 대한 임금을 지급하는 것이 타당하다고 본다.

3. 해고예고수당

사용자는 해고의 예고 대신에 30일분 이상의 통상임금을 해고예고수당으로 지급하고 근로자를 해고할 수 있다. 30일 전에 해고예고하지 않을 경우 지급해야 할 해고예고수당은 30일분 이상의 통상임금이므로 30일은 안되지만 일정기간 해고예고기간이 있다는 이유로 30일분보다 적은 금액을 지급할 수는 없다(2003.12.17, 근기-68207). 예컨대 20일 전에 해고예고하는 경우 10일분만을 해고예고수당으로 지급하는 경우이다.

4. 단기간의 근로계약과 해고예고

근로기준법 제35조 각 호에 규정된 단기간의 근로계약으로 취업하는 근로자에 대하여는 해고예고의 규정이 적용되지 않는다(근로기준법 제35조).

예고제도가 적용되지 않는 근로자는 다음과 같다.

① 일용근로자로서 3개월을 계속 근무하지 아니한 자
② 2개월 이내의 기간을 정하여 사용된 자
③ 월급근로자로서 6개월이 되지 못한 자
④ 계절적 업무에 6개월 이내의 기간을 정하여 사용된 자
⑤ 수습 사용중인 근로자(수습 사용한 날로부터 3개월 이내인 자, 시행령 제16조).

그러나 단기간의 근로계약을 반복 갱신함으로써 해고예고규정을 고의적으로 회피하려는 탈법행위에 대하여는 근로기준법 제35조가 적용되지 않는다고 해석해야 할 것이다. 동법 제35조제3호 소정의 '월급근로자로서 6개월이 되지 못한 자' 여부를 판단함에 있어서는 해고예고적용제외여부의 결정기준일은 해고예고 시점이 아니라 해고시점이다(대법 2002.5.10, 2002도 1216 ; 2005.10.12, 근로기준팀-565).

5. 예고의무 위반의 효력

(1) 벌 칙

사용자가 근로기준법 제26조에 규정된 해고예고의무를 이행하지 않을 경우에는 동법 제110조제1호에 따라 2년 이하의 징역 또는 1,000만원 이하의 벌금에 처한다.

(2) 예고의무를 위반한 해고의 효력

이에 관하여는 제3장 Ⅰ에서 이미 기술하였다.

6. 해고예고기간 중 사직서를 제출한 경우의 부당해고 여부

근로자가 2007.4.12 회사로부터 2007.5.13자에 해고된다는 사실을 통지받은 후, 지병과 계약 기간의 만료로 인하여 더 이상 회사 근무가 어렵다고 판단

하여 위 해고예고기간 중인 2007.4.24 사직서를 제출한 경우이다. 사용자가 근로계약의 합의해약을 종용한 때 상대방인 근로자가 그 청약을 진정으로 승낙한다면 합의해지되었다고 보아야 한다(대법 2001.1.19, 2000다 51919 ; 2003.4.11, 2002다60528). 또한 근로자가 마음속으로 퇴직을 바란 것은 아니지만 그 당시 상황에서 최선이라고 판단하여 스스로의 의사에 따라 사직원을 제출하였다면 진의에 의하여 사직원을 제출한 것이다(대법 2003.4.22, 2002다11458). 따라서 근로자가 해고 통지를 받은 후 당시 근로자가 지병의 치료 등으로 인하여 더 이상 회사에 근무가 어렵다고 스스로 판단하여 사직서를 자진 제출하였다면 비록 해고 예고가 사직원 제출의 계기가 되었다 하더라도 위 사직원의 제출은 진의에 의한 것으로 유효하고, 근로관계는 합의해지로 인하여 종료되었다고 볼 것이다(2007.10.30, 근로기준팀-7317).

해고예고 관련 민원 처리지침[2007.11.29 근로기준팀-8048]

Ⅰ. 검토배경

사용자가 근로자를 해고할 때에는 적어도 30일 전에 그 예고를 하여야 하며 그렇지 않을 경우 30일분 이상의 통상임금(소위 '해고예고수당')을 지급하여야 한다(근로기준법 제26조).

이와 관련하여 해고예고의무 위반은 반드시 정당한 해고인 경우에 관하여 조사・처리해야 하는지 여부와 법 제27조제2항(해고사유 등의 서면통지)의 신설(2007.1.26 신설, 2007.7.1 시행)과 관련하여 해고예고도 서면으로 통지해야 하는지 등에 관하여 업무상 논란이 있다. 따라서 이에 관한 명확한 업무처리기준을 제시함으로써 업무수행의 통일성을 기하고자 한다.

Ⅱ. 해고예고 제도 개요

1. 해고예고 제도는 근로자의 의사에 반하여 근로관계가 종료되는 해고와 관련된 제도로서 근로자가 갑자기 직장을 잃게 되어 생활이 곤란해지는 것을 예방하기 위한 것이다. 따라서 정년퇴직・임의퇴직・합의퇴직의 경우, 기간의 정함이 있는 근로계약의 계약기간이 종료되어 자동퇴직하는 경우 등은 적용되지 않는다. 한편, 근로자가 장기간 결근하여 소식이 없는 경우 등 단체협약, 취업규칙 등에 의하여 근로관계가 자동 소멸되는 경우에는 해고예고가 없어도 무방하다.

2. 해고예고는 반드시 서면으로 할 필요가 없고 구두 등의 방법으로 하더라도 그 효력이 인정된다(법 제27조의 해고사유 등의 서면통지 규정과 구별된다).

3. 해고예고는 반드시 대상 근로자에게 해고될 날을 명시하여 구체적으로 이루어져야 한다. 따라서 불확정 기간이나 조건(건설공사 준공예정일 등)을 붙이거나, 해고할 사람을 특정하지 않고 불특정 다수인에게 불가피한 이유를 들어 감원을 주지시킨 것은 해고예고라고 할 수 없다.

「근로계약이 공사기간으로 정하여져 있는 건설공사의 경우 공사가 완료되어 자동퇴직되는 경우라면 해고예고의 문제는 발생하지 않을 것이나, 공사기간이 완료되기 전에 개별적 해고예고가 아니고 아침조회시 현장소장이 불특정 다수에게 불가피한 이유 등을 들어 감원을 주지한 것은 해고예고로 볼 수 없다」(1988.9.7, 근기 01254-13736).

4. 해고예고기간은 통지가 상대방에게 도달한 다음 날부터 역일(曆日)로 계산하여 30일만에 만료되며, 휴일·휴무일이 있더라도 연장되지 않는다.

한편 해고예고기간이 만료되었더라도 그 날이 법 제23조제2항에서 정한 해고의 제한 기간에 해당하는 경우에는 제23조제2항에서 정한 기간이 종료되기 전에는 해고할 수 없다.

「근로자의 귀책사유로 인한 해고예고기간 중 업무상 부상 또는 질병으로 인하여 계속 요양 중에 있는 경우 동 해고예고기간이 만료되었다 할지라도 근로기준법 제27조에 의거 업무상 부상 또는 질병의 요양을 위한 휴업기간과 그 후 30일간은 해고할 수 없는 것이다」(1983.6.11, 근기 01254-1451).

Ⅲ. 해고예고의무 위반의 효과

근로기준법 제26조는 단속규정이므로 해고예고를 하지 않았다고 하더라도 사용자가 벌칙(2년 이하의 징역 또는 1천만원 이하의 벌금)을 받는 것은 별론으로 하고 정당한 사유가 있는 한 해고 자체는 유효하다.

「근로기준법 제26조에 규정하고 있는 해고예고절차는 통상해고·징계해고의 경우를 구분하지 않고 적용되는 것이나 징계해고의 경우에 있어서는 비록 사용자가 해고예고절차를 거치지 않아 해고예고 의무를 위반했다 하더라도 해고의 정당한 이유를 갖추고 있는 한 해고의 사법상 효력에는 영향이 없으므로 해고는 유효하다」(대법 1993.9.24, 93누4199 ; 1993.12.17, 93다39492).

Ⅳ. 해고예고의무 위반에 관한 업무처리기준

해고가 부당해고로 판명될 경우 그 해고는 무효가 되고 근로자는 원직에 복직할 수 있으므로 해고예고의무 사건은 그 해고가 정당한 경우에만 처리하여야 한다는 견해도 있다.

그러나 해고예고 제도의 취지를 감안할 때 해고의 정당성 판단과는 별개로 해고예고의무 위반사건은 우선하여 처리되어야 한다는 것이 우리부의 업무처리 원칙이다.

해고예고의무 위반 여부 조사의 사전절차로서 반드시 해고의 정당성 여부를 조사·판단하게 한다면 갑작스런 해고로 인한 근로자의 피해 예방이라는 해고예고제도의 취지를 살릴 수 없고, 근로기준법 제23조(해고의 제한)와 법 제26조(해고의 예고)는 표현을 달리하고 있을 뿐 아니라(정당한 이유없이 해고/해고하려면), 위반시 처리절차(노동위 구제절차/벌칙)도 각각 다르다. 따라서 해고예고의무 위반 관련 민원은 해고의 정당성 여부 판단과 별개로 처리할 필요가 있다.

1. 지방노동관서에 해고예고의무 위반에 관한 고소·고발 사건이 접수된 경우에는 법 위반 여부를 수사하여 그 결과에 따라 검찰에 송치한다.

2. 지방노동관서에 해고예고의무 위반에 관한 고소·고발외 신고사건(진정사건 등)이 접수된 경우

① 신고내용의 조사과정에서 당사자간 합의 등으로 신고가 철회·취소되는 경우에는 내사종결 처리한다.

② 신고내용의 조사결과 법 위반 사실이 인정되지 않은 경우에는 신고인에게 그 사유를 회시하고 내사종결 처리한다.

③ 신고내용의 조사결과 법 위반 사실이 인정되는 경우에는 25일 이내의 기간을 정하여 시성하도록 서면지시하고 기한내에 시정완료하면 내사종결하고, 기한내 시정하지 아니하면 범죄인지 보고 후 수사에 착수한다.(「근로감독관 집무규정」 제30조제1항 및 <별표4> 개별근로관계법 위반사항 조치기준) 다만, 시정기간 내 당사자간 합의가 이루어지고, 신고인이 피신고인의 처벌을 원하지 아니한다는 의사를 분명히 밝힌 경우(예컨대 근로자가 일정한 합의금을 받고 진정서 등을 취하하는 경우)에는 내사종결 처리한다.

VI. 해고예고의 예외

1. 사업계속이 불가피하거나 근로자에게 귀책사유가 있는 경우(법 제26조 단서)

○ 전재 사변, 기타 부득이한 사유로 사업계속이 불가능한 경우에는 해고예고 의무가 면제되나, 불황이나 경영난은 포함되지 않는다.

○ 근로자가 고의로 사업에 막대한 지장을 초래하거나 재산상 손해를 끼친 경우는 해고예고 의무가 면제된다(법 시행규칙 제4조 별표).

2. 해고예고의 적용이 제외되는 근로자(법 제35조)

① 일용근로자로서 3개월을 계속 근무하지 아니한 자

② 2개월 이내의 기간을 정하여 사용한 자

③ 월급근로자로서 6개월이 되지 못한 자
「해고시점을 기준으로 6개월의 근무기간이 경과되었는지를 판단한다」(대법 2002.2.10, 2002도1216) 예컨대 2009.1.1에 입사한 근로자가 같은해 6.30까지 근무하였다면 7.1부터는 해고예고 적용 내상자가 된다

④ 계절적 업무에 6개월 이내의 기간을 정하여 사용된 자

⑤ 수습 사용한 날부터 3개월 이내인 수습근로자

Ⅳ. 즉시해고

1. 즉시해고의 의의

근로기준법 제26조 단서에 의하여 해고예고가 불필요하게 되는 요건은 「천재・사변 그 밖의 부득이한 사유로 사업을 계속하는 것이 불가능한 경우 또는 근로자가 고의로 사업에 막대한 지장을 초래하거나 재산상 손해를 끼친 경우로서 노동부령으로 정하는 사유에 해당하는 경우」에는 '근로자의 귀책사유'로서 즉시해고 할 수 있음을 규정하고 있다.

2. 즉시해고의 요건

(1) 부득이한 사유로 사업계속이 불가능한 경우

'부득이란 사유'란 중요한 건물, 설비, 기재 등의 소실과 같이 천재・사변에 준하는 정도의 돌발적이고 불가항력적인 경우로서 사용자에게 그 책임을 물을 수 없는 경우를 말하며, 단순히 불황이나 경영난은 이에 포함되지 않는다. 예컨대 노사분규로 인한 생산차질, 거래선 이탈 등 영업활동 위축으로 인한 폐업의 경우는 사전에 어느 정도 예측이 가능한 경우로서 해고예고의 예외가 되는 위의 '부득이한 사유'에 해당된다고 보기는 어렵다(2003.7.21, 근기 68207-914).

부도로 인한 사실상의 도산이라는 돌발적이고 불가항력적인 사유로 인하여 사업계속이 불가능한 경우에는 근로기준법 제26조 단서의 '부득이한 사유로 사업계속이 불가능한 경우'에 해당되어 근로기준법 제26조 위반은 없는 것으로 별도 해고예고수당을 지급하지 않아도 된다(2000.8.2, 근기 68207-2320). '부득이한 사유로 사업계속이 불가능한 경우'에 근로자가 이에 불복하는 경우에는 사법(司法)적 수단에 의해 구제를 받게 된다.

(2) 근로자의 귀책사유

근로자의 귀책사유란 학설과 판례에 의하면 근로자를 보호할 필요가 없을 정도의 중대한 의무위반 내지 배신행위를 의미한다. 해고예고기간의 준수의무가 없는 근로자의 귀책사유란 '근로자가 고의로 사업에 막대한 지장을 초래하거나 재산상의 손해를 끼친 경우로서 노동부령으로 정하는 사유에 해당하는 경우'에 한한다. 예컨대 불법적인 회사재산의 훼손·회사공신력의 손상·기업경영 질서의 문란행위·장기결근행위 등이 이에 속한다.

'근로자의 귀책사유'는 반드시 형사상의 범죄와 동일시될 필요는 없으며, '귀책사유의 판정'에 있어서는 근로자의 지위·직책·계속근무연한·근무상황 등을 고려하여 종합적으로 판단하여야 할 것이다. 즉 '근로자의 귀책사유'가 근로기준법 제26조의 보호를 부여할 필요가 없을 정도로 중대한 것이며, 따라서 사용자로 하여금 이와 같은 근로자에게 30일 전에 해고의 예고를 하도록 함이 당해 사유와 비교하여 균형을 잃는 것에 한하여 인정하여야 한다.

근로기준법의 개성으로 근로자를 즉시해고 할 수 있는 근로자의 귀책사유가 '고의로 사업에 막대한 지장을 초래하거나 재산상 손해를 끼친 경우로서 노동부령이 정하는 사유'라고 명문화됨으로써 그 내용이 명확하게 되었다. 근로자 귀책사유에 대해서는 「고의」가 전제요건으로 되어있다. 「고의」에 대한 입증책임은 해고예고의 예외를 주장하는 사용자에게 있다. '근로자의 귀책사유'의 사례로서 근로기준법시행규칙 별표에서 명시하고 있다.

사용자는 근로기준법 제26조 단서에서 노동부령으로 정하는 사유 즉 「해고예고의 예외가 되는 근로자의 귀책사유」는 다음과 같다(근로기준법 시행규칙 별표).

① 납품업체로부터 금품이나 향응을 제공받고 불량품을 납품받아 생산에 차질을 가져온 경우

② 영업용 차량을 임의로 타인에게 대리운전하게 하여 교통사고를 일으킨 경우

③ 사업의 기밀이나 그 밖의 정보를 경쟁관계에 있는 다른 사업자 등에게 제공하여 사업에 지장을 가져온 경우

④ 허위 사실을 날조하여 유포하거나 불법 집단행동을 주도하여 사업에 막대한 지장을 가져온 경우

⑤ 영업용 차량 운송 수입금을 부당하게 착복하는 등 직책을 이용하여 공금을 착복·장기유용·횡령 또는 배임한 경우

⑥ 제품 또는 원료 등을 몰래 훔치거나 불법 반출한 경우

⑦ 인사·경리·회계담당 직원이 근로자의 근무상황 실적을 조작하거나 허위 서류 등을 작성하여 사업에 손해를 끼친 경우

⑧ 사업장의 기물을 고의로 파손하여 생산에 막대한 지장을 가져온 경우

⑨ 그 밖에 사회통념상 고의로 사업에 막대한 지장을 가져오거나 재산상 손해를 끼쳤다고 인정되는 경우

'근로자의 귀책사유'의 판단에 있어서는 근로기준법 제26조 단서에 명시되어 있는 바와 같이 근로자의 고의로 계속근로가 사업에 막대한 지장을 초래하거나 재산상의 손해를 끼친 경우라는 동조항의 기준에 의하여 종합적이며 실질적으로 판단하여야 한다.

회사의 원목 수입·판매 담당자가 매출채권관리내규 등의 제규정에 따른 조치를 취하지 아니하고 거래처와 신용거래를 시작하였고, 그 후 자체 감사에서 불량채권 과다, 매출채권 잔액대비 담보미달 등에 대한 시정지시를 받았으며, 또한 거래처의 신용상태가 악화되고 있다는 사정을 충분히 알 수 있었음에도 그에 대한 적절한 조치를 취하지 아니하고 신용거래를 계속하다가 거래처의 부도로 회사에 중대한 손해를 발생케 한 사안에서, 이는 사회통념상 고용계약을 계속시킬 수 없을 정도로 근로자에게 책임이 있는 징계사유에 해당하는 것으로서 그에 대한 해고가 징계권의 범위를 일탈한 것으로는 볼 수 없다(대법 1997.4.25, 96누9508).

따라서 위의 예시와 유사한 사안의 중대, 악질 또는 빈번히 반복하는 취업규칙 위반행위에 관하여서는 해고예고의 예외로서 즉시 해고할 수 있다.

4장

해고의 효력을 둘러싼 법률실무

Ⅰ. 해고의 효력

1. 근로자로서의 지위 상실의 의의

사용자에 의해서 해고된 근로자는 원칙적으로 근로자로서의 지위를 상실한다. 사용자는 임금지급의무를 면하고 근로자는 근로제공의 의무를 면한다고 할 것이다. 근로자가 해고의 효력을 다투고 있고 그 해고가 당연무효인 경우에는 사용자에 의한 근로계약의 해지는 처음부터 절대적으로 아무런 효력이 없는 것이어서 근로자는 당연히 그 지위를 유지하게 되는 반면에 그 해고가 정당한 때에는 근로자가 아무리 해고의 효력을 다투더라도 근로자의 지위는 그 해고에 의하여 당연히 종료되는 것이다.

2. 해고된 자가 부당노동행위 구제신청한 경우의 근로자 지위

(1) 근로자의 지위

노조법 제2조제4호 라목은 근로자가 아닌 자의 가입을 허용하는 경우를 노동조합의 결격요건의 하나로 열거하고 다만, 해고된 자가 노동위원회에 부당노동행위의 구제신청을 한 경우에는 중앙노동위원회의 재심판정이 있을 때까지는 근로자가 아닌 자로 해석하여서는 아니된다는 것이므로 「단순히 구두로 이의를 제기하는 것으로는 부족하고 노동위원회의 구제를 신청하는 등 법적인 조치가 필요하다」(대법 1990.11.27, 89도1579 ; 1992.2.11, 91도1342).

"해고된 자가 부당노동행위 구제신청한 경우에 중앙노동위원회의 재심판정이 있을 때까지 근로자가 아닌 자로 해석하여서는 아니된다"라는 노조법 제2조제4호라목단서 규정은 「노동조합의 설립 및 존속을 보호하고 사용자의 부당한 인사권의 행사에 의하여 노동조합의 활동이 방해받는 것을 방지하기 위한 규정으로서 노동조합의 구성원이 될 수 있는 자격에 관하여 규정한 것일 뿐 사용자와 근로자와의 근로관계에 관한 규정은 아니므로(대법 1991.11.8, 91도326) 노동조합의 조합원으로서의 지위와 관련하여서만 적용이 되어야 할 것이고, 근로자와 사용자와의 개별적인 근로계약 위반의 효력에 확대적용될 수는 없다」(대법 1993.6.8, 92다4254)라고 한다.

노조법 제2조제4호의 규정은 사용자가 조합활동을 하는 노조간부 등을 해고하여 노동조합의 적격을 상실시키는 것을 방지하여 조직으로서의 노동조합을 보호하기 위한 규정일 뿐이며, 대사용자와의 관계에서 근로관계는 일단 단절되는 것이므로 사용자는 동 해고근로자의 회사출입을 금할 수 있고 사용자가 임금을 지급하지 아니하더라도 임금체불이 되지 아니하며 근로자의 지위가 이미 상실될 것으로 보아야 하기 때문에 사택퇴거요구를 받는 자는 이를 사용자에게 반환하여야 한다.

(2) 해고된 지부장이 원직복직된 경우 기존 지부장의 자격

노조 지부장이 해고되었다가 1년여 만에 중앙노동위원회로부터 부당해고 구제신청 인용결정(다만, 부당노동행위 구제신청은 기각됨)으로 복직이 되었을 때 그 공백기간에도 불구하고 해고 전 지부장 자격도 당연히 회복되는지 여부이다.

노조법 제2조4호 라목 단서 규정에 의해 해고된 자가 노동위원회에 부당노동행위 구제신청을 한 경우에는 중앙노동위원회 재심판정이 있을 때까지는 조합원으로서 자격이 유지되나, 재심판정 결과 부당노동행위 구제신청이 기각되었다면 그때부터 조합원 자격을 상실한다. 사안의 경우, 해고된 지부장이 부당노동행위 구제신청을 하였지만 중앙노동위원회에서 위 신청이 기각결정 되었다면, 그 결정 이후 조합원 자격은 상실된다. 따라서 해고된 지부장이 부당해고 구제신청 인용결정 이후 원직복직 되었다고 해도, 원직복직 이후 당해 지부 규약에 따라 조합에 가입할 수 있는 자격이 다시 주어지게 되는 것이지, 해고 전 지부장의 자격이 당연히 회복된다고 볼 수는 없다고 판단된다(2008.8.21, 노사관계법제과-127).

3. 지위 상실의 시기

그러므로 원칙적으로 사용자로부터 해고의 통지를 받은 때 근로자는 그 지위를 상실한다. 다만, 해고된 자가 부당노동행위 구제신청을 하여 중앙노동위원회의 재심판정이 있을 때까지 노동조합의 가입이나 활동과 관련된 범위 내에서 잠정적으로 그 지위를 보유한다고 보아야 할 것이다.

Ⅱ. 해고무효의 이론과 실효의 원칙

1. 해고무효의 이론

해고권 남용 법리의 중요 내용 중 하나는 정당한 이유(내지 타당성)가 없는 해고는 「무효」라는 것이다. 즉, 정당한 이유가 없는 해고에 대하여 법원은 사용자에게 근로관계의 계속을 일률적으로 상세해야 하며 「근로계약상의 권리를 갖는 지위」를 확인하거나(본안소송) 또는 가처분을 한다. 해고무효 확인의 소는 회사와의 사이에 이루어진 근로계약상의 지위 회복을 목적으로 하는 것임이 명백하므로 사실심 변론종결 당시 또는 상고심 계속 중에 근로자의 정년이 지난 경우에는 근로자로서의 지위를 회복하는 것은 불가능하므로 마찬가지라 할 것이다. 해고무효 확인의 소는 확인의 이익이 없다(대법 2004.7.22, 2002다57362).

2. 해고무효의 주장과 실효의 원칙

우리나라와 같이 정당한 이유가 없는 해고를 무효로 하는 룰을 택한 경우에 생기는 곤란한 문제는 그러한 해고를 당한 근로자가 「무효」라는 주장을 언제든지 또는 어떠한 경우에도 할 수 있는가이다.

권리자가 장기간에 걸쳐 그 권리를 행사하지 아니하여 새삼스럽게 그 권리를 행사하는 것이 신의성실의 원칙에 위반되어 허용되지 아니한다고 하려면, 의무자인 상대방이 더 이상 권리자가 그 권리를 행사하지 아니할 것으로 믿을 만한 정당한 사유가 있어야 한다(대법 2002.1.8, 2001다60019). 금반언의 원칙이란 자기의 선행행위와 모순되는 후행행위는 허용되지 않는다는 영미법상의 원칙으로써 퇴직금을 받고(선행행위) 소송을 제기하는(후행행위) 것은 인정되지 않는다는 의미를 가지고 있다.

예를 들면 해고된 근로자가 퇴직금을 수령하고 타회사에 취직한 수년후에 해고의 무효를 주장하여, 근로계약관계 존속 확인의 소를 제기한 경우 법원은 어떻게 판단할 것인가이다.

(1) 신의칙상 허용되지 아니한다는 경우

① 이에 대하여 다수의 판례(대법 2001.2.27, 99다21806 ; 1990.11.23, 90다카25512)는 신의성실의 원칙 중 한 내용인 권리실효의 법리 또는 금반언의 원칙을 적용하여 구체적 타당성을 도모하고 있다. 즉, 해고된 근로자가 이의없이 퇴직금을 수령하고 타회사에 취직하였으며 또한 장기간 해고의 효력을 다투지 아니한 것 등 제반의 사정으로 보아 당해 해고를 승인하였다고 인정되는 경우에 당해 근로자는 신의칙상 해고가 무효라는 것을 주장할 수 없게 된다고 하고 있다. 즉, 해고 후 장기간을 경과한 후의 무효확인의 소 제기는 신의칙상 허용되지 않게 된다고 하고 있다. 이들에 있어서의 「장기간」이 어느 정도인가는 법원에 의한 판단이 다양하며, 사례별로 처리되고 있다(2년 수개월 경과 후라도 무효를 주장할 수 없게 되었다고 한다거나, 8년 경과 후라도 아직 그것을 주장할 수 있다고 하기도 한다).

② 「사용자로부터 해고된 근로자가 퇴직금 등을 수령하면서 아무런 이의의 유보나 조건을 제기하지 않았다면 특별한 사정이 없는 한 해고처분을 유효한 것으로 인정하였다고 할 것이고 따라서 그로부터 오랜 기간이 지난 후에 해고의 효력을 다투는 소를 제기하는 것은 신의칙이나 금반언의 원칙에 위배된다 할 것이다」(대법 2007.29, 2006두15868 ; 1992.7.10, 92다3089).

③ 사용자로부터 유리한 조건으로 퇴직금 등을 지급받고 노동조합 공제회로부터 전별금을 수령한 다음 기숙사에서 퇴사한 경우, 징계해고의 효력을 묵시적으로 승인하였다는 이유로 그 효력을 다투는 것은 신의성실의 원칙 및 금반언의 원칙에 반한다고 본다(대법 1996.6.25, 99두4662).

④ 근로자가 사직원의 작성 · 제출이 자신이 아닌 그의 형에 의하여 이루어졌음을 이유로 의원면직의 무효확인을 구하는 사안에서 근로자의 형이 사직원을 제출하게 된 경위 및 근로자가 아무런 이의 없이 퇴직금을 수령한 점 등 모든 사정에 비추어 볼 때, 의원면직일로부터 5년여가 경과한 후에 위와 같은 소를 제기하는 것은 신의칙 내지 금반언의 원칙에 반하는 것으로 부적법하다(대법 2005.10.28, 2005다45827).

(2) 신의칙상 허용된다고 한 경우

① 회사에 근무하다가 원고들이 사직한 직후에 해고된 일부 근로자들이 회사를 상대로 그들이 실질적 당사자가 되어 있는 소송에서 정리해고의 정당성이 다투어지고 있었기 때문에 그 해고근로자들이 다투는 쟁점과 실질적으로 같은 쟁점을 가지고 있는 원고들이 법원의 판단을 기다렸다가 승소판결이 내려지자 곧바로 이 사건 소를 제기했다고 해서, 아울러 원고들이 4개월 분의 퇴직위로금을 수령하고 약 2년이 지난 후에도 아무런 이의를 제기하지 않다가 이 사건 소를 제기했다는 사정만으로 이사건 소제기가 신의성실의 원칙에 반한다거나 실효의 원칙에 해당한다고 보기 어렵다(대법 2005.11.25, 2005다38270)고 한다.

② 「근로자로서는 해고 후 소 제기시 까지 해고의 효력을 인정하지 아니한 채 다투어 왔다고 할 것이고 회사측에도 근로자가 이 사건 해고처분을 승복하였으리라고 하는 신뢰를 형성하였다고 보기는 어렵다고 할 것이므로 (대법 1987.4.28선고, 86다카1873) 근로자가 비록 해고 후 명시적인 유보없이 퇴직금 등을 수령하였고, 그 후 정치활동도 하고, 해고 후 약 10년 가까이 지난 후에 이 사건 소를 제기하였다 하더라도 그것이 신의칙에 위반된다고 할 수는 없다. 같은 취지에서 근로자의 이 사건 소 제기가 신의칙에 반하지 아니한다고 본 원심의 판단은 정당하고, 거기에 신의칙에 관한 법리오해의 위법이 있다고 할 수 없다」(대법 1993.8.24, 92다55480)고 한다.

이 문제는 본래 해고무효 확인의 소의 제소기간으로서 입법적으로 해결되어야 한다.

Ⅲ. 부당해고의 효과

1. 사법상 무효

정당한 이유없이 근로자를 해고한 경우에는 그 해고는 사법상 당연히 무효이다.

2. 해고가 무효인 경우의 해고기간 중의 임금

(1) 정당한 이유없이 해고된 근로자가 해고무효의 판결(또는 가처분결정)을 얻어 직장에 복귀하는 경우

사용자는 부당해고라는 귀책사유로 근로계약상 의무인 임금지급의무를 불이행한 것이기 때문에 근로자는 해고되지 않았더라면 받을 수 있었던 임금 전액을 지급받을 수 있다(민법 제538조제1항). 즉 해고처분이 무효인 경우에는 그 동안 근로계약관계가 유효하게 계속되고 있었는데도 불구하고 근로자가 사용자의 귀책사유로 말미암아 근로를 제공하지 못한 것이므로 근로자는 계속 근로하였을 경우에 받을 수 있는 임금 전부의 지급을 청구할 수 있다(대법 1992.12.28, 92다39860).

해고된 때부터 무효판결을 얻었을 때까지의 임금을 그동안 근로계약관계가 존속하고 있었던 것으로 하여, 쌍무계약에 있어서의 일방채무 이행불능의 경우의 반대급부청구권 문제로서 처리된다. 즉, 객관적으로 정당한 이유가 없는(또는 타당성이 없는) 해고를 한 사용자는 해고에 의한 근로자의 취업불능에 대하여 원칙적으로 '귀책사유'가 있다고 할 것이므로 근로자는 해고기간 중의 임금청구권을 상실하지 않는다. 「해고무효확인소송에서 해고무효확인과 함께 해고자를 원직에 복직시켰을 때까지 임금을 주라고 판결한 경우 복직할 때까지는 정년 범위내로 해석해야 한다」(대법 1993.3.23, 92다51341).

그러나 예외적으로 예를 들면, 취업규칙상의 징계해고 사유에 해당하는 비위행위이지만 징계해고는 가혹하며 사용자가 통상해고에 상당하다고 판단한 것도 무리는 아니었다고 하는 경우라든가, 유니언 숍 협정에 근거한 해고가 후에 탈퇴처분의 무효를 이유로 해고무효가 된 때에 사용자는 해고시에 탈퇴처분의 무효임을 아는 것이 극히 곤란하였다고 인정되는 경우에 사용자의 「귀책사유」가 부정되는 경우도 있을 것이다.

(2) 해고기간 중의 임금청구권이 인정되는 경우

해고기간 중의 임금청구권이 인정되는 경우에 그 액은 당해 근로자가 해고되지 않았다면 근로계약상 확실히 지급되었을 임금의 합계액이 된다.

이에 대한 판례(대법 1989.5.23, 87다카2132 ; 1994.9.13, 93다50017)에 의하면 「사용자의 근로자에 대한 해고처분이 무효이거나 취소된 때 그동안 고용관계는 유효하게 계속되고 있었는데도 근로자가 근로를 제공하지 못한 것은 부당한 해고를 한 사용자의 귀책사유로 말미암은 것이므로 근로자는 계속 근로하였을 경우에 받을 수 있는 임금 전부의 지급을 청구할 수 있다. 이와 같은 취지에서 본봉에 제수당을 합친 급여액에서 원천징수세액을 공제한 금액의 지급을 근로자에게 명한 조치는 정당하다」고 판시하여 임금의 범위를 명확히 하고 있다.

이것은 기본급, 제수당, 상여금 등에 이르게 되는데 통근수당과 같이 실비변상적인 것이거나 연장근로수당과 같이 현실적으로 연장근로에 종사함으로써 비로소 청구권이 발생하는 것 등은 제외된다.

또 이들 임금의 액이 출근율 실적과 고과사정 등에 의거 상이하게 산정되는 경우에는 가장 개연성이 높은 기준(예를 들면, 근로자의 평균액, 당해 근로자의 해고 전의 실적)에 따라 산출하여야 할 것이다.

(3) 부당해고 기간에 임금이 인상된 경우의 임금 산정방법

예컨대 단체협약서에 매년 단체교섭을 통하여 임금인상을 결정, 시행하도록 되어 있어 이에 따라 매년 임금인상을 하여 왔다면 부당해고 기간 동안의 근로자의 임금도 해고처분 이후에 체결된 단체협약서에 의하여 인상된 임금에 따라 산정하여야 한다(대법 1993.9.24, 93다21736).

(4) 승급과 승격

해당근로자에 대한 승급과 승격은 사용자에 의한 발령(의사표시)이 있어야 비로소 성취되는 것이므로 인정하는 것은 곤란하다.

(5) 사용자의 귀책사유없이 근로제공을 하지 못한 경우

「근로자는 1990.6.13 구속되어 그 해 8.29 징역 1년을 선고받았다는 것이므로 원고는 원심이 임금을 명시한 시기인 1990.9.20 이후에도 상당기간 구속되어 있었던 것으로 보이고, 위 구속기간 동안에는 근로자가 근로의 제공을 할 수 없는 처지였다고 할 것이므로 위 기간동안 회사의 귀책사유로 인하여 근로제공을 하지 못하였음을 전제로 근로자가 회사에 임금을 청구할 수는 없다 할 것이다」(대법 1994.9.13, 93다50017).

판례(대법 1995.1.24, 94다40987)는 「해고기간 중 근로자가 징역형의 선고를 받아 상당기간 동안 구속된 경우 해고가 무효라 하더라도 구속기간 동안에는 근로자가 근로의 제공을 할 수 없는 처지였으므로 구속기간 동안의 임금을 청구할 수 없다」고 한다.

(6) 부당해고시 임금의 150%를 가산보상한다는 규정의 해석

단체협약은 근로자의 근로조건을 유지·개선하고 복지를 증진하여 그 경제적·사회적 지위를 향상시킬 목적으로 근로자의 자주적 단체인 노동조합과 사용자 사이에 근로조건에 관하여 단체교섭을 통하여 체결되는 것이므로 그 명문의 규정을 근로자에게 불리하게 변형 해석할 수 없다. 단체협약에서 부당해고로 인한 임금 미지급분에 대하여 정상 출근시 당연히 받았을 임금의 150%를 가산 보상한다고 규정하고 있는 경우, 가산보상금의 내용인 '가산보상'은 사용자의 부당해고 및 원직복귀 의무의 해태에 대한 징벌적 배상을 의미하는 것으로서, 임금 및 가산보상금을 합하여 150%를 보상한다는 것이 아니라 임금과 별도로 임금의 150%를 가산하여 보상한다는 것을 의미하고, 위 가산보상금의 법적 성질은 부당해고를 억제하고 해고가 부당하다고 판명되었을 때에는 신속히 징계처분을 무효하고 원직복귀를 시키도록 피고에게 제재를 가하는 의미에서 만들어진 부당해고 및 원직복귀 의무의 해태에 대한 위약벌로 보아야 할 것이고, 따라서 위와 같은 위약벌은 그 액수가 부당히 과다하다는 이유로 감액할 수는 없는 것이다(대법 2007.5.10, 2005다72249 ; 인천지법 2007.12.13, 2007가합8347).

(7) 사업이 폐지된 경우

사용자가 정당한 사유에 의하여 사업을 폐지한 경우에는 사용자의 귀책사유로 인하여 근로제공을 못한 것이 아니므로 그 기간 중에는 임금을 청구할 수 없다(대법 1994.9.13, 93다50017).

그러나 법인이 청산절차를 종료하지 않은 이상 해산결의를 하였다는 사유만으로 그 법인격이 소멸되어 더 이상 존재하지 않는다고 할 수 없으므로, 해산결의를 완료한 법인을 상대로 부당해고의 효력을 다투는 소의 이익이 없다고 할 수 없다.

3. 사납금제가 실시되는 경우 택시기사의 해고기간 중 임금청구의 요건

임금이란 사용자와 근로자사이의 약정에 의하여 발생하는 것이므로 원고가 해고기간 중의 임금을 구하기 위해서는 실질적인 사납금제가 실시되고 있던 이 사건 해고 당시 그가 실제 수입한 금액이 얼마이었는지를 입증하여야 할 것이고, 그에 대한 입증이 없다고 하여 일반적인 통계소득을 기준으로 하여 해고기간 중의 임금을 산정할 수는 없다(대법 2006.4.27, 2004다27105).

Ⅳ. 해고기간 중의 임금과 중간수입

1. 부당해고 기간 중의 임금

① 근로자 乙이 해고기간(해고시부터 복직에 이르는 기간)중에 다른 직장에 취업하여 얻은 수입이 있는 경우(이른바 중간수입)에 그와 같은 중간수입은 민법 제538조제2항에서 말하는 채무를 면함으로써 얻은 이익에 해당하므로 사용자는 근로자 乙에게 해고기간 중의 임금을 지급함에 있어서 이 금액을 임금액에서 공제할 수 있다(대법 1996.4.23, 94다446).

② 근로자가 해고기간 중에 노동조합기금으로 지급받은 금액은 근로자가 노무제공을 면한 것과 상당인과관계가 있는 이익이라고 볼 수 없다(대법 1991.5.14, 91다2656).

③ 다만, 근로자가 지급 받을 수 있는 임금액 중 근로기준법 제46조 소정의 휴업수당의 범위 내의 금액(평균임금의 100분의 70)은 중간수입으로 공제할 수 없다. 다시 말하면 근로자의 중간이득의 다소에 따라 휴업수당을 초과하는 금액, 즉 100분의 30 범위 내에서 중간수입을 공제할 수 있을 뿐이다(대법 1991.5.14, 91다2656).

2. 중간수입 공제에 관한 학설

이를 중간수입의 공제라 하는데, 이론적으로는 전액공제설, 공제부정설, 절충설이 대립하고 있다.

(1) 전액공제설

민법상 손익상계의 법리나 민법 제538조제2항의 "채무자는 자기의 채무를 면함으로써 이익을 얻은 때에는 이를 채권자에게 상환하여야 한다"는 채권자 귀책사유로 인한 이해불능 규정을 원용하여 중간수입공제를 전액인정하여야 한다고 본다.

(2) 공제부정설

첫째 만약에 중간수입공제를 인정한다면 경우에 따라서는 사용자가 지급하여야 할 임금액등은 전혀 없게 되는 경우도 있게 되어 부당해고라는 위법행위를 한 사용자가 하등의 경제적 부담을 지지 않게 됨으로써 부당해고로부터 근로자를 보호한다는 사회법적 법원리가 허구화될 우려가 있고, 둘째 부당해고를 당한 근로자가 다른 곳에 취업하지 않았으면 마땅히 지급되어야 할 임금 등이 취업 여부에 따라서 지급의 유무가 결정된다면 오히려 생계유지를 위하여 노력한 근로자가 불이익을 받게 되고 위법행위를 행한 사용자는 이익을 누리게 된다는 모순이 생기며 이는 법의 형평의 원칙에 반한다는 점, 셋째 설령 시민법원리에 의거한다 할지라도 부당해고의 구제방법인 손해배상청구의 문제는 공평한 위험부담의 분배를 규정한 민법 제538조의 규정이 적용될 성질이 아니라 오히려 사용자의 귀책사유(부당해고에 의한 노동수령의무 이행지체)로 인한 수령의무 위반의 손해배상문제로 법논리를 구성하는 것이 보다 적절하다는 점에서 중간수입의 공제를 부정하고 있다.

(3) 절충설

판례는 이 문제에 대하여 원칙적으로 중간수입공제를 인정하면서도 한계를 정하여 근로기준법상 휴업수당(평균임금의 100분의 70)의 한도를 넘어서 공제하여서는 아니된다고 하여 절충설적인 입장을 취하고 있다(대법 1991.6.28, 90다카25277).

(4) 평 가

사용자의 귀책사유로 해고된 근로자가 해고기간 중에 다른 직장에 취업하여 지급받은 임금은 민법 제538조제2항에 의해 이를 공제하여야 한다. 다만 근로기준법의 적용을 받는 '근로자'에 한해서는 동법 제46조가 규정하는 휴업수당 해당 부분은 최소한 보장되어야 하므로, 따라서 다른 직장에서 받은 임금이 휴업수당 범위 내인 경우에는 이를 공제할 것이 아니고, 휴업수당을 초과한 경우에 한해 그 초과부분만을 공제하여야 한다(대법 1993.11.9. 93다37915). 이 견해가 타당하다.

부당해고시에 민법 제538조제1항 및 제2항이 적용될 수 있지만, 특히 민법 제538조제2항의 적용과 관련하여 근로기준법 제46조가 함께 적용되어 이득공제의 한도를 제한할 수 있는가 하는 점이 문제된다.

① 사용자의 귀책사유로 근로자가 부당해고 됨으로써 근로자의 노무급부가 불능이 된 민법 제538조제1항의 사례와 경영위험 부담의 원리에 의하여 사용자가 휴업하게 되어 근로자가 일을 할 수 없게 된 근로기준법 제46조의 사례는 그 법적 성질을 달리한다.

② 법률규정의 내용상 근로기준법 제46조는 민법 제538조제1항에 대한 특별규정이지, 중간이득 공제에 관한 민법 제538조제2항과 그 성질 및 취지를 같이하는 규정이 아니다. 다시 말하면 근로기준법 제46조는 법률논리상 근로자의 중간이득 공제와 관련하여 원용될 수 있는 규정이 아니다.

③ 중간이득 공제와 관련해서 근로기준법 제46조를 적용하는 것은 근로자의 최저생활을 보장하기 위한 것이라는 판례의 논거가 타당한지의 여부에 관하여 견해의 대립이 있다. 그러나 민법 제538조제2항이 적용되어 중간이득을 공제하는 경우나 근로기준법 제46조가 적용되는 경우에도 임금의 100%가 확보된다는 점에서 다를 바가 없다. 따라서 근로자에게는 '최저생활'을 위한 기본소득이 줄어드는 일은 생기지 않는다.

④ 사용자의 귀책사유로 노무급부를 할 수 없게 된 근로자가 그 기간에 일을 한 경우에 그 이득을 사용자의 부담을 줄이기 위한 공제대상으로 삼는 것이 과연 정당한 것인가 하는 것이다. 다시 말하면 민법 제538조제2항의 적용제한이 문제된다.

해고된 근로자가 한편으로 부당해고의 효력을 다투면서 그 다툼(법원에서의 해고무효 확인의 소 또는 노동위원회에서의 부당해고의 구제신청)이 어떤 결과를 가져올 지 미리 예측할 수 없는 가운데 다른 직장에 취업하여 소득을 얻는 행위는, 다분히 소송이나 기타 구제방법이 실패할 경우에 대비하기 위한 것이므로 근로자가 다른 직장에서 이득을 얻은 것은 그 성질상 처음부터 공제대상이 되는 이중적 이득이라고는 할 수 없다. 따라서 부당해고로 인하여 해고기간 중에 근로자가 다른 직장에 취업함으로써 얻은 이익은 원칙적으로 공제대상이 될 수 없다고 판단된다.

⑤ 위 양자의 견해 중 이론적으로는 부당해고기간 중에 근로자가 다른 직장에 취업함으로써 얻은 이익은 원칙적으로 공제대상이 될 수 없다는 견해가 유력하지만 형평의 원칙에서 판단할 때 판례의 태도가 타당하다고 할 것이다.

Ⅴ. 해고 · 직위해제처분과 불법행위와의 관계

1. 해고가 불법행위가 되는가의 문제

해고가 징계권의 남용으로서 불법행위에 해당될 때에는 사용자에게 손해배상의무를 생기게 할 수 있다는 것이 최근 명확히 되고 있다. 고의 · 과실, 손해의 발생, 인과관계 등 불법행위의 성립요건을 검토한 후에 결론을 내려야 하며 권리남용인 해고가 원칙적으로 불법행위가 된다고는 해석할 것이 아니다. 일반적으로는 권리남용인 해고에 대하여 사용자의 고의·과실이 있는 한 근로자의 고용을 유지할 이익이나 명예를 침해하는 불법행위가 될 수 있다. 일반적으로 사용자의 근로자에 대한 해고 등의 불이익처분이 정당하지 못하여 무효로 판단되는 경우에 그러한 사유만으로 곧바로 그 해고 등의 불이익처분이 불법행위를 구성하게 된다고 할 수는 없다.

2. 해고가 불법행위가 되는 경우

사용자가 근로자에 대하여 징계해고 등을 할 만한 사유가 전혀 없는데도 오로지 근로자를 사업장에서 몰아내려는 의도 하에 고의로 어떤 명목상의 해고사유 등을 내세워 징계라는 수단을 동원하여 해고 등의 불이익 처분을 한 경우나, 해고 등의 이유로 된 어느 사실이 소정의 징계사유에 해당되지 아니하거나 징계사유로 삼을 수 없는 것임이 객관적으로 명백하고 또 조금만 주의를 기울였더라면 이와 같은 사정을 쉽게 알아 볼 수 있는데도 그것을 이유로 징계해고 등의 불이익처분을 한 경우처럼, 사용자에게 부당해고 등에 대한 고의·과실이 인정되는 경우에 있어서는 불법행위가 성립되어 그에 따라 입게 된 근로자의 정신적 고통에 대하여도 이를 배상할 의무가 있다고 할 것이다(대법 2001.6.12, 99다27880).

3. 어떤 경우에 위자류가 인정되며 선관주의의무 등을 위반하였는지의 판단기준

(1) 위자료가 인정되는 경우

어떤 경우에 위자료 청구가 인정되는가에 관하여 판례(대법 2001.6.12, 99다27880 ; 1994.2.28, 92다893)는 징계해고가 불법행위에 해당하기 위해서는 당해 해고가 부당·불합리한 것으로는 충분하지 아니하고 사용자가 해고할 때 비위행위가 존재하지 않는 것을 알고도 해고한 경우, 엄격한 조사, 변명의 청취없이 비위사실을 오인하여 해고한 경우, 징계처분의 상당성을 판단함에 있어서 명백하고도 중대한 오인이 있는 경우에 해당할 필요가 있다. 예컨대 사용자가 무효인 징계처분을 공표하여 근로자의 명예·신용을 침해한 사례,

부당한 징계해고의 결과 장기에 걸쳐 재취직이 곤란하거나 현저한 정신적 고통을 입은 사례, 정당한 내부고발을 이유로 보복적 징계해고한 사례 등에서 불법행위를 긍정할 수 있다.

보통해고에 있어서도 해고사유인 사실의 인정에 있어서 조금만 신중한 조사를 하였더라면 해고사유가 용이하게 인정될 수 없다는 것을 알고 있으므로 회사의 과실에 의한 불법행위를 인정하고 있다.

사용자의 부당한 해고에 따라 소송을 제기하고 복직판결이 있었음에도 불구하고 임금을 지급하지 아니한 기간이 장기에 이르러 근로자에게 정신적 손해가 있다고 인정되는 경우가 있다.

(2) 단체의 대표자가 근로자의 해고를 결정할 때 선관주의의무 등을 위반하였는지 여부의 판단 기준

단체의 대표자가 근로자를 해고한 경우에 사후에 법원에 의하여 그 해고가 정당하지 못하여 무효라고 판단되었다고 하여 그러한 사유만으로 곧바로 그 해고 당시에 단체의 대표자가 그 임무를 게을리 한 것으로 보아서 대표자 개인이 단체에 대하여 손해배상책임을 부담한다고 볼 수는 없다. 또한, 근로자를 해고할 당시의 객관적 사정이나 근로자에 대한 해고사유의 내용 또는 경중, 근로자에 대하여 해고를 하게 된 경위 등에 비추어 해고할만한 정당한 사유가 있다고 판단할 상당한 근거가 있고, 이와 아울러 소정의 적법한 절차 등을 거쳐서 해고를 한 경우라면 단체에 대한 선량한 관리자로서의 주의의무 또는 충실의무 등을 위반하였다고 볼 수 없다. 한편, 이와 같이 단체의 대표자가 근로자를 해고하기로 하는 결정을 함에 있어서 선량한 관리자로서의 주의의무 또는 충실의무를 위반하여 자신의 임무를 게을리 하였는지 여부는 통상의 합리적인 대표자를 기준으로 하여 해고의 사유 및 절차 등에 관한 여러 사정을 종합하여 볼 때 단체의 대표자로서 근로자를 해고하기로 하는 결정을 함에 있어서 간과하여서는 안될 잘못이 있는지 여부에 따라 판단하여야 한다(대법 2009.2.12, 2008다74895).

4. 직위해제처분이 불법행위가 되기 위한 요건

직위해제 처분을 할 만한 사유가 없음에도 오로지 교원을 학교에서 몰아

내려는 의도 하에 고의로 명목상의 직위해제사유를 내세우거나 만들어 직위해제처분을 한 경우나, 징계의결이 요구된 사유가 사립학교법의 규정 등에 비추어 국가공무원법 제33조제1항제7호·제8호에 정한 파면이나 해임 등을 할 만한 사유에 해당한다고 볼 수 없거나 기소된 형사사건에 대하여 국가공무원법 제33조제1항제3호 내지 제6호에서 정한 당연퇴직의 사유가 될 정도가 아닌 판결이 선고될 것임이 객관적으로 명백하고 또 조금만 주의를 기울이면 그와 같은 사정을 쉽게 알아볼 수 있는데도 그것을 이유로 직위해제처분에 나아간 경우와 같이 직위해제처분이 건전한 사회통념이나 사회상규상 용인될 수 없음이 분명한 경우에는 그 직위해제처분은 재량권의 범위를 일탈하거나 재량권을 남용한 위법한 처분으로서 그 효력이 부정될 뿐만 아니라 위법하게 상대방에게 정신적 고통을 가하는 것으로서 그 교원에 대한 관계에서 불법행위를 구성한다(대법 2008.6.26, 2006다30730).

5. 교수에게 비전공과목의 강의를 배정하여 강의를 포기한 경우

학교법인이 교수에게 비전공과목으로 강의를 배정하여 결국 교수로 하여금 강의를 포기하게 한 것이 교수의 인격적 법익을 침해하는 것인지 여부이다.

대학교수는 자신의 전공분야에 대해 강의하고 이를 통해 자신의 학문연구를 보다 발전시키는 것이 그 인격권 실현의 본질적 부분에 해당하므로 대학교수의 사용자인 학교법인이 그 업무지휘권 등의 행사에 지장을 초래하는 등의 특별한 사정이 없는데도 오로지 소속 대학교수를 본연의 업무에서 배제하려는 의도 하에 그 의사에 반하여 전공분야와 관련 없는 과목의 강의를 배정함으로써 결국 강의할 수 없게 하는 행위는 교원의 인격적 법익을 침해하는 것이 되고 학교법인은 그로 인하여 그 대학교수가 입게 되는 정신적 고통에 대하여 배상할 의무를 부담한다(대법 2008.6.25, 2006다30730).

5장

부당해고에 대한 구제방법을 둘러싼 법률실무

Ⅰ. 부당해고에 대한 구제방법

부당해고에 대한 구제방법으로는 민사적 구제 및 행정적 구제가 있다.

정당한 이유가 없는 해고 즉, 부당해고에 대한 구제제도에 있어서 우리나라는 노동위원회를 통한 행정적 구제와 법원에 의한 사법적 구제의 이원주의 방식을 채택하고 있다. 종래에는 부당해고 중에서 부당노동행위로서의 해고만이 노동위원회의 행정적 구제의 대상이 되었으나 1989년에 개정된 근로기준법은 제28조를 신설하여 모든 부당해고에 대해서도 노동위원회에 구제신청을 할 수 있는 길을 열어 놓고 있다.

이것은 사용자의 정당한 이유없는 해고 등에 대하여 일반 법원에 의한 사법적 구제방법 외에 노동위원회에 의한 행정적 구제제도를 따로 마련하여 불이익처분을 받은 '당해 근로자'가 보다 간이·신속하고 저렴한 비용으로 정당한 이유없는 해고 등에 대한 구제를 받을 수 있도록 하는데 그 취지가 있다(대법 1992.11.13, 92누1114).

개정근로기준법은 부당해고 등에 대한 벌칙조항을 삭제하였다. 구근로기준법은 사용자의 부당해고 등을 형사처벌(5년 이하의 징역 또는 3천만 이하의 벌금)하고 있어 근로자의 진의와는 달리 민사상 법률분쟁이 형사사건화 되는 경향이 있다. 이는 국제적으로도 입법례가 거의 없고, 사용자의 정당한 해고권이 제약되는 결과를 초래한다는 비판이 있었으므로 부당해고의 벌칙을 삭제하되 구제명령의 실효성을 담보하는 방법을 강구한 것이다. 개정근로기준법에서 부당해고의 벌칙조항을 삭제하였지만 부당해고 등에 대한 노동위원회 구제명령의 실효성을 담보하기 위해 벌칙 및 이행강제금을 도입하였다. 반면 근로기준법 제23조제2항에 의한 산전・산후 해고금지 규정은 궁박한 처지로부터 절대적 보호가 필요하므로 현행과 같이 처벌조항을 존치하고 있다. 비록 부당해고 등에 대한 벌칙조항이 삭제되더라도 이행강제금 제도를 도입함으로써 부당해고 구제제도의 실효성이 제고되어 근로자 보호에 기여하는 한편, 정당한 이유가 있는 경우의 사용자의 해고권 제약을 개선할 수 있을 것이다.

1. 법원을 통한 구제

부당해고에 대하여는 민사소송법에 의하여 해고무효 확인의 소 및 손해배상청구의 소 등의 제기가 가능하다.

부당해고를 당한 근로자의 종국적인 구제수단은 법원을 통한 사법구제이다. 그러므로 부당해고를 당한 근로자가 노동위원회를 통한 행정구제제도를 거치지 않고, 처음부터 바로 법원에 민사소송을 제기하든지 아니면 노동위원회의 판정에 불복하여 사후에 법원에 행정소송을 제기하든지의 여부는 근로자의 선택의 문제이다.

이때 부당해고를 당한 근로자는 사용자를 상대로 하여 법원에 해고무효확인소송 또는 종업원지위확인소송을 제기할 수 있다. 또한 본안 소송의 제기와 함께 가처분제도에 의한 구제 즉, 종업원의 지위보전가처분을 신청할 수 있음은 물론이다.「해고에 대하여 확인소송을 구하는 이유가 단순히 사회직인 명예의 손상을 회복히기 위한 것이라면 이는 현존하는 권리나 법률상의 지위에 대한 위험이나 불안을 제거하기 위한 것이라 할 수 없고, 그것이 재취업의 기회가 제한되는 위험을 제거하기 위한 것이라 하여도 이는 사실상의 불이익이지 법률상의 불이익이라 할 수 없다」(대법 1995.4.11, 94다4011). 이러한 소송은 민사소송의 절차에 따른다.

해고무효 확인판결이 확정되었음에도 근로자의 의사에 반하여 정당한 이유 없이 근로자의 근로제공을 계속적으로 거부하는 경우에는 근로자의 인격적 법익을 침해하는 것이 되므로 사용자는 그로 인한 근로자의 정신적 고통에 대하여 배상할 의무를 부담한다(대법 1996.4.23, 95다6823).

2. 노동위원회를 통한 구제

근로기준법 제28조는 사용자가 정당한 이유없이 근로자를 해고한 때(경영상의 이유에 의한 해고를 포함한다)에는 노동위원회에 구제를 신청할 수 있도록 하고(동법 제28조제1항), 그 구제신청은 부당해고 등이 있었던 날부터 3개월 이내에 하여야 한다(동법 제28조제2항).

Ⅱ. 부당해고 등에 대한 구제절차

1. 부당해고 등에 대한 노동위원회의 조사 등

(1) 해고사건의 관할

해고사건의 심사는 원칙적으로 2심제이다. 초심은 지방노동위원회가, 재심은 중앙노동위원회가 관할권을 가진다.

(2) 구제신청

노동위원회에는 해고사건을 심사할 권한이 주어져 있으나 이것은 당사자의 신청이 있을 때 행사할 수 있으며 직권으로 발동할 수 없다. 신청은 원칙적으로 서면으로 행하여야 한다.

가. 신청인과 피신청인

사용자의 해고처분으로 그 권리를 침해당한 근로자는 노동위원회에 구제신청을 할 수 있다. 이 경우에 신청인이 될 수 있는 자는 바로 해고 등의 불이익처분을 받은 당해 근로자뿐이고, 노동조합은 이에 포함되지 않는다(대법 1992.11.13, 92누1114 ; 1993.5.25, 92누12452).

근로기준법 제28조제1항에 따라 부당해고 등의 구제신청을 하려면 근로자는 부당해고 등의 구제신청서(별지 제3호 서식)를 관할 지방노동위원회에 제출하여야 한다(동법시행규칙 제5조).

피신청인은 고용주로서의 사용자만을 말하는가 아니면 사용자 일반을 말하는가에 대하여 견해의 다툼이 있을 수 있으나 이론상으로는 해고처분을 할 수 있는 자는 모두 피신청인이 될 수 있다고 생각된다.

나. 신청의 제척기간

구제신청은 해고처분이 있었던 날로부터 3개월 이내에 하여야 한다. 사용자의 근로자에 대한 부당해고 등의 구제신청은 그 행위가 있은 날부터 3개월 이내에 행하도록 규정하고 있는바, 해고 등의 불이익처분이 일정한 기간이 경과한 후에 그 효력을 발생하는 경우에는 위 기간은 그 효력발생일부터 기산하는 것으로 보아야 한다(대법 2002.6.14, 2001두11076).

제척기간을 설정한 이유는 상당한 기간이 경과하면 사실관계의 입증이 곤란하고 구제명령의 실효성이 상실되기 때문이다.

다. 심사절차

심사절차는 조사와 심문으로 구분된다. 조사와 심문은 구제신청을 받은 후 지체없이 개시하여야 한다. 심문을 할 때 노동위원회는 관계당사자의 신청이나 그 직권으로 증인을 출석하게 하여 필요한 사항을 질문할 수 있다. 그러나 관계당사자에 대하여 증거의 제출과 증인에 대한 반대심문을 할 수 있는 충분한 기회를 주어야 한다.

해고처분에 대한 판정과 구제명령은 노동위원회의 공익위원만이 행하는 권한에 속하지만 조사 및 심문절차에는 사용자위원과 근로자위원도 관여할 수 있다.

2. 해고 등의 구제명령

(1) 구제명령 또는 기각결정

노동위원회는 심문을 끝내고 부당해고 등이 성립한다고 판정하면 사용자에게 구제명령을 하여야 하며 부당해고 등이 성립하지 아니한다고 판정하면 구제신청을 기각하는 결정을 하여야 한다(동법 제30조제1항). 노동위원회는 근로기준법 제30조제1항에 따라 사용자에게 구제명령을 하는 때에는 이행기한을 정하여야 한다. 이 경우 이행기한은 구제명령을 한 날부터 30일 이내로 한다(동법시행령 제11조).

(2) 서면 통지

부당해고 등 사건에 대한 판정, 구제명령 및 기각 결정은 사용자와 신청인에게 각각 서면으로 통지하여야 한다(동법 제30조제2항).

사용자와 신청인은 구제명령이 있는 때에는 이에 따라야 한다. 구제명령의 내용에 관해서는 법률에 특별한 규정이 없으나 해고처분에 의하여 침해된 상태를 회복하는데 필요하고도 적절한 구체적인 조치를 명하여야 한다는 것은 해고제한 제도의 취지와 행정구제의 탄력성에 비추어 당연한 요청이다. 따라서 피해고자를 원직 또는 원직에 상당하는 지위에 복직시키도록 하고 해고가 없었더라면 지급했어야 할 임금 상당액의 지급을 명하는 것이 원칙이다. 노동위원회로부터 원직 복직 명령을 받은 경우의 원직이란 반드시 복직 전의 직책만을 의미하는 것은 아니며, 기업의 인사 질서, 사용자의 경영상 필요, 작업 환경의 변화 등을 고려하여 복직 근로자에게 그에 합당한 일을 시킨다면 비록 종전 업무와 다소 다르더라도 원직 복직을 이행한 것으로 볼 수 있을 것이다. 노동위원회 원직 복직 명령에 대하여 처벌을 회피할 목적으로 재임용장만을 주고 동시에 대기 발령을 명령하였다면 이는 사실상 원직 복직을 이행한 것으로 볼 수 없을 것이다(2007.12.10, 근로기준팀-8310).

Ⅲ. 구제신청 기간과 그 기산점

1. 구제신청 기간과 그 취지

근로기준법 제28조는 사용자가 정당한 이유없이 근로자를 해고한 때(경영상의 이유에 의한 해고를 포함한다)에는 노동위원회에 구제를 신청할 수 있도록 하고(동법 제28조제1항), 그 구제신청은 부당해고 등이 있었던 날부터 3개월 이내에 하여야 한다(동법 제28조제2항). 이러한 행정구제가 신설되기 전에는 부당노동행위에 해당되는 해고 이외의 「정당한 이유」가 없는 해고의 경우에 근로자가 복직 등의 구제를 받기 위하여는 법원에 민사소송을 제기하는 길밖에 없었다. 민사소송을 통한 사법구제는 과다한 소송비용과 소송기간의 장기화로 인하여 부당해고 구제제도로서는 많은 문제점을 안고 있는 것이 사실이다.

노동위원회의 행정적 구제 절차는 민사 소송을 통한 통상적인 권리 구제 방법에 따른 소송 절차의 번잡성, 절차의 지연, 과다한 비용 부담 등의 폐해를 지양하고, 신속·간이한 행정적 구제 절차로서의 기능을 확보할 목적으로 구제 신청의 기간을 단기간으로 제한하고 있다(대법 1997.2.14, 96누5926).

따라서 이 제도의 취지를 제대로 실현하려면 현행 노동위원회의 구제제도가 가지고 있는 여러 가지의 결함(예컨대 심사기간의 장기화, 노동위원회의 독립성 결여 등)부터 먼저 개선되어야 할 것이라고 생각한다.

2. 구제신청 기간의 기산점

구제신청은 부당해고 등이나 부당노동행위가 있은 날부터 3개월 이내에 하여야 한다. 이 경우 그 기산일은 다음과 같다(노동위원회 규칙 제40조).

① 해고의 경우에는 「근로기준법」 제27조에 따라 근로자가 받은 해고통지서에 기재된 해고일. 다만, 해고통지서에 기재된 해고일이 해고통지서를 받은 날보다 이전인 때에는 해고통지서를 받은 날

② 해고 이외의 징벌은 근로자가 징벌이 있었음을 안 날. 다만, 그 징벌에 관한 통지(구술통지를 포함한다)를 받은 경우에는 그 통지를 받은 날

③ 부당노동행위가 계속되는 경우에는 그 행위가 종료된 날

④ 단체협약이나 취업규칙 등에 징계 재심 절차가 규정된 때에는 원처분일

3. 재심절차를 거친 다음 지방노동위원회에 구제신청을 하는 경우 신청기간의 기산점

근로자가 해고 등 징벌을 받고 취업규칙 등에 의하여 사업체 내에 마련된 재심 절차를 거친 다음 지방노동위원회에 구제 신청을 하는 경우 그 신청 기간의 기산점을 어느 때로 보아야 할 것인가에 관하여는 재심 절차를 거친다고 하더라도 해고 등 징벌의 효력은 해고 등 애초의 징벌 처분이 있는 때에

곧 발생하고 다만 재심에서 징벌 처분이 취소되는 경우에는 소급하여 징벌을 받지 아니하는 것으로 될 뿐이라는 이유로 재심 결정의 통보를 받은 때가 아니라 해고 등 애초의 징벌 처분을 받은 때라고 하는 견해가 지금까지 대법원의 판례였다(대법 1997.2.14, 96누5926 ; 1996.8.23, 95누11238 등).

근로자가 해고 등 징벌 처분을 받고 나서 사업체 내에 마련된 재심절차를 거친 다음 부당해고 등 구제신청을 하는 경우에는 신청 기간의 기산점은 재심 결정의 통보를 받은 때로 보아야 한다는 하급심판결(서울행법 2008.4.24, 2007)이 있다. 그러나 이 판결은 첫째 '단체협약이나 취업규칙 등에 징계 재심 절차가 규정된 때에는 원처분일'을 구제 신청 기간의 기산일로 정한 노동위원회규칙 조항(제40조제4호)의 개정과 기존의 대법원 판례(대법 1997.2.14, 96누5926)입장을 변경하는 판례 변경 등이 따라야 한다는 문제점이 있다.

Ⅳ. 부당해고 구제명령과 금전보상제

1. 금전보상제의 의의

부당해고에 대한 금전보상제란 부당해고 구제명령에 대해 근로자가 복직을 희망하지 않는 경우 노동위원회가 원직복직에 대신하여 금전보상 지급의 구제명령을 할 수 있도록 한 제도이다.

종전 노동위원회는 사용자가 행한 근로자에 대한 해고가 정당한 이유 없는 해고로 판정되면 사용자에 대하여 구제명령으로써 원직복직을 명하고 있으나 근로자가 이를 원하지 아니하는 경우 효과적인 구제수단이 되지 못하므로 원직복직을 대신하여 금전보상금을 지급하고 근로관계를 종료할 필요성이 있다는 점이 지적되어 왔다.

정당한 이유 없이 해고된 근로자에게 구제명령(해고에 대한 구제명령만을 말한다)을 할 때에 근로자가 원직복직을 원하지 아니하면 원직복직을 명하는 대신 근로자가 해고기간 동안 근로를 제공하였더라면 지급받을 수 있었던 임금 상당액 이상의 금품을 근로자에게 지급하도록 명할 수 있도록 한 것이다. 부당해고의 경우 원직복직과 임금지급이라는 일률적인 구제제도보다는 해고분쟁의 내용과 성격, 당사자의 의사 등을 고려하여 보다 다양한 구제내용과 방식의 인정이 필요하다고 본다. 특히 복직이 현실적으로 기대될 수 없는 경우에까지 원직복직명령을 내리는 것은 근본적으로 문제가 있다. 근로자가 복직 대신에 근로관계종료를 원하는 경우에는 구제명령으로 원직복직을 명하는 대신 근로자가 해고기간 동안 지급받을 수 있었던 임금 상당액 이상의 금전적 보상 방법을 구제방법의 한 형태로 도입한 것이다(김형배, 「노동법」 신판5판, 2009, p.600). 이는 정당한 이유 없는 해고의 구제방식을 다양화함으로써 권리구제의 실효성이 제고하고 근로관계 단절상태의 장기화를 방지하여 근로관계를 조속히 안정시키는 효과가 기대되고 있다.

2. 금전보상제의 법적 성질 및 보상금 지급명령의 형식

(1) 금전보상제의 법적 성질

금전보상제는 근로기준법에 규정된 부당해고 구제절차에서 노동위원회가 사용자에게 내리는 구제명령의 하나로서 인정된다. 즉 노동위원회 구제절차라는 공법관계 하에서 사용자에게 이행의무가 부과되는 공법상의 구제조치에 해당된다. 따라서 금전보상 명령이 내려졌다 하더라도 근로자와 사용자간의 사법(私法)상의 권리의무관계에 직접적인 영향을 미치는 것은 아니다(대법 1996.4.23, 93다53102).

(2) 보상금 지급명령의 형식

금전보상제는 원직복직을 명하는 구제명령 대신에 보상금 지급을 명하는 것이므로 보상금 지급명령의 한 내용에 해당된다. 당해 사건의 심판위원회가 구제명령을 내리면서 그 내용을 원직복직과 임금상당액의 지급을 명할지 아니면 보상금의 지급을 명할지를 결정한다. 심판위원회는 보상금 지급명령을 내릴 경우 그 구체적인 금액을 결정하고 명령서의 주문에 그 금액을 정하여 명기하여야 한다.

3. 보상금 지급의 요건

첫째, 금전보상은 부당해고 구제신청에 대해 노동위원회가 부당해고가 성립한다고 판정하여 구제명령을 내리는 경우에만 해당되고 해고이외의 사유는 해당되지 않는다.

둘째, 금전보상은 근로자가 원직복직을 원하지 아니하는 경우에만 인정된다. 근로자는 부당해고 구제신청 사건에 있어서 원직 복직을 원하지 아니하는 경우에는 금전보상명령을 신청할 수 있으며 금전보상명령을 신청하고자 하는 근로자는 심문회의 개최일을 통보받기 전까지 금전보상명령신청서(노동위원회규칙 별지 제17호 서식)를 제출하여야 한다(노동위원회규칙 제64조). 금전보상의 신청사유를 근로자가 원직복직을 원하지 아니하는 경우로 한정하고 신청주체도 근로자로 한정하고 있다.

4. 보상금액의 산정

노동위원회가 보상금 지급명령을 내리는 경우 보상금액의 정확한 액수를 명령서에 기재하여야 하는데, 근로기준법 제30조제3항에서는 '근로자가 해고기간 동안 근로를 제공하였더라면 지급받을 수 있었던 임금 상당액 이상의 금품'이라고만 정하고 있다. 금전보상은 이미 해고가 부당하다고 판정된 후에 원직복직을 대신하여 내려지는 구제명령이므로 해고기간 동안의 임금은 소급해서 지급되어야 한다. 따라서 그에 추가해서 지급되는 위로금이 실질적 의미의 보상금의 성격을 갖는다. 그런데 개정법은 보상금의 한도를 규정하지 아니함으로써 보상금의 범위를 둘러싸고 분쟁에 휩싸일 우려도 발생한다. 독일의 해고제한법 제10조는 해고보상금의 한도를 12개월분의 임금으로 정하고 있다(김형배, 「노동법」 신판5판, p.600). 임금 상당액지급의 대상기간이 '해고기간'인데, 그 시작 시점은 해고시로 명확하나 그 종료 시점은 언제까지로 하는가가 불명확하다. 임금에 상당한지 여부는 노동위원회의 전문성을 기초한 재량에 맡겨 있다고 보아야 할 것이다(이철수, 「노동법연구」 2007년 상반기, 제22호, p.11). 노동위원회는 근로자가 금전보상명령을 신청한 경우에는 당사자에게 근로계약서, 임금대장 등 금액 산정에 필요한 자료를 제출하도록 명령할 수 있으며, 보상금액의 산정기간은 해고일로부터 당해 사건의 판정일까지로 한다(노동위원회규칙 제65조).

5. 금전보상 명령의 방법

노동위원회가 금전보상명령을 하는 때에는 그 보상금액과 구제명령을 한 날로부터 30일 이내에서 정한 이행기한을 명시하여야 한다(노동위원회규칙 제66조).

6. 보상금액 산정에 대한 불복방법

근로기준법은 당사자의 일방이 노동위원회가 결정한 보상금액에 불복하는 경우에 그 불복절차에 대하여 명문의 규정이 없다. 이 경우에도 부당해고 구제절차와 동일한 불복절차가 적용되어야 할 것이다.

Ⅴ. 구제명령의 확정

1. 재심신청

지방노동위원회의 구제명령이나 기각결정에 불복하는 사용자나 근로자는 구제 명령서나 기각 결정서를 통지받은 날부터 10일 이내에 중앙노동위원회에 재심을 신청할 수 있다(근로기준법 제31조제1항).

재심사는 신청된 불복의 범위 안에서 초심의 처분을 승인·취소 또는 변경할 수 있을 뿐이며 초심신청의 범위를 넘을 수 없는 것이 원칙이라고 해석된다.

2. 행정소송

중앙노동위원회의 재심판정에 대하여 사용자나 근로자는 그 재심판정서를 송달받은 날로부터 15일 이내에 「행정소송법」의 규정에 따라 소를 제기할 수 있다(동법 제31조제2항). 제1항과 제2항에 따른 기간 이내에 재심을 신청하지 아니하거나 행정소송을 제기하지 아니하면 그 구제명령·기각결정 또는 재심판정은 확정된다(동법 제31조제3항).

3. 구제명령 등의 효력

노동위원회의 구제명령·기각결정 또는 재심판정은 근로기준법 제31조에 따른 중앙노동위원회에 대한 재심신청이나 행정소송 제기에 의하여 그 효력이 정지되지 아니한다(동법 제32조).

Ⅵ. 부당해고 구제명령에 있어서의 이행강제금 제도

1. 이행강제금의 입법취지

근로기준법은 정당한 이유없는 해고 등에 대한 처벌규정을 삭제하는 대신 정당한 이유 없는 해고 등에 대한 구제명령을 이행하지 아니한 사용자에 대하여 이행강제금 및 벌칙을 부과하고 있다(동법 제33조·제111조). 이는 종래 노동위원회의 부당해고 구제명령에 대하여 적절한 이행확보수단이 마련되지 않아 주제의 실효성이 적었다는 비판을 입법적으로 수용한 것이다.

① 종전에는 정당한 이유 없는 해고 등에 대하여 처벌하도록 하고 있으나 근로자의 진의와는 달리 민사상 분쟁이 형사사건화 되고 사용자의 정당한 해고권을 제약한다는 비판이 있으며, 정당한 이유 없는 해고 등에 대한 노동위원회의 구제명령 불이행시 제재수단이 없어 구제명령의 실효성에 의문이 제기되어 왔다.

② 정당한 이유 없는 해고 등에 대한 벌칙규정을 삭제하는 대신, 정당한 이유 없는 해고 등에 대한 노동위원회의 구제명령의 실효성을 담보하기 위하여 구제명령 불이행자에 대하여 2천만원 이하의 이행강제금을 1년에 2회의 범위 안에서 최대 2년까지 부과하도록 하고, 확정된 구제명령을 이행하지 아니하는 자에 대하여는 벌칙(1년 이하의 징역 또는 1천만원 이하의 벌금)을 부과하고 있다.

③ 정당한 이유 없는 해고 등에 대한 구제명령 불이행자에 대한 이행강제금 및 벌칙의 도입으로 구제명령의 실효성을 제고하고 근로자의 권익보호에 기여할 것으로 기대된다.

2. 이행강제금의 의의 및 법적 성질

이행강제금은 정해진 기한까지 의무를 이행하지 않을 때에는 일정한 금전적 부담을 과할 뜻을 미리 계고함으로써 의무자에게 간접적·심리적 압박을 주어 장래에 그 의무를 이행하게 하려는 행정상 강제집행의 하나이다(헌재 2004.2.26, 2001헌바80·84·102·103·2002헌바26(병합)). 이행강제금은 행정목적의 실현을 위하여 예외적으로 허용되고 있는 집행벌로서 이것을 비대체적 작위의무 또는 부작위의무를 이행하지 않을 경우 그 의무를 강제로 이행시키기 위하여 일정한 기간 안에 의무이행이 없을 때에는 일정한 금전벌에 처할 것을 계고하고 그 기간 안에 이행이 없는 경우에 금전벌에 처하는 행정상 강제집행의 하나로 의무자를 심리적으로 압박하여 자발적으로 이행하도록 강제하는데 특징이 있다(김형배, 「노동법」 신판5판, p.605).

3. 이행강제금의 부과기관

이행강제금의 부과기관은 구제명령을 내리는 처분청인 노동위원회이다(근로기준법 제33조제1항). 노동위원회가 구제명령을 내리는 기관이므로 그 이행지도 및 이행 여부를 확인하도록 하는 것이 구제명령의 실효성 확보를 위해 효과적이기 때문이다.

4. 이행강제금의 부과대상

이행강제금은 구제명령의 이행기한까지 구제명령을 이행하지 아니한 사용자에 대해 부과하므로(근로기준법 제33조제1항), 이행강제금의 대상이 되는 구제명령은 초심 구제명령과 재심 구제명령 모두 포함된다.

5. 이행강제금의 부과기준

근로기준법 제33조제1항에서 부당해고 등에 대한 구제명령을 이행하지 않은 자에게 이행강제금을 부과하도록 규정하고 동조 제4항에서 이행상제금을 부과하는 위반행위의 종류 및 위반 정도에 따른 금액, 부과・징수된 이행강제금의 반환 절차 그 밖의 필요한 사항을 대통령령으로 정하도록 하고 있다. 근로기준법시행령에서 위반행위의 종류(해고・휴직・정직・전직・감봉 그 밖의 징벌)별로 이행강제금 부과기준을 정하고 있다. 예컨대 해고 500~2,000만원, 휴직・정직 250~1,000만원, 전직・감봉 200~500만원, 그 밖의 징벌 100~500만원 등이다. 구체적인 이행강제금의 금액은 위반행위와 종류에 따른 부과금액의 범위에서 위반행위의 동기・고의・과실 등 사용자의 귀책 정도, 구제명령 이행을 위한 노력의 정도, 구제명령을 이행하지 아니한 기간 등을 고려하여 결정한다.

객관적으로 구제명령 이행이 불가능할 경우(사업체의 도산, 해산 등)에는 유예 또는 면제할 수 있도록 하고 있다.

[별표 3] 이행강제금 부과기준(근로기준법시행령 제13조 관련)

위반행위	해당 법조문	금 액
정당한 이유 없는 해고에 대한 구제명령을 이행하지 아니한 자	법 제33조제1항	500만원 이상 2,000만원 이하
정당한 이유 없는 휴직, 정직(停職)에 대한 구제명령을 이행하지 아니한 자	법 제33조제1항	250만원 이상 1,000만원 이하
정당한 이유 없는 전직(轉職), 감봉에 대한 구제명령을 이행하지 아니한 자	법 제33조제1항	200만원 이상 500만원 이하
정당한 이유 없는 그 밖의 징벌(懲罰)에 대한 구제명령을 이행하지 아니한 자	법 제33조제1항	100만원 이상 500만원 이하

※ 비고 : 구체적인 이행강제금의 금액은 위반행위의 종류에 따른 부과금액의 범위에서 위반행위의 동기, 고의·과실 등 사용자의 귀책 정도, 구제명령 이행을 위한 노력의 정도, 구제명령을 이행하지 아니한 기간 등을 고려하여 결정한다.

6. 이행강제금의 부과절차

이행강제금의 부과절차는 처분청이 이행강제금을 부과하기 전에 문서로서 알리고 기간 내에 이행하지 않는 경우 이행강제금을 부과한다.

① 근로기준법상 이행강제금도 구제명령을 내린 처분청인 노동위원회가 이행강제금을 부과하는 날의 30일 전까지 이행강제금을 부과·징수한다는 뜻을 사용자에게 미리 문서로써 알려주어야 한다(동법 제33조제2항).

② 그 서면에는 이행강제금의 액수, 부과사유, 납부기한, 수납기관, 이의제기방법 및 이의제기기관 등을 명시한 문서로서 사용자에게 통지한다(동법 제33조제3항). 이때 15일 이내의 납부기한을 정하여 고지되어야 하고(동법시행령 제12조제1항), 사용자에게 10일 이상의 기간을 정하여 구술 또는 서면(전자문서 포함)에 의한 의견진술의 기회를 주어야 한다(동법시행령 제12조제3항).

③ 구제명령을 계속 불이행하는 경우 반복해서 부과할 수 있으며(최초의 구제명령이 있은 날을 기준으로 매년 2회의 범위 안에서 구제명령이 이행될 때까지 반복하여 이행강제금을 부과

· 징수할 수 있다. 이 경우 이행강제금은 2년을 초과하여 부과 · 징수하지 못한다)(동법 제33조제5항).

④ 구제명령을 이행한 때에는 새로운 이행강제금의 부과를 즉시 중지하되, 구제명령을 이행하기 전에 이미 부과된 이행강제금은 징수하도록 규정하고 있다(동법 제33조제6항).

⑤ 근로자는 구제명령을 받은 사용자가 그 이행기한까지 구제명령을 이행하지 아니하는 경우에는 이행기한이 경과한 때부터 15일 이내에 그 사실을 노동위원회에 알려줄 수 있다(동법 제33조제8항).

이행강제금의 징수 절차는 「국고금관리법 시행규칙」을 준용한다. 이 경우 납입고지서에는 이의 제기 방법 및 기간 등을 함께 적어야 한다(근로기준법시행규칙 제6조).

7. 이행강제금의 부과유예

노동위원회는 다음 어느 하나에 해당하는 사유가 있는 경우에는 직권 또는 사용자의 신청에 따라 그 사유가 없어진 뒤에 이행강제금을 부과할 수 있다(동법시행령 제14조).

① 구제명령을 이행하기 위하여 사용자가 객관적으로 노력하였으나 근로자의 소재불명 등으로 구제명령을 이행하기 어려운 것이 명백한 경우

② 천재 · 사변, 그 밖의 부득이한 사유로 구제명령을 이행하기 어려운 경우

8. 이행강제금의 반환

노동위원회는 중앙노동위원회의 재심판정이나 법원의 확정판결에 따라 노동위원회의 구제명령이 취소되면 직권 또는 사용자의 신청에 따라 이행강제금의 부과 · 징수를 즉시 중지하고 이미 징수한 이행강제금을 반환하여야 한다(동법시행령 제15조제1항).

노동위원회가 이행강제금을 반환하는 때에는 이행강제금을 납부한 날부터 반환하는 날까지의 기간에 대하여 이율(국세기본법 시행규칙 제13조의2에 따른 국세환급 가산금의 이율)을 곱한 금액을 가산하여 반환하여야 한다(근로기준법시행령 제15조제2항 및 동법시행규칙 제7조제1항). 이행강제금의 반환절차는 「국고금관리법 시행규칙」을 준용한다(근로기준법시행규칙 제7조제2항).

9. 이행강제금에 대한 불복절차

이행강제금을 부과하는 문서에 이의제기방법 및 이의제기기관을 명시하도록 하고 있지만(근로기준법 제33조제2항). 하위 법령에서 구체적인 내용은 명시하고 있지 못하다. 그 밖에 근로기준법 관련 법령에서 특별한 재판 절차를 규정하고 있지 않으므로 사법적 통제로서 일반적인 행정소송절차에 따른 불복(즉, 이행강제금 부과나 취소소송)이 인정된다고 해석된다(김홍영, 전게논문, 노동법학 제25호(2007.12). p.66).

10. 이행강제금 미납시의 조치

국세체납처분의 예(압류→매각→청산)에 의하여 강제 징수한다.

11. 이행강제금 제도에 대한 문제점

이행강제금 제도가 전형적인 민사분쟁에 해당하는 부당해고의 구제수단으로서 타당한 제도인가에 대하여 다음과 같이 비판이 제기되고 있다.

첫째, 이행강제금의 도입은 상당히 실효성이 있는 제도이지만 통상 국민의 권익과의 충돌 즉 행정편의적 이유로 국민들에게 과잉제재로 인한 권익침해를 가져오게 되어 헌법상의 과잉침해금지원칙을 위반한 것으로 평가될 수 있는 비판이 있다.

둘째, 부당해고에 관한 분쟁은 사법관계인 근로계약관계에서 발생하는 분쟁으로서 원칙적으로 일반법원이 관할권을 갖는 권리분쟁이다. 근로기준법은 소송경제적 이유에서 근로자의 보호를 효율적으로 실현하기 위하여 노동위원회에게 예외적으로 부당해고 구제절차를 운영할 수 있는 권한을 부여하고 있다. 따라서 부당해고에 관한 노동위원회의 결정에 대하여 행정적 강제집행수단을 인정하는 것은 사안의 본질상 허용될 수 없다는 비판이 있다.

셋째, 사용자의 이행의무가 아직 확정되지 아니하였음에도 이를 행정적 강제수단으로 이행을 강제하는 것은 법치주의 원칙에 어긋난 결과가 초래될 수 있다는 비판이 있다(김형배, 「노동법」 신판5판, p.605~607).

넷째, 임금상당액의 지급을 명하는 구제명령서 지급임금의 액수가 특정되지 아니한 이행강제금 부과처분의 정당성 여부이다.

부당노동행위 구제신청사건에서 임금상당액의 지급을 명하는 구제명령서 지급임금의 액수가 특정돼 있지 않다면 사용자에게 이행할 수 없는 의무를 부과한 것으로 구제명령 불이행을 이유로 한 이행강제금 부과처분을 취소한 사례가 있다. 판례(서울행법 2008.12.19, 2008구합19598)는 이행강제금 부과처분은 부당노동행위의 상대방인 근로자를 신속하게 구제하고 노동위원회의 구제명령의 실효성을 보장하기 위해 구제명령을 이행하지 않은 사용자에 대해 이행강제금을 부과함으로써 구제명령을 이행하도록 하는 행정법상 간접강제의 일종으로 이러한 이행강제금 부과처분은 사용자에 대해서는 일정한 금원을 납부하게 하는 침익적 행정행위에 해당하므로 이행강제금 부과처분의 전제가 되는 구제명령은 그 내용이 구체적으로 특정돼 구제명령의 상대방인 사용자가 이행가능한 것이어야 할 것이다. 이 사건에서 피고(참고 : 중앙노동위원회위원장(노동위원회법 제27조제1항)는 회사에 대해 '부당한 징계 및 해고기간 동안 정상적으로 근무했다면 받을 수 있었던 임금상당액의 지급'을 구제명령으로 명했다. 그런데 '부당한 징계 및 해고기간 동안 정상적으로 근무하였다면 받을 수 있었던 임금상당액'은 사용자가 근로의 대가로 근로자에게 지급하는 일체의 금원으로서 근로자에게 계속적・정기적으로 지급되고 그 지급에 관하여 단체협약, 취업규칙, 급여규정, 근로계약, 노동관행 등에 의해 사용자에게 지급의무가 지워져 있다면 그 명칭 여하를 불문하고 모두 그에 포함되는 것으로 해석되고 있어 그 액수는 구체적인 사건에 따라 다르게 산정되고 있는 반면, 노동위원회규칙 제79조2호는 임금상당액 지급의무 이행은 구제명령의 이행기한까지 그 금액을 '전액' 지급했는지 여부를 기준으로 판단하도록 규정하고 있다. 만약 노동위원회가 단지 '부당한 징계 및 해고기간 동안 정상적으로 근무하였다면 받을 수 있었던 임금상당액'이라고만 기재해 지급을 명한다면 구체적인 사건에 있어서 사용자로서는 구제명령을 이행하려고 노력하더라도 임금상당액의 액수를 산정할 수 없어 이를 이행하지 못하는 결과를 낳을 수도 있다. 따라서 구제명령의 이행 여부를 확인하기 위해 구제명령상 사용자에게 이행하도록 한 임금상당액의 액수는 특정되고 확정돼 있어야 할 것이다. 이 사건 각 구제명령 중 임금상당액의 지급명령은 그 구체적인 액수를 특정하지 않아 구제명령의 상대방인 사용자에게 이행할 수 없는 의무를 부과하는 것으로 위법할 뿐만 아니라 설령 위 임금상당액 지급에 관한 구제명령이 적법하다 하더라도 회사가 근로자들에게 임금상당액을 지급하지 않은 것에는 임금상당액의 계산이 가능하지 않다는 정당한 사유가 있었다고 할 것이다. 그러므로 피고(중앙노도위원회위원장)는 회사가 구제명령을 이행하지 않았다는 것을 이유로 회사에게 이행강제금을 부과할 수는 없다.

Ⅶ. 확정된 구제명령의 불이행과 벌칙부과

1. 벌칙부과의 의의

확정된 구제명령을 이행하지 않는 자에 대한 벌칙으로 1년 이하 징역 또는 1천만원 이하의 벌금을 부과하되, 고발권은 노동위원회만이 갖도록 한 것이다. 고발권한을 노동위원회에서만 갖도록 하는 것은 원직복직을 이행하지 않는 경우 제도 이행강제금과 연계하여 운영하기 위한 것이다.

공정거래법에 의하면 공정거래법 위반에 대해 고발권한은 공정거래위원회(법 제44조)만 가지고 있다. 「산업안전보건법」에서는 최고 1천만원의 과태료를 규정하고 있고, 「기간제법」에서는 확정된 시정명령을 이행하지 아니한 자에 대하여 1억원 이하의 과태료 부과하고 있다(기간제법 제24조제1항).

2. 이행강제금과 처벌의 관계

벌칙과 이행강제금은 구제명령의 실효성 확보를 목적으로 도입된다는 공통점이 있으나 벌칙은 확정된 구제명령을 이행하지 않은 자에게 부과가 가능하나 이행강제금은 구제명령이 확정되거나 확정되지 않은 단계에서 모두 부과가 가능하다. 따라서 확정된 구제명령을 이행하지 않은 자에게는 벌칙과 이행강제금의 부과가 가능하다. 일반적으로 이행강제금은 동일한 사건에 있어서 과태료 또는 형사처벌과 병과될 수 있으며 이러한 경우 헌법 제13조 제1항에서 규정하고 있는 이중처벌금지의 원칙에 위반되지 않는다고 보는 것이 일반적이다(헌법재판소 2004.2.26, 2001헌바80 • 84 • 102 • 103, 2002헌바26(병합)). 그런데 이행강제금 제도를 규정한 근로기준법 제33조와 형사처벌 조항을 규정한 근로기준법 제111조는 모두 확정된 구제명령을 이행하지 아니한 사용자의 행위를 그 제재의 대상으로 하고 있어 그 기본적 사실관계는 동일하다. 향후 제도 운영시 구제명령을 이행하지 않는 자에게는 우선적으로 이행강제금을 부과하고 부과 이후에도 이행하지 않는 경우 벌칙을 부과하는 것이 바람직한 현실적 운용기법이 될 것이다(2007.11.29, 근로기준팀-8048).

확정된 구제명령을 이행하지 않는 자에 대한 벌칙으로 부당해고 구제제도의 실효성을 제고할 수 있을 것이다.

부당해고 등 관련 민원사건 처리지침

(2007.11.29, 근로기준팀-8048)

Ⅰ. 검토배경

종전 「근로기준법」은 사용자의 부당해고 등에 관하여 형사처벌(구법 제30조, 제110조) 및 노동위원회에 의한 구제제도(구법 제33조)를 규정하고 있었다. 「근로기준법」개정(법률 제8293호, 2007.1.26)으로 부당해고 등에 대한 형사처벌 규정을 삭제하고, 법 제23조제1항 및 제24조의 부당해고 등의 구제절차를 노동위원회의 규제명령으로 일원화하였다.

동시에 노동위원회 구제명령의 실효성을 확보하기 위하여 이행강제금 제도 및 확정된 구제명령 불이행에 대한 형사처벌 규정을 도입하였다(법 제33조, 제111조).

한편, 부칙(법률 제8372호, 2007.4.11) 제15조(벌칙에 관한 경과조치)는 "이 법 시행 전의 행위에 대하여 벌칙 규정을 적용할 때는 종전의 규정에 따른다"고 규정하고 있다. 따라서 2007.6.30 이전에 발생한 부당해고 등 관련 사건에 대하여는 구법의 형사처벌 규정이 적용되므로 종전과 같이 사건처리하여야 한다.

이에 법개정에 따른 부당해고 등 신고사건(법 제23조 위반사건) 처리의 업무상 혼선을 방지하기 위하여 지침을 새로이 정한다.

형사처벌 규정이 있는 아래의 해고사건은 이 지침과 별개로 일반적인 사건수사 절차에 의한다.
① 법 제23조제2항(구법 제30조제2항), 제107조 '산재·산전·산후 휴업기간 및 그 후 30일간 해고제한'(5년 이하의 징역 또는 3천만원 이하의 벌금)
② 「남녀고용평등법」 제11조, 제37조 '정년·퇴직 및 해고에 있어서의 남녀차별'(5년 이하의 징역 또는 3천만원 이하의 벌금)
③ 「기간제법」 제16조, 제21조 '해고 그 밖의 불리한 처우의 금지'(2년 이하의 징역 또는 1천만원 이하의 벌금)
④ 「근로자파견법」 제43조의2 '위 기간제법 제16조 준용'

Ⅱ. 부당해고 등 관련사건 처리

1. 2007.7.1 이후에 발생한 부당해고 등 관련사건

지방노동관서에 부당해고 등 관련사건이 접수된 경우 민원인에게 노동위원회의 구제신청제도를 안내하고 진정사건은 내사종결 처리, 고소·고발사건은 검사의 지휘를 받아 각하 처리한다.

2. 2007.6.30 이전에 발생한 부당해고 등 관련사건

> 2007.6.30 이전에 발생한 부당해고 등 관련사건 중 노동위원회 제척기간(2007.10.1)이 도과되었으나, 아직 공소시효가 완성되지 아니하여 지방노동관서에 민원이 제기된 경우의 처리방법이다. 부당해고 등 사건은 형사소송법 제249조제1항제4호, 구법 제30조, 제110조에 의하여 5년의 공소시효 기간을 가짐(2007.6.30 부당해고→2012.6.29 공소시효 완성 ; 5년 후 그 전날).
> 이미 공소시효가 완성된 경우는 불기소의견(공소권 없음)으로 검찰에 송치한다.

가. 부당해고 등 관련사건 처리

(1) 지방노동관서에 고소·고발 사건이 접수된 경우에는 법 위반 여부를 수사하여 그 결과에 따라 검찰에 송치한다.

(2) 지방노동관서에 고소·고발외 신고사건(진정사건 등)이 접수된 경우

① 신고내용의 조사과정에서 당사자간 합의 등으로 신고가 철회·취소되는 경우에는 내사종결 처리한다.

② 신고내용의 조사결과 법 위반 사실이 인정되지 않은 경우에는 신고인에게 그 사유를 회시하고 내사종결 처리한다.

③ 신고내용의 조사결과 법 위반 사실이 인정되는 경우에는 7일 이내의 기간을 정하여 시정하도록 서면지시하고 기한내에 시정완료하면 내사종결하고, 기한내 시정하지 아니하면 범죄 인지 보고 후 수사에 착수한다(「근로감독관 집무규정」 제30조제1항 및 <별표4> 개별근로관계법 위반사항 조치기준).

다만, 시정기간 내 당사자간 합의가 이루어지고, 신고인이 피신고인의 처벌을 원하지 아니한다는 의사를 분명히 밝힌 경우(예컨대 근로자가 일정한 합의금을 받고 진정서 등을 취하하는 경우)에는 내사종결 처리한다.

나. 노동위원회에서 구제명령서가 송부된 경우

> 노동위원회에서 구제명령서가 송부된 경우란
> ① 지방노동관서에서 사건이 접수되지 않고 노동위원회에만 구제신청이 제기되어 구제명령이 내려진 경우
> ② 지방노동관서에서 지방노동위원회 판정결과에 따라 불기소의견 송치 또는 종결처리 했으나 그 후 중앙노동위원회에서 부당해고 등 구제명령이 내려진 경우

구제명령서가 접수된 즉시 7일 이내의 기간을 정하여 시정지시(구제명령 이행지시)하고, 사용자가 기한 내 시정한 경우에는 종결처리한다.

만일 사용자가 기한 내에 시정하지 않은 경우에는 즉시 입건하고 노동위원회 심문결과・판정이유 등을 참고하여 수사한 후 기소의견으로 검찰에 송치한다.

Ⅲ. 확정된 구제명령 불이행 고발사건 처리

확정된 구제명령 불이행에 대하여 노동위원회의 고발이 있는 경우

노동위원회의 결정문, 행정소송의 판결문 등을 참고하여 구제명령의 확정 여부 및 사용자의 확정된 구제명령에 대한 불이행 여부에 관한 수사 후 기소의견으로 검찰 송치한다.

확정된 구제명령이란

① 지방노동위원회의 구제명령에 대하여 10일 이내에 재심을 신청하지 아니하거나 중앙노동위원회의 재심판정에 대하여 15일 이내에 행정소송을 제기하지 아니하여 확정된 경우(법 제31조)

② 행정소송을 제기하여 확정된 구제명령 또는 구제명령을 내용으로 하는 재심판정

→ 사용자의 구제명령 이행의무를 인정하는 행정소송의 확정판결이 있는 경우 근로자의 부당해고 구제신청에 대한 기각・각하처분을 내용으로 하는 중앙노동위원회의 재심판정을 취소하는 법원의 판결이 확정되어 중앙노동위원회의 재처분이 있는 경우(「노동위원회 규칙」 제99조, 전부개정 2007.5.29, 노동위원회 규칙 제19호)도 확정된 구제명령이 있는 경우와 같이 본다.

6장

보통해고 사유를 둘러싼 법률실무

Ⅰ. 보통해고 사유로서 인정되는 경우

1. 보통해고와 징계해고의 구분

징계해고와 보통해고는 그 절차상 구분되고 해고의 실체적 정당성 여부를 판단하는 방식에서도 구분되지만, 구체적인 해고사유는 징계해고와 보통해고 간에 엄격하게 구분되지는 않는다. 즉, 동일한 해고사유라 하더라도, 어떤 사업장에선 보통해고로 규율하고 다른 사업장에선 징계해고로 규율하는 것이 가능하다.

보통해고의 실체적 정당성은 '취업규칙 등에서 보통해고 사유로 규정된 사유가 근로계약관계를 유지・존속시킬 수 없는 사유로 규정할 만한 합리적인 근거가 있는 것인지, 피해고자의 경우에도 보통해고 사유가 존재하는지'라는 관점에서 판단된다. 즉, 기업질서 문란 행위에 대한 책임을 묻는 징계해고에서와 같은 징계양정의 적정성을 판단하지 않는다(서울행법 2000.9.19, 2000구9112). 이 점에서 보통해고는 징계해고와 구별된다. 물론 보통해고의 경우라 하더라도 취업규칙상 해고사유로 규정하고 있다는 사정만으로 이에 기한 해고가 당연히 정당하다고 볼 수 없고, 나아가 그 해고사유가 사회통념상 근로계약을 계속시킬 수 없을 정도로 근로자에게 책임 있는 사유에 해당한다고 인정될 경우에만 그 해고가 정당하다(서울행법 2005.5.4, 99구36293).

2. 구체적인 보통해고 사유

보통해고 사유로서는 구체적으로는 다음과 같은 내용을 예시할 수 있다.

① 성과를 높이지 않는다.
② 직무수행능력이 없다(능력부족).
③ 질병(사상병)이 있어 당초의 계약내용에 따라 근로를 할 수 없다.
④ 협조성이 없어 다른 근로자와 원활하게 직무를 수행할 수 없다.
⑤ 지각이나 조퇴, 무단결근이 많은 등 출근불량 상태에 있다.
⑥ 상사에게 반항적인 태도를 표시하는 등 근무태도가 불량하거나 또는 기업 질서를 문란하는 행위를 한다.
⑦ 사용자의 사회적 신용이나 명예를 훼손한다.

위의 보통해고 사유 중에는 채무불이행이 아니나 규율 위반도 포함되고 있다.

근로자는 근로계약에 따라 노무제공을 하고 있으나 단독으로 직무를 하는 사례는 적은 것이 오늘의 현상이다. 재택근무가 증가하는 것은 별도로 하고 출근하여 노무제공을 하는 협동관계에 있는 경우 집단으로 노무제공을 효율적이고 원활하게 운영하기 위해서는 기업질서는 불가결하다. 그리고 「기업질서를 준수」한다고 하는 내용이 근로계약에 포함되어 있다고 해석되고 있으므로 이에 반하여 기업질서를 문란하게 하여도 채무불이행이 된다든지 보통해고 사유가 된다.

1회의 규율 위반행위로서 징계해고에 해당하여 기업질서를 문란하게 하는 행위, 장기간에 걸쳐 출근정지를 하는 중한 징계처분에 해당한다 하더라도 어떤 때는 1회의 행위라도 보통해고로서는 유효하다고 인정될 가능성이 충분히 있다.

Ⅱ. 보통해고의 유효성은 어떻게 판단하는가

1. 보통해고 사유가 있는 경우에도 항상 해고할 수 있는 것은 아니다

보통해고 사유가 있는 경우라도 항상 해고가 유효한 것은 아니다.

근로기준법 제23조제1항 소정의 '정당한 이유'란 해고의 경우에는 사회통념상 근로계약을 존속시킬 수 없을 정도로 근로자에게 책임있는 사유가 있는 것을 말하는 것이다. 근로자가 보통 해고를 할 사유를 정하고 있는 취업규칙에 해당하는 경우에는 그와 같은 해고사유가 과연 사회통념상 근로계약을 존속시킬 수 없을 정도로 중대한 것인지의 여부를 가려본 다음, 그 결과에 따라 사용자가 근로자를 해고한 것이 정당한 이유가 있는 것인지의 여부에 대하여 판단하였어야 할 것이다(대법 1994.1.11, 93다49192). 사용자가 행한 보통해고를 과혹한 것이라고 인정되는 사정을 고려하여 무효라고 판단하는 것이다.

2. 법원이 착안하고 있는 해고권 남용 유무의 판단요소는 어떤 것인가

사용자가 근로자를 보통해고 할 때에 법원은 어떤 요소를 착안하여 해고의 유효・무효를 판단하고 있는가를 아는 것이 중요한 포인트가 된다.

(1) 직무능력・근로자로서의 적격성 결여

해고권 남용의 유무를 판단하는 구체적 사정으로는 근무성적이나 근무태도 등이 불량하여 직무능력이나 종업원으로서의 적격성을 결여하였는가를 판단한다.

① 당해 기업의 종류・규모, ② 직무내용, ③ 근로자의 채용이유(직무에 요구되는 능력 및 직무태도 등의 정도), ④ 근무성적・근무태도 불량의 정도(기업의 업무수행에 지장이 생기는지 해고해야 될 필요성이 높은지), ⑤ 그 회수(1회의 과오인가 반복된 것인가), ⑥ 개선의 여지가 있는가, ⑦ 회사의 지도가 있었는가(주의・경고가 있다던지, 반성기회를 주었는지), ⑧ 다른 근로자의 취급과 불균형은 없는가 등을 종합적으로 검토하여야 할 것이다.

(2) 규율 위반행위

또한 규율 위반행위가 있는가를 판단하기 위해서는 ① 규율 위반행위의 태양(업무명령 위반 · 직무전념의무 위반 · 신용유지의무 위반 등), ② 규율 위반행위의 정도, ③ 규율 위반행위의 회수, ④ 개선의 여지의 유무 등을 종합적으로 검토하여야 한다(기업질서를 문란하게 하는 경우에는 징계해고도 할 수 있다).

징계해고의 경우에는 보통해고의 경우보다도 큰 불이익을 근로자에게 주는 것이므로 규율 위반의 정도는 제재로서 근로관계로부터 배제하는 것이 정당화할 수 있는 등의 정도에 달하는 것이어야 할 것이다.

법원 판결에서는 (1)의 ⑥이나 (2)의 ④의 개선의 여지의 유무나 (1) ⑦의 회사가 주의 · 경고를 하여 근로자에 대하여 반성의 기회를 주었는가를 보통해고 사건에 있어서 판단시에도 가장 중시하고 있다는 점이다.

종업원의 수가 적은 중소영세기업은 1명의 종업원의 근무태도 등의 불량이 업무에 지장을 미치는 정도가 크므로 이 점에서 대기업의 경우보다 보통해고를 인정할 여지가 크다.

3. 해고권 남용의 유무는 간접증거에 따라 판단된다

당해 보통해고가 유효인지 무효인지 상기 (1)의 ④~⑦의 사정은 상사의 진술서, 공증, 보고서 등 간접적인 증거에 따라 그 사정의 유무 · 정도를 판단한다. 재판시에 관계자로부터 들은 바를 진술서를 작성할 수 있으며 법관의 심증(心證)에 있어서 기억을 새롭게 하기 위하여 당시에 작성했던 메모나 보고서를 사용할 수 있다는 점이다.

그러므로 이러한 업무지시나 주의를 했던 바, 이에 대하여 근로자 등이 반응을 나타냈는가(솔직하게 따랐는지, 무시했는지, 반항적인 자세를 보였는지 등) 또는 업무상 어느 정도 지장이 있는가를 메모 등 어떤 형태이든 서면형식으로 증거를 남길 수 있다. 업무일지에 기재하거나 주의서를 교부할 수 있다. 주의 등에 대한 근로자의 반응에 있어서는 개신의 여지가 있는가를 판단할 수 있으므로 일상 노무관리가 소송에 있어서는 중요한 증거가 된다.

또한 업무상 지장의 구체적 내용도 그 때마다 메모를 남기는 것이 중요하다.

Ⅲ. 보통해고시의 체크포인트

1. 중요한 체크포인트

본래 사용자와 근로자간의 분쟁 예컨대 임금지급이나 배치전환 명령 거부 등의 다툼은 기업내에서 해결하는 것이 바람직하다. 그러나 해고를 둘러싼 분쟁을 당사자간에 해결하기가 곤란한 경우도 있다. 사용자의 횡포로 인한 해고는 별도로 하고 사용자가 근로자를 보통해고하는 경우 근로자에게 근무태도 불량이나 능력 부족 등 어떠한 이유가 있는 것이 일반적이다. 해고된 근로자를 직장에 복귀시키는 것은 기업질서를 혼란하게 하는 것이 통상이며 한번 해고된 근로자와의 사이에 신뢰관계를 재구축하는 것도 대단히 어려운 일이다.

그러므로 사용자는 해고된 근로자를 원직복귀를 인정하지 않는 것이 통상이므로 근로자가 원직복귀를 희망하는 경우 당해 해고의 유효성의 판단(판결)을 법원에 요구하게 된다.

판결시의 체크포인트로서 실무경험으로부터 정리하면 다음과 같다.

보통해고시의 체크포인트

① 약속위반의 여부(당해 계약내용의 특정)
② 취업규칙의 보통해고사유에의 해당성
③ 당해 해고가 사회적 상당성이 있는가
- 개선기회를 부여하였는가(주의 · 징계 등)
- 업무상 지장의 정도는 어떠한가(배치전환이나 강격 등의 방법으로 회피할 수는 없었는가)
- 사용자의 태도(근로자의 반발을 초래할만한 자세나 행동은 없었는가)
- 기타 사정 등

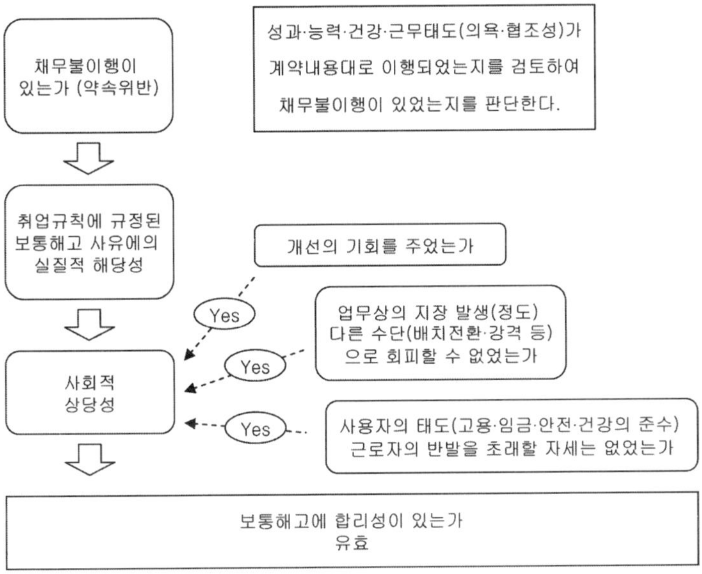

2. 체크포인트① 채무불이행의 존재(계약내용의 특정)

보통해고시에 먼저 사용자와 근로자간에 체결된 계약내용의 특정이 필요한 것이다. 예컨대 성과・능력・건강・의욕이나 협조성을 포함한 근무태도가 어느 정도의 내용으로 계약내용이 되었는가를 검토하여야 한다.

먼저 성과에 있어서는「매출액 10억원」등으로 구체적인 숫자를 표시하는 형태로 채용된 경우는 구체적인 금액은 계약내용이 되어 있다. 또한 능력에 있어서는 직무를 통하여 교육이나 연수를 전제로 하는 일반적 능력을 요구하고 있는가 그것보다는 업무에 필요한 특정한 능력을 요구하고 있는가는 신규학교졸업자의 일괄채용자인가 또는 전문능력을 가지고 있는 근로자인가에 따라 다를 수 있다.

다음으로 근로자가 근로할 때에 중도의 고혈압 등으로 1일 8시간 근로를 부담하기가 어렵고 특히 통원치료가 필요하여 1주일 중 며칠간은 조퇴할 수 밖에 없는 상황에서는 업무에 지장이 생긴다고 보아야 할 것이다. 그러므로 통상 근로자가 1일 8시간・1주 40시간의 근로기준법상 규정된 근로시간에 있어 일정 정도의 시간외근로를 하더라도 건강을 유지하도록 근로계약의 내용을 정할 수 있다(물론 휴일·휴게·유급휴가의 소화를 전제로 한다).

3. 체크포인트② 취업규칙에 규정된 보통해고 사유에의 해당성

보통해고는 당초 계약에서 약속된 계약내용의 채무불이행, 이행불능이나 불완전이행에 따라 계약관계를 계속할 수 없다는 판단에 따라 근로계약을 해소하는 행위이다. 이것은 계약의 본질로부터 취업규칙에 근거규정이 없더라도 또는 상대방 근로자의 동의가 없더라도 해소할 수 있다.

근로기준법 제93조는 「상시 10명 이상의 근로자를 사용하는 사용자는 다음 각 호의 사항에 관한 취업규칙을 작성하여 노동부장관에게 신고하여야 한다. 이를 변경하는 경우에도 또한 같다」고 규정하고 제4호에 「퇴직에 관한 사항」을 규정하고 있다.

이에 따라 합의퇴직·해고·정년제도·휴직기간 만료·당연퇴직 등 근로관계의 종료사유에 관하여 정하는 취업규칙에 기재하여야 할 것이 요구되고 있다. 그러므로 취업규칙에

- ☑ 신체 또는 정신장해 등에 따라 업무를 감당할 수 없다고 인정될 때
- ☑ 능력부족 또는 근무성적이 불량하여 취업하기에 적당하지 않다고 인정될 때
- ☑ 근무태도가 불량하여 주의를 하여도 개선하지 않을 때
- ☑ 협조성이 결여되어 다른 종업원의 업무수행에 악영향을 미칠 때

등의 보통해고 사유로서 기재할 필요가 있다.

여기에 보통해고 사유를 정한 경우 해고할 때 그 사유에 해당하는 경우에 한정되는지 여부가 논의되고 있다.

이 점에서 취업규칙에 보통해고 사유를 규정한 이상 그 이외의 사유로는 해고를 할 수 없다는 것이 합리적이라는 한정열거설이 있다.

판례 중에는 「사용자가 해고사유로 규정한 이상 기재된 사유 이외의 사유로서 해고해서는 안된다」고 이해하고 있는 것이 많다.

그러나 보통해고는 기본적으로 계약의 본질로부터 출발하는 것이므로 취업규칙에 정한 것이 아니라도 예시로서 열거된 것이라고 생각할 수도 있다.

보통해고 사유로 규정된 경우에는 그 해고사유에 한정된 것이라고 보아야 할 것이다. 실무에서는 예시열거의 입장에서 하는 것이 아니고 한정열거의 입장에서 판단하더라도 사용자의 해고권을 제약하는 것으로 규정의 최후에 일반조항을 규정할 필요가 있다.

일반조항에 있어서는 「기타 전 각호에 열거한 사유에 준하는 중대한 사유가 있을 때」라는 포괄적인 조항을 규정하면 예시열거와 한정열거와의 차이는 별로 없다고 설명하고 있다. 그러므로 일반조항의 규정 작성도 충분히 유의하여야 한다.

4. 체크포인트③ 당해 해고에 정당한 이유가 있는가

셋째의 체크포인트는 당해 해고가 정당한 이유가 있는가. 즉 그 종업원을 회사로부터 보통해고라는 형식으로 근로관계를 종료하더라도 부득이 하다고 평가할 수 있는가의 문제이다. 그 평가요소에는 여러 가지 있으므로 이것을 종합적으로 판단하여야 하지만 그 중에도 중요한 요소에는 다음과 같은 것이 있다.

① 사용자가 근로자에게 개선의 기회를 주어야 한다. 예컨대 그 종업원이 부적절한 행위에 대하여는 일상적으로 접하는 상사로부터의 주의·지도나 경고·훈계를 한 후 징계처분을 과할 수 있으므로 종업원 자신이 그 행위가 부적절하다고 인식하여 개선하는 기회를 갖도록 해야 할 것이다. 한편 종업원이 상사의 적절한 주의·지도에 반항하거나 무시하는 태도를 취한 경우에는 해고는 유효하다고 판단할 가능성이 크다고 생각된다. 또한 능력부족에 있어서는 개선프로그램을 작성하는 등으로 개선을 요구하여야 한다.

② 다음 체크사항은 업무상의 지장이 발생하였는가에 있다. 예컨대 한사람의 능력부족에 따라 다른 종업원에게 과도한 업무부하가 있었는가, 협조심 부족에 따라 다른 종업원의 업무수행을 위한 적정한 직장환경이 저해되고 있는 상황이었는가이다. 근로자 태도의 미숙 때문에 고객이 항의하였다든지 상사가 사죄하러 간다든지 하여 거래가 정지되는 상황에 놓여있다면 그 업무지장의 정도는 중대한 것이라고 할 수 있다.

③ 나아가 그 업무지장을 해고 이외에 회피할 수단은 없는가도 중요한 체

크포인트이다. 예컨대 대인관계 측면에서 문제가 있어 트러블이 발생하였던 바, 영업이나 창구업무에서 총무직으로 직종을 변경한다든지 회사내에서 인간관계를 구축할 수 없다면 집단적 처리가 필요한 업무에서 한 사람이 처리할 수 있는 업무로 배치전환하는 것도 생각할 수 있다.

또는 다른 종업원을 관리할 능력이 부족한 관리직 등은 강격하는 것도 선택할 수 있는 하나의 방법이다.

이에 따라 그 종업원에게 어떠한 문제가 있어 업무에 지장이 있는 가는 그 종업원에게도 적절한 업무에 배치전환도 하고 강격까지도 하여 해고를 회피할 수 있는가와 그것을 위해 기업노력은 어떻게 하였는가이다. 물론 규모가 작은 회사로서는 배치전환 할 장소도 없으며 종업원 한사람이라도 중요한 핵심인력이므로 이 경우에는 이 점에 대한 대응이 없더라도 해고할 수 있을 것이다.

5. 체크리스트④ 사용자의 경영·노무관리의 기본자세

회사의 입장에서는 사용자로서의 태도가 문제된다. 근로자의 업무명령위반이나 근무태도 불량이 불합리한 근로조건을 강요하는 사용자에 대한 반발로 발생하였다면 근로자에게 무거운 책임을 물을 수는 없다. 사용자가 근로자의 「고용과 임금의 안정」과 「안전과 건강의 확보」를 고려하였는가를 판단하여야 한다. 사용자가 이러한 것을 고려하였더라도 근로자가 반항적인 태도를 취하는 것이 근로자의 반발을 초래할만한 자세에 있었는가를 성찰해야 할 것이다. 그러므로 사용자의 근로자에 대한 「고용」, 「임금」, 「안전」, 「건강」 등의 일상적인 관리가 실무상 중요하다고 판단된다.

6. 체크포인트⑤ 해고절차의 준수

취업규칙에 규정된 보통해고 사유에 해당된다 하더라도 근로자를 해고할 때 근로기준법상의 규제나 절차를 준수하였더라도 그 해고가 유효인가 무효인가를 판단하기 위한 체크포인트의 하나는 다음과 같다.

(1) 해고제한 · 해고예고

근로기준법상의 규제로서의 해고제한 및 해고예고에 관하여는 제2부 제2장, 제5장에서 설명하고 있다.

(2) 해고예고와 제외인정

이에 관하여는 제2부 제5장 [2]에서 상세히 설명하고 있다.

(3) 해고에 관계되는 협의규정이 있는 경우

단체협약상 협의규정이 있는 경우의 노동조합과의 협의 또는 「조합원을 해고하는 경우에는 노동조합과 협의한다」든가 「동의를 얻는다」라는 규정이 있는 회사가 있다. 이와 같이 규정이 있는 경우에는 해고절차에 있어서 노동조합과 성의있게 협의하거나 또는 동의를 얻지 않으면 안된다. 이 협의절차의 불비 내지 동의를 결여할 때에는 해고무효의 원인이 될 수 있다. 동의에 있어서는 통상은 동의를 얻기 위하여 성의있게 협의하도록 노력하였으나 상대방이 동의하지 않는 경우 사정에 따라서는 동의권의 남용으로서 동의를 얻는 것으로 취급될 수도 있으며 해고가 유효하다고 판단되는 경우도 있다.

노동조합과의 역관계도 있으므로 작성하지 않을 수 없다고도 생각할 수 있으나 해고에 있어서 노동조합과의 협의 · 동의약관이나 근로자의 동의조항은 사용자로서는 체결하지 않는 것이 바람직하다. 해고시에 경영의 유연성 유지를 위해 외부의 규제를 받을 수는 있더라도 사용자는 결코 해고권을 남용해서는 안된다는 것을 깊이 새겨야 한다. 해고권의 행사에 있어서 사용자 스스로 내적규제를 강화하여 전술한 「보통해고시의 체크리스트」를 충분히 검토하여 신중히 행사하여야 한다.

Ⅳ. 보통해고 사유의 구체적인 사례

1. 사고 기타 신체적 · 정신적 장해로 업무에 종사하지 못할 때

① 근로자가 불치의 병에 걸리거나, 업무 외의 교통사고로 재기가 불가능하여 장기입원 할 수밖에 없게 되었거나 또는 정신장해를 일으키는 등, 취로

가 곤란 내지 불가능하게 되었을 때에는 근로계약을 계속하기 어려운 부득이한 사유로 인정되어 보통해고가 정당하게 된다. 이 때 그 해고의 정당성은 「근로자가 취업규칙에서 정한 '신체장해로 인하여 직무를 감당할 수 없을 때'에 해당한다고 보아 퇴직처분을 함에 있어서 그 정당성은 근로자가 신체장해를 입게 된 경위 및 그 사고가 사용자의 귀책사유 또는 업무상 부상으로 인한 것인지의 여부, 근로자의 치료기간 및 치료종결 후 노동능력 상실의 정도, 근로자가 사고를 당할 당시 담당하고 있던 업무의 성격과 내용, 근로자가 그 잔존노동능력으로 감당할 수 있는 업무의 존부 및 그 내용, 사용자로서도 신체장해를 입은 근로자의 순조로운 직장 복귀를 위하여 담당 업무를 조정하는 등의 배려를 하였는지 여부, 사용자의 배려에 의하여 새로운 업무를 담당하게 된 근로자의 적응노력 등 제반 사정을 종합적으로 고려하여 합리적으로 판단하여야 한다」(대법 1996.12.6, 95다45934)고 한다.

② 판례(대법 1996.11.12, 95누15728)에서도 「근로자의 업무상 부상에 관한 요양종결에 따라 상당한 신체장해가 남아 있는 상태에서 그 근로자가 종전과 같은 작업강도를 지닌 갱내 기계수리공의 업무를 수행할 수 없다고 보아야 할 뿐만 아니라, 그 신체장해가 남아 있는 부분은 허리(腰椎)부분으로 그 부분은 신체부위 중 운동량이 많고 중량의 부하를 특히 많이 받는 부분이어서 근로자가 종전과 같이 갱내 굴진・채탄작업 등에 사용되는 기계 등의 중량물을 취급하는 업무를 계속 담당할 경우에 장해부위가 악화될 가능성도 배제할 수 없는 사정이고 보면, 근로자에게 그와 같은 신체장해가 있어 종전의 담당업무를 수행할 수 없거나 부적합하게 되었음을 이유로 한 회사의 근로자의 장해로 인한 해고는 정당하고, 이러한 경우 해고시기가 근로기준법 제23조 제2항 소정의 해고금지기간에 해당하지 않는 한 해고를 하기에 앞서 반드시 장해근로자에 대하여 일정기간 유예기간을 두고 배치전환 등을 하여 근무하도록 하면서 관찰하여야 하는 것은 아니다」라고 판시하여 해고를 유효하다고 인정하고 있다.

다만 근로자가 업무상 부상에 관한 요양 종결 후에도 상당한 신체장애가 남아 있는 경우 종전과 같은 업무를 수행할 수 없거나 부적합하게 된 경우에 대하여, 판례는 회사가 해고에 앞서 장애근로자에 대해 일정한 유예기간을 두고 배치전환 등을 하여 근무하도록 하면서 관찰하여야 할 의무까지 부담하는 것은 아니기 때문에 이를 이유로 한 해고는 정당하다고 본다.

③ 근로자인 기관장으로서의 업무는 일정한 정도의 육체적 노동을 수반하는 업무이고, 또 근로자가 이 사건 질환에서 완쾌되었다고 볼 수가 없지만, 일단 근로자가 치료를 받은 결과 증상이 호전되어 특별한 장애가 발현되고 있지는 아니하고 있으므로, 이미 20년 이상을 기관사 내지 기관장의 업무를 수행함으로써 업무숙련도가 높은 근로자가 단지 앞으로도 지속적인 조절이 필요할 것으로 예상된다거나 동료 직원들이 근로자의 업무수행에 부정적인 의견을 보였다는 점만으로 근로자에게 이 사건 해고 당시 그 사유인 단체협약 제23조제1호 및 선원취업규칙 제10조제8호 소정의 '신체장애로 직무를 수행할 수 없을 때 내지 직무를 감당하기 곤란하다고 인정될 때'에 해당하는 사유가 있었다고 단정할 수 없다(서울행법 2005.8.11, 2005구합715).

2. 업무에 비협력적이며 협조성을 결여할 때

현대기업에 있어서는 공동분업작업이 대다수로 단독으로 일을 하는 것이 아니라 팀(Team)으로 일을 하는 경우가 많으므로 규율과 협조가 무엇보다도 중요한 종업원으로서의 자질이 요구된다. 따라서 이러한 자질의 결여는 해고사유가 되는데 대기업보다도 중소기업, 특히 종업원이 소수이며 계절에 따라 업무가 폭주하거나 한가함에 따라 종업원의 협력에 의한 업무의 수행이 요청되는 소기업의 경우에 보통해고 사유로서 인정되는 케이스가 많은 듯하다.

판례(서울고법 2002.6.12, 2001누4452)는 「원고회사는 영어학습 소프트웨어 개발·판매와 영어교육사업 등을 목적으로 설립된 소규모 회사로서 그 특성상 소속 직원들간의 친목 및 인화단결이 중시된다 할 것인데, 근로자는 상급자의 지시를 존중하고 동료들과 더불어 근무하려는 어떠한 노력도 기울이지 아니한 채 매사에 자신의 일방적인 주장만을 내세우고, 상급자를 끊임없이 인격적으로 모독함으로써 회사의 규율 및 근무분위기를 심하게 해쳐 회사의 영업에 심대한 악영향을 미치고 있었다 할 것이므로 회사로서는 근로자와 더 이상 근로관계를 유지하기 어렵게 되었다고 봄이 상당하다」라고 한다.

마찬가지로 소수의 청년회의소의 사건에 관하여 불과 10명 정도의 사무직원으로 「이른바 '팀웍'은 택할 필요가 있음을 인정하여, 원고는 이와 같은 '팀웍'이 요구되는 소수의 서비스기관의 일원으로서, 집무능력이 현저하게 부족한 바가 있으며, 이사회에서 '장래 가망이 없다'고 판단하였음은 반드시 이것을 경솔하였다고 단정할 수 없다」라고 판단하여, 당해 해고를 유효라고 판단하였다.

3. 근무성적, 근무태도 불량 등에 의한 경우

어떤 기업에서 근로자의 근무성적을 평정하여 그 성적이 나쁘다고 하더라도 그 근로자의 능력이 주어진 임무를 처리하기에 현저히 부족하다는 것이 객관적으로 명백히 판명되었다던가 그 근로자가 기업의 규율에 위반하는 행동을 하여 기업의 질서를 문란하게 하였다는 등 특별한 사정이 없는 한, 성적의 불량(근로자들 사이의 근무성적의 비교에 따른 상대적 불량)만으로는 근로자의 해고를 정당화하는 사유가 될 수 없다.

근무성적이나 근무태도가 현저하게 열악하거나, 근로자로서 근로계약을 계속하기 어려울 경우 보통해고도 유효하다.

판례(서울행법 2001.2.6, 2000구22078)는 「근로자는 지각 등을 짧은 기간에 반복적으로 행했고, 동료를 시켜 출근사인을 대신한 것 역시 지각을 은폐하기 위한 수단으로 이루어졌을 가능성을 배제하기 어렵다. 또 임금채권 압류 등으로 근로관계에 지장을 초래하는 상황에서 그에 관한 납득할 만한 해명이 없었던 점과 징계위에 회부된 후에도 다시 지각한 점 등은 근로자가 노조설립에 관여했고 회사측이 이를 이유로 근로자의 근태상황을 엄격하게 감독하였다는 사정이 있다 하더라도 사회통념상 더 이상 근로관계를 지속하기 어려운 귀책사유가 있다고 판단할 수 있다. 따라서 이러한 사유를 들어 근로자를 해고한 회사의 조치는 정당한 징계재량권의 범위 내에서 행해진 것이다」라고 판시하였다.

그러나 「천리안에 등록하였던 기존 자료를 하이텔에 등록하는 과정에서 오류가 발생하여 사용자가 오류발생 양태를 리스트업해서 보고서로 제출하라고 지시하였음에도, 실무전무가로서 업무진행상황을 상세히 설명하고 이에 대한 대안을 제시하는 등 적극적으로 문제를 해결하려는 노력을 다하지 아니한 채 보고서 제출을 거부한 것은 비난받아 마땅하다 하겠으나, 그러한 사정만으로 징계 중 가장 무거운 해고를 선택한 것은 징계권의 범위를 일탈 또는 남용한 부당해고에 해당한다」(중노위 1999.3.30, 98부해492)라고 한다.

7장

징계해고 사유를 둘러싼 법률실무

Ⅰ. 징계해고 사유에 대하여

징계해고란 징계처분으로서 근로계약을 해지하여 근로자를 기업 외로 배제하는 것이다. 징계해고의 정당성 여부는 취업규칙상의 징계해고 사유를 일응의 기준으로 삼되, 사용자의 사업의 성격 및 사업장의 여건, 당해 근로자의 지위 및 구체적 담당 직무의 내용, 비위사실의 동기와 정도, 이로 인하여 기업의 위계질서가 문란하게 될 위험성 등 기업질서에 미칠 영향, 과거의 근무태도 등 여러 가지 사정을 종합적으로 검토하여 사회통념상 사용자가 당해 근로자와 근로계약관계를 계속할 수 없는 상태에 이르렀다고 볼 사정이 있는지 여부에 의하여 판단하여야 한다(대법 2001.12.14, 2000두3689).

Ⅱ. 징계해고를 할 경우의 주의사항

1. 징계해고를 유효하게 하기 위하여 검토하여야 할 포인트

실무상으로는 중대한 기업질서 위반행위를 한 종업원에 대하여 징계해고를 선택할 수밖에 없는 상황에 있다는 것도 사실이다. 여기에 그 징계해고가 유효하다고 평가하기 위한 포인트는 다음과 같이 생각할 수 있다.

(1) 기업질서 위반행위의 존재

먼저 그 종업원의 행위에 의하여 기업질서가 문란하게 되면 어떤 대책을 강구하지 않으면 안된다. 그 기업질서 문란행위는 현저하고 악질적이며 중대한 것이라면 당연히 징계해고를 하지 않을 수 없다. 예컨대 회사의 다액의 금전을 횡령한다든지, 중요한 기밀사항을 누설시켜 회사에 중대한 손해를 끼친 경우를 둘 수 있다.

(2) 취업규칙의 징계해고규정에 의한 해당성

종업원의 행위가 취업규칙에 규정된 징계해고 사유에 해당할 필요가 있다. 형식적으로 징계해고 사유에 해당하는 것으로는 충분하지 아니하고 기업으로부터 배제하지 않으면 안되므로 실질적으로 징계해고 사유에 해당되어야 할 필요가 있다.

(3) 해고절차의 준수

보통해고의 경우와 마찬가지로 해고제한(근로기준법 제23조)에 해당하는지를 검토하여야 한다. 업무상 재해로 인한 요양을 위한 휴업 중과 그 후 30일간, 산전·산후휴가 중에는 그 기간과 그 후 30일간 원칙적으로 징계해고를 할 수 없다. 다음으로 징계해고에 있어서 노동조합과의 협의한다든가 또는 노동조합의 동의를 받아야 한다는 규정이 있는 경우에는 이러한 절차조항을 위반한다면 원칙적으로 징계해고는 무효라고 생각된다. 노동조합과의 협의 규정이 없더라도 징계해고 등의 중대한 처분을 할 때에는 근로자에게 변명의 기회를 부여하는 것이 바람직한 것이다.

(4) 사회적 상당성

사용자의 징계권 행사는 당해 구체적 사정에 있어서 객관적이고 합리적 이유를 결여하거나 사회통념상 상당하다고 시인되지 않은 경우에는 징계권의 남용으로서 무효가 된다.

또한 징계처분의 합리성 판단에 있어서는 징계가 제재벌이므로 죄형법정주의 원칙에 준하여 검토하여야 한다. 제1부 제3장에서 설명하고 있는 징계처분의 법률상의 원칙인 소급처벌의 금지, 일사부재리, 평등의 원칙 이외에 징계를 할 때 그 징계사유에 상당한 징계의 종류나 정도가 선택할 수 있기 위해서는 ① 처분내용이 기업질서 회복에 필요하고도 충분한 한도인지 여부, ② 당해 행위의 내용, 태양, 기업질서 위반의 정도를 고려하여야 한다.

또한 ②의 판단에 있어서 아래와 같은 내용의 사정을 포함하여 종합적으로 고려하여 판단한다.

(가) 당해 행위의 원인, 동기, 성질, 결과
(나) 고의 또는 과실의 정도
(다) 행위자의 직책 및 당해 직책과 비위행위와의 관계에 있어서의 평가
(라) 행위자의 종전의 근무태도, 과거 회사에 대한 공헌도, 과거의 처분력 등
(마) 금후 회사에 대한 공헌 가능성
(바) 당해 행위 후에 행위자 등이 보인 태도(반성의 정도)
(사) 다른 종업원 등에의 영향
(아) 회사가 입은 데미지

Ⅲ. 징계해고 사유의 규정예(모델)

제○조(징계해고 사유) 근로자가 다음 각 호의 어느 하나에 해당하는 경우에는 징계해고를 할 수 있다. 개전의 정이 현저하다고 인정되거나 과거의 근무성적이 양호하였다는 것 등을 고려하여 처분을 할 수 있다.

1. 다른 근로자에게 폭행·협박을 행하여 직장의 질서, 풍기를 문란하게 한 경우
2. 근로계약 체결시에 최종학력이나 직력 등 중대한 경력을 사칭하여 회사의 판단을 오도하게 한 경우
3. 업무상의 보고 등을 허위로 하여 회사에 대하여 중대한 손해·영향을 끼친 경우
4. 취업규칙 제0조제9호(겸업 등의 사전허가제)를 위반하여 회사의 허가없이 재적한 채로 동업 다른 회사 또는 회사업무에 관하여 기업에 고용되는 등 겸업을 한 경우

5. 취업규칙 제0조제7호(기밀 등 유지의무)에 위반하여 회사의 중대한 기밀을 사외로 누설하거나 회사 및 다른 회사의 중대한 기밀을 부정하게 입수한 경우 또는 동호에 위반하여 회사의 경영에 관하여 진상을 왜곡하여 선전 유포하거나 또는 회사에 대하여 부당한 비방중상을 행하여 회사의 명예·신용을 훼손하거나 또는 회사에 손해를 끼친 경우

6. 취업규칙 제0조제0호(성희롱의 금지)에 위반하여 폭행이나 협박을 행하는 행위, 또는 직장에 있어서 상사·부하 등 관계에서 영향력을 행사하여 성적관계를 맺고자 하는 경우 또는 상대방의 의사에 반하는 인식하에 언행 등을 집요하게 반복하여 상대방에게 강도의 심적 스트레스에 의한 정신질환 등에 이환한 경우

7. 다른 종업원에게 직권을 배경으로 부하를 억압하며 폭행이나 협박행위를 하는 경우 또는 다른 종업원에게 혐오스런 행위 등을 집요하게 반복하는 행위를 하여 상대방이 강도의 심적 스트레스에 의한 정신질환 등에 이환한 경우

8. 정당한 이유없이 회사가 명하는 전근, 배치전환, 직종변경, 전출, 해외파견(자회사 또는 관련회사에 한한다), 승진 등을 거부한 경우

9. 회사의 금전 또는 물품을 횡령한 경우

10. 회사의 금전 또는 물품을 절취한 경우

11. 사람을 사기하여 회사의 금전 또는 물품을 교부하는 행위

12. 고의로 직장에서 회사의 물품을 손괴하거나 회사에 중대한 손해를 끼친 경우

13. 고의로 급여를 부정하게 지급하는 경우 및 고의로 신고를 태만히 하거나 또는 허위로 신고하여 부정하게 급여를 지급한 경우

14. 직장의 컴퓨터를 회사규정 기타 지시에 위반하여 사용하여 컴퓨터 등에 감염하여 업무 운영에 지장이 생긴 경우 또는 그 직무에 관련없이 부정한 목적으로 사용하거나 업무운영에 지장을 발생시켜 회사에 중대한 손해를 발생한 경우

15. 직무에 관하여 금품을 공여받거나 부정한 이득을 취득한 경우

16. 공무원 등에게 뇌물을 제공하는 경우

17. 주권 등에 관하여 내부거래를 행하는 경우

18. 업무상 다음과 같은 교통사고 또 교통법규위반행위를 행하는 경우

　㈎ 업무시간 중 음주운전으로 사람을 사망에 이르게 하거나 또는 중상해를 입힌 경우, 업무시간 중에 음주 만취하여 운전 중 사람에게 상해를 입히는 행위, 또는 업무시간 중에 음주만취하여 운전 중 사람에 상해를 입히는 경우로서 사고 후의 구호 등을 게을리 하는 등 조치의무를 위반한 경우

　㈏ 업무시간 중에 음주운전으로 사람을 사망케 하거나 상해를 입힌 경우 또는 이 경우에 조치의무를 위반한 경우

　㈐ 업무시간 중에 사람을 사망케 하거나 중상해를 입힌 교통사고를 발생한 경우 또는 이 경우에 조치의무를 위반한 경우

　㈑ 업무시간 중에 음주운전을 하는 경우에 재물의 손괴에 관계되는 교통사고를 야기하

여 위험방지를 태만하는 등 조치의무를 위반한 경우

(마) 업무시간외에 회사소유 차량을 음주운전하여 사람을 사망케 하거나 또는 중상해를 입힌 경우, 업무시간외에 회사소유차량을 음주운전하여 사람에게 상해를 입힌 경우에서 사고 후의 구호를 태만하는 등 조치의무 위반한 경우

19. 기타 업무상 지시 또는 회사 제규정을 현저히 위반한 행위 태양이 악질인 경우

20. 기업 외 비행행위로 회사의 명예·신용을 현저히 훼손하거나 또는 회사에 중대한 손해를 끼친 경우 기타 기업질서를 현저히 문란하게 한 경우로서 그 행위 태양이 악질인 경우

21. 기타 전 각호에 준하는 정도에 해당하는 행위가 있는 경우

Ⅳ. 징계해고 사유의 유형

① 객관적으로 보아 '기업의 질서유지 내지 생산성의 유지·향상에 상반하는 것으로 당해 근로자를 기업 내에 존속시키는 것이 사회통념상 기대할 수 없는 행위'를 요구한다.

「택시운전기사가 상당기간 동안 사업장 내에서 동료근로자들에게 수회에 걸쳐 반복적으로 폭언·폭행을 하였고, 상급자에게도 폭언 등을 한 행위 등은 위계질서를 무너뜨리고 직장질서를 문란하게 한 행위이고, 그 중 일부의 행위만 가지고 판단할 것이 아니며 전체의 사유를 비추어 보아 이는 사회통념상 근로관계를 계속 유지할 수 없을 정도로 근로자에게 책임이 있는 비위행위이므로 이러한 사유로 징계해고 한 것은 정당한 징계권의 행사이다」 (1999.3.30, 중노위 98부해579).

② 결근일수의 장단, 결근이유 및 신고하지 못하였던 사정 또는 신고에 관하여 '신의칙상 요구되는 의무를 다하였는지 어떤지, 해당자의 기업에서의 지위, 역할 등 여러 점에 관하여, 동인을 기업 외로 배제하지 아니하면 기업질서 등이 유지할 수 없을 정도의 것'을 요구한다. '무단결근'이란 정당한 사유없이 근로일에 사업장에 나오지 않는 것을 말한다. 근로기준법상 '결근'의 개념에 관하여 규정한 바는 없으나, 일반적으로 결근일이란 법령의 범위 내에서 노사 당사자가 근로를 제공하기로 정한 날인 '소정근로일'에 근로자가 임의로 근로를 제공하지 아니한 날을 의미한다고 볼 수 있을 것이다. 다만,

소정근로일수 계산에서 제외되거나 출근한 것으로 보아야 하는 날 또는 기간에 근로하지 아니한 경우를 결근으로 보아서는 아니 될 것이다(2004.8.18, 근기 68207-4336). 결근계를 제출하지 않은 것이 근로자의 책임으로 돌릴 수 없을 만한 정당한 사유가 없는 한 무단결근으로 본다(대법 1989.9.29, 88다카19804). 무단결근인지 여부는 결근행위의 시기・방법・원인・결과 등 구체적인 사정을 고려하여 판단하여야 한다(대법 1989.3.14, 87누980).

노조전임자라 하더라도 근로자의 신분을 유지하고 있는 이상 장기간 무단결근을 하는 것을 비롯하여 근로자로서의 고용종속관계에 영향을 미치는 근로계약상의 본질적인 문제가 발생한 경우에는 단체협약에서 다른 정함이 없는 경우 취업규칙을 비롯한 관련 규정에 따라 징계할 수 있다. 노조전임자도 사용자와의 사이에 기본적 근로관계는 유지되므로 취업규칙(사규)의 적용이 전면적으로 배제되는 것은 아니다. 노조전임자에 관한 단체협약의 특별규정 및 특별한 관행이 없는 한 출・퇴근에 관한 취업규칙(사규)의 적용을 받으며 전임자가 취업규칙 등 소정의 절차를 취하지 아니한 것은 무단결근에 해당한다(대법 2005.10.13, 2005다5093).

형사사건의 수배를 받아 도피중 장기간 회사에 대한 사전통보나 회사로부터 승인 또는 허가를 받음이 없이 결근한 것은 무단결근으로 볼 수 있다(대법 1993.8.24, 92다34926 ; 1992.10.27, 92누9432).

그리고 몇일간의 무단결근을 징계해고 사유로 할 수 있는가에 관해 판례는 결근계 제출 및 여성 근로자의 생리휴가와 관련 "연속 3일 무단결근한 것을 해고사유로 정한 것은 근로기준법 제23조제1항에 저촉되지 않는다"라고 판단하고 있다(대법 1990.4.27, 89다카5451 ; 1991.3.26, 90다15631). '10일간'의 무단결근을 인정하고 이를 이유로 징계해고한 것을 정당하다고 판결하고 있다. 유사한 판례(대법 1991.6.25, 90누2246)에서 단체교섭시 전임요청이 거부된 비합법 근로자단체 간부가 '9일간 무단결근한 경우' 해고가 정당하다고 본 사례가 있다.

판례(대법 1996.9.20, 95누15742)는 「근로자가 3개월 간 59회의 무단외출과 7일간의 지각을 하고도 반성하는 태도를 보이지 않는 사안은 징계해고 사유가 된다」라고 하였다.

③ 근로자 2명이 화약충전소 부근 금연구역에서 담배를 피웠다는 이유로 회사측이 행한 해고조치는 적법하다. 판례(대법 1991.8.27, 91다카20418)는 「상시 화약류를 취급하는 공장의 근로자가 폭발의 위험성이 가장 높은 위험공실로부터 1미터 떨어진 금연구역에서 흡연한 것이 사규위반임을 이유로 한 징계해고는 정당하다」고 한다.

④ 부정한 청탁을 받고 금원을 수수하는 행위가 징계해고 사유가 되느냐 여부이다. 판례(대법 1999.11.26, 98두10424)는 「홍익회는 전국에 걸쳐 많은 영업장을 두고 승객 등에게 각종 물품을 판매하는 것을 주업으로 하고 있는 관계로 무엇보다도 영업장의 공정한 배정과 엄격한 관리 등이 필요하고 이를 위해서는 직원들의 엄정한 복무기강이 요구된다는 점에 비추어 보면, 근로자가 영업차장으로서 영업장의 운영과 관련한 부정한 청탁을 받고 3명으로부터 적지 않은 금원을 수수하고, 영업장이 본래 배정받은 성과급 영업원이 아닌 그의 가족 혹은 영업장을 임의로 인수한 제3자에 의하여 운영되는 것을 알고서도 그대로 묵인하였던 것 등은 사회통념상 근로관계를 계속시킬 수 없을 정도의 중대한 귀책사유에 해당한다고 할 것이어서 근로자에 대한 파면처분이 징계재량권을 일탈한 것이라고 할 수 없다」라고 판시하였다.

⑤ 사안이 악질·중대하거나, 반복하여 행하여지고 있는 경우이며 기업외로 배제하지 아니하면 기업질서·생산성의 유지 내지 신뢰관계의 유지계속이 곤란하게 되는 사유라야만 한다.

⑥ 피징계자가 무단결근을 하였을 뿐만 아니라 회사에 납부하여야 할 운송수입금도 기준입금액에 미달하였고, 사무실에서 다수의 종업원이 있는 가운데 상사에게 욕설과 폭행을 하였다는 이유로 징계위원회의 결의를 거쳐 행한 징계해고는 정당하다(대법 1996.5.31, 95누2487).

⑦ 공사에 있어서 직원들이 보유하는 국가공인 전기기사 등 자격증은 사업의 신뢰성 제고 및 공신력 확보와 국민의 생명과 재산을 담보한다는 측면에서 매우 중요한 점, 따라서 이러한 자격증을 부정한 방법으로 취득하려 한 참가인들의 행위는 형사상 범죄행위로서 공사의 명예실추뿐 아니라 수십 명의 직원들이 연루된 조직적 범죄로 언론에 크게 보도됨으로써 사업의 존폐에도 영향을 미칠 수 있을 정도의 중대한 행위인 점, 이러한 범죄행위를 통

하여서 자격증을 취득하려 한 근로자들의 위 행위를 정당화 할 수는 없다 할 것이고, 근로자들을 포함하여 공사의 직원 등이 국가자격시험에 부정 응시한 비위내용이 언론기관에 대대적으로 보도됨에 따라 사회적 물의를 야기 하였고, 근로자들과 유사한 비위를 저지른 직원들은 대부분 스스로 자진퇴직 한 점 등에 비추어 보면, 근로자들은 근로자들의 귀책사유로 인하여 근로관계 계속을 기대하기 어려울 정도에 이르게 되었다 할 것이므로, 이 사건 징계해고가 징계권을 일탈하거나 남용한 것이라고 볼 수 없어, 공사의 근로자들에 대한 이 사건 징계해고는 정당하다고 한다(대법 2005.12.22, 2005두12862).

8장

정리해고를 둘러싼 법률실무

Ⅰ. 정리해고의 의의 및 법적 근거

1. 정리해고의 의의

정리해고란 긴급한 경영상의 필요에 의하여 기업에 종사하는 인원을 줄이기 위하여 일정한 요건 아래에서 근로자를 해고하는 것으로 기업의 유지·존속을 전제로 그 소속 근로자 중 일부를 해고하는 것을 말한다. 정리해고란 불황 등의 경영상의 사유로 경영의 축소, 기구의 폐쇄·폐지 등에 의하여 인원을 정리할 필요가 발생하였을 경우에 행하는 해고를 말한다. 이와 달리 사업의 폐지를 위하여 해산한 기업이 그 청산과정에서 근로자를 해고하는 것은 기업 경영의 자유에 속하는 것으로서 정리해고에 해당하지 않으며, 해고에 정당한 이유가 있는 한 유효하다(대법 2001.11.13, 2003다27975).

금융위기로 촉발된 경제침체 및 정보혁명과 경제의 글로벌화에 따라 기업은 국제경쟁력을 유지하기 위하여 경영자원을 전략분야에 집중하거나 생산거점을 해외로 이전하는 등 사업구조의 재구축을 추진하고 있다. 이와 같이 경영부진이나 사업구조의 개혁에 따라 사업활동의 축소 내지 합리화에 따라 생기는 잉여인원을 줄이는 해고를 정리해고라고 한다.

기업이 파산선고를 받아 사업의 폐지를 위하여 그 청산과정에서 근로자를 해고하는 것은 위장폐업이 아닌 한 기업경영의 자유에 속하는 것으로서 파산관재인이 파산선고로 인하여 파산자 회사가 해산한 후에 사업의 폐지를 위하여 행하는 해고는 정리해고가 아니라 통상해고이다(대법 2003.4.25, 2003다7005). 사용자가 파산선고를 받은 경우에는 당사자는 근로계약을 해지할 수 있으며, 이 경우 계약해지로 인한 손해배상을 청구할 수 없다(민법 제663조).

2. 정리해고의 특징

정리해고는 근로자로서 자기의 귀책사유 없이 이른바, 사용자측의 경영상의 사정으로 행하게 된다는 것과 해고 대상자가 특정되지 않은 단계에서부터 해고안이 제시되고 해고대상자가 집단성을 띠고 있다는 것이 특징이다. 정리해고로 그 생계의 길이 막히는 결과를 초래하는 것이므로 근로자의 생존권을 보호한다는 견지에서 형평의 관념에 의한다면 사용자의 인원정리에도 제약이 있어야 한다고 해석되며, 이를 일탈한 경우에는 정당한 이유가 없는 해고로서 무효로 된다고 해석된다.

3. 정리해고의 법적 근거와 그 내용

근로기준법 제23조제1항에서는「사용자는 근로자에게 정당한 이유없이 해고, 휴직, 정직, 전직, 감봉, 그 밖의 징벌(이하 '부당해고 등'이라 한다)을 하지 못한다」라고 규정하고 있을 뿐 정리해고에 관하여 근로기준법에 명시적 규정이 없어 정리해고의 정당성 판단기준이 판례에 확립되고 있었으나, 개정 근로기준법은 제24조에 경영상 이유에 의한 해고의 제한을 규정하고 있다.

동조에 의하면「① 사용자가 경영상 이유에 의하여 근로자를 해고하려면 긴박한 경영상의 필요가 있어야 한다. 이 경우 경영 악화를 방지하기 위한 사업의 양도·인수·합병은 긴박한 경영상의 필요가 있는 것으로 본다. ② 제1항의 경우에 사용자는 해고를 피하기 위한 노력을 다하여야 하며 합리적이고 공정한 해고의 기준을 정하고 이에 따라 그 대상자를 선정하여야 한다.

이 경우 남녀의 성을 이유로 차별하여서는 아니된다. ③ 사용자는 제2항에 따른 해고를 피하기 위한 방법과 해고의 기준 등에 관하여 그 사업 또는 사업장에 근로자의 과반수로 조직된 노동조합이 있는 경우에는 그 노동조합(근로자의 과반수로 조직된 노동조합이 없는 경우에는 근로자의 과반수를 대표하는 자를 말한다. 이하 '근로자대표'라 한다)에 해고를 하려는 날의 50일 전까지 통보하고 성실하게 협의하여야 한다. ④ 사용자는 제1항에 따라 대통령령으로 정하는 일정한 규모 이상의 인원을 해고하려면 대통령령으로 정하는 바에 따라 노동부장관에게 신고하여야 한다. ⑤ 사용자가 제1항부터 제3항까지의 규정에 따른 요건을 갖추어 근로자를 해고한 경우에는 제23조제1항에 따른 정당한 이유가 있는 해고를 한 것으로 본다」고 규정하고 있다.

Ⅱ. 정리해고의 판단기준과 특별요건

1. 정리해고의 판단기준

근로기준법 제24조제1항 내지 제3항에 의하여, 사용자가 경영상의 이유에 의하여 근로자를 해고하고자 하는 경우에는 긴박한 경영상의 필요가 있어야 하고, 해고를 피하기 위한 노력을 다하여야 하며 합리적이고 공정한 기준에 따라 그 대상자를 선정하여야 하고 해고를 피하기 위한 방법과 해고의 기준 등을 근로자의 과반수로 조직된 노동조합 또는 근로자대표에게 해고실시일 50일 전까지 통보하고 성실하게 협의하여야 한다. 정리해고는 근로자의 일신상, 행동상의 귀책사유가 없는데도 고용이 종료된다고 하는 점에서 보통해고보다는 그 해고요건을 엄격하게 해석해야 할 것이다. 즉 오로지 경영상의 사정으로 근로자를 해고하는 정리해고는 근로자의 생존권 보장이라는 차원에서 보다 엄격한 실체적·절차적 정당성을 갖추어야 가능하다는 것이다. 이러한 각 요건의 구체적 내용은 확정적·고정적인 것이 아니라 구체적 사건에서 다른 요건의 충족 정도와 관련하여 유동적으로 정해지는 것이므로, 구체적 사건에서 경영상 이유에 의한 해고가 위 각 요건을 모두 갖추어 정당한지 여부는 위 각 요건을 구성하는 개별 사정들을 종합적으로 고려하여 판단하여야 한다(대법 2006.1.26, 2003다69393).

2. 정리해고의 특별요건

정리해고를 하기 위해서는 근로기준법 제23조제1항에 따라 정당한 이유가 있어야 할 뿐만 아니라 동법 제24조의 규정에 의하여 ① 긴박한 경영상 필요성, ② 해고회피 노력의 선행, ③ 정리대상자 선정의 합리성, ④ 노동조합이나 근로자와 성의있는 협의·설명 등이 필요하다. 정리해고는 근로기준법 제24조제1항, 제2항, 제3항에 따른 실질적 요건과 절차적 요건을 모두 갖춰야 정당한 이유있는 해고에 해당하는 것으로 인정될 수 있다.

Ⅲ. 긴박한 경영상의 필요성

1. 필요성과 경영상황

(1) 긴박한 경영상의 필요성의 관련 법소항 및 개요

① 근로기준법 제24조제1항에 의하면 「사용자가 경영상의 이유에 의하여 근로자를 해고하려면 긴박한 경영상의 필요가 있어야 한다. 이 경우 경영 악화를 방지하기 위한 사업의 양도·인수·합병은 긴박한 경영상의 필요가 있는 것으로 본다」라고 규정하고 있다.

② 기업이 경영상의 사정에 의하여 근로자를 해고하는 정리해고에 있어서는 근로관계의 존속보호라는 관점에서 해고를 하지 않으면 기업경영이 위태로울 정도의 긴박한 경영상의 필요성이 존재하여야 한다. 즉, 인원삭감의 실시가 불황·경영부진 등에 따른 기업경영상의 충분한 필요성에 기인하고 있어야 한다는 것이다. 기업이 고도의 경영위기를 회피하기 위하여 필요한 경우 또는 기업의 경쟁력의 유지·강화를 위한 신기술 도입 등 구조조정 조치에 수반하여 객관적으로 인원삭감이 필요한 경우에 행하는 해고이다. 인원삭감의 필요성은 기업이 유효하게 정리해고를 하기 위하여 기업의 경영상황이 어떤 정도에 있어야 할 것을 요구하는 것인가는 그 판단요소의 하나이다.

③ 정리해고를 행할 긴박한 경영상의 필요성을 판단함에 있어서 경영상황을 다음과 같이 3개의 유형으로 분류할 수 있다. 3개 유형의 경영상황에 있어서도 정리해고가 기업경영상의 관점에서 합리성이 있다고 인정되면 긴박

한 경영상의 필요성을 긍정해야 할 것이다.

㈎ 눈앞에 다가온 도산 위기를 막기 위해 긴급히 인원정리를 행하여야 할 필요가 있는 경우(방위형 · 긴급피난형)

㈏ 장래 경영위기에 빠질 가능성이 있으므로 그 위험을 피하기 위하여 지금까지의 기업체질의 개선 · 강화를 꾀하기 위하여 인원정리를 행하여야 할 필요가 있는 경우(예방형)

㈐ 장래적으로도 경영위기에 빠질 위험은 없다고 예상되지만 채산성의 향상을 꾀할 목적으로 잉여인력의 정리를 행하여야 할 필요가 있는 경우(공격형)

(2) 긴박한 경영상 필요성의 판단기준

가. 긴박성의 정도에 관한 학설

긴박한 경영상의 필요성에 대하여 학설은 ① 도산회피설, ② 합리적 필요설, ③ 감량경영설 등이 있다.

도산 회피설

정리해고를 하지 않으면 기업의 도산이 필연적이라는 객관적 상태에 있어서만 그 정당성이 인정된다는 견해이다.

합리적 필요설

도산회피까지는 이르지 않더라도 사용자가 정리해고를 결정한 것이 객관적으로 보아 합리적인 것이라고 인정된다면 그 결정은 정리해고를 무효로 하는 것이 아니라는 견해이다.

감량 경영설

생산성 향상, 이윤추구를 위하여 사용자가 정리해고의 결정을 할 수 있고 그 결정은 유효한 것으로 보는 견해이다.

인원정리를 하지 않으면 기업의 유지존속이 위태롭게 되는 경우에 한하여 정리해고가 유효하다는 도산회피설에서 도산회피까지는 이르지 않더라도 사용자가 인원정리를 결정한 것이 객관적으로 합리적인 것이라고 인정되면 정리해고가 가능하다는 합리성 필요설이 있다. 판례는 감량경영을 위해서는 정리해고도 가능하다는 입장은 아니다.

나. 대법원 판례의 태도

판례는 도산회피설(대법 1989.5.23, 87다카2132)에서 합리적 필요설(대법 1991.12.10, 91다8647)로 완화되는 추세이다. 도산회피설의 입장에 있는 판례에 의하면 긴박한 경영상의 필요성의 의미를 '해고를 하지 않으면 기업경영이 위태로울 정도의 상황(대법 1989.5.23, 87다카2132)' 또는 '기업의 존속을 위하여 직원의 일부를 감원시키지 아니하면 안 될 급박한 경영상의 필요'라고 해석하고(대법 1990.1.12, 88다카34094), 기업경영이 위태로울 정도의 구체적 내용에 관하여는 대체로 '해고 등을 하지 않으면 기업의 도산이 초래될 객관적 상황에 처하여 있는 고도의 경영위기상태'라고 해석하였다(대구고법 1989.7.18, 88나5281). 그러나 합리적 필요설의 입장에 있는 판례(대법 1991.12.10, 91다8647)에 의하면 긴박한 경영상의 필요성이란 "기업의 인원삭감조치가 영업성적의 악화라는 기업의 경제적인 이유뿐만 아니라, 생산성의 향상, 경쟁력의 회복 내지 증강에 대처하기 위한 작업형태의 변경, 신기술의 도입이라는 기술적인 이유와 그러한 기술혁신에 따라 생기는 산업의 구조적 변화도 이유로 하여 실제 이루어지고 있고, 또한 그럴 필요성이 충분히 있다는 점에 비추어 보면 반드시 기업의 도산을 회피하기 위한 것에 한정할 필요는 없고, 인원삭감이 객관적으로 보아 합리성이 있다고 인정될 때에는 긴박한 경영상의 필요성이 있는 것으로 보아야 한다"고 판단하고 있다. 그리고 그 이후의 판례는 모두 같은 취지로 판단하고 있다(대법 1992.8.14, 91다29811 ; 1995.2.14, 94누5069 ; 1992.12.22, 92다14779 ; 1995.12.22, 94다52119 ; 1997.9.5, 96누8031 ; 1999.4.27, 99두202 ; 1999.5.11, 99두1809).

대법원 판결의 취지는 긴박한 경영상의 필요성이 재정적인 문제만이 아니라 구조적, 기술적인 필요에 따라 생길 수도 있다는 것이지 긴박한 경영상의 필요성이 없어도 좋다는 의미는 아니다.

2. 인원삭감의 필요성의 판단기준

(1) 긴박성의 정도

근로기준법 제24조에 의한 긴박한 경영상의 필요란 반드시 기업의 도산을 회피하기 위한 경우에 한정되지 아니하고, 장래에 올 수도 있는 위기에 미리 대처하기 위하여 인원삭감이 객관적으로 보아 합리성이 있다고 인정되는 경우도 포함되는 것으로 보아야 하고, 위 각 요건의 구체적 내용은 확정적·고정적인 것이 아니라 구체적 사건에서 다른 요건의 충족 정도와 관련하여 유동적으로 정해지는 것이므로 구체적 사건에서 경영상 이유에 의한 당해 해고가 위 각 요건을 모두 갖추어 정당한지 여부는 위 각 요건을 구성하는 개별사정들을 종합적으로 고려하여 판단하여야 한다(대법 2002.7.9, 2001다29452 ; 2002.7.12, 2000다21233).

그러나 예를 들어, 현재의 근로자를 해고하고 그 대신 임금이 낮은 근로자를 새로이 고용하기 위한 속셈으로 표면상으로만 경영상의 사정이 있음을 빙자한 것으로 인정되는 경우, 특정 근로자를 내쫓기 위하여 경영합리화 조치라는 구실을 내세운 경우와 같이 인원삭감을 할만한 객관적, 합리적인 이유가 없는 때에는 '긴박한 경영상의 필요성'이라는 요건을 갖추었다고 할 수 없다. 정리해고에 의하여 인원삭감조치를 한 후에 남은 근로자의 임금을 대폭 인상하였다거나, 해고된 근로자 수만큼이나 그 이상의 근로자를 신규로 채용하였다거나 순이익의 증가에 따라 주주에게 고율의 주식배당을 하는 등 명백히 모순되는 경영상의 행동이 뒤따른 경우 등도 긴박한 경영상의 필요성이 부정되는 대표적인 사례일 것이다(대법 1995.11.24, 94누10931).

(2) 경영상 필요성의 계속성

정리해고의 요건이 되는 긴박한 경영상의 필요성이란 반드시 기업의 도산을 회피하기 위한 경우에 한정되지 아니하고 장래에 올 수도 있는 위기에 미리 대처하기 위하여 인원삭감이 객관적으로 보아 합리성이 있다고 인정되는 경우도 포함되는 것으로 보아야 할 것이다. 자본금이 총 8억원인 회사가 계속적인 노사분규로 1년 동안에 무려 4억원의 적자가 발생할 정도였다면 경영이 악화된 것이고 그 경영사정이 호전될 전망이 전혀 보이지 않는다면 이는 노사분규로 인한 파업 등으로 일시적으로 매출액이 줄어드는 임시적인 곤경에 그친다고 할 수 없기 때문에 근로자를 해고했다면 이는 정당한 해고에 해당한다(대법 1992.5.12, 90누9421). 또한 판례(대법 1992.8.14, 92다16973)는 정리해고 당시 회사의 자산이 부채를 초과하고 있고 장부상 영업이익, 경상이익, 당기순이익을 내고 있었다고 하더라도 사업부문의 변화로 인하여 고용을 계속 유지하는 경우 장래에 적자가 발생할 것으로 예상되는 때에는 정리해고의 요건이 충족된다.

(3) 경영상 필요성의 심사 대상

'긴박한 경영상의 필요성' 유무는 사업전체의 경영사정을 종합적으로 심사하여 결정되어야 하고 일부 사업부분만의 영업상 수지 등 경영사정을 기준으로 하여 결정될 것은 아니다(대법 1999.4.27, 99두202). 그러나 해당 사업이나 부서의 운영이 거의 독립적으로 이루어졌거나 고도의 전문성을 전제로 하는 등의 경우에는 예외가 인정될 수 있을 것이다.

동종의 사업을 하는 두 개의 법인이 동시에 정리해고를 하거나 한 법인의 특정 사업부문에 한하여 정리해고를 하는 경우, 정리해고가 정당하다고 하기 위한 요건으로서 '긴박한 경영상의 필요'가 있는지 여부는 원칙적으로 정리해고를 하는 법인별로 판단하여야 한다. 그러나 한 법인의 사업부문이 다른 사업부문과 인적·물적·장소적으로 분리·독립되어 있고 재무와 회계도 분리되어 있을 뿐만 아니라 노동조합도 각 사업부문별로 조직되어 있고 경영여건도 서로 달리하고 있다면 그 사업부문만을 따로 떼어 긴박한 경영상의 필요 여부를 판단할 수 있고, 한편 두 법인 또는 한 법인과 다른 법인의 특정사업 부문이 동종의 사업을 경영하여 그 업종이 처한 경기상황에 동시에 반응하며, 상호 인적·물적 설비가 엄격하게 분리되어 있지 않고, 노동조합도 각각이 아닌 단일 노조로 구성되어 두 법인과 통일적으로 교섭하고 있는 등 사실상 하나의 법인으로 운영되어 그 경영상황이 하나의 기업으로 볼 수 있을 정도로 상호 밀접한 관련이 있는 경우에는 두 법인 또는 한 법인과 다른 법인의 특정사업 부문의 긴박한 경영상의 필요에 관하여 종합적으로 판단할 수 있다(대법 2006.9.22, 2005다30580). 예컨대 학생 식당 운영 방식을 직영에서 임대로 바꾸면서 기존 직원을 해고함에 있어 해고의 정당성 여부는 식당 운영 등 학교 법인의 수익 사업을 맡고 있는 복지사업공동관리위원회가 법인의 다른 사업 부문과 인적·물적으로 분리·독립돼 있거나 경영 여건을 서로 달리하고 있지 않는 한 법인 전체를 기준으로 판단해야 하고 법인의 자기자본 비율이 현저히 높아진 사실, 자기자본 대비 부채 비율이 낮아진 사실 등으로 미루어 법인의 고용 조정에 의한 정리 해고가 경영상 긴박한 필요에 의한 것이라고 볼 수 없어 이 사건 해고는 부당하다고 한다(서울행법 2009.2.6, 2008구합15312).

(4) 긴박성의 판단시점

기업 내 근로자의 인원삭감을 하지 않으면 안 될 '긴박한 경영상의 필요'가 있었는지 여부는 정리해고를 한 당시에 놓여 있던 사정을 기준으로 하여 판단하여야 한다. 그러므로 근로자를 정리해고한 이후에 경영여건의 변화로 인하여 경영상태가 호전되었다고 하더라도 이러한 사정은 정리해고의 정당성을 판단함에 있어서 고려될 성질의 것이 아니다(대법 1992.11.10, 91다19463).

3. 경영악화를 방지하기 위한 사업의 양도, 기업의 합병·인수

경영악화를 방지하기 위한 사업의 양도, 기업의 합병·인수는 이를 긴박한 경영상의 필요가 있는 것으로 간주한다(근로기준법 제24조제1항 후단). 사업의 양도시에는 원칙적으로 양수인이 해고권자라고 해석된다. 왜냐하면 해당 사업의 조직·운영에 관해서는 양수인측이 기업경영상의 결정권을 행사하는 것이 타당하기 때문이다. 일반적으로 사업의 양도·인수·합병시에도 근로자들의 실업을 방지하고 근로자의 지위가 종전보다 악화되는 것을 방지하여야 할 필요가 있으므로 영업양도·인수·합병당사자의 합의에 의하더라도 근로관계의 승계를 배제할 수 없게 하여 근로관계의 이전은 당연한 것이다. 그러나 계속되는 경영의 악화로 인한 정리해고 또는 고용조정시에도 모든 근로관계를 양수인에게 이전케 하는 것은 기대할 수 없기 때문에 근로관계의 승계없이 곧바로 정리해고 절차를 밟는 것이 가능해진 것이다. 경영악화를 방지하기 위한 사업의 양도·인수·합병은 긴박한 경영상의 필요가 있는 것으로 간주한다는 점에 그 의의가 있다.

4. 긴박한 경영상의 필요성에 관한 관련 판례의 내용

(1) 긴박한 경영상의 필요성이 인정된 경우

가. 생산의 중단·축소로 인한 작업부서의 폐지

판례(대법 1990.1.12, 88다카34094)는 골재 생산, 레미콘 제조를 업으로 하는 기업이 한강 구역 내에서 골재 생산을 중단, 축소할 수밖에 없고, 이에 따라 일정 공구사업소를 폐지하여 사업규모가 대폭 축소된 경우 경영상 해고를 위한 긴박한 경영상의 필요성을 인정하고 있다.

나. 사업부문에 대하여 위탁, 하도급 등이 이루어진 경우

① 판례(대법 1999.5.11, 99두1809)는 시설관리업무를 폐지하고 이를 전문용역업체에 위탁하면서, 수탁업체에게 위탁으로 인하여 직제가 폐지되는 부서 직원들을 현 급여(퇴직금 포함)를 보장하면서 전원 인수하도록 한 후, 이에 불응한 근로자에 대하여 행한 해고의 정당성을 인정하고 있다.

② 판례(대법 1995.12.22, 94다52119)는 계속된 적자로 사업의 일부분을 하도급제로 전환하면서 관련인력을 감축한 경우를 긴박한 경영상의 필요성이 있는 것으로 보고 있다.

다. 경영상의 이유로 과(課)를 폐지하고 법인 산하 타사업장으로 흡수한 경우

판례(대법 1987.12.2, 87다카2011)는 병원을 경영하는 학교법인이 병원의 산업보건과를 경영상의 이유로 폐지하고 그 업무를 법인 산하의 산업보건연구소로 이관하면서 그 직원들을 근로조건이 비슷한 위 연구소로 이동시키기 위하여 해고처분을 한 것이라면 정당한 이유가 있는 것으로 유효하다고 본다. 그러나 동 판례는 법 개정 이후 정리해고가 제도화된 현 시점에서 그대로 인용하기는 어렵다고 보여진다.

라. 계속된 노사분규로 인한 장기적인 경영 악화

판례(대법 1992.5.12, 90누9421)는 자본금이 총 8억원인 회사가 계속적인 노사분규로 1년 동안 무려 4억원의 적자가 발생한 정도였다면 경영이 악화된 것이고 그 경영사정이 호전될 전망이 전혀 보이지 않는다면 이는 노사분규로 인한 파업 등으로 일시적으로 매출이 줄어드는 임시적인 곤경에 그친다고 할 수 없기 때문에 근로자를 해고하였다면 정당한 해고에 해당한다고 본다.

바. 경영개선을 위한 기구개편

판례(대법 1994.6.14, 93다48823)는 정리해고가 기업이 민영화되는 과정에서 비료가격 자유경쟁체재로의 전환 및 비료산업구조의 변화에 대비하고, 종래의 방만한 경영에 따른 경쟁력 하락을 타개하여 적자요인을 해소하기 위해 기구를 효율적으로 축소·개편해야 할 필요성에 의하여 이루어진 것이라면 정당하다고 본다.

바. 독립채산제로 운영되던 사업부의 업종 전환

판례(대법 1997.9.5, 96누8031)는 독립채산제로 운영되던 사업부의 업종 전환을 긴박한 경영상의 필요성이 있는 경우로 보고 있다.

사. 임원 등 외부의 자금지원에 의존하던 기업에 자금지원이 중단된 경우

판례(대법 1995.12.5, 94누15783)는 회원들의 회비미납으로 인하여 회장이나 임원 등의 특별찬조금이나 찬조금 성격이 강한 광고협찬금 등의 자금지원이 없으면 직원들에 대한 급료마저도 제대로 지급할 수 없게 된 상황에서 임원 등으로부터 특별찬조금 등의 자금지원의 중단을 통보받고 직원을 감축한 경우 정리해고를 위한 긴박한 경영상의 필요를 인정하고 있다.

아. 영업일부의 양도로 인한 감원의 불가피성

판례(대법 2000.10.13, 98다11437)는 영업의 일부 양도가 있는 경우의 근로관계는 근로관계의 이전을 거부하는 근로자에 대하여는 양수하는 기업에 승계되지 아니하고 여전히 양도하는 기업과의 사이에 존속되는 것이며, 이러한 경우 원래의 사용자는 영업의 일부양도로 인한 경영상의 필요에 따라 감원이 불가피하게 되는 사정이 있어 정리해고로서의 정당성 요건이 갖추어져 있다면 그 절차에 따라 승계를 거부한 근로자를 해고할 수 있다고 한다.

자. 임대기간의 만료로 인한 공장의 폐쇄

판례(대법 2000.9.8, 99다42308)는 사업장인 공장의 부지 및 건물의 임대기간이 만료되고 연장이 불가능한 상태에 봉착하여 새로운 공장을 건립하기에는 그 경영전망이 불확실하므로 이와 같은 사정하에서의 정리해고는 공장 전체를 폐쇄할 수밖에 없었던 긴박한 경영상의 필요에 의하여 이루어진 것이라고 본다.

차. 정부보조금의 삭감조치 및 감원요구에 대처하기 위한 필요

판례(서울고법 2000.11.9, 2000누5601)는 정부가 인건비 삭감에 따른 후속조치로서 인원의 감축을 요구함에 따라 해고인원을 최소화하는 노력을 기울이는 한편 이로써도 흡수되지 아니한 최소한의 인원을 경영상 해고한 것은 정부의 구조조정 일환인 정부보조금의 삭감조치 및 감원요구에 대처하기 위하여 필요한 조치로서 객관적으로 보아 합리성이 있다고 보여지므로 긴급한 경영상의 필요성이 인정된다고 한다.

카. 전체가 흑자인 경영사정에서 만성적 적자인 일부 사업부문의 폐지

판례(서울행법 2000.11.7, 2000구11672)는 사업전체의 경영사정을 종합하여 볼 때 전체 경영실적에서 흑자를 기록하고 있다 하더라도 일부 사업부문의 비효율로 인하여 그 사업부문에서 만성적인 적자를 기록하고 있고 그러한 만성적인 적자가 해당 사업부문의 구조적인 문제에 기인한 것일 때에는 해당 사업부문을 폐지하는 것이 불합리하다고 할 수 없다고 한다.

타. 조합의 수입원이 계속적으로 감소할 수밖에 없는 것임이 명백한 상황

판례(서울행법 2000.8.25, 2000구993)는 가장 큰 수입원인 공동판매 및 공동구매에 따른 대행수수료가 정부의 긴축재정으로 인한 공공기관의 구매절감 및 단체수의계약 대상품목수의 점차적인 감축방침으로 인하여 향후 계속적으로 상당부분 줄어들 수밖에 없는 상황에 처해지게 되었을 뿐만 아니라 또 다른 주요 수입원인 조합원들의 회비 역시 위와 같은 추세에 따른 조합원들의 탈퇴 등으로 인하여 계속적으로 줄어들게 될 것임이 명백한 상황임을 감안한다면 인원감축의 시도는 객관적으로 보아 합리성이 있다고 본다.

파. 단기 순이익 감소와 사무자동화기기 도입

판례(서울행법 2005.7.1, 2004구합17938)는 「회사는 2000년도 이후 당기순이익이 현저히 감소하고 있었고, 분사무소 폐지 및 사무자동화기기를 도입 등으로 인원을 감원하여야할 필요성이 있었으며, 새마을금고연합회 경기도지부로부터 조직관리의 변화로 과감한 쇄신책을 수립할 것을 요구받고 있었던 상황에서 경영상의 위기를 예방하기 위한 구조조정의 일환으로 이 사건 정리해고가 실시된 점 등을 전체적·종합적으로 고려하여 볼 때 객관적 합리성과 사회적 상당성을 지녀 정당하다」고 판단하고 있다.

(2) 긴박한 경영상의 필요성이 인정되지 않은 경우

가. 영업의 양도 그 자체만을 이유로 한 경우

판례(대법 1994.6.28, 93다33173)는 영업양도 당사자 사이에 근로관계의 일부를 승계의 대상에서 제외하기로 하는 특약이 있는 경우에는 그에 따라 근로관계의 승계가 이루어지지 않을 수 있으나 그러한 특약은 실질적으로 해고나 다름이 없다 할 것이므로 정당한 이유가 있어야만 유효하며, 영업양도 그 자체만을 사유로 삼아 근로자를 해고하는 것은 정당한 이유가 있는 경우에 해당한다고 볼 수 없다고 한다.

나. 경영진의 사정으로 분할하여 운영하던 사업 중 하나를 폐지한 경우

판례(대법 1992.5.12, 90누9421)는 사용자가 그 경영의 사업체 전부를 폐업하고 이에 따라 그 소속 근로자전원을 해고하는 것은 원칙적으로 기업경영의 자유에 속하는 것으로서 노동조합의 단결권 등을 방해하기 위한 위장폐업이라는 등의 특단의 사정이 없는 한 부당노동행위가 된다고 할 수는 없겠지만 어떤 기업이 하나의 사업장에서 하나의 영업허가를 가지고 동종의 사업을 경영하면서 그 경영진의 사정 때문에 그 사업을 2개 이상의 단위로 분할하여 그 인적·물적 설비를 서로 독립시키고 회계를 서로 분리하여 경영하여 왔다 하더라도 그 경영주체가 동일한 인격체라면 그 회사 내부의 분리경영이라는 사정이 있다 하여 이를 별개의 사업체로 볼 수는 없는 것이며, 이러한 경우 여러 개의 사업단위 중 하나의 사업단위를 폐지하기로 하였다 하더라도 이는 사업축소에 해당할 뿐 사업 전체의 폐지라고 할 수는 없는 것이어서 그 사업체가 폐업되었음을 전제로 하여 그 사업단위에 속한 전체 근로자를 해고할 수는 없다고 본다.

다. 정리해고 시점에서 기업의 자금사정을 고려한 경우

판례(대법 1995.11.24, 94누10931)는 누적적인 적자상태에 있기는 하지만 적자상태가 만성적이고 앞으로도 계속 그런 상태가 유지될 가능성이 있어야 급박한 경영상의 필요가 있다고 볼 수 있을 것인데, …흑자로 돌아선 사정, …해고를 실시하기 약간 전에 새롭게 고급 승용차를 구입하고 그에 부수하여 운전사까지 새로이 고용한 점에 비추어 급박한 경영상의 필요가 있다고는 볼 수 없다고 한 사례이다.

라. 신규 인원의 채용 등

판례(서울행법 2000.12.8, 99구31779)는 협의결과에서 예정된 잉여인력을 훨씬 초과한 직원들이 명예퇴직 하였던 반면 경영해고 이후 신규 승무원을 채용하고 정년이 도과한 승무원들을 계속 고용하고 있는 점, 경영상 해고를 전후하여 경영사정이 현저히 악화되었다는 사정을 인정할 만한 증거가 없는 점 등을 종합하여 볼 때 급박한 경영상의 사정이 있었다고 단정할 수 없다고 한다.

마. 예산편성기준에서 정한 정원의 초과

판례(서울행법 2000.10.12, 2000구14312)는 생활보호사업지침 및 예산편성기준은 사회복지시설이 위 기준에서 정한 종사자의 정원을 초과하여 근로자를 채용하는 것을 금지하고 있다고 보기 어려운데다가 영양사의 채용은 미루어 둔 채 경비원, 생활지도원을 신규채용하는 등 모순되는 경영상의 행동을 보여 온 점 등에 비추어 볼 때 정리해고를 실시하지 않으면 안 될 긴박한 경영상의 필요가 있었다고 단정하기 어렵다고 한다.

바. 당기 순이익이 줄어든 경우

판례(서울행법 2000.3.28, 99다1914)는 IMF 사태를 겪으면서 당기 순이익이나 매출액이 줄어든 사실이 있다 하더라도 이러한 사정만을 들어 정리해고를 하여야 할 긴박한 경영상의 필요가 있었다고 보기는 어렵다고 한다.

사. 1회적으로 순손실이 발생한 경우

판례(인천지법 2008.1.29, 2007가합4420 ; 2009.5.14, 2009가합7082)는 「회사의 2000년부터 2005년까지 매출액은 19,142,717,658원에서 23,519,281,196원 사이를 유지하고 매출수량 역시 96,875대에서 122,207대 사이를 꾸준히 유지된 사실, 회사는 2000년 이후 처음으로 2006년도에 당기순손실이 발생하였을 뿐 그 전에는 계속하여 당기순이익을 유지하고 있었던 사실, 회사의 2006.12.31 기준 이익잉여금의 합계가 6,710,000,000원인데 회사가 2006년도에 임원 및 근로자를 포함하여 인건비로 지급한 비용은 478,700,000원에 불과한 사실, 회사의 유동자산은 4,770,000,000원, 유동부채는 1,510,000,000원이고 그 유동비율은 315%로 동종업종의 유동비율인 103.91%보다 양호한 사실, 회사의 자기자본 총계는 11,250,000,000원, 부채 총계는 4,190,000,000원으로 자기자본에 대한 부채비율이 약 37%에 불과하여 동종업종의 부채비율인 168.35%보다 양호한 사실, 회사의 총자산은 15,440,000,000원이고 차입금이 전혀 없는 사실, 회사가 이 사건 정리해고 후인 2007.11.30 2007년 임금인상과 관련하여 회사의 근로자들에게 월 기본급 45,000원을 인상하여 2007.3.1부터 소급하여 지급하고 2007.12월말 특별상여금 100%를 지급하기로 한 사실을 인정할 수 있는바, 회사가 이 사건 정리해고를 할 당시 회사에게 긴박한 경영상 필요가 있다고 추인하기 어렵다」고 판단하고 있다.

아. 근로자 공급사업을 탈법적으로 한 경우

판례(서울행법 2000.12.8, 99구31779)는 현행법상 근로자의 고용보장 측면에서 허용되지 않는 근로자파견 내지 공급사업을 탈법적으로 경영하였던 이상, 대한항공의 리무진버스운영사업 축소 방침 및 이에 따른 감차, 감원통보가 있었다는 이유로 리무진버스사업팀의 소속 근로자를 경영상 해고할 수밖에 없는 급박한 경영상의 필요가 있었다고 단정할 수 없다고 본다.

자. 아파트입주자대표회의의 위탁관리업체에 대한 감원 요청

판례(대법 1999.4.27, 99두202)는 위탁관리를 맡고 있는 아파트단지가 더 있으므로 위탁관리하고 있는 모든 아파트 관리소의 수효, 총직원수, 영업수입, 회사의 규모, 회사의 자산 및 부채 등 회사 전체의 경영상태를 가늠할 수 있는 자료를 제출하고 있지 않은 이상 아파트입주자대표회의가 인건비 지급을 거절한 감축대상인원에 대한 급여를 부담하게 됨으로써 발생하게 된 일개 관리소에서의 영업이익의 감소 내지 손실 때문에 반드시 인원삭감을 하여야 할 정도로 긴박한 사정이 있다고 인정할 수 없다고 한다.

차. 아파트 관리형태를 위탁관리 방식으로 변경한 경우

판례(서울행법 2000.10.6, 2000구10877)는 아파트 관리형태를 주민 자치관리 방식에서 위탁관리 방식으로 변경한 것은 일종의 영업양도라고 할 것인데, 이 사건 해고는 관리업무 일체를 양도하는 과정에서 이루어진 것으로 그 성질상 경영상 해고에 해당한다고 할 것인 바, 이 사건 해고 당시 긴박한 경영상의 필요가 있었다는 점을 인정할 증거가 없으므로 정리해고의 정당성을 인정할 수 없다고 한다.

Ⅳ. 정리해고와 해고회피노력 의무

1. 관련 법 조항 및 해고회피노력 의무

근로기준법 제24조제2항에 의하면「제1항의 경우에 사용자는 해고를 피하기 위한 노력을 다하여야 하며, 합리적이고 공정한 해고의 기준을 정하고 이에 따라 그 대상자를 선정하여야 한다. 이 경우 남녀의 성을 이유로 차별하여서는 아니된다」라고 규정하고 있다. 이 조항은 정리해고의 유효성의 판단요소로서 해고회피노력 의무를 규정한 것이다. 정리해고는 업적부진・업무축소 등 사용자의 사정으로 하는 것이지 근로자의 귀책사유에 의하여 하는 것이 아니다. 근로자에게 귀책사유가 없는 정리해고의 특수성을 고려할 때, 정리해고에 있어서는 최후 수단으로서의 성격이 특히 요청된다. 따라서 해고를 회피하기 위한 사용자의 진지하고 성실한 노력은 정리해고의 유무를 판단하는 핵심기준이 되는 요건이다. 즉 경영상의 필요가 긴박한 정도에 이르러 해고 이외의 다른 조치로는 이를 회피할 수 있는 가능성이 없어야 한다. 따라서 근로자를 해고하지 않고 다른 적절한 조치로서 이를 회피할 수 있는 가능성이 있는 한 경영상의 필요에 의한 해고는 정당하지 않다. 기업이 당면한 경영상의 어려움을 타개하기 위하여 실현 가능한 경영상의 모든 조치를 강구하는 등 '해고회피의 노력'을 기울였으나 그러한 노력만으로는 경영상의 곤란을 극복할 수 없었거나, 해고 이외의 다른 경영상의 조치를 취하는 것이 기대하기 곤란한 사정이 있어 부득이 최후의 수단으로써 정리해고를 할 수밖에 없음이 인정되어야 그 정당성이 인정될 수 있을 것이다(대법 1997.4.27, 99두202).

2. 해고회피노력의 구체적 방안

긴박한 경영상 필요가 있더라도 해고회피노력을 한 후 해고는 최후의 수단이어야 한다. 기업 특성과 해고사유를 고려, 노사가 협의 후 실효성 있는 방안을 선택하여야 한다. 경영경비의 절감, 작업방식의 합리화, 외주·도급의 해약, 신규채용의 중단, 일시휴직, 희망퇴직자의 모집, 전직, 조업시간 단축, 시간외근로의 중단, 자발적인 퇴직자의 모집, 여유가 있는 지역에의 근로자의 이동촉진, 배치전환, 작업방식의 과학화 등 사용자는 인원을 정리하기 전에 이를 피하기 위하여 온갖 노력을 기울여야 하며, 기타 경영의 합리화 등을 위한 모든 수단을 다하여야 한다. 해고회피의 방안으로 제시되는 사항들의 상당수가 근로조건의 저하를 내포하고 있어 단체협약, 취업규칙, 개별근로계약의 개정을 수반하게 되는데 이 경우 근로기준법 및 노조법상의 해당 절차를 준수하여야 할 것이다. 정부는 고용안정을 위하여 고용유지지원금의 지급 등 고용보험법을 통한 기업의 해고회피노력을 적극 지원하고 있는바, 동 제도의 적극적인 활용을 모색하는 것이 바람직할 것이다.

이와 같은 수단을 다하지 아니할 때는 사용자의 성실성을 의심하게 되며 인원정리가 기업의 합리화에 필요한지에 대한 의문이 생기는 결과가 된다. 즉 기업유지를 위하여서는 인원정리 이외에 다른 방법이 없다고 인정되는 상황이 필요하다.

① 경영방침의 개선이나 경영진의 교체 및 작업방식의 과학화, 합리화 등을 통한 경영합리화 방안

② 사무실 규모축소 및 기구 통폐합

③ 전직(배치전환) 등의 노동력 이동방법

④ 외부인력(하도급, 임시직, 파견근로자) 사용 축소

⑤ 신규채용(중도채용 포함)의 중단, 유기계약자(계약직근로자) 계약갱신 중단

⑥ 단축조업, 휴일·시간외 근로의 중단, 휴가(연월차휴가 등)의 소진 등 근로의 분산에 의한 시간적 조치

⑦ 임원수당의 삭감, 상여금이나 단체협약 수준 이상의 특별수당의 지급폐지와 같은 제 경비의 절약을 위한 재정적 조치

⑧ 일시휴직(휴업, 자택 대기발령)

⑨ 퇴직장려 및 희망(명예)퇴직자의 모집

3. 판례에서 나타난 구체적인 예시 내용

기업에서 기구축소 등 기업경영상의 이유로 근로자를 해고하기 위하여서는 해고회피노력이 선행되어야 한다. 판례에 의하면 정리해고의 요건 중 해고를 피하기 위한 노력을 다하여야 한다는 것은 경영방침이나 작업방식의 합리화, 신규채용의 금지, 일시휴직 및 희망퇴직의 활용 및 전근 등 사용자가 해고범위를 최소화하기 위하여 가능한 모든 조치를 취하는 것을 의미하고 그 노력의 방법과 정도는 확정적·고정적인 것이 아니라 당해 사용자의 경영위기의 정도, 정리해고를 실시하여야 하는 경영상의 이유, 사업의 내용과 규모, 직급별 인원상황 등에 따라 달라지는 것이다(대법 2004.1.15, 2003두11339). 사용자가 해고를 회피하기 위한 방법에 관하여 노동조합 또는 근로자대표와 성실하게 협의하여 정리해고 실시에 관한 합의에 도달하였다면 이러한 사정도 해고회피노력의 판단에 참작되어야 한다(대법 2002.7.9, 2001다29452)」라고 판시하고 있으며, 모든 사정을 전체적·종합적으로 고려하여 당해 해고가 객관적 합리성과 사회적 상당성을 지닌 것으로 인정될 수 있어야 한다(대법 2002.7.12, 2002다21233).

4년 가까이 계속된 적자 등으로 인한 경영난을 해소하기 위하여 해당 사업부문을 외부 하도급제로 운영하기로 함에 따라 잉여인력을 감축한 경우 긴박한 경영상의 필요에 의한 것이다(대법 1995.12.22, 94다52119). 회사는 반도체가격의 급락으로 인하여 경상손실이 큰 폭으로 누적되어 수익성이 낮은 5개 사업본부를 폐지하게 됨에 따라 그에 따른 인력감축이 불가피할 정도의 긴박한 경영상의 필요가 있었다고 인정되고, 회사가 대규모의 인력감축을 회피하기 위하여 정리해고에 앞서 각종 비용절감, 급여 감축, 연장근무 금지, 연월차휴가의 사용을 권장하고 신규사원의 채용을 중단하는 한편, 전체 임직원에 대하여 명예퇴직을 권고하는 등의 조치를 취함으로써 해고회피를 위한 노력을 다하였던 점도 충분히 인정된다고 판단하였다(대법 2002.8.27, 2000두3061).

4. 해고회피노력에 관한 판례 및 재결례의 내용

(1) 해고회피노력을 인정한 사례

가. 사실상 해고조치 이외에 마땅한 방법이 없는 경우

① 판례(대법 1992.5.12, 90누9421)는 긴박한 경영상의 필요에 따라 제1사업부를 폐지하면서 근로자를 정리해고함에 있어서, 만약 제1사업부와 제2사업부가 연혁적인 면에서나 실제 운영상 경영진은 물론 그 근로자들에 대하여도 완전히 인적·물적 설비가 분리되어 있고 서로 교류가 없어서 그 소속 근로자도 다른 사업부와는 전혀 관계없는 독립단위라고 인식하는 상태에서 근무하여 왔다면, 전근이나 전보 등의 방법에 의하여 제1사업부 소속 근로자에 대한 해고를 회피할 조치를 취하여야 한다고 할 수 없다고 한다.

② 판례(대법 1992.12.22, 92다14779)는 섬유류 제조, 판매 및 수출입업을 하는 회사가 그 산하에 (갑), (을), (병)의 3개 공장을 두고, (갑)공장에서는 국내 여성용 고급 의류를, (을)공장에서는 수출용 의류를, (병)공장에서는 양말류를 주로 제조하고 있는데, 이 중 (갑)공장은 고급 여성의류를 생산하므로 기술과 숙련이 필요하며 라인작업에 따라 수출용 의류를 다량 제조하는 (을)공장에 비하여 고임금이 지급되었고, (병)공장은 단순노동에 속하는 작업이어서 (을)공장보다 저임금이 지급되는 등 근로자들의 교류가 행하여지기 어려운 사정이 있다면, 긴박한 경영상의 필요에 따라 (을)공장을 폐업, 그 소속 근로자들을 전부 해고하면서 (갑)이나 (병)공장에 전근시키지 않은 것만으로는 해고회피조치를 다하지 않았다고 볼 수 없다.

나. 사무실 규모축소, 임원의 임금동결, 촉탁직원의 권고사직 등을 행한 경우

판례(대법 1995.12.5, 94누15783)는 지속되는 재정적 어려움을 타개하기 위하여 사업의 종류나 규모, 사무실의 규모를 축소하여 오고, 회장이나 임원 등에 대하여 특별찬조금 등의 지원을 요청하면서 한편으로 임원인 상근부회장의 임금마저도 계속 동결하여 오는가 하면 촉탁직원을 먼저 권고사직케 하였고, 직원의 업무내용이나 인적구성에 비추어 배치전환이나 희망퇴직자 내지 일시휴직자를 모집할 수 있는 형편도 아니었던 것으로 보여지는 점 등에 비추어 해고회피를 위한 상당한 노력을 하였다고 본다.

다. 신규채용 중단, 명예퇴직 실시 및 신규채용이 불가피한 경우

① 판례(대법 2001.1.16, 2000두1454)는 운수회사가 인력감축에 앞서 수익이 나지 않는 노선을 폐지하고 운행을 하지 않는 차량을 감차하며, 결원된 인원을 충원하지 아니한 사례가 있으며 판례(서울행법 2000.4.19, 99구20403)는 정리해고를 하기에 앞서 자체경비를 줄이고 계약직 근로자와의 재계약을 중단하며 희망퇴직 등을 실시한 사례 등은 정당하다.

② 판례(서울행법 2006.9.5, 2006구합4646)는 「회사는 이 사건 정리해고 이전인 2004.1월부터 같은 해 4월까지 사이에 신규로 여직원 4명을 채용하기는 하였으나, 그들은 모두 각 지점 창구에 배치된 6급 여직원들로서 3급 책임자급 지점장인 원고과 대체할 수 있는 직무라고 할 수 없고, 일부 계약직으로 신규채용한 직원들도 계약기간 만료 후 대부분 해직되었으며, 5급 직원들 중 일부가 승진정형시험을 거쳐 4급으로 승진한 것은 사실이나 이 역시 각 지점의 결재권 확보를 위한 불가피한 조치라고 보이며, 오히려 회사 소속 직원 수는 2002년 이후 지속적으로 감소 추세에 있었다는 사정 등을 고려하면, 위와 같은 사정만으로 회사가 이 사건 정리해고를 피하기 위한 노력을 다하지 아니한 것이라고 볼 수 없다」고 한다.

라. 다른 직종으로의 전환 및 전환제의 등을 행한 경우

① 판례(대법 1997.9.5, 96누8031)는 사업소를 폐지하면서 직무전환교육을 실시하여 직종을 전환, 배치할 계획이었으나 노동조합의 반대로 실시하지 못한 경우에는 해고회피노력을 인정하고 있다. 또한 판례(인천지법 1994.9.27, 93가합18675)는 해고 대상이 되는 운전기사에게 다른 직종으로의 전환을 제의하는 등 해고회피를 위한 노력을 다하였음에도 더 이상의 방법이 없어 정리해고를 실시한 경우도 해고회피노력을 인정하고 있다.

② 판례(대법 1989.2.28, 88다카11145)는 해고대상 근로자가 전보되어 계속 근무할 경우 그 근로조건이 나쁘게 변경되는 경우라 하더라도 사용자는 그 근로자에 대한 전근 또는 전보조치를 먼저 취하여야 하며, 다만 변경된 근로조건

에 의한 전직을 명백히 거부하는 경우에는 전근 등의 조치를 취할 필요 없이 다른 해고회피조치가 없는 한 곧바로 해고할 수 있다고 본다.

마. 기구 통폐합 등을 단행하면서 취업알선 등을 행한 경우

① 판례(대법 1999.5.11, 99두1809)는 시설관리업무를 폐지하고 이를 전문용역업체에 위탁하면서, 직제가 폐지되는 동 부서 직원들에 대하여 당해 수탁회사에 현 급여를 보장하면서 전원 인수토록 하는 노력을 취하였으나, 근로자들이 이에 응하지 않아 정리해고를 실시한 것을 해고회피노력을 하였다고 보고 있다.

② 판례(대법 1996.8.23, 96다19796)는 경비와 식당운영 분야에 대한 외부용역화 추진 과정에서 동 부서 직원들을 전근시킬 마땅한 부서가 없어 외부용역업체에 취업을 알선하는 등의 노력을 취한 후 정리해고를 행한 사례도 해고회피노력을 인정하고 있다.

③ 판례(서울행법 2001.10.18, 2001구18489)는 세탁업무를 외부 전문용역업체에 위탁하기로 하고 세탁실 폐쇄로 인하여 잉여인력을 남게 된 근로자들에 대하여 희망퇴직의 기회를 부여함은 물론 해당 업무를 인수할 외부용역업체나 이와 별도의 경비 용역업체로의 전직까지 알선하였으나 근로자가 거부하여 정리해고를 행한 사례도 해고회피 노력은 인정하고 있다.

바. 경영합리화 조치를 행하면서 비용절감 노력 등을 행한 경우

판례(서울고법 2001.1.29, 99나54525호)는 일부 업무를 외부업체에 위탁하는 한편 일부조직을 개편하여 임원들에 대한 경상비 지출을 삭감한 사례도 해고회피노력을 인정하고 있다.

(2) 해고회피노력을 인정하지 않은 사례

가. 경영합리화 조치, 신규채용 억제 등 적극적인 노력을 하지 않은 경우

판례(대법 1993.11.23, 92다12285)는 근로자들과의 개별면담을 통해 희망근무지를 밝히게 하고 이들 중 일부를 선별하여 배친전환이나 계열회사로의 재취업을 시켜주기로 약속했을 뿐 해고회피를 위하여 요구되어지는 경영합리화 조치나 신규채용의 억제, 일시휴직, 희망퇴직자의 모집 등과 같은 다른 적극적인 해고회피노력을 다하지 않았을 경우 정리해고의 정당성이 없다고 한다.

나. 조업단축이나 배치전환의 노력이 없었던 경우

판례(대법 1990.3.13, 89다카24445)는 해고가 있기 전에 피고회사 측에서 이를 회피하기 위하여 조업단축이나 배치전환 등의 조치를 취하였다고 인정할 증거가 없으므로 회사의 해고처분은 무효라고 한다.

다. 희망퇴직자, 인건비절감, 휴직희망자 모집 등을 하지 않은 경우

판례(서울행법 2004.11.11, 2004구합10142)는 희망퇴직자나 휴직희망자 모집 등의 시도를 하지 않았고, 오히려 근로자를 신규채용하는 등의 행위를 하였다는 점에서 정리해고의 정당성을 부정하고 있다.

라. 희망퇴직 거부자에게 직무전환 기회 등을 부여하지 아니한 경우

판례(대법 2005.9.29, 2005두4403)는 「A병원은 근로자들이 희망퇴직에 불응하자 사실상 퇴직을 강요하는 수단으로 인력종합수급과에 대기발령을 하여 현직에서 배제시키고 그 후 해고한 점, 근로자들을 비롯하여 책임보직을 받지 못한 근로자들에 대하여 개별면담 등을 통하여 직무전환이나 재취업을 알선하는 등 고용유지를 위한 노력이 있었다고 보여지지 않는 점 등에 비추어 A병원이 희망퇴직을 실시하였다는 사실만으로 해고회피노력을 다하였다고 보기 어렵다」고 한다.

마. 타공장 전보나 일시휴직 등의 해고회피노력을 하지 않은 경우

중앙노동위원회재결(중노위 1993.4.19, 92부해341)은 사업의 만성적자로 ○○지역의 공장을 폐쇄하면서 근로자를 본사나 다른 지역의 공장으로 전보시키지 아니한 점이나(재심심청인이 ○○지역의 공장으로 전보되기 이전에 맡고 있던 본사 차장 자리가 공석이었음), 달리 일시휴직 등 해고회피노력을 찾아볼 수 없으므로 해고회피를 위한 노력을 다하지 않은 점이 인정된다고 한 사례가 있다.

바. 희망퇴직자의 모집, 작입방식의 합리화 등의 노력이 있었던 경우

중앙노동위원회 재결(중노위 1995.1.11, 94부해317)은 동절기 인원감축이 예상된 상황에서 희망퇴직자를 모집한 사실이 없고 오히려 신규채용한 바 있으며,

작업방식의 합리화를 위한 구체적인 계획을 수립하여 인원감축에 대비한 노력이 보이지 않는 사실 등으로 보아 해고회피를 위한 최선의 노력을 다하였다고 볼 수 없다고 한 사례가 있다.

사. 인건비확보 및 퇴직희망자의 모집, 배치전환 등의 노력이 없었던 경우

중앙노동위원회 재결(중노위 1996.7.15, 96부해114)은 전국적인 조직을 가지고 국고 지원을 받아 사업을 운영하는 신청인 ○○○협의회에서는 적정인원을 유지할 수 있도록 부족한 예산을 확보하기 위한 보다 적극적인 활동과 노력을 기울였어야 할 것이며, 사업비의 축소, 사무관리비의 절약을 통한 인건비 예산확보를 위한 노력을 기울였어야 할 것이며 …근로자를 해고하기에 앞서 퇴직희망자를 우선 파악하고 배치전환 등을 통해 해고를 최소화시키기 위한 노력을 기울였어야 마땅할 것임에도 이를 소홀히 하였다는 점 등에서 정리해고의 요건을 갖추지 못하였다고 한 사례가 있다.

아. 정년자의 자연감소가 예상됨에도 불구하고 경영상 해고를 단행한 경우

중앙노동위원회 재결(중노위 1996.8.14, 96부해117)은 ○○○구청에서 '하수도 준설업무 민영화 계획'에 의거, 고용하였던 업무담당 상용인부를 감원함에 있어 급박한 경영상의 필요에 의해서가 아니라 경영합리화, 예산절감 차원에서 추진된 점을 감안할 때 정년자의 자연감소를 통하여 잉여인력을 정리해가는 방안이 가능하였음에도 불구하고 정리해고를 단행한 것은 해고의 폭을 최소화하기 위한 노력을 다했다고 볼 수 없다고 한 사례가 있다.

자. 사원을 증원한 경우

판례(서울행법 2002.7.5, 2002구합5108)는 인원삭감이 부득이했다는 사정이 인정되더라도 신규채용 중단 등 상대적으로 실시가 용이하고 근로자들에게 미칠 충격이 작은 방법 대신 정리해고를 단행한 것은 해고회피노력을 다한 것이 아니라고 본다.

차. 인사규정에 반하는 전직을 행한 경우

판례(서울행법 2000.6.1, 99구28247)는 해고회피노력을 다하지 아니한 경우로 보고 있다.

Ⅴ. 해고회피노력 의무와 희망퇴직자의 모집

1. 해고회피노력의 의의

근로기준법 제24조제2항에 의하면「제1항의 경우에 사용자는 해고를 피하기 위한 노력을 다하여야 하며 합리적이고 공정한 해고의 기준을 정하고 이에 따라 그 대상자를 선정하여야 한다. 이 경우 남녀의 성을 이유로 차별하여서는 아니된다」고 규정하고 있다.

이 조항은 정리해고의 유효성의 판단요소로서 해고회피노력 의무를 명시한 것이다. 정리해고는 업적부진·업무축소 등 사용자의 사정에 따른 사유에 있는 것이지 근로자의 책임이 아닌 사유로 근로자가 실직하는 것이므로 사용자가 정리해고를 하는데 있어서는 해고를 회피하기 위한 모든 노력을 다하여야 하며 정리해고는 최후의 수단이어야 한다. 이를 위하여 자발적 퇴직자의 모집, 경영경비의 절감, 외주·도급의 해약, 신규채용의 중단, 조업시간의 단축, 여유가 있는 지역에의 근로자의 이동촉진, 배치전환, 작업방식의 과학화 등 기타 경영의 합리화 등의 수단을 다한 후에 이를 하여야 하며, 이러한 수단을 다하지 아니한 때에는 사용자의 성실성이 의심되고, 인원정리가 진실로 기업의 합리화 방침에 의한 것인가 의문을 갖게 된다. 기업 특성과 해고사유를 고려, 노사가 협의 후 실효성 있는 방안을 선택할 수 있다. 노조의 개정반대 등으로 실현되지 않아도 회피노력은 인정된다.

2. 정리해고와 희망퇴직

(1) 양자의 관계

노동력의 과잉분을 회사 밖으로 배출하는 효과가 있는 고용조정책으로 정리해고를 한다. 정리해고는 회사측에서 일방적으로 고용계약을 해지하는 것이며, 경영상의 필요성에 의하여 회사의 일방적 의사로서 행한다. 이에 대하여 희망퇴직은 회사와 본인과의 합의에 의하여 고용계약을 해소하는 것이다.

희망퇴직이란 경영악화시에 과잉고용을 해소하기 위해 근로자들에게 자발적인 퇴직을 호소하는 것인 바, 통상적으로는 퇴직금 지급의 측면에서 우대조치를 행함으로써 일시적으로 자발적인 퇴직을 유도하는 방식이다. 생산·판매수주와 고용량간에는 일정한 균형이 필요한 것이다. 정리해고는 회사의 일방적인 의사로 고용계약을 해지하는 것이므로 노사간에 긴장관계가 발생한다. 근로자나 노동조합은 모두 고용의 안정을 강하게 열망하기 때문에 회사의 일방적인 계약 해지에 대하여 강하게 반발하는 것은 너무도 당연한 일이다.

경우에 따라서는 「회사는 해고권을 남용한다」, 「인선에 합리성이 없다. 회사에 비판적인 언동을 한 근로자만을 해고의 대상으로 선정했다」, 「경영측은 스스로 책임을 명확히 하지 아니하고 근로자에게 책임과 희생을 요구하고 있다. 회사의 태도를 도저히 묵과할 수 없다」고 하여 부분파업, 전면파업 등의 노사분쟁이 발생할 수도 있다. 결국 노동위원회나 법원에서 다루어지게 되고 회사의 해고의 유효성 여부는 법정에서 다투게 된다.

이에 대하여 희망퇴직은 퇴직할 것인지의 여부에 대한 판단을 근로자 자신에게 위임하여 회사와 본인이 쌍방 합의하여 고용계약을 해지하는 것이므로 긴장관계가 발생하더라도 분쟁으로 이어질 가능성은 없다. 근로자의 이해를 얻었으므로 온건한 방법으로 고용조정을 행할 수 있다는 점에 희망퇴직의 특징이 있다. 정리해고에 관하여는 근로기준법 제24조에 상세한 규정이 있으나 희망퇴직의 취급에 관하여는 근로기준법에 규정이 없다. 모집기간을 어느 정도 설정할 것인가, 퇴직은 어떻게 설정할 것인가 등의 결정은 회사측의 자유로운 판단에 맡겨져 있다. 희망퇴직과 경영상 이유에 의한 정리해고는 양자 모두 과잉고용을 해소하기 위한 고용조정 정책으로 행해지는 것이지만, 희망퇴직(또는 명예퇴직)은 그 법적 성격상 해고가 아니므로 제한규정도 적용되지 않는데다 회사로서는 퇴직위로금 등의 금품을 지급하는 부분이 있고, 노사간 마찰이 해고보다 적기 때문에 희망퇴직이 선호되고 있다. 양자는 다음과 같은 측면에서 구별된다.

희망퇴직과 정리해고와의 비교

희 망 퇴 직	정 리 해 고
① 희망퇴직은 근로자 본인과 회사 쌍방의 합의에 기초하여 근로계약이 해지된다. ② 희망퇴직의 구체적인 퇴직일, 퇴직대상자 등은 회사와 근로자와의 합의에 의해 자유롭게 결정된다. ③ 희망퇴직은 통상 일정한 퇴직 우대조치가 행해진다.	① 정리해고는 회사의 일방적인 의사에 의해 근로계약이 해지된다. ② 정리해고는 근로기준법 제24조의 정당한 절차를 거쳐서 행해져야 한다. ③ 정리해고는 통상 별도의 퇴직우대조치가 행해지지 않는다.

(2) 희망퇴직과 근로관계의 합의해지

근로자가 희망퇴직원을 제출하고 사용자가 이를 수리하였다면 이는 해고가 아닌 근로자와 사용자 사이의 근로관계는 유효하게 합의해지된 것으로 보아야 한다. 희망퇴직은 근로자의 사직서 제출이라는 청약과 회사의 승인이라는 승낙으로 이뤄지는 근로계약의 합의 해지이므로 경영상 해고와는 그 성격이 분명히 다르다(대법 2003.4.11, 2002다60528). 따라서 경영상 해고의 요건인 노사협의가 반드시 필요한 것은 아니다. 판례(서울중앙지법 2008.10.9, 2006구합88284)는 「근로자들이 희망퇴직원을 제출하게 된 것은 B카드의 명시적 또는 묵시적 권유에서 비롯된 면은 있지만, 그러한 권유의 정도를 넘어 사직의 의사가 전혀 없는 근로자로 하여금 어쩔 수 없이 희망퇴직원을 제출하게 하였다고 볼 수 있을 정도의 강압이나 퇴직의 종용이 있었다고 볼 수는 없고, 근로자들로서는 그 당시 B카드의 경영 상태 및 장래의 전망, B카드가 제시한 희망퇴직의 조건, 각 개인들의 개별적 사정과 장래의 불확실성, 희망 퇴직을 할 경우와 이를 하지 않아 정리 해고를 당할 경우의 이해 관계 등 모든 사정을 종합적으로 심사숙고하여 그들 스스로 진심으로 그와 같은 퇴직 의사를 결정하였거나, 마음속으로는 B은행의 희망퇴직 권고를 선뜻 받아들일 수는 없었다 할지라도 당시의 상황으로서는 그것이 최선이라고 판단하여 희망퇴직원을 제출한 것으로 봄이 상당하고, B카드는 정리해고에 따른 후유증을 최소화하고, 근로기준법 제24조제2항에 따른 해고를 피하기 위한 노력의 일환으로 희망퇴직을 실시한 것이므로 희망퇴직을 실시한 것을 두고 정리해고를 회피하기 위한 탈법적인 수단이라고 할 수는 없다. 그렇다면 근로자들의 사직서 제출이 실질적으로 정리해고에 해당한다고 볼 수는 없고, 근로자들이 희망퇴직원을 제출하고 은행이 이를 수리함에 따라 근로자들과 B카드 내지 은행사이의 근로관계는 유효하게 합의해지 되었다고 할 것이다」라고 한다.

3. 해고회피노력 의무와 희망퇴직자의 모집

(1) 희망퇴직자의 모집은 불가결한가

해고회피노력 의무에 관하여 문제가 되는 것은 희망퇴직자의 모집이다. 정리해고를 행하기 전에 희망퇴직자의 모집을 행하는 것은 일반적으로 당연하다고 생각된다. 해고회피노력 의무는「상황에 따라」배려의무가 있으므로 반드시 희망퇴직자를 모집하여야만 되는 것은 아니다. 그러나 인원삭감을 꾀하기 위한 유용한 수단이므로 상당한 이유없이 이 조치를 강구하지 않는 것은 해고회피노력을 게을리 한 것이라고 평가될 수 있다. 판례에 의하면 정리해고의 요건 중 해고를 피하기 위한 노력을 다하여야 한다는 것은 경영방침이나 작업방식의 합리화, 신규채용의 금지, 일시휴직 및 희망퇴직의 활용 및 전근 등 사용자가 해고범위를 최소화하기 위하여 가능한 모든 조치를 취하는 것을 의미하고 그 노력의 방법과 정도는 확정적·고정적인 것이 아니라 당해 사용자의 경영위기의 정도, 정리해고를 실시하여야 하는 경영상의 이유, 사업의 내용과 규모, 직급별 인원상황 등에 따라 달라지는 것이다(대법 2004.1.15, 2003두11339).

판례(서울지법 1995.12.15, 94가합10586)는 희망퇴직자나 휴직희망자 모집 등의 시도를 하지 않았고, 오히려 임금을 인상하는 등의 행위를 하였다는 점에서 정리해고의 정당성을 부정하고 있다.

중앙노동위원회 재결(중노위 1995.1.11, 94부해317)은 동절기 인원감축이 예상된 상황에서 희망퇴직자를 모집한 사실이 없고 오히려 신규채용한 바 있으며, 작업방식의 합리화를 위한 구체적인 계획을 수립하여 인원감축에 대비한 노력이 보이지 않는 사실 등으로 보아 해고회피를 위한 최선의 노력을 다하였다고 볼 수 없다고 한 사례가 있다.

(2) 희망퇴직 모집인원

희망퇴직 모집인원 수를 구체적으로 정할 때는 ① 회사의 경영사정에 비추어 볼 때(분사의 필요성에 비추어 볼 때) 어느 정도의 인원이 과잉인가, ② 퇴직금의 지급능력이 얼마나 되는가의 두 가지 점을 충분히 고려하여야 한다.

이러한 점을 고려하여 모집인원은 「약 ○명」의 형식으로 하거나 희망퇴직 규모가 적을 경우에는 「약간명」으로 표현해도 무방하다.

또한 「관리직 ○명, 기술직 ○명」과 같이 직종별, 부문별로 모집인원을 발표하는 방법도 있다.

(3) 희망퇴직금액

희망퇴직금액을 결정하는 방식은 다음과 같다.

① 회사 규정상의 퇴직금 지급률을 적용하는 방법

② 정년까지의 잔여 근속연수의 퇴직금 지급률을 적용하는 방법

③ 일정액을 정액으로 가산하는 방법

④ 근로자의 평균임금 또는 통상임금의 일정월수 분을 가산하는 방법

⑤ 소정 퇴직금의 일정비율을 가산하는 방법

어떠한 방법으로 희망 퇴직위로금을 산정할 것인지 여부는 회사의 퇴직금 지급능력을 고려하여 판단하여야 한다.

(4) 희망퇴직 모집기간

희망퇴직 모집기간은 근로자가 희망퇴직을 결정할 수 있는 기간과 회사가 경영상의 필요에 의해 한시적이고 집중적으로 희망퇴직 신청서를 받아야 한다는 점을 감안해야 한다. 희망퇴직은 근로자의 자발적인 퇴직을 구하는데 있다. 희망퇴직을 할 것이냐의 결정은 근로자의 사정에 따라 판단한다. 근로자의 인생과 생활에 있어서 퇴직은 너무도 중요한 사건이 아닐 수 없다. 한편 희망퇴직은 경영부진, 경영위기에 대응하여 실시하는 것이므로 장시간을 두고 실시할 여유가 없으므로 3개월이나 4개월 정도의 기간이 소요된다면 경영상태가 악화되어 희망퇴직을 통하여 얻을 수 있는 기회를 잃게 된다. 희망

퇴직 실시 기간에는 사내에 무거운 분위기에 휩싸이고 뒤숭숭한 분위기에 극도로 사기가 침체된다. 따라서 희망퇴직 기간을 장기간으로 설정하는 것은 바람직하지 못하다. 희망퇴직 기간을 장기로 하면 퇴직 희망자가 많이 나올 수는 있으나 반드시 그런 것만은 아니다. 따라서 일정 기간이 경과되면 퇴직 신청을 중지하여야 한다.

위와 같은 점을 감안했을 때, 희망퇴직 모집기간은 2주~1개월의 범위로 설정하는 경우가 많다. 그러나 사내에서 회사의 분사와 분사에 따른 희망퇴직에 대하여 광범위하게 공감이 형성된 상태에서는 약 10일~15일 정도를 희망퇴직 모집기간으로 하는 것이 적절할 것이다.

퇴직은 수입의 단절을 의미한다. 퇴직 후에 다른 회사에 취직하여 생활한다거나 조건이 좋은 회사에 재취직한다는 보장이 없다. 재취직을 고려하거나 퇴직의 결단에는 일정한 시간이 필요하다. 퇴직시에는 가족과 상담을 해야 할 근로자가 많으며 또한 가족에게 퇴직이란 말을 꺼내기가 참으로 어렵다. 가족은 안정된 생활을 바라고 있기 때문에 퇴직을 찬성하지 아니하며 강하게 반대하는 경우가 많다. 퇴직에 있어서 가족의 동의를 얻거나 또는 가족을 설득하기 위해서는 일정한 시간이 필요하다.

모집기간이 3일, 4일 또는 1주일 정도이면, 퇴직을 신청하는 자가 1명도 없을 수 있다. 퇴직 신청자가 전혀 없다거나 또는 너무 적은 경우에는 과잉고용을 해소하기 위해 2차 모집, 3차 모집까지 고려할 수 있으나 모집기간을 너무 장기간으로 하는 것도 바람직하지 못하다.

(5) 모집기준의 결정

경영부진상태로 인한 과잉고용을 해소하기 위해서 희망퇴직을 행할 때에는 다음의 사항을 결정할 필요가 있다.

가. 모집인원

먼저 모집인원을 결정한다. 즉, 퇴직자의 인원수를 구체적으로 결정한다. 모집인원은 「① 판매나 수주의 상황으로 보아 인원은 어느 정도 과잉인가, ② 퇴직금의 재원을 어느 정도 마련할 용의가 있는가」의 점을 충분히 고려하여 결정한다. 희망퇴직의 목적은 과잉고용의 해소에 있다.

그러므로 가장 중요한 것은 '어느 정도의 고용이 과잉고용인가'를 전제하고 모집인원을 결정한다. 더구나 희망퇴직의 경우에는 퇴직을 권유하기 위해 퇴직 위로금을 지급하는 것이 일반적인 관례임에 비해서 회사의 퇴직금 지급능력에는 일정한 한계가 있다. 자금이 풍부하지 아니하고 더구나 희망퇴직자가 많이 발생하면 퇴직금을 지급할 수 없는 가능성도 있다. 희망퇴직을 실시하더라도 퇴직금을 지급할 능력이 없으면 실시의 의미가 없다. 따라서 '퇴직금의 재원을 충분히 마련할 용의가 있는가'를 충분히 고려하여 모집인원을 결정하여야 한다.

모집인원의 결정

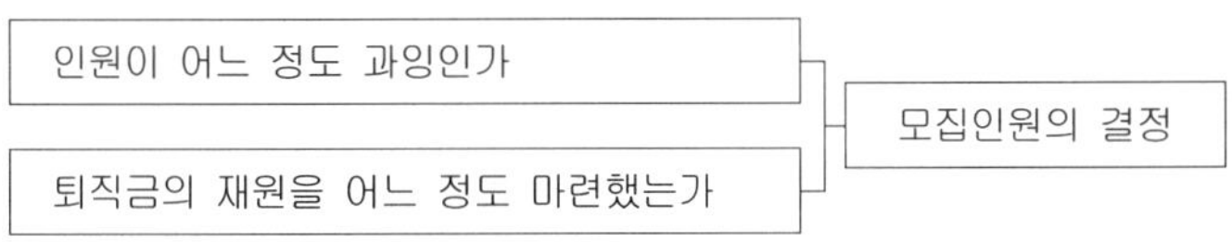

(6) 희망퇴직 대상자

가. 대상자의 결정방법

희망퇴직 대상자를 결정할 때에는 통상 전 근로자를 대상으로 하는 경우와 일정한 조건을 갖춘 자를 대상으로 하는 경우가 있다.

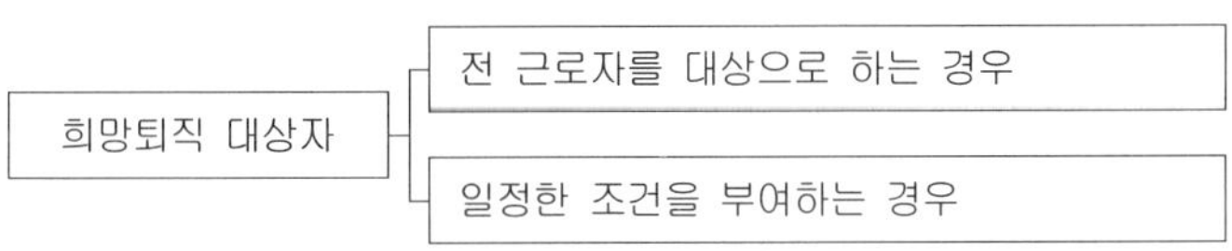

전 근로자를 대상으로 하는 경우에는 희망퇴직 목표인원을 달성하기 쉬운 장점이 있는 반면에 회사에서 중요한 업무를 담당하는 자가 희망퇴직금을 지급 받고 퇴직하는 경우가 발생할 수 있다.

따라서 전 근로자를 대상으로 할 경우에는 대규모 인원감축을 목적으로 희망퇴직을 실시할 때에 행하는 것이 바람직하다.

열심히 근무하고 있는 중견근로자나 영업·상품 개발 등 주요업무 담당자

중에서 퇴직 희망자가 다수 발생하여 향후 경영 재건에 지장이 생기는 경우가 있다. 실제 경영의 제1선에서 중요한 직책을 맡고 있는 근로자가 「퇴직금의 우대를 받고 싶다」, 「회사의 장래성을 기대하기 어렵다. 지금 퇴직금의 우대를 받고 퇴직하는 것이 좋을 것이다」 등을 이유로 대량으로 퇴직한다면 경영재건에 지장이 생긴다는 것은 너무도 분명한 것이다.

또한 희망퇴직을 어느 정도로 할 것인가는 과잉고용을 해소하기 위한 최후의 수단으로서 정리해고가 따르는 것이므로 정리해고의 경우는 대상자를 한정하는 것이 일반적이다.

희망퇴직 대상자와 관련하여서는 일정한 조건을 부여하는 것이 적절하다.

나. 일정한 조건

일정한 조건을 부여하는 경우에는 연령, 근속연수, 자격등급, 직급, 직종, 사업장 등을 조건으로 하는 경우로서 이 중 한가지 또는 두 가지 요건을 동시에 충족시키는 자를 대상으로 하는 것도 가능하다.

예컨대, 「연령 50세 이상의 자」라든가 「45세 이상 근속 15년 이상」으로 하는 경우이다. 이러한 경우는 회사에서 퇴직하기를 희망하는 자가 퇴직하도록 할 수 있는 장점이 있다.

본사의 경우에 실시하는 희망퇴직은 분사회사로의 전적에 동의하지 않는 자로서 퇴직을 희망하는 자 또는 인원 감축 후 분사를 실행할 필요성에 의해 행하는 것이므로 전직원을 대상으로 하기보다는 분사 대상 업무에 종사하는 공장근로자들을 대상으로 하면서 구체적인 조건을 정하는 것이 바람직하다.

(7) 목표 달성 · 미달성의 경우 대응책

가. 희망퇴직의 불확실성

희망퇴직 모집에 응할 것인가의 여부는 근로자의 자유이다. 희망퇴직은 근로자에 대하여 퇴직을 권하는 것으로 결코 강제하는 것은 아니다. 더구나 목표인원을 달성할 수 있는지 여부는 불확실하다. 달성될 경우도 있고 달성되지 아니할 경우도 있다 예컨대, 과잉고용의 상황을 판단하여 목표 인원 10명, 모집기간 10일간으로 희망퇴직을 실시할 수도 있다. 모집을 개시하여 2

일 또는 3일만에 10명의 퇴직 희망자가 발생할 수 있고 최종일까지도 3명 또는 4명은 퇴직신청을 하지 않을 수 있다. 기간을 특별히 결정하지 아니하고 「10명에 달할 때까지 모집을 계속한다」는 방법을 고려할 수도 있다.

나. 달성·미달성의 대응책의 결정

희망퇴직은 목표인원의 달성에 있어서 불확실한 요소가 강하다.

① 모집기간의 도중에 응모자가 목표인원에 달할 수 있는가

② 모집기간의 최종일까지도 응모자가 목표인원에 달할 수 있는가를 검토·결정할 필요가 있다.

실제 이러한 경우에는 경영의 통일적 의사를 결정하여 도중에 관계자의 의견을 충분히 듣지 아니하면 혼란이 발생한다. 과잉고용의 완전해소와 인원의 슬림화라는 목표를 달성하기 위해서는 경영재건에 필요한 이상 충분히 기간을 두는 사례도 있다.

다. 도중에 목표인원에 달할 때의 대응

희망퇴직을 원활히 실시할 수 있기 위해서는 「모집기간의 도중에 응모자가 목표인원에 달할 수 있는가」, 「모집기간의 최종일까지도 응모자가 목표인원에 달하지 아니하면 어떻게 할 것인가」를 결정하는 것이 바람직하다.

① 희망퇴직을 그 시점에서 종료한다.

② 계속해서 최종일까지 신청을 받아 신청자 전원을 퇴직시킨다 등의 방법이 있다.

목표인원을 합리적으로 결정한 것이라면 응모자가 목표인원에 달한 단계에서 고용조정의 목적을 달성한 것이 된다. 그러므로 그 시점에서 모집을 중지하는 것이 원칙적인 방법이다.

지금가지 고용조정의 실시 사례를 보면 계속해서 최종일까지 퇴직신청을 접수하여 신청자 전원을 퇴직시키는 사례가 오히려 많다. 이것은 「경영의 재건을 위해서 인원은 될 수 있는 대로 적을수록 좋다」, 「노동력의 슬림화를 최대한으로 추진하는 것이 경영재건을 조속히 하는 원동력이다」는 고도의 경영판단에 있다.

목표인원의 달성 · 미달성의 대응

- 희망퇴직
  - 목표기간의 도중에 응모자가 목표인원에 달할 때
    - 그 시점에서 희망퇴직을 종료한다.
    - 계속해서 최종일가지 신청을 받아 신청자 전원을 계속해서 추가모집을 한다.
  - 모집기간의 최종일까지도 응모자가 목표인원에 달하지 아니할 때
    - 계속해서 추가모집을 한다.
    - 퇴직을 권장한다.
    - 정리해고 · 지명해고를 행한다.

라. 목표인원 미달시의 대응

다음으로 응모자가 목표인원에 미달할 때의 대응책에는

① 계속해서 추가모집(2차 모집, 3차 모집)을 행한다.

② 퇴직권장을 행한다.

③ 정리해고 · 지명해고로 이행한다 등을 고려할 수 있다.

희망퇴직시의 실시를 결정할 시점과 비교하여 경영부진상태가 보다 심각하고 사태호전의 전망이 없다고 판단할 때는 정리해고, 지명해고의 실시를 고려해 볼 수 있다.

이에 대하여 희망퇴직의 실시를 결정할 시점과 비교하여 경영수지나 판매 · 수주상황에 큰 변화가 없다고 판단한 때나 목표인원과 응모자와의 차이가 적을 때에는 강행수단을 피하여 추가모집 또는 퇴직권장 방법을 선택하는 것이 타당하다.

(8) 퇴직일

가. 퇴직일의 결정방법

희망퇴직을 신청한 자의 퇴직일을 결정하는 방법으로는 다음과 같이 두 가지 방법이 있다.

- 퇴직일 결정방법
  - (가) 회사가 지정하는 방법(예컨대 8월 31일을 퇴직일로 한다)
  - (나) 일정한 퇴직기간을 설정하고, 그 기간 중에서 근로자 본인이 퇴직일을 결정하는 방법(예컨대 8월 1일 내지 8월 31일을 퇴직기간으로 하여 구체적인 퇴직일은 본인이 결정한다)

위 유형 중 인사처리의 효율성을 도모하기 위해서는 ㈎유형이 바람직하다.

나. 모집기간과 퇴직일간의 관계

예컨대 모집기간을 8월 1일~15일까지로 할 때에는 20일 전후를 퇴직일로 하여 그날에 희망퇴직자 전원을 퇴직시킨다. 또한 「회사가 지정한 퇴직일에 퇴직시킨다」는 원칙아래 부득이한 사정이 있거나 특별한 이유가 있어 퇴직일까지 직무의 인계를 완료하지 못하는 근로자는 통보퇴직일과는 별도로 퇴직일을 지정한다.

퇴직일의 취급

퇴직일	모집기간 종료일로부터 1주간전후 경과된 날을 퇴직일로 한다.
	원칙적으로 퇴직일에 희망퇴직자 전원을 퇴직시킨다.
	퇴직일에 필요에 따라 배치전환인사, 승진인사를 발령한다.

(9) 퇴직금의 취급

희망퇴직의 경우는 퇴직신청을 촉진시킨다는 취지에서 퇴직금의 우대조치를 행하는 것이 통례이다. 퇴직금의 우대조치 방법은 다음과 같다.

퇴직금의 우대방법

퇴직금의 우대	회사사정 퇴직의 지급률을 적용한다.
	정년까지 근속한 것으로 하여 정년퇴직금 지급률을 적용한다.
	일정액을 가산한다.
	본인 급여의 일정월수분을 가산한다.
	소정 퇴직금의 일정비율을 가산한다.

4. 희망퇴직자 모집에 있어서의 종합적 판단

위와 같이 해고회피노력 의무로서는 정리해고 전에 희망퇴직자의 모집을 반드시 행하여야 하는 것은 아니고 또한 희망퇴직자의 모집 범위도 반드시 전사적으로 행하여야 하는 것은 아니다. 그렇지만 개별적 구체적 사안에 있어서 경영상황, 기업규모, 인원구성 등을 고려하여 희망퇴직자의 모집이 가능한지 여부를 검토하여야 한다.

5. 해고회피노력 의무와 희망퇴직 실시에 있어서 필수인원의 제외

(1) 퇴직을 수반하지 아니하는 고용조정의 실시

가. 고용조정의 실시

퇴직은 근로자의 생활에 막대한 영향을 끼치므로 판매금액이나 수량이 감소된다고 하여 또는 수주가 감소한다고 하여 쉽게 희망퇴직이라는 수단・방법을 선택하는 것은 바람직한 것이 아니다. 경영자의 책임 중 가장 중요한 것은 근로자의 고용을 보장하는 일이다. 경영의 부진을 이유로 가볍게 그 책임을 포기하는 것은 있을 수 없는 일이다.

근로자의 고용을 유지한다는 점에서 판단한다면 희망퇴직을 실시하기 전에 퇴직을 수반하지 아니하는 고용조정책을 적극적, 종합적으로 강구해야 할 것이다. 퇴직을 수반하지 아니하는 고용조정책으로서는 시간외근로의 삭감・억제, 일시휴업, 신규채용의 중지・억제 등 다양한 방법이 있다. 위와 같은 고용조정책을 강구하여도 과잉인원이 해소되지 아니하고 인원의 과잉을 방지한 채 더 이상 기업의 존속을 유지할 수 없는 위기상황이 있을 경우에는 희망퇴직을 실시할 수 있다.

퇴직을 수반하지 아니하는 주요 고용조정정책

1. 시간외근로의 삭감・억제
2. 휴일의 증가
3. 단시간 근로자의 재계약의 정지・삭감・해고
4. 임시사원・계약직 사원의 재계약의 정지・삭감・해고
5. 중도채용의 축소・정지
6. 신규채용의 축소・정지
7. 퇴직자의 보충 유보

8. 배치전환
9. 일시휴업 · 자택대기
10. 정년제의 실시 또는 정년단축
11. 정년퇴직자에 대한 재고용 · 근무연장제의 적용 정지
12. 자회사 · 관련회사로의 전출
13. 임금조정(정기승급의 억제 · 정지, 임금인상의 억제 · 정지, 수당의 감액 · 부지급, 상여의 감액 · 부지급, 기본급의 삭감 등)

나. 근로자의 이해와 협력

희망퇴직은 근로자의 자주적인 퇴직이므로 근로자의 이해와 협력 없이는 절대 성공할 수 없다. 매출액이 부진하다는 것과 인원이 다소 과잉인 것을 이유로 가볍게 희망퇴직을 실시하더라도 성공하지 못한다. 그러나 퇴직을 수반하지 아니한 고용조정을 광범위하게 행하고도 인원의 잉여가 해소되지 아니한 경우에 실시한다면 근로자는 납득하여 이해와 협력을 얻을 수 있다.

다. 경영책임의 명확화

경영부진을 초래하여 구조조정을 시행하게 된 근본책임은 경영자에게 있다. 희망퇴직은 근로자에 대하여 자주적으로 퇴직을 구하는 것이므로 경영부진을 초래한 경영책임을 추궁할 필요가 있다.

경영책임의 추궁방법

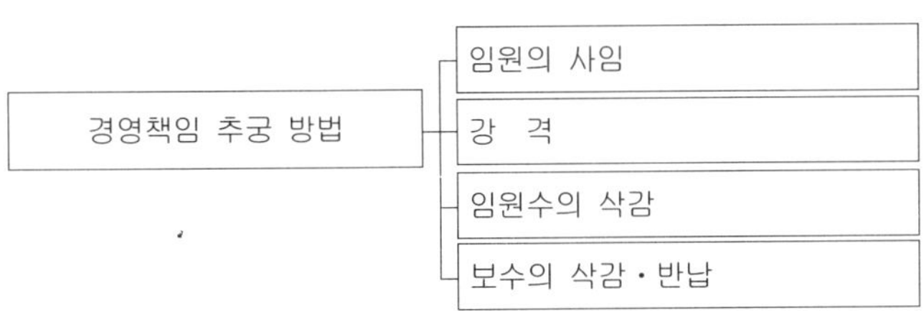

(2) "사직시킬 수 없는 근로자들(필수요원)"에 대한 대응

가. 제외조항 설정

희망퇴직은 경영부진에 따라 생기는 인원의 잉여를 해소하기 위하여 행하

는 것이므로 잉여인원의 해소를 손쉽게 할 수단은 없다. 근본적인 목적은 경영의 재건을 꾀하는데 있다. 따라서 희망퇴직은 경영상황을 본 궤도에 올려놓기 위한 하나의 방법에 불과한 것이다.

이와 같은 관점에서 볼 때 경영의 재건에 필수 불가결한 인재가 있다. 예컨대 '경영관리능력을 갖춘 근로자', '기획력이 출중한 근로자', '고도의 전문적 지식·기술을 갖추고 있는 근로자' 등은 이른바 경영의 재건에 있어서 필수 불가결한 인재이다. 따라서 이러한 인재를 퇴직시키는 것은 경영을 재건시키는데 지장을 초래한다. 회사로서는 그러한 인재의 퇴직을 방지하여 경영재건의 핵심요원으로 활용하는 것이 바람직하다.

그러므로 희망퇴직을 통지하는 문서에 있어서도 "업무상 특히 필요하다고 인정하는 자를 제외한다"고 명확히 할 필요가 있다. 또한 업무상 특히 필요하다고 인정되는 자(즉, 사직처리가 곤란한 근로자)가 퇴직을 신청한 때에는 희망퇴직의 대상에서 제외한다는 취지를 명확히 전달하여 이해를 구해야 한다. 따라서 이와 같은 근로자들에 대하여는 퇴직하는 대신 경영재건에 앞장서 줄 것을 강력하게 설득하여야 한다.

나. 자기사정 퇴직취급

회사로서는 업무상 특히 필요하다고 인정되는 자의 퇴직을 방지해야 할 필요는 있으나 법률상 원칙적으로 근로자에게는 직업선택의 자유와 함께 퇴직의 자유 또한 보장되어 있으므로 그와 같은 인재의 퇴직을 금지하는 것은 법률상 불가능한 일이다. 따라서 본인이 반드시 퇴직하겠다고 말하는 경우에는 회사로서는 퇴직을 인정하지 않을 수 없다.

민법 제660조에 의하면 「고용기간의 약정이 없는 때에는 당사자는 언제든지 계약 해지의 통고를 할 수 있고 이 때에는 상대방이 해지의 통고를 받은 날로부터 1개월이 경과하면 해지의 효력이 생긴다」고 규정하고 있다. 다만, 기간으로 보수를 정한 때에는 통고를 받은 당기 후의 1기(예컨대 월급을 주기로 한 경우 4월 중 해지통고를 한 때에는 당기 후의 1기를 경과한 때, 즉 6월 1일부터)를 경과함으로써 해지의 효력이 발생한다(민법 제660조제3항).

동 규정에 의하면 본인이 퇴직을 신청한 때에는 1개월이 경과하면 자연퇴직처리가 되며, 1개월을 경과한 근로자는 회사와의 근로관계를 종료한다. 따라서 이와 같은 경우에는 통상 자기사정 퇴직으로 처리하여 퇴직금의 우대조치를 강구한다는 것은 「회사가 인정하는 자」로 한다든가 「회사가 특히 필요하다고 인정하는 자」로 하여 희망퇴직을 적용하지 아니하는 것을 희망퇴직의 모집문서에 이를 명확하게 표시하였다면 퇴직금의 우대조치를 강구하지 아니하였다고 하더라도 특별히 문제가 되지는 않는다.

업무상 특히 필요하다고 인정하는 근로자의 취급

업무상 특히 필요하다고 인정하는 근로자에 대한 취급	희망퇴직의 모집문서에 "희망퇴직을 적용하지 아니한다"는 취지를 명확히 표시하는 경우
	본인이 퇴직을 희망할 때에 통상의 자기사정 퇴직으로 처리하여 퇴직금의 우대조치를 강구하지 아니하는 경우

Ⅵ. 희망퇴직에 있어서의 퇴직권장

1. 희망퇴직을 둘러싼 갈등

희망퇴직에 응하여 회사를 퇴직할 것인가의 여부는 전적으로 근로자 각자의 자유이다. 따라서 희망퇴직은 회사가 퇴직을 강제하는 것이 아니라는 점에서 정리해고와는 결정적으로 구분된다.

희망퇴직을 진행하면 현장의 부장·과장·직장·반장이 부하 직원들을 강박하는 경우가 있다. 그 중에는 자기가 관리하는 부문에서 한 명이라도 많은 퇴직자를 선발하여 인원의 슬림화를 목표로 하는 경영진의 기대에 부응한다고 생각하여 퇴직권장에 열의를 가지고 있는 관리직이 다수 있다. 퇴직 권장을 너무 지나치고 강력하게 시행하다가는 노사간의 갈등이 발생할 우려가 높다. 또한 매일 출근하면 상사가 퇴직을 요구한다는 등 불평불만이나 고충이 표출되므로 집요한 퇴직 권장은 당해 부하 직원의 근로의욕을 감퇴시키는 동시에 당사자간의 인간관계에 좋지 아니한 영향을 주게 되고 이것이 악화되거나 냉각화된 인간관계를 원상으로 돌리는 것은 쉬운 일이 아니다.

주위의 근로자도 상사가 특정의 부하 직원에 강력하게 퇴직을 요구하는 것을 목격하고 당해 상사의 인간성에 불신을 갖게 된다. 상사가 부하직원에게 희망퇴직을 하도록 부당한 영향력을 행사하여 사직서를 수리했다면 이는 부당해고이다.

2. 희망퇴직의 모집과 퇴직권장은 어떻게 다른가

퇴직권장은 희망퇴직의 모집과 마찬가지로 근로자의 퇴직신청의 의사표시를 유인하는 행위이므로 사용자가 자유롭게 할 수 있다. 희망퇴직과 다른 것은 희망퇴직의 모집은 소극적으로 근로자의 응모를 기다린데 대하여 퇴직권장은 적극적으로 근로자에게 퇴직의 동기를 갖도록 한다는데 있다. 그러므로 퇴직권장을 행하는 수단·방법이 사회적 상당성을 현저하게 일탈하는 경우에는 불법행위로서 손해배상 청구의 대상이 되거나 위자료를 청구할 수 있다.

구체적으로는 다음과 같다.

① 퇴직의 강요나 협박, 폭행, 장시간의 감금행위 등을 행하는 경우

이러한 것은 형사사건에 유사한 행위도 될 수 있고 불법행위로서 손해배상 청구의 대상이 될 수 있다.

② 집요하게 퇴직을 요구하는 경우

①과 같이 직접적 행위는 아니더라도 집요하게 몇 번이나 퇴직을 요구하는 경우가 있다. 예컨대 2년간에 걸쳐 100회 이상의 퇴직권장을 행하는 사례가 있다. 이러한 집요한 퇴직권장은 불법행위로서 손해배상 청구의 대상이 된다고 생각된다.

③ 업무명령에 의한 퇴직권장을 행하는 경우

업무명령에 의하여 퇴직권장의 설명을 듣도록 명령하는 것은 그 방법에 따라서는 위법한 것이 될 수 있으므로 신중하게 하여야 한다.

④ 친척 등을 개입하여 퇴직권장을 행하는 경우

퇴직권장은 회사의 상사가 행하여야 하므로 신원보증인 등의 친척 등을 개입하여 행하는 것은 위법한 것이다.

3. 퇴직권장을 할 때의 포인트

① 퇴직권장을 행하기 전에 희망퇴직의 모집을 한다.

우선 희망퇴직의 모집을 할 필요가 있다. 먼저 퇴직할 것인가 않을 것인가를 선택할 찬스를 근로자에게 부여한다. 그러므로 희망퇴직자 수가 예정인원 수에 미달할 경우 부득이 퇴직권장을 행하는 것을 기본으로 생각할 수 있다.

② 퇴직금의 우대조치를 제시한다.

근로자의 자기사정에 의한 퇴직은 퇴직금(법정퇴직금 또는 법정퇴직금 이상의 회사 퇴직금)을 지급하면 되지만 퇴직권장의 경우에는 퇴직금의 우대조치를 제시할 필요가 있다. 희망퇴직에의 응모나 퇴직권장의 승낙도 근로자의 퇴직신청의 의사표시란 의미에서 자기사정에 의한 퇴직이다. 그러나 어떤 동기에서이던 사용자로서는 근로자의 자기사정에 의한 퇴직이 아니라 회사사정에 의한 퇴직이므로 퇴직금의 우대조치를 하는 것이 타당하다.

4. 퇴직권장의 방법

퇴직금 우대조치를 제시하는 희망퇴직을 먼저 행하더라도 퇴직자 수가 예정인원 수에 미달하는 경우 부득이 퇴직권장을 실시하여야 한다.

① 퇴직권장을 하는 상사는 1명 또는 2명으로서 근로자의 자유의사를 존중할 수 있는 분위기에서 행한다.

② 시간은 20분간이나 30분 정도로서 취업시간 중에 행한다.

③ 장소는 회사시설 내이어야 한다. 자택을 방문한다거나 전화로 하는 것은 피하어야 한다.

④ 횟수는 희망퇴직 모집기간의 개시에서 종료까지 2~3회 실시한다.

이러한 절차에 따라 퇴직권장을 한다면 「업무」로 인정되어 불법행위가 되지 아니한다. 회사는 회사재건을 위하여 인원삭감을 행하는 것이므로 업무상 필요에 따라 하는 업무명령으로서 근로자에게 회사측의 권장을 듣도록 명할 수 있다고 생각한다. 또한 업무로서 실시하는 것이므로 변호사, 공인노무사나 노조간부, 근로자대표 등의 동석이나 입회를 거부할 수 있도록 근로자가 선택할 수 있다. 근로자로서는 회사의 퇴직권장을 들어야 할 의무가 있다고 생각되나 권장을 들을 필요성이 없어 거부하는 경우에는 업무명령 위반으로 징계하는 것은 바람직하지 않는 것이다. 퇴직권장을 받는 경우 그 권장이 업무에 대한 공헌도나 피해정도에 따른 것이라면 권장을 하는 자리에서 자기의 생각을 충분히 설명하고 회사에 번의를 요청하는 것도 가능하다.

퇴직권장은 회사의 권장이유와 인선이유를 듣고 이에 대하여 반론을 하거나 퇴직하는 경우에 받는 손해(피해도)등에 있어서 회사에게 인식시킬 수 있는 기회라는 의미도 있다. 그러므로 퇴직권장을 받는 자체를 거부하는 경우에는 이러한 사정이 지명해고를 할 때에 고려되지 아니한 불이익을 근로자가 받을 수 있는 것을 생각하여야 한다.

5. 퇴직권장에 관한 판례

① 희망퇴직제를 실시하는 과정에서 당초 중점권고 대상자로 선정되지 아니하였던 다른 직원들도 명예퇴직을 신청한 결과 총 명예퇴직 인원이 320명에 달하는 등 이미 목표를 초과 달성하였고, 일련의 구조조정에서 상당한 정도로 회사의 경영상태가 호전되었던 점 등에 비추어 보면, 명예퇴직제를 비롯한 구조조정을 단행할 업무상의 필요성에 비하여 근로자들이 입게 된 임금손실 등 생활상의 불이익이 지나치게 크다고 하지 않을 수 없다. 더구나 회사는 위 2차 명예퇴직을 실시한 다음 2000.7.24 4급 직원 90명을 3급으로 승진시켰고 2000년도 상반기에 전 직원을 대상으로 3차례에 걸쳐 총 255억원의 특별격려금을 지급한 바도 있다.

또한 명예퇴직 중점권고 대상자 선정기준에 있어서도 고연령자나 장기근속자가 모두 생산성 제고를 통한 경쟁력 확보에 지장을 준다고 볼 수 없는 만큼 근로자의 근무성적은 물론 부양의무의 유무, 재산, 건강상태, 재취업가능성 등도 아울러 고려하였어야 함에도 불구하고, 1차 명예퇴직시와는 달리 2차 명예퇴직시에는 단순히 연령과 근속기간만을 기준으로 대상자를 선정하였으니, 그 대상자 선정기준 역시 합리적이고 공정하다고 할 수 없다. 앞서 본 근로자들의 근무성적으로 볼 때 위와 같은 기준을 종합적으로 고려하였다면 근로자들이 반드시 중점권고 대상자로 선정되었으리라고 단정하기 어렵다(서울행법 2001.6.15, 2001구1856).

② 협회의 정년단축방침으로 명예퇴직을 권고받는 과정에서 갈등과 강한 권유를 받았다 해도 원고들이 명예퇴직위로금 지급조건 등을 제시한 것으로

볼 때 협회가 부당한 압력을 행사해 근로자들로 하여금 어쩔 수 없이 사직서를 제출하도록 한 후 일방적으로 근로관계를 단절했다고 할 수 없다. 위에서 본 바와 같이 근로자들이 퇴직이라는 사실 자체를 진정 마음속으로 원하지는 않지만, 협회의 정년단축 방침에 따라 인사관리규정의 개정을 앞두고 있는 상황에서 단축된 정년에 따라 당연퇴직대상자로서 퇴직을 하기보다는 스스로 명예퇴직을 하는 것이 경제적 측면 등에서 여러모로 좋다고 판단하여 사직의 의사표시를 하였다고 볼 것이므로 이를 두고 사직의 내심의 효과의사가 결여된 비진의 의사표시라고 할 수는 없다(서울행법 2001.5.29, 2001구2378).

③ 근로자에 대해 다른 2급 일반직원 2명과 함께 대기발령을 내렸으나 희망퇴직을 신청하지 않자 신청기간을 연장하면서까지 회사 대표이사와 상임이사는 근로자를 별도로 호출해 희망퇴직신청서 제출을 요구했고, 이에 불응할 경우 후속조치로 직권면직을 당하게 될 것이라고 구체적인 불이익을 예고한 바 있다. 또 사직서를 제출하기 전후 과정을 전체적으로 살펴볼 때 근로자는 원래 사직의사가 없었음에도 불구하고 회사로부터 뚜렷한 사유 없이 대기발령 받았고, 희망퇴직신청을 하지 않을 경우의 불이익을 통보 받게 되자 이를 우려하여 어쩔 수 없이 희망퇴직신청서를 작성·제출하였다고 보여진다. 이는 실질적으로 사용자의 일방적인 의사에 의해 근로계약관계를 종료시키는 해고에 해당하고 회사의 희망퇴직신청 수리에 따라 근로자가 일시적인 혜택을 부여받았다고 해도 해고시킬 만한 정당한 이유가 인정되지 않는 이상 부당해고이다(서울행법 2001.4.10, 2000구20867).

또한 감원대상이었으나 희망퇴직을 신청하지 않았다는 이유로 해고한 것은 인사재량권의 남용으로서 무효라고 해야 할 것이다.

④ 근로자가 희망퇴직에 불응하자 은행은 하향배치전환, 전적 등의 고용유지 노력을 하지 않고 사실상 퇴직을 강요하는 수단으로 인사부 조사역으로 인사발령을 해 현직에서 배제시킨 다음 휴직명령을 내린 후 해고한 점에 비추어 은행이 희망퇴직을 실시했다는 해고직원 중 일부에게 재취업을 알선했다는 사실만으로 해고회피노력을 다했다고 보기 어렵다. 또한 희망퇴직자의 수가 해고목표치를 상회한 상황에서 당초 감원대상이었으나 희망퇴직을 신청하지 않았다는 이유만으로 근로자를 해고한 것은 해고를 최소한으로 줄

이겠다는 노력과는 거리가 있다고 할 것이다. 따라서 은행의 근로자에 대한 해고는 객관적 합리성과 사회적 상당성이 있는 것이라고 보기 어려워 무효이다(서울고법 2001.4.11, 2000나15908).

⑤ 희망퇴직 신청자가 예상보다 적어 정리해고 절차로 들어가는 경우, 희망퇴직 권유를 거부했던 사람을 정리해고 대상자로 선정하는 경우가 있다. 이 경우 역시 판례(서울행법 2007.11.27, 2007구합16103)는 정리해고 대상자 선정시 희망퇴직 거부자를 그 기준으로 삼는 것은 객관적이고 합리적인 기준이 아니라고 하면서, 노동조합과의 협의를 거친 경우라고 하더라도 이를 인정할 수 없다고 한다. 회사가 제시한 합리적 선정 기준에 따라 사실상 정리해고 대상자로 선정된 근로자에게 희망퇴직의 기회를 부여하는 경우에는 합리성을 인정받을 수 있으므로 희망퇴직 대상자 선정이 필요한 경우에는 이 점을 미리 명확히 할 필요가 있다.

6. 중간관리직에 대한 주지

희망퇴직을 실시하여도 퇴직을 신청한 자가 목표인원에 미달하게 된다면 과잉고용은 해소되지 아니한다. 과잉고용이 해소되지 않게 되면 경영부진, 경영위기를 타개할 수 없다. 그러므로 희망퇴직의 성과를 얻기 위해서는 일정의 퇴직 권장을 행하는 것이 너무도 당연하고 자연스런 일이다. 그러나 강력하고 집요한 퇴직 권장이 문제가 있다는 것은 사실이다. 따라서 회사는 현장의 중간관리직에 대하여 부하 직원들에게 과도한 퇴직권장을 하지 아니하도록 주지・지도를 할 필요가 있다.

7. 민법의 규정

민법 제110조제1항에는「사기나 강박에 의한 의사표시는 취소할 수 있다」고 규정하고 있다. 퇴직 권장에 의한 희망퇴직을 취소할 수 있기 위해서는 퇴직권장이 사기 또는 강박행위로 위법한 것이어야 한다.

판례는 이에 관하여 다음과 같이 판시하고 있다. 판례는「강박행위 당시의 거래관념과 제반 사정에 비추어 해악의 고지로서 추구하는 이익이 정당하지 아니하거나, 강박의 수단으로 상대방에게 고지하는 해악의 내용이 법질서에 위배된 경우, 또는 어떤 해악의 고지가 거래관념상 그 해악의 고지로서 추구하는 이익의 달성을 위한 수단으로 부적당한 경우에 해당하는 것이어야 한다(대법 2000.3.23, 99다64049)고 한다.

따라서 집요한 태도로 수차례에 걸쳐 퇴직을 요구한다면 이는 퇴직을 강박한 경우에 해당될 수 있다. 강박의 정도가 극심하여 근로자의 의사결정의 자유가 박탈될 정도에 이르렀다면 그와 같은 의사표시 자체가 무효가 된다. 그러므로 수차례에 걸친 집요한 퇴직권장을 하는 일이 없도록 신중을 기해야 할 것이다.

8. 구체적인 희망퇴직의 모집과 퇴직권장의 방법

(1) 제1차 희망퇴직의 모집

먼저 희망퇴직의 모집을 실시한다. 여기에는 예컨대 기간을 10월 1일부터 10월 14일까지로 하되 퇴직금 우대조치를 지급한다. 이 희망퇴직의 모집에서 예정인원에 미달하여 퇴직권장을 행하는 경우에는 희망퇴직의 모집 후에 퇴직권장을 실시할 가능성이 있다는 것은 고지할 수 있다. 이에 따라 근로자 측도 응모자가 적을 경우 스스로 퇴직권장의 대상자가 될 가능성이 있다고 판단할 찬스가 생기므로 퇴직권장을 받기 전에 희망퇴직에 응모하여 스스로의 프라이드를 지키는 사람이 나올 수 있다.

(2) 제2차 희망퇴직과 퇴직권장의 실시

희망퇴직의 응모인원이 예정인원 수에 미달한 경우 제2차 희망퇴직의 모집을 실시한다. 기간은 10월 15일부터 10월 31일로 설정한다.

이 때 퇴직우대조치(퇴직위로금)를 제1차 모집보다 플러스 할 수 있다. 다만, 제2차 응모자에게 퇴직금우대조치를 플러스한 이상 제1차 응모자에 대하여도 우대조치 하여야 한다.

희망퇴직자를 촉진하기 위하여 퇴직우대조치를 한 이상 사용자측으로서는 적극적으로 퇴직권장을 행할 수 있다. 퇴직권장은 제2차 모집기간의 전반과 후반에 실시한다. 퇴직권장을 함에 있어 희망퇴직의 응모자가 미달한 경우에는 지명해고를 실시할 수 있으므로 지명해고를 실시할 가능성이 있을 때에는 제2차 모집시에 그 가능성을 시사할 수 있다.

희망퇴직 · 퇴직권장의 방법과 스케줄

(3) 퇴직을 거부한 근로자와의 면접 실시

제2차 모집이 종료되는 단계에서 응모자가 증가하거나 증가하지 않더라도 퇴직권장을 거부한 근로자에 대하여는 면담의 기회를 가져야 한다. 그 이유는 두 가지 점에 있다. 첫째는 퇴직권장에 응한다하더라도 권장을 행하는 상사의 태도나 대화방식에 문제가 있어 감정적인 이유로 응모할 수 없다는 사람도 있다. 특히 대기업 등에서 1백명 단위의 퇴직권장을 실시하는 경우에는 많은 상사가 퇴직권장을 행하므로 권장방법에 따라서는 문제가 있는 상사가 나타나게 된다. 그러므로 회사와 그 근로자간에 생기는 오해를 해소시켜야 할 기회가 필요하게 된다. 이제까지 퇴직권장을 행하는 이외의 사람이 면담을 하고 재차 대화한다. 권장하던 상사에의 불만이 원인이 있으면 회사도 권장에 문제가 있다고 생각할 때에는 솔직히 사과하여야 한다. 여기에 「퇴직하는 것이 유리하다고 생각하므로 감정적인 이유로 거부하여 회사에 남더라도 플러스는 없다. 모집이 마감되면 제시된 조건으로 퇴직할 수 없다」고 권하는 대화를 한다. 실제 이 방법으로 퇴직을 거부하는 십여명 중 반수 이상이 퇴직에 응한 사례도 있다.

둘째 면담을 행하는 이유는 불필요하다고 판단한 사람은 기업내에 머물게 할 수 없다는데 있다. 회사는 필요하지 않다고 판단하여 그러한 사람에게 퇴직권장을 행한다.

Ⅶ. 정리해고와 정리대상자 선정의 합리 · 공정성

1. 관련 법조항 및 개요

근로기준법 제24조제2항에 의하면 「…합리적이고 공정한 해고의 기준을 정하고 이에 따라 그 대상자를 선정하여야 한다」라고 규정하고 있다. 이 조항은 정리해고의 유효성의 판단요소의 하나로서 피해고자 선정의 합리 · 공정성은 명시한 것이다. 정리해고가 다른 보통해고와 가장 상이한 점은 근로자간의 상대평가에 따라 피해고자를 결정한다는 것이다.

기업도산으로 인한 전원해고의 경우라면 모르되, 수많은 근로자 중에서 그 일부를 선정하여 정리해고 할 때는 해당 근로자가 정리대상자가 된 것에 합리적인 이유가 필요하다. 이 때문에 '정리해고기준' 등의 전형기준이 작성되는 것이 통상이다. 합리적이고 공정한 해고기준을 정하고 이에 따라 해고대상자를 선정해야 한다는 것은 해고대상자를 정하기 이전에 그 기준을 설정하고 거기에 따라 해고대상자를 선정하라는 의미라고 할 것이므로 해고대상자들이 이미 해고대상자로 선정된 이후에 사용자의 전직 권유에 응하지 않고 면직의사를 밝혔다고 하여 위 면직의사가 공정하고 합리적인 해고기준이 될 수 없는 것이다(서울행법 2007.8.28, 2006구합47056).

2. 해고대상자의 선정기준

(1) 해고대상자의 선정기준은 합리적인가

정리기준이란 수많은 근로자 중에서 해고하여도 부득이하다고 생각되는 자를 전형하는 기준이다. 정리해고는 복수의 근로자 중에서 특정인을 해고대상으로 선택하는 것이므로 그 정리기준(인선기준)에 합리성이 인정되어야 한다. 만일 합리성이 인정되지 않는다면 당연히 그 해고는 무효라고 판단된다. 해고대상자의 인선에 합리성이 있다고 하기 위해서는 ① 인선기준은 설정되었는가, ② 설정된 기준이 합리적인가, ③ 공평하게 적용되었는가를 고려하여야 한다.

(2) 인선기준에는 밀착도 · 공헌도 · 피해도가 설정되었는가

일반적으로 인선기준은 밀착도 · 공헌도 · 피해도 등을 설정한다.

「밀착도」란 정규직근로자인가, 또는 고용조정용으로 채용된 단시간근로자나 기간제근로자 등의 비정규직인가의 고용형태에 따라 구별한다. 정규직근로자는 단시간근로자나 기간제근로자보다 밀착도가 높으므로 원칙적으로 먼저 해고해서는 안된다.

「공헌도」란 회사에 여러 가지 방법으로 어떻게 공헌하였는가의 정도이다. 공헌도는 근로자마다 다르므로 능력은 물론 인사고과의 결과 · 출근율 · 기능 등으로 판단한다.

「피해도」란 해고에 의해서 근로자가 위협받은 생활의 정도, 경제적 타격의 정도이다. 예컨대 아파트 임대 등 자산운용에서 임금 쪽보다 수입원이 있다든지 또는 부양하는 자녀가 없는 경우에는 피해도가 적은 것이다.

해고대상자의 선정방법

해고대상자의 인선의 합리성	① 인선기준은 설정되었는가
	② 설정된 기준이 합리적인가
	③ 공평하게 적용되었는가

인선기준에는 밀착도 · 공헌도 · 피해도 등을 설정한다.

밀착도	고용형태에 의한 구별. 당연히 정규직근로자 쪽이 기간제근로자나 단시간근로자보다 밀착도가 높다 ⇒ 기간제 · 단시간근로자 등으로부터 근로계약을 해소한다.
공헌도	회사에 대한 공헌의 정도. 능력 · 인사고과의 결과 · 출근율 · 기능 등으로부터 판단한다 ⇒ 공헌정도가 낮은 사람부터 근로계약을 해소한다.
피해도	해고에 의하여 위협받는 근로자의 생활의 정도, 다른 수입이 있는 경우 등 피해도가 낮은지를 판단한다 ⇒ 생활이 곤란하지 않는 사람부터 근로계약을 해소한다.

(3) 구체적으로 해고대상자를 선정하는 방법

「밀착도」에 있어서는 고용형태로부터 판단하므로 명확하다. 정규직근로자 등 고용형태가 같은 경우에는 「밀착도」와 「피해도」를 중심으로 판단한다. 「공헌도」의 기준내용은 사안에 따라 다르나 대별하면 노동능력 등을 기준으로 낮은 사람부터 해고된다. 다음으로 해고에 의하여 위협을 받는 생활을 기준으로 해고하여도 비교적 곤란하지 않을 사람부터 해고한다.

이론적으로는 밀착도를 제1기준으로 하여 공헌도를 제2기준으로 하여 공헌도가 동등한 근로자에 있어서는 피해도를 고려한다면 합리적인 인선기준이라고 생각한다. 그 기준을 실제로 적용할 때에는 공평성을 중시하여야 한다. 「적격성의 유무」라는 추상적인 고과사정 평가를 기준으로 하는 경우나 「배치전환이 곤란한 자」, 「기능이 낮은 자」의 판단에 있어서는 사용자의 주관적 판단이 개입될 여지가 크므로 이러한 기준에 따른 해고사건에서 해고무효라고 판단한 판례가 있으므로 기준설정에는 가능한 한 구체성을 가지도록 할 필요가 있다.

구체적으로는 다음사항을 고려할 수 있다.

① 출근율(지각·조퇴·결근 등)

② 인사고과 결과

③ 주의·징계의 유무

④ 업무수행상 필요한 자격의 유무 및 외국어 실력

(4) 판례의 태도

판례는 근로자측의 기준(근속연수, 연령 등)과 사용자측의 기준(근무성적, 경영사정)을 동일선상에서 제시하고 있는 경우도 있으나, 사용자이익에 보다 큰 비중을 두면서 평소 근무성적, 상벌관계, 경력, 기능의 숙련도 등 사회적 보호의 관점을 고려하지 않고 기업이익에 부합하는 기준에 의거한 해고의 정당성을 인정하고 있다(근무성적과 경력 등을 해고대상자선발기준으로 한 사례(대법 1987.5.12, 85누690) '불황으로 인한 경영합리화를 위한 인원조정책으로 감원을 함에 있어 근로자들의 평소 근무성적, 상벌관계, 경력, 기능의 숙련도 등의 기준에 의하여 감원대상자를 선정하는 등 그 감원기준이 객관적으로 합리성이 결여되거나 형평을 벗어난 것이 아니라면 이에 따른 부득이한 해고조치는 부당노동행위가 아니다'). 최근에는 인사고과에 의한 근무성적·업무능력만을 기준으로 한 정리해고의 정당성을 인정한 사례도 있다(대법 2001.1.16, 2000두1454). 또한 판례는 "합리적이고 공정한 기준 역시 확정적·고정적인 것은 아니고 당해 사용자가 직면한 경영위기의 강도와 정리해고를 실시하여야 하는 경영상의 이유, 정리해고를 실시한 사업부문의 내용과 근로자의 구성, 정리해고 실시 당시의 사회경제상황 등에 따라 달라지는 것이고, 사용자가 해고의 기준에 관하여 노동조합 또는 근로자대표와 성실하게 협의하여 해고의 기준에 관한 합의에 도달하였다면 이러한 사정도 해고의 기준이 합리적이고 공정한 기준인지의 판단에 참작되어야 한다"(대법 2002.7.9, 2001다29452)고 판시함으로써 근로자측과의 합의를 통한 해고기준의 설정은 합리적이고 공정한 것임을 밝히고 있다. 이러한 판례의 태도를 종합적으로 평가할 때 대법원은 해고기준으로 어떠한 사항을 포함시키고 이에 대하여 어느 정도의 평가비중을 둘 것인가는 사용자가 상당한 재량을 갖고 결정할 수 있는 것으로 보고 있다. 즉 해고대상자를 선정함에 있어서 사용자는 근로자이익(즉 사회적 보호 관점)보다 기업이익(즉 기업존속의 관점)을 우선적으로 고려할 수 있는 권한을 가지며, 더 나아가 불가피한 경우 근로자의 이익을 전혀 고려하지 않더라도 반드시 합리성 및 공정성이 결여된 것으로 간주될 수는 없는 것이다.

3. 해고기준의 적용

정리해고 대상자를 선정함에 있어서 요구되는 합리적이고 공정한 기준은 당해 사용자가 직면한 경영위기의 강도와 정리해고를 실시하여야 하는 경영상의 이유, 정리해고를 실시한 사업부문의 내용과 근로자의 구성, 직급별 인원상황, 정리해고 실시 당시의 사회·경제적 상황 등에 따라 달라진다(대법 2002.8.27, 2000두3061).

해고기준이 정해졌더라도 이를 적용하여 정리해고 대상자를 선발하기 위한 구체적인 범위를 어떻게 설정할 것인가 하는 것이 문제된다. 예컨대 사업장 단위에 국한하여 적용하여야 하는지 아니면 기업 전체를 단위로 하여 적용하여야 하는지 혹은 비교대상이 되는 근로자의 범위는 무엇을 기준으로 하여 결정할 것인가 하는 점이 문제이다.

일률적으로 판단할 수 있는 문제가 아니며, 조직구도상의 연혁, 수입과 지출에 있어서의 재정적인 분리도, 타 사업장과의 업무적인 협조관계 등 해당 사업장의 독립성 여부 및 정도, 해당 근로자의 입사시 소속 사업장, 타 사업장에의 재직 여부 및 기간, 회사에의 공헌도 등을 종합하여 판단하여야 할 것이다.

(1) 관련 판례

① 경영상 필요성이 발생한 사업장 전체를 기준으로 하여 해고대상자를 선정하여야 한다는 취지(판례의 주류적 입장)(대법 1997.9.5, 96누8031호 ; 1993.1.26, 92누3076 ; 1992.5.12, 90누9421호 등) 기업이 종래 목표로 해오던 사업목적의 일부를 완전히 포기하여 일부 사업장을 폐쇄하는 이른바 '사업부분(또는 사업단위) 폐지'의 경우 그 사업 단위에 속한 전체 근로자만을 해고대상자로 하여서는 안되고, 폐지되지 않는 나머지 사업 단위 소속 근로자를 포함한 사업 전체의 근로자들을 대상으로 하여 정리해고 대상자를 선별하여야 한다.

해고대상자를 선별함에 있어 경영상 필요성이 발생한 사업장 전체를 기준으로 하지 아니하고 축소대상 부서에 소속된 근로자들만을 해고대상자로 삼은 것은 객관적이고 합리적이라고 볼 수 없다고 한다(서울고법 1998.7.16, 97구47660호).

② 사용자가 사업체의 전부를 폐업하고 그 소속 근로자 전원을 해고하는 것은 이른바 '폐업해고'로서 사업체의 일부만을 폐쇄하면서 근로자 일부를 정리해고 하는 것과는 구별된다(대법 1993.6.11, 93다7457).

폐업해고는 원칙적으로 기업경영의 자유에 속하는 것으로서 노동조합의 단결권 등을 방해하기 위한 위장폐업이라는 등의 특별한 사정이 없는 한 부당해고라고 할 수 없다(대법 2001.11.13, 2001다27975).

사업의 폐지를 위하여 해산한 기업이 청산과정에서 근로자를 해고하는 것은 기업경영의 자유에 속하는 것으로서 정리해고에 해당하지 않는다.

③ 일부 사업장만을 대상으로 해고대상자를 선정할 수 있다는 취지

경영상 해고가 전체 사업의 경영수지 악화를 타개하기 위하여 이루어진 것이 아니라 만성적인 적자에 시달리고 있던 견인사업소라는 하나의 부서를

폐지하면서 그에 소속되었던 인원을 정리하기 위해 이루어진 것이라는 점을 들어 견인사업소 소속 근로자들 중 업무직 직원들만을 대상으로 해고를 실시한 것이 불합리한 것이라고 볼 수 없다고 판단한 사례이다(서울고법 2002. 3.8, 2000누15318).

사업부별로 별도의 노동조합이 결성되어 있어 실질적인 경영자와 각기 독자적으로 단체교섭 등의 노조활동을 하여 왔고 그에 따라 근로자들도 제1사업부와 제2사업부를 전혀 독립한 별개의 사업장으로 인식하고 있었던 경우에 적자를 내고 있고 경영상 심히 곤란을 겪고 있는 제1사업부를 폐지하여 인원감축을 하는 것이 불합리하다 할 수 없기 때문에 사용자가 긴박한 경영상의 필요에 의하여 제1사업부를 폐지함에 있어 제1사업부 소속 전체 근로자들을 해고대상자로 선정한 것은 형평에 어긋나지 아니한다(대법 1994.5.10, 93다4892).

일반적으로는 ① 해고하더라도 생활에 대한 영향이 적은 자, ② 기업재건·유지를 위하여 공헌한 바가 적은 자, ③ 고용계약에 있어서 기업에의 귀속성이 희박한 자 등을 들 수 있는데, 구체적으로는 기업단위로 선정기준을 작성하여야 한다.

합리적이고 공정한 해고의 기준은 확정적·고정적인 것은 아니고 사용자가 직면한 경영위기의 강도와 정리해고를 실시해야 하는 경영상의 이유, 정리해고를 실시한 사업부문의 내용과 근로자의 구성, 정리해고 당시의 사회경제적 상황 등에 따라 달라진다.

Ⅷ. 정리해고에 있어서의 정리기준의 설정 방법

1. 정리기준의 의의

근로기준법 제24조에 의하면 사용자가 경영상 이유에 의하여 근로자를 해고하고자 하는 경우에는 합리적이고 공정한 해고기준을 정하고 이에 따라 그 대상자를 선정하여야 하며, 해고기준에 관하여 근로자대표(과반수 노조 또는 과반수 노조가 없는 경우에는 근로자의 과반수를 대표하는 자)에게 해고를 하고자 하는 날의 50일 전까지 통보하고 성실하게 협의하여야 한다.

즉, 현행법의 규정에 의하면, 사용자가 정리해고를 계획하는 경우 50일 이전에 해고기준(안)을 근로자대표에게 통보하고 협의할 것이 요구되며 기타 구체적인 방법이나 방식에 관한 규정은 없다.

2. 정리기준의 설정 방법

(1) 취업규칙이나 단체협약에 정리기준이 정해져 있는 경우

정리기준이 단체협약에 의하여 작성된 경우에는 이것은 「근로자의 대우에 관한 기준」으로서 노조법 제33조의 규범적 효력을 가지고 있으므로 사용자는 여기에 구속을 받는다. 그러므로 그 정리기준을 위반하여 피해고자를 선정하여 이를 해고한 경우에는 무효라고 판단된다. 설령 정리기준이 규범적 효력이 없고 채무적 효력이 있다고 하더라도 여기에 위반한 인선은 중대한 절차위반에 의한 해고로서 해고권의 남용으로 판단된다.

판례는 정리기준에 대하여 단체협약에 정함이 있는 경우 동 정리기준은 준수되어야 하는 것이 원칙이라고 한다. 예를 들어 단체협약에 "업무상 부득이한 형편에 의한 사업장의 폐쇄 등으로 조합원의 감소가 필요하다고 인정될 때에는 노사합의 후 이를 실시할 수 있되, 감원순서는 지원자가 우선하고 근속연수가 짧은 순으로 한다"고 규정하고 있음에도 불구하고 회사가 해고대상자를 선정함에 있어서 단체협약에 정하여진 선정기준에 따르지 아니하였다면 그 공정성과 합리성을 결하였으므로 해고처분은 무효라는 것이 판례의 입장(대법 1993.11.23, 92다12285)이다.

학설상 정리기준에 대하여 취업규칙이나 단체협약 등에 정함이 있는 경우에는 그에 따라야 하며 그런 정함이 없는 경우 부득이 정리해고를 할 때마다 노동조합이나 근로자대표와 협의하여 해고기준을 정하여야 한다는 견해가 있다(이병태, 「최신노동법」 중앙경제, 2008, p.648).

이상과 같은 학설과 판례의 입장을 종합하면 적어도 단체협약에서 해고기준을 이미 규정하고 있다면 사용자는 그에 따라 해고대상자를 선정하면 되고 근로자대표와 협의하여 새롭게 정리기준을 정할 필요는 없다고 판단된다. 다만, 이러한 경우에도 정리기준의 내용이 합리적이고 공정하지 못함이 명백할 경우에는 그 효력이 부인될 수 있을 것이다(중노위 1999.4.7, 99부노9 · 99부해35). 노사가 합의한 「정리해고 기준」에 의하여 동점자에 대해 징계전력을 참고하도록 합의한 것은 공정하다고 한다(서울행법 2007.6.8, 2006구합35589).

(2) 새로운 단체교섭에 의하여 정리기준을 설정하는 경우

취업규칙이나 단체협약에 정리기준이 정해져 있지 않은 경우 현행 근로기준법에 따르면 사용자는 정리기준에 관하여 근로자대표와의 협의를 거쳐야 한다. 이 경우 노동조합이 정리기준에 관한 단체교섭을 요구하는 경우 사용자는 이에 응할 의무가 있는지 나아가 노동조합이 정리기준에 관한 주장을 관철하기 위하여 쟁의행위를 할 수 있는지 등에 관한 쟁점이 단체교섭 및 쟁의행위의 대상이 될 수 있는가에 관하여 학설상 부정설과 긍정설이 대립하고 있다.

판례는, 정리해고의 실시 여부 또는 정리해고를 하기로 한 결정 자체는 경영권에 속하는 사항이기 때문에 노조의 요구내용이 정리해고를 하여서는 아니된다는 취지라면 이는 사용자의 경영권을 근본적으로 제약하거나 본질적으로 침해하는 것이기 때문에 단체교섭 및 쟁의행위의 대상이 될 수 없다고 하여(대법 2002.2.26, 99도5380 ; 2001.4.24, 99도4893) 정리해고 자체를 반대하는 노동조합의 요구사항은 단체교섭 및 쟁의행위의 대상이 될 수 없다는 입장을 분명히 하고 있으나, 정리기준에 관하여도 단체교섭이나 쟁의행위도 허용되지 않는다는 것인지에 대해서는 명확한 의견을 제시하지 않고 있다.

(3) 근로자대표와의 협의에 의하여 정리기준을 하는 경우

근로기준법 제24조제3항은 정리기준 등에 관한 근로자측 협의의 당사자를 '과반수 노동조합' 또는 이러한 노동조합이 없는 경우 '근로자의 과반수를 대표하는 자'로 정하고 있다.

과반수 노동조합은 정리기준 등에 관한 협의에 있어서 사업 또는 사업장 전체 근로자들을 대표할 수 있는 법적 지위를 법률에 의해 보장받고 있는 것이다. 따라서 판례는 과반수 노동조합과 협의를 거쳐 사용자가 마련한 정리기준이 비조합원들에게도 적용된다고 한다(대법 2002.7.9, 2001다29452). 다만, 판례는 경영상의 이유로 노사협의회에서 인원감축에 합의했다면 근로자와 개별적인 사전 협의를 거치지 않았더라도 근로자측과의 성실한 사전협의를 거친 것이 된다는 견해를 제시하고 있는바(대법 2001.10.26, 2000두3016) 법규정 자체만의 해석으로는 논란의 소지가 있다. 또한, 참고적으로 판례는 비조합원인 간부 및 비조합원인 사원을 중심으로 권고사직 등을 통한 인원감축을 시행한 다음 노동조합과의 협의를 거쳐 조합원들을 대상으로 정리해고를 함에 있어 위 권고사직 및 정리해고는 모두 참가인 회사가 단계적으로 시행한 고용조정의 일환이었으므로 조합원들만을 대상으로 삼았다는 사정만으로 이 사건 정리해고가 객관적이고 합리적인 기준 없이 행해진 것이라고는 하기 어렵다는 취지의 견해를 제시하고 있다(서울고법 2001.11.29, 2000누6963).

(4) 성실한 협의요구를 무조건 반대하거나 해태한 경우에 사용자가 일방적으로 작성하는 정리기준의 설정방법

정리해고를 할 때에 사용자가 정리기준을 작성하여 이것을 공표하는 경우 또는 사용자가 성실한 협의를 요구하였음에도 불구하고 노동조합 또는 근로자대표가 협의를 합리적 이유 없이 반대하거나 해태한 때에는 권리남용에 해당되므로(대법 1993.9.28, 91다30620) 사용자에게 협의를 할 수 없는 정당한 사유가 있고, 사용자가 일방적으로 마련한 정리기준이 객관적으로 공정성과 합리성을 결여하지 않는 한 유효하다고 본다.

3. 정리기준의 설정 방법에 대한 판례 및 재결례의 내용

(1) 대상자 선정이 합리적이고 공정하다고 본 판례

가. 일용근로자를 정리해고한 경우

판례(대법 1966.4.6, 66도204)는 운송업을 목적으로 하는 회사에 있어서 본사가 다년간의 적자운영을 탈피하기 위하여 적자요인의 하나로 되어 있는 사무량에 비하여 과다한 일용근로자를 정리한다는 방침을 정하고 그러한 지시를 지점장 등에게 내림에 따라 지점에서 그때그때의 형편에 따라 일용의 형식으로 고용하여 오던 근로자들을 해고한 조치는 정당하다는 취지로 판시하고 있다.

나. 채용내정자를 우선 정리해고한 경우

① 판례(서울지법 1999.6.18, 98가합67931)는 기존 직원들에 대하여 명예퇴직, 의

원사직 유도 등을 통하여 상당한 인원을 감축한 후에도 인원감축의 필요성은 계속되었으나, 고용안정에 관한 협약에 의하여 기존 직원들에 대한 추가적인 정리해고가 불가능하였을 뿐만 아니라 원고들은 비록 회사와 사이에 근로계약이 성립되어 근로자의 지위를 가지고 있었으나 당시까지 현실적인 노무의 제공을 하지 않는 상태로서 근로관계에의 밀접도가 통상의 근로자에 비하여 떨어진다고 할 것이어서 기존의 근로자들에 비하여 우선적으로 정리해고 대상에 속할 수 있다고 할 것이므로 회사가 위와 같이 원고들을 비롯한 채용내정자들을 정리해고 대상자로 선정한 것은 합리적인 이유가 있다고 한다.

② 판례(대법 2000.11.28, 2000다51467)는 근로기준법 제24조제3항은 근로자를 해고하기 위해서는 50일 전에 이를 통보하고 근로자의 대표자와 협의할 것을 규정하고 있으나, 근로자의 신분보장을 위한 이러한 규정은 근로계약이 확정된 근로자를 전제로 하는 것으로서 사용자에게 해약권이 유보되어 있는 채용내정자에 대하여는 그 적용이 없다고 할 것이다. 따라서 채용내정을 취소하기 위해서는 정당한 사유가 있어야 함은 당연하나 따로 근로기준법 제24조제3항의 절차를 거쳐야 하는 것은 아니라는 취지로 판시하고 있다.

다. 단기근속자(근속기간이 짧은 자)를 우선하여 해고한 경우

판례(서울고법 1996.5.9, 95구19784 ; 서울행법 2000.6.1, 99구28247)는 단기근속자를 우선하여 정리해고한 경우를 정당하다고 한다.

라. 장기근속자를 우선하여 해고한 경우

판례(대법 2002.7.9, 2001다29452)는 장기근속자를 우선하여 행한 정리해고를 정당하다고 하면서 또 다른 판례(대법 2005.9.29, 2005두4403 ; 2001.5.30, 2000누7300)는 이와 상반되는 판결을 하고 있다.

마. 평소 근무성적, 상벌관계, 경력, 기능숙련도 등을 고려한 경우

① 판례(대법 2001.12.11, 2000두5708 ; 1987.5.12, 85누690 ; 서울행법 2000.8.25, 2000구993 ; 2000.3.15, 98구18472)는 불황으로 인한 경영합리화를 위한 인원조정책으로 감원을 함에 있어 근로자들의 평소 근무성적, 상벌관계, 경력, 기능의 숙련도

등의 기준에 의하여 감원대상자를 선정하는 등 그 감원기준이 객관적으로 합리성이 결여되거나 형평을 벗어난 것이 아니라면 이에 따른 부득이한 해고조치는 부당노동행위가 아니라고 한다.

② 판례(서울고법 2000.6.9, 99누11235)는 정리해고의 기준은 노사간의 합의를 통하여 설정된 것으로서 비록 그 건이 근로자 개개인의 구체적인 사정을 모두 고려하여 판단할 수 있는 최선의 방안은 되지 못한다 하더라도 버스 운전기사로서의 근무능력과 자질을 평가할 수 있는 중요한 요소 중의 하나인 교통사고 발생전력과 근무기간 동안의 징계전력 등의 사정을 토대로 일응 객관적인 기준을 설정한 것으로 보이는 점 등에 비추어 이를 불공정하다거나 불합리한 기준이라고 볼 수는 없다고 한다.

③ 판례(서울행법 2007.6.8, 2006구합35589)는 「해고기준에 의하면, 징계전력{중상 이상의 중대사고 발생자 또는 이에 준하는 불이익 조치를 받은 경력(최근 2년간)}을 부양의무・재산상태보다 우선하는 해고기준으로 삼았으나 외환위기 이후 위장이혼 등으로 사실혼 관계에 있는 근로자들이 20%에 이른다는 회사 노조의 주장이 있는 상황에서 회사가 이를 확인하는 것이 용이하지 않고, 근로자 개인별 사유재산에 대해 제대로 조사하기가 어려워 회사 노조 스스로 경영재량차원에서 회사에 동점자에 대한 처리에 관하여 경영상의 재량권을 주었고, 동점자에 대하여는 징계전력을 참고하도록 합의한 것이 공정하고 합리적인 것이 아니었다고 볼만한 특별한 사정도 없다」고 한다.

바. 소속부서 근로자민을 대상으로 한 경우

판례(대법 1994.5.10, 93다4892)는 사업부별로 별도의 노조가 결성되어 실질적인 경영자와 각기 독자적으로 단체교섭 등의 노조활동을 해왔고 근로자들 또한 제1사업부와 제2사업부를 전혀 독립적 사업장으로 인식해 왔다면 적자를 내 곤란을 겪고 있는 제1사업부를 폐지하여 인원감축을 하는 것을 불합리하다 볼 수 없고, 또 회사가 이 과정에서 제1사업부 소속 전체근로자들을 해고대상자로 선정한 것도 형평에 어긋난다고 할 수 없다. 특히, 제1사업부 소속 근로자 전체를 정리해고 함에 있어서 노조나 근로자측과 사전협의를 거친다 해도 별다른 효과를 기대할 수 없었던 특별한 사정이 인정되는 경우 사전협의를 안 거쳤어도 정리해고의 효력에는 영향이 없다고 한다.

사. 직무상 요구되는 특수능력을 정리기준으로 삼은 경우

판례(대법 1996.12.5, 94다15783)는 능숙한 영어구사능력이 요청한 업무에 있어서 영어구사능력이 없는 자를 대상자로 선정한 것은 정당하다고 한다.

아. 조합원만을 대상으로 한 경우

판례(서울고법 2001.11.29, 2000누6963)는 회사가 비조합원을 중심으로 권고사직을 통해 인원감축을 시행한 다음 노동조합과의 협의를 거쳐 조합원들을 대상으로 정리해고를 하였고 권고사직 및 정리해고는 모두 회사가 단계적으로 시행한 고용조정의 일환이었다면 당해 정리해고가 비록 조합원만을 대상으로 삼았다 하더라도 객관적이고 합리적인 기준없이 행해진 것이라고는 하기 어렵다고 한다.

자. 객관적인 평가자료가 없는 상황에서 기여도 및 친화력을 기준으로 삼은 경우

판례(대법 2002.7.9, 2000두9373)는「문화체육관광부장관으로부터 예산삭감 및 인건비 삭감요청을 받은 사용자(예술의 전당)가 노사협의회를 개최하여 정원 168명을 135명으로 감축하되 실제로는 당시 현원 155명 중 20명(임원 1명, 3급 이상 9명, 4급 이하 5명, 계약직 4명, 정년퇴직예상자 1명)을 감축하기로 하고, 감축할 4급 이하 직원 5명을 선정하는 방법으로 1~3급 직원 중에서 각 1명, 4~6급 직원 중에서 각 2명씩 직제개편위원을 선발하여 9명의 위원으로 구성된 직제개편위원회에서 해고대상자를 선정하며, 직제개편위원들은 각자 아래와 같은 선정기준에 해당한다고 판단되는 직원을 무기명투표의 방법으로 뽑아 그 중 최다득표를 한 순서대로 해고대상자를 정하고, 그 선정기준은 ① 기구개편에 따른 보직이 없어진 경우, ② 직원 누구나 공감하는 비생산적 인력, ③ 업무의 전문성과 그에 상응하는 능력과 자질이 부족한 인력, ④ 창의력, 업무 추진력, 업무의 적극성이 결여된 인력, ⑤ 분파의식에 합류하여 조직원으로서의 공동체 의식이 결여된 인력, ⑥ 조직에 적응치 못하는 무소신 인력, ⑦ 자신의 미래에 대하여 전문적인 개발노력 의지가 없는 인력으로 합의하였는데, 그 후 노동조합측에서 선정한 직제개편위원들이 그 직책을 고사하는 등으로 직제개편위원 선발이 지연되자 사용자가 이미 선정된 1~3급 3명을 제외한 나머지 6명의 직제개편위원을 노동조합과의 합의 하에 선발하고, 직제개편위원회를 개최하여 무기명투표로서 해고대상자를 선발한 사안에 있어서, 원고법인이 노동조합과 합의하여 정한 해고대상자 선정기준이 다소 애매모호한 점은 있으나 자의적이라고 볼 수 없고, 평소 작성된 인사고과자료 등이 없고 상벌관계도 노동조합의 반대로 인하여 해고대상자 선정기준으로 할 수 없었던 원고법인으로서는 노동조합과 합의한 방법, 즉 직원들 중에서 직급에 따라 직제개편위원을 선발하여 해고대상자를 선정할 수밖에 없었고 달리 해고대상자를 선정할 합리적이고 공정한 방법이 없었다 할 것인데 원고법인의 직원들이 상호간 업무능력과 대인관계 등을 잘 알고 있는 상황하에서는 직제개편위원들이 노동조합의 동의 아래 선발된 이상 그 선발이 위원회의 개최 하루 전일에 이루어졌다는 사정만으로는 그와 같은 방법에 의한 해고대상자 선정이 불합리하다고 볼 수 없다」고 한다.

차. 산재환자 등 보호필요성에 따른 해고제외 기준

판례(대법 2000.10.13, 98다11437)는 예외적으로 일부 근로자를 해고의 대상에서 제외하기 위한 방법으로서 회사의 결원직책에 배치전환하여 잔류시킬 근로자를 선정하기 위하여 회사가 마련한 기준은 산재환자 등 보호필요성과 결원직책에 적정인사를 배치하여야 할 필요성에 따른 것으로 합리성과 공정성이 인정된다고 한다.

타. 국가유공자들에 대한 정리해고 대상자 평점에서 1점만 가산한 경우

판례(서울행법 2002.12.20, 2002구합18784)는 정리해고 대상자를 선정함에 있어 근로자들의 개인적인 사정도 함께 참작하여야 하고 이를 판단함에 있어 재취업의 가능성도 중요한 고려요소 중 하나인 점에 비추어 보면, 이를 국가유공자등예우및지원에관한법률상 취업지원대상자들은 설사 정리해고되더라도 다른 근로자들에 비해 재취업의 가능성이 더 큰 점을 고려하여 일반 근로자들보다 정리해고 대상자선정 평점에서 1점만을 가산하여 준 것은 합리성과 공정성이 인정된다고 한다.

(2) 대상자 선정이 합리적이고 공정하지 못한다고 한 사례

가. 불명확한 내용의 기준과 비교평가의 결여 등

판례(서울행법 2000.8.22, 99구27282)는 정리기준이 예컨대, '무사안일 · 복지부동 직원이나 회사발전 저해, 직원간위화감 조성 직원' 등과 같이 불명확한 내용을 담고 있는 경우 그러한 기준에 의거하여 해고대상자를 선정하는 것 자체가 부당할 뿐만 아니라, 정리기준으로 수 개의 항목을 설정하였다면 항목간의 우선순위를 정하거나 항목별 배점기준 등을 설정하여 해고대상자의 선정이 객관적 · 구체적 · 합리적으로 이루어지도록 하여야 하는데 아무런 우선순위나 배점기준조차 설정하지 않은 채 해고대상자를 선정하는 것은 정당하지 않다고 한다.

나. 객관적 평가기준 없이 투표만으로 대상자 선정

① 판례(서울행법 2000.6.16, 99구30967)는 객관적인 평가자료나 평가기준 없이 단순히 별도로 구성된 인력감축대상자 선정특별위원회의 투표만으로 해고대상자로 선정하는 것은 해고를 실시하는 기업의 입장보다 개인적인 친소관계가 투표에 영향을 미침으로 인해 그 결과가 왜곡될 가능성이 클 뿐만 아니라 해고대상자의 선정권한을 투표자들로 하여금 자유재량으로 행사할 수 있게 하는 결과를 낳게 되어 결국 투표를 하는 자가 누구인가에 따라 그 선정결과가 달라지게 될 가능성이 다른 기준에 의할 때보다 훨씬 크기 때문에 합리적이고 공정한 기준으로 볼 수 없다고 한다.

② 근로자들에 대한 객관적인 평가자료가 없고 일부 정리기준 설정에 관하여 노조가 반대하는 상황에 있어서 노사가 합의한 일정한 방법에 따라 선발된 직제개편위원들의 무기명 투표로 해고대상자를 선정하였던 경우에 그 정당성을 인정하고 있다(대법 2002.7.9, 2000두9373).

다. 정리기준을 적용할 평가기간의 차별

판례(서울행법 2000.12.8, 99구31779)는 정리기준을 적용할 평가기간을 어떻게 정하느냐에 따라 근로자들 사이에 평가점수에 상당한 차이가 초래될 수 있다면 평가기간 역시 사전에 분명히 근로자대표와 협의할 필요가 있으므로 어떠한 합리적인 사유 없이 평가대상기간을 일반관리직과 승무원에 대행 별도로 설정한 것은 하자가 있다고 한다.

라. 선정기준 자체가 존재하지 않거나 객관적인 근무평가가 없는 경우

① 판례(서울행법 2000.10.6, 2000구10877)는 관리업무 자체를 영업양도하는 경우에 있어서 해고자 선정기준 자체를 정함이 없이 편의상 일방적으로 영업양도되는 관리사무소 직원 전원만을 해고한 것은 합리적이고 공정한 해고자 선정기준 자체가 아예 존재하지 않은 상태이므로 정리해고의 요건을 충족하지 못하였다고 본다.

② 판례(서울행법 2000.12.8, 99구31779)는 팀장의 평정이라는 평가항목이 그 성질상 어느 정도 주관적일 수밖에 없다는 점을 감안하더라도 승무원의 경우와 달리 그 평가기준이 전혀 마련되어 있지 아니한 채 평소 객관적인 근무평가가 전혀 이루어지시 아니한 상태에서 오로지 이 사건 경영상 해고의 대상자 선정만을 위하여 실시된 것으로 보이는 점 등 제반 사정을 종합하여 보면 해고의 요건을 갖추었다고 보기 어렵다고 한다.

마. 근로기준법의 취지에 어긋난 단체협약의 선정기준

중앙노동위원회 재결(중노위 1999.4.7, 99부노9·부해35)은 단체협약에서 정리해고 기준을 정할 때에는 근로기준법의 취지에 따라 선정기준을 정하여야 함에도 불구하고 단체협약에 "정리해고자 우선순위를 희망자, 입사역순으로 한다"고 규정한 것은 근로기준법의 취지를 충분히 고려하지 않은 기준으로서 만약 단체협약에서 정한대로 경력이 적은 신입근로자를 순서대로 무조건 정리해고한다면 능력을 인정받아 일찍 승진한 우수한 인력이 동일 직군에서 우선 퇴출되어야 하는 등 기업합리화 취지에도 부합되지 아니하며 또한 개인적인 능력이나 개인사정 등을 전혀 고려하지 아니하였으므로 이를 합리적이고 공정한 기준이라 할 수 없다고 한다.

바. 징계전력만을 기준한 경우

판례(서울행법 2002.7.5, 2002구합5108)는 감원 대상인원 5명을 선정함에 있어 촉탁직 2명의 근로자를 제외한 나머지 3명의 경우, 결국 '징계전력'만을 기준으로 하였던 것인 바, 근무성적을 판단하는 자료가 반드시 징계전력에만 한정되는 것도 아니고, 연령, 가족관계, 근속연수, 재산관계, 재취업의 가능성, 건강상태 등 근로자들의 주관적인 사정을 전혀 고려하지 아니하였다는 점에서 위와 같은 기준은 객관적이고 합리적인 선별 기준이가고 단정하기 어렵다고 한다.

사. 사회적 보호를 필요로 하는 근로자의 우선적 보호

판례(서울지법 1995.12.15, 94가합10586)는 「정리해고의 경우 근로자의 일신상·행태상의 사유가 아닌 사용자측의 경영상 필요로 해고가 이루어지는 것이므로 연령, 근속기간, 부양의무의 유무, 재산, 건강상태 등 근로자 각자의 주관적 사정을 기초로 그 사회적 위치를 살펴 상대적으로 사회적 보호를 덜 필요로 하는 근로자들부터 해고를 하여야 하고, 근무성적, 업무능력 등 사용자측의 이해관계와 관련된 사정 등을 부차적으로 고려되어야 할 것이다」라고 한다. 해고자 선정기준면에서 합리성과 공정성을 결하고 극단적인 방법으로 해고하였다면 정당한 해고라고 볼 수 없다. 판례(대법 2006.7.28, 2004두1001)는 「전체 작업장 종사 근로자들을 대상으로 해고자 선정을 하지 않고 오로지 합법적인 쟁의행위로 말미암아 정상조업 가능성이 가장 낮다는 이유만으로, 원고회사의 요청으로 계약해지가 이루어진 1열연 공장 크레인 운전 작업에 종사하던 근로자만을 모두 해고함으로써 해고자 선정 기준면에서 합리성과 공정성을 결하였다는 점, 이러한 해고 회피노력의 부족과 해고자 인선 기준의 일탈을 상쇄할 정도의 경영상 필요가 시급하고 긴박하여 절실하였다고는 보이지 않고, 원고회사는 이 사건 1열연공장 크레인 운전 작업의 도급계약 해지와 근로자들에 대한 자택 대기발령 후 해고 시점까지 약 2개월 이상의 적지 않는 기간 동안 해고회피방안과 해고자의 인선기준을 적절하게 마련할 시간적 여유를 가지고 있었음에도 단순하고 극단적인 방법으로 1열연 크레인 운전 종사 근로자 모두를 해고하였다는 점을 고려하여 보면, 경영상 이유에 따른 해고의 각 요건을 구성하는 개별 사정을 종합적으로 고려하여 보더라도, 이 사건 해고는 정당한 해고라고 보이지 않는다」고 한다.

바. 정리해고자 선정의 순위결정

정리해고에 있어서 풀타임인 근로자의 지위와 파트타임인 근로자의 지위와는 차이가 있으며, 사용자가 기업경영상의 필요에서 근로자의 정리해고를 단행하려고 할 경우에는 우선 파트타임인 근로자를 먼저 정리하고 그 다음에 풀타임인 근로자를 정리하여야 한다. 또한, 정규직근로자를 정리해고 하기 전에 임시직근로자를 정리해고 해야 한다. 이외에 경기의 후퇴, 임시고용자의 채용금지, 인원과잉 등의 이유로 인하여 갱신거절에 의한 해고도 부득이한 것으로서 합리적 이유가 있다고 보아야 할 것이다.

그러므로 정리해고의 대상자로 하기 위하여서는 ① 순수한 파트타이머, ② 정년 후 재고용자, ③ 상용적 파트타이머, ④ 상용적 임시공, ⑤ 정사원 순서로 정리하며, 파트타이머를 그대로 둔 채 정사원을 정리해고하는 것은 해고권의 남용이 된다. 또한 정리해고기준 자체가 적정한 것일지라도 그 기준대로 선정되지 아니하면 아무 의미가 없으므로 그 적용은 공정하게 시행되어야 한다. 정리기준에 따라 공정하게 선정되어야 합리성이 담보될 수 있다.

사. 선정기준 중 보직 유무가 결정적으로 작용하도록 한 경우

판례(서울행법 2008.12.16, 2008구합25197)는「원칙적으로 회사가 정리해고 대상자 선정기준에 '보직' 보유 여부를 포함시켰다는 것 자체가 비합리적이나 불공정하다고 할 수는 없다고 할 것이나 보직의 유무는 위 정리해고 기준을 세우기 전에 이미 결정된 사항이어서 근로자와 같이 보직 미부여자는 보직 점수를 얼마로 정하느냐에 따라 정리해고 대상자의 해당 여부가 결정될 수 있는 것이므로, 보직 점수를 다른 점수에 비하여 지나치게 높게 배정함으로써 다른 점수와의 균형을 잃게 되는 정도에 이르게 되는 경우라면 그러한 점수 배점은 합리적이거나 공정한 것이라고 볼 수 없게 된다고 할 것인데, 이 사건의 경우 근로자는 회사가 일부 생산 라인을 폐쇄함에 따라 당해 생산 라인에서 다른 생산 라인으로 전환 배치되면서 보직을 부여받지 못하게 된 것이어서, 보직을 부여받지 못하게 된 점에 대한 귀책 사유가 회사에게 있다고 볼 수 없는 점, 회사는 A공장의 경우 보직 미부여자는 4명에 불과한데도 보직을 그 기준으로 삼았고 그 점수 배점도 보직 부여자의 경우 14점, 미부여자의 경우 3점을 주도록 되어 있어 부양가족·보훈·장애 점수에 비하여 보직 유무에 따른 점수 차이가 11점으로서 과도하게 설정되어 있어 정리 해고 대상자를 선정함에 있어 결정적인 요소로 작용할 수밖에 없는 점(결과적으로도 보직을 부여받지 못한 참가인을 비롯한 4명만이 정리해고 대상자로 선정되었다)과 근로자는 A공장 지부장, 노동조합 위원장 선거에 출마하여 낙선한 바 있고, 나머지 정리해고 대상자였던 김××, 박○○, 김△△은 위 각 선거에서 근로자를 적극적으로 지지하였던 직원들임을 고려할 때 노동조합이 회사에 이례적으로 '보직'보유 여부를 정리해고 대상자 선정 기준에 포함시킬 것을 요구함에 있어 집행부 반대파인 근로자를 축출하기 위한 목적이 있었던 것으로 의심할만한 사정이 엿보이는 사정 등을 더하여 보면, 회사가 정리해고 대상자 선정 기준에 '보직'보유 여부를 점수 비율을 20%로 하여 포함시켜 정리해고 대상자를 선정한 것은 합리적이고 공정한 기준에 따른 것이라고 할 수 없다」고 한다.

4. 성(性)을 이유로 한 차별금지

해고회피노력을 하는데 있어서 또는 정리기준에 따른 해고자의 공정한 선정에 있어서 남녀의 성(性)을 이유로 차별을 해서는 안 된다(근로기준법 제24조 제2항). 해고회피노력을 하지 않거나 정리기준을 공정하게 적용하지 않음으로써 여성 근로자가 해고를 당하는 차별대우를 받지 않도록 하기 위한 규정이다(남녀고용평등법 제11조제1항).

Ⅸ. 정리해고와 노동조합이나 근로자와의 성의있는 협의

1. 근로기준법 제24조제3항의 취지

경영상의 이유에 의하여 근로자를 정리해고하는 경우에 사용자는 근로기준법 제24조제2항의 규정에 의한 해고를 피하기 위한 방법 및 해고의 기준 등에 관하여 당해 사업장에 근로자의 과반수로 조직된 노동조합이 있는 경우에는 그 노동조합, 근로자의 과반수로 조직된 노동조합이 없는 경우에는 근로자의 과반수를 대표하는 자(근로자대표)에 대하여 해고를 하려는 날의 50일 전까지 통보하고 성실하게 협의하여야 한다(동법 제24조제3항).

정리해고의 절차적 요건을 규정한 것은 근로기준법 제24조제1, 2항이 규정하고 있는 정리해고의 실질적 요건의 충족을 담보함과 아울러 비록 불가피한 정리해고라 하더라도 협의과정을 통한 쌍방의 이해 속에서 실시되는 것이 바람직하다는 이유에서이다(대법 2006.1.26, 2003다69393).

정리해고를 할 때에 사용자는 근로자나 노동조합에 대하여 정리해고의 필요성, 규모, 시기, 방법 등에 관하여 충분히 협의해야 할 의무가 있으며 이것을 위반한 해고는 무효가 된다. 그러므로 정리해고에 있어서 사용자는 근로자 내지 노동조합과 협의하고 설명해야 할 의무를 지는 근거는 근로자의 귀책사유가 아닌 사용자의 사정에 의한 해고이므로 근로자의 이해를 얻도록 노력하는 근로계약상의 「신의칙」에 있다.

2. 근로자대표의 의미

(1) 근로자 과반수로 조직된 노동조합이 있는 경우

가. 조합원에 관한 정리해고

이에 관하여는 노동조합이 당연히 근로자대표가 됨에 관하여 논란의 여지가 있을 수 없을 것이다.

나. 비조합원에 관한 정리해고

① 비조합원만이 정리해고의 대상일 경우

정리해고가 실시되는 사업장에 근로자의 과반수로 조직된 노동조합이 있는 경우 사용자가 그 노동조합과의 협의 외에 정리해고의 대상인 일정 급수 이상 직원들만의 대표를 새로이 선출케 하여 그 대표와 별도로 협의를 하지 않았다고 하여 그 정리해고를 협의절차의 흠결로 무효라 할 수는 없다고 한다(대법 2002.7.9, 2001다29452). 근로기준법 제24조제3항의 규정취지와 위 조항의 문언 및 이 사건에서 정리해고를 실시하여야 할 경영상 필요의 긴박성 등 실질적 요건의 충족정도, 은행의 노동조합이 종전에도 사용자와 임금협상 등 단체교섭을 함에 있어 3급 이상 직원들에 대한 부분까지 포함시켜 함께 협약을 해왔고 이사건 정리해고에 있어서도 노동조합이 협의에 나서 격렬한 투쟁 끝에 대상자 수를 당초 356명에서 282명으로 줄이기로 합의하는데 성공한 점 등을 종합하여 보면, 이 사건 정리해고가 실시되는 피고 은행 전 사업장에 걸쳐 근로자의 과반수로 조직된 노동조합이 있는 이 사건에 있어, 은행이 위 조항의 문언이 요구하는 노동조합과의 협의 외에 정리해고의 대상인 3급 이상 직원들만의 대표를 새로이 선출케 하여 그 대표와 별도로 협의를 하지 않았다고 하여 이 사건 정리해고를 협의절차의 흠결로 무효라 할 수는 없다고 한다.

② 조합원과 비조합원이 모두 정리해고의 대상일 경우

이에 관한 명확한 판례는 발견되지 않지만, '전직원의 절반가량이 조합원으로 가입되어 있으며 유일한 근로자단체인 노동조합'인 경우에는 '정리해고 대상자를 선정함에 있어서는 조합원이냐 비조합원이냐 여부를 불문'한다는 판례(서울행법 1999.9.8, 98구27636 ; 대법 2002.11.13, 2000두5517)의 입장을 참고로 한다면 이러한 경우의 정리해고에 있어서의 협의주체는 노동조합이며 그 노동조합은 비조합원에 관한 정리해고의 협의주체가 될 수 있다는 해석이 가능할 것이다.

③ 산별노조가 있는 경우의 협의의 대상

산별노조가 있는 경우에는 산별노조인지 지부, 분회가 근로자대표가 될 수 있을지 문제된다.

근로자의 과반수로 조직된 '노동조합'은 노조법에 의한 노동조합을 의미하며, 동법에 의한 노동조합 설립신고가 되어 있지 아니한 노동조합의 지부나 분회는 이에 포함되지 않는다(2001.5.10, 근기 68207-1521).

산별노조가 노조법 제10조에 의한 단위노동조합으로서 당해 사업(장)의 근로자의 과반수가 동 조합에 가입하고 있고, 당해 사업장에 조직되어 있는 산별노조의 지부가 별도의 노동조합 설립신고를 하지 않았다면, 사용자가 근로기준법 제24조제3항에 의하여 경영상의 이유에 의한 해고를 피하기 위한 방법 등에 관하여 성실하게 협의하여야 할 상대방인 노동조합은 달리 볼 사정이 없는 한 산별노조로 보아야 할 것이다. 그러나 당해 사업(장)의 산별노조 지부가 노조법 제10조에 의거 별도의 설립신고를 하였거나, 설립신고를 하지 않았더라도 산별노조가 지부에 협의를 위임한 경우에는 지부가 협의의 상대방이 될 것이다(2006.5.3, 근로기준팀-2026).

(2) 노동조합이 없는 경우

근로자의 과반수로 조직된 노동조합이 없는 경우에 그 협의의 상대방이 형식적으로는 근로자 과반수의 대표로서의 자격을 명확히 갖추지 못하였더라도 실질적으로 근로자의 의사를 반영할 수 있는 대표자라고 볼 수 있는 사정이 있다면 위 절차적 요건도 충족하였다고 보아야 할 것이다(대법 2006.1.26, 2003다69393). 최근 대법원은 근로자대표와 사전협의와 관련하여 '회사와 협의한 상대방인 구조개선추진위원회가 직원들의 의사에 기하여 자발적으로 구성된 것은 아니라 할지라도 회사의 관리직원들은 평소 노동조합에 가입되어 있지 아니하여서 회사가 참가인들을 해고하기 이전에 직급별·부서별로 안분된 직원들로 위 추진위원회를 구성하여 수차례에 걸친 회의를 열어… 회사가 근로자측과의 성실한 사전협의를 거쳤다는 요건도 충족된 것으로 봄이 상당하다 할 것'(대법 2001.1.16, 2000두1454)이라고 판시하고 있다.

정리해고를 하고자 할 때의 마지막 요건은 노동조합에 대하여 또는 노동조합이 설립되어 있지 않으면 동 부문의 근로자에게 동 부뮤 폐쇄의 필요성을 충분히 설명하고 근로자와 정리시기·방법에 대하여 충분한 협의를 행하는 것이다. 정리절차로서는 정리순서(파트타이머부터 먼저), 정리방법(희망퇴직자 모집), 노조와의 협의 또는 교섭(성의를 다하여 협의하더라도 타결할 수 없을 때는 사용자는 실행할 수 있다) 등이 있다.

(3) 근로기준법 제24조의 '근로자의 과반수로 조직된 노조'규정 중 '근로자'의 범위에 노조법상 항상 사용자의 이익을 위해 행동하는 자인 비서, 임원기사, 총무담당직원 등의 포함 여부

근로기준법 제2조제1항제2호에 정한 '그 밖에 근로자에 관한 사항에 대하여 사업주를 위하여 행위하는 자'란 근로자에 관한 사항에 대하여 사업주나 사업 경영 담당자로부터 일정한 권한과 책임을 부여받은 자를 의미하며 직급이나 명칭을 가지고 일률적으로 판단할 수는 없고 실질적으로 권한과 책임이 부여되었는지 여부에 따라 판단되어야 한다(대법 2008.10.9, 2008도5984 ; 2001.12.8, 근기 68207-4269).

한편, 노조법 제2조제4호 가목에서 노동조합의 결격사유의 하나로 사용자 외에 '항상 그의 이익을 대표하여 행동하는 자'의 참가를 허용하는 경우를 정하고 있는 것은 그들이 동법 제2조의제2호의 사용자이기 때문이 아니라 '항상 사용자의 이익을 대표하여 행동하는 자'인 이들이 노동조합에 가입하여 노동조합의 운영에 지배·개입하는 것을 방지함으로써 노동조합의 자주성을 보호하는 한편, 노사교섭의 균형을 기하고자 하는 취지이다.

그러므로 비서, 임원기사, 인사·총무·경리·경비담당 직원 등이 '항상 사용자의 이익을 대표하여 행동하는 자'라 하더라도 이들이 동법상의 '사용자'가 아닌 바와 마찬가지로 근로기준법 제2조제1항제2호에 규정된 사용자인 '사업주의 이익을 위하여 행위하는 자'라고 보기도 어려울 것이므로 동법 제24조의 '근로자 과반수로 조직된 노동조합'의 판단시 근로자의 범위에서 제외할 필요는 없다. 근로기준법 제24조에 규정된 '근로자 과반수로 조직된 노동조합'과 '근로자 과반수를 대표하는 자'의 산정기초가 되는 '근로자'의 범위는 서로 다르지 아니하다(2003.10.24, 근기 68207-1369).

(4) 노사협의회와 협의한 경우

노사협의회는 기본적으로 근로조건에 관한 의사결정기관이 될 수 없지만, 근참법에 의하면 일부 근로조건에 관한 사항을 협의 및 의결의 대상으로 정하고 있으므로 이러한 범위 내에서는 일정한 자격을 인정할 수밖에 없을 것이다.

한편 노사협의회가 경영상 해고의 협의주체로서 인정될 수 있느냐에 관하여는 논란이 제기되고 있는 바, 판례는 "정리해고에 관한 사항은 노사협의회의 협의사항이 될 수 있다"는 입장을 취하였으며(대법 1997.9.5, 96누8031), 나아가 하급심 판결은 이와 같은 판결의 기본적인 입장에서 "회사가 원고들과의 개별적인 사전협의를 거치지 아니하였고 원고들이 사전에 그러한 노사협의회의 개최사실을 알지 못하였다"고 하더라도 노사협의회에서 정리해고에 관한 협의를 하여 근로자측이 찬성하였다면 근로자측과 성실한 사전협의를 거쳤다는 요건은 충족된다고 판시한 바도 있다(서울고법 2000.3.29, 99누5216).

일부 학설도 노사협의회의 권한에 있어서 직접적인 근로조건의 결정과도 관련성을 갖는 부분이 많다는 점 등을 근거로 노사협의회의 근로자대표 위원은 사업을 구성하는 전체 근로자를 대표하는 지위를 갖는다는 입장을 제한적으로 취하고 있다.

결론적으로 이와 같은 판례 및 일부 학설의 내용으로 본다면, 노사협의회도 정리해고시의 근로자대표로 인정될 수 있을 것이지만 노사협의회를 협의 주체로 인정하고자 하는 의도가 사용자의 편의를 위한 것이거나 정리해고를 용이하게 하기 위한 것이어서는 안될 것이고 노사협의회의 운용관행에 있어서 근로자 대표로서 근로자들의 의사를 충분히 반영해 온 관행이 존재하여야 할 것이다.

(5) 개별 협의의 문제

근로기준법 제31조제3항은 정리해고시 '근로자대표'와의 협의를 규정하고 있으므로 정리해고의 개별 대상자와의 협의만으로는 위와 같은 법규정상의 요건을 충족할 수 없다고 보아야 할 것이다.

가. 정리해고 대상자가 전국에 산재하고 있는 경우

사용자는 근로자들이 전국에 산재하고 있어 근로자대표를 선정하는데 어려움이 있어 개별적으로 전직희망 여부를 타진하였고, 해고대상자 선정 이후에 충분한 개별면담을 통하여 개별적으로 협의하였으므로 이러한 개별적 협의는 사용자의 실정에 비추어 타당하다는 취지로 주장하나, 근로자들이 전국에 산재하고 있다는 사정만으로 근로자대표와 해고를 피하기 위한 방법 및 정리기준에 관하여 협의하지 아니한 것이 정당화될 수 없을 뿐만 아니라, 사용자가 먼저 관리자로 하여금 전직희망자를 파악하여 해고대상자를 선정한 것은 근로자 측과 아무런 협의 없이 임의로 정리기준을 정하여 해고대상자를 선정한 것이라고 할 것이고, 이후에 실시한 개별면담 해고대상자들과 해고회피방법에 대하여 협의한 것이라기보다는 해고의 정당성을 피력하기 위한 면담에 불과한 것으로 보인다고 하여 협의를 인정하지 않고 있다(서울행법 2007.8.28, 2006구합47056 ; 대법 2008두11495 ; 서울고법 2007누25437).

나. 정리해고 대상자가 2~3명 극소수만이 존재하는 경우

그러나 예를 들어 대규모 사업장에서 구조조정 대상자의 대다수가 임의사직 등으로 퇴직한 후 경영상 해고 대상자가 2~3명 등 극소수만이 존재하는 경우 등에 있어서 구조조정이 긴급함에도 불구하고 과연 이러한 극소수의 정리해고에 관하여 근로자대표를 구성하여 협의를 하여야 하는지에 관하여 문제가 제기될 수 있다.

이와 관련하여서는 근로자대표성에 관한 판례의 다소 유연한 입장을 고려하여 볼 때 정리해고의 긴급성, 해고대상자 수가 극소수인 점, 협의를 위한 성실한 노력 등의 사정이 인정된다면,

① 근로자의 과반수로 조직된 노동조합이 있는 경우에는 그 노동조합,

② 근로자의 과반수 이하로 조직된 노동조합이 있고 경영상 해고 대상자가 조합원인 경우에는 그 노동조합 혹은 개별 정리해고 대상자(이 경우에는 양자 모두와의 협의가 바람직할 것이다)

③ 노동조합이 없는 경우에는 극소수의 정리해고 대상자와의 협의가 있으면 위 법규정의 요건을 충족한다고 보아야 한다는 견해가 제시될 수 있을 것이다.

다. 개별근로자와의 사전 협의를 거치지 않은 경우의 효력

판례(서울고법 2000.3.29, 99누5216)는「회사가 근로자들을 해고하기 이전에 노사협의회를 개최하여 인원감축의 규모와 원칙적인 기준들을 합의하여 결정하였고, 노사협의회에 참석한 근로자대표들도 회사의 경영상태 악화를 인식하여 전원이 인원감축방안에 찬성한 점에 비추어보면, 가사 소외 회사가 근로자들과의 개별적인 사전 협의를 거치지 아니하였고, 근로자들이 사전에 그러한 노사협의회 개최사실을 알지 못하였다고 하더라도, 근로자측과의 성실한 사전협의를 거쳤다는 요건은 충족된 것으로 봄이 상당하다」고 한다.

라. 노조에게 사전통보를 하고 협의를 거칠 것을 규정한 근로기준법의 요건을 갖추지 못한 경우의 해고의 효력

회사가 노동조합에 정리해고계획을 통보하면서 상근직원 128명을 120명으로 감축할 것으로 통보한지 불과 1주일 남짓만에 근로자들을 해고대상자로 선정하고 촉박한 기한을 정해 근로자들에게 사직서를 제출하도록 요구하면서 사직서를 제출하지 않으면 상당한 불이익을 안은 채 해고되고 말 것이라는 점을 주지시킨 끝에 근로자들에게 사직서를 제출하게 해 면직한 것은 근로기준법 제24조제3항의 요건을 갖추어 해고라고 할 수 없으므로 이 사건 면직은 정당한 이유없이 한 해고로서 무효하다(창원지법 2008.11.25, 2007가합750).

5. 사전협의의 내용

(1) 사전통보 및 협의의 내용

근로기준법 제24조제3항에 의하면 적어도 해고를 피하기 위한 방법 및 해고대상자의 선정기준 등을 통보하고 성실한 협의를 거쳐야 한다.

그 외 정리해고에 관한 중요 사항, 예컨대 정리해고에 이르게 된 경위, 인원삭감을 할 수 밖에 없는 기업의 경영상황 지금까지의 코스트삭감책을 포함한 경영개선 노력, 향후의 경영전망, 인원삭감규모의 근거・인원삭감의 시기, 해고회피노력의 내용(배치전환・전출・희망퇴직자의 모집과 그 조건 등) 정리기준 및 이와 관련한 평가항목, 정리해고의 필요성, 이직・퇴직・해고의 조건, 해고의 절차 등에 관하여 통보 및 협의가 필요한 것이다.

'협의'란 필요한 사항을 상대방에게 설명하는 것인바, 이 경우 사용자로서는 해당 사항에 관하여 상대방에게 설명하고 회사가 의도하는 바를 이해시키는 정도가 요구되며, 상대방의 의견을 듣고 또 질문에 성의껏 답변하는 경우에는 상대방의 승낙을 최종적으로 얻지 않아도 좋다는 점이 '합의'와의 차이이다. 판례에 의하면 해고의 방향이나 기준 등 정리해고에 관한 내용이 반드시 근로자대표와의 협의과정에서 마련되어야 하는 것은 아니며, 회사가 당초 정한 내용을 가지고 통보 및 협의 절차를 진행할 수 있다고 한다(서울행법 2003.3.14, 2002구합26563호). 근로자와 성실한 협의를 요구하는 것은 비록 불가피한 정리해고라 하더라도 협의 과정을 통한 쌍방의 이해 속에서 실시되는 것이 바람직하다는 취지이므로 사용자가 당초부터 정리해고의 방향과 기준을 설정하고 근로자들에게 그 필요성을 설득하는 형태로 진행하는 것이 부인되는 것은 아니라는 취지이다.

(2) 협의하여야 할 시기로서 '50일 전 사전통보기간'의 의미

사용자는 '해고를 하고자 하는 날의 50일 전'에 근로자대표에게 해고회피방법 및 정리기준을 통보하여야 한다.

근로기준법 제24조제3항이 해고를 피하기 위한 방법과 해고의 기준을 해고실시 50일 이전까지 근로자대표에게 통보하게 한 취지는, 소속근로자의 소재와 숫자에 따라 그 통보를 전달하는데 소요되는 시간, 그 통보를 받은 각 근로자들이 통보 내용에 따른 대처를 하는데 소요되는 시간, 근로자대표가 성실한 협의를 할 수 있는 기간을 최대한으로 상정·허여하자는데 있는 것이고, 50일 기간의 준수는 정리해고의 효력요건은 아니어서 구체적 사안에서 통보 후 정리해고 실시까지의 기간이 그와 같은 행위를 하는데 소요되는 시간으로 부족하였다는 등의 특별한 사정이 없으며, 정리해고의 그 밖의 요건은 충족되었다면 그 정리해고는 유효하다(대법 2003.11.13, 2003두4119)고 한다. 종전에는 경영상의 이유에 의한 정리해고시 근로자 대표에게 해고하고자 하는 날의 60일 전까지 해고의 기준 등을 미리 통보하고 협의하도록 하고 있으나, 그 기간이 지나치게 길어 환경변화에 대처하는데 어려움이 있다(OECD 등에서 문제점으로 지적함). 정리해고시 사전통보기간을 50일로 단축함으로써 해고의 유연성을 제고하고 근로자와 사용자간의 갈등을 줄일 수 있을 것으로 기대된다.

(3) 해고예고제도와의 관계

근로기준법 제24조제3항의 규정에 의한 사전협의기간(50일) 중에도 해고예고는 가능하다. 사용자는 '해고를 하려는 날'의 50일 전까지 근로자대표에게 해고회피방법 및 정리기준 등을 통보하고 근로자대표와 협의를 진행하다가 30일이 지난 후 협의가 된 경우 당해 근로자에게 바로 해고예고를 할 수 있게 되고, 30일간의 해고예고기간이 종료하면 해고의 효력(근로관계의 종료)은 발생된다. 그러나 노조와의 협의가 늦어져 선발기준의 확정이 지연된 때에는 해고자에 대한 통지는 그때부터 30일을 계산하여 행하여야 할 것이다.

(4) 정리해고 요건 상호간의 관계

정리해고 요건의 구체적 내용은 확정적·고정적인 것이 아니라 구체적 사건에서 다른 요건의 충족 정도와 관련하여 유동적으로 정해지는 것이므로, 구체적 사건에서 정리해고가 위 각 요건을 모두 갖추어 정당한지 여부는 위 각 요건을 구성하는 개별사정들을 종합적으로 고려하여 판단하여야 한다(대법 2006.1.26, 2003다69393).

정리해고의 특정 요건의 충족 여부를 판단함에 있어서는 다른 요건과의 관련 하에서 평가하는 것이 타당하지만 특정한 요건이 완전히 결여되어 있거나 정당성이 없는 경우의 정리해고는 무효라고 해석할 수밖에 없다.

Ⅹ. 정리해고와 단체교섭의 대상 여부

경영상 이유에 의한 정리해고는 단체교섭(및 쟁의행위)의 대상이 될 수 있는가의 문제이다. 학설 및 판례의 입장을 보면 학설은 긍정하는 견해와 부정하는 견해로 대립하고 있다.

1. 정리해고는 단체교섭 대상이라는 견해

해고회피방법과 정리기준에 관하여 근로자대표와 사전협의를 하는 것은 실질적으로 근로자의 근로조건에 관하여 「교섭」하는 것을 의미하므로 당연히 경영상 이유에 의한 해고는 단체교섭대상 사항이라고 하는 견해(이광택, '구조조정은 쟁의행위의 대상이다', 「노동법률」 1999.11, p.25 ; 박홍규, '경영상 이유에 의한 정리해고의 쟁의행위대상 여부', 「노동법률」 2000.4, p.62~63)가 있고 또한 경영상 이유에 의한 해고는 기업의 유지와 존속보호를 꾀하기도 하지만, 동시에 근로자의 생존권을 박탈할 수 있는 중대한 사항이므로 단체교섭대상상항이 된다는 견해(김인재, '구조조정을 둘러싼 노동법적 문제', 구조조정과 노동문제에 관한 정책토론회, 2001.3.17, p.10 이하)도 있다. 이 견해에 의하면 노동조합이 근로조건의 최소한의 유지(고용안정)를 위한 차원에서도 정리해고에 따른 해고회피방안을 마련하거나 해고대상자 선정기준을 마련한 것 등에 대하여 사용자와 교섭하는 것은 집단적 노사자치의 영역에 속한다고 한다.

2. 정리해고는 단체교섭 대상이 아니라는 견해

「해고」(근로기준법 제23조) 및 「정리해고」(근로기준법 제24조)는 단체교섭 및 쟁의행위의 대상이 될 수 없다고 생각된다. 단체교섭 및 쟁의행위의 대상이 될 수 있는 것은 근로관계의 존속을 전제로 하는 근로조건에 관한 사항에 한정된다고 보아야 한다. 임금·근로시간·복지 기타 대우에 관한 사항이 그 대표적 예이다. 그런데 노조법 제2조제5호는 근로조건으로서의 해고를 노동쟁의의 대상으로 규정하고 있다. 여기서 해고가 집단적 노사관계의 이익분쟁의 대상이 될 수 있는가 하는 것이 문제된다. 해고는 개별적 근로관계를 소멸시키는 사용자의 일방적 의사표시이다. 해고는 원칙적으로 개별적 권리분쟁이고, 이에 대한 다툼은 사법적 통제를 통해서 해결되어야 할 문제이다. 그러나 어느 특정 근로자의 근로관계의 소멸에 관한 사용자의 해고처분(해고의 의사표시)이 문제되는 것이 아니고, 단체협약 내에 일반적 근로조건으로서 해고의 기준 및 절차에 대한 교섭이 행하여지며, 이에 관한 노사의 주장이 일치하지 않을 경우에는 해고에 관한 사항이 노동쟁의의 대상이 될 것이다. 다시 말하면 이 경우에 해고에 관한 사항은 집단적 노사관계법상의 이익분쟁으로서의 성질을 가지고 있으므로 노동쟁의의 대상이 될 수 있다. 노조법 제2조제5호의 규정은 「임금… 해고 기타 대우 등… 근로조건의 결정에 관한」 규정은 집단적 노사관계법상의 해고의 기준 및 절차에 관한 사항을 그 대상으로 하는 것이라고 합목적적으로 해석해야 할 것이다. 또한 노동조합이 정리기준에 관하여 사용자와 교섭하는 경우에도 근로기준법 제23조제1항 및 제24조제5항의 「정당한 이유」의 한계 내에서 교섭이 이루어져야 할 것이다. 왜냐하면 「정당한 이유」의 내용과 한계는 법원이 판결에 의하여 결정한 전권사항이기 때문이다. 만일 노동조합이 판례상 인정되고 있는 해고의 「정당한 범위」에 저촉되는 정리기준을 관철하기 위하여 또는 사용자의 해고처분 자체를 저지하기 위하여 그들의 주장을 관철하려 한다거나 쟁의행위를 단행한다면 해고에 관한 법원의 사법심사는 궁극적으로 무의미하게 될 것이다. 결론적으로 노동조합은 사용자의 해고처분행위 자체 - 그것이 제23조의 일반해고이건 또는 제24조의 경영상의 긴박한 해고이건 간에 이에 대해서는 쟁의행위를 할 수 없다. 이러한 조항은 단체협약상의 정리기준을 설정하기 위한 교섭에 관한 규정이 아니라, 사용자의 해고처분행위와 직접 관련된 사항에 관하여 규정하고 있는 것이다(김형배, 「노동법」 신판5판, p.580).

3. 판례의 태도

판례(대법 2001.4.24 99도4893)는 긴박한 경영상의 필요에 의하여 하는 이른바 정리해고의 실시는 사용자의 경영상의 조치라고 할 것이므로, 정리해고에 관한 노동조합의 요구내용이 사용자는 정리해고를 하여서는 아니된다는 취지라면 이는 사용자의 경영권을 근본적으로 제약하는 것이 되어 원칙적으로 단체교섭의 대상이 될 수 없고 단체교섭사항이 될 수 없는 사항을 달성하려는 쟁의행위는 그 목적의 정당성을 인정할 수 없다고 판시함으로써 부정적인 입장을 취하고 있다. 또한 최근 판례는 사용자의 경영권은 헌법상(제119조제1항, 제23조제1항, 제15조) 보장되어 있는 실체적 권리임을 강조하면서 기업의 구조조정에 의한 해고 전에 노조와 사용자가 협약상 '합의'를 하도록 약정하였더라도 이를 '협의'의 취지로 해석해야 한다는 견해를 명백히 하고 있다. 노조의 '합의'가 있을 경우에만 구조조정을 할 수 있다면 경영주체에 의한 고도의 경영상의 결단, 즉 경영권은 부인되는 결과를 가져올 수 있을 것이므로, 기업의 존립과 관련된 구조조정의 실시 여부는 원칙적으로 합의의 대상이 될 수 없고 단체교섭의 사항이 되지 않는다고 한다(대법 2003.7.22, 20000도7225 ; 2002.2.6, 99도53803 ; 2003.2.11, 2000도4169 ; 2003.2.28, 2002도5881 ; 2003.3.14, 2002도5883 ; 2003.3.28, 2002도6060).

4. 평 가

근로기준법 제24조제3항에서 규정하고 있는 것은 사용자의 협의의무를 정하고 있는 것뿐이고 정리해고에 관한 노동조합의 단체교섭권을 인정한 것이라고는 볼 수 없다. 더욱이 동 규정은 근로자의 과반수로 조직된 노동조합이 없는 경우에는 근로자의 과반수를 대표하는 근로자대표와 협의할 수 있도록 규정하고 있다. 이 근로자대표는 노동조합이 아니기 때문에 단체교섭권을 가질 수 없음은 물론이다. 여기서 '협의'라는 말은 '근로조건의 유지 또는 개선'이라는 노동조합의 적극적이고 고유한 활동을 뜻하는 것이 아니라, 근로자의 과반수를 대표하는 자와의 협의를 통하여 경영상의 긴박한 사유에 의한 해고조치와 관련해서 그 피해를 최소화함으로써 보다 합리적인 해결방안을 의견의 교환 내지 공동이익을 위한 합리적 방안의 모색을 뜻한다고 보아야 한다(김형배, 「노동법」 신판5판, p.580).

XI. 정리해고와 행정절차

1. 정리해고시 노동부장관에의 신고

사용자는 일정한 규모 이상의 인원을 해고하려면 시행령이 정하는 방법에 따라 노동부장관에게 신고하여야 한다(근로기준법 제24조제4항). 즉 사용자가 상시 근로자수가 99명 이하인 사업 또는 사업장인 경우에는 10명 이상, 상시근로자수가 100명 이상 999명 이하인 사업 또는 사업장인 경우에는 10% 이상, 상시근로자수가 1,000명 이상인 사업 또는 사업장인 경우로서 100명 이상의 근로자를 해고하려면 최초로 해고하려는 날의 30일 전까지 노동부장관에게 신고하여야 한다(동법시행령 제10조제1항).

신고서에는 ① 해고사유, ② 해고 예정 인원, ③ 근로자대표와 협의한 내용, ④ 해고 일정 등을 기재하여야 한다(제10조제2항). 근로기준법시행령 제10조에 따라 해고계획을 신고하려면 「경영상 이유에 의한 해고계획신고서」에 법 제24조제3항에 따라 근로자대표에게 통보한 내용을 적은 해고 관련 서류를 첨부하여 관할 지방노동관서의 장에게 제출하여야 한다(동법시행규칙 제3조).

이러한 신고제도를 둔 것은 대량해고에 대한 행정적 감시와 지도를 하기 위한 것으로 판단되므로, 사용자가 노동부장관에게 신고를 하지 않았다고 하여 이러한 해고가 무효로 되는 것은 아니라고 해석된다. 동 규정에 위반하더라도 벌칙의 적용이 없으므로 이 규정은 일종의 훈시규정이라고 할 것이다.

2. 우선 재고용의무

긴박한 경영상의 필요에 의하여 근로자를 해고한 사용자는 근로자를 해고한 날부터 3년 이내에 해고된 근로자가 해고 당시 담당하였던 업무와 같은 업무를 할 근로자를 채용하려고 할 경우에는 제24조에 따라 해고된 근로자가 원하면 그 근로자를 우선적으로 고용하여야 한다(근로기준법 제25조제1항). 이 사용자의 재고용의무는 법적 의무이다. 구근로기준법 제31조의2의 취지는 사용자가 신규채용의 기회가 생기기만하면 반드시 정리해고자를 우선 재고용하여야 한다는 법적인 의무를 부과한 것이 아니라, 사용자가 신규채용하고자 하는 직책에 맞는 정리해고자가 있으면 그를 우선적으로 고용하도록 노력하라는 취지에 불과하다(대법 2006.1.26, 2003다69393). 구법상의 재고용의무 노력규정으로는 정리해고된 자를 그 기업에 재고용하는데 실효성이 낮다는 의견이 제기됨에 따라 해고된 근로자의 고용안정성을 도모하기 위해 재고용의무가 필요한 것이다. 재고용의무는 동일업무로 한정한 것으로 동일업무가 삭제되면 재고용의무가 지나치게 넓게 되어 이를 제한한 것이다.

3. 국가의 고용보장의무

정부는 경영상의 필요에 의하여 해고된 근로자에 대하여 생계안정・재취업・직업훈련 등 필요한 조치를 우선적으로 취하여야 한다(근로기준법 제25조 제2항).

XII. 고용안정협약과 관련된 문제

1. 문제의 소재

최근의 금융위기에서 촉발된 경제적 불안이 가중되고 세계 모든 나라의 동반 침체에 따라 기업은 생존전략의 일환으로 구조조정 등으로 인하여 고용불안이 사회문제화 되자 일부 기업의 노동조합에서는 '고용안정협약'의 체결이나 '고용안정대책위원회'의 구성을 단체교섭사항으로 요구하는 사례가 빈번하게 발생하고 있다.

노동조합측의 요구안이나 이미 체결된 단체협약의 예를 보면

① 회사는 인위적인 인원감축을 실시하지 않는다.

② 회사는 3자인수, 분할, 매각, 합병과 같은 중대한 경영상의 결정사항이 발생할 때에는 고용승계 및 단협승계를 보장한다.

③ 조합은 회사 정상화를 위해 적극 협력하여 회사와 조합은 회사 조기 정상화를 위한 방안을 모색, 추진한다.

이 같은 내용이 포함되어 있는 경우가 있다.

2. '고용안정협약'의 효력

정리해고, 경영상 해고 등을 하지 아니하는 내용이나 인위적 혹은 일방적인 인원감축을 하지 아니한다는 내용의 협약이 체결된 경우에 회사측이 불가피하게 경영상의 긴박한 이유로 정리해고를 하는 경우에 그 효력이 문제될 수 있다.

(1) 학설의 입장

① 긍정설 : 정리해고 자체가 '긴급피난'의 이론에 근거한 것이므로 고용안정 협약의 존재나 내용에도 불구하고 법률상 요건에만 합치되면 정리해고가 가능하다는 입장이다.

② 부정설 : 고용안정협약 자체의 단체협약규정을 존중하여야 하므로 이러한 경우에는 정리해고가 불가능하다는 입장이다.

③ 신의칙설 : 징계절차에 있어서 노조의 동의 혹은 노조와의 합의가 전제되는 경우에도 징계사유가 명백하고 회사측이 동의 혹은 합의를 도출하기 위하여 진지하고 성실한 노력을 최대한 기울인 경우에는 동의나 합의 없이도 징계가 가능하다는 판례를 유추적용하여 경영상 긴박한 이유가 명백하게 존재하고 법률상 요구되는 요건충족을 위하여 위와 같은 노력을 기울였다면 고용안정협약에도 불구하고 정리해고가 가능하다는 입장 등이 제시될 수 있을 것이다.

(2) 행정해석의 입장

① "단체협약에 회사가 경영상의 이유로 조합원을 해고하고자 할 경우 노동조합과 합의하여야 한다"고 규정하였다면 동 단체협약조항은 이행되어야 한다. 그러나 노동조합과의 합의가 없었다 하더라도 근로기준법에서 정한 요건과 절차를 갖추어 해고를 한다면 노동조합과의 합의를 거치지 않은데 따른 단체협약 불이행 및 해고행위의 민사상의 효력문제는 별론으로 하고 그 자체로 근로기준법 위반은 되지 않는다 할 것이다(1998.4.13, 근기 68207-706).

② 행정해석은 고용안정협정이 체결되어 있다고 하더라도 사용자는 근로

기준법이 정하는 바에 따라 정리해고를 할 수 있으므로 그 정리해고를 반대하기 위한 노동조합의 쟁의행위는 정당하지 않다는 것이다. 그러나 노동조합의 동의가 필요하다는 취지의 규정이 있는 경우 노동조합의 동의를 얻지 않은 정리해고는 근로기준법 위반문제는 없더라도 단체협약 위반의 책임을 면할 수는 없다.

(3) 판례의 입장

① 판례는 위 세가지 학설 중 '신의칙설'을 따르고 있는 것으로 보여지며 하급심 판결은 명확하게 동설을 지지하고 있다. 즉 고용안정협약이 '합의'의 의미로 해석되는 경우에 있어서도 회사측이 사전합의를 위한 성실하고 진지한 제반 노력을 다하였음에도 불구하고 노동조합측이 정당한 사유 없이 무작정 정리해고를 반대하여 합의가 도출되지 않은 경우라면, 이는 노동조합의 합의거부권의 남용에 해당하므로 합의 없이 이루어진 당해 정리해고는 정당하다고 한다.

② 판례(서울행법 2000.3.17, 99구20694호)는 「인사합의조항은 사용자에게 있는 인사권을 노동조합과의 합의를 거쳐 행사하도록 제한한 것일 뿐 사용자의 인사권을 근본적으로 부정하는 것은 아닌 이상, 정리해고를 하는 경우에는 위와 같이 사전 합의가 있어야 하도록 규정되어 있는 경우에도, 노동조합측에 중대한 배신행위가 있고 이로 인하여 사용자측의 절차의 흠결이 초래된 경우이거나 또는 사용자인 회사에 정리해고를 하여야 할 긴박한 경영상의 필요가 있음이 객관적으로 명백하며 회사가 노동조합과 사전 합의를 위하여 성실하고 진지한 노력을 다하였음에도 불구하고 노동조합측이 합리적 근거나 이유를 제시함이 없이 무작정 정리해고에 반대함으로써 사전 합의에 이르지 못하였다고 인정되는 경우에도 노동조합측이 합의거부권을 남용한 것이 되어 사용자가 이러한 합의 없이 한 정리해고도 다른 요건을 갖추고 있는 한 유효하다」고 판시하고 있다.

③ 또 판례(대법 2002.2.26, 99도5380)는 「사용자가 경영권의 본질에 속하여 단체교섭의 대상이 될 수 없는 사항에 관하여 노동조합과 합의하여 결정 혹은 시행하기로 하는 단체협약의 일부 조항이 있는 경우 그 조항 하나만을 주목

하여 쉽게 사용자의 경영권의 일부 포기나 중대한 제한을 인정하여서는 아니되고 그와 같은 단체협약을 체결하게 된 경위나 당시의 상황, 단체협약의 다른 조항과의 관계, 권한에는 책임이 따른다는 원칙에 입각하여 노동조합이 경영에 대한 책임까지도 분담하고 있는지 여부 등을 종합적으로 검토하여 그 조항에 기재된 합의의 의미를 해석하여야 할 것이라고 하여 단체협약상에 정리해고를 실시하기 위해서는 노동조합과 사전 합의를 하여야 한다는 규정이 있다 하더라도 제반 사정을 검토하여 보아 반드시 노조의 사전 동의를 요건으로 한다는 취지가 아니라 사전에 노조에게 해고의 기준 등에 관하여 필요한 의견을 제시할 기회를 주어 노조의 의견을 성실히 참고하게 함으로써 구조조정의 합리성과 공정성을 담보하고자 하는 취지라면 '협의'의 의미로 해석함이 타당하다」고 판시하고 있다.

④ 판례(대법 2003.2.20, 2000도4169)는 「사용자가 경영권의 본질에 속하여 단체교섭의 대상이 될 수 없는 사항에 관하여 노동조합의 '동의'를 얻어 시행한다는 취지의 단체협약의 일부 조항이 있는 경우, 그 조항 하나만을 주목하여 쉽게 사용자의 경영권의 일부 포기나 중대한 제한을 인정하여서는 아니되고, 그와 같은 단체협약을 체결하게 된 경위와 당시의 상황, 단체협약의 다른 조항과의 관계, 권한에는 책임이 따른다는 원칙에 입각하여 노동조합이 경영에 대한 책임까지도 분담하고 있는지 여부 등을 종합적으로 검토하여 그 조항에 기재된 '동의'의 의미를 해석하여야 한다」고 판시하고 있다.

⑤ 회사가 존폐위기에 처했다면 고용안정협약상 정리해고 미실시를 합의했다하여도 예상치 못한 급격한 상황 변화에 대응해 이루어진 새로운 합의에 의해 사실상 변경됐다고 할 것이므로, 해고가 무효라고 볼 수 없다. 판례(서울고법 2003.7.10, 2002나58138)는 「고용안정협약에 기재된 'D자동차 노사가 향후 5년 간 정리해고를 하지 않기로 한다'는 부분은 당해 규정의 전단에 기재된 '회사와 노동조합은 생산성 향상, 인력 재배치 등 해고회피를 위해 최선의 노력을 다하여야 한다'는 내용 등에 비추어 볼 때에 소정의 기간 동안은 어떠한 경우에도 절대로 정리해고를 하지 않겠으며 그 기간 내에 이루어진 정리해고는 무조건 효력이 없다는 취지로 단정해 해석하기는 어렵다.

또 회사를 둘러싸고 전개된 상황이 급격한 변화를 맞이해 장기간 진행되어 오던 외국 대기업과의 인수협상이 결렬되고 채권자의 자금지원이 중단돼 부도가 발생하고 회사정리절차개시신청이 이루어지는 등 통상적인 예상을 크게 벗어나 회사 자체의 존폐위기에 처하는 절박한 지경에 이르게 되자 회사와 노동조합이 회사를 회생시키기 위한 노력의 일환으로 인력 등 전 분야에 걸쳐 구조조정을 실시하기로 하는 합의가 이루어진 이상, 당초에 이루어진 고용안정협약의 정리해고 미실시 조항은 그 후에 발생한 예상치 못한 급격한 상황 변화에 대응하여 이루어진 새로운 합의에 의해 사실상 변경되었다고 할 것이므로, 이 사건 해고가 당초에 이루어진 고용안정협약에 기재된 문언 내용에 어긋난다는 이유만으로 무효라고 볼 수 없다」고 한다.

3. 고용안정협약의 이행을 요구하는 쟁의행위의 정당성 여부

노조법은 단체협약의 해석 및 이행에 관한 분쟁이 노동쟁의 조정절차를 통해서 해결될 수 있는 절차를 신설하였으며 이익분쟁과 권리분쟁의 구분은 노동쟁의 조정절차의 적용범위를 결정하기 위한 개념으로서의 의의를 갖고 있으며 원칙적으로 단체협약의 해석 및 이행에 관한 분쟁이 권리분쟁에 속하므로 그 요구 주장을 관철하기 위한 쟁의행위의 정당성이 부정되는 것이라고 판단된다(노조법 제34조). 따라서 노사간에 체결된 고용안정협약의 준수와 이행을 요구하는 쟁의행위는 노조법상 그 정당성이 부정된다고 보아야 할 것이다.

4. 고용안정협약의 규정방법

정리해고가 남용되는 것을 가능하면 방지하는 것은 바람직하겠지만 정리해고가 불가피한 경우에 있어서 위와 같은 고용안정협약이 존재하는 경우에는 그 효력에 관하여 노사간에 불필요한 갈등이 발생할 수도 있다. 그러나 노동조합 혹은 근로자의 입장에서는 정리해고의 남용을 억제하기 위한 필요성도 절실한 것이므로 정리해고가 금지된다는 표현보다는 정리해고를 실시하지 않도록 최대한 노력한다든지 정리해고를 실시하지 아니함을 원칙으로 한다는 표현 등이 실무적으로 제시될 수 있다.

XIII. 고용조정과 정리해고에 있어서의 M&A

1. M&A와 고용승계의 쟁점과 근로기준법의 규정

M&A란 우리나라의 법 규정에서 명시적으로 나타나 있는 개념이 아니며 학문적으로 정립된 개념도 아니지만 기업자체를 목적물로 하는 매매행위의 총칭으로 정의할 수 있다. 구체적으로 회사합병, 영업양도, 주식매수 등의 거래를 그 수단으로 한다. 'M&A'는 조직의 통합을 의미하는 'Merger'(혼합, 융합)와 경영권의 획득을 의미하는 'Accquisition'(인수, 획득)의 첫 글자를 조합하여 만든 단어로써 일반적으로 '인수·합병'으로 해석하고 있다.

M&A로 인하여 영업권의 주체가 변경되는 경우 근로자에 대한 고용승계 여부가 노동법적으로 문제되는 바, 합병, 영업양도 등 M&A의 구체적인 유형과 그 방법에 따라 판단하여야 할 것이다.

고용승계에 있어서 핵심적인 쟁점은 합병, 영업양도, 영업의 임대차, 경영위임 등으로 인하여 근로제공의 물적·조직적 기초에 대한 사실상의 지배관계가 변동되는 경우 근로계약관계가 새로운 지배주체에게 이전되느냐의 문제인데, 이는 영업 또는 기업에 대한 지배관계의 변화를 법적으로 어떻게 판단하느냐에 따라 결론을 달리한다.

(2) M&A 관련 근로기준법의 규정

근로기준법 제24조는 경영상 이유에 의한 해고에 있어서 '경영악화를 방지하기 위한 사업의 양도·인수·합병'의 경우를 '긴박한 경영상의 필요가 있는 것'으로 보아 해고를 실시하기 위한 '정당한 이유'로서 인정하고 있다.

따라서 경영악화를 방지하기 위한 M&A가 아닌 경우 및 현행 상법상의 합병이나 영업양도가 아닌 주식매입 등을 통한 단순한 경영권 이전의 경우 등에 있어서 근로기준법 제24조가 적용될 수 있을 것인지가 문제되는 바, 이에 관하여는 부정적인 결론이 도출될 수밖에 없으며 이러한 경우에 M&A시의 고용승계에 관한 일반적인 이론이 필요하다.

2. M&A 유형에 따른 고용승계 문제

(1) 합 병

가. 합병의 개념

합병이란 다수의 기업의 인적자원·물적자원 일체가 동일성을 유지하면서 하나의 기업으로 바뀌는 것을 말한다. 합병에는 회사가 별도회사를 흡수하여 합병하는 흡수합병과 회사가 합병할 존속회사를 설립하는 신설합병이 있다. 합병의 경우에는 상법에 의하여 소멸회사의 법률관계가 존속회사에 포괄적으로 승계되므로 근로관계의 포괄적 승계도 동 법률에 의하여 발생한다(학설상 논란이 거의 없다 : 대법 2001.4.24, 99다9370). 그러므로 소멸회사 근로자의 근로계약도 존속회사에 당연 승계되므로 합병계약이나 결의로 근로계약을 승계하지 아니한다는 취지를 정하더라도 무효가 된다.

따라서 고용조정이 불가피하다면 합병전에 두 회사가 각각 고용조정을 한 후 합병하거나, 일단 그대로 합병한 후 고용조정을 실시하는 것이 일반적일 것이지만 두 회사가 협력하여 공동작업을 하는 형태도 가능할 것이다.

근로기준법 제24조제1항은 '경영악화를 방지하기 위한' 경우의 합병은 '긴박한 경영상의 필요성'이 있는 것으로 규정하고 있으며, 판례도 정리 해고의 요건인 '긴박한 경영상의 필요성'을 반드시 기업의 도산을 회피하기 위한 것에 한정하지 않고 '인원삭감이 객관적으로 보아 합리성이 있다고 인정되는 경우'로 넓게 해석하고 있으므로 합병시에 이루어진 정리해고는 일반적인 경우에 비하여 동 요건의 충족이 상대적으로 용이하다고 보여지지만 합병 그 자체만으로는 정당성을 인정받을 수 없는 것은 아니므로 정리해고의 나머지 요건을 성실하게 이행하여야 할 것이다.

법률적인 정당성 확보 여부와 함께 합병과정 중 어느 단계에서 인원을 정리하느냐에 따라 현실적으로 여러 가지 문제가 발생할 것이다.

나. 각 단계별 검토(노동부 근로기준과 자료 참조)

상대적으로 건실한 업체인 X회사가 부실업체인 Y회사를 흡수 합병하는 경우

합병 전에 각각 고용조정을 실시한다면

X회사는 합병예정이라는 이유 외에 정당성의 근거를 찾기 어렵고 근로자와의 협의도 어려울 것이므로 X회사의 근로자를 감원하는 것은 사실상 불가능하다. 결국 Y회사가 경영악화 등을 이유로 근로자를 적정선으로 감원한 후 합병을 추진해야 할 것이다.

합병 후(근로자 승계 후) 고용조정을 실시한다면

합병으로 Y회사는 이미 소멸되고 법률적으로 모든 근로자는 X회사 근로자가 되었는바, 감원을 추진함에 있어 근로자간에 차별을 하여서는 아니될 것이다. 즉 X회사 근로자도 감원대상에 포함하여 기준을 설정한다. 이러한 상황을 예견하여 X회사 근로자들이 합병 자체를 반대할 가능성이 있다.

현실적으로 합병교섭부터 합병완료(등기)까지는 수개월이 소요되는 바, 합병계약과정에서 고용조정계획이 논의되는 경우

고용조정계획은 X회사 주도적으로 수립하여 Y회사 경영진과 노동조합, X회사 노동조합 등과 협의하는 형태가 될 것이다. 고용조정계획에 따라 합병등기 이전부터 X, Y회사가 각각 우선 손쉬운 절차(희망퇴직자 모집 등의 해고회피노력 등)부터 착수할 것이나, 결국은 합병이후 X회사가 법적으로 마무리하게 될 것이다.

합병이후 노동조합의 방침, 근로자수 분포 등에 따라 조정기준 등이 영향을 받을 것인 바, 대체로 Y회사 소속이었던 근로자들이 보다 많이 조정대상에 포함될 가능성이 크다.

(2) 주식매수 등에 의한 경영권 인수

주식매수로 인하여 대주주가 바뀐 것과 근로자 고용문제와는 노동법상 아무런 관련이 없다고 보아야 할 것이다. 다만, 대주주의 변동은 경영진의 교체로 이어지고 새로운 경영진은 새로운 경영방식을 모색할 것인 바, 그에 따라 근로자에 대한 고용조정이 뒤따라 이루어질 가능성은 크다고 하겠지만 이는 통상의 정리해고의 법리에 따라 해결될 문제이다.

경영상 어려움이 있는 회사의 대주주의 변동의 경우도 과연 근로기준법 제24조제1항 후단의 '경영악화를 방지하기 위한 사업의 양도·인수'로 볼 수 있을지 여부에 관하여는 견해가 대립될 수 있을 것인 바, 사업적인 측면에서의 구조조정이 수반되지 않는 단순한 대주주의 변동의 경우를 동 규정에 해당한다고 보기는 힘들 것이다.

(3) 영업양도

가. 상법 및 노동법상의 개념

상법상의 개념

상법상의 영업양도는 일정한 영업목적에 의하여 조직화된 업체, 즉 인적·물적 조직을 그 동일성은 유지하면서 일체로서 이전하는 것을 의미한다. 영업양도가 이루어졌는가의 여부는 단지 어떠한 영업재산이 어느 정도로 이전되어 있는가에 의하여 결정되어야 하는 것이 아니고 거기에 종래의 영업조직이 유지되어 그 조직이 전부 또는 중요한 일부로서 기능할 수 있는가에 의하여 결정되어야 하므로, 영업재산의 일부를 유보한 채 영업시설을 양도했어도 그 양도한 부분만으로도 종래의 조직이 유지되어 있다고 사회관념상 인정되면 그것을 영업의 양도라 볼 수 있고, 이러한 영업양도는 반드시 영업양도 당사자 사이의 명시적 계약에 의하여야 하는 것은 아니며 묵시적 계약에 의하여도 가능하다(대법 2009.1.15, 2007다17123 ; 2007.6.1, 2005다5812·5829·5863 ; 1997.6.24, 96다2644).

상법은 영업양도에 관하여 합병에서와 같은 법률효과, 즉 '권리·의무에 대한 포괄적 승계' 규정을 두고 있지 아니하나 영업양도는 사업재산을 일체로서 별도 회사에 이전하는 것으로 사업의 전부양도와 일부양도로 나눌 수 있다. 과연 영업양도의 대상이 무엇인지에 관하여 학설이 나뉘고 있다. 다수설인 영업재산양도설은 영업양도를 '객관적 의미의 영업'을 양도하는 것으로 보는 입장으로서 이때의 객관적인 의미의 영업은 '영리의 목적에 따라 조직된 유기적 일체로서의 기능적 재산, 즉 영업용 재산을 비롯하여 영업의 비결, 고객관계, 경영조직 등의 사실관계를 포함하는 유기적 조직체'를 의미한다고 한다(대법 1989.12.26, 88다카10128).

노동법상의 문제

노동법도 영업양도에 관하여 아무런 규정을 두고 있지 않은 바 이와 관련하여 노동법적 차원에서 문제가 되는 것은 '근로조건의 결정권이 있는 사업'이 타인에게 양도되어 그 사업이 계속 유지되는 경우의 고용승계 여부에 따른 근로자의 직장 보호이다.

노동법에는 영업 또는 기업의 개념에 대한 정의가 없으며, 다만 사업 또는 경영이라는 용어가 주로 사용되고 있는 바, 학설은 '사업'에 대하여 "노동력을 투입하여 일정한 노동기술상의 목적을 직접·계속적 추구하는 통일적인 조직체를 의미한다"고 하여 근로관계를 '사업'의 불가분의 요소로 파악하고 있다.

노동기술상의 유기적 조직체로서의 '사업자체'가 양도의 대상으로 되는 경우에 이를 상법상의 '영업양도' 내지 개별적 사법상의 계약으로만 처리한다면 근로관계의 이전이라는 법적 효과가 당연히 발생하는 것은 아니지만, 그렇다고 하여 근로관계의 이전을 배제한다면 근로자의 직장보호를 무력화하고 결과적으로 해고제한에 대한 노동법적 보호가 사실상 배제되는 효과를 초래하게 될 것이다.

판례는 기본적으로 원칙승계설의 입장에서 영업양도시 고용승계의 문제를 해결하고 있으나(대법 1994.6.28, 93다33173 ; 1992.7.14, 91다40276), 산업구조조정의 유형에 따라 다양하게 이루어지는 영업양도와 관련하여 문제를 해결하기에는 한계가 있으므로 영업양도와 관련한 근로관계의 이전에 관한 문제를 노동법에 규정함으로써 입법론적으로 해결하는 것이 바람직할 것이다.

(4) 영업양도의 판단기준

① 판례는 "영업의 양도란 일정한 영업목적에 의하여 조직화된 총체 즉 물적, 인적조직을 그 동일성을 유지하면서 일체로서 이전하는 것"이라는 입장을 확고하게 견지하고 있지만(대법 1991.8.9, 91다15225 ; 1995.6.28, 93다33173 ; 1994.11.18, 93다18938 ; 1995.7.14, 94다20198 ; 1997.6.24, 96다2644 ; 2001.7.27, 99두2680 ; 2008.3.6, 근로조건기준과-64), '동일성'이 무엇을 의미하는지에 대해서는 일반적 기준을 제시하지 않고 구체적·개별적으로 판단하고 있다.

② 판례(대법 2009.1.5, 2007다1723)는 「영업의 양도란 일정한 영업목적에 의하여 조직화된 업체, 즉 인적·물적조직을 그 동일성은 유지하면서 일체로서 이전하는 것으로서 영업의 일부만의 양도도 가능하고, 이러한 영업양도가 이루어진 경우에는 원칙적으로 해당 근로자들의 근로관계가 양수하는 기업에 포괄적으로 승계되는 바, 여기서 영업의 동일성 여부는 일반 사회관념에 의하여 결정되어져야 할 사실인정의 문제이기는 하지만, 문제의 행위(영업계약관계)가 영업의 양도로 인정되느냐 안되느냐는 단지 어떠한 영업재산이 어느 정도로 이전되어 있는가의 의하여 결정되어져야 하는 것이 아니고 거기에 종래의 영업조직이 유지되어 그 조직이 전부 또는 중요한 일부로서 기능할 수 있는가에 의하여 결정되어져야 하는 것이므로 예컨대 영업재산의 전부를 양도했어도 그 조직을 해체하여 양도했다면 영업의 양도는 되지 않는 반면에 그 일부를 유보한 채 영업시설을 양도했어도 그 양도한 부분만으로도 종래의 조직이 유지되어 있다고 사회통념상 인정되면 그것을 영업의 양도라고 볼 것이다」라고 한다.

③ 영업양도와 자산양도의 구별기준 : 구체적 사안이 영업양도인지 물적설비의 매매(자산매매)인지에 따라 고용승계문제가 결정될 것이므로 사업운영에 필요한 물적시설만을 매입할 경우에는 이를 영업의 양도라고 할 수 없고 따라서 근로자 승계의무는 발생할 여지가 없게 되겠지만 이를 구분하는 것은 법률상 매우 어려운 문제이며 계약의 명칭과는 상관없이 그 실질내용을 중심으로 판단하여야 할 것이다. 실무상 전형적인 영업양도나 물적 설비의 매매보다는 그 중간적 성격을 가진 계약형태가 많이 존재하는 바 노동법적 측면에서 특정 계약이 영업양도인지 혹은 물적설비의 매매인지 여부를 판단하기 위하여는 당해 계약의 전후배경, 양도자·양수자의 계약목적 등을 종합적으로 판단하여야 할 필요성이 있으며 기타 양도계약 전후의 생산품목 변화, 거래선의 변화, 무체재산권과의 결합정도 등이 판단요소로 제시될 수 있다.

④ 한편 특정 영업부문 등 영업이 일부도 영업양도의 대상이 될 수 있지만 영업의 일부가 양도되는 경우에는 양도되는 영업의 일부만으로 일정한 영업목적을 달성하는데 충분할 정도로 유기적으로 결합된 조직체를 이루고

있어야만 한다(대법 2003.6.10, 2001다17596 ; 2002.3.29, 2000두8448).

(5) 영업양도의 인정 여부와 관련된 판례

가. 영업양도로 인정된 사례

① 사무실·영업시설물의 인수, 사업내용의 동일성, 근로자의 거의 대부분이 인수되고 근로조건의 동일성이 유지된 경우(대법 1991.8.9, 91다15225)

② 물적시설의 일체·면허권의 인수, 근로자 등 운영조직 일체의 인수(대법 1996.4.26, 95누1972)

③ 재입사에 따른 입사시험을 치르는 등의 실질적인 입사절차를 거친 바가 없고, 퇴직금 지급률 및 근로조건이 동일한 경우(대법 1991.3.22, 90다6545)

④ 영업에 필요한 일체의 유형·무형의 재산을 모두 양수하였고 거래처에 대한 계약자로서의 지위까지 양수함으로써 거기에 양도회사의 인적 조직만을 결합하면 곧바로 이전 영업과 동일한 물적·인적 토대를 형성할 수 있는 상황에서 양도회사의 근로자들을 대상으로 신규 입사의 형식을 취하였지만 입사시험을 치르는 등 실질적인 입사절차를 거치지 않은 채 소정의 (입사)의 사표시로 대체하였다는 점, 양도회사 근로자의 대부분을 다시 채용하였다는 점, 양도회사 근로자들 이외의 근로자를 신규채용하지 않았다는 점, 양도회사에서 부여된 직급에 상응하는 직급을 부여하고 동일한 업무를 수행하게 하였다는 점 등에서 양도회사의 인적 조직 역시 동일성을 유지한 채 승계되었다고 봄이 상당하다고 하면서 영업양도를 인정한 경우(대법 2002.3.29, 2000두8448)

나. 영업양도로 인정되지 않은 사례

① 양도회사가 그 소속 근로자들에 대한 임금 및 퇴직금 등 채무를 청산하기로 하고 운수사업의 면허 및 물적시설만을 양도한 경우(양수회사는 면허와 물적시설을 양수한 후 근로자 신규채용 공고를 하여 양도회사 소속 근로자 일부를 신규 채용형식으로 새로이 고용하였으나 그러한 사정만으로는 영업의 동일성을 유지한 채 포괄적으로 양도·양수하였다고 할 수 없다고 판시)(대법 1995.7.25, 95다7987)

② 양도회사의 판매망과 생산시설을 바탕으로 동일 생산품을 생산·판매하고 있으나, 양도회사 소속 근로자들 일부를 신규입사형식으로 채용하고

일부 근로자는 그대로 잔류하였으며, 양도회사의 다른 부채, 채권과 채무 등을 모두 인수하지 않은 경우(대법 1994.11.18, 93다18938)

③ 봉강·강관 사업부문의 물적 조직을 인수하고 동 사업부문 종사 근로자의 60.6%를 신규채용 형식으로 고용한 사례에 있어서 당해 물적 조직의 매매계약에 이르게 된 사정, 구체적인 계약의 내용 및 매매대상의 범위, 신규 채용의 목적·과정 및 신규채용자에게 부여된 근로조건, 양도회사의 채무 및 거래선의 유지 여부 등의 모든 사정 등을 종합하여 보건대 비록 근로자의 고용보장 차원에서 60.6%를 신규채용 형식으로 고용하였다는 사정만으로는 영업양도라고 볼 수 없다고 한 경우(대법 2001.7.27, 99두2680)

④ 영업재산의 일부를 유보한 채 영업시설을 양도했어도 그 양도한 부분만으로도 종래의 조직이 유지되어 있다고 사회관념상 인정되면 그것을 영업의 양도라 볼 것이지만 반면에 영업재산의 전부를 양도했어도 그 조직을 해체하여 양도했다면 영업의 양도로 볼 수 없다고 한 경우(대법 2003.6.10, 2001다17596)

(6) 고용승계 여부에 관한 학설

가. 당연승계설

당연승계설이란 영업양도시에도 회사합병의 경우와 마찬가지로 영업양도 당사자의 약정 여하에 관계없이 종래의 근로관계가 전체로서 법률상 당연히 영업양수인에게 포괄적으로 자동인수 된다는 견해이다. 다수의 노동법학자들의 입장이다. 주요 논거는 다음과 같다.

① 영업양도는 실질적으로는 합병과 다르지 않다는 점

② 기업의 사회적 책임론

③ 근로자의 인수를 부인하는 것은 실질적으로는 해고와 같다는 점

나. 특약필요설(삼면계약설, 비승계설, 계약설)

특약필요설이란 영업양도 계약이 있다고 하여 양수인에게 종래부터 고용되어 있는 근로자의 근로관계가 양수인에게 당연히 승계되는 것이 아니라 영업양도 당사자사이에 근로관계의 승계에 관하여 명시적인 특약 또는 묵시적 합의가 있고 근로자 역시 이에 동의해야만 근로관계가 양수인에게 승계

된다는 견해이다. 일부 상법학자들의 입장이다. 주요 논거는 다음과 같다.

① 사적 자치의 원칙 및 영업의 자유

② 근로관계가 함께 이전되어야 할 법적 근거가 없다는 점

③ 양도인이나 일부 근로자가 인수를 희망하지 않을 경우 이러한 의사가 반영될 수 없다는 점

다. 원칙승계설

원칙승계설이란 영업양도 당사자 사이에 반대의 특약이 없는 한 영업의 양도에 관한 합의안에는 원칙적으로 근로관계를 포괄적으로 승계하기로 하는 내용의 합의가 있는 것으로 사실상 추정되고, 근로관계의 전부 또는 일부를 제외하는 것은 지극히 예외적인 경우에 해당되므로 이러한 승계제외의 특약이 유효한 것이 되기 위하여는 영업양도시에 근로관계의 승계를 배제할 만한 합리적 이유가 있어야 한다고 해석하는 견해이다. 판례의 기본입장이며 일부 노동법학자들의 입장이다. 주요 논거는 다음과 같다.

① 오늘날의 근로관계는 기업 내지 사업과 결합하여 객관화되어 있기 때문에 사업주 변경의 경우에도 기업의 기능유지와 존립을 위해 당해 근로관계도 계속 유지되도록 할 필요가 있다는 점

② 근로자 승계배제 특약은 근로자 해고문제로 귀착되므로 해고제한 법리에 비추어 제한되어야 한다는 점

라. 원칙승계설(판례)에 따른 이론 정리

판례의 견해와 같이 원칙승계설의 입장에 따르게 되면 영업양수시 근로자도 전원 승계한다는 약정이 있거나 근로자 문제와 관련하여 아무런 약정이 없는 경우 근로관계는 원칙적으로 승계되며 한편 양도·양수인간에 근로자 일부를 승계하지 않기로 명시적인 약정이 이루어진 경우 이는 실질적으로 해고나 다름이 없으므로 근로기준법 제23조제1항 소정의 정당한 이유가 있어야만 유효할 것이므로 결국 영업양도시 고용승계 배제를 위해서는 정리해고의 요건을 모두 충족해야만 유효하게 고용승계를 배제할 수 있을 것이다. 판례(대법 2002.3.29, 2000두8448)는 「영업양도 당사자 사이에 근로관계의 일부를 승계의 대상에서 제외하기로 하는 특약이 있는 경우에는 그에 따라 근로관

계의 승계가 이루어지지 않을 수 있으나, 그러한 특약은 실질적으로 해고나 다름이 없다 할 것이므로 근로기준법 제23조제1항 소정의 정당한 이유가 있어야 유효하며, 영업양도 그 자체만을 사유로 삼아 근로자를 해고한 것은 정당한 이유가 있는 경우에 해당한다고 볼 수 없다」고 한다(대법 1995.9.29, 94다54245 ; 1994.6.28, 93다33173).

(7) 고용승계의 효과

가. 근로조건의 유지

영업양수인은 영업양도인이 근로자에 대하여 사업주로서 가지고 있던 지위를 그대로 승계하는 것으로 해석되므로 근로자의 근로조건은 변동이 없게 됨이 원칙이다.

판례에 의하면 영업양수인은 양도인과 근로자 사이에 형성된 종전의 근로계약, 취업규칙, 단체협약을 통하여 정하여진 근로조건에 따라 임금을 지급하고 근로시간을 정하는 등 사용자로서의 의무를 부담하고 근로자도 종전과 동일한 내용의 근로관계상의 의무를 부담하게 된다(대법 1991.8.9, 91다15225). 다만, 양도인・양수인・근로자 3자간의 합의에 의한 퇴직금 중간정산 등 근로조건의 변경은 당연히 허용된다고 보아야 할 것이다.

나. 취업규칙

근로기준법 제94조제1항의 규정에 따라 영업양도 당시 유효하게 적용되고 있던 취업규칙은 이전된 근로자 집단의 동의 없이는 근로자에게 불이익하게 변경될 수 없다(대법 1997.12.26, 97다17575 ; 1994.8.26, 93다58714).

이에 따라 서로 다른 취업규칙이 병존하게 되어 균등대우의 원칙(근로기준법 제6조) 혹은 퇴직금차등금지제도의 원칙(근로자퇴직급여보장법 제4조제2항) 등에 반한다는 의문이 제기될 수 있으나, 이는 영업양도로 인한 근로관계의 승계에 의하여 차별적 근로조건을 갖는 두 근로자 집단이 병존하게 됨에 따라 발생하는 불가피한 것으로서 이를 근로기준법 위반으로 볼 수는 없으며(대법 1997.12.26, 97다17575), 장기적 관점에서 양자가 조정될 수 있도록 기업내부의 인사노무관리 관점에서 처리할 수밖에 없을 것이다.

(8) 재해보상금 등의 인수, 퇴직금 및 근속년수의 산정 등

영업양도인이 종래 근로자에 대하여 부담하고 있는 근로기준법상의 재해보상책임 등도 영업양수인이 이를 인수하는 것으로 보아야 할 것이며 이 경우 영업양도인도 영업양도 이전에 이미 발생한 채무에 대하여 영업양수인과 부진정연대책임의 관계에 있게 된다.

영업양수인이 종전의 근로관계를 그대로 인수하여 부담하게 되는 책임의 범위는 영업양도 전에 발생한 채무인 이상 영업양도 당시 이행기의 도달 여부를 불문하며 다만, 영업양도 전에 퇴직하였거나 정당하게 해고됨으로써 근로관계가 종료된 근로자는 처음부터 근로관계 승계의 대상에서 제외되므로 이들 근로자에 대하여 영업양도인이 부담하고 있는 체불임금, 퇴직금, 해고예고수당 등의 지급의무는 영업양수인에게 이전되지 않게 된다.

사업주의 퇴직금지급의무는 근로계약이 종료되는 때에 비로소 생긴다는 판례(대법 2007.11.16, 2006도4465 ; 1991.6.28, 90다14560)의 입장에 서는 한, 영업양도 이후의 퇴직으로 인한 퇴직금 지급부분에 대한 책임은 영업 양수인에게 있다고 할 것이다. 근로자의 근속년수에 관하여는 양도 시점 이전의 기간까지 포함하는 것으로 보아야 할 것이다.

(9) 실무상 제기되는 문제점

가. 양수인의 고용승계 의무의 법률적 성격

합병의 경우에는 채권・채무관계가 포괄적으로 이전되는 상법상의 규정이 존재하지만, 외국의 경우와 같이 영업양도시의 고용승계를 입법적으로 해결하지 아니한 우리나라에 있어서의 영업양도의 경우 양도인과 양수인이 고용승계를 배제하기로 하는 약정을 하였음에도 불구하고 영업양도로 보아 고용승계를 인정하게 된다면 우리나라 민사소송법의 기본 원리인 '원상회복주의'에 따라 양도인에 대한 복직명령은 가능하겠지만 과연 아무런 근로계약이 없는 양수인에게 개별 근로계약의 승계를 강제하는 것이 법상 근거없는 창설적 효력을 부여하는 것이라는 의문이 제기된다.

나. M&A시에 필연적으로 발생하는 잉여인력

두 개 이상의 사업이나 기업의 합쳐지는 경우 거의 필연적으로 관리인원 및 단순 기능인원은 잉여인력으로 존재할 수밖에 없는 바, 이러한 현상은 조직논리상 당연한 것임에도 불구하고 이러한 잉여인력을 존속시킬 수밖에 없다면 M&A의 필요성 및 조직의 생존논리에도 반하는 실상이 초래될 수 있다는 지적이 있으나, 이러한 경우도 정리해고에 해당하는 것이므로 법개정으로 인한 절차와 요건이 이행되어야 할 것이며 다만 이 경우 해당 법규정의 해석에 의하더라도 '경영상의 긴박한 필요성'은 완화하여 해석될 수 있을 것이다.

다. M&A로 수 개의 단체협약·노조 등이 존재하게 되는 경우

단체협약

유럽공동체의 지침, 독일 등의 경우와 같이 구체적인 법 규정을 마련하는 것이 바람직하다고 보여지며, 이러한 외국의 입법례 및 학설 등의 내용을 참고하여 볼 때 법 규정이 없더라도 기존 단체협약 유효기간은 인정되어야 할 것이다. 다만, 수개의 단체협약이나 근로조건이 병행하여 시행되는 경우, 특히 업종이 유사·동일함에 반하여 근로조건은 현격한 차이가 나거나 근로조건의 종류별로 상이한 형태를 보이거나 임금체계 자체가 서로 다른 경우에는 어떠한 법리를 도입하더라도 실무상 어려움이 수반될 것이다.

복수노조

원칙적으로 복수노조가 허용(2010년부터 허용)되는 우리나라의 경우 영업양도시의 노조 승계문제와 복수노조 문제가 충돌할 수 있을 것이다. 이 경우 실무관행상 복수노조가 묵인되어 온 것으로 보여지나 그 이론적 근거에는 문제점이 많다.

라. 퇴직금 중간정산제 관련

현행법상 퇴직금 중간정산은 '근로사의 요구'에 의하여 사용사의 재량으로 이루어지는 바 영업양도시 회사측은 과연 이전되는 근로자의 퇴직금 중도정산 요구에 반드시 응하여야 하는지 여부가 문제될 수 있으나, M&A시에는 근로관계가 포괄적으로 이전되는 것이지 중단되는 것이라고 볼 수는 없으므로 퇴직금 중간정산이 필연적으로 수반되는 것은 아니라고 보여진다.

다만 M&A과정에서 근로관계의 이전이 '퇴사 후 신규입사'라는 절차를 밟는다면 퇴직금 정산은 이루어져야 할 것이지만 이는 퇴직에 따른 법정퇴직금의 지급이지 근로자퇴직급여보장법상의 퇴직금 중간정산으로 볼 수는 없을 것이다. 또한 근로자가 스스로의 의사에 의하여 영업양도 전후의 계속근로관계를 단절할 뜻으로써 양도 전의 회사에 사직서를 제출하고 퇴직금을 지급받은 다음 양수 후의 회사에 입사하였다면, 이 경우 양도전 회사와의 근로관계는 일단 단절된 것으로 보아 동 근로자는 그 후의 회사에서 근무하다 퇴직한 근속기간에 상응하는 퇴직금만을 지급받게 될 것이다(대법 1991.12.10, 91다12035 ; 1991.5.28, 90다16081).

그러나 이와 같은 형식이 근로관계 단절에 관한 근로자의 진정의사가 없이 단순히 양도·양수회사의 경영방침에 따른 일방적 결정으로 퇴사 및 재입사가 이루어진 것이라면 동 근로자의 계속 근로관계는 단절되지 않는다고 보아야 할 것이다(대법 2001.11.13, 2000다18608 ; 1991.3.22, 90다6545).

마. 영업양도에 따라 승계되는 근로관계의 범위

영업양도에 따라 승계되는 근로관계는 영업양도 당시 실제로 그 영업에 근무하고 있는 근로자와의 근로관계에 한정되는지, 아니면 실제로 근무하고 있지는 않지만 적법 유효한 근로관계에 있는 모든 근로자와의 근로관계를 포함하는 것인지가 문제된다.

① 이와 관련하여 판례(대법 1994.5.10, 93다21606)는 근로관계가 양수회사에 승계되기 위하여는 당해 근로자가 영업양도 계약 체결일 현재 해당 영업부문에 근무하고 있어야 하므로 계약체결일 이전에 해고된 자로서 해고의 효력을 다투고 있는 근로자의 근로관계는 특별한 사정이 없는 한 승계되지 않는 것이 원칙이라고 한다.

② 판례(대법 1993.5.25, 91다41750)「다른 기업의 사업부문 일부를 양수하는 경우 승계되는 근로관계는 계약체결일 현재 실제로 그 영업부문에서 근무하고 있는 근로자와의 근로관계만을 의미하고 계약체결일 이전에 해고 또는 면직된 근로자로서 해고 및 면직처분의 효력을 다투는 근로자와의 근로관계까지

승계하는 것은 아니다」라고 한다.

③ 또한 판례(대법 1996.5.31, 96다33238)는 「영업양도에 의하여 승계되는 근로관계는 계약체결일 현재 실제로 그 영업부문에서 근무하고 있는 근로자와의 근로관계만을 의미하고 계약체결일 이전에 해당 영업부문에서 근무하다가 해고된 근로자로서 해고의 효력을 다투는 근로자와의 근로관계까지 승계되는 것은 아니라 할 것이지만… 근로자들이 회사의 전적명령에 동의하지 아니함으로써 전적명령 자체가 아무런 효력이 없음이 객관적으로 명확하게 되었을 뿐만 아니라 양수 회사가 영업양수를 할 당시 근로자들에 대한 전적명령이 아무런 효력이 없게 된 사실을 알고 있었음이 명백하다면, 특별한 사정이 없는 한 근로자들의 근고관계가 양수 회사에게 그대로 승계되는 것으로 봄이 상당하다」고 한다.

④ 또 다른 판례(대법 1994.6.28, 93다33173)는 「(부당해고에 관한) 승소판결은 영업양도계약 체결전(예)… 확정되었으며, 위 판결은 원고에 대한 해고는 무효여서 원고는 여전히 소외 회사의 근로자로서의 지위를 가지고 있음을 전제로 해고 이후 복직시까지의 임금의 지급을 명하고 있는 사실을 인정할 수 있는바, 사실관계가 이러하다면 비록 현실적인 복직조치가 없었다 하더라도 원고는 영업양도 당시 소외 회사와 적법 유효한 근로관계에 있었다고 보아야 할 것이므로 원고의 소외 회사와의 근로관계는 피고에게 승계되었다고 할 것이다」라고 한다.

⑤ 이와 같은 판례의 견해에 대해서는 "양도인이 영업양도의 기회를 이용하여 근로자를 부당해고하거나 퇴직시키더라도 근로관계는 여전히 영업양도인 사이에 남게 되지만 그 양도인의 영업은 양수인에게 이미 양도되어 없으므로 더 이상 그 영업에서 근무를 계속할 수 없게 되고 이에 따라 그 근로자는 사실상 아무런 제한없이 해고당하는 결과가 되기 때문에 해고제한을 규정하고 있는 강행법규인 근로기준법 제23조제1항에 정면으로 반하게 된다"는 비판이 있다(중앙노동위원회 「경영상해고와 M&A」 p.85~105 인용, 2003.11).

9장

근로계약기간 만료와 해고를 둘러싼 법률실무

Ⅰ. 근로계약기간의 만료와 해고

1. 기간의 약정과 근로계약의 종료

일반적으로 근로계약관계에 있어서 기간의 약정이 있는 경우에는 그 기간의 만료로 근로계약은 종료되는 것이 원칙이다.

상시 5명 이상의 근로자를 사용하는 사업(장)에서 사용자는 기간제근로자를 사용하는 경우 2년을 초과하지 아니하는 범위 안에서 사용할 수 있다. 기간제 근로계약을 반복 갱신하는 경우에는 그 계속근로한 총기간이 2년을 초과하지 아니하는 범위 안에서 기간제근로자를 사용 가능하다(기간제법 제4조). 당사자 사이의 근로관계는 특별한 사정이 없는 한 그 기간이 만료됨에 따라 별도의 해고조치 없이 종료된다. 근로기준법상 해고제한 규정이 적용되지 아니한다.

그러나 계약기간 만료시에 근로자측에 계약갱신의사가 있고 계약갱신이 관례화되어 있으며 또한 사용자가 이를 거부할 만한 객관적인 사정이 없는 한 계약갱신의 거절은 해고의 의사표시와 유사하게 평가해야 할 것이다. 단기간의 계약을 반복적으로 체결하여 계속사용기간이 총 2년을 초과하는 경우 2년을 초과하는 시점부터 그 기간제근로자는 기간의 정함이 없는 근로계약을 체결한 근로자로 본다(기간제법 제4조제2항). 이 경우 사용자가 근로계약기간의 만료만을 이유로 근로관계를 종료하려한다면 부당해고에 해당한다(근로기준법 제23조). (2007.12.11, 비정규직대책팀-4395 「근로계약기간관련업무처리지침」)

2. 기간을 정한 근로계약에 관한 법리

근로자와 사용자가 근로계약을 체결하면서 기간을 정한 근로계약서를 작성한 경우라 하더라도, 그 계약서의 내용과 근로계약이 이루어지게 된 동기 및 경위, 기간을 정한 목적과 당사자의 진정한 의사, 동종의 근로계약 체결방식에 관한 관행 그리고 근로자 보호 법규 등을 종합적으로 고려하여 그 기간의 정함이 단지 형식에 불과하다는 사정이 인정되는 경우에는, 계약서의 문언에도 불구하고 기간의 정함이 없는 근로계약을 맺었다고 볼 것이나, 위와 같은 사정이 인정되지 않는 경우에는 처분 문서인 근로계약서의 문언에 따라 근로자와 사용자 사이에는 기간의 정함이 있는 근로계약이 맺어진 것이라고 봄이 원칙이다(대법 2007.7.12, 2005두2247). 그러나 판례는 계약의 형식에 구애받지 아니하고 근로자의 법적지위가 불안정한 실태에 비추어 근로자를 실질적으로 보호하기 위한 법리를 구축하고 있다. 다만 기간을 정한 근로계약서를 작성한 경우에도 예컨대 단기의 근로계약이 장기간에 걸쳐서 반복하여 갱신됨으로써 그 정한 기간이 단지 형식에 불과하게 된 경우 등 계약서의 내용과 근로계약이 이루어지게 된 동기 및 경위, 기간을 정한 목적과 채용 당시 계속근로 의사 등 당사자의 진정한 의사, 근무 기간의 장단 및 갱신 횟수, 동종의 근로계약 체결 방식에 관한 관행 그리고 근로자 보호 법규 등을 종합적으로 고려하여 그 기간의 정함이 단지 형식에 불과하다는 사정이 인정되는 경우에는 계약서의 문언에도 불구하고 사실상 기간의 정함이 없는 근로계약을 맺었다고 볼 것이며, 이 경우 사용자가 정당한 사유 없이 갱신 계약 체결을 거절하는 것은 해고와 마찬가지로 무효이다(대법 2007.9.7, 2005두16901).

그동안 판례는 근로계약기간에 관하여 형식적 근로계약기간으로 인정하는 경우와 갱신기간으로 인정하는 경우로 나누어 판단하고 있다.

첫째 근로계약기간의 정함이 형식에 불과한 경우에는 소익 구제이익을 인정하고 해고제한의 법리를 직접 적용하였다. 둘째 근로계약기간의 정함이 형식에 불과하다고 볼 수 없는 경우에는 존속기간이라면 기간 만료로 근로계약관계는 종료하지만 갱신기간으로 인정하는 경우라면 소의 구제이익을 인정하고 사회통념상 상당한 합리적 이유의 존부를 심사하였다.

근로계약기간의 정함이 존속기간이라면 기간제근로자는 법원에 해고무효확인소송을 제기하여도 소의 이익(구제이익)이 없어 각하되며, 설혹 본안판단을 받더라도 기간제근로계약에서 기간의 만료는 '정당한 이유'를 필요로 하는 근로기준법상 해고가 아니기 때문에 해고제한 법리가 적용되지 않는다.

Ⅱ. 근로계약기간 만료의 유형

1. 기간제 근로계약의 유형과 그에 따른 판례법리

법원은 일정한 경우 기간제 근로계약의 법리를 수정하여 기간만료에 따른 근로관계의 종료에 일정한 제약을 가하고 있는 바, 그 판례법리에 따라 세 가지 유형으로 분류할 수 있다.

① 순수기간제 유형 : 기간제 근로계약을 형식과 실질적 내용으로 하는 근로계약

통상 근로계약서상에 근로계약기간이 명시되어 있고, 그 기간이 만료됨에 따라 사용자의 해고 등 별도의 조치를 기다릴 것 없이 근로자로서의 신분관계는 당연히 종료되는 전형적인 기간제 근로계약을 말한다. 판례(대법 2006. 2.24, 2005두5673)는 「근로계약기간을 정한 경우에 있어서 근로계약 당사자 사이의 근로관계는 특별한 사정이 없는 한 그 기간이 만료함에 따라 사용자의 해고 등 별도의 조치를 기다릴 것 없이 근로자로서의 신분관계는 당연히 종료된다」고 한다.

② 사실상 무기계약 유형 : 기간제 근로계약에도 불구하고 실질적으로는 기간의 정함이 형식에 불과하다고 판단되는 사례

단기의 근로계약이 장기간에 걸쳐서 반복하여 갱신됨으로써 그 정한 기간이 단지 형식에 불과하게 된 경우 등 계약서의 내용과 근로계약이 이루어지게 된 동기 및 경위, 기간을 정한 목적과 당사자의 진정한 의사, 동종의 근로계약 체결방식에 관한 관행 그리고 근로자보호법규 등을 종합적으로 고려하여 그 기간의 정함이 단지 형식에 불과하다는 사정이 인정되는 경우를 말한다. 판례(대법 2006.2.24, 2005두5673)는 「기간을 정한 근로계약서를 작성한 경우에도 예컨대 단기의 근로계약이 장기간에 걸쳐서 반복하여 갱신됨으로써 그 정한 기간이 단지 형식에 불과하게 된 경우 등 계약서의 내용과 근로계약이 이루어지게 된 동기 및 경위, 기간을 정한 목적과 당사자의 진정한 의사, 동종의 근로계약 체결방식에 관한 관행 그리고 근로자보호법규 등을 종합적으로 고려하여 그 기간의 정함이 단지 형식에 불과하다는 사정이 인정되는 경우에는 계약서의 문언에도 불구하고 그 경우에 사용자가 정당한 사유 없이 갱신계약의 체결을 거절하는 것은 해고와 마찬가지로 무효가 된다」고 한다.

③ 갱신기대권 유형 : 기간제 근로계약 중 계약의 내용이나 실질적 운영과정에서 '갱신기대권'이 인정되는 사례

기간의 정함이 있는 근로계약일지라도 근로자에게 근로계약의 갱신에 대한 합리적이고 정당한 기대가 형성될 경우에는, 사회통념상 상당하다고 인정되는 합리적인 이유가 없는 갱신거절은 부당한 해고로 보는 유형이다.

판례(대법 2005.7.8, 2002두8640)는 「계약기간을 정하여 임용된 근로자의 경우 그 기간이 만료됨으로써 근로자로서의 신분관계는 당연히 종료되고 재임용계약을 체결하지 못하면 재임용거부결정 등 특별한 절차를 거치지 않아도 당연퇴직되는 것이며, 근로자가 부당해고 구제신청을 하여 해고의 효력을 다투던 중 계약기간의 만료로 근로관계가 종료되었다면 더 이상 구제절차를 유지할 필요가 없게 되어 구제이익이 소멸하는 것이 원칙이기는 하나, 임용의 근거가 된 법령 등의 규정이나 계약 등에서 임용권자에게 임용기간이 만료된 근로자를 재임용할 의무를 지우거나 재임용 절차 및 요건 등에 관한 근거규정을 두고 있어 근로자에게 소정의 절차에 따라 재임용될 수 있으리라는 정당한 기대권이 인정되는 경우에는 사용자가 그 절차에 위반하여 부

당하게 근로자를 재임용에서 제외하는 것은 실질적으로 부당해고와 동일시 할 수 있는 것이므로 근로자로서는 임용기간이 만료된 후에도 재임용에서 제외한 조치의 유효 여부를 다툴 법률상 이익을 가진다고 할 것이다」라고 한다.

또한 판례(서울행법 2006.1.27, 2005구합16468)는 「위와 같이 기간의 정함이 없는 근로자의 지위에 있다고 볼 수 없는 경우라도, 그 고용이 계절적·임시적인 것이 아니고 상당기간 반복 갱신되어 계속적인 고용이 기대되고 있는 때에는(이 때의 근로계약기간은 존속기간이 아니라 갱신기간이라 할 것이다) 해고제한의 법리가 유추적용되어 경제사정의 변동에 의한 잉여인력의 발생 등과 같은 사회통념상 상당하다고 인정되는 합리적인 이유 없이 근로계약의 갱신을 거절하는 것은 신의칙상 허용될 수 없다고 할 것인바(다만, 이것은 기간의 정함이 없는 근로계약에 직접적용되는 정당한 이유라는 해고 제한의 기준보다는 완화된 기준인 점에서 해고제한의 법리가 그대로 적용되는 것이 아니라 유추적용되는 것이다)」라고 한다.

2. 유형별 판단기준

(1) 사실상 무기계약 유형의 판단기준

〈기간제 근로계약 유형도〉

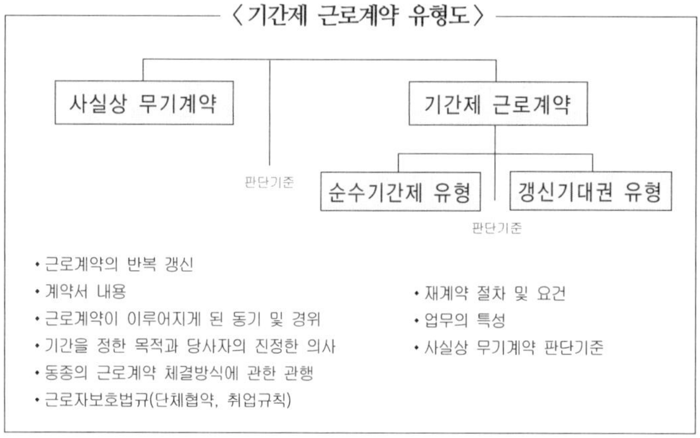

근로계약에서 그 기간의 정함이 단지 형식에 불과한 것으로 판단하는데 고려될 수 있는 기준으로는 아래와 같은 요소들이 있겠고, 이러한 요소들이

복합적으로 고려되어, 근로계약기간이 사실상 형식에 불과한지 여부를 판단하게 된다.

가. 근로계약의 반복 갱신 여부

기간제 근로자와 사용자 간의 근로계약이 수차례 갱신되어 체결되었을 경우 그 계약의 실질적 내용이 사실상 무기계약으로 볼 수 있는지를 판단한다.

① 근로복지공단 사건에서 판례(서울행법 2006.7.18, 2005구합4113)는 「오히려 근로자가 공단에 입사한 이래 갱신한 근로계약 갱신 횟수는 2회에 불과하고, 총 근무기간도 2년 8개월에 지나지 않으며 근로자가 소속된 재활상담계약직원들도 총 근무기간이 1년 미만인 경우도 많이 있고, 근로계약 갱신 횟수도 2~5회에 불과한 점, …<중략>… 변론에 나타난 제반사정에 비추어 보면 근로자와 공단 사이에 체결된 근로계약은 기간을 정한 근로계약이라고 할 것이다」라고 한다.

판례에서는 근로계약의 반복 갱신이 있다는 형식적인 사정만으로 기간제 근로계약을 사실상 시간의 정함이 없는 근로계약으로 판단하지는 않고 있다.

② 또한 정보통신윤리위원회 사건에서 판례(서울고법 2005.7.7, 2004누14597)는 「위원회가 1997.11.1 근로자를 계약직으로 고용한 이래 이 사건 대기발령이 있기 전까지 5차례에 걸쳐 고용계약을 계속해서 갱신해왔음은 앞서 본 바이고 근로자와 같은 무렵에 계약직으로 고용된 근로자 중에는 일반직으로 승진하기까지 한 전례가 있음에 비추어 볼 때 근로자의 경우에 장기간에 걸쳐서 매년 근로계약이 반복하여 갱신되어 그 정한 기간이 단지 형식에 불과한 경우에 해당한다 할 것이므로 사실상 기간의 정함이 없는 근로자와 다를 바가 없다할 것이다. 근로자가 위원회의 주장과 같이 상급자의 지시를 충분히 파악하지 못하고 불성실한 근무태도를 보인 부분이 있다 하더라도 그러한 점이나 새로운 근무평정제도를 도입한 결과가 최하위라는 점만으로 근로자가 위원회에서 일할 수 없을 만큼 직무수행능력이 현저히 부족하다고 단정할 수 없다 할 것이어서 이 사건 대기발령 및 직권면직을 한 것은 재량권의 일탈·남용이 아니라 할 수 없다」고 한다.

③ 수원시 사건에서 판례(서울고법 2005.5.3, 2004누11598)는 「이 사건 고용계약은 당초의 고용기간이 종료한 이후에도 근로자가 노무를 계속 제공하였고 이에 대하여 수원시가 특별한 이의를 제기하지 아니함에 따라 동일한 조건으로 묵시의 갱신이 되었다고 할 것인 바, 나아가 이 사건 고용계약에서 정한 근로계약기간이 단지 형식에 불과하다고 볼 수 있는지에 관하여 살펴보면, 비록 이 사건 고용계약 당시 수원시가 근로자에 대한 임금을 예산의 한도 내에서 지급하는 것으로 명시되었고, 2001.12.19부터 2001.12.31까지는 2001년도의 예산이 소진되어 상조회에서 임금을 지급한 바 있으나, ① 수원시가 행정자치부의 지침에 따라 근로자와 같은 비정규인력을 일시사역인부로 고용하였으나 실제로는 상근인력으로 운영하여 온 점, ② 근로자의 경우 당초 70일의 고용기간을 정하였음에도 약 1년 6개월 동안 새로운 근로계약을 한번도 체결함이 없이 계속 근로를 하였고 임금도 중단됨이 없이 계속 지급되어 온 점, ③ 일시사역인부의 상시고용을 금하는 행정자치부의 강력한 지침이 하달되고 위 영화동사무소의 인력 감축과 관련하여 일시사역인부에 대한 고용계약서를 확인하라는 지시가 내려진 후 얼마 지나지 않아 근로자에 대한 고용중지 통보가 있은 점 등 이사건 고용계약을 둘러싼 제반 정황에 비추어보면 이 사건 고용계약에서 정한 근로계약기간은 단지 형식에 불과하여 근로자는 사실상 기간의 정함이 없는 근로자와 다를 바가 없었다고 봄이 타당하다. 따라서 원고가 근로계약기간의 만료를 이유로 근로자에게 근로계약의 종료를 통보한 것은 실질적으로 해고에 해당한다고 할 것인바, 해고의 정당한 사유를 인정하기 어려워 부당한 해고라 할 것이므로」라고 한다.

위의 판례와 같이 근로계약의 반복 갱신 여부뿐만 아니라 과거 계약직 근로자의 일반적 승진사례, 사실상 상근인력으로 운용되었는지 여부 등 판례에서 나타나는 다른 제반 요소들을 아울러 고려하여 사실상 무기계약인지 여부를 판단하여야 한다.

(2) 계약서 내용

근로계약서는 처분문서이기 때문에 그 진정성립이 인정되는 이상, 반증이 있거나 이를 믿을 수 없는 합리적인 이유가 없는 한, 그 기재 내용대로 법률행위의 존재를 인정해야 한다. 따라서 사용자와 근로자 사이에 기간제 근로계약서를 작성한 경우 우선 그 계약은 기간을 정한 근로계약으로 보아야 한다.

① 글로비스 사건에서 판례(서울행법 2006.12.12, 2006구합13138)는 「앞의 인정사실에서 본 바와 같이 당시 회사와 근로자 사이에 연봉계약직사원용 고용계약서를 작성함에 있어 고용계약기간을 1년간으로 명시하였고 근로자 등이 이에 아무런 이의를 제기하지 아니하고 계약서에 서명날인하였던 점, 근로자와의 고용계약서상 휴가 및 근로시간 등 근로조건에 관한 규정을 '일반직원' 혹은 '정규직원'에 준하여 실시하도록 규정되어 근로자의 지위를 일반직사원과 준별하고 있는 점, 고용계약서상 계약기간 만료시의 재임용절차 및 요건에 관한 규정이 없는 점, 그 기간의 정함이 단지 형식에 불과하여 근로자가 사실상 기간의 정함이 없는 근로자의 지위에 있었다고 볼 수는 없다」고 한다.

② 쌍문운수 사건에서 판례(서울행법 2007.2.22, 2006구합23029)는 「회사는 취업규칙에 촉탁근로계약의 대상자를 정년(만 58세가 되는 날)이후 근무자로, 그 계약기간을 1년으로 하고 있으며, 촉탁기간 만료 후 연장은 계약갱신이 노사 합의된 경우에 한하며, 갱신이 이루어지지 않을 경우에는 자동으로 퇴직하기로 정하고 있는 점, 위 각 재계약 근로계약서에 의하면 근로계약기간이 1년으로 명시되어 있고 계약기간 만료 후 합의에 의하여 근로계약이 연장되거나 갱신되지 않을 경우 근로계약은 일방의 이의에 구애받지 않고, 별도의 통보 없이 자동 해지되도록 정한 점, 이 사건 근로계약상의 기간의 정함이 단지 형식에 불과하여 근로자들이 사실상 기간의 정함이 없는 근로자의 지위에 있었다고 보기 어렵다고 할 것이다」라고 한다.

위 판례는 계약서의 기재내용대로 사용자와 근로자 사이에 체결된 계약을 기간을 정한 근로계약으로 보았는데, 다만 아래와 같이 근로계약이 이루어지게 된 동기 및 경위, 기간을 정한 목적과 당사자의 진정한 의사, 동종의 근로계약 체결방식에 관한 관행 그리고 근로자보호법규 등을 종합적으로 고려하여 사실상 기간의 정함이 없는 근로계약인지 여부를 판단하고 있다.

(3) 근로계약이 이루어지게 된 동기 및 경위, 기간을 정한 목적과 당사자의 진정한 의사

가. 담당업무의 전문성 여부

① 조선일보사 사건에서 판례(대법 2007.9.7, 2005두16901)는 「원심은 피고 보조참가인과 유○○(이하 '참가인 등'이라 한다) 이 회사와 근로계약을 맺은 이래 회사가 주식회사 어문조선에게 회사의 교열 업무를 도급하고(이른바 아웃소싱), 이에 따라 교열부를 폐지하기로 하는 회사 방침이 정해지기 전까지는 별다른 문제없이 3회에 걸쳐 근로계약 갱신을 하면서 교열 업무에 종사하여 왔고, 참가인 등은 업무의 특성상 전문성이 인정되어 자신들의 근로계약이 계속 갱신될 것으로 기대를 가지고 있었던 점을 종합하여, 회사와 참가인 등 사이에 체결된 근로계약에서 정한 기간은 단지 형식에 불과하여 참가인 등은 사실상 기간의 정함이 없는 근로자의 지위에 있었고, 참가인 등을 기간의 정함이 없는 근로자로 보고 해고에 해당하는 이 사건 근로계약의 갱신거절이 정당한 이유가 없는 것이라고 본 원심의 판단은 정당하다」고 한다.

위의 판례와 같이 근로자가 담당한 업무가 전문성을 띄고 있어, 계속 고용의 기대가능성이 있는 경우, 사실상 기간의 정함이 없는 근로계약으로 볼 수 있다.

② 광주광역시 시립예술단 사건에서 판례(서울행법 2005.5.17, 2004구합37385)는 「시민의 정서함양과 지역문화의 창달이라는 시립예술단의 설치 목적, 예술단원들이 수행하여야 하는 업무의 특성상 전문성이 지속적으로 요구되므로 정기적으로 이를 평가하는 것이 불가피한 것으로 보이는 점, 박○○, 한○○를 포함한 단원들이 위촉될 당시 2년의 위촉기간이 정하여져 있고, 위 근로자들도 실제로 2001년도에 실시된 평정과정을 거쳐 2002년부터 2003년까지 2년 동안 예술단원으로 재위촉된 점 등을 종합하여 보면 이 사건에서 위촉기간은 광주광역시가 시립예술단을 운영하면서 예술단원들의 예술적 성과를 높이기 위하여 계약기간을 정하여 단원을 선발하고, 그 계약기간이 종료될 무렵 일정한 심사를 거쳐 자질이 부족하다고 판단되는 단원에 대하여는 재위촉을 하지 아니하고자 하는 취지에서 정한 것이라고 할 것이고, 그것이 단

지 형식에 불과한 것이라고 할 수 없다. 나아가 위 인정사실에서 알 수 있는 2003년도 정기평정시 평정 전형위원들의 지위와 구성 및 평정내용 등 비추어 볼 때, 박○○, 한○○에 대한 평정결과가 객관성이나 합리성을 상실할 정도에 이르렀다고는 보이지 아니하므로, 관련 규정에 따라 위 근로자에 대하여 재위촉을 하지 않은 광주광역시의 이 사건 만료통지가 부당하다고 할 수 없다」고 한다.

위의 판례와 같이 업무의 특성상 근로자 개인에게 일정한 자질이 지속적으로 요구되어, 일정한 기간을 정하여 그 자질을 갖추고 있는지 평가할 필요가 있는 경우, 기간의 정함이 있는 근로계약으로 볼 수 있다.

나. 담당업무의 존속가능성 여부

① 한국시각장애인연합회 사건에서 판례(대법 2006.2.24, 2005두5673)는「법인이 영위하는 사업은 시각장애인들의 재활훈련과 복지혜택을 목적으로 하는 공익적인 사업으로서, 법인은 위 사업과 관련하여 장애인 직업재활기금 사업 수행기관으로 지정받아 그 운영비와 인건비 전액을 국가로부터 장애인직업재활기금 명목으로 지원받는 점, 보건복지부장관은 연말 공문을 통하여 원고들에게 이 사건 사업과 관련한 계약직 직원들에 대하여 인력의 전문성을 제고하는 차원에서 특별한 사정이 없는 한 재계약을 체결하여 계속 고용관계를 유지하도록 협조 요청해온 점, 보건복지부장관은 원고들의 사업반납 요청에 대하여도 이사건 사업의 공익성과 특수성을 고려하여 처음에는 이를 반려하는 등 계속 사업의 필요성이 있는 것으로 보았고 그에 따라 국가로부터의 재정적인 지원도 계속될 수 있었던 점, 정부예산으로 적립하기로 한 퇴직금이 원고들이 주장하는 근로계약기간 종료시마다 정산되어 지급되지는 아니한 점, 위와 같은 여러 사정에 비추어 참가인 등은 계약기간으로 명시된 1년이 지나더라도 당연히 원고들과의 고용관계가 지속될 것이라는 기대를 가지고 있었던 점 등의 제반 사정을 종합하여 보면, 비록 참가인 등은 1년이라는 계약기간을 정하여 채용된 근로자들이라 할지라도 사실상 기간의 정함이 형식에 불과하여 실질적으로 기간의 정함이 없는 근로자의 지위에 있었다고 보이고, 따라서 원고들이 참가인 등에게 근로계약기간 만료를 통지한 행위는 실질적으로 해고에 해당하고, 그에 대하여 근로기준법 소정의 정당

한 이유가 없는 이상 부당해고로서 무효라고 판단한 것은 정당하다」고 한다.

위의 판례와 같이 근로자에게 지급되는 임금이 제3자나 제3의 기관의 재정적 지원에 의해 이루어지는 등, 근로자가 담당하는 업무의 존속이 사용자 이외의 제3자에 의해 결정되는데 그 제3자에 의해 사업의 존속성이 보장된 경우, 사실상 기간의 정함이 없는 근로계약으로 볼 수 있다.

② 싸이버텍 사건에서 판례(서울고법 2005.6.17, 2004누11901)는 「근로자들이 입사한 1993년부터 2003.4.30까지 약 10년간 근로자들과 회사 사이에 매년 근로계약이 반복하여 갱신되어 온 점은 인정되나 한편 회사와 큐빅사간의 위하도급 계약내용과 그 운영실체에 비추어 볼 때, 회사는 큐빅사에 전투시뮬레이션사업 전문인력을 제공하는 것이 주업무로서 용역인원의 채용 및 배치에 있어 큐빅사의 사전승인을 받는 등 여러 가지 점에서 경영의 자율성이 제한되고, 큐빅사가 매년도마다 계약갱신권을 갖음에 비해 회사는 큐빅사에의 종속 내지 의존도가 높은 점, 이에 따라 하도급계약에 따른 사업의 지속여부가 1년 단위로 결정이 되며, 사업의 연장 여부는 전적으로 큐빅사의 결정에 따르게 되므로 만일 큐빅사가 기간연장선택권을 행사하지 않거나 계약기간 경과후 새로운 인력공급계약을 체결하지 않는다면 근로계약상의 고용기간의 경과로 자동적으로 퇴직될 수밖에 없다는 점도 명백히 인식하고 회사와의 근로계약을 체결한 것으로 보이는 점, 이 사건 근로계약에서 정한 기간이 단지 형식에 불과하여 이 사건 근로계약이 기간의 정함이 없는 계약이라고 보기는 어렵다. 따라서 회사의 나머지 주장에 관하여 더 나아가 살필 필요 없이, 이 사건 근로계약이 실질적으로 기간의 정함이 없는 계약이라는 전제에 선 이 사건 재심판정은 위법하다」고 한다.

위의 판례와 같이 근로자가 담당하는 업무가 다른 회사와의 하도급계약에 의한 것으로 사용자가 위 업무를 운영하는데 있어 도급회사에 종속되는 경우, 기간의 정함이 있는 근로계약으로 판단하고 있다.

다. 정규직 근로자 채용과정의 일부인지 여부

오향관광개발 사건에서 판례(서울행법 2005.5.3, 2004구합18689 · 18702(병합))는 「설령 회사는 2002.11.30 근로자들과 사이에 근로계약기간을 1년으로 정한 근로계약서를 작성한 것이 사실이라고 하더라도, 근로자들과 이○○, 정○○(모두 참가인의 이사회 및 운영위원회가 2003.6.19. 징계파면하기로 결의한 근로자들인데, 참가인의 주장에 의하면 위 근로자들만이 2002.11.30. 참가인과 사이에 기간을 정한 근로계약을 체결하였다는 취지이다)을 제외한 나머지 근로자들은 회사 사이에 근로자들과 같은 내용의 임시직 근로계약을 체결하고 근무하여 오다가, 2002.11.30 재계약 부적격자로 인정된 소외 민○○을 제외하고 모두 새로운 근로계약을 체결하여 정규직 근로자로 채용된 사실, 그 후 회사의 근로자들 중 2003.11.30, 1년의 계약기간이 만료되었다는 이유로 퇴직한 근로자는 한명도 없는 사실을 인정할 수 있는데, 이러한 사정에 비추어 보면, 회사는 근로자들과 최초로 임시직 근로계약을 체결함에 있어 수습기간을 설정한 취지는 채용한 근로자들의 능력과 자질을 점검한 다음 정규직 근로자를 선별하기 위하였던 것이고, 그 후 임시직 근로기간이 종료한 후 재계약 적격자로 인정된 근로자들과는 정식근로계약을 체결하여 정규직 근로자로 채용한 것이라고 보아야 할 것이므로, 회사와 근로자들 사이에 작성된 근로계약서에 근로계약기간이 기재되었다 하더라도 그것은 단지 형식에 불과하다고 보아야 할 것이다」라고 한다.

위의 판례와 같이 근로자를 정식으로 채용하기 이전 일정한 수습기간을 정하여 근로자의 업무능력과 적합성을 판단한 뒤, 적합한 수습근로자 대부분을 정규직으로 채용하였던 경우, 사실상 기간의 정함이 없는 근로계약으로 볼 수 있다.

라. 근로계약기간의 본인 확인 여부

원성택시 사건에서 판례(서울고법 2005.2.4, 2003누14675)는 「회사는 근로계약의 서면화를 추진하면서 기간을 1년으로 한다는 규정이 포함된 근로계약서를 작성하였으나, 근로자 이○○이 근로계약기간 1년의 날짜가 정해진 근로계약서에 서명한 것이 아니라 개인택시 자격취득을 위한 계속근로의 의사를 밝히고 근로계약기간이 1년으로 된 근로계약서에 날짜를 공란으로 둔 채 서명하였던 것인데 회사의 상무 황○○이 나중에 그 날짜를 기입하였던 점, 근로자 이○○은 이 사건 근로계약 체결 당시 회사로부터 기존의 계약관행과는 달리 근로계약기간이 1년의 정함이 있고, 기간이 만료되면 자동적으로 계약이 갱신되는 것이 아니라 특별히 평가를 하여 부적격자로 판정되면 재계약이 거절될 수 있다는 사실을 고지받지 못한 상태에서, 오히려 근로계약서상의 계약기간 1년은 형식에 불과하여 계속 근무할 수 있다는 기대하에서 이 사건 근로계약을 체결한 것으로 봄이 상당하므로, 이 사건 근로계약에서 1년의 근로계약기간을 정한 것은 단지 형식에 불과하다고 할 것이다」라고 한다.

위의 판례와 같이 근로자가 계속근로의 의사가 있음을 밝힌 상태에서, 근로기간을 공란으로 둔 채 계약서에 서명을 하였는데, 이후 사용자측에서 근로기간을 1년으로 기입한 경우, 사실상 기간의 정함이 없는 근로계약으로 볼 수 있다.

마. 경영상·현실상의 필요성 여부

① 글로비스 사건에서 판례(서울행법 2006.12.22, 2006구합13138)는 「회사는 2003.7 당시 물류업무의 확대로 인한 업무시스템 및 내부 경영방침 등이 완비될 때까지 단기간의 계약직 근로자를 채용하여 배송업무에 대한 운영을 하여야 할 경영상의 필요성과 회사의 업무시스템이 완비되는 시점까지 기존의 위탁업체에서 일하였던 인원을 그대로 고용할 현실적인 필요성이 있었기 때문에, 근로자를 포함하여 7명의 위탁업체 직원을 선별하여 그들과 사이에 계약직 사원으로의 고용계약을 체결하였던 점, 근로자의 근로계약이 1회 갱신된 것에 불과하여 근로자가 근로계약이 갱신되어 계속 근무할 수 있다는 기대관계가 형성되었다고 보기 어려운 점 등 그 기간의 정함이 단지 형식에 불과하여 근로자가 사실상 기간의 정함이 없는 근로자의 지위에 있었다고 볼 수는 없다. 따라서 회사가 근로자와의 근로계약 기간 만료에 즈음하여 이 사건 근로계약의 갱신 거절을 통보하였다 하더라도 이를 들어 이 사건 근로계약 갱신 거절이 근로관계를 일방적으로 종료시키는 해고라고 할 수는 없다할 것이므로」라고 한다.

② 여미지식물원 사건에서 판례(서울행법 2006.5.19, 2005구합30181)는 「회사와 근로자들은 근로계약기간을 3개월로 정하여 근로계약을 체결하고 다시 3개월 단위로 근로자 조○○의 경우 11회, 근로자 이○○의 경우 12회에 걸쳐 근로계약을 갱신하여 온 사정이 있기는 하나, 한편, 회사는 위와 같이 여미지식물원을 잠정적으로 관리하게 되었고, 겨울철의 경우 식물관리업무가 줄어드는 등의 사정을 감안하여 일정 인원을 계약직 또는 일용직 근로자로 고용할

필요가 있었으며, 근로자들이 주장하는 사정을 모두 감안하더라도, 근로자들과 회사 사이의 근로계약에서 기간을 정한 것이 단지 형식에 불과하다고 보기 어렵다. 결국 근로자들과 회사 사이의 근로관계는 그 근로계약기간이 만료됨으로써 종료되었다 할 것이고, 따라서 그 기간만료에 즈음하여 회사가 근로자들에게 고용계약의 만료통보를 하였다 하더라도 이를 들어 회사와의 근로관계를 일방적으로 종료시키는 해고라고 할 수는 없다 할 것이다」라고 한다.

③ 쌍문운수 사건에서 판례(서울행법 2007.2.22, 2006구합23029)는 「회사는 취업규칙에 촉탁근로계약의 대상자를 정년(만 58세가 되는 날)이후 근무자로, 그 계약기간을 1년으로 하고 있으며 촉탁기간 만료 후 연장은 계약갱신이 노사 합의된 경우에 한하며, 갱신이 이루어지지 않을 경우에는 자동으로 퇴직하기로 정하고 있는 점, 근로자들은 정년에 이르지 아니한 계약직 직원들과는 달리 정년 이후에 직원의 수요에 탄력적으로 대처하고자 하는 회사의 필요성에 의해서 채용되어 업무역량 및 운전업무능력의 유지 가능성 등의 평가에 의하여 재계약 여부가 결정되어 온 것으로 보이는 점 등 이 사건 근로계약서의 내용과 계약기간을 정한 목적, 당사자의 진정한 의사, 근로자보호법규 등을 종합적으로 고려하여 볼 때 이 사건 근로계약상의 기간의 정함이 단지 형식에 불과하여 근로자들이 사실상 기간의 정함이 없는 근로자의 지위에 있었다고 보기 어렵다고 할 것이다」라고 한다.

위의 판례와 같이 단기간의 계약직 근로자를 채용하여야 할 경영상 필요성 및 현실적인 필요성이 인정되어 그에 따라 기간제 근로자를 채용하였다면 기간의 정함이 있는 근로계약으로 볼 수 있다.

(4) 동종의 근로계약 체결방식에 관한 관행

가. 근로계약의 형식적 갱신의 반복

조선일보사 사건에서 판례(대법 2007.9.7, 2005누16901)는 「회사는 계약갱신을 할 때마다 임금조건 등의 근로조건에 대하여 별다른 논의 없이 근로자 등으로부터 갱신근로계약서에 서명을 받고 계약갱신을 하여 왔으며, 근로자 등은 업무의 특성상 전문성이 인정되어 자신들의 근로계약이 계속 갱신될 것으로 기대를 가지고 있었던 점을 종합하여 회사와 근로자 등 사이에 체결된 근로계약에서 정한 기간은 단지 형식에 불과하여 근로자 등은 사실상 기간의 정함이 없는 근로자의 지위에 있었고」라고 한다.

위의 판례와 같이 사용자가 근로자와의 근로계약을 개인할 때마다 임금조건 등의 근로조건에 대하여 별다른 논의 없이, 형식적으로 갱신근로계약서에 서명을 받은 경우 사실상 기간의 정함이 없는 근로계약으로 볼 수 있다.

나. 동종의 근로자 고용 관행

① 원성택시 사건에서 판례(서울고법 2005.2.4, 2003누14675)는 「회사는 근로계약의 서면화를 추진하면서 기간을 1년으로 한다는 규정이 포함된 근로계약서를 사용하였으나, 근로자 이○○이외에는 근로계약기간을 1년으로 정하여 신규채용된 근로자들 모두가 그 계약기간 만료 후 별도의 재계약 없이 근로계약기간의 정함이 없는 상태로 근로관계를 계속하고 있고, 기존의 운전사들 역시 그대로 기간의 정함이 없는 상태에서 계속하여 근로관계를 유지하여 온 점, 대부분의 운전기사들이 개인택시면허의 취득을 목적으로 하고 있어 그 업무의 내용이 지속적인 성격을 가지고 있고, 근로계약 체결방식에 관한 그 동안의 관행 등 제반 사정에 비추어 보면 이 사건 근로계약에서 1년의 근로계약기간을 정한 것은 단지 형식에 불과하다고 할 것이다」라고 한다.

② 한국시각장애인연합회 사건에서 판례(대법 2006.2.24, 2005두5673)는 「2002년 이전에 고용된 참가인들을 비롯한 근로자들은 해마다 별다른 문제없이 근로계약 갱신을 하여 왔고, 원고들의 위 사업반납신청만 없었다면 참가인들은 고용관계를 계속 유지할 수 있었던 것으로 보이는 점, 비록 참가인 등은 1년이라는 계약기간을 정하여 채용된 근로자들이라 할지라도 사실상 기간의 정함이 형식에 불과하여 실질적으로 기간의 정함이 없는 근로자의 지위에 있었다고 보이고」라고 한다.

위의 판례와 같이 같은 회사의 동정의 근로자들이 계약기간이 만료되더라도, 별도이 재계약 없이 근로계약기간의 정함이 없는 상태로 근로를 제공하여 온 경우, 사실상 기간의 정함이 없는 근로계약으로 볼 수 있다.

③ 쌍문운수2 사건에서 판례(서울고법 2007.8.14, 2006누27474)는 「근로자는 2003.

5.6경 처음 회사와 계약기간을 1년으로 정하여 근로계약을 체결한 점, 회사는 종전 대표이사의 사망으로 김○○가 새로운 대표이사로 선임된 이후인 2004.4경 새로운 경영방침이라는 명목 아래 회사의 모든 운전기사들과 사이에 기간을 1년으로 한 계약직 근로계약서를 작성하여 온 점, 한편, 1996.9.1부터 2004.5.5까지 회사의 고용보험 피보험자격을 취득한 적이 있던 근로자 208명 중 1년 이상 근로관계를 유지한 경우가 총 56명에 불과하고, 2005.5.5까지를 기준으로 산정해 보아도 총 237명 중 89명에 지나지 않으며, 더구나 2004.5.6 현재 근로자의 지위를 유지하고 있는 54명 중 1년을 초과하여 근무하고 있는 근로자는 12명에 불과한 점 등을 고려해 볼 때 비록 회사가 마을버스를 운행하는 여객운송회사로서, 운전기사들이 회사의 존립을 위한 중요한 요소로 될 수밖에 없는 상황에서 운전기사 전부를 1년 단위로 재고용하려고 하는 것이 다소 부자연스러워 보일 수 있기는 하나, 회사의 경우 오랜 기간에 걸쳐 근로자들의 다수가 1년 이하의 기간 동안만 회사와 근로계약관계를 유지하고 있는 모습을 보일 뿐이어서 회사가 운전기사들에 대하여 계약기간을 1년으로 정하여 근로계약을 체결하려고 한 것이 반드시 불합리하다고 볼 수만은 없으므로 이 사건 근로계약에서 계약기간을 1년으로 정한 것은 단지 형식에 불과하다고 할 수 없으며, 따라서 이 사건 근로계약서에 "기간 만료 시에 당사자 간의 서면합의에 이하여 1년의 범위 안에서 별도의 기간을 정하여 계약을 갱신 또는 근로기간을 연장할 수 있다"는 약정이 기재되어 있다고 하더라도, 근로자와 회사 사이에 계약갱신 또는 근로기간 연장을 위한 서면 합의가 이루어지지 않은 이상 이 사건 근로계약은 그 기간의 만료로 종료되었다고 할 것이고, 근로자가 회사로부터 부당하게 해고되었다고 할 수 없다」고 한다.

위의 판례와 같이 모든 근로자들과 사이에 기간을 정한 근로계약서를 체결하고 근로자들의 다수가 1년 이하의 기간 동안만 회사와 근로계약관계를 유지하고 있는 경우, 기간의 정함이 있는 근로계약이라 볼 수 있다.

(5) 근로자 보호법규, 단체협약이나 취업규칙의 근거조항 존재 여부

① 원성택시 사건에서 판례(서울고법 2005.2.4, 2003누14675)는 「회사는 근로계약

의 서면화를 추진하면서 기간을 1년으로 한다는 규정이 포함된 근로계약서를 사용하였으나, 그동안 적용되지 않고 있던 취업규칙 제11조의 규정 이외에는 단체협약이나 취업규칙 등에 더 이상 단기계약직 근로자의 채용 및 처우와 재계약에 대한 어떠한 규정도 마련하지 아니하였고 기간을 1년으로 정하여 신규채용한 근로자들도 제반 근로조건은 기존의 정식 기사들과 완전히 동일하였던 점, 오히려 근로계약서상의 계약기간 1년은 형식에 불과하여 계속 근무할 수 있다는 기대 하에서 이 사건 근로계약을 체결한 것으로 봄이 상당하므로, 이사건 근로계약에서 1년의 근로계약기간을 정한 것은 단지 형식에 불과하다고 할 것이다. 회사가 위 근로계약기간의 만료를 이유로 근로자 이○○에게 근로계약의 종료를 통보한 것은 실질적으로 해고에 해당한다고 할 것이다. 회사가 주장하는 근로자 이○○의 비위사실들만으로는 그 경위 등에 비추어 회사가 근로자 사이의 근로계약관계를 지속하게 하는 것이 현저히 부당하다고 인정할 정도에 이르러 해고의 정당한 사유가 된다고 할 수 없다」고 한다.

위의 판례와 같이 단체협약이나 취업규칙이 정규직과 다른 계약직에 관한 규정이 없거나 계약직 근로자의 근로조건이 정규직 근로자의 그것과 차이가 없는 경우 사실상 기간의 정함이 없는 근로계약으로 볼 수 있다.

② 근로복지공단 사건에서 판례(서울행법 2006.7.18, 2005구합41143)는「오히려 위 재활상담계약직원 대부분은 공단이 실시한 정규직전환채용시험을 거쳐 정규직 직원으로 전환된 점, 공단은 비정규직 관리세칙을 통하여 기간을 정한 근로관계를 별도로 관리하고 있고, 단체협약 제34조도 기간을 정한 근로계약의 체결이 유효함을 전제로 규정하고 있는 점 등 변론에 나타난 제반사정에 비추어 보면, 근로자와 공단 사이에 체결된 근로계약은 기간을 정한 근로계약이라고 할 것이다」라고 한다.

앞의 판례와 반대로 위의 판례와 같이 단체협약이나 취업규칙에 별도로 계약직에 관한 규정을 두고 있는 경우, 기간의 정함이 있는 근로계약으로 볼 수 있다.

3. 갱신기대권 근로계약 유형 판단기준

(1) '갱신기대권' 인정기준

기간을 정한 근로계약이라 하더라도 기간의 만료로 인한 사용자의 재계약 거절이 무한정 허용되는 것이 아니라 일정한 경우 근로자에게 근로계약 갱신의 기대권이 인정되어 사회통념상 상당하다고 인정할 수 있는 합리적인 이유가 없는 갱신거절은 제약될 수 있다. 기간을 정한 근로계약 중 이러한 갱신기대권이 인정될 수 있는 근로계약인지를 판단함에 있어서는 아래와 같은 특별한 요건을 갖추고 있는지를 고려하여 판단한다.

가. 재계약 절차 및 요건의 존재 여부

① 한세대학교 사건에서 판례(대법 2007.10.11, 2007두11566)는 「위와 같이 이 사건 임용규정에 계약직원의 재임용에 관한 규정을 두고 근무실적평가에 관한 구체적 내용은 총장이 별도로 정하도록 하고 있는 사실, 대학교는 1997.9 이후 60여 명의 직원들을 모두 계약직으로 채용하여 필요한 경우 계약을 연장해 왔고, 2000.8.1 계약직임용규정을 제정하여 재임용 등을 해 온 사실, 대학교는 2002.12.27 직원인사위원회에서 계약기간이 만료하는 계약직원 6명에 대하여 근무실적평가를 한 결과에 따라 평균점수 3.0 이하인 이○○, 한○○(각 입사기간 1년)와는 재계약을 하지 않기로 하고, 나머지 4명과는 재계약하기로 한 사실, 이와 같은 사정들에 의하면, 대학교는 근무실적평가를 바탕으로 하여 일정한 경우에는 계약직원을 재임용할 수 있다는 이 사건 임용규정에 따라 근무실적평가가 우수한 계약직원을 계속 재임용해 온 것으로 보이므로, 근로자에게는 근무실적평가에서 우수한 점수를 얻으면 재임용될 수 있다는 합리적이고 정당한 기대권이 인정될 여지가 있다고 보이고, 따라서 원심으로서는 근무실적평가에 관하여 대학교 총장이 정하고 있는 내용이 무엇인지, 계약직원에 대한 근무실적평가가 어떻게 이루어지고 있는지 및 실제 이를 토대로 재임용 여부를 결정해 온 관행이 있었는지에 대하여도 더 심리를 해 보았어야 할 것이다」라고 한다.

② 대한투자증권 사건에서 판례(서울행법 2005.6.2, 2004구합32623)는 「이 사건

고용계약서 제3조는 임기를 정하면서 연임이 가능하고, 다만 2년의 범위 내에서 임기를 조정할 수 있도록 규정하고 있는 점, 제5조는 이사대우평가기준이 정하는 바에 의하여 근로자의 경영성과 등에 대하여 평가를 하고, 그 평가결과를 토대로 임기 만료시 재임용 대상에서 제외할 수 있다는 규정을 두고 있으며 이사대우 평가기준은 이사대우 직원의 업무수행 등을 평가하여 재임용에서 제외할 수 있는 기준설정을 위하여 제정되었다는 점에 비추어 볼 대 회사와 근로자 사이에 체결된 이 사건 고용계약의 기간은 그 만료로써 계약관계가 획일적으로 종결되는 존속기간이 아니라 갱신에 의하여 연장이 허용되는 갱신기간이라고 봄이 옳을 것이고, 이러한 경우 사회통념상 상당하다고 인정되는 합리적인 이유 없이 근로계약의 갱신을 거절하는 것은 신의칙상 허용될 수 없다 할 것이다」라고 한다.

위의 판례와 같이 임용의 근거가 된 법령 등의 규정이나 계약 등에서 임용권자에게 임용기간이 만료된 근로자를 재임용할 의무를 지우거나 재임용절차 및 요건 등에 관한 근거규정을 두고 있어 근로자에게 소정의 절차에 따라 재임용될 수 있으리라는 정당한 기대권이 인정되는 경우, 갱신기대권이 인정될 수 있다.

③ 대구광역시 사건에서 판례(서울행법 2005.5.19, 2005구합2864)는 「재위촉 과정에서 기존의 단원은 신규모집단원 지원자와 별도로 특별 전형제도를 거쳐 재위촉 여부를 결정하여 온 점, 앞서 본 바와 같이 위촉기간이 종료된 단원들 중 일정 기준을 충족한 단원들과 사이에 재위촉계약이 체결된 점, 실제로 근로자들도 위촉된 이래 매2년마다 평정절차를 거쳐 재위촉된 점에 비추어 보면, 근로자들과 대구광역시 사이에 체결된 단원 위촉계약상의 위촉기간은 그 만료로서 계약관계가 획일적으로 종결되는 존속기간이 아니라 갱신에 의하여 연장이 허용되는 갱신기간이라고 봄이 옳을 것이고, 이러한 경우 사회통념상 상당하다고 인정되는 합리적인 이유 없이 근로계약의 갱신을 거절하는 것은 신의칙상 허용될 수 없다 할 것이다」라고 한다.

위의 판례와 같이 계약기간마다 평정절차를 거쳐 재위촉될 수 있는 절차를 두고 있어 근로자가 일정 기준을 충족한 경우 재계약이 체결될 수 있다는 정당한 기대권이 인정되는 경우, 갱신기대권이 인정될 수 있다.

나. 업무의 특성

우리은행 사건에서 판례(서울행법 2006.1.27, 2005구합16468)는 「은행이 근로자 등 계약직 사무행원을 채용할 당시 채용공고 내용상 3개월 단위 계약갱신(장기 근무 가능)이라고 명시하였던 점을 인정할 수 있고, 근로자들의 근로계약이 특별한 사정이 없는 한 이미 6차례 이상 갱신되어 왔으며, 그 과정에서 계약직 사무행원들의 의사에 반하여 재계약이 거부된 사례는 없었던 점은 앞서 본 바와 같으므로 이러한 정황에 비추어 보면, 근로자들로서는 근로계약이 만료된 후에도 계속 근로관계가 유지될 것으로 기대할 만한 사정이 있었다고 볼 수 있다」고 한다.

위의 판례와 같이 고용이 계절적·임시적인 것이 아니고 상당기간 반복 갱신되어 계속적인 고용이 기대되고 있는 경우, 갱신기대권이 인정될 수 있다.

다. 사실상 무기계약의 판단기준

① 진정실업 사건에서 판례(서울행법 2005.9.1, 2005구합8573)는 「근로계약서 제11조제1항에 재계약을 요할시는 회사가 근로자에게 1개월 전 사전통보한다는 규정이 포함되어 있고, 실제로 위에서 본 바와 같이 계약갱신을 거절당한 근로자들을 제외한 나머지 대부분의 근로자들과의 사이에 재계약이 체결된 점에 비추어 보면, 근로자와 회사 사이에 체결된 이 사건 근로계약은 계약기간의 만료로써 고용관계가 획일적으로 종결되는 존속기간이 아니라 갱신에 의하여 연장이 허용되는 갱신기간이라고 봄이 옳을 것이고」라고 한다.

위의 판례와 같이 계약서의 내용, 기간을 정한 목적, 동종의 근로계약 체결방식에 관한 관행 등에 비추어, 계속 근로관계가 유지될 것으로 기대할 만한 충분한 사정이 있는 경우, 갱신기대권이 인정될 수 있다.

② 울산시 남구 사건에서 판례(서울행법 2006.6.28, 2006구합46589)는 「복지상담원은 예산에 근거하여 배치되어 왔고, 그리하여 근로자에 대한 임금은 울산시의 예산편성에 따라 그 한도 내에서만 지급되도록 제한되어 있으며, 근로자는 미리 배치(활용 또는 활동)일수를 정하여 그 범위 내에서 실제 활동일수에 1일 활동비를 곱한 금액을 임금으로 지급받았고, 대개 매년 연초부터 12월

중순까지만 근로계약에 따른 근무를 하였으며, 2006년도부터는 울산시 소속 옥동사무소에 복지상담원에 대한 예산이 배정되지 않아 근로자가 퇴직한 후에는 옥동사무소에 복지상담원이 채용되지 않았고, 전체 근로기간에 대하여 임금이 지급되지는 않았던 점에 비추어 근로자도 옥동장과의 근로계약에 따른 임금은 당시 예산 범위 내에서만 지급된다는 사정을 알고 있었던 것으로 보이므로, 근로계약이 수차례 갱신되었다는 사정 등만으로는 울산시 소속 옥동장과 근로자 사이의 근로계약이 그 기간의 정함이 단지 형식에 불과하여 기간의 정함이 없는 근로계약과 다를 바가 없게 되었다거나, 근로자에게 근로계약 갱신에 대한 합리적인 기대가 형성되었다고 볼 수는 없다. 따라서 울산시 소속 옥동장과 근로자 사이에 2005.1.3 체결한 근로계약은 2005년도 일용예산이 소진되는 2005.11.30에 계약기간의 만료로 당연히 종료된 것이어서 이사건 근로관계 종료통보를 근로계약의 해지통보 즉 해고라고 할 수는 없으므로」라고 한다.

위의 판례와 같이 근로계약이 수차례 갱신되었더라도, 예산에 근거하여 채용이 되고 임금이 지급되었고, 그러한 사실을 근로자가 알고 있었으며, 그 후 예산이 배정되지 않은 경우, 갱신기대권을 인정할 수 없다.

(2) 갱신거절의 '합리적 이유' 존재 여부

기간을 정한 근로계약 중 근로자에게 근로계약 갱신의 기대권이 인정되는 경우라 하더라도 아래와 같이 사회통념상 상당하다고 인정할 수 있는 합리적인 이유가 있는 경우 그 갱신거절은 정당하다. 합리적인 이유의 범위는 통상해고의 제한기준으로서 작용하는 '정당한 이유'의 범위보다 넓게 해석된다.

가. 정당한 이유의 존재 여부

① 진정실업 사건에서 판례(서울행법 2005.9.1, 2005구합8573)는「나아가 이사건 갱신거절에 합리성이 인정되는지에 관하여 보면, 근로계약서에 의하면 근로자는 월 26일을 만근으로 하고, 택시를 배차받아 운행하는 경우 1일 사용한 가스대금과 금 90,000원을 제외한 나머지 운송수입금을 근로자의 수입으로 하도록 정하고 있는데, 근로자의 근무상황을 살펴보면, 2003년 9월 한달 동

안 총 21일을 근무하면서, 근로자가 택시를 배차받아 운행하는 경우 위와 같이 근로계약서에 정하여진 바에 따라 1일 최소한 금 90,000원에 사용한 가스대금을 더한 금원을 입금하였어야 함에도 불구하고 1일 금 90,000원 이상을 회사에 입금한 것은 총 21일 근무일 중 6일에 불과한 점 등 지속적으로 근로계약서에 정하여진 근로자의 의무를 제대로 이행하지 아니한 점을 종합하여 보면, 회사가 근로자를 불성실 근로자로 판단하여 한 이 사건 갱신거절에는 사회통념상 상당하다고 인정되는 합리적인 이유가 존재한다고 볼 것이다」라고 한다.

위의 판례와 같이 사회통념상 근로계약을 존속시킬 수 없을 정도로 근로자에게 책임 있는 사유가 있는 경우, 그 갱신거절에는 합리적 이유가 있는 것으로 볼 수 있다.

② 아파트입주자대표회의 사건에서 판례(서울행법 2009.6.18, 2008구합41670)는 근로자와 사용자가 기간을 정한 근로계약서를 작성한 경우라도, 근로자에게는 서약서 기타 계약 위반과 같은 특별한 문제가 없는 한 근로계약이 갱신될 것이라는 합리적이고 정당한 기대권이 인정됨에도, 시설 관리 및 하자 보수 등과 관련한 아파트 주민들의 민원 사항에 대하여 불친절하고 고압적으로 응대하여 많은 주민의 불만을 야기하였고, 급기야 이 사건 근로계약 해지 이전인 2007.9.경 이미 해임 투표가 진행되기도 하였던 사실 등 참가인이 근로자에 대하여 근로계약의 갱신을 거절한 것은 정당하다고 한다.

이 판례는 아파트입주자대표회의가 아파트관리소장인 근로자에게 근로계약의 갱신을 거절한 것은 사회통념상 상당하다고 인정되는 합리적 이유가 있다고 본 것이다.

나. 고용유지의 불가능성 여부

우리은행 사건에서 판례(서울행법 2006.1.27, 2005구합16468)는「은행이 당초 공과금 수납업무의 BPR지원센터로의 집중화를 염두에 두고 근로자들의 채용 공고시 수도권지역 해당점포 근무 후 BPR센터로 이전근무, 3개월 단위 계약갱신(장기근무 가능)이라는 문구를 기재하기는 하였으나, 새로운 공과금 수납방식의 시범운영 실시결과 공과금 수납업무를 BPR지원센터로 집중처리하는 방안이 물류비용 및 공과금 납부의뢰서의 처리 과정에서의 문제점들로 인해

백지화된 사정, 그리하여 은행은 2002.10 경 근로자들을 포함하여 계약직 사무행원들에게 재계약이 어려울 수 있음을 통보하기도 하였으나 노동조합측의 요구로 새로운 공과금 수납업무제도가 정착될 때까지 계약직 사무행원들을 각 영업점에 배치하여 공과금 수납업무를 담당케 하기로 하였던 점, 이후 은행의 계속적인 공과금 수납제도 개선의 노력으로 은행의 공과금 수납방식이 근로자들이 처음 채용될 당시 시행되었던 의뢰서출금형식에서 무인수납기의 자동화시스템에 의해 별도로 공과금 납부의뢰서를 처리할 필요가 없는 방식으로 변경되고 또한 자동이체 및 인터넷지로 등 은행창구를 통하지 않은 공과금 납부비율의 증가로 공과금 수납업무량 자체가 현저히 감소하게 된 점 등을 종합하여 보면, 은행이 근로자들에 대하여 근로계약의 갱신을 거절한 것은 사회통념상 상당하다고 인정되는 합리적인 이유가 있다고 보여진다」고 한다.

위의 판례와 같이 업무량의 감소가 예상되어 채용당시부터 인력을 탄력적으로 조절할 필요성이 있었고, 그 후 업무량이 감소되어 고용의 필요성이 없어지게 되는 경우, 그 갱신거절에는 합리적 이유가 있는 것으로 볼 수 있다.

다. 평가기준의 객관성과 평가의 공정성 여부

① 대구광역시 사건에서 판례(서울행법 2005.5.19, 2005구합2865)는 「이 사건 재위촉 거부통보에 합리성이 인정되는지 여부에 관하여 보건대, ① 실기평정에 있어서 서○○, 박○○등 무용단원에 대한 실기평정은 전형위원 6명이 위촉되었고, 실기평정이 자의적으로 실시되었다거나 공정성을 상실하였다고는 볼 수 없다. 또한 근무평정에 있어서, 앞서 본 바와 같이 대구광역시는 근무평정을 함에 있어 평가요소로서 조식생활, 규정준수, 참여도와 아울러 징계사유나 무단결근 등의 사유에 대하여 감점조치를 하도록 하고 있는 등 비교적 객관적이고도 상세한 기준을 두고 있고, 근무평정 역시 자의적으로 평가되었다고는 볼 수 없다. 따라서 이 사건 재위촉 거부통보에는 사회통념상 상당하다고 인정되는 합리적인 이유가 존재한다고 할 것이다」라고 한다.

위의 판례와 같이 재계약 절차 및 요건에 관한 규정이 있고, 그에 따라 하위 일정 비율·점수·등급에 속한 근로자를 재계약에서 탈락하도록 정한 기준이 객관적이며, 그에 따른 평가가 자의적이지 아니한 경우, 그 갱신거절에는 합리적 이유가 있는 것으로 볼 수 있다.

② 대한투자증권 사건에서 판례(서울행법 2005.6.2, 2004구합32623)는 「그러므로 나아가 이사건 계약종결 통보에 의한 재계약 거절에 합리성이 인정되는 여부에 관하여 살펴보건대, 회사는 이 사건 고용계약과 개정된 계약연봉직원 인사관리규정에 의하여 이 사건 고용계약에서 정한 계약기간이 만료되면 근로자와 재계약을 체결할지 여부에 관하여 이사대우 평가기준을 근거로 근로자에 대하여 경영평가, 근무성적평정 및 가감점평정 등을 하여 종합평정이 전체 이사대우 직원 중 하위 20% 이내에 해당하는지 여부를 평가하는 절차를 거쳤어야 함에도 그러한 절차를 거치지 아니한 채 단순히 계약기간이 만료되었음을 들어 이 사건 계약종결 통보를 한 것은 합리성이 인정된다고 할 수가 없다」고 한다.

앞의 판례와 반대로 재계약 절차 및 요건에 관한 규정에서 재계약을 체결할지 여부에 관하여 정해진 평가를 실시하도록 되어 있는데도 불구하고, 이러한 평가절차를 거치지 아니한 경우 합리적 이유가 없는 갱신거절로 볼 수 있다.

4. 기간제 근로계약에 대한 유형분류 판단 순서

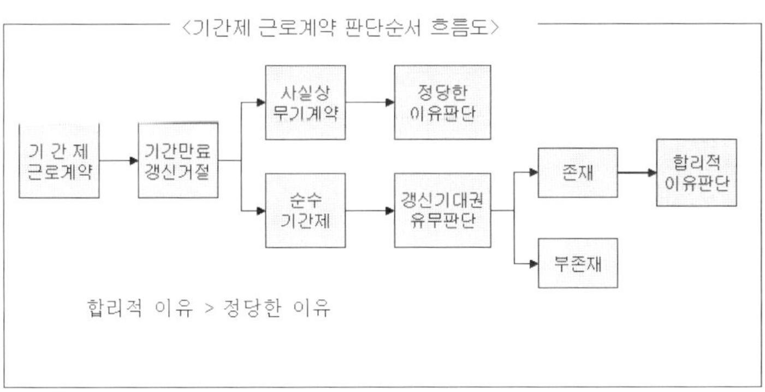

일반적인 판례의 경향으로 볼 때, 기간제 근로계약 판단순서는 기간이 만료되었음을 이유로 사용자가 근로자와의 근로계약 갱신을 거절하였다면, 위 그림과 같이, 먼저 사용자와 근로자 사이에 체결된 근로계약에서의 근로기

간이 형식에 불과한지 여부를 먼저 판단하여, 근로기간이 형식에 불과하다면 갱신거절에 해고 제한의 법리인 '정당한 이유'가 있는지를 판단하여야 하고, 그 반대라면, 근로자에게 갱신기대권이 인정되는지, 갱신기대권이 인정된다면 갱신거절에 합리적 이유가 존재하는지를 판단하여야 한다.

간혹 법원은 갱신기대권이 인정되는 경우와 근로기간의 정함이 형식에 불과한 것으로 인정되는 경우를 구별하지 않고 한꺼번에 판단하거나, 갱신기대권의 존재와 갱신거절의 합리적 이유를 나누어 판단하지 않고 합리적 이유가 있는 것을 갱신기대권이 없는 것으로 판단하는 경우도 있다.

기간제 근로계약 판단기준

<table>
<tr><th rowspan="3">유형</th><th colspan="3">기간제 근로계약</th></tr>
<tr><th rowspan="2">기간의 정함이 형식에 불과한 계약</th><th colspan="2">기간의 정함이 있는 계약</th></tr>
<tr><th>순수기간제</th><th>갱신기대권</th></tr>
<tr><td rowspan="3">판단기준</td><td rowspan="3">► 근로계약의 반복갱신 여부
► 계약서 내용
► 근로계약이 이루어지게 된 동기 및 경위, 기간을 정한 목적과 당사자의 진정한 의사
• 담당업무의 전문성 여부
• 담당업무의 존속가능성 여부
• 경영상·현실상 필요성 여부
► 동종의 근로계약 체결방식에 관한 관행
• 근로계약의 형식적 갱신의 반복
• 동종의 근로자 고용 관행
► 근로자보호법규, 단체협약이나 취업규칙의 근거조항 존재 여부</td><td colspan="2">► 재계약 절차 및 요건의 존재 여부
► 업무의 특성
► 사실상 무기계약 판단기준</td></tr>
<tr><td rowspan="2"></td><td>합리적 이유</td></tr>
<tr><td>정당한 이유의 존재
고용유지의 불가능성 여부
평가기준의 객관성과 평가의 공정성 여부</td></tr>
</table>

10장

직장내 성희롱 관련 해고를 둘러싼 법률실무

Ⅰ. 직장내 성희롱의 의의

1. 개 요

(1) 직장내 성희롱의 의미

'직장내 성희롱(sexual harassment at work)'이란 고용이나 업무와 관련하여 사업장 내외에서 사용자나 근로자가 다른 근로자에게 상대방이 원하지 않는 성적인 언동을 함으로써 상대방에게 성적 굴욕감이나 혐오감을 느끼게 하거나 성적 언동 기타 요구 등에 대한 불응을 이유로 고용상의 불이익을 주는 것을 말한다(남녀고용평등법 제2조제2호). 남녀고용평등법 제2조제2호에서 규정한 '직장 내 성희롱'의 전제요건인 '성적인 언동 등'이란 남녀 간의 육체적 관계나 남성 또는 여성의 신체적 특징과 관련된 육체적, 언어적, 시각적 행위로서 사회공동체의 건전한 상식과 관행에 비추어 볼 때 객관적으로 상대방과 같은 처지에 있는 일반적이고도 평균적인 사람에게 성적 굴욕감이나 혐오감을 느끼게 할 수 있는 행위를 의미한다. 나아가 위 규정상의 성희롱이 성립하기 위해서는 행위자에게 반드시 성적 동기나 의도가 있어야 하는 것은 아니지만, 당사자의 관계, 행위가 행해진 장소 및 상황, 행위에 대한 상대방의 명시적 또는 추정적인 반응의 내용, 행위의 내용 및 정도, 행위가 일회적 또는 단기간의 것인지 아니면 계속적인 것인지 여부 등의 구체적 사정을 참작하여 볼 때, 객관적으로 상대방과 같은 처지에 있는 일반적이고도 평균적인 사람에게 성적 굴욕감이나 혐오감을 느낄 수 있게 하는 행위가 있고, 그로 인하여 행위의 상대방이 성적 굴욕감이나 혐오감을 느꼈음이 인정되어야 한다(대법 2008.7.10, 2007두22498). 직장 내 성희롱 금지 문제는 직장 내 성희롱으로 인한 적대적인 환경에서 성희롱으로부터 자유로운 친화적인 환경을 회복하는데 있다.

(2) 직장내 성희롱의 법적 개념

남녀고용평등법은 모든 사업 또는 사업장에서 고용과 관련하여 발생하는 '직장내 성희롱'의 개념에 관하여 규정하고 있으며, 사업주, 상급자, 근로자가 다른 근로자에게 직장 내의 지위를 이용하거나 업무와 관련하여 하는 성희롱을 금지한다.

여성발전기본법과 국가인권위원회법은 적용범위가 고용에 한정되지 않고 일반사업장 뿐 아니라 공공기관에도 적용되는 '성희롱'의 개념을 규정하고 있다. 위 두법은 '공공기관의 종사자, 사용자와 근로자'가 하는 성희롱에 관해 규정하고 있으며, 피해 상대방을 근로자에 국한하지 않고 있다(예 : 민원인 등). 여성발전기본법에서의 성희롱 개념은 남녀평등과 여성발전을 위해 국가 또는 지방자치단체, 사업주가 해야 할 조치로서 성희롱 예방교육과 방지조치를 함에 있어서 사용되는 사전(事前)적 개념인데 대하여 국가인권위원회법에서의 성희롱 개념은 평등권 침해의 차별행위의 유형으로서 국가인권위원회가 진정을 접수받고 조사하여 사건을 처리하는데 사용되는 사후(事後)적 개념이다.

남녀고용평등법 제2조(정의)제2호

'직장내 성희롱'이란 사업주·상급자 또는 근로자가 직장내의 지위를 이용하거나 업무와 관련하여 다른 근로자에게 성적인 언동 등으로 성적 굴욕감 또는 혐오감을 느끼게 하거나 성적 언동 그 밖의 요구 등에 대한 불응을 이유로 고용에 있어서 불이익을 주는 것을 말한다.

여성발전기본법 제3조(정의)제4호

'성희롱'이란 업무, 고용 그 밖의 관계에서 국가기관·지방자치단체 또는 대통령령이 정하는 공공단체(이하 '국가기관등')의 종사자, 사용자 또는 근로자가 그 지위를 이용하거나 업무 등과 관련하여 성적 언동 등으로 성적 굴욕감 또는 혐오감을 느끼게 하거나 성적 언동 그 밖의 요구 등에 대한 불응을 이유로 고용상의 불이익을 주는 것을 말한다.

국가인권위원회법 제2조(정의)제5호

'성희롱'이란 업무, 고용 그 밖의 관계에서 공공기관의 종사자, 사용자 또는 근로자가 그 직위를 이용하거나 업무 등과 관련하여 성적연동 등으로 성적 굴욕감 또는 혐오감을 느끼게 하거나 성적 언동 그 밖의 요구 등에 대한 불응을 이유로 고용상의 불이익을 주는 것을 말한다.

현행법의 성희롱 개념의 비교

구 분	남녀고용평등법	여성발전기본법	국가인권위원회법
행위자	사업주, 상급자 또는 근로자	국가기관 등의 종사자, 사용자 또는 근로자	공공기관의 종사자, 사용자 또는 근로자
상대방	다른 근로자	근로자, 제3자 등	근로자, 제3자 등
해위의 여건	직장내의 지위를 이용하거나 업무와 관련하여	지위를 이용하거나 업무 등과 관련하여	좌 동
방법	성적 언동 등	좌 동	좌 동
피해	·성적 굴욕감 또는 혐오감을 느끼게 하거나 ·성적 언동 그 밖의 요구 등에 대한 불응을 이유로 고용에 있어서 불이익을 주는 것	좌 동	좌 동

※ 개정 「남녀고용평등법」에서는 고객 등에 의한 성희롱 방지 노력의무 조항을 신설하였다.

2. 직장내 성희롱의 성립

(1) 당사자 요건(행위자와 피해자)

가. 행위자

① 사업주, 상급자, 근로자(동료, 하급자) 등이 모두 해당된다.

첫째, 상급자는 직장내의 지위를 이용할 수 있는 위치에 있는 자를 통칭하므로 근로기준법상 근로자로 보기 어려운 법인의 대표이사, 등기이사, 비상근임원도 남녀고용평등법상에서는 상급자에 해당된다.

둘째, 법인 대표이사가 직장내 성희롱 행위자인 경우 징계조치 대상의 문제이다.

남녀고용평등법상 성희롱 행위자에 대한 부서전환, 징계 기타 이에 준하는 조치책임은 사업주(법인 사업체의 경우에는 법인)에게 있고 법인의 대표자는 동법 제2조의2제2항의 상급자에 해당한다고 해석되므로 법인은 성희롱 행위자인 법인의 대표자에 대하여 법에 정한 조치(징계 또는 이에 준하는 조치)를 취하여야 하고 이를 위반할 경우 법인에 대하여 과태료를 부과하는 것이 동법 취지에 부합된다(2001.3.6, 여정 68247-100).

셋째, 거래처 관계자나 고객 등 제3자의 행위도 성희롱에 해당하나의 문제이다.

거래처 관계자나 계열사 직원에 의한 성희롱은 직장내 성희롱으로 인정되지 않는다. 다만, 사업주, 직장내 상사 또는 동료가 거래처나 계열사 직원에 의한 성희롱이 일어날 수 있는 상황을 유도하거나 감수하도록 피해자에게 요구한 경우에는 직장내 성희롱으로 성립되어 책임을 물을 수 있다.

② 고객 등 제3자에 의한 성희롱 방지 노력의무(신설)에 따라 제3자도 일정범주 내에서는 행위자에 해당된다.

「남녀고용평등법 제14조의2」에 의해 거래처 관계자나 고객 등 제3자의 성희롱 행위로부터 근로자 보호조항을 신설하였다. 사업주는 고객 등 업무와 밀접한 관련이 있는 자의 성희롱 행위로 인하여 근로자가 고충해소를 요청할 경우 근무장소 변경, 배치전환 등 가능한 조치를 취하도록 노력하여야 한다. 제3자의 성희롱으로 인해 피해를 주장하거나 고객 등으로부터의 성적요구 등에 불응한 것을 이유로 사업주는 근로자를 해고 그 밖의 불이익한 조치를 하지 못한다.

> 「남녀고용평등법」 제14조의2(고객 등에 의한 성희롱 방지)
> ① 사업주는 고객 등 업무와 밀접한 관련이 있는 자가 업무수행 과정에서 성적인 언동 등을 통하여 근로자에게 성적 굴욕감 또는 혐오감 등을 느끼게 하여 해당 근로자가 그로 인한 고충 해소를 요청할 경우 근무 장소 변경, 배치전환 등 가능한 조치를 취하도록 노력하여야 한다.
> ② 사업주는 근로자가 제1항에 따른 피해를 주장하거나 고객 등으로부터의 성적 요구 등에 불응한 것을 이유로 해고나 그 밖의 불이익한 조치를 하여서는 아니된다.
> ※ 동 조항을 위반하여 해고 그 밖의 불이익한 조치를 한 사업주에 대하여는 500만원 이하의 과태료를 부과한다(남녀고용평등법 제39조제2항제2호).

피해자

① 남녀근로자 모두 해당된다.

파견근로자 및 협력업체 근로자(업무에 연속성이 있고 동일 근로공간에서 업무를 수행하는 경우), 모집·채용과정에서의 구직자도 포함된다.

근로자란 사업주에게 고용된 자와 취업할 의사를 가진 자를 말한다(동법 제2조제4호). 근로자가 퇴직한 경우에도 행위 당시 근로자인 경우 해당된다.

사업주에게 고용된 자는 현재 근로기준법상의 근로자로 인정되는 경우에만 해당하므로 보험모집인, 학습지 교사, 골프장 경기 보조원 등 특수고용형태 근로종사자는 적용받지 않는다.

보험모집인, 학습지 교사 등 특수고용형태 종사자나 근로기준법 적용을 받지 않는 자 등에 대한 성희롱 관련 사건은 국가인권위원회로 안내 또는 이송하여야 한다. 특수고용형태 근로종사자에 대한 성희롱 방지 차원에서 사업장내 성희롱 예방교육을 실시할 경우에는 이들도 참여케 하도록 행정지도하여야 한다(2007.5.7, 여성고용팀-1697).

파견근로자에 의한 직장내 성희롱이 발생하였을 경우, 사실규명 및 분쟁처리절차 회부 등은 사용사업주가 담당하여야 한다. 그러나 사용사업주는 파견근로자에 대한 징계권한이 없기 때문에 직접적인 징계는 불가능하고 파견근로자의 직장내 성희롱이 명확해지면 파견사업주에게 징계 조치할 것을 권고할 수 있다. 만약 파견사업주가 이에 응하지 않는 경우에는 파견계약의 해지 등을 요구할 수 있을 것이다.

(2) 직장내의 지위를 이용하거나 업무와 관련하여 이루어질 것

직장내 성희롱은 사업주, 상급자 또는 근로자가 직장내의 지위를 이용하거나 업무와 관련이 있는 경우라면 사업장 밖이나 근무시간 외에도 성립한다.

출장 중인 차량 안이나 업무와 관련이 있는 회식·야유회 장소에서 상대의 의사에 반하는 성적 언동 등으로 피해자가 성적 굴욕감이나 혐오감을 느꼈다면 직장내 성희롱으로 볼 수 있으며, 직장동료나 상·하급자가 전화를 걸어 괴롭힌다든지 다른 장소에서 성적 접근을 하는 등 개인적으로 원하지 않는 행위를 하는 경우에도 성희롱이 성립될 수 있다.

(3) 성적인 언어나 행동 등을 조건으로 고용상의 불이익을 줄 것

가. 조건형 성희롱의 의의

'성적인 언어나 행동 등을 조건으로 고용상의 불이익을 줄 것'이란 성적 언동이나 성적 요구에 불응한 것을 이유로 채용탈락, 감봉, 승진탈락, 전직, 정직, 휴직, 해고 등과 같이 채용 또는 근로조건을 일방적으로 불리하게 하는 경우를 말한다.

나. 조건형 성희롱의 구성요건

① 원하지 않은 성희롱 행위(예 : 원하지 않은 성적 구애 또는 기타 언어적 또는 신체적 행위)로서, ② 피해자가 자신의 고용조건을 위해 명시적 또는 묵시적으로 그러한 행위에 복종했거나 거절했을 것, ③ 그러한 행위에 대한 복종 또는 거절로 인해 피해자 개인에게 영향을 미치는 고용상의 의사결정이 사용되었을 것 등이다.

다. 조건형 성희롱 사례

① 직장내에서 사업주가 근로자에게 성적인 관계를 요구했는데 이를 거부하였다는 이유로 해고 등 불리한 조치를 취하는 것

② 출장 중 사업주(상급자)가 차안에서 근로자의 허리, 가슴 등을 만져 근로자가 이에 저항하자 근로자가 원하지 않는 부서로 배치 전환하는 것

③ 사내의 공식적인 회식자리에서 사업주(상급자)가 외설적인 춤을 출 것을 요구하며 포옹하려 하여 이를 거부하자 승진에서 탈락시키는 것

(4) 성적 굴욕감을 유발하여 고용환경을 악화시킬 것

가. 환경형 성희롱의 의의

의의 : '성적인 언어나 행동 등으로 성적 굴욕감을 유발하여 고용환경을 악화시키는 것'이란 성적인 언어나 행동 등으로 위협적, 적대적인 환경을 형성하거나 성적 굴욕감을 유발하여 업무능률을 저해하는 것을 말한다.

나. 환경형 성희롱 사례

① 성적인 음담패설, 외모에 대한 성적인 평가 등의 발언을 하여 근루자가 성적 굴욕감을 느끼고 근로의욕이 저하되는 것

② 성생활과 관계되는 소문을 의도적으로 퍼뜨려 근로자에게 심적 고통을 느끼게 해 일을 제대로 할 수 없게 하는 것

③ 음란한 사진·그림 등을 게재하여 근로자가 성적 굴욕감·혐오감을 느껴 업무에 집중할 수 없게 하는 것

상대방이 원하지 않는 성적인 언어나 행동이 반드시 반복적이어야 하는 것은 아니고 한 번의 성적 언동이라도 그 정도가 심한 경우에는 직장내 성희롱이 될 수 있다.

또한 환경형 성희롱은 심리적 피해만으로 충분하고, 조건형 성희롱처럼 반드시 직무상의 혜택과 연계되지 않아도 되기 때문에 동료에 의해서도 발생할 수 있다.

3. 직장내 성희롱의 성립 여부 판단

(1) 판단기준

가. 남녀고용평등법

남녀고용평등법 시행규칙 별표 1에서 "성희롱 여부의 판단시에는 피해자

의 주관적 사정을 고려하되, 사회통념상 합리적인 사람이 피해자의 입장이라면 문제가 되는 행동에 대하여 어떻게 판단하고 대응하였을 것인가를 함께 고려하여야 하며, 결과적으로 위협적·적대적인 고용환경을 형성하여 업무능률을 저해하게 되는지를 검토하여야 한다"고 규정하고 있다.

나. 판 례

대법원은 'S국립대 W조교 성희롱 사건'에 관한 손해배상판결에서 성적 표현행위의 위법성 여부는 ① 피해자와 가해자의 관계, ② 가해자와 피해자의 연령, ③ 행위가 발생한 장소, ④ 행위가 발생한 당시의 상황, ⑤ 성적 동기, ⑥ 성적 의도, ⑦ 상대방의 명시적 반응의 내용, ⑧ 상대방의 추정적 반응의 내용, ⑨ 가해자의 행위의 내용, ⑩ 가해자의 행위의 정도, ⑪ 가해행위의 단절 또는 지속성의 여부 등 구체적 요인들 내지는 사정을 종합적으로 고찰하여 판단해야 한다고 한다. 그리고 이렇게 구체적 요인들을 종합적으로 고찰한 것을 ⑫ 사회공동체의 건전한 상식, ⑬ 사회공동체의 관행, ⑭ 선량한 풍속, ⑮ 사회질서 등의 기준에 비추어 성적 표현행위의 위법성 여부를 결정해야 한다고 총체적 또는 종합적 접근관점을 취하고 있다(대법 1998. 2.10, 95다39533).

이러한 대법원의 판단기준은 L호텔 성희롱 사건에 대한 서울민사지방법원의 판결(2002.11.26, 2000구합57462)과 C대형할인마트 성희롱 사건에 대한 서울행정법원의 판결(2006.9.12, 2006구합9313)에서도 인용되었다.

다. 국가인권위원회의 결정

국가인권위원회는 '합리적인 여성(reasonable woman)'의 관점에서 판단기준을 제시하고 있는데, 어떤 행위가 성희롱에 해당하는지 여부에 관하여 ① 양 당사자의 연령이나 관계, ② 행위가 행해진 장소 및 상황, ③ 행위 상대방의 명시적 또는 추정적인 반응 등의 구체적 사정을 종합하여, 행위의 상대방이 그러한 행위를 원치 않았고 불쾌감을 느꼈는지에 의해 결정하여야 한다는 판단기준을 제시하고 있다.

(2) 판단시 주요 착안사항

가. 누구의 판단을 기준으로 할 것인가의 문제

성희롱은 합리적인 인간의 판단을 기준으로 하는 것이 바람직하다.

피해자가 주로 여성이지만 남성도 될 수 있고, 남성의 남성에 대한 성희롱, 여성의 여성에 대한 성희롱도 존재할 수 있다.

나. 강제성의 여부

성희롱이 성립하기 위해서는 반드시 강제성을 필요로 하지 않으며, 성적 수치심을 야기하는 행위만으로 성립할 수 있다.

다. 성희롱 행위의 범주 판단

성희롱 행위는 중한 행위의 경우 강제추행죄와의 구분이 문제되고 경한 행위의 경우 인간관계에서는 허용되는 친밀감 표시 행위와의 구분이 모호하다. 이를 판단하는 기준은 한마디로 단정할 수 없지만, 외형의 변화, 주위상황, 강제력의 정도 등을 종합적으로 고려하여 결정해야 할 것이다.

강제력에 있어서도 저항할 수 없는 폭행, 협박의 경우에는 강제추행죄가 성립되겠지만, 그 정도까지 이르지 않으면 성희롱이라고 보아야 할 것이다. 강제추행죄는 범죄로 규정되어 있는 만큼 엄격하게 해석하여야 하므로 저항할 수 없는 폭행, 협박의 수단으로 중한 정도의 성적 침해로 한정된다. 성적 침해라고 하더라도 수단이 강제적이지 않거나, 수단이 강제적이라고 하더라도 성적 침해행위가 경한 경우에는 성희롱에 해당될 수 있다. 추행행위에는 이르지 않지만 사회생활상 당사자가 수용할 수 있는 인간관계행위를 넘어서는 성적 침해행위는 성희롱에 해당된다고 본다.

라. 행위자의 성적 만족을 요소로 할 것인가의 문제

성적 침해행위의 동기가 성적 만족 외에 복수나 호기심 등으로 이루어지는 경우도 있으므로 행위자가 성적 만족을 위해 하는 경우에만 성희롱이 성립하는 것은 아니다.

마. 피해자의 성적 수치심을 요소로 할 것인가의 문제

행위자와 상대방이 모두 원하는 성적 행위는 당연히 성희롱이 아니나 성희롱의 문제는 피해자의 성적 자유를 보호하고자 하는 측면은 물론, 왜곡된 성의 구조 속에서 남용되는 성적 침해행위를 방지하자는 의미도 있기 때문에 피해자 특성상(예 : 정신장애 등) 전혀 수치심을 느끼지 않는 행위의 경우에도 객관적으로 성적 침해행위가 명백한 경우에는 성희롱의 범주에 포함시켜야 할 것이다.

(3) 입증책임

남녀고용평등법상 입증책임은 사업주(사용자)에게 있다(동법 제30조).

4. 직장내 성희롱의 유형

남녀고용평등법시행규칙 제1조의2 별표에서 대표적인 성적 언어나 행동의 유형을 육체적 행위, 언어적 행위, 시각적 행위 등으로 나누어 예시한다.

(1) 육체적 행위

① 입맞춤이나 포옹, 뒤에서 껴안기 등의 신체적 접촉 행위

② 가슴, 엉덩이 등 특정 신체부위를 만지는 행위

③ 안마나 애무를 강요하는 행위

(2) 언어적 행위

① 음란한 농담을 하거나 음탕하고 상스러운 이야기를 하는 행위(전화통화 포함)

② 외모에 대한 성적인 비유나 평가를 하는 행위

③ 성적 사실관계를 묻거나 성적인 내용의 정보를 의도적으로 유표하는 행위

④ 성적인 관계를 강요하거나 회유하는 행위

⑤ 회식자리에서 술을 따르도록 강요하는 행위

(3) 시각적 행위

① 음란한 사진 · 그림 · 낙서 · 출판물 등을 게시하거나 보여주는 행위(컴퓨터통신이나 팩시밀리 등을 이용한 경우도 포함)

② 성과 관련된 자신의 특정 신체부위를 고의적으로 노출하거나 만지는 행위

예컨대 상사가 자신의 컴퓨터 바탕화면에 노출이 심한 여성 사진을 실어 놓고 있는 경우, 그 자체로서도 성희롱이 성립될 수 있는지의 문제이다.

시각적 행위에 의한 성희롱 성립의 문제는 특별한 사정이 없는 한 대상이 있어야 한다. 즉, 자신이 즐기기 위해 야한 사진을 컴퓨터 바탕화면으로 실어 놓는 것은 개인의 취향 문제이고, 그 개인적 생활이 타인을 고려하지 않은 미숙한 것이라고 할 수 있을지라도 그것이 바로 성희롱으로 연결되는 것은 아니다. 그러나 그 행위가 타인에게 성적 불쾌감을 초래하고 그 감정을 표현했는데도 그러한 행위가 지속된다면 이는 직장내 성희롱이 된다. 또한 여직원을 대상으로 보이는 곳에 야한 달력을 걸어놓는 행위도 성희롱이 된다.

(4) 기타 사회통념상 성적 굴욕감 또는 혐오감을 유발하는 것으로 인정되는 언어나 행동

차나 복사 심부름 등을 여성에게만 강요하는 것도 성희롱이 되는지의 문제이다.

여성을 '할머니', '아줌마', '야' 등으로 부르는 행위 '여성은 가사나 내조, 양육'을, '남성에게는 가장의 역할, 힘'을 강조하는 행위, 차심부름, 복사 심부름 등을 한 성에게만 강조하는 등의 행위는 업무와 상관없이 근로의욕을 감퇴시키고 원활한 업무수행을 방해하는 것일 뿐 남녀고용평등법상 직장내 성희롱으로 볼 수 없다.

5. 성희롱과 성폭력 · 성차별의 관계

(1) 성희롱과 성폭력범죄와의 관계

가. 공통점

직장내 성희롱과 성폭력은 ① 주로 지위 등을 이용한 남녀 불균형한 권력 관계와 퇴폐 · 향락적인 남성중심의 문화에서 여성을 성적 대상화함으로써 발생하는 점, ② 상대방이 원하지 않는 성적인 언동에 의해 발생하는 점, ③ 상대방에게 정신적 · 육체적 · 심리적 고통과 성적 굴욕감을 느끼게 하며, 고용에서의 불이익을 초래하고, 인격권과 근로권, 성적 자기결정권 등의 인권을 침해하는 점에서 공통점이 있다.

나. 차이점

성폭력 범죄는 「성폭력범죄의처벌및피해자보호등에관한법률」(이하 '성폭력특별법'이라 한다. 1994.1.5 제정)에 그 유형(두가지 - 형법, 특별법)이 열거되어 있고, 형사처벌의 대상이 되는 반면, 성희롱은 주로 남녀차별을 금지하는 법들에 의해 규제되고 그 유형이 성폭력보다 경미한 성적 언어나 행동으로써 형벌부과의 대상이 되지 않는다는 점에서 차이가 있다.

(2) 성희롱 · 성폭력 등 관계법령

가. 「형법」에 규정된 성범죄

• 강간 : 부녀를 폭행이나 협박하여 강제로 성교행위를 하는 행위이다.

• 추행 : 성교에 이르지 아니하나 객관적으로 일반인에게 성적 수치심과 혐오감을 일으키게 하고 선량한 성적 도덕관념에 반하는 행위로써 개인의 성적 자유를 침해하는 행위이다(대법 1998.1.23, 97도2506).

• 성풍속 : 음란한 문서나 그림 등을 제조, 반포, 소지하는 행위 등이다.

• 간음 : 업무상 위력 등에 의한 간음 또는 구금된 부녀의 간음 행위이다.

나. 「성폭력특별법」에 규정된 성범죄

성폭력특별법은 형법에 규정되지 않은 성범죄유형도 성폭력에 포함시키고 있다(강간등 상해 · 치사상죄, 업무상 위력 등에 의한 추행죄, 공중밀집장소 추행죄, 통신매체이용음란죄, 카메라 등 이용 신체촬영 · 유포죄 등).

다. 기타 관련법령

① 아동복지법 제29조, 제40조 : 누구든지 18세 미만의 아동에게 성적 수치심을 주는 성희롱, 성폭행 등의 학대행위를 금지하고, 위반자에게 5년 이하 징역 또는 3천만원 이하의 벌금에 처한다.

② 노인복지법 제39조의9, 제55조의3 : 누구든지 노인에게 성적 수치심을 주는 성폭행·성희롱 등의 행위를 하는 경우에는 5년 이하의 징역 또는 1,500만원 이하의 벌금에 처한다.

라. 성추행으로 처벌받은 행위자를 남녀고용평등법에 의거, 사업주에게 징계조치 등을 요구할 수 있는지의 문제이다

직장내 성희롱이 성추행 및 성폭행보다 경미한 행위라 하더라도 피해 근로자에게는 인격권 침해 및 심리적 불안 등으로 고용환경을 악화시키고, 직장 분위기가 악화되어 생산효율이 떨어지는 등 악영향을 미치게 되므로 성추행 행위자가 성폭력특별법에 의거 형사처벌을 받았다는 이유로 남녀고용평등법상 직장내 성희롱에 해당되지 않는다고 볼 수 없는 경우 행위자에 대해 피해근로자의 요구가 있을시 사업주는 징계 등의 조치를 취하여야 한다.

마. 행정질서벌과 형법의 경합 여부

행정질서벌은 간접적으로 행정목적 달성에 장해를 미칠 위험성이 있는 행위에 대해 과해지는 것으로 행위자의 고의·과실과 같은 주관적 요건을 문제 삼지 않고 객관적인 법규위반이 있으면 행정질서벌을 부과할 수 있다. 따라서 행정질서벌에는 형법이 적용되지 않는다.

(3) 성희롱과 성차별과의 관계

성희롱은 성적 언동 등으로 합리적인 이유없이 특정 성에게 불이익을 주는 것이므로 성차별에 해당되고 그 형태는 직접차별로 볼 수 있다. 성차별이란 합리적인 이유없이 어느 특정 성에 대하여 '성'과 관련하여 불이익을 주는 행위(차별)이다.

(4) 성희롱과 인격권과의 관계

인권이란 헌법 및 법률에서 보장하거나 대한민국이 가입·비준한 국제인

권조약 및 국제관습법에서 인정하는 인간으로서의 존엄과 가치 및 자유와 권리를 말한다(국가인권위원회법 제2조제1호).

성희롱을 인격권 침해로 인정한 사례

• S대학교 부속병원 의사이자 의과대학 교수가 간호사들에 대해 성희롱 및 인격무시・비하 등의 행위를 한 것은 인격권을 침해한 행위라고 인정(국가인권위원회 2003.9.1 결정)

• S시립대 교수가 연구실에서 여학생에 대해 한 성적 언동은 성희롱으로 결정하고 이러한 행위는 헌법 제10조의 인격권 및 성적 자기 결정권을 침해하였다고 인정(국가인권위원회 2003.10.29 결정)

Ⅱ. 직장내 성희롱 관련 해고사례

1. 직장 내 성희롱 행위자에 대한 징계해고 처분의 정당성 판단기준

직장 내 성희롱을 이유로 한 징계에 대하여 그 유효성을 인정한 사례는 행위자의 지위의 특수성, 피해자의 수, 전력 등 성희롱 행위의 반복성 여부, 은폐시도 등 행위 이후의 사정, 성희롱 이외의 징계사유의 존재 여부와 같은 사정을 고려하고 있다. 객관적으로 상대방과 같은 처지에 있는 일반적이고도 평균적인 사람의 입장에서 보아 어떠한 성희롱 행위가 고용환경을 악화시킬 정도로 매우 심하거나 또는 반복적으로 행해지는 경우, 사업주가 사용자책임으로 피해 근로자에 대해 손해배상책임을 지게 될 수도 있을 뿐 아니라 성희롱 행위자가 징계해고되지 않고 같은 직장에서 계속 근무하는 것이 성희롱 피해 근로자들의 고용환경을 감내할 수 없을 정도로 악화시키는 결과를 가져 올 수도 있으므로 근로관계를 계속할 수 없을 정도로 근로자에게 책임이 있다고 보아 내린 징계해고 처분은 객관적으로 명백히 부당하다고 인정되는 경우가 아닌 한 쉽게 징계권을 남용하였다고 보아서는 안된다(대법 2008.7.10, 2007두22498). 반면 징계권의 남용으로 인정한 사례는 직접적인 성희롱 행위가 아니라 방조・묵인・단순동조 행위에 그치고 있다는 사정, 사안에 비하여 중징계하였다는 사정, 그 간 근무의 성실성, 다른 징계전력이 없었다는 사정 등을 고려하고 있다(서울행법 2001.4.19, 2000구22382 ; 인천지법 2004.2.4, 2003가합4750).

가. 아파트 관리주임이 여성미화원을 성희롱한 경우

아파트 관리주임이 여성미화원들을 성희롱한 행위 등은 근로관계를 종료할 정도로 책임있는 사유에 해당하므로 징계해고는 정당하다는 본 사례가 있다(중노위 2001.5.30, 2001부해67).

여성미화원들을 관리, 감독하는 직위에 있는 아파트 관리주임이 근무시간 중 수차례에 걸쳐 특정 신체부위를 만지거나 포옹하고, 심한 성적인 농담을 하거나 허리찜질을 하게 하는 등의 행위를 하여 문제가 된 사건에 대해 중앙노동위원회(2001.5.30, 2001부해67)는 근로자는 피해당사자들이 직장을 그만두고 싶을 정도의 성적 굴욕감을 느꼈다고 진술한 성적 언동을 지속적, 반복적으로 했음에도 성희롱 행위에 대한 반성이나 피해당사자들에 대한 사죄 등을 하지 않고, 오히려 이를 목격한 동료직원이 당시 상황을 인사위원회석상에서 진술하였음을 이유로 명예훼손으로 고소하는 등 개전의 정을 보이지 아니하였으며, 그 외 구체적인 증거 없이 상급자를 고소하고 동료 직원을 폭행하여 상해를 입힌 사실이 있는 등 전체의 사유를 종합해보면, 사회통념상 근로관계를 계속할 수 없을 정도로 근로자에게 책임이 있는 사유가 있으므로 회사가 근로자에게 행한 해고처분은 정당한 징계권의 행사로 봄이 타당하다고 판정하고, 초심지노위의 부당해고구제명령을 사실오해에서 비롯된 심리미진으로 취소하였다.

나. 성희롱 행위에 단순 동조한 경우

성희롱 행위에 단순 동조한데 대해 징계해고를 한 것은 징계권 남용이라고 판정한 사례가 있다(중노위 2000.6.13, 2000부해51 · 부해58).

대학부속병원 직원 회식에서 과장이 여직원들에 대해 심한 성적 수치심을 느끼게 하는 말을 하거나 성추행이나 성적 접촉을 하고 계장과 남자직원들은 이에 방관하거나 동조하여 여직원들이 문제제기를 하고 언론에 이 사건이 보도되어 병원측의 대외이미지가 훼손되자, 병원측은 진상조사 후 과장과 계장은 징계해고를 그 외 두 직원에게는 감봉 3개월, 견책처분을 각각 내린 사건에 대해 충남지방노동위원회는 부당해고 구제신청을 기각하였다.

이에 대해 신청인들의 행위는 남녀고용평등법에서 규정한 직장내 성희롱에 해당된다고 할 수 있으며, 과장은 소속 부서 부하 여직원에 대한 성희롱 행위를 주도적으로 행사하여 직접적인 가해자로 볼 수 있고, 그가 행한 성희롱 행위 또한 취중이라 하더라도 사회통념상 지나치다고 볼 수 있어 피신청인 병원 인사규정의 품위유지 위반 중 비위의 도가 중한 행위에 인정되어 정당한 징계권행사라고 볼 수 있으나, 계장의 행위는 과장이 주도적으로 행한 성희롱 행위에 단순 동조한데 불과하므로 이를 가지고 비위의 도가 중하다고 판단한 것은 징계권 남용으로서 무효라 할 것이라고 판정하였다. 그런데 여직원들과 병원측은 계장이 나이 어린 여직원을 과장 옆에 배치하고 술을 따르라고 명령하였으며 과장의 성추행 및 성희롱에 적극 동조, 방관하여 문제의 빌미를 제공하였던 결정적 요인이 되었다고 주장한 바 있으며 남녀고용평등법 시행규칙이나 여성부가 고시한 남녀차별 금지기준에는 그러한 행위를 성희롱으로 예시하고 있다.

다. 여직원 다수를 성희롱한 경우

관리담당이사가 여직원 다수를 성희롱하였다는 이유로 징계해고한 것은 정당하다고 판정한 사례가 있다(중노위 2002.6.21, 2002부해12).

일반적으로 성희롱은 그 특성상 가해자의 은밀한 행위로 이루어지므로 객관적으로는 사실입증이 어려워 피해자가 느끼는 주관적 사정이나 정황증거를 중심으로 성희롱 여부를 판단할 수밖에 없다 할 것이므로 이에 비추어 본 건을 판단해 보기로 한다.

본건 피해당사자인 여직원들이 자신이 직접 작성한 진술서를 보면 당해 근로자가 귀, 등, 엉덩이, 가슴부위를 은밀하게 만져 성적 혐오감 및 굴욕감을 느꼈으며 이로 인하여 근로자와 함께 있는 것이 불편하고 두렵다고 주장하고 있고, 우리 위원회 심문회의에 증인으로 참석한 피해 여직원은 비교적 상세하게 당시의 상황을 증언하고 있다.

비록 근로자는 동 행위를 전혀 하지 않았다고 주장하나, 근로자의 비서를 포함한 여직원들이 상세하게 당시의 정황을 진술하는 것으로 보아 성희롱 사실을 인정함에 부족함이 없어 보이며 근로자를 음해·모해할 목적으로 특정인의 사주에 의거, 강압에 의하여 성희롱을 조작한 것이라고 볼 수는 없다.

한편 회사가 행한 해고처분이 징계양정에 있어 과중한지 여부에 대하여 살펴보면, 근로자는 사실상 대표이사를 제외하고는 제일 높은 직위에 있으면서 7년간 대상을 바꾸어 가면서 지속적으로 입사초기의 20세 정도의 나이 어린 여직원 7명에게 성희롱 행위를 하여 고용환경을 악화시킨 사실이 있고, 근로자는 회사의 인사·총무·재무를 담당하는 이사로서 성희롱 방지교육을 시킬 책임자 지위에 있었다는 점에서 비난의 여지가 크다고 보며, 본 사건 발생 이후 반성함이 없이 모든 성희롱 사실을 부인하고, 나아가 여직원들이 근로자를 음해할 목적으로 성희롱을 조작하고 있다고 주장하고 있는 점으로 볼 때 회사와 근로자는 사회통념상 더 이상 근로관계를 유지할 수 없다고 할 것인바, 이의 중대한 귀책사유가 근로자에게 있는 이상 회사가 근로자를 해고한 것은 인사권의 남용이나 징계양정에 있어서 과하다고는 볼 수 없다.

라. 고객회사 여직원을 성희롱한 경우

고객사 여직원을 성희롱한 직원을 원직이 아닌 부서로 복직 전보명령을 하였으나 수차 불응할 경우 이를 사유로 해고한 것은 정당하다고 한다(중노위 2007.2.22, 2006부해984).

전보처분이 정당하기 위해서는 이에 대한 업무상의 필요성과 이에 따른 근로자의 생활상의 불이익을 비교·교량하여야 할 것인데, 이 사건에 있어서는 고객사 여직원에 대한 성희롱이 1차 징계사유였기 때문에, 이 사건 근로자를 복직시키면서 고객 비접객업무 부서로 전보시킬 업무상의 필요성이 인정되고, 급여, 출·퇴근 등의 면에서 전보로 인한 생활상의 불이익도 크지 않다고 보여진다. 또한 6차례에 걸쳐 전보의 불가피성을 통보한 점 등을 고려해 볼 때 이 사건 근로자에 대한 전보처분은 부당하다 할 수 없다. 그렇다면, 이와 같이 6차례에 걸쳐 인사명령의 이행을 촉구하면서 업무복귀 기간을 4주간이나 부여하였음에도 전보된 부서에 가서 근무하지 않은 점과 고객사 여직원에 대한 성희롱을 사유로 한 본 건 징계해고는 이 사건 사용자의 정당한 인사권의 행사이다.

마. 성희롱을 한 것으로 판정된 근로자가 진정한 반성이 없이 회사의 명예를 실추시킨 경우

근로자가 성희롱을 한 것으로 판정이 되었고, 진정한 반성이 없이 자신의 행위를 부인하는 행위를 했고, 병원의 명예를 실추시켜 해고한 것이므로 정당하다(중노위 2005.4.7, 2004부해885).

당해 근로자가 성희롱 사건을 일으키고, 이로 인해 병원의 이미지를 실추시켰으며, 더욱이 사건 이후 자신의 행위를 진정으로 반성하지 않고 노조소식지에 이 사건이 성희롱으로 조작되었다고 주장하여 피해자에게 성희롱으로 인한 피해뿐만 아니라 2차적인 인격적 피해를 끼치는 등 개전의 정이 전혀 없었고, 인터넷을 통해 사건이 알려지면서 병원의 명예에 손상을 입히는 등 근로자에게 회사와 고용관계를 지속할 수 없을 정도의 책임이 있다고 할 것이므로 회사가 징계위원회를 개최하여 근로자를 해고한 것은 부당하지 않다.

바. 부하 여사원을 성희롱한 근로자를 해고한 경우

부하 여사원을 성희롱한 근로자를 해고한 것은 정당하다고 한다(중노위 2006.9.29, 2006부해404).

근로자가 업무의 연장선인 연말 송년회석상에서 부하 여사원을 성추행한 사실이 인정될 뿐만 아니라 근로자가 이전에도 같은 여사원을 성희롱한 사실이 있었다는 점 등을 감안할 때 근로자에 대한 면직처분은 그 사유에 비해 양정이 과중해 보이지 않고, 징계절차에도 하자를 발견할 수 없으므로 초심지노위의 결정은 정당하다.

사. 직장 내의 직위를 이용하거나 고용상의 불이익을 주는 직장내의 성희롱으로 볼 수 없는 경우

직장 내의 직위를 이용하거나 업무와의 관련성 또는 고용상의 불이익을 주는 직장 내의 성희롱이라 볼 수 없어 사용자의 인사권의 남용으로 부당한 해고라고 판정한 사례가 있다(중노위 2006.9.8, 2006부해175).

이 사건 근로자는 2005.7.13 미국 캘리포니아주 패서디나에서 개최된 전세계 야후 사무소의 책임자를 위한 업무회의에 한국 사무소의 대표로 참석하여 회의 종료 후 가진 회식자리에서 본사 소속 여직원에게 부적절한 성적인 발언을 함으로써 어느 정도 회사의 위신을 추락시켰다고 볼 수 있으나, 이 사건 근로자의 행위가 직장 내의 지위를 이용하거나 업무와의 관련성 또는 고용상의 불이익을 주는 직장 내의 성희롱이라고 볼 수 없음에도 불구하고, 이미 경고조치를 받은 2005.5.20 고객지원부서 회식자리에서의 여직원에 대한 부적절한 행위(러브샷 강요 및 볼에 키스)와 병합하여 해고조치 하는 것은 사용자의 인사권의 남용으로 부당하다.

아. 모텔에 투숙하여 잠을 자던 중 여성근로자가 자살한 경우

소속 팀원인 여직원과 술을 함께 마시고 모텔에 투숙하여 잠을 자던 중 여성근로자가 자살한 사건이 발생하자 해당근로자를 대기발령 후 징계해고 한 것은 정당하다고 한다(중노위 2006.8.16, 2005부해1017).

이 사건 근로자는 동사 ○○지점 PB팀 팀장으로 자살한 피해자의 정규직 전환 여부를 판단하는데 있어 중요한 고과평가 실시자로서 휴일이나 업무시간이 종료된 후 피해자에게 전화통화하거나 문자 메시지를 보낸 건수가 2005.5월 한 달 동안에 무려 283건에 달하며, 밤늦은 시간에 찾아가 만남을 요구하며 소란을 피운 사실이 있는 것으로 보아 자살한 여직원과 상당 기간 동안 업무이외의 사적인 관계를 지속해 온 것으로 보이는 상황에서 2005.5.24 저녁 피해자와 같이 술을 마시고 모텔에서 함께 투숙하여 잠을 자던 중 자살사건이 발생하였다. 이에 이 사건 사용자는 여직원 자살사건이 동사의 신인도에 악영향을 미칠 수 있고 과거에도 성희롱으로 여직원에게 사과하고 주의를 받은 일이 있으며 여성근로자가 많은 업무의 특성상 대기발령하고 인사위원회를 개최하여 징계해고 조치한 것은 정당하다.

자. 지도·감독기관의 직원이 밤늦게 피감기관 여직원을 호텔로 나오라고 요구한 경우

근로자가 금융기관을 지도·감독하는 기관의 직원으로서 술을 마신 상태에서 밤늦게 피감기관 여직원을 호텔로 나오라고 요구한 것은 품위를 유지하지 못한 행동이나 성희롱에는 해당하지 아니하므로 해고는 양정이 과다하다고 판단한 사례가 있다(중노위 2005.12.14, 2005부해337).

이 사건 근로자는 금융기관을 지도・감독하는 기관에서 근무하는 직원으로서 조사가 진행 중인 금융기관의 여직원에게 음주상태에서 밤늦게 전화를 걸어 호텔에서 만날 것을 요구한 것은 업무수행에 필요한 품위를 유지하지 못한 행동일 뿐 아니라 성희롱의 소지가 있는 행위이므로 징계 사유에 해당하나 인사위원회 심의조서에서 밤늦게 피조사자에게 전화를 걸어 업무와 무관한 장소에서 조사를 요구한 사실만 징계혐의 사실로 삼았고, 성희롱 부분은 객관적이고 구체적으로 입증되지 아니한 점을 감안하면 이 사건 해고는 그 양정이 과다하여 부당하다.

차. 아파트 관리소장이 경리담당 여직원에게 지속적으로 성희롱을 한 경우

아파트 관리소장이 경리에게 2003년도부터 지속적으로 성희롱을 하고 이를 은폐하려고 하는 등 개전의 정이 없어 징계 해고한 것은 정당한 해고라고 한다(중노위 2005.11.16, 2005부해473).

당해 근로자가 경리 여직원에게 성희롱을 하지 않겠다는 시말서를 제출하였음에도 경리 여직원에게 2003년도부터 지속적으로 성희롱을 하고 이를 은폐하려고 하는 등 개전의 정이 보이지 않아 고용관계를 계속 유지할 수 없어 징계해고한 것은 정당한 해고라고 할 것이다.

카. 상습적이며 다수의 여직원을 성희롱한 경우

상습적이며 다수의 여직원을 성희롱하여 해고한 것은 정당하다고 한다(중노위 2005.11.15, 2005부해371).

다수의 여직원이 성희롱의 피해를 구체적으로 진술하고 있고, 근로자와 피해자간 성희롱 정도에 대한 주장의 차이가 있으나 근로자도 성희롱 사실을 부정하고 있지 않고, 또한 회사의 1차 주의가 있었음에도 불구하고 성희롱 행위를 지속하여 고용관계를 지속시키면 직장질서를 회복할 수 없다고 판단하여 해고한 것은 정당하다고 판정하고, 10명 미만의 사업장으로 징계절차에 관한 규정 미비로 소명의 기회를 부여하지 않았다고 하여 해고 절차에 하자가 있다고 보지 않는다.

타. 성희롱 행위 및 업무태만으로 해고한 경우

성희롱 행위 및 업무태만으로 해고한 것은 정당한 해고라고 본 사례가 있다(중노위 2005.5.6, 2004부해867).

당해 근로자는 ○○회사 주주로서 경리직원과 동 법인에 같이 근무하다가 동 법인의 기계 및 시설을 임대하여 사용하는 △△회사에 2003.11.17 입사하여 근무 중 해고된 자로서, 회사에 입사하기 전부터 경리직원을 성희롱하다가 입사 후에도 지속적으로 성희롱 행위를 행하여 회사로부터 주의를 받았음에도 2004.3월부터 5월까지 업무를 핑계 삼아 정신적 고통을 주었으며 2004.6월경 제품설계도면을 분실하고, 재직 중 신청인의 승인 없이 고철물을 임의 매각 사용하여 사용종속관계를 계속적으로 유지할 수 없어 해고한 것은 정당한 해고로 인정된다.

파. 상당기간 상습적으로 성희롱을 한 경우

상당 기간 상습적으로 행한 성희롱 행위는 사용관계를 계속 유지할 수 없을 정도의 책임 있는 사유로 정당한 해고라고 한다(서울행법 2006.3.24, 2005구합13872).

당해 근로자는 ○○지점장으로 발령받은 2003.1월부터 소속 여직원 및 파견직 여사원들에게까지 엉덩이를 툭툭 치고 술자리에서 술을 강요하고, 뒤에서 가슴부위를 껴안는 등 성희롱을 하여 2003.9.6 근로자를 징계해고 하였으나 상벌위원회 개최 시 재심의 기회를 부여하지 않는 등 징계절차에 하자가 있다는 이유로 복직명령을 받고 2004.3.22 복직 조치하였다가 같은 해 4.21 근로자를 징계 해고하였다. 위 징계사유에 대하여 2004.3.31 다시 상벌위원회를 개최하여 근로자에게 소명의 기회를 부여하고 재심을 거쳐 징계를 확정한 것은 정당한 징계 절차를 이행한 것으로 원래의 징계과정 전부에 대하여 절차위반 하자는 치유되었다 할 것이며, 상당기간 상습적으로 지속되어온 일련의 성희롱 행위는 근로계약관계를 계속할 수 없을 정도의 책임 있는 사유로 근로계약 관계를 지속시킬 수 없어 그 징계양정이 정당하다고 판단된다.

하. 성희롱 및 성추행 방조·묵인을 이유로 해고한 경우

성희롱 및 성추행 방조·묵인을 이유로 해고처분을 한 것은 정도가 지나치다고 한다(서울행법 2001.4.19, 2000구22382).

근로자의 위 행위는 직장 내에서 소속 여직원을 성희롱한 것으로서 병원에서 요하는 품위유지 의무에 위반하는 것이라고 할 것이므로 인사규정 제56조의 복무원칙을 성실히 이행한 것이 아니고, 구남녀차별금지및구제에관한법률의 성희롱의 금지 규정(제7조)을 위반한 것이 되어 같은 규정 제61조의 징계사유가 된다. 인사규정 등 인사관련 규칙 등에서 징계사유를 규정함에 있어 동일한 사유에 대하여 여러 등급의 징계가 가능한 것으로 규정하였다면 그 중 어떤 징계처분을 선택할 것인지는 원칙적으로 징계권자의 재량에 속한다고 할 것이나, 징계사유와 징계처분과의 사이에는 사회통념상 상당하다고 보여지는 균형이 있을 것이 요구되고, 경미한 징계사유에 대하여 가혹한 제재를 과하는 것은 징계권자의 재량권을 남용하는 것으로서 허용될 수 없다할 것이다.

거. 생산부장이 여직원 성희롱을 여러 차례 해왔고 개인 목적으로 상급자의 뒷조사를 한 경우

성희롱을 예방하고 감독해야 할 지위에 있으면서 여직원 성희롱을 여러 차례 해왔고 개인 목적으로 상급자의 뒷조사를 한 것 등은 근로계약을 계속시킬 수 없을 정도의 책임이 있다고 한다(서울행법 2003.6.10, 2003구합1196).

당해 근로자는 생산부장으로 근무하던 중 직원을 Workshop 중 Team Building 시간에 술이 취한 상태에서 여러 여직원이 지켜보는 앞에서 여직원 손을 잡고서 오락실 등을 다녔을 뿐 아니라 노래방으로 데리고 가서 명백히 거부의사를 표시하였음에도 블루스를 추고, 동 여직원이 화장실을 다녀오겠다고 하고서 숙소로 돌아가자, 여직원 숙소에까지 찾아가 소리치면서 문을 열라고까지 하였으며, 같은 날 노래방에서 기술부 여직원을 끌어안고 노래를 부르기도 하였고, 그 후 생산부 신입여직원 입사 환영회식을 마친 후 노래방에 가서 몸을 밀착시킨 상태로 블루스를 추기도 하고, 직장내 성희롱 예방교육이 있은 다음 날 관리직 사원들과 회식 후 노래방에 가서 여직원의 어깨와 허리 등을 만지면서 블루스를 추자고 요구하였고, 춤추는 것을 원하지 않는다고 거부의사를 밝혔으나 계속 춤추기를 요구하였고 회사의 경영방침준수 서약서에 서명 또는 날인하고서도 2001년 상반기에 회사 방침인 회식비의 1인당 월간 사용한도액 20,000원을 훨씬 초과한 116,000원을 사용하였을 뿐 아니라 부하 직원으로 하여금 자신이 회식에 참석한 횟수를 축소은폐하고 회식에 참석하지 아니한 사람을 참석자 명단에 추가하는 식으로 허위보고서를 작성하도록 하고 직원 회식자리에서 평소 딸이 예쁘다고 자랑하는 반장에게 '딸 좀 빌려주세요, 데리고 놀다 돌려 줄게요'라고 말하였을 뿐 아니라 그 후 반장을 찾아가 부장으로서의 지위를 내세워 자신의 행위에 대한 문제제기를 하려는 것을 막으려고 하였고, 또한 2회에 걸쳐 거래처 직원을 통하여 자신의 상급자가 추석 선물을 받았는지 여부 등을 뒷조사하기도 하였는바, 성희롱이란 사회공동체의 건전한 상식과 관행에 비추어 볼 때 용인될 수 있는 정도의 것인지 여부, 즉 선량한 풍속 또는 사회질서에 위반되는 것인지 여부에 따라 결정되어야 하는 바, 근로자가 자신의 지위를 이용하여 몇 차례에 걸쳐 스스로 원하지 않는 여직원을 상대로 몸을 밀착시킨 채 블루스를 추는 등의 행위는 성희롱에 해당하고, 그 외 회식비 월간 사용한도액 초과 및 회식비지출보고서를 허위로 작성하도록 한 것, 부하직원을 모욕한 행위 등은 징계 사유에 해당하고, 또 근로자는 생산부장으로서 여직원들에 대한 성희롱을 예방하고 감독하여야 할 지위에 있는 점과 여직원에 대한 성희롱이 일회성에 그치지 않고 여러 차례에 걸쳐 이루어져온 점, 부하직원에 대한 모욕적 언동이 정도에서 크게 벗어나 매우 위험한 수준에 이르고 있는 점, 개인적인 목적으로 상급자에 대한 뒷조사를 시도한 점과 징계의 양정의 적정 여부는 징계사유 하나씩 또는 그 중 일부의 사유만 가지고 판단할 것이 아니고 전체의 사유에 비추어 사회통념상 근로계약을 계속시킬 수 없을 정도로 근로자에게 책임이 있는지 여부에 의하여야 한다는 점 등을 종합하여 보면, 회사가 위와 같은 사유로 근로자에 대한 해고를 선택하였다고 하더라도 그 징계 양정이 과중하여 징계권을 남용한 것이라고 볼 수 없다.

다. 직장내의 성희롱의 정도가 지나친 경우

직장 내에서 성희롱의 정도가 지나쳤다면 징계해고처분은 정당하다고 한다(2003.3.11, 서울행법 2002구합26433).

회사의 취업규칙에는 이성에 대한 성희롱 행위를 징계사유로 규정하고 있으므로 근로자의 위와 같은 성희롱 행위는 징계사유에 해당한다고 할 것이다. 또한 근로자가 안전관리부장의 지시를 받아 소속 직원들을 감독하는 안전관리팀장 직무대행의 지위에 있으면서 부하 여직원들에 대하여 수차례에 걸쳐 성희롱 발언과 행동을 계속하였고 그 성희롱의 정도가 지나쳤던 점, 근로자로부터 피해를 받은 여직원이 다수인 점, 회사에는 하위직에 종사하는 여직원의 비율이 높아 성희롱의 재발 가능성이 크고, 직장내에서의 성희롱 행위는 근절되어야 한다는 점들을 고려하여 볼 때, 설사 이 사건 징계해고처분으로 인하여 근로자가 받게 될 불이익을 감안한다 하더라도 회사가 근로자를 해고한 것은 정당하다고 할 것이다.

라. 회식자리에서 여성교사에게 교장에게 술을 따라 줄 것을 두 차례 권한 행위

초등학교 교사들의 회식 자리에서 교감이 여성교사들에 대하여 교장에게 술을 따라 줄 것을 두 차례 권한 언행이 그 경위나 정황, 발언자의 의도 등에 비추어 객관적으로나 일반적으로 여성교사들로 하여금 성적 굴욕감이나 혐오감을 느끼게 하는 성적 언동에 해당하지 않는다고 한다(대법 2007.6.14, 2005두6461).

구 남녀차별금지및구제에관한법률(2003.5.29, 법률 제6915호로 개정되기 전의 것) 제2조제2호에서 규정한 성희롱의 전제요건인 '성적 언동 등'이란 남녀 간의 육체적 관계나 남성 또는 여성의 신체적 특징과 관련된 육체적, 언어적, 시각적 행위로서 사회공동체의 건전한 상식과 관행에 비추어 볼 때 객관적으로 상대방과 같은 처지에 있는 일반적이고도 평균적인 사람으로 하여금 성적 굴욕감이나 혐오감을 느끼게 할 수 있는 행위를 의미하고, 위 규정상의 성희롱이 성립하기 위해서는 행위자에게 반드시 성적 동기나 의도가 있어야 하는 것은 아니지만, 당사자의 관계, 행위가 행해진 장소 및 상황, 행위에 대한 상대방의 명시적 또는 추정적인 반응의 내용, 행위의 내용 및 정도, 행위가 일회적 또는 단기간의 것인지 아니면 계속적인 것인지 여부 등의 구체적 사정을 참작하여 볼 때, 객관적으로 상대방과 같은 처지에 있는 일반적이고도 평균적인 사람으로 하여금 성적 굴욕감이나 혐오감을 느낄 수 있게 하는 행위가 있고, 그로 인하여 행위의 상대방이 성적 굴욕감이나 혐오감을 느꼈음이 인정되어야 한다. 따라서 객관적으로 상대방과 같은 처지에 있는 일반적이고도 평균적인 사람으로 하여금 성적 굴욕감이나 혐오감을 느끼게 하는 행위가 아닌 이상 상대방이 성적 굴욕감이나 혐오감을 느꼈다는 이유만으로 성희롱이 성립할 수는 없다.

초등하교 교사들의 회식 자리에서 교감이 여성교사들에 대하여 교장에게 술을 따라 줄 것을 두 차례 권한 언행이 그 경위나 정황, 발언자의 의도 등에 비추어 객관적으로나 일반적으로 여성교사들로 하여금 성적 굴욕감 또는 혐오삼을 느끼게 하는 성적 언동에 해당하지 않는다.

머. 성희롱 의혹이 제기되자 적극적으로 해명하지 아니하고 사직서를 제출한 경우

성희롱 의혹이 제기되자 적극적으로 입장을 해명하려 하지 않고 사직서를 제출한 경우에 이를 근로기준법상 '해고'에 해당한다거나 강요나 협박, 기망이 있었다고 보기 어렵다고 한 사례가 있다(대법 2003.12.26, 2003다13307).

사용자가 사직의 의사 없는 근로자로 하여금 어쩔 수 없이 사직서를 작성·제출하게 한 후 이를 수리하는 이른바 의원면직의 형식을 취하여 근로관계를 종료시키는 경우에는 해고로 볼 수 있지만 그런 경우가 아닌 한 사용자가 사직서 제출에 따른 사직의 의사표시를 수락함으로써 사용자와 근로자 사이의 근로계약관계는 합의해지에 의하여 종료되는 것이다. 학교가 근로자의 성희롱 의혹과 관련하여 징계절차를 개시할 움직임을 보이자 근로자가 교원징계위원회에서의 진상조차 등을 통하여 자신의 입장을 적극적으로 해명할 권리가 있었음에도 이를 행사하지 아니한 채 결국 사직서를 제출한 점에 비추어 근로자로서는 성희롱으로 파번낭할 섯을 우려한 나머지 최악의 사태를 막는 나름대로는 최선의 방법으로 사직서를 제출한 것으로 볼 수 있고, 근로자의 사직서 제출을 진의 아닌 의사표시라거나 학교 측의 강요나 협박, 기망 등에 의한 것으로 볼 수는 없다.

버. 해임처분의 징계재량권을 일탈한 경우

의사가 소속 간호사들에게 성적 수치심과 불쾌감을 유발시키고, 특정 간호사에게 심적인 고통을 주는 언행을 함으로써 징계사유가 발생하였다 하더라도 그러한 징계사유와 징계처분으로서의 해임 사이에는 사회통념상 상당하다고 인정되는 균형이 존재한다고 보기 어려워 의사에 대한 해임처분이 징계재량권을 일탈하여 무효라고 판단한 사례이다(인천지법 2004.2.4, 선고 2003가합4750).

머. 자신의 지휘·감독을 받는 8명의 여직원을 상대로 14회에 걸쳐 반복적으로 성희롱 행위를 한 카드회사 지점장에 대한 징계해고처분

카드회사의 지점장이 우월한 지위를 이용하여 자신의 지휘·감독을 받는 8명의 여직원을 상대로 일정 기간 동안 14회에 걸쳐 반복적으로 성희롱 행위를 한 사안에서 그 성희롱 행위가 왜곡된 사회적 인습이나 직장문화 등에 의하여 형성된 평소의 생활태도에서 비롯된 것으로서 특별한 문제의식 없이 이루어진 것이라 하여 이를 가볍게 평가할 수는 없으므로 그에 대한 징계해고처분은 정당하다고 한다(대법 2008.7.10, 2007두22498).

「지점장의 행위는 여직원들을 껴안거나 볼에 입을 맞추거나 엉덩이를 치는 등 강제추행 또는 업무상 위력에 의한 추행으로 인정될 정도의 성적 언동도 포함된 성희롱 행위로서 객관적으로 상대방과 같은 처지에 있는 일반적이고도 평균적인 사람의 입장에서 보아 고용 환경을 악화시킬 정도로 그 정도가 매우 심하다고 볼 수 있을 뿐 아니라, 한 지점을 책임지고 있는 지점장으로서 솔선하여 성희롱을 하지 말아야 함은 물론 같은 지점에서 일하는 근로자 상호간의 성희롱 행위도 방지해야 할 지위에 있음에도, 오히려 자신의 우월한 지위를 이용하여 자신의 지휘·감독을 받는 여직원 중 8명을 상대로 과감하게 14회에 걸쳐 반복적으로 행한 직장내 성희롱이라고 할 것이므로 이러한 지점장의 성희롱 행위가 우발적이라거나 직장내 일체감과 단결을 이끌어낸다는 의도에서 비롯된 것이라고 평가할 수 없으며, 이 사건 성희롱 행위가 남녀고용평등법이 성희롱 행위를 금지하고 성희롱 예방 교육, 성희롱 행위자에 대한 징계 등을 규정하게 된 이후인 2002.7월경부터 2003.7.11까지 반복적으로 행해 진 점에 비추어 설사 지점장의 성희롱 행위가 그 동안의 왜곡된 사회적 인습이나 직장 문화 등에 의하여 형성된 평소의 생활태도에서 비롯된 것으로서 특별한 문제의식 없이 이루어졌다고 하더라도 그러한 이유로 그 행위의 정도를 가볍게 평가할 수 없으므로 결국 지점장의 성희롱 행위는 회사 규정상 징계 해직 사유인 '위반의 범위가 크고 중하며 고의성이 현저한 경우'로 보아야 하고 지점장이 징계해고 되지 않고 같은 직장에서 계속 근무하는 것이 성희롱 피해자들의 고용환경을 감내할 수 없을 정도로 악화시키는 결과를 가져 올 수도 있다는 점과 사업주가 성희롱 피해자들에 대한 손해배상 책임을 부담할 수도 있다는 점 등을 감안할 때 회사의 지점장에 대한 이사건 징계 해직 처분은 객관적으로 명백히 부당하다고 인정되지 않는다」는 것이다. 이 판결은 ① 성희롱이 갖는 특수성에 비추어 성희롱에 대한 징계처분은 객관적으로 명백히 부당한 경우가 아닌 한 징계권 남용에 해당한다고 쉽게 판단할 수 없다는 점, ② 성희롱이 행위자의 특별한 문제의식 없이 왜곡된 사회적 인습이나 직장문화 등에 의하여 형성된 평소의 생활태도에서 비롯된 것이라도 가볍게 평가할 수 없다는 점을 이유로 해고의 정당성을 인정하였다.

버. 노조 지회장의 지위를 이용하여 성희롱을 한 경우

노조 지회장의 지위를 이용하여 성희롱을 한 것으로서 행위의 태양에 비추어 볼 때 그 비위의 정도가 중하고, 처벌의 대상이 되는 범죄행위인 점, 고○○의 사생활에 대하여 제대로 확인도 되지 아니한 사실을 사실인 것처럼 기재함으로써 고○○으로 하여금 또 다른 인격적 피해를 입게 하였으며 이와 아울러 고○○이 제출한 진정서 등을 취하하기 위하여 협박을 한 사정과 참가인공단은 이 사건 비위행위로 인하여 시정지시를 받았고 그와 같은 내용이 대외적으로 알려지게 됨에 따라 참가인공단의 명예가 크게 실추되고 위신이 손상된 점에 비추어 볼 때 이 사건 해고는 정당하다고 한다(서울행법 2005.9.29, 2005구합13582).

11장

해고와 관련된 문제를 둘러싼 법률실무

Ⅰ. 퇴직증명서와 해고사유서는 다른가

근로기준법 제39조제1항은 「사용자는 근로자가 퇴직한 후라도 사용기간, 업무종류, 지위와 임금, 그 밖에 필요한 사항에 관한 증명서를 청구하면 사실대로 적은 증명서를 즉시 내주어야 한다」고 규정하고 있다. 그리고 해고시에는 근로자의 청구가 없더라도 해고사유 등을 서면통지 하도록 규정하고 있다. 근로기준법 제27조는 「① 사용자는 근로자를 해고하려면 해고사유와 해고시기를 서면으로 통지하여야 한다. ② 근로자에 대한 해고는 제1항에 따라 서면으로 통지하여야 효력이 있다」고 규정하고 있다.

근로기준법 제39조제1항에 의한 퇴직증명서와 제27조에 의한 해고사유 등의 서면통지와의 다른 점은 퇴직증명서는 퇴직시에 그 사용이 필요할 때 청구하는 것인데 대하여 해고사유 등의 서면통지는 해고시에 근로자의 청구가 없더라도 해고사유와 해고시기를 서면으로 통지하여야 해고의 효력이 발생하도록 해고의 효력요건임을 명확히 한 사실이다.

해고가 자의적으로 행사되는 것을 방지하기 위하여 근로자에게 그 해고이유를 서면통지를 함으로써 해고근로자가 그 해고사유를 확인하여 그 유효성을 둘러싼 다툼을 신속히 판단할 수 있게 하기 위한 데에 그 취지가 있다.

그러므로 해고사유서를 교부하는 경우에 사용자로서는 이것을 노동위원회, 법원 등의 분쟁해결기관에 제출할 수 있는 것이므로 당해 해고의 유효성은 해고사유서에 따라 판단할 가능성을 염두에 두고 가능한 한 상세하게 해고사유서를 작성·교부할 필요가 있다.

다음에 근로기준법 제39조제1항의 퇴직시의 증명에 관하여는 해고이유는 관계가 없으며 사용기간, 업무종류, 지위와 임금, 그 밖에 필요한 사항에 관하여 증명을 청구하는 것이다. 이러한 증명사항에 있어서는 근로자가 재취직에 종전 직장의 경력을 증명할 목적으로 사용하는 것이다. 그러나 해고이유의 증명에 있어서는 종전 직장에서 해고되었다면 해고경력이 있는 근로자를 채용하는 기업은 거의 없을 것이다. 이러한 해고의 경력은 징계해고뿐만 아니라 보통해고에도 마찬가지이다. 노무관리의 관점에서 보면 해고의 경력이 있는 근로자를 채용하는 것은 다시 종전과 같은 문제행위를 야기할 가능성이 있으므로 이를 피하는 것이 통상적인 판단이다. 그러므로 퇴직시 증명에 있어서 해고이유를 청구하는 것은 재판 등에 있어서 해고의 유효성을 다투고 있거나 재취직을 하고 싶은 근로자의 의도는 아니므로 불리한 사항을 청구할 필요는 없는 것이다. 근로기준법 제39조제2항은 「제1항의 증명서에는 근로자가 요구한 사항만을 적어야 한다」고 되어 있으므로 근로자로부터의 청구가 없는 한 사용자가 일방적으로 해고 등을 증명서에 기재하여서는 아니된다.

근로자가 전직한 회사로부터 퇴직이유(해고인 경우에는 그 이유)를 포함한 퇴직시의 증명서의 제출을 요구받은 경우 해고경력이 있는 근로자로서는 해고이유의 증명서를 정직하게 제출한다면 채용을 거부당할 수 있다고 생각할 것이다. 이에 따라 해고당한 근로자로서는 퇴직시 증명에 있어서 퇴직이유의 기재를 요구하지 않을 것이며 경력조회를 요청받은 종전 회사로서 사실대로 기록하여 회답하는 것은 지장이 없다(1994.10.14, 근기 68207-1621).

Ⅱ. 해고예고수당이나 퇴직금의 이의없는 수령은 해고의 승인이 된다

1. 해고의 승인으로 보는 경우

해고 후 장기간 경과한 후 해고무효를 주장할 수 있는가의 문제와 관련이 있다. 해고된 근로자가 해고를 승인하는 의사(다툼을 그만두겠다는 의사 등을 포함)로 해고예고수당이나 퇴직금을 이의없이 수령하였을 경우 상당한 기간(예컨대 2년 후)을 경과한 후 해고의 무효를 주장할 수 있는가의 문제이다. 이 경우에는 원칙적으로 '해고를 승인'한 것으로서 원칙적으로 묵시적 승인이 있었던 것으로 간주된다.

판례(대법 2001.2.27, 99다21806)는 「사용자로부터 해고된 근로자가 퇴직금 등을 수령하면서 아무런 이의의 유보나 조건을 제기하지 않았다면 특별한 사정이 없는 한 해고처분을 유효한 것으로 인정하였다고 할 것이고, 따라서 그로부터 오랜 기간이 지난 후에 해고의 효력을 다투는 소를 제기하는 것은 신의칙이나 금반언의 원칙에 위배된다」고 하였다. 「다만 이와 같은 경우라도 해고의 효력을 인정하지 아니하고 이를 다투고 있었다고 볼 수 있는 객관적인 사정이 있다거나 그 외에 상당한 이유가 있는 상황 하에서 이를 수령하는 등 반대의 사정이 있음이 엿보이는 때에는 명시적인 이의를 유보함이 없이 퇴직금을 수령한 경우라고 하여도 일률적으로 해고의 효력을 인정하였다고 보아서는 안 된다」라고 하였다(대법 1996.38, 95다51847 ; 2000.4.25, 99다34475).

여기에서 금반언의 원칙이란 자기의 선행행위와 모순되는 후행행위는 허용되지 않는다는 영미법상의 원칙으로서, 퇴직금을 받고(선행행위) 소송을 제기하는(후행행위) 것은 인정되지 않는다는 의미를 가지고 있다. 사용자로부터 유리한 조건으로 퇴직금 등을 지급받고 노동조합 공제회로부터 전별금을 수령한 다음 기숙사에서 퇴사한 경우, 징계해고의 효력을 묵시적으로 승인하였다는 이유로 그 효력을 다투는 것은 신의성실의 원칙 및 금반언의 원칙에 반한다고 본다(대법 1999.6.25, 99두4662).

즉 묵시적 승인을 인정한 판례(대법 1991.4.12, 90다8084)는 근로자들이 해고당한 뒤 회사로부터 아무런 이의를 보류함이 없이 퇴직금을 수령한 후 별다른 사유없이 1년 7개월 남짓 경과된 뒤에야 제기한 해고무효확인청구는 신의칙상 허용되지 아니한다. 근로자들이 퇴직금 수령시 해고수당을 수령하지 아니한 사정만으로 회사에 대하여 그들의 해고처분에 대한 불복의 의사 표시한 것으로 볼 수 없다고 한다. 근로자가 사직원의 작성·제출이 자신이 아닌 그의 형에 의하여 이루어졌음을 이유로 의원면직의 무효확인을 구하는 사안에서, 근로자의 형이 사직원을 제출하게 된 경위 및 근로자가 아무런 이의 없이 퇴직금을 수령한 점 등 제반 사정에 비추어 볼 때, 의원면직일로부터 5년여가 경과한 후에 위와 같은 소를 제기하는 것은 신의칙 내지 금반언의 원칙에 반하는 것으로 부적법하다(대법 2005.10.28, 2005다45827).

2. 해고의 승인으로 볼 수 없는 경우

회사에 근무하다가 원고들이 사직한 직후에 해고된 일부 근로자들이 회사를 상대로 그들이 실질적 당사자가 되어 있는 소송에서 정리해고의 정당성이 다투어지고 있었기 때문에 그 해고근로자들이 다투는 쟁점과 실질적으로 같은 쟁점을 가지고 있는 원고들이 법원의 판단을 기다렸다가 승소판결이 내려지자 곧바로 이 사건 소를 제기했다고 해서, 아울러 원고들이 4개월 분의 퇴직위로금을 수령하고 약 2년이 지난 후에도 아무런 이의를 제기하지 않다가 이 사건 소를 제기했다는 사정만으로 이 사건 소제기가 신의성실의 원칙에 반한다거나 실효의 원칙에 해당한다고 보기 어렵다(대법 2005.11.25, 2005다38270).

판례(대법 1991.1.25, 90누4952)는「해고처분을 받은 근로자가 사용자가 공탁한 해고수당과 퇴직금을 이의를 유보함이 없이 수령하였고, 다른 회사에 취업하였더라도, 해고처분 즉시 부당노동행위라고 하여 지방노동위원회에 구제신청을 하여 위 위원회에서 구제명령이 있었고 이에 대한 사용자의 불복으로 계속 다투고 있으면서 위 공탁금을 수령하였다면 위 근로자의 해고를 적법한 것으로 인정하였다고 볼 수 없다」고 한다.

판례(대법 2004.4.25, 99다34475 ; 1996.3.8, 95다51847)는 「해고의 효력을 다투지 아니하고 이를 다투고 있었다고 볼 수 있는 객관적인 사정이 있다거나 그 외에 상당한 이유가 있는 상황 하에서 이를 수령하는 등 반대의 사정이 있음이 엿보이는 때에는 명시적인 이의를 유보함이 없이 퇴직금을 수령한 경우라고 하여도 일률적으로 해고의 효력을 인정하였다고 보아서는 안 된다」고 한다.

Ⅲ. 근로자의 원직복귀와 취업청구권

문제는 해고의 효력을 다투었던 결과 가처분단계에서 해고가 무효로서 지위가 보전되었을 경우 그 종업원이 취업을 위하여 회사에 출입하는 권리를 가지느냐의 문제가 있는데, 이 점은 이른바 취업청구권의 문제가 된다. 취업청구권을 원칙적으로 부정하는 견해에서는 사용자의 근무수령의무를 근로자의 인격권으로부터 도출하는 것은 무리이므로 일반적으로는 이를 부정하면서, 다만 법령의 근거가 있거나 특약이 있는 경우 예컨대 취업규칙상 취업금지사유를 명시적으로 한정열거하고 있음에도 불구하고 열거되지 아니한 사유를 이유로 근로를 거부하는 사례에 한하여 취업청구권이 인정된다고 본다. 이에 대하여 취업청구권을 일반적으로 긍정하는 입장에서도 여러 견해가 있으나 이 점에 관한 판례의 경향은 일반적으로는 근로자의 취업청구권, 사용자의 노무수령의무를 인정하여야 한다는 입장을 취하고 있으며, 그 대표적인 것으로 다음 사례가 있다.

근로계약에 따라 계속적으로 근로를 제공하는 근로자는 인간으로서의 존엄과 가치를 지닌 인격체이고 근로자는 자신의 전인격을 사용자의 사업장에 투입하고 있는 점, 근로관계에 있어서 근로자의 근로제공은 자신의 인격과 분리될 수 없는 것이며, 한편 근로계약에 따른 근로자의 근로제공은 단순히 임금획득만을 목적으로 하는 것은 아니라 근로자는 근로를 통하여 자아를 실현하고 나아가 기술을 습득하고 능력을 유지·향상시키며 원만한 인간관계를 형성하는 등 참다운 인격의 발전을 도모함으로써 자신의 인격을 실현시키고 있다는 점도 부인할 수 없다(대법 1993.12.21, 93다11463).

그러므로 사용자는 특별한 사정이 없는 한 근로자와의 사이에 근로계약의 체결을 통하여 자신의 업무지휘권·업무명령권의 행사와 조화를 이루는 범위 내에서 근로자가 근로제공을 통하여 이와 같이 참다운 인격의 발전을 도모함으로써 자신의 인격을 실현시킬 수 있도록 배려하여야 할 신의칙상의 의무를 부담한다고 할 것이다. 따라서 사용자가 근로자의 의사에 반하여 정당한 이유없이 근로자의 근로제공을 계속적으로 거부하는 것은 이와 같은 근로자의 인격적 법익을 침해하는 것이 되어, 사용자는 이로 인하여 근로자가 입게 되는 정신적 고통에 대하여 배상할 의무가 있다고 할 것이다(대법 1994.2.8, 92다893).

판례는 정면에서 취업청구권에 기한 원직복귀를 명한 예는 없으나, 취업청구권과 관련하여 원칙적 부정설을 취한 하급심판결(서울고법 1994.12.23, 94나35291)에 대해 사용자의 손해배상의무를 인정하여야 한다는 취지로 파기환송한 사례가 있다(대법 1996.4.23, 95다6823). 즉 이 판결은 근로자의 근로제공은 임금획득 뿐만 아니라 근로를 통한 자아실현, 기술습득, 능력의 유지·향상, 원만한 인간관계의 형성 등으로 참다운 인격발전을 도모하여 자신의 인격을 실현시키는 측면이 있다고 하면서 「사용자는 특별한 사정이 없는 한…근로자가 근로제공을 통하여 참다운 인격의 실현을 도모함으로써 자신의 인격을 실현시킬 수 있도록 배려하여야 할 신의칙상의 의무를 부담한다」고 판시하고 있다. 이 판결은 취업청구권을 사실상 인정하는 입장에서 있다고 본다(김유성, 「노동법 I」, p.322). 근로자에게 취업의 기회를 주지 않는 것은 근로자의 추상적 인격침해 또는 사용자의 배려의무 위반에 그치는 것이 아니라 근로자의 직업상의 능력과 기술을 개발·촉진해 주어야 할 사용자의 지원의무, 즉 부수적 의무에 반한다고 이해되고 있다(김형배, 「노동법」 2009, 신판5판, p.277).

따라서 근로자직업능력개발법에 의하여 실시하는 훈련생, 조리사라든가 노무의 성질이 특별한 것으로서 노무의 제공에 관하여 근로자가 특별한 이익을 가지는 경우 혹은 단체협약, 근로계약 등에서 특별한 규정이 있는 경우는 물론이고, 사용자는 노무를 수령할 의무가 있으며 근로자는 이른바 취업청구권을 가지고 있다고 보아야 할 것이다.

Ⅳ. 징계사유로 삼지 않는 사유로 징계해고 할 수 있는가

1. 별개의 새롭게 판명된 비위행위

사용자가 근로자의 어떤 비위행위에 대해 징계처분을 실시한 후, 별개의 비위행위가 판명되었다고 하는 경우에는 새롭게 판명된 비위행위를 징계처분의 이유에 추가할 수 있는가?

「근로자에 대한 징계처분의 당부를 판단함에 있어서는 그 징계사유의 엄격성·한계성·명시성이 요구되는 것이어서 그 징계사유에 속하는 사실 및 그 기준의 당부에 따라 그 유효 여부를 판가름할 것이고, 당해 징계사유 아닌 다른 사실까지도 아울러 참작하여 유효 여부를 논할 수는 없다 할 것이다. 운수회사의 운전사가 안내양과 불륜관계를 맺은 일이 있다 하더라도 이를 해고사유로 삼지 않은 이상 위 사유가 해고처분을 정당화할 수는 없다」(대구고법 1983.3.29, 82나1287). 사용자의 취업규칙과 인사규정에 직원의 직권면직사유에 관하여 규정하고 있는 경우에 사용자가 위 규정에 의하여 직원을 면직처분하였다면 그 면직처분의 당부는 당해 처분에서 면직사유로 삼은 사유에 의하여 판단하여야 한다(대법 1992.6.9, 91다11537).

「회사의 취업규칙이나 징계규정에서 근로자에 대한 징계를 징계위원회의 의결을 거쳐 행하도록 규정하고 있는 경우에 그 징계처분의 당부는 징계위원회에서 징계사유로 삼은 사유에 의하여 판단하여야 하고 징계위원회에서 거론되지 아니한 징계사유를 포함시켜 징계처분의 당부를 판단할 것은 아니다. 현○○에 대한 징계사유로 인사위원회가 인정한 징계사유에는 없던 학력은폐사실을 포함시킨 조치는 위법하고, 또 원고 윤○○의 경력 은폐는 피고가 이를 발견하고도 계속 고용함으로써 더 이상 해고사유로 삼을 수 없게 되었는데도 원심이 이를 징계사유로 인정한 것은 위법하다고 하지 않을 수 없다」(대법 1993.5.25, 92누8699).

근로자의 어떤 비위행위가 징계사유로 되어 있느냐 여부는 구체적인 자료들을 통하여 징계위원회 등에서 그것을 징계사유로 삼았는가 여부에 의하여 결정되어야 하는 것이지, 반드시 징계의결서나 징계처분서에 기재된 취업규칙이나 징계규정 소정의 징계근거 사유만으로 징계사유가 한정되는 것은 아니다(대법 1997.3.14, 95누16684).

또한 판례(서울행법 2001.4.27, 2000구33917)는 「회사측이 제시한 '외부에 원고회사 제품을 험담하고 다녀 연구원들의 개발의욕을 꺾었다'는 해고사유는 인사규정상 규정되어 있지 않은 사항이고, '상하직원들의 잦은 충돌로 직원들의 근로의욕을 상실하게 했으며 해외거래처와 상담이 불가능할 정도로 제품에 대한 기능과 사용법을 숙지하지 못해 업무실적이 저조'라는 사유로 원고가 참가인을 해고한 뒤 참가인에게 불리하게 임의로 개정한 것은 원래의 인사규정상 해고사유를 충족한다고 볼 수 없다」라고 하였다. 과거의 비위사실이나 그에 대한 징계내용은 독립된 징계사유로는 될 수 없으나 이후의 비위행위에 대한 징계양정을 함에 있어서 참작한 사유로는 될 수 있다(대법 2005.9.28, 2005두7969).

2. 징계사유 중 일부가 징계사유로 인정되지 않는 경우

징계사유 중 일부가 징계 사유로 인정되지 않는다 해도 근로자의 근로제공 의무를 이행하지 않았다면 이에 대한 견책 처분은 위법하다고 할 수 없다. 상사의 정당한 직무 명령을 어기면서 중식시간 당번 근무를 하지 않았다는 것은 근로계약상의 기초가 되는 근로자의 근로제공 의무를 이행하지 아니한 것에 해당하는 점, 이 사건 징계는 견책으로서 징계의 종류 중에서도 가장 경한 것인 점, 회사의 인사 규정 시행규칙상의 징계 양정 기준표에 의하면 근로자에게 인정된 징계는 정직 이상에 해당하는 점, 회사의 공공적 특성에 비추어 그 소속 직원들에게는 일반 사기업의 경우보다 더 높은 사회적 책임이 요구되는 점 등 이 사건 변론에 나타난 제반 사정을 고려해 볼 때 징계 사유 중 일부가 징계사유로서 인정되지 아니한다고 하더라도 이 사건 징계는 위법이 있다고 볼 수 없다(서울행법 2007.7.13, 2006구합46053).

Ⅴ. 법원이 정당해고확정판결시 최초의 해고일에 소급하여 해고할 수 있는지 여부. 부당해고 후 복직관련 급여정산 방법 및 원직복직의 의미

1. 법원이 정당해고 확정판결시 최초의 해고일에 소급하여 해고할 수 있는가

사용자가 중앙노동위원회의 부당해고 판정에 불복하여 행정소송을 제기하여 승소(정당해고로 판정)한 경우 항소 등에 의하여 다시 부당해고 판결이 나지 않는 한 정당한 해고로서 효력을 가지며, 효력을 갖는 동안은 중앙노동위원회의 구제명령에 따라 원직복직 시켰던 해고근로자를 최초 해고일에 소급하여 해고처리하고 원직복직을 해제하는 것은 근로기준법 위반으로 보기 어렵다. 또한 사용자가 행정법원의 판결(또는 최종확정판결)에 의해 해고기간 중 지급되었던 임금상당액의 반환을 요구하는 것은 민사상의 문제로 근로기준법 위반 문제는 발생하지 아니한다.

다만, 원직복직기간 중 근로에 대한 대가로 지급된 임금에 대해서는 반환을 요구할 수 없다(2002.5.24, 근기 68207-2024).

2. 부당해고 이후 복직관련 급여정산

노동위원회에서 부당해고 구제명령을 내리거나 법원에서 해고무효 확인판결을 하는 경우 보통 사용자에게 원직복직과 함께 '해고기간의 임금상당액'을 지급할 것을 명하게 된다. 이러한 해고기간의 임금 상당액의 법적 성격이 문제된다.

우리 법체계에서 임금은 근로의 대가이므로, 근로를 제공하지 않은 부당해고 기간에는 임금도 발생하지 않는 것으로 이해되므로, 판례·행정해석은 해고기간의 임금상당액은 임금이 아니라 부당해고에 대한 손해배상금으로 이해하고 있다.

부당해고로 원직복직된 근로자가 해고기간 동안 근로를 제공하였을 경우 받을 수 있었던 임금 상당액은 근로제공에 대한 대가가 아니라 민사상의 채권으로서 근로기준법으로 해석할 수 없는 것이다. 따라서 이 경우 새로운 재판의 청구 등 민사절차를 활용하는 수밖에 없을 것이다(2004.2.3, 근기 68207-579). 따라서 노동위원회에서 부당해고 구제명령을 받았다 하더라도 사용자가 해고기간 임금 상당액을 지급하지 않는다면, 별도의 민사소송을 제기하여야 하며 근로기준법상의 체불임금에 해당되지 않으므로, 사용자를 임금체불로 고소할 수는 없다(1991.3.28, 임금 32240-4296).

3. 부당해고 구제명령시 원직복직의 의미 및 원직의 판단시점

(1) 원직복직의 의미

근로자가 부당하게 해고되었다고 판단되는 경우에는 노동위원회에 부당해고 구제신청을 제기하거나 법원에 해고무효 확인의 소를 제기할 수 있다. 노동위원회로부터 부당해고로 판정받아 구제명령을 받거나 법원에서 해고 무효가 확인되면 사용자는 원직에 복귀시킬 의무를 부담하고 동시에 그동안 지급하지 않았던 임금 상당액을 지급하여야 한다.

부당해고 구제명령이 내려지거나 해고무효가 확인된 경우에 사용자는 해고된 근로자가 종사하였던 원직에 복귀시켜야 한다.

특별한 사유가 없는 한 이 경우 '원직복직'이란 근로자가 해고당하기 전에 담당하였던 그대로의 업무를 말하는 것이다. 해고무효 확인의 소 및 부당해고 구제신청이란 근로자와 사용자간의 근로관계의 존속을 확인함으로써 그 고용관계 자체를 회복하려는데 목적이 있다고 할 것이다. 그러므로 반드시 해고 전의 원직을 회복하는 데에 그 목적이 있는 것은 아니다. 사용자의 정당한 사유가 있다고 인정되는 경우에는 반드시 해고전과 동일한 부서와 동일한 업무를 부여해야 하는 것은 아니다. 노동위원회의 원직복직명령이 있으면 사용자는 근로자를 해고 전의 원직에 복직시키는 것이 원칙이나, 사용자가 근로자를 복직시키면서 해고 후 복직시까지 해고가 유효함을 전제로 이미 이루어진 인사질서, 사용자의 경영상 필요, 작업환경의 변화 등을 고려하여 복직 근로자에게 그에 합당한 일을 시킨다면 이를 사용자이 고유권한인 경영권의 범위에 속하는 것이므로 정당하게 복직시킨 것으로 보아야 할 것이다(2005.4.15, 근로기준과-2168 ; 서울행법 2003.1.24, 2002가합2091).

(2) 부당해고 판정된 근로자를 대기발령한 경우의 원직복직 여부

사용자가 원직복귀명령을 회피할 목적으로 근로자에게 부당하게 종전의 일과 다른 일을 하도록 하거나 근로자가 감내하기 어려운 육체적, 정신적 고통을 초래하여 사실상 퇴직을 강요하는 방법이라는 이는 정당한 원직복귀라고 보기 어려울 것이다」(2005.4.15, 근로기준과-2168). 복직대상자를 징계회부 이후의 상태인 대기발령을 한 것은 징계 이전의 원직에 복직시킨 것으로 보기 어려울 것이므로, 별도로 징계 회부 전의 직책 또는 종전 업무와 유사한 업무로 복직시킬 수 없는 불가피한 사정이 있지 않은 한 노동위원회의 원직복직명령을 이행한 것으로 볼 수는 없다(2004.9.9, 근로기준과-6438). 예컨대 재택근무발령이 정당한 경영권의 범위에 속한다면 복직명령의 이행이 적당하게 이루어 진 것이라 볼 수 있을 것이나, 단지 형식적인 복귀명령일 뿐 사실상 퇴직을 강요하는 방법이라면 정당한 원직복귀라고 보기 어려울 것이다(2005.4.15, 근로기준과-2168). 그러나 그 일이 비록 종전의 일과 다소 다르더라도 이는 사용자의 고유권한인 경영권의 범위에 속하는 것이므로 정당하게 복직시킨 것으로 보아야 하고 이러한 경우 복직 근로자가 위와 같은 복직을 거부하면서 계속 결근한 행위는 무단결근에 해당할 것이다.

직제개편 등으로 원직이 없어진 경우에는 동일하거나 실질적으로 유사한 책임과 권한이 있고 동일하거나 실질적으로 유사한 보수를 지급받는 직책으로 복귀시켜야 한다. 그러한 직책도 없는 경우에는 최대한 유사한 직책으로 복귀시킬 수밖에 없으나, 그 경우 당해 근로자의 입장에서는 사실상 근로조건의 변경을 수반하는 전직에 해당하기 때문에 직제개편에 따른 전직의 정당성을 다툴 수 있다고 해석하여야 할 것이다(대법 2002.5.31, 2000다18127).

(3) 부당해고 구제신청 중 타직장 근무가능 여부

판례는 노동위원회의 부당해고 판정에 따라 사용자로부터 복직명령을 받고 출근하였으나 사용자가 업무를 주지 않아 어쩔 수 없이 출근하지 않고 생계를 위해 타 회사로 출근한 것을 이유로 해고된 사건에 대해 이 해고가 부당하다고 하였다(서울행법 2005.7.14, 2004구합35745).

(4) 부당해고 근로자에 대한 원직복직 명령시 원직의 판단시점

지방노동위원회의 부당해고 판정은 그 주된 이유가 사용자의 해고처분이 징계양정상 지나치게 중하여 권리남용에 해당된다는 것일 뿐, 해고 이전 근로자에 대한 전보발령의 원인무효를 전제로 한 것은 아니므로 근로자들의 원직은 해고 당시를 기준으로 판단하여야 한다(2003.5.2, 근기 68207-545).

Ⅵ. 회사해산을 행한 경우에 근로자는 당연히 해고되는가

1. 회사해산이 진실로 행해진 경우의 해고

정리해고와 구별되는 것으로 회사해산에 의한 해고이다. 정리해고는 일부 근로자와의 근로계약을 종료시켜 규모를 축소하더라도 회사가 존속하는 것이 전제되고 있으나 회사해산을 회사 자체가 소멸되는 것이다. 회사해산이 행해진 경우 회사는 청산절차에 들어가고 청산이 종료되면 해고를 포함하여 근로자 전원과의 근로계약을 해소하게 된다.

회사해산에 의한 해고가 유효하기 위해서는 당연히 해고의 전제가 되는 회사해산이 진실한 것(위장해산이 아니란 것)이라는 것이 필요하다. 해산 결의에 따라 근로자에게는 해산이라고 사칭하고 해고하여도 회사 해산 사실이 없는 이상 그 해고는 정당한 이유가 없으므로 무효이다. 문제가 되는 것은 노동조합의 활동을 혐오하여 당해 조합을 배제시키려는 목적이나 동기로서 회사를 해산하여 그 해산을 이유로 종업원을 해고하는 경우이다. 본래 회사해산은 자본주의사회에서 자유롭게 행할 수 있으나(헌법 제23조), 주주총회의 결의의 내용자체는 법령 또는 정관위반의 하자가 없고, 결의하게 된 동기나 목적에 불법이 있는 경우에는 상법 제376조 위반으로 취소사유가 되거나 제380조에 의하여 무효가 된다. 그러나 이러한 목적 내지 동기가 있더라도 당해 회사의 해산결의는 유효한 것이다.

따라서 회사가 해산하여 근로자의 고용을 계속할 기반이 없으므로 그 근로자의 해고에는 정당한 이유가 있다고 인정되어 유효라고 생각된다.

회사해산과 정리해고의 4요소와의 관계

업무상의 필요성	긍정	○
해고회피 노력	요구되지 않는다	○
인선의 합리성	요구되지 않는다	△
노동조합과의 협의	요구된다	×

※ 청산절차 관계에서 해고시기가 있는 경우에는 인선의 의론이 있다.

2. 회사해산시의 해고에도 노동조합과의 충분한 협의가 요구된다

정리해고나 회사해산은 그 양태는 다르나 판례 중에는 회사 해산시에는 해고에도 정리해고의 4요건(4요소)이 적용된다는 것이 있다. 정리해고의 4요소가 적용된다 하더라도 회사 그 자체가 소멸되므로 「업무상의 필요성」은 긍정되지만 「해고회피노력」은 고려될 수 없다. 또한 근로자 전원을 해고하기 위해서는 그 해고가 일제히 실시되는 한 「인선의 합리성」이라는 문제가 발생하지 아니한다(청산절차의 관계상 해고시기가 있는 경우에는 인선 문제가 있을 수 있다).

그러나 정리해고의 4대 요건인 「근로자대표(또는 노동조합)과의 협의에 대하여는 충분히 설명」하면 된다. 특히 흑자해산인 경우에는 퇴직위로금 등을 해고조건으로 하여 성실한 협의가 요청된다. 또한 노동조합과의 협의 중에 협의를 타결하여 해고를 행하여도 근로자로부터 해고의 무효를 주장하는 소송제기에 따라 가처분으로서 일정기간 임금지급을 인정할 수 있으나 그 기간에도 협의를 계속하는 것이 좋을 것이다. 회사 해산에 의한 근로자의 해고는 회사해산이 진실한 것이 명확하다면 유효하다고 생각되나 정리해고의 법리가 적용된다는 판례가 있다는 것을 고려하여 노동조합과의 충분한 협의 등의 절차의 이행이 요청된다.

3. 신회사나 별개회사가 해산회사와 실질적 동일성이 있다면 고용을 승계시켜야 하는가

회사해산에 따라 행해진 해고가 문제된 경우 「위장해산」이라는 용어를 사용하고 있는바, 여기에는

① 실제로 주주총회의 해산결의에 따라 회사해산 절차가 진행되지 아니한 채 회사를 해산한다고 사칭하여 근로자를 해고하는 경우

② 조합배제의 동기 내지 목적으로 회사를 해산하고 해산 후 회사를 신설하여 대부분의 근로자는 그 신설회사에 채용하더라도 일부의 근로자(조합원 등)를 채용하지 않는 경우의 두 개의 경우를 포함하고 있다.

①의 해고는 회사해산 사실이 없는 이상 정당한 이유가 없으므로 무효이다.

②의 해고는 조합의 배제를 그 목적 내지 동기로 하는 것으로 회사해산은 유효라고 하더라도 신회사에 업무를 대체시켜 경영자도 주주도 신구 회사가 동일하게 구성하는 등 실질적으로 동일의 기업경영이 계속되는 경우에는 신구 회사는 동일성이 있으므로 그 해고는 무효라고 할 것이다. 이 경우 신회사로서는 해산된 구회사가 해고한 근로자의 고용승계 문제가 생긴다. 이 점에서 사업계속이 극도로 곤란한 상황에서 회사해산에 따라 근로자를 해고한 후 근로자의 고용을 확보할 목적으로 신회사가 설립된 사안에서 거래처나 영업활동, 종업원도 거의 동일하며 주주구성・임원구성이 다르나 신구 회사간에 회사재산・경리・업무 등이 혼동되어 있으므로 신구 회사에 동일성이 없어 회사해산이 위장이라고 인정하는 것은 어렵다하더라도 해산에 의한 해고를 유효라고 판단한 판례도 있다.

4. 회사해산에 의한 전원 해고와 부당노동행위

경영자가 자기 회사 노동조합의 존재나 또는 노동운동을 혐오하여 노동조합을 궤멸 또는 사업의욕을 잃게 하기 위해 회사를 해산하고 조합원 전원을 해고하는 경우에는 이 해산이나 해고는 노조법상 금지되는 부당노동행위로서 불이익 취급과 지배개입에 해당하는 것일까의 문제이다.

이러한 해산에도 회사 해산에 의해 사업을 진실로 폐지하는 진정한 해산과 해산 후에도 사업을 사실상 계속하거나 새로운 회사의 설립으로 사업을 재개하는 위장해산이 있다. 이들에 대해서는 부당노동행위의 금지가 사업폐지의 자유까지 제한하고 있는 것은 아니므로 사업이 해산결의 그 밖의 사유로 인해 실제로 폐지되면 아무리 그것이 노동조합을 혐오한 것과 그 궤멸을

의도한 것에서 발생한 것이라고 해도 사업의 재개명령은 할 수 없으며, 노동위원회로서는 기껏해야 청산절차 중에 원직복귀와 임금지급을 명령할 수 있는데 지나지 않는다. 이에 비해 사업 폐지의 표명과 해산결의가 있더라도 실제로는 동일한 사업 자본과 경영자에 의해 계속되고 있는 경우에는 노동위원회는 실제상의 동일 기업에 대해 종업원으로서의 취급과 백 페이(back pay)를 명령할 수 있다. 그러나 이 문제는 부당노동행위 성립요건(노조법 제81조제1호, 제4호)에 입각하여 독자적으로 검토할 필요가 있는 것이며, 사법상의 관점에서만 검토해야 하는 것은 아니라 오히려 사용자에게 보복과 노동조합의 약화 의도가 인정되는지의 여부가 핵심이 된다. 예를 들어 합리적 이유 없이 종래의 관행으로 돌아가 보다 불리한 삭감을 하거나 통상 결근에 비해 파업에 의한 결근을 보다 불리하게 취급하는 경우 등에는 그러한 의도가 인정되기 쉽다(임종률, 「노동법」 제8판 p.647~p.648).

판례(대법 1990.2.27, 89누6501)는 「병원 근로자들이 1987.10.20 전국연합노동조합연맹 새한병원노동조합을 결성하고 원고를 조합장으로 선출하여 단체교섭을 요구하자 피고보조참가인은 노동조합을 혐오하여 위 병원을 폐업하기로 마음먹고 자신이 고용하고 있던 의사 5명으로 하여금 사직서를 제출하게 하여 1987.12.30 위 병원을 폐업하고 그 다음날 원고를 비롯한 근로자를 모두 해고한 사실을 확정한 다음 위 폐업이 위장폐업임을 인정할 자료가 없으므로 그 사업체를 폐업함으로써 원고가 복귀할 사업체가 없어진 이상 원고의 구제신청은 실익이 없게 되었다고 판시하고 있는 원심의 조치는 정당하다」고 한다.

Ⅶ. 건강진단을 받지 않았다는 이유로 해고할 수 있는가

1. 산업안전보건법 제43조의 건강진단 실시의무

산업안전보건법 제43조(건강진단) 제1항 내지 제3항에 의하면 「① 사업주는 근로자의 건강보호·유지를 위하여 노동부장관이 지정하는 기관 또는 「국민건강보험법」에 의한 건강검진을 하는 기관(이하 '건강진단기관'이라 한다)에서 근로자에 대한 건강진단을 하여야 한다. 이 경우 근로자대표가 요구할 때에는 건강진단시 근로자대표를 입회시켜야 한다. ② 노동부장관은 근로자의 건강을 보호하기 위하여 필요하다고 인정할 때에는 사업주에게 특정 근로자에 대한 임시건강진단의 실시나 그밖에 필요한 사항을 명할 수 있다. ③ 근로자는 제1항 및 제2항의 규정에 따라 사업주가 실시하는 건강진단을 받아야 한다. 다만, 사업주가 지정한 건강진단기관의 진단받기를 희망하지 아니하는 경우에는 다른 건강진단기관으로부터 이에 상응하는 건강진단을 받아 그 결과를 증명하는 서류를 사업주에게 제출할 수 있다」고 규정하여 사업주의 건강진단 실시의무와 근로자의 수진의무를 명시하고 있다.

2. 법정건강진단의 수진(受診)의무

사업주의 법정건강진단의 실시의무(산업안전보건법 제43조제1항)에 대응하여 근로자는 사업주가 실시하는 건강진단을 받아야 한다(동법 제43조제3항 본문). 그러므로 사업주는 근로자에 대하여 법정건강진단을 받을 것을 명할 수 있으며 근로자는 이에 따라야 하는바 이에 따르지 아니한 근로자에 대하여는 업무명령 위반으로서 징계처분을 과할 수 있다. 산업안전보건법상 법정건강진단의 수진의무 위반에 대한 벌칙은 사업주에 적용하고(동법 제72조제1항제4호에 의한 1천만원 이하의 과태료) 근로자에 대하여는 적용하지 아니한다. 건강진단의 종류는 건강진단의 실시시기 및 대상을 기준으로 일반건강진단・특수건강진단・배치전건강진단・수시건강진단 및 임시건강진단이 있다. 사업주는 근로자의 건강진단이 원활히 실시될 수 있도록 적극 노력하여야 하며, 근로자는 사업주가 실시하는 건강진단 및 의학적 조치에 적극 협조하여야 한다(동법시행규칙 제98조의2). 다만 사업주가 지정한 건강진단기관의 건강진단을 희망하지 아니하는 경우에는 다른 건강진단기관으로부터 이에 상응하는 건강진단을 받아 그 결과를 증명하는 서류를 사업주에 제출할 수 있다(동법 제43조제3항 단서). 이 경우에는 사업주는 수진명령(업무명령)을 할 수 없으므로 이에 따르지 않더라도 징계처분을 과할 수 없다.

3. 근로자의 수진의무 위반과 해고처분의 효력 여부

근로자가 사업주가 실시하는 건강진단을 받지 않았다는 이유로 징계의 종류 중 가장 무거운 해고처분을 할 수 있느냐의 문제이다. 판례(부산지법 2008. 11.21, 2007가합19696)는 징계양정의 정도가 지나치게 가혹하다고 하여 해고처분은 무효라고 판시하고 있다. 판례에 의하면 「근로자 A, B, C가 회사의 요청에도 건강검진을 받지 않고 있었던 사실은 인정되지만 ① 건강진단을 받지 않은 근로자 A, B, C 등에게 회사 직원이 다른 사람 명의의 출입증을 발급해줬고, A등은 이를 사용해 Y중공업에 출입하여 용접작업을 해 오고 있었던 점, ② 해고 당시 근로자 A, B, C 이외에도 7명 정도가 출입증 발급을 위한 건강검진을 받지 않고 있었음에도 이들 중 근로자들과 사실상의 팀을 이루어 작업하는 D를 제외한 나머지 출입증 미발급 직원들은 해고되지 않은 점, ③ X중공업으로부터 식대부담 등의 제재를 받게 된 2007년 6월 1일 이후에도 Y기업에는 출입증 없는 근로자가 5명 정도 계속 근무하고 있었던 점, ④ 근로자 E, F는 이미 건강검진을 통해 출입증을 발급 받았는데 단지 함께 일하는 다른 근로자 A, B, C에 대한 해고통보에 항의했다는 이유로 해고된 점 등이 인정되고, ⑤ 일부 근로자들이 건강검진을 받지 않아 회사가 실제로 산업안전보건법 소정의 과태료 처분을 받았다거나 도급업체로부터 작업물량을 확보하지 못하는 것과 같은 어려움을 겪은 사정도 보이지 않는바, 이러한 모든 사정을 종합해보면 근로자들의 귀책사유는 경미해 해고 이외의 정직, 감봉, 기타 징벌과 같이 가벼운 징계조치만으로도 충분히 재발방지라는 목적을 달성할 수 있었던 것으로 보이므로 해고 처분은 징계양정의 정도가 지나치게 가혹하고 또한 동일한 귀책사유를 가진 근로자와의 관계에서 볼 때 형평에도 크게 어긋난다고 함이 상당하다」고 한다.

Ⅷ. 유니온숍 협정에 의한 해고의무 부담 여부

최근 특정 단체협약에 "근로자는 입사와 동시에 조합원이 된다"고 규정하고 있으나 조합 미가입자 또는 탈퇴자에 대한 해고조항을 두고 있지 아니한 경우에 사용자가 조합 탈퇴자에 대해 해고의무를 부담하는지 여부에 대한 논란이 많아 명확히 정리할 필요가 있다.

1. 관련 법 규정

노조법 제81조제2호에서 근로자가 노동조합에 가입·탈퇴할 것을 고용조건으로 하는 행위는 사용자의 부당노동행위로 간주하고 있다. 다만, 유니온숍을 특정한 노동조합의 조합원이 될 것을 고용조건으로 하는 단체협약의 체결은 예외로 하되, 근로자가 노동조합에서 제명된 것을 이유로 신분상 불이익한 행위를 할 수 없다고 하고 있다. 복수노조가 허용되는 2010년부터는 다른 노조 조직·가입할 경우도 불이익행위로서 금지하고 있다.

노조법 제81조제2호에 의하면 「근로자가 어느 노동조합에 가입하지 아니할 것 또는 탈퇴할 것을 고용조건으로 하거나 특정한 노동조합의 조합원이 될 것을 고용조건으로 하는 행위. 다만, 노동조합이 당해 사업장에 종사하는 근로자의 3분의 2 이상을 대표하고 있을 때에는 근로자가 그 노동조합의 조합원이 될 것을 고용조건으로 하는 단체협약의 체결은 예외로 하며, 이 경우 사용자는 근로자가 당해 노동조합에서 제명된 것 또는 그 노동조합을 탈퇴하여 새로 노동조합을 조직하거나 다른 노동조합에 가입한 것을 이유로 신분상 불이익한 행위를 할 수 없다」고 규정하고 있다.

2. 판례, 행정해석 및 학설

(1) 판 례

유니온숍 협정은 노동조합의 단결력을 강화하기 위한 강제의 한 수단으로서 근로자가 대표성을 갖춘 노동조합의 조합원이 될 것을 '고용조건'으로 하고 있는 것이므로 단체협약에 유니온숍 협정에 따라 "근로자는 노동조합의 조합원이어야만 된다"는 규정이 있는 경우에는 다른 명문의 규정이 없더라도 사용자는 노동조합에서 탈퇴한 근로자를 해고할 의무가 있다. 그러나 이러한 의무는 단체협약상의 채무일 뿐이어서 채무불이행 자체가 지배·개입에 의한 부당노동행위라고 단정할 수 없다(대법 1998.3.24, 96누16070). 대법원 판결도 해고의무는 있다고 보나 해고하지 않는 것 자체가 부당노동행위를 구성하는 것은 아니라는 입장으로서 실질에 있어서는 해고의무가 없다고 해석하는 것과 큰 차이가 없다.

(2) 기존 행정해석

① 사용자가 유니온숍 협정 체결로 단체협약에 의거 노조 탈퇴자에 대하여 해고할 경우 사용자가 해고하여야 함을 정확히 알려주고 그럼에도 근로자가 노조를 탈퇴할 경우에는 해고가 가능하다(1994.10.11, 노조 01254-1336).

② 노조법에 의해 허용되고 있는 유니온숍 제도는 근로자들이 노조에 가입하지 않거나 자발적으로 탈퇴하는 경우 노조의 요구에 의해 사용자가 당해 근로자를 해고할 의무를 지게 되는 것을 본질적 내용으로 하는 약정이다(2001.5.12, 노조 68107-547).

③ 유니온숍 협정에 체결되어 있는 사업장에서 근로자가 노조를 탈퇴한 경우라면 사용자는 지체없이 해당 근로자에게 동 협정에 따라 해고할 의무가 있음을 알려 주어야 하며, 이와 같은 고지에도 근로자가 노조탈퇴 의사를 철회하지 않는 때에는 단체협약에 따라 해고할 의무가 있다할 것이다(2005.7.4, 노동조합과-1807).

(3) 중노위 결정

유니온숍 제도 하에서 임의 탈퇴한 조합원의 사용자 해고의무 여부에 대한 현행 노조법 제81조제2호 단서규정의 유니온숍 제도의 법적 성격을 보면, 사용자의 금지행위인 부당노동행위의 예외조항으로 사용자가 노동조합에 가입·탈퇴를 고용조건으로 하는 근로계약을 체결하더라도 부당노동행위로 논하지 않겠다는데 지나지 않았으므로 이는 소극적으로 해석하여야 할 사항이지, (해고의무 규정이) 단협상 명시되지 않은 사항까지 적극적으로 확대 해석하여 해고 이행의무를 인정할 수 없다(중노위 1995.11.17, 95부노139 ; 서울고법 1996.9.20, 95구37003).

(4) 학 설

단체협약상 "근로자는 자동적으로 노동조합의 조합원이 된다"는 규정만 있을 경우 기존 대법원 판례에 따라 해고의무를 부담한다는 입장과 해고의무가 없다는 입장으로 나누어져 있다.

3. 노동부 신해석지침

유니온숍 협정의 해고의무와 관련하여 노동부의 새로운 해석지침(2008.8.19, 노사관계법제과-89)은 다음과 같다.

① 적극적 단결강제를 보장하기 위한 유니온숍 조항의 취지를 근거로 현행 판례와 행정해석은 단체협약상 명시적인 규정이 없더라도 노동조합을 임의탈퇴시 사용자가 해고의무를 부담하는 것으로 해석하고 있다. 그러나 유니온숍의 근거규정인 노조법 제81조제2호를 문리해석 할 때 원칙적으로 '특정 노동조합에 가입이나 탈퇴를 고용조건'으로 하는 것은 부당노동행위에 해당하는 것이나, 예외적으로 노동조합이 당해 사업장 근로자의 3분의 2 이상을 대표하고 있을 때 조합원이 될 것을 고용조건으로 하는 단체협약 체결을 인정하는 것이므로 그러한 협약을 체결하더라도 그리고 그 협약에 의해 조합원이 아닌 자를 해고할 경우 이를 부당노동행위로 보지 않는다고 해석하는데 그쳐야 할 것이다.

② 따라서 단체협약상 "근로자는 입사와 동시에 조합원이 된다"는 규정만 있고 임의탈퇴 또는 가입거부시 해고의무를 명시적으로 두지 않은 경우에는 다음과 같이 판단한다.

㈎ 단체협약의 체결당사자인 노사간에 동 단협의 취지가 노동조합에서 임의탈퇴 또는 가입거부시 해고한다는 것을 의미한 것으로 서로 해석의 다툼이 없다면 그대로 해석·적용한다. 이 경우에도 사용자는 노조 탈퇴자에 대하여 해고할 의무가 있음을 미리 알려주고 그럼에도 근로자가 노조 탈퇴의사를 철회하지 않을 경우 해고할 수 있다.

㈏ 단협상 해당 규정의 해석에 있어서 노사간의 이견이 있고 해고한 관행도 형성되어 있지 않다면 당연히 해고의무가 발생하지 않는 것으로 해석·적용한다.

퇴직을 둘러싼 법률문제

- 1장_ 퇴직과 근로관계 종료를 둘러싼 법률실무
- 2장_ 퇴직의 효력 발생시기를 둘러싼 법률실무
- 3장_ 근로관계의 합의해지를 둘러싼 법률실무
- 4장_ 퇴직의 의사표시와 착오 · 강박을 둘러싼 법률실무
- 5장_ 합병 · 영업양도 · 분할 · 경매시의 근로관계와 퇴직금승계를 둘러싼 법률실무
- 6장_ 퇴직과 계속근로기간 산정을 둘러싼 법률실무

3

1장

퇴직과 근로관계 종료를 둘러싼 법률실무

Ⅰ. 퇴직과 해고의 구별

퇴직이나 해고는 다같이 근로자가 회사를 그만두는 '근로계약의 종료'를 말한다. '해고'는 사용자측에서 행하는 근로계약의 일방적인 해지를 말하며, '퇴직'은 그 이외의 근로계약의 종료를 말한다. 퇴직은 근로자의 의사표시 또는 노사간의 합의에 의하여 근로계약을 종료하는 것을 말한다. 법적으로는 근로자가 일방적으로 근로계약을 해약하는 경우(사직 · 일방적 퇴직)와 근로자와 사용자가 합의에 의하여 근로계약을 해약하는 경우(합의해지)로 나눌 수 있다. 퇴직한 근로자는 퇴직 후 독립하거나 다른 기업으로 전직하는 것이 일반적이다. 퇴직의 자유는 헌법상의 직업선택의 자유(헌법 제15조)에서 그 근거를 찾을 수 있다.

사용자가 어떤 사유의 발생을 당연퇴직 또는 면직사유로 규정하고 그 절차를 통상의 해고나 징계해고와 달리한 경우에 그 당연퇴직 사유가 근로자의 사망이나 정년, 근로계약기간의 만료 등 근로관계의 자동소멸사유로 보여지는 경우를 제외하고는 이에 따른 당연퇴직 처분은 근로기준법 제23조 소정의 제한을 받는 해고라고 할 것이다. 위와 같이 취업규칙 등에 당연퇴직 사유로서 근로관계의 자동소멸사유에 해당하지 아니하는 사유를 규정한 경우 그 의미는 그 규정 취지나 다른 당연퇴직 사유의 내용 등에 비추어 합리적으로 판단하여야 할 것이다.

취업규칙에 당연면직 사유의 하나로 규정된 '금고 이상의 형을 선고받았을 때'가 다른 당연면직 사유나 징계해고 사유와 비교 검토해 보면 근로계약에 따른 근로자의 기본적인 의무인 근로제공의무를 이행할 수 없는 상태가 장기간 계속되어 왔음을 근거로 하여 사용자가 근로자를 당연면직 시켜도 근로자측에서 이의를 제기할 여지가 없을 정도의 상태, 다시 말하자면 형사상 범죄로 구속되어 있는 근로자가 현실적인 근로제공이 불가능한 신체의 구속상태가 해소되지 아니하는 내용의 유죄판결 즉 실형판결을 받은 경우를 의미한다고 본다(대법 1999.9.3, 98두18848).

근로자가 회사를 그만두게 될 경우에는 그것이 '해고'에 해당하느냐 '퇴직'에 해당하느냐에 따라서 법률상 큰 차이가 발생하며, '해고'가 될 경우에는 여러 가지 법적인 제한이 있으므로 주의하여야 한다.

Ⅱ. 퇴직 · 해고에는 어떤 종류가 있는가

퇴직이나 해고는 다같이 근로계약의 종료를 말하는 것인데, 어느 쪽에 해당하느냐에 따라서 법적인 규제가 따르기 때문에 근로계약 종료사유의 종류별로 양자를 구별하면 다음과 같다.

퇴직이 되는 경우	해고가 되는 경우
① 임의퇴직(근로계약의 합의해지) ② 무단퇴직(근로자로부터 하는 근로계약의 일방적인 해지) ③ 계약기간 만료(계약기한의 도래) ④ 휴직기간 만료 자동퇴직(약정계약종료조건 성취와 기간의 도래)	① 보통해고(정당한 이유가 있는 경우의 사용자측으로부터 하는 근로계약의 해지) ② 징계해고(근로자의 귀책사유를 이유로 행하는 근로계약의 일방적 해지) ③ 정리해고(긴박한 경영상의 이유로 인원정리의 필요성에 따른 근로계약의 해지)

⑤ 행방불명 기간경과에 의한 자동퇴직(동상) ⑥ 정년퇴직(종기의 도래) ⑦ 본인의 사망(법정종료)	④ 갱신기간계약의 갱신거부(기간의 정함이 없는 계약에의 준용과 그 해지) ⑤ 본채용 거부(수습시용기간 중의 유보해약권의 행사) ⑥ 채용내정 취소(취로 전의 근로계약의 해지) ⑦ 휴직기간 만료에 의한 해고(약정에 의한 부득이한 사유의 발생으로 인한 해지) ⑧ 정년해고(정년도래를 원인으로 하는 근로계약의 해지)

Ⅲ. 근로계약 종료시에 사용자가 가져야 하는 의식은

1. 근로계약의 종료는 합의에 의할 것이 원칙이다

근로계약의 종료시에 법에 의한 규제나 법원의 판단방법(판례 등)을 확인하여 이에 따르도록 하는 실무 대응을 유념하고 그러한 전제하에서 사용자가 가져야 할 근로계약의 종료에 대한 의식을 살펴 볼 필요가 있다.

근로계약의 종료에 있어서는 당연퇴직 · 사직 · 합의퇴직 · 보통해고 · 정리해고 · 징계해고, 그 밖에 기간제근로자의 계약기간 종료 등이 있다. 그러나 그 중에서도 근로계약 종료의 기본은 「합의퇴직」에 있다고 생각된다.

근로계약관계의 성립은 근로자와 사용자 양자의 합의에 의한 것이므로 그 종료도 양자의 합의에 의하는 것이 원칙이다.

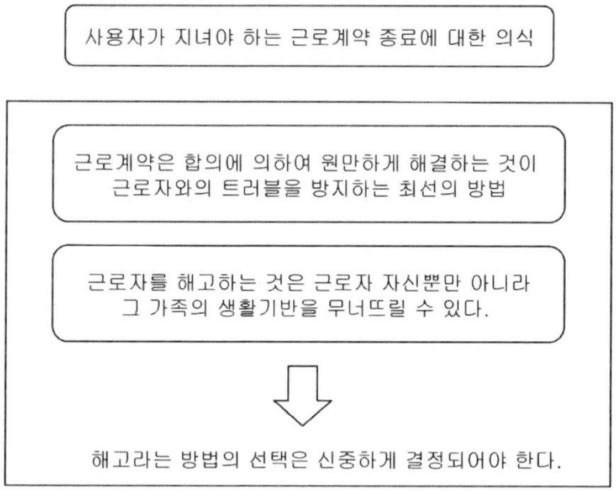

2. 해고는 근로자의 생활기반을 근본적으로 무너뜨린다

근로계약의 해소방법의 하나인 해고가 있으나 이것은 사용자부터의 일방적 의사표시에 따른 근로계약의 해소이다. 사용자의 해고나 근로자의 사직은 물론 민법상으로는 일방적 의사표시에 의한 근로계약의 해소방법으로 같은 레벨에서 논의되고 있다.

그러나 실무에서는 근로자 한 사람이 사직하더라도 회사경영이 크게 어려워지는 것은 아니므로 그러한 것은 예외적인 것에 지나지 않는다. 한편 사용자가 근로자를 해고하는 것은 그 근로자의 생활 기반이 무너져 생존자체가 위협받을 수 있다. 대부분의 근로자는 임금을 유일한 수입원으로 하므로 임금 없이는 생활비, 주택융자의 이자부담이나 자녀의 교육비를 지급할 수 없다. 근로자 자신뿐만 아니라 그 임금에 의하여 생활을 유지하고 있는 근로자의 가족의 생활, 경우에 따라서는 자녀의 장래를 좌우할 수도 있다. 이것은 그 근로자가 대기업의 정규직 사원인 경우에는 말할 것도 없고, 단시간근로자가 해고되더라도 그 가족의 생활이 어렵게 되는 사태가 발생한다.

대국적인 관점에서 보면 우리 헌법 제34조제1항은 「모든 국민은 인간다운 생활을 할 권리를 가진다」고 규정하고 제32조제3항에서 「근로조건의 기준은 인간의 존엄성을 보장하도록 법률로 정한다」고 규정한다. 그리고 국가는 국민을 인간다운 생활을 하도록 시스템으로서 자본주의 경제질서 하에서 국민이 근로를 통하여 임금을 취득하여 생활을 유지하는 것을 기본으로 한다. 그러므로 회사가 해고에 의하여 임금을 취득할 수 있는 기회를 박탈한다면 그 근로자는 생활을 유지하는 것이 매우 어렵게 된다. 자영업을 하는 방법이 있지만 대부분의 국민은 근로자로서 근로하는 것이 현실이다. 물론 헌법 제34조는 사용자와 근로자를 직접 규율하는 것은 아니지만 동조 및 제32조제3항에 의하여 근로기준법이나 최저임금법 등은 사용자에게 일정한 근로조건을 준수하도록 하여 근로자의 보호를 꾀하고 있다.

이러한 관점에서 사용자와 근로자의 관계를 인식할 때 사안에 따라서는 사용자가 「근로자의 생활기반을 무너뜨릴 수 있는」 해고를 선택하지 않을 경우도 생긴다.

그러므로 판례에 있어서도 고용형태나 사안에 따라 근로자를 해고할 수 있는 경우에 요구되는 이유의 정도가 다른 것이다.

예컨대, 장기고용을 전제로 하여 채용된 정규직근로자를 능력부족으로 해고하는 것은 곤란한 것이며, 협조성 결여에는 단지 근로자의 채무불이행이 아니라 다른 근로자의 영향을 고려하여 판단해야 할 것이다. 또한, 직장에서의 노무제공에는 근로자의 안전과 건강을 배려해야 할 의무가 내재하는 이상 업무상의 재해가 발생하지 않도록 위험유해요인을 제거하는 등 사용자로서도 직장환경의 적정을 유지할 것이 요구되고 있다. 근로자의 출근불량이 「직장에서 상사로부터 구타를 당하거나 질책을 당하여」 직장에서의 직권남용(power harrasment, 부하괴롭힘)에 따라 근로자가 공포를 느끼는 경우에는 그 출근불량이 근로자의 채무불이행만이 아니므로 해고는 무효라고 판단될 가능성이 너무 큰 것이다.

이와 같이 해고는 근로자의 생활에 막대한 영향을 끼치므로 사정을 종합적으로 고려하여 그 해고가 사용자 및 근로자에 있어서 상당하다는 결론을 내릴 수 있어야 한다.

3. 징계해고는 근로자의 직업인생을 박탈할 수도 있다

보통해고에도 위에서 기술한 내용을 고려할 필요가 있다. 더구나 징계해고에 있어서는 사용자에게 보다 더 고려하고 신중히 행사될 것이 요구되고 있다.

설령 근로자가 징계해고를 당하여 자영업을 택할 수도 있지만 기업에서의 재취업의 기회를 사실상 박탈당하고 만다. 징계해고를 당한 사람이 어떤 기업에 취직원서를 제출했다하더라도 채용을 할 리가 없기 때문이다.

오늘날 기업의 준법경영 대한 자세는 엄격하므로 기업은 근로자에게 불상사 등이 있을 때에는 징계해고라는 결론을 내리는 경향이 있다. 기업질서 유지라는 관점에서 다른 근로자에게 경종을 울려야 하는 일도 있다. 또한 기업질서는 징계해고라는 극단적인 조치에도 불구하고 근로자와의 신뢰관계를 유지할 수 있어야 할 것이다.

그러므로 사용자는 해고의 유효·무효 문제는 별도로 하고 그 해고가 근로자의 직업인생으로서 심각한 영향을 미치고 있다는 것을 의식해야 한다. 기업이 도산한다면 모르지만 경제적 여유가 있는 기업으로서는 이러한 의식을 가지고 근로계약의 해소에 임할 필요가 있다.

4. 퇴직원을 수령하는 것이 트러블을 피하는 최선의 방법이다

지금까지 근로계약 해소시에 사용자가 지녀야 할 의식에 대하여 설명하였다. 근로계약의 해소를 둘러싸고 근로자와의 트러블을 야기시키지 않기 위해서는 반드시 근로자로부터의 사직이나 합의퇴직을 실현하는 일이다.

본서에서 해고의 정당성, 이에 따른 해고시의 경우에 유효라고 판단하는데 있어서 법원의 판단방법을 설명하는데 그치지 않고 이것은 어디까지나 법률적인 문제이므로 더 나아가 실무에서 주의해야 할 포인트를 별도로 설명하고자 하는 취지가 여기에 있는 것이다.

해고사유가 있더라도 사용자가 반드시 해고하는 것이 바른 길은 아니다. 예컨대 해고사유가 있더라도 사용자나 근로자는 해고사유 때문에 다른 근로자의 의식 등 주변의 사정을 설명하여 퇴직원을 제출하도록 하여 자기 사정이나 또는 회사사정에 따라 원만하게 퇴직하는 형식을 택하는 것이 바람직한 것이다. 이것은 사용자만이 아니고 근로자에게도 메리트가 있으므로 가능한 한 원만한 퇴직이 실현되도록 하는 방법을 찾아야 한다.

이러한 원만한 퇴직을 실현하기 위해서는 근로자와 면담하는 경우 구두로 설명하거나 대화를 하도록 하고 마지막으로 해고이유서를 작성하여 근로자 본인에게 제시하여야 한다. 이것은 최종적으로 해고라는 형식을 취하여 재판 등에 대응하기 위한 것이다. 또한 퇴직하기로 합의한 경우에도 퇴직원 등 근로자의 퇴직의사를 명확히 하여 반드시 서면으로 남겨두어야 한다.

5. 최후까지 퇴직원을 수령할 수 있도록 노력하는 것이 필요하다

보통해고의 경우 「보통해고 사유서」를 미리 작성하여 이것을 근로자 본인이 읽을 수 있도록 하여야 한다. 여기에 「이유서에 기재되어 있는 사실에 따라서 회사로서는 당해 해고는 정당한 행위라고 판단하고 있다. 귀하가 퇴직원을 제출하지 않는다면 해고할 수밖에 없다. 퇴직원을 제출하면 해고는 아니다」고 대화를 할 필요가 있다.

퇴직원이 제출되어 합의에 따라 근로계약이 해소되는 것이므로 더 이상 해고할 필요는 없다. 근로계약의 소멸이라는 법적 효과는 동일하므로 해고를 둘러싼 트러블이나 리스크를 해소할 수 있다. 다른 근로자에게 제시하는 등의 관계로 반드시 해고해야 할 필요가 있다고 생각하는 경영자도 있으나 회사와 근로자간에는 신뢰관계가 있으므로 퇴직이 어떤 의미가 있는가를 심사숙고할 필요가 있다. 그러므로 근로자 본인이 퇴직원을 제출하지 않는 경우에는 해고의 의사표시를 함에 있어 반드시 해고사유와 사기를 서면으로 작성하여 교부해야 해고의 효력이 발생(근로기준법 제27조) 하지만 해고이유서를 받은 이후 2~3일 이내에 퇴직원을 송부한다면 해고의 의사표시를 철회할 수도 있다고 기재하여도 무방하다. 해고를 피할 수 있도록 상황을 냉정하게 파악하여 퇴식원을 제출하도록 하기 위해서이다. 최후까지 퇴직원을 제출하도록 노력하여야 한다. 이러한 노력에 따라 집단적 분쟁으로의 발전, 산별노조에의 가입, 근로계약상의 지위를 둘러싼 소송 등의 트러블이 생길 수 있는 위험을 해소할 수 있기 때문이다. 실무상으로는 해고보다는 리스크를 회피하는 노력이 무엇보다도 중요하다는 인식을 가져야 한다.

Ⅳ. 근로계약의 종료에는 어떤 것이 있는가

1. 근로계약의 종료사유

근로계약의 종료(해소)의 각 경우의 정의를 정리하면 다음과 같다.

(1) 계약당사자의 소멸에 의한 근로계약의 종료(자연인 사망 · 법인해산)

근로계약은 특정한 근로자가 특정한 사용자를 위하여 근로를 제공하는 계약이므로 그 계약의 존속은 당해 계약당사자의 존재가 필요하다. 그러므로 근로자의 사망이나 개인사업주인 사용자의 사망으로 계약당사자가 소멸되므로 근로계약은 원칙적으로 종료한다. 또한 법인인 회사가 해산한 경우에도 계약당사자가 소멸되므로 근로계약은 원칙적으로 소멸한다.

일반적으로 근로자의 사망은 취업규칙에 당연퇴직 사유로 규정하고 있다.

(2) 포괄적 동의에 의한 근로계약의 종료(당연퇴직)

포괄적 동의란 취업규칙에 계약종료 사항 등으로 정한 것으로 근로계약을 체결한 때에 「취업규칙을 준수한다」라는 서약서를 하는 등의 방법으로 근로자로부터 동의를 얻는 것을 말한다.

취업규칙에 정하고 있는 당연퇴직이란 일정 사유가 발생하면 당연히 근로계약이 종료하는 것이다. 전술한 바와 같이 근로자의 사망은 계약당사자가 소멸하도록 취급하는 규정이 없더라도 당연히 종료되나 당연퇴직 사유로서 확인적으로 규정하는 것이 통상이다. 또한 퇴직연령을 정하는 정년이나 기간제근로계약에 의한 기간만료도 당연퇴직 사유로 규정하는 것이 일반적이다.

(3) 개별적 동의에 의한 근로계약의 종료(합의퇴직)

근로계약의 체결시에 포괄적 동의에 의한 근로계약의 종료와는 별도로 근로계약의 종료시에 개별동의에 의한 근로계약의 종료가 있다. 이러한 합의퇴직에 있어서는 일반적으로 근로자의 퇴직신청과 사용자가 이것을 승낙하는 형식으로 근로계약을 종료시키는 것이 있다.

(4) 근로자의 단독행위에 의한 근로계약의 종료(사직)

또한 근로자로부터의 일방적 의사표시에 의한 근로계약의 종료를 사직이라고 한다. 사직의 절차는 민법 제660조에서 규정하고 있다.

(5) 사용자의 단독행위에 의한 근로계약의 해소(해고 · 고용중지)

① 사용자로부터의 일방적 의사표시에 의한 근로계약의 종료를 해고라고 한다. 해고에는 크게 보면 불완전 이행 · 이행불능에 의한 근로계약의 해소인 광의의 보통해고와 기업질서 위반에 대한 제재로서의 징계해고와 같이 2개 종류로 나눌 수 있다. 광의의 보통해고에는 협의의 보통해고와 정리해고로 나눌 수 있다.

② 협의의 보통해고란 근로자가 질병(사상병)으로 근무할 수 없는 등 근로자의 귀책사유로 근로계약의 채무불이행 상태가 발생한 경우로서 사용자로부터의 일방적 의사표시에 의한 근로계약의 해소(종료)이다.

「계약내용의 불이행 상태(무단결근에 의한 경미한 기업질서 위반행위까지 포함할 수 있다)」를 말하고 그 이상의 것을 결부하고 있지는 않고 있다. 「계약을 해소시킨다」고 하는 것이므로 예컨대 「이혼」과 같은 것이라고 생각할 수 있다.

③ 정리해고는 근로자에게 어떠한 책임이 있다는 점이 아니고 오로지 사용자의 경영상의 이유(예컨대, 기업규모의 축소에 따른 인원 삭감 등)에 따라 근로계약을 해소하는 것을 말한다.

④ 한편, 징계해고란 영업비밀의 누설이나 다액의 횡령 등 중대한 기업질서 위반 행위를 한 근로자에 대하여 사용자가 제재를 과하는 근로계약의 해소이다. 이러한 징계해고는 과거의 행위에 대한 제재로서 근로자를 기업 외로 배제하는 것이므로 가장 중대한 형태의 제재이다.

⑤ 또한 넓은 의미에서는 사용자로부터의 근로계약의 종료로서 기간제근로자의 고용중지가 있다. 기간제 근로계약은 그 기간이 만료하면 당연히 종료된다. 여기에 그 계약을 갱신할 수 있는가는 자유이므로 당사자의 의사에 맡겨져 있다.

다만, 갱신절차가 형식적이고 실질적으로는 기간의 정함이 없는 근로계약이라고 인정되는 상태에 있는 경우 또는 갱신절차에 있어서도 근로자가 어느 정도의 고용계속의 기대가 발생한 경우에는 그 갱신거절은 해고권남용의 법리가 유추적용되어 일정한 합리적 이유가 요구된다(이에 의한 갱신거절을 고용중지라고 한다. 또는 해고권남용의 법리가 유추적용되어 기간만료로서 근로계약이 종료하는 경우의 갱신거절은 사실의 통지이다). 사용자로부터의 고용중지에 어느 정도의 합리적 이유가 요구되고 있는가는 중요한 문제이다.

2. 당연퇴직시에 주의하여야 할 포인트

당연퇴직은 포괄적 동의에 의하여 취업규칙에 정해진 일정한 사유가 발생하면 당연히 근로계약이 종료되는 것이라고 설명하고 있다. 전술과 같이 반복 갱신 후에 갱신거절의 문제는 있으나 기간제근로계약의 기간만료도 근로계약의 당연 종료사유가 된다.

근로계약도 민사상의 계약이므로 각 법률에 저촉되지 않는 한 당사자간에 계약 내용을 자유롭게 정할 수 있다. 그러므로 계약기간 중에 일정한 사유가 발생한 경우에는 근로계약을 종료하도록 합의에 의하여 정할 수 있다. 일정 연령에 이르면 정년퇴직하도록 한 것이 대표적인 사례이다.

3. 합의퇴직시에 주의하여야 할 포인트

합의퇴직은 사용자가 신청하는 경우도 있으나, 일반적으로 근로자가 퇴직신청을 하고 이에 대하여 사용자가 승낙함에 따라 근로계약이 소멸된다. 그리고 단독행위인 사직과는 다르게 사용자의 승낙의 의사표시가 근로자에게 도달하기 까지는 원칙적으로 근로자는 퇴직신청을 철회할 수 있다. 그 철회에 따라 사용자에게 손해를 끼치는 등 신의에 반하는 사정이 인정되는 경우에는 사용자가 승낙 전이라도 근로자는 퇴직신청을 철회할 수 없다.

한편 사직은 근로자의 일방적 의사표시에 의하여 근로계약이 소멸되므로 근로자가 한번 「사직한다」고 의사표시를 한 것이므로 원칙적으로 철회는 허용되지 아니한다(사직의 철회에 있어서의 합의는 별개의 문제이다). 실무상으로는 퇴직원이 사직의 의사표인가 합의퇴직인가가 명확하지 아니한 사례도 있으며 회사의 누구의 승낙이 있는 경우에는 합의퇴직의 효력이 발생하는가(퇴직신청과 철회와의 관계)의 문제도 있다. 또한 퇴직신청에 의한 의사표시의 하자(착오·강박)가 있느냐에 관하여 다투는 경우도 있다.

4. 사직시에 주의하여야 할 포인트

사직은 근로자로부터의 일방적 의사표시에 의한 근로계약의 종료이다. 사직은 민법 제660조 및 제661조에 정한 절차에 따르지만 구체적으로는 다음과 정하고 있다.

> 제660조(기간의 약정이 없는 고용의 해지통고)
> ① 고용기간의 약정이 없는 때에는 당사자는 언제든지 계약해지의 통고를 할 수 있다.
> ② 전항의 경우에는 상대방이 해지의 통고를 받은 날로부터 1월이 경과하면 해지의 효력이 생긴다.
> ③ 기간으로 보수를 정한 때에는 상대방이 해지의 통고를 받은 당기 후의 1기를 경과함으로써 해지의 효력이 생긴다.

> 제661조(부득이한 사유와 해지권) 고용기간의 약정이 있는 경우에도 부득이한 사유가 있는 때에는 각 당사자는 계약을 해지할 수 있다. 그러나 그 사유가 당사자 일방의 과실로 인하여 생긴 때에는 상대방에 대하여 손해를 배상하여야 한다.

정규직 직원과 같이 기간의 정함이 없는 근로계약을 체결한 경우(통상은 월급제) 근로자로부터의 근로계약의 종료절차는 민법 제660조제2항과 제3항에 따라야 한다. 종료사유에 대하여 특별히 요구되는 사항이 없으므로 절차를 진행하는 것은 자유롭게 할 수 있다.

기간제 근로계약을 기간 도중에 해약할 때에는 사용자와 근로자는 근로기준법 제23조제1항과 민법 제661조에 따라 이를 할 수 있다.

5. 해고시에 주의하여야 할 포인트

해고는 사용자로부터의 일방적 의사표시에 의한 근로계약의 종료이다. 사용자는 근로자를 해고하는 경우 전술한 사직과는 다르게 근로기준법 제23조가 민법 제660조보다 우선적으로 적용받는다. 근로기준법 제23조 및 제26조는 근로자를 보호하기 위하여 민법을 수정하여 규정하고 있다.

> 제23조(해고 등의 제한) ① 사용자는 근로자에게 정당한 이유 없이 해고, 휴직, 정직, 전직, 감봉, 그 밖의 징벌(懲罰)(이하 '부당해고 등'이라 한다)을 하지 못한다.
> ② 사용자는 근로자가 업무상 부상 또는 질병의 요양을 위하여 휴업한 기간과 그 후 30일 동안 또는 산전(産前)・산후(産後)의 여성이 이 법에 따라 휴업한 기간과 그 후 30일 동안은 해고하지 못한다. 다만, 사용자가 제84조에 따라 일시보상을 하였을 경우 또는 사업을 계속할 수 없게 된 경우에는 그러하지 아니하다.
>
> 제26조(해고의 예고) 사용자는 근로자를 해고(경영상 이유에 의한 해고를 포함한다)하려면 적어도 30일 전에 예고를 하여야 하고, 30일 전에 예고를 하지 아니하였을 때에는 30일분 이상의 통상임금을 지급하여야 한다. 다만, 천재・사변, 그 밖의 부득이한 사유로 사업을 계속하는 것이 불가능한 경우 또는 근로자가 고의로 사업에 막대한 지장을 초래하거나 재산상 손해를 끼친 경우로서 노동부령으로 정하는 사유에 해당하는 경우에는 그러하지 아니하다.

그리고 정규직 사원과 같이 기간의 정함이 없는 근로계약을 체결한 경우 사용자로부터의 근로계약의 해소(해고)는 근로자로부터의 근로계약의 해소(사직)와 달리 근로기준법 제23조 및 제26조가 우선적으로 적용되어 정당한 이유가 있는 때에 한하여 예고 후 30일을 경과한 시점 또는 30일분의 통상임금을 해고예고수당으로 지급한 시점에서 근로계약은 소멸하게 된다.

근로기준법 제26조 단서에서 「다만, 천재・사변, 그 밖의 부득이한 사유로 사업을 계속하는 것이 불가능한 경우 또는 근로자가 고의로 사업에 막대한 지장을 초래하거나 재산상 손해를 끼친 경우로서 노동부령으로 정하는 사유에 해당하는 경우에는 그러하지 아니하다」고 규정하여 해고예고절차의 적용제외사유를 정하고 있다.

또한, 근로기준법 제35조는 예고해고의 적용제외를 규정하고 있다.

제35조(예고해고의 적용예외) 제26조는 다음 각 호의 어느 하나에 해당하는 근로자에게는 적용하지 아니한다.

1. 일용근로자로서 3개월을 계속 근무하지 아니한 자
2. 2개월 이내의 기간을 정하여 사용된 자
3. 월급근로자로서 6개월이 되지 못한 자
4. 계절적 업무에 6개월 이내의 기간을 정하여 사용된 자
5. 수습 사용 중인 근로자

또한 근로기준법 제23조제2항은 「사용자는 근로자가 업무상 부상 또는 질병의 요양을 위하여 휴업한 기간과 그 후 30일 동안 또는 산전・산후의 여성이 법에 따라 휴업한 기간과 그 후 30일 동안은 해고하지 못한다」고 규정하고 「다만, 사용자가 제84조에 따라 일시보상을 하였을 경우 또는 사업을 계속할 수 없게 된 경우에는 그러하지 아니하다」고 규정하고 있다.

이에 따라 근로자를 해고할 때 사용자는 일정한 절차 및 해고제한 시기를 준수할 것이 요구되고 있으며 해고할 만한 정당한 이유가 있으면 근로자를 해고할 수 있다. 예외적으로 노동관계법률(근로기준법, 남녀고용평등법, 노조법, 고령자고용촉진법등)에 있어서 당해 법률상의 권리행사를 이유로 해고를 포함한 불이익한 취급을 하지 못하도록 금지하고 있으므로 이 점을 주의할 필요가 있다.

법률은 사회의 트러블을 미연에 방지하기 위하여 해결 기준을 명시하고 있다. 근로기준법 제23조제1항에는 해고시에는 정당한 이유가 있어야 하고 제24조에는 정리해고 4요건(요소)을 규정하고 있다. 법률레벨에서는 해고에 관하여 간단히 규정하고 있지만, 법원은 장기고용시스템으로 하는 고용사회에서의 트러블을 해결할 수 있는 형식으로 판례법리를 형성하고 있다.

근로계약의 종료사유의 정리

계약당사자의 소멸에 의한 근로계약의 종료	자동종료	자연인 사망이나 법인의 해산 등으로 계약당사자가 소멸되어 근로계약이 종료된 것
포괄적 동의에 의한 근로계약의 종료	당연퇴직	정년에 도달 등 일정사유가 발생하면 당연히 근로계약이 종료된 것
개별적 동의에 의한 근로계약의 종료	합의퇴직	일반적으로 근로지가 퇴직을 신청하고 사용자가 승낙하는 형식으로 쌍방 합의에 따라 근로계약을 종료하게 된 것
근로자의 단독행위에 의한 근로계약의 종료	사직	근로자로부터의 일방적 의사표시에 의하여 근로계약을 종료하게 된 것
사용자의 단독행위에 의한 근로계약의 종료	보통해고	근로자의 귀책사유에 의하여 근로계약의 채무불이행 상태에 있는 근로자에 대하여 사용자로부터의 일방적 의사표시에 의하여 근로계약을 종료하게 된 것
	정리해고	경영상의 이유(기업규모 축소로 인한 인원 삭감 등)에 의한 사용자로부터의 일방적 의사표시에 의하여 근로계약을 종료하게 된 것
	징계해고	중대한 기업질서 위반행위를 한 근로자에 대하여 사용자로부터의 일방적 의사표시에 의한 제재로서 근로계약을 종료하게 한 것
	고용중지	갱신절차에 있어서 근로자에게 어느 정도의 고용계속의 기대가 생긴 경우의 갱신거절로서 해고권남용법리가 유추적용하게 된 것

Ⅴ. 중견 사원의 스카웃 퇴직의 금지 여부

1. 중견 사원의 스카웃 퇴직과 직업선택의 자유

근로자가 퇴직 후 스스로 경쟁회사를 설립하거나 전직할 때에 부하를 스카웃하여 전 사용자와 분쟁을 일으키는 사례가 증대하고 있다. 이 문제는 헌법 제15조에서 보장하고 있는 직업선택의 자유와 사용자의 영업상 이익이 충돌하는 문제로서 양자의 이익을 어떻게 조정할 것인가에 있다. 또한 회사에서 중심적인 역할을 수행하고 있는 유능한 사원은 타사로부터 좋은 근로조건이나 중요한 지위의 제공으로 스카웃되는 경우가 있다. 이른바 스카웃은 다른 회사의 근로자에 대한 적극적인 퇴직 및 전직 권유를 하는 행위를 의미한다. 회사는 이와 같은 스카웃에 의한 퇴직을 금지할 수 있는가.

후술하는 동업 타사의 경업금지에 해당할 경우 등 특별한 경우를 제외하고는 근로자의 퇴직을 금지하거나 제한할 수 없다. 다만, 근로자측에서도 업무인계 등이 차질 없도록 퇴직시기 등 성실근무상의 배려의무는 있다. 근로자에게는 '직업선택의 자유'가 헌법 제15조에 의하여 보장되어 있으므로 근로자가 그만두고 싶다고 하는데 그만 두지 못하게 하는 것은 직업선택의 자유에 위반된다. 또한 민법 제103조에 의하여서도 이와 같은 행위의 제한은 무효가 되며 회사는 근로자의 퇴직을 금지할 수 없다. 그러나 스카웃이 원래 사용자의 이익을 부당하게 해하는 방법으로 이루어지는 경우에는 그 정당성이 문제될 수 있다. 스카웃 행위가 사회적 상당성을 일탈하는지 여부는 ① 전직하는 근로자가 그 회사에서 차지하는 지위, ② 회사 내부에 있어서의 대우 및 인원 수, ③ 근로자의 전직이 회사에 미친 영향, ④ 전직의 권유시에 사용방법(퇴직시기의 예고의 유무, 비밀성, 계획성 등) 등 제반의 사정을 종합적으로 고려하여 판단하여야 한다.

2. 다른 회사 근로자에 대한 전직 권유행위의 정당성 판단기준

다른 회사 근로자에 대한 전직 권유행위가 그 사용자의 이익을 부당하게 침해하여 위법한 것으로 평가되면, 적극적인 전직권유행위를 한 회사만이 아니라 당해 근로자도 원래 회사에 대한 손해배상책임을 부담할 수 있다. 어떠한 경우에 그 책임이 인정되는지는 적극적 전직 권유행위가 종전 사용자의 이익을 부당하게 침해하는지 여부에 따라 결정되어야 할 것이다. 이는 결국 사회통념에 따라서 판단될 수밖에 없다. 사회통념상 부당한 전직권유행위인지 여부는 전직한 근로자가 종전 회사에서 차지하고 있던 직책이나 지위, 대우, 대상 근로자의 수, 전직이 종전 회사에 미치는 영향, 퇴직시기를 종전 회사에 고지하였는지 여부, 비밀스럽게 이루어졌는지 여부, 계획적으로 이루어졌는지 여부 등 전직 권유의 방법과 태양, 전직 권유행위를 한 자의 회사 내 지위나 직책 등을 종합적으로 고려하여 판단하여야 할 필요가 있을 것이다(김유성, 「노동법Ⅰ」, p.345).

3. 퇴직허가제

사용자는 근로자의 퇴직이나 전직을 제한하기 위한 규제를 설정할 수 있다. 또한 취업규칙으로 「퇴직은 회사의 승인(허가)을 받아야 한다」는 규정(퇴직허가제)의 효력이 문제되고 있다. 이러한 규정은 근로계약의 합의해약에는 사용자의 승낙이 요구되는 취지라면 당연히 규정할 수 있는 것이 아니며 근로자에 의한 일방적 해약을 제약하는 것이라면 해약의 자유를 부당하게 제약하여 편면적 강행법규인 민법 제660조 위반으로서 무효라고 해석된다. 그러므로 일방적 퇴직의 의사표시 후 1개월을 경과하면 퇴직의 효과가 당연히 발생하여 근로계약은 종료된다. 이 점에서 근로자가 업무의 인계를 종료하지 아니한 경우에도 마찬가지이며 사용자는 인계의 미완료를 이유로 근로자의 책임을 물을 수는 없다. 회사의 허가를 얻지 아니한 퇴직을 이유로 퇴직금을 지급하지 않는 것은 위법한 일이다.

Ⅵ. 근로자의 일방적인 무단퇴직의 유효 여부

본래 근로자가 퇴직하려면 사용자에게 사의를 표하여 그 승인을 얻어 퇴직(근로계약의 합의해약)함이 원칙이지만 근로자가 일방적으로 회사에 사직을 통고하거나 무단으로 퇴직하여 타사에서 일하는 경우의 퇴직은 유효한 것인가.

이에 관하여 사용자가 일방적으로 근로자에게 통고하여 그만두게 하는 '해고' 에 관하여서는 법률상으로 엄격한 규제가 있으나, 근로자가 일방적으로 그만두는 데에 관하여서는 규제가 없다.

즉 민법 제660조제1항에 의하면 「고용기간의 약정이 없는 계약은 당사자가 언제든지 계약해지의 통고를 할 수 있다」고 되어 있으며 제2항에서 「상대방이 해지의 통고를 받은 날로부터 1월이 경과하면 해지의 효력이 생긴다」라고 규정하고 있다. 또한, 월급자와 같이 기간을 기준으로 보수를 규정하였을 경우에도 「기간으로 보수를 정한 때에는 상대방이 해지의 통고를 받은 당기 후의 1기를 경과함으로써 해지의 효력이 생긴다」라고 규정하고 있으므로, 당해 임금계산 기간에 신청하였을 때는 당기 후의 1기를 경과한 차기의 초일에 퇴직의 효력이 발생한다.

그러므로 취업규칙으로 근로자는 2개월 전에 퇴직의 의사표시를 하여야 한다고 규정되어 있더라도 퇴직원을 제출하여 1월(취업규칙에서 이보다 짧은 기간을 규정한 때에는 그 기간)이 경과하면 사용자의 승낙이 없더라도 퇴직의 효력이 발생한다(대법 1997.7.8, 96누5087). 따라서 극단적인 경우에는 사표를 제출한 이튿날부터 타사에서 일하거나, 회사에 통고도 하지 아니하고 멋대로 그만두는 경우에도 1월이 지나면 퇴직의 효력이 발생한다. 이것은 해외 유학중과 같은 특별한 경우에도 마찬가지이다. 또한 금전상의 부정을 은폐하기 위하여 사직서를 제출한 사례에 있어서도 근로자의 일방적인 근로계약 해지신청 효과의 발생은 민법 제660조제2항에 따라 해지신청 후 1월이 경과하면 해지의 효력은 발생하고 사직서 제출 후 8일 후에 도달한 징계해고의 의사표시는 근로계약 계속 중에 행한 것이므로 적법·유효하다.

Ⅶ. 징계해고된 근로자(또는 형사소추나 유죄판결을 받은 근로자)의 퇴직금청구권의 인정 여부

우리 근로자퇴직급여보장법상의 퇴직금의 성격은 후불 임금으로서의 성격은 가지고 있으므로 징계해고된 자, 형사소추 또는 유죄판결을 받은 근로자에게도 후불적 임금의 성질을 가진 퇴직금이 지급되어야 한다. 대법 판례

(1967.2.7, 65다1832)도 징계해고된 자의 퇴직금청구권을 박탈한 퇴직금제도가 근로기준법 제34조에 위반하므로 무효라고 판시하고 있다.

징계해고자에게 퇴직금액에 차별을 두는 것은 근로자퇴직급여보장법 제8조에 규정하고 있는 산정기준에 미달되지 않는 한 그리고 그 차별이 '정당한 이유'에 기초한 것으로 해석될 수 있는 한 동법 제23조제1항에 의하여 위반되지 않는다면 유효한 것으로 취급될 것이다.

판례(대법 2002.9.6, 2000다29442)는 「퇴직급여에 관한 규정에서 임원 및 직원이 업무와 관련하여 금고 이상의 형을 받은 경우에는 그 퇴직급여의 100분의 50을 감하여 지급하도록 규정하고 있더라도 그 규정이 임직원으로 하여금 재직중 성실하고 청렴하게 근무하도록 유도하기 위한 것으로서 정당한 목적을 가지고 있고, 제한의 사유를 업무와 관련한 범죄행위로 인하여 금고 이상의 형을 선고받은 중대한 사유가 발생한 경우 등으로 한정하고 있으며 제한의 범위도 근로기준법 소정의 최저퇴직금제도에 위배되지 아니함으로써 그 수단의 상당성과 법익의 균형성도 갖춘 것이라면 그 규정을 무효라고 볼 수 없고, 퇴직금은 후불 임금으로서의 성격 이외에도 사회보장적 급여로서의 성격과 공로보상으로서의 성격을 아울러 가지는 것인 점에 비추어 볼 때 위와 같은 퇴직금 감액 규정이 퇴직금의 본질에 어긋나는 것이라고 볼 수 없다. 근로자가 퇴직 당시 퇴직급여 전액을 지급받았으나 퇴직 후 재직중의 업무와 관련하여 금고 이상의 형을 받은 경우, 업무와 관련하여 금고 이상의 형을 받은 경우에는 그 퇴직급여를 감하여 지급한다는 퇴직금급여규정에 따라 그 근로자는 퇴직급여 중 그 감액 상당액을 법률상 원인 없이 취득한 것이므로 반환하여야 한다」고 한다.

Ⅷ. 일방적 퇴직자에게 퇴직금의 지급 여부

회사의 승낙을 받지 않은 일방적인 퇴직을 한 경우에도 1월이 경과하면 그 효력이 발생하고 유효하게 되지만 이 경우에는 퇴직금을 지급치 아니하여도 되는가

일방적 퇴직자에 대하여 퇴직금을 지급치 않는다는 것이 회사의 사정도

고려치 않아 업무에 지장을 초래하게 되기 때문에 유효라고 인정하는 것은 퇴직금으로 근로계약상의 채무불이행(1개월 간의 효력발생기간을 근무하지 아니한다는 것 등)에 관한 손해배상에 충당하는 것으로 귀착되므로 근로기준법 제20조・제43조에 위반되며, 설사 위와 같은 규정(정상적인 퇴직자 이외에는 퇴직금을 지급하지 않는다는 취업규칙)이 있었다 하더라도 이는 위의 규정에 반하는 것으로 무효로 된다. 퇴직일까지의 1개월간 근무하지 아니한 결과로서의 업무상의 지장, 돌연퇴직으로 인하여 받게 되는 영향, 사무인계의 유무 등 취업규칙, 단체협약에 의한 징계처분은 별도 문제로 하고, 퇴직금 부지급 그 자체는 위법한 것으로서 무효라고 할 수 있다.

Ⅸ. 휴직기간 만료로 인한 자동퇴직의 유효 여부

1. 상병휴직과 기간만료 퇴직과의 관계

휴직이란 근로자측의 사유에 의한 취업불능 내지 곤란한 사유의 발생으로 사용자가 일정기간의 취업의무를 면제하는 처분으로 그 중 「상병휴직」은 취업규칙에서 사상병에 기인하는 결근이 장기에 걸치는 경우 '휴직' 처분으로 하고, "휴직기간 중에 휴직사유가 소멸하지 아니하여 복직하지 못할 때는 자동퇴직(당연퇴직)으로 한다"라는 취지를 규정하고 있는 경우가 있다. 여기에는 일종의 해고유예의 제도로서 휴직기간 동안은 종업원으로서 근로계약관계를 유지한 채로 노무에의 종사를 면제시키는 것으로 퇴직을 유예하여 상병이 회복될 때까지 근로자를 보호하는 제도이다. 본래 직접 해고사유로 하지 아니하고 일정의 유예기간을 설정하여 회복상태를 기다리는 제도이므로 휴직기간이 만료하여도 복직하지 않을 때에는 해고 내지 퇴직의 유예기간이 경과되어 기간만료시에는 해고 또는 퇴직하는 것이다. 이와 같은 휴직기간 만료로 인한 자동퇴직도 퇴직으로서 유효한지에 관해 문제가 있다.

이에 관하여는 두 가지 상반된 견해가 있다.

첫째, 퇴직처분을 할 수 있다는 견해이다. 이에 따르면 ① 기간만료의 이튿날 등 일정한 날에 자동종료함을, ② 명백하게 취업규칙에 규정하여 명시하고, ③ 또한 그 취급에 관하여 규칙대로 실시하여 예외적인 운용이나 재량이 이루어지지 아니하면 정년과 마찬가지로 종기의 도래에 의한 근로계약의 종료가 되어 "해고의 문제는 발생하지 아니한다"고 한다.

둘째, 퇴직처분을 할 수 없다는 견해이다.

판례(대법 1993.11.9, 93다7464)는 첫째 견해에 따르고 있는바 「휴직기간이 만료할 때까지 휴직사유가 해소되지 않고 근로관계가 종료되는 경우에는 이를 해고와 구별해야 할 것이다. 왜냐하면 휴직기간 만료시까지 휴직사유가 해소되지 않는 경우에는 근로관계가 종료한다는 규정은 정년제와 같이 근로계약의 자동적 종료사유를 정한 것이라고 해석되기 때문이다. 회사의 취업규칙과 인사규정이 "복직원을 제출하지 아니한 때에는 자진퇴직으로 간주하고 면직시킬 수 있다"고 규정한 취지는, 휴직한 직원이 복직원을 제출하지 아니하면 회사가 퇴직처분을 할 수 있고 퇴직처분을 하였을 때 회사와 직원 사이의 근로계약관계가 종료된다는 의미로 해석하여야 할 것이지, 이와 달리 "자진퇴직으로 간주한다"는 문구에 구애되어 근로관계의 당연종료사유를 규정한 것으로 보아서는 안 된다」라고 한다.

2. 휴직사유 소멸의 효력

근로자의 휴직사유가 소멸되면 사용자는 근로자를 즉시 복직시켜야 한다. 나아가 일반적으로 휴직사유는 일시적이며 휴직사유가 소멸한 경우에는 당연히 직무에 복귀하는 것이 예정되어 있다는 점에서, 휴직사유가 소멸된 경우뿐 아니라 휴직기간 중 휴직사유가 소멸하지 않는 때에도 취업규칙이나 단체협약에 특별한 규정이 없는 한 근로자는 휴직기간의 만료에 의해 복직한다고 할 것이다. 이 경우 휴직사유 소멸에 대한 입증책임은 이를 주장하는 근로자 측에 있다고 할 것이다.

(1) 통상근무가 가능한 정도로 회복되었는가에 대한 판단

문제는 휴직기간 만료시의 회복상황에 있는바 그때 통상업무를 감당할 수 있는 상황으로 회복되지 않는다면 복직시킬 의무는 없다.

문제의 포인트는 휴직기간 만료시에 당해 사업장에서의 구체적인 직무와의 관계에서 통상근무가 가능한 정도로 회복되었는지 여부에 있고 그 최종적 판단은 산업의 등 취업상의 건강관리책임이 있는 자의 판단을 참고로 하여 사용자가 결정할 수 있는 사항이다. 최근 대법원은 회사가 불의의 사고로 휴직한 근로자에게 '택시 운전 업무를 하여도 된다'는 의사 소견서가 없다는 이유로 복직을 거부한 것은 취업 규칙의 관련 규정에서 정한 당연 퇴직 사유가 발생하였음을 전제로 해 내린 원심판결(서울고법 2009.1.20, 2008누21012)을 해고 정당성의 법리를 오해해 판결에 영향을 미친 위법이 있다고 파기환송한 것이다. 판례(대법 2009.6.11, 2009두3583)는 휴직 기간의 연장 또는 복직 절차의 준수 여부와 관계없이 근로자 건강 상태에 문제가 없다면 복직이 가능하다고 하였으므로, 근로자와 회사 사이 휴직 기간 연장에 대한 합의가 있었다고 보아야 할 것이며, 소견서 취지에 의문이 있다면 택시 운전 가능 여부에 대해 주치의에게 문의해 쉽게 확인할 수 있는 사안으로 근로자가 제출한 소견서에 그 내용이 구체적으로 명시돼 있지 않다는 이유만으로는 복직 신청을 거부한 것은 정당한 이유가 없다고 한 것이다.

근로자가 직종이나 업무내용을 특정하여 근로계약을 체결한 경우에 있어서는 현실적으로 취업을 명령받은 특정의 업무에 있어서 노무제공이 충분하지 않더라도 그 능력, 경험, 지위, 당해 기업의 규모, 업종, 당해 기업에 있어서의 근로자의 배치, 이동실정 및 곤란성에 비추어 당해 근로자를 배치하는 것이 현실적 가능성이 있다고 인정되어 다른 업무에 있어서의 노무를 제공할 수 있고 그 밖에 그러한 노무제공을 받는다면 채무의 내용에 따른 이행제공이라고 해석하는 것은 상당하다. 그에 따라 해석하지 않더라도 동일 기업에 있어서 같은 근로계약을 체결한 근로자가 제공하여 얻을 수 있는 노무의 범위에 같은 신체적 원인에 의한 제약이 생긴 경우에 그 능력, 경험, 지위 등에 머무르지 아니하고 현실적으로 취업을 명령받은 업무에 있어서 노무제공이 채무내용에 따른 이행인지의 여부와 또한 그 결과 임금청구권을 취득할 수 있는지 여부에 좌우되는 것은 불합리하다고 판단하여야 할 것이다.

(2) 휴직사유의 소멸(회복 · 치유)은 누가 판단하는가

질병으로 휴직 중인 근로자가 회사에 복직하기 위해서는 ① 본인이 회사에 복직하고 싶다는 의사표시(복직청구)와 ② 휴직사유의 소멸의 증명이 필요하다. 문제는 ②의 휴직사유 소멸의 인정에 있어서 질병으로 휴직 중인 근로자가 회사에 복직을 청구하는 경우 단순히 휴직자 본인의 신청에 의해서만 휴직사유가 소멸되었다고 취급할 수는 없고 휴직사유의 소멸을 인정하는 자료로서는 의사의 진단서를 필요로 한 것이므로 질병휴직자의 복직신청에 있어서는 의사의 진단서를 첨부할 것이 필요하다. 주치의 건강진단을 존중하여야 하지만 종업원의 건강관리에 관한 사항은 사용자인 회사가 산업의 등의 의견을 청취하여 판단할 수 있는 것이다.

3. 기소휴직의 경우

기소휴직의 경우에는 휴직기간의 도중에 무죄판결이나 보석 등으로 인하여 휴직의 필요성이 없어진 경우, 즉 휴직사유가 소멸한 경우에는 이를 이유로 근로자가 복직을 신청한 때 사용자는 복직을 승인해야 한다. 복직절차에 관한 제도로서는 휴직사유가 소멸함으로써 당연히 복직하는 것으로 하는 경우도 있고, 근로자의 복직신청과 이에 대한 사용자의 승인을 거쳐 복직하는 경우도 있으며, 휴직의 종류에 따라 절차를 달리하는 수도 있다. 여기서 '복직'은 원직복직을 원칙으로 한다고 할 것이나 경영상의 필요, 작업환경 등을 고려하여 종전과 업무나 작업장소가 크게 다르지 않고 근로자에게 합당한 업무를 시키는 경우에는 원직복직이 아니더라도 근로계약 위반이라고 볼 수는 없을 것이다.

4. 휴직기간을 둘러싼 실무사례

(1) 휴직기간 만료 후 복직하지 아니한 때에는 퇴직처리할 수 있다는 형식적인 규정을 적용하여 퇴직처분한 경우

취업규칙상 휴직기간은 2개월을 초과할 수 없다고 규정되어 있는데 근로자의 휴직이 본인의 귀책사유로 인한 것이 아닌 회사의 귀책사유로 인한 것이고, 휴직기간 2개월까지 그 휴직사유가 소멸하지 않고 있는데다가 복직해도 본래의 업무에 전혀 종사할 수 없어 복직이 아무런 의미가 없는 경우 2개월의 휴직기간이 만료되어도 기간 내에 복직하지 아니하는 때에는 퇴직처리 할 수 있다는 취업규칙상의 규정을 형식적으로 적용하여 그 근로자를 퇴직처분함은 인사권의 남용 내지는 신의칙과 형평에 반하는 무효의 것으로 보아야 할 것이다(대법 1991.10.11, 91다13883).

(2) 다시 업무수행이 가능할 때까지 충분한 휴직기간을 갖도록 배려할 수 있는 제도적 장치가 있었음에도 노조위원장과 협의 후 바로 해직하기로 결정한 경우

근로자는 회사에 20년 이상 근무하여 왔고, 단체협약에 의하면 상당한 이유로 본인이 원하고 회사가 인정할 경우 회사가 인정하는 기간 동안 무급으로 휴직을 할 수 있고, 또한 휴직기간은 근속년수에 산입되지 않는다고 규정되어 있어 회사로서는 회사측의 경제적 부담 없이 근로자에게 다시 기관장으로서 업무수행이 가능할 때까지 충분한 휴직기간을 갖도록 배려할 수 있는 제도적 장치가 있었음에도 불구하고 20년 이상 재직해온 근로자에 대해 회사 대표이사가 노조위원장과 협의 후 바로 근로자를 해직하기로 결정한 것은 인사권의 남용이다(중노위 2004.12.20, 2004부해559).

(3) 휴직기간 만료일까지 회복되지 않았고, 만료일 경과 후 연기원을 제출한 경우 퇴직처리의 정당성 여부

회사 단체협약은 '휴직사유가 종결된 지 7일 이내에 복직원을 제출해야 하며 미제출시 퇴직 처리할 수 있다'고 규정돼 있는바, 근로자는 장시간 보행할 때 목발에 의지해 복직신청을 제출했고 휴직 연기원을 제출하면서 그 이유로 후유장애가 남아있다고 기재했고, 또 경북지방노동위원회에 구제신청 사건을 심리할 당시에도 보행을 보조하기 위한 지팡이를 소지한 사실을 인정할 수 있다.

따라서 근로자는 휴직기간 만료일까지도 부상에서 완전히 회복되지 않아 휴직사유가 해소되지 않았다고 봄이 상당하고, 근로자가 휴직기간 만료일 다음 날 곧바로 휴직 연기원을 제출한 것은 복직 후 새로운 휴직신청을 한 것이라기보다 사실상 복직의사를 철회한 것이라고 볼 수 있어 퇴직처리 한 것은 정당하다(서울행법 2001.4.19, 2001구1122).

(4) 교통사고로 단체협약상 휴직기간을 초과해 휴직하였음을 이유로 한 해고를 무효로 볼 수 있는지 여부

해고는 사용자가 그 일방적 의사표시로 단체협약 등의 규정에 의해 근로자와의 근로계약관계를 종료시킨 경우에 해당하므로 그것이 정당한 것으로 인정되기 위해서는 근로기준법 제23조제1항에서 말하는 '정당한 사유'가 있어야 하고, 그 정당성 유무는 근로자의 휴직이 회사의 귀책사유 또는 업무상 부상으로 인한 것인지 여부, 근로자의 장기휴직으로 인해 회사에 미치는 영향 등 모든 사정을 종합적으로 고려해 판단해야 한다. 이 사건에서 근로자의 부상이 업무상 부상에 해당한다고 보기는 어렵더라도 업무수행과 밀접불가분한 관계에 있는 출근과정에 입은 부상이 분명한 이상 부상의 업무 관련성을 부정할 수 없고 또 사고가 근로자의 귀책사유로 발생한 것도 아니다. 근로자는 이 사고로 결과적으로 휴직사유의 해소에 비교적 장기간인 6개월 가량이 소요됐으나 그 기간 중 회사는 119대의 상시운행버스에 257명의 운전기사를 보유하고 있었고 비번인 운전기사들이 서로 대체운행을 하려했던 점, 근로자는 치료종결 후 12%의 노동능력상실을 보였으나 의사의 소견상 운전업무수행에 별 지장은 없는 점 등을 종합해보면 단체협약 제10조4호의 규정을 형식적으로 적용한 이 사건 해고는 정당한 사유가 없거나 인사권을 남용한 것으로 해고는 무효다(부산지법 2008.12.12, 2008가합5731).

X. 행방불명된 증발사원의 퇴직취급 유효 여부

1. 행방불명된 근로자를 해고할 수 있는가

근로자가 기숙하고 있던 합숙소에서 짐을 꾸려 나간 경우에는 당해 회사에서 일할 의사가 없음을 태도로써 표명한 것으로 퇴직의 의사표시로서 취급하여도 무방하지만, 단순히 행방불명되었다는 사실만으로는 그와 같이 취급할 수는 없다. 무단결근 등을 이유로 한 해고에 관하여도 해고의 의사표시가 상대방에게 도달하지 아니하는 한 효력이 발생하지 아니한다.

2. 공사송달의 방법

행방불명된 경우 해고의 의사표시를 근로자에게 도달시킬 수는 없으며 해고절차도 아주 어렵다. 이점 행방불명자에게 대응하기 위해서는 공시 송달절차가 민사소송법(제194조 내지 제196조)에서 규정하고 있다.

이때에는 상대가 행방불명이므로 공시송달의 방법에 의하여야 한다.

3. 당면퇴직

그러나 사용자는 이와 같은 절차와 비용을 요하지 아니하고도 퇴직시킬 수 있는 방법으로서 자동퇴직제도를 규정하여 "행방불명으로 인한 결근이 60일에 미치고도 역시 소재불명일 때는 그 이튿날 자동퇴직으로 한다"라는 취지를 취업규칙에 규정하여 처리하는 것이 허용될 수 있느냐 라는 문제가 있다.

이에 관하여 휴직기간 만료의 자동퇴직에 관하여 "결핵성 질환자 등에 관하여 일정한 휴직사유를 설정하여 그 해당자가 일정기간 휴직을 계속하였을 때, 그 기간의 경과로 인하여 당연히 퇴직할 취지의 규정을 하였을 때는 취업규칙에 의하여 정년제를 마련하여 연령에 달하였을 때 당연히 퇴직하는 취지의 규정을 하였을 경우와 마찬가지로 해당 사실의 발생으로 인하여 하등의 의사표시를 요하지 아니하고 퇴직 즉 고용계약 종료의 효과를 발생한다"라고 되어 있듯이, '행방불명'이라는 사유발생에 의거하는 '일정기간의 경과'라는 '고용계약 종료사유의 성취'로 인한 당연퇴직제도도 유효하며, 불합리한 제도라고는 말할 수 없다.

'사고결근이 계속 40일에 달하였을 때'에 보통해고한다는 취지의 취업규칙 규정에 의거하여 노동법 반대투쟁에 참가하여 체포·구류로 결근하였던 종업원의 해고가 유효하다고 하고 있는 사례도 있다. 이러한 사례도 근로기준법 제26조의 예고기간인 30일과의 균형에서 보더라도 부적당하다고 말할 수는 없다.

근로자가 일정한 기간에 걸쳐 결근을 계속할 때 그 소재가 밝혀지지 아니한 경우에는 당연퇴직으로 규정할 필요가 있다. 사용자의 금전·시간·노력에 있어서 최소한도의 손해를 회피하기 위하여 준비할 것은 다음과 같은 취업규칙을 정비하여 기준을 명확히 할 필요가 있다.

행방불명 및 휴직기간 만료된 근로자에게 대처하기 위하여 규정하여야 할 당연퇴직 규정은 다음과 같다.

① 회사에 연락없이 60일을 경과하고 그 소재를 알 수 없을 때
② 휴직기간이 만료되고 복직기간내에 복직하지 아니한 때

2장

퇴직의 효력 발생시기를 둘러싼 법률실무

Ⅰ. 퇴직의 의사표시 방법

1. 퇴직의 의사표시 방법

근로계약관계가 종료되는 경우는 사용자의 근로자에 대한 일방적 의사표시인 해고와 근로자의 사용자에 대한 일방적 의사표시인 사직 및 쌍방의 의사가 합치가 이루어진 합의해약(합의해지)의 세 가지로 나누어진다.

퇴직의 의사표시는 구두로도 유효하지만, 고용관계의 소멸이라는 중대한 결과를 초래하는 것이기 때문에 명백하고 확실히 하여 둘 필요가 있으므로 문서에 의함이 바람직하다.

퇴직하고 싶다는 취지의 의사표시가 명확하게 표시되어 있다면, 예를 들어 본인이 입원 중으로 의식은 정상적이지만 서명을 할 수 없는 본인의 요구에 의해 타인이 대필한 경우라든가, 본인이 원격지에 있고 귀가할 수 없는 사정이 있어서 대리인에게 전화로 의뢰하여 회사에 사표를 제출하게 한 경우 등 정당한 이유가 있을 때는 타인의 대필로도 유효하다. 그러나 근로자가 뇌일혈 등으로 쓰러져 의식불명이라든가, 정신장해로 입원중인 경우 처나 양친 등이 퇴직원을 본인을 대신하여 써서 제출하였을 경우(본인의 의사를 추측하여 제출하였을 경우) 회사는 퇴직으로서 취급하여도 무방하느냐에 관하여 문제가 있는데, 본인이 그 후 이를 다투지 아니하는 경우에 본인 서명의 대행 또는 대리인에 의한 의사표시로서 유효라고 하여 일단 처리하여도 지장은 없을 것이다. 그러나 본인이 이를 시인하지 아니하는 한 유효로 되지 아니하며, 부친이 본인에게 무단으로 퇴직원의 용지에 본인명을 기입하고 작성하여 회사에 우송하였던 경우에 관하여 이것이 "본인의 의사에 의거하는 것이 아니고, 당시 본인에게는 회사를 퇴직할 의사가 없었음은 명백하다"라고 하여 무효로 판시하였던 사례가 있으므로 주의가 필요하다. 근로자가 근로계약관계를 종료시키고자 하는 의사표시는 보통 사직원의 제출에 의하지만 구두로 사직의 의사표시를 하는 것도 가능하고, 근로자가 사식서를 제출하거나 사직의 의사표시를 한 경우 사용자가 민법 제660조에서 정한 기간 내에 승낙의 의사표시를 하면 근로관계는 합의에 의하여 종료하고, 그 기간 내에 승낙의 의사표시를 하지 않으면 그 기간이 경과함과 동시에 근로자의 사직서 제출에 따른 해지의 효력이 발생함으로써 근로계약관계는 종료된다 할 것이다(서울행정법원 2002.8.8, 2002구합2338).

2. 퇴직원의 날짜를 공란으로 하여 사직서를 제출한 경우

다음에 퇴직원의 날짜를 공란으로 하여 회사에 제출하였을 경우, 그 날찌를 회사의 사무처리 절차의 완료로 하는 취지로 공란으로 비워두는 등, 본인의 의사로 회사에서 보충함은 무방하다. 다만, 퇴직일자와 실제로 퇴직원의 제출이 있었던 날짜와의 사이에 상당한 기간이 있으며, 또한 본인이 퇴직원의 제출은 자신의 본심이 아니라 반성하는 점을 표시하기 위하여 맡겼다는 취지를 주장하여 다툴 경우에는 본인이 회사에게 날짜를 기입할 수 있는 권한을 부여하고 있지 아니므로 무효라는 취지의 주장이 인정될 수 있는 가능성이 강하므로, 다시 본인에게 기입하여 달라거나 재차 퇴직원의 제출을 요구하여 두는 편이 무난하다.

Ⅱ. 퇴직의 효력발생 시기

근로자가 퇴직의 의사표시를 한 경우 사용자가 이를 수리한 시기 또는 별도로 계약종료 시기에 대한 특약을 정한 때에는 그 정한 시기에 각각 퇴직의 효력이 발생하게 된다. 구체적으로 퇴직의 효력발생 시기가 언제인지 여부는 사실관계가 다음의 경우에 해당하는지를 파악하여 적용하여야 할 것이다.

<table>
<tr><th colspan="2">퇴직의사</th><th>발생시기</th></tr>
<tr><td colspan="2">근로자가 퇴직의 의사표시(사표제출)를 행하여 사용자가 이를 승낙(사표수리)한 경우</td><td>수리한 때</td></tr>
<tr><td colspan="2">단체협약·취업규칙 등에 특약이 있는 경우</td><td>특약의 시기</td></tr>
<tr><td rowspan="2">근로자의 사표를 사용자가 수리하지 아니한 경우</td><td>임금을 월급제 등 기간급으로 정한 경우</td><td>사표를 제출한 당기(월급제인 경우 그달) 후의 1임금지급기(그 다음달)가 경과하면 효력발생</td></tr>
<tr><td>임금을 기간급으로 정하지 아니한 경우</td><td>사용자가 근로자의 의사표시를 통고받은 날로부터 1월이 경과하면 효력이 발생</td></tr>
</table>

(1) 사용자가 먼저 퇴직(권유)의 의사표시를 한 경우

사용자가 사직서 제출을 종용하는 등 민법 제660조제1항에 의한 계약해지 통고로 볼 수 있는 행위를 한 경우에는 근로자가 이를 수리하는 때에 퇴직(계약해지)의 효력이 발생하는 바, 이 경우 근로자의 사직서 제출이 사용자의 해지통고를 수리하는 행위로 볼 수 있다.

사용자가 사직서 제출을 조건으로 하는 계약해지의 의사표시를 한 것으로 볼 수 있는 경우에는 사직서 제출은 조건의 완성이 되며, 이로써 계약해지(퇴직)의 효력이 발생한다.

(2) 근로자가 즉시 계약해지할 수 있는 사유가 있는 경우

특별한 사정이 없는 상태에서 근로자가 민법 제660조에 의거하여 근로계약을 일방적으로 해지하는 경우에 적용되는 것으로, 사용자의 계약위반, 신의칙, 기타 계약을 즉시 해지할 수 있는 사유가 있는 경우에는 근로자는 즉시 계약해지를 할 수 있고 이 경우 사직서 제출로 바로 퇴직의 효력이 발생(사용자의 수리절차 불필요)한다.

더 이상 당사자가 근로계약관계를 존속할 수 없는 사정이 있는 경우에는 일방 또는 쌍방이 즉시 계약해지를 할 수 있다(민법 제661조 참조 : 「고용기간의 약정이 있는 경우에도 부득이한 사유가 있는 때에는 각 당사자는 계약을 해지할 수 있다. 그러나 그 사유가 당사자 일방의 과실로 인하여 생긴 때에는 상대방에 대하여 손해를 배상하여야 한다」).

(3) 사용자가 실질적으로 사직서를 수리한 것으로 볼 수 있는 경우

사직서 제출 이후 이를 수리한 것으로 볼 수 있는 사정이 있으면 사직서 수리의 결재 등 형식상 수리행위와 상관없이 사용자가 이를 수리한 것으로 보아야 하며 다만 이에 대한 입증책임은 이를 주장하는 근로자에게 있다(2001.8.17, 근기 68207-2646).

(4) 사직은 민법 제660조의 예고기간 경과 후에는 근로관계는 당연 종료되는가

근로자가 「사직하고 싶다」고 하는 경우 회사는 그 근로자가 담당하고 있던 업무를 다른 근로자로 하여금 맡길 수 있으며 이에 따라 업무의 완료나 인계를 준비시키고 퇴직을 시키는 것이 일반적이다. 그리고 근로자가 사직을 신청하는 경우 민법 제660조제2항에 따라 「상대방이 해지의 통고를 받은 날로부터 1월이 경과하면 해지의 효력이 생긴다」고 규정하고 동조제3항은 「기간으로 보수를 정한 때에는 상대방이 해지의 통고를 받은 당기 후의 1기를 경과함으로써 해지의 효력이 생긴다」고 규정함으로써 퇴직의 효력발생일을 명확히 하고 있다.

퇴직의 의사표시와 근로계약의 종료(퇴직)관계

1. 기간의 정함이 없는 시급자 · 일급자의 경우
… 퇴직의 의사표시는 1개월의 경과시 퇴직일이다.

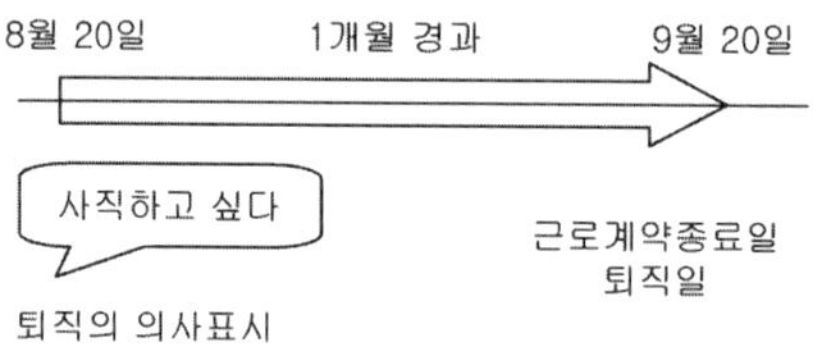

2. 월급제 근로자의 경우

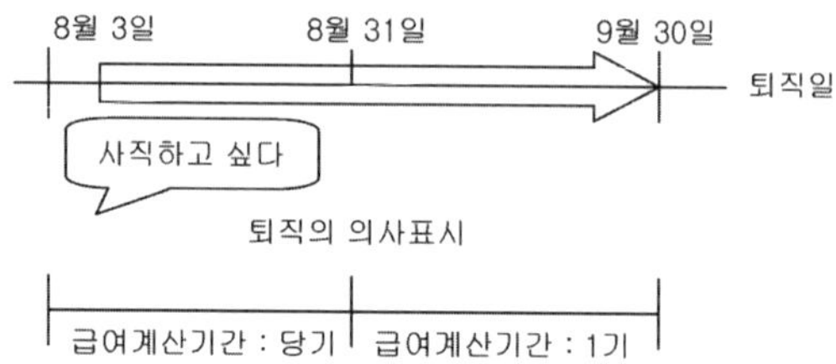

Ⅲ. 퇴직일의 계속근로년수 산입방법

근로자의 퇴직은 근로계약의 종료를 의미하는 것으로 퇴직일은 근로자퇴직급여보장법 제8조에 규정한 계속근로년수에 포함되지 아니하는 것이 타당하다. 당일 근로를 제공하고 당일 사직서가 수리된 경우의 판단기준이 문제되고 있다. 근로자가 당일 소정근로를 제공한 후 사용자에게 퇴직의 의사표시를 행하여 사용자가 이를 즉시 수리하였더라도 '근로를 제공한 날은 고용종속관계가 유지되는 기간'으로 보아야 하므로 별도의 특약이 없는 한 그 다음 날을 퇴직일로 간주한다(2000.12.22, 근기 68201-970).

Ⅳ. 퇴직원의 철회는 어떤 경우에 유효한가

1. 퇴직원의 제출이 해지의 청약인가 또는 해약의 고지인가

근로자의 퇴직원 제출은 회사에 대한 근로계약 해약의 의사표시이며, 이것을 회사가 승낙하면 의사의 합치로 근로계약 해지의 합의(퇴직의 합의)가 성립하여 근로자는 퇴직하게 된다. 그러므로 퇴직원의 철회 즉 근로계약 해약의 의사표시의 철회는 사용자가 승낙한 후에는 인정될 수 없다. 계약의 청약은 이를 철회하지 못한다(민법 제527조). 통상 계약의 의사표시인 경우에는 승낙기간이 정하여진 때(근로계약은 사용자의 승낙이 없더라도 1개월이 경과하면 효력이 발생하므로 1개월 이내에 사용자는 승낙하여야 한다)에는 그 기간 내는 그 의사표시를 취소할 수 없다고 하는 철회금지가 규정되어 있다.

근로계약의 경우에도 위의 민법상의 원칙이 적용된다면 퇴직원의 철회는 할 수 없게 된다. 이에 관하여 근로자가 일방적으로 근로계약관계를 종료시키는 해약의 고지방법에 의하여 임의사직하는 경우가 아니라 사직원을 제출하여 근로계약관계의 합의해지를 청약하고, 이에 대하여 사용자가 승낙함으로써 당해 근로관계를 종료시키게 되는 경우에는 사직원의 제출에 따른 사용자의 승낙의사가 형성되어 확정적으로 근로계약 종료의 효과가 발생하기 전에는 근로자가 그 사직의 의사표시를 자유로이 철회할 수 있다. 다만, 근로계약 종료의 효과 발생 전이라 하더라도 근로자의 사직의 의사표시를 철회하는 것이 사용자에게 불측의 손해를 주는 등 신의칙에 반한다고 인정되는 특별한 사정이 있는 경우에 한하여 그 철회가 허용되지 않는다(대법 2000. 9.5, 99두8657).

판례(대법 2002.4.26, 2001다81269)는「근로자가 사직원을 제출하여 근로계약의 해지를 청약하는 경우 그에 대한 사용자의 승낙의사가 형성되어 그 승낙의 의사표시가 근로자에게 도달하기 전까지는 그 의사표시를 철회할 수 있는 것이 원칙이나, 근로자와 사용자가 근로계약을 해지시키기로 합의하였다면 합의시에 근로자의 근로계약 해지의 청약의사표시에 대하여 사용자의 승낙의사가 확정적으로 형성·표시되어 해지의사의 합치가 있었다고 할 것이므로, 이러한 경우 어느 일방 당사자가 임의로 이를 철회할 수는 없고, 이는 근로자와 사용자가 합의시 특별히 근로계약관계를 일정기간 경과 후 종료키로 약정하였다고 하여도 마찬가지이다. 사직의 의사표시는 특별한 사정이 없는 한 당해 근로계약을 종료시키는 취지의 해약고지로 볼 것이고, 근로계약의 해지를 통고하는 사직의 의사표시가 사용자에게 도달한 이상 근로자로서는 사용자의 동의 없이는, 비록 민법 제660조제3항 소정의 기간이 경과하기 이전이라 하여도 사직의 의사표시를 철회할 수 없다」라고 한다.

2. 사직서를 제출하면 승낙할 수 있는 승낙권자는 누구인가

사직서를 제출하는 형식에 있어서도 원칙적으로 합의퇴직의 신청(청약)이라고 해석되는 바, 사용자의 승낙의 의사표시가 근로자에게 도달하기까지 사용자에게 예상치 못한 손해를 끼치는 등 신의에 반한다고 인정되는 특별한 사정이 없는 한 근로자는 퇴직의 의사표시를 철회하는 것은 가능하다.

그러므로 근로자로부터의 퇴직의 신청을 승낙할 수 있는 승낙권자는 누가되느냐의 문제가 있다. 합의퇴직의 승낙권자는 근로계약의 체결(채용)권한을 가지고 있는 자라고 이해된다. 일반적으로 정규직 사원의 채용을 결정하는 자는 사장(대표이사)이다. 다만, 일정한 규모에 따라 인사부나 노무부가 채용에서 퇴직까지 전 고용과정을 관여하고 있는 대기업에서는 채용후의 근로자의 능력・인물・실적 등을 장악할 수 있는 입장에 있는 노무담당임원이나 인사부장이 퇴직승인(승낙)에 있어서 이해득실을 판단하여 단독으로 결정할 수 있는 권한을 부여 받았더라도 경험칙상 어떠한 불합리하지 않다. 그러므로 채용시와 퇴직시에 그 근로자의 능력・인물・실적을 평가할 수 있는 결정적 권한을 가지고 있는 대기업의 노무담당임원, 인사부장 등에 있어서는 일상 직무내용의 하나로서 퇴직신청(청약)에 대하여 승낙권이 있다고 해석되고 있다.

그러나 근로자 수 30명 정도의 기업에서 사장이 채용에서 퇴직까지 전 고용과정에 있어서 권한을 행사하고 있는 사례에서는 사장이 승낙권자가 된다. 전국에 영업망을 가지고 있는 기업의 경우에는 각 영업소나 사업장의 책임자에게 승낙권을 부여하는 규정을 명확히 할 필요가 있다. 그리고 근로자로부터의 퇴직신청에 대하여 신속한 의사결정을 하여 승낙의 의사표시를 하여 합의퇴직을 확정해야 할 것이다. 또한 승낙의 의사표시가 상대방에게 도달하였다는 것을 입증하기 위하여 승낙사실(상대방에게 승낙장소, 일시)을 기재한 보고서나 품의서를 작성해 둘 필요가 있다. 실무상으로는 사직원의 철회 방지책을 강구할 필요가 있는 바, 근무태도 등이 불량한 근로자나 회사가 퇴직했으면 하는 근로자로부터의 사직원이 제출된 경우에 대응하기 위한 것이다.

3. 사직서의 철회가 신의에 반하는 경우

근로자는 사용자의 승낙의 의사표시가 근로자에게 도달하기 까지는 사직원을 철회할 수 있으나 사용자에게 불측의 손해를 끼치는 등 신의에 반한다고 인정되는 특별한 사정이 있는 경우에는 사직원의 철회는 인정되지 않는다.

어떠한 경우가 신의에 반하는 특별한 사정이 있다고 판단되는 가는 사직서를 제출하게 된 경위(동기 등), 회사 내부 절차의 진척상황, 철회까지의 기간 등이 고려될 수 있다. 예컨대, 승낙방침을 확고히 하여 내부절차를 진행하는 회사에 대한 철회는 불측의 철회가 퇴직동기가 동료와의 직무상 마찰이 있다거나 폭력사태가 있어 회사로서도 노무대책상 충분하지 못한 상황에서 사직원이 회사에 도달한 다음날 철회하였다면 신의에 반하는 특별한 사정이 있다고 보기는 어려울 것이다.

그러나 사직서 제출 후 그 근로자의 퇴직 등으로 회사의 인력부족을 메우기 위하여 채용공고 등 채용절차를 진행하고 있다는 것을 알고 있으면서 채용절차(필기시험, 면접 등)가 진행된 단계에서 퇴직원을 철회하는 경우를 생각할 수 있다.

4. 사직서 수리 후 사직서의 철회

근로자가 18일에 사직서를 제출했고 이틀 후(20일)에 회사는 사직서를 수리한 이후 25일에 근로자가 사직의 의사표시를 철회하는 통보를 하였으므로 사직서를 수리한 이후에 철회의 의사표시가 사용자에게 도달한 것이다. 따라서 이미 근로계약관계는 20일에 종료되었고 25일에 사직의 의사표시를 철회하였다고 하더라도 이미 확정된 계약의 종료를 다시 소급해서 없던 것으로 돌리기에는 법률적으로 무리가 따르게 된다. 따라서 사직의 의사표시를 철회하려면 사직서가 수리되기 이전에 하는 것이 필요하다. 따라서 회사로부터 본인의 퇴직을 승낙하는 취지의 통지(퇴직의 사령 교부 등)가 이루어지기 전이라면 사표의 철회가 원칙적으로 가능하다(2004.4.28, 근로기준과-2103).

Ⅴ. 명예퇴직 합의 후 일방의 임의철회가 가능한가

1. 명예(희망)퇴직의 의의

명예퇴직이란 기업이 정년 연령에 도달하기 전에 근속연수나 연령 등 일정한 기준을 충족한 근로자를 그의 자발적 의사에 따라 규정상의 퇴직금 이외에 별도의 가산금을 추가로 지급하는 등 우대조치를 하여 퇴직시키는 제도를 말한다. 이를 조기퇴직우대제, 희망퇴직제, 선택정년제 등으로 불리고 있다. 근로자의 명예퇴직수당제도는 정년 이전에 퇴직하는 근로자에게 정년 이전의 퇴직으로 받게 되는 불이익, 즉 계속 근로로 받을 수 있는 수입의 상실이나 새로운 직업을 얻기 위한 비용지출 등에 대한 보상으로 명예퇴직수당을 지급함으로써 정년 이전의 퇴직을 유도하여 조직의 신진대사를 촉진하고자 하는데 그 취지가 있다(대법 2007.11.15, 2005다24646).

2. 명예퇴직 신청에 대한 사용자의 심사·결정권한행사의 범위

회사의 취업규칙 등에서 명예퇴직 신청자격이 있는 근로자의 신청만으로 명예퇴직이 이루어진다는 취지의 규정을 두고 있는 경우와 같이 특별한 사정이 없는 한, 명예퇴직은 근로자가 명예퇴직의 신청을 하면 사용자가 요건을 심사한 후 이를 승인함으로써 합의에 의하여 근로관계를 종료시키는 것이다. 근로자들의 명예퇴직신청을 심사하여 수리 여부를 결정할 권한은 사용자에게 유보되어 있고, 다만 사용자의 이와 같은 심사·결정 권한은 명예퇴직제도가 도입된 경위, 근로자들 간의 형평성, 명예퇴직 신청의 동기 등을 고려하여 합리적인 범위 안에서 적절하게 제한적으로 행사되어야 하고 객관적 자격을 갖춘 근로자의 명예퇴직신청에 대하여 부당한 사유를 내세워 수리를 거부하는 등 이를 남용하여서는 아니된다(서울중앙지법 2006.11.14, 2005가단 50541).

회사의 인사규정이 재직기간 20년 이상인 자로서 정년잔여기간이 1년 이상 남은 자는 명예퇴직을 할 수 있고, '재직기간'이란 임용 이후 현재까지 실제 근무한 기간이며, '임용'이란 신규채용 등을 의미한다고 규정하고 있으므로 인사규정상의 '임용'이란 회사의 직원으로 신규채용된 것을 의미한다고 봄이 상당한 점 등에 비추어 볼 때, 회사가 근로자의 상용직 근무기간은 인사규정에서 정하는 재직기간에 포함되지 아니한다고 해석하여 근로자의 명예퇴직 신청을 반려한 데에 근로자의 명예퇴직 신청의 심사·결정에 있어서 권한남용이 있었다고 할 수 없다고 한 사례가 있다(서울중앙지법 2005.11.24, 2005가단 5054).

3. 명예퇴직 합의 후 당사자 일방의 임의철회가 가능한지 여부

(1) 임의철회의 가능 여부

회사의 제안에 따라 근로자가 명예퇴직을 신청했다면 회사와 근로자 사이에는 명예퇴직의 합의가 성립한 만큼 이후 근로자가 명퇴의사를 철회했더라도 퇴직 시 명예퇴직금을 지급해야 한다.

「명예퇴직이란 근로자가 명예퇴직의 신청(청약)을 하면 사용자가 요건을 심사한 후 이를 승인(승낙)함으로써 합의에 의하여 근로관계를 종료시키는 것으로, 명예퇴직 대상자로 확정되었다고 하여 그때에 명예퇴직의 효력이 발생하는 것이 아니라 예정된 명예퇴직일자에 비로소 퇴직의 효력이 발생하여 명예퇴직 예정일이 도래하면 근로자는 당연히 퇴직되고 사용자는 명예퇴직금을 지급할 의무를 부담하게 되는 것이다. 명예퇴직의 합의가 있은 후에는 당사자 일방이 임의로 그 의사표시를 철회할 수 없다. 이 합의에 따라 명예퇴직 예정일이 도래하면 근로자는 당연히 퇴직하고 사용자는 명예퇴직금을 지급할 의무를 부담하게 된다」라고 판시한 바 있다(대법 2003.6.27, 2003다1632 ; 2000.7.7, 98다42172). 이어서, 당해 사건은 명예퇴직 합의 후 명예퇴직 예정일 이전에 근로자가 사망한 경우, 명예퇴직 합의 당시 당사자의 의사가 명예퇴직금의 지급이 근로자에게 책임 없는 사유인 사망으로 퇴직되는 경우까지도 상정하여, 어떠한 경우에도 반드시 명예퇴직 예정일까지 근로관계의 존속을 조건으로 한 취지였는지 여부에 관하여 심리하지 아니한 채, 명예퇴직의 효력 발생 이전에 사망하여 명예퇴직금을 지급할 의무가 없다고 한 원심판결을 심리미진을 이유로 파기한 사례였다.

(2) 임의철회에 관한 판례

① 판례(1997.9.12, 96다56306)는 퇴직금 사건에서 '명예퇴직 대상자로 확정된 후 명예퇴직을 하기 전에 불리하게 개정된 단체협약이나 이에 따른 보수규정이 명예퇴직 대상자에게도 적용되는지 여부'에 대하여 「명예퇴직 대상자로 확정되었다고 하여 그 때에 퇴직의 효력이 발생하는 것이 아니라 명예퇴직일자에 비로소 퇴직의 효력이 발생한다 할 것인 바, 명예퇴직 대상자로 확정된 후 명예퇴직을 하기 전에 단체협약이나 이에 따른 보수규정의 개정이 있으면 명예퇴직 대상자들에게도 그 효력이 미치는 것이라고 보아야 한다」라고 판시하고 있다.

② 명예퇴직은 근로자가 명예퇴직의 신청(청약)을 하면 사용자가 요건을 심사한 후 이를 승인(승낙)함으로써 합의에 의하여 근로관계를 종료시키는 것이므로 명예퇴직의 신청은 근로계약에 대한 합의해지의 청약에 불과하여 이에 대한 사용자의 승낙이 있어 근로계약이 합의해지되기 전에는 근로자가 임의로 그 청약의 의사표시를 철회할 수 있다(대법 2003.4.25, 2002다 11458 ; 2000.7.7, 98다42172). 그러나 이러한 합의가 있은 후에는 당사자 일방이 임의로 그 의사표시를 철회할 수 없으며, 이 합의에 따라 명예퇴직 예정일이 도래하면 근로자는 당연히 퇴직되고 사용자는 명예퇴직금을 지급할 의무를 부담하게 되는 것이나, 다만 위와 같은 명예퇴직 합의 이후 명예퇴직 예정일 도래 이전에 근로자에게 근로관계를 계속하게 하는 것이 곤란할 정도의 중대한 비위행위가 있는 경우에는 사용자로서는 명예퇴직의 승인을 철회할 수 있다(대법 2002. 8.23, 2000다60890 • 60906).

③ 명예퇴직수당은 교원이 정년까지 근무할 경우에 받게 될 장래 임금을 보전하거나 퇴직 이후의 생활안정을 보장하는 사회보장적 급여가 아니라 장

기근속 교원의 조기 퇴직을 유도하기 위한 특별 장려금이라고 할 것이다(헌재 2007.4.26, 2003헌마533).

Ⅵ. 권고퇴직을 행할 때의 주의하여야 할 포인트

1. 희망퇴직의 모집과 권고퇴직은 무엇이 다른가

권고퇴직이란 희망퇴직의 모집과 마찬가지로 근로자의 퇴직신청의 의사표시를 하도록 유인하는 사실행위로써 사용자는 이를 자유롭게 할 수 있다. 권고퇴직이 희망퇴직과 다른 것은 희망퇴직의 모집이 소극적으로 근로자의 응모를 기다리는데 대하여 권고퇴직은 적극적으로 근로자에게 퇴직의 동기를 부여하는 행위를 할 수 있다는 점에 있다. 적극적으로 퇴직의 동기를 부여하는 행위를 할 수 있으므로 그 수단·방법이 사회적 상당성을 현저히 일탈하는 경우에는 불법행위로서 손해배상 청구의 대상이 되며 위자료를 청구할 수도 있다. 구체적으로 다음과 같은 행위이다.

(1) 퇴직의 강요나 협박 · 폭행 · 장시간 감금 · 명예훼손 등으로 행한 경우

권고퇴직의 면담을 필요이상으로 행하여 면담시간이 장시간에 이르고 형사사건에 유사한 행위로서 행해진다면 위법한 퇴직의 강요라고 평가받아 불법행위로서 손해배상청구의 대상이 될 것이다.

(2) 집요하게 퇴직을 압박하는 경우

(1)과 같이 직접적인 행위는 아니더라도 집요하게 몇 번이라도 퇴직을 압박하는 경우가 있다. 약 4개월간에 13회나 권고퇴직이 행해진 사안도 있다. 이러한 집요한 권고퇴직도 불법행위로서 손해배상청구 대상이 된다고 생각한다.

(3) 업무명령에 의한 권고퇴직이 행해진 경우

업무명령에 의하여 권고퇴직의 설명을 들을 수 있도록 명하는 것도 위법하다고 할 수 있다. 이 점에 대하여는 업무명령에 지시도 가능하다고 생각하지만 트러블을 피한다는 의미에서 이러한 「업무명령에 의한다」는 말을 사용하지 않는 것이 좋을 것이다.

(4) 친척 등을 중개인으로 하여 권고퇴직을 행한 경우

권고퇴직은 직접 회사의 상사가 행하지 아니하고 신원보증인이나 가까운 친척 등을 개입시켜 행하는 것은 위법하다. 근로자가 권고퇴직에 응하는지 여부는 근로자의 자유의사에 맡겨 있지만 근로자의 친척 등이 근로자에 대한 영향력을 기대하여 근로자에게 권고퇴직에 응하도록 설득을 의뢰하는 권고퇴직방법은 사회적상당성을 일탈하는 행위로서 위법하다고 평가할 수밖에 없다는 사례도 있다.

2. 권고퇴직을 행할 때의 포인트

권고퇴직을 행할 경우의 포인트는 다음과 같다.

(1) 권고퇴직을 행하기 전에 희망퇴직 모집을 행한다

먼저 희망퇴직자를 모집할 필요가 있다. 사용자로부터 권고퇴직에 앞서 퇴직할 것인가 않을 것인가를 선택할 수 있는 기회를 부여한다. 그리고 희망퇴직자 수가 예정인원 수에 미달될 경우에는 회사는 부득이하게 권고퇴직을 행하는 순서를 기본으로 생각해야 할 것이다.

(2) 퇴직위로금을 제시한다

회사는 법정퇴직금 이외에 퇴직위로금을 제시할 필요가 있다. 희망퇴직에 의한 응모나 권고퇴직에의 승낙도 근로자가 퇴직신청의 의사표시를 한다는 의미에서 자기사정에 의한 퇴직금을 조건으로 하는 것도 가능하다. 그러나 권고퇴직에 있어서 그 동기를 부여하는 사용자로서 퇴직금 지급에 있어서 회사규정에 의한 퇴직금과 퇴직위로금을 지급하는 것이 적당하다고 생각된다.

(3) 권고퇴직의 방법

퇴직위로금까지 제시하는 희망퇴직을 모집할 때 퇴직자 수가 예정인원 수에 미달한 경우 다음과 같은 절차에 따라 권고퇴직을 실시할 수 있다.

> ① 권고 또는 권장하는 상사는 1명 또는 2명으로서 종업원의 자유의사를 존중할 수 있는 분위기에서 행한다.
> ② 시간을 20~30분간으로 하여 취업시간 중에 행한다.
> ③ 장소는 회사시설내에서 한다(건물에 유리창이 있도록 선택한다). 자택으로 데려간다든지 전화로 하는 행위는 피한다.
> ④ 회수는 희망퇴직 모집기간의 개시시로부터 종료시까지 2, 3회 실시한다.

이러한 절차에 의한 권고퇴직이라면 불법행위에 해당하지 않고 정당한 업무로 평가될 수 있을 것이다. 회사는 경영환경의 악화에 따라 인원삭감을 행할 수밖에 없으므로 그 업무상의 필요성에 따라 업무명령으로서 근로자에게 회사의 권장을 듣도록 명할 수 있다고 생각한다. 이 점에서 전술한 위법하다는 사례도 있다는 데 유의하여야 한다. 또한 권고퇴직을 업무로서 실시할 때에 변호사나 공인노무사나 조합간부 등의 동석·입회도 거부할 수 있다는 것을 알려야 한다.

다음으로 종업원은 회사의 권고퇴직요청을 들어야 할 의무가 있다고 생각되나 그 필요가 없으므로 거부한 경우에는 업무명령 위반으로 징계하는 것은 아주 드문 일이다. 구체적으로는 업무에 대한 공헌도나 피해도에 따라 권고퇴직의 대상으로 할 것이지만 권고퇴직의 장소에서 스스로 진술할 수 있는 것이므로 회사에 번복할 수도 있다. 처나 자녀의 질병이 있고 연노한 양친의 부양문제도 있어 회사가 파악하지 못한 가정사정을 얘기하고 장래 정리해고를 추진할 때에 피해도에 관한 자료로 상기 사정을 고려할 수 있을 것이다.

권고퇴직은 회사의 권고이유와 인선이유를 듣고 이에 관하여 반론한다든가 퇴직으로 인하여 받게 되는 손해(피해도)등에 관하여 회사에 인식시킨다는 의미가 있다.

그리고 권고퇴직을 받는다는 그 자체를 거부한 경우에는 징계는 아니디라도 위와 같은 근로자의 사정을 지명해고를 할 때에 고려할 수 있는 불이익을 근로자가 받게 된다는 것을 생각할 수 있다.

3. 권고퇴직을 받은 사람에 대한 예의를 결여해서는 안된다

위의 설명은 일반론으로 현실적으로 행해지는 권고퇴직을 보다 미묘한 측면이 있다고 생각된다. 불법행위는 아니더라도 「더 이상 당신의 업무는 없으므로 회사로서도 처우를 잘 할 수가 없다. 그러므로 결단을 내려 퇴직하는 편이 좋다」고 말하고 상당 횟수 실시하는 것이 현실이다.

이러한 현실에서 회사가 권고퇴직을 행할 때 권고퇴직을 받는 사람에 대하여 예의를 지켜야 한다. 신규학교 졸업생을 일괄 채용시키는 제네럴리스트를 중심으로 한 종업원 구성에 있어서 기업의 40대, 50대의 직원 중에는 한편으로는 권고퇴직의 대상자가 있는가 하면 한편으로 임원으로 된 경우가 있다고 생각된다. 여기에 권고퇴직에 있어서는 기업의 핵심직책이 있는 임원이 부장급에 대하여 어떤 때는 신망이 두터운 인사가 면담하여 회사가 처한 어려운 현실을 호소하여 퇴직하도록 하는 것이 바람직하다. 상대방도 충분히 반론할 수 있으므로 그러한 말을 충분히 진지하게 들을 태도를 보아야 한다. 이러한 것은 대단히 참을성 있고 예의에 어긋나지 않도록 각별히 유의하여야 한다.

Ⅶ. 권고퇴직이 유효 또는 무효로 되는 경우

1. 권고퇴직이 유효로 되는 경우

① 권고퇴직이란 사용자의 권고에 응하여 퇴직원을 제출하여 행하여지는 퇴직으로 이는 '해고'가 아니라 임의퇴직에 해당한다. 그러나 회사측의 압력에 의한 사직서 제출의 경우 해고에 해당한다고 볼 수 있으려면, 강박에 의한 사직서 제출의 경우 그 정도가 의사결정의 자유를 박탈하는 정도에 이른 것이어야 한다(서울고법 1999.6.24, 98누2715). 회사를 계속 다닐 것인지, 사직을 해야 할지에 대한 선택에 있어서 당시의 상황에서는 사직하는 것이 최선이라는 판단에서 사직의 의사표시를 한 정도라면 이는 진의의 의사표시이고 해고로 보지 않는 경우가 많이 있다.

이에 따라 업무상 비위사실이 적발된 자가 그 사직서 제출에 회사측의 강압이 있었다 하더라도 비위사실이 언론에 공개되고 징계면직되는 등의 불이익이 있을 것을 예상해 사직서를 제출한 경우(대법 1999.6.22, 98두5521), 회사가 명예퇴직제를 실시하면서 명예퇴직 대상자로 선정된 근로자가 퇴직권유에 응하지 않을 경우 향후 일정한 기준과 절차에 따라 예정된 인사 및 급여상의 불이익을 고려해 사직서를 제출한 경우(대법 2001.9.7, 2000두9977) 그 유효성을 인정하고 있다.

② 그러므로 일반적으로는 퇴직권고와 본인의 퇴직원의 제출이란 법적으로 별개의 행위로 해석되고 있으며, 일단 퇴직권고에 응하여 퇴직원이 제출되고 그 제출이 승낙되거나 또는 승낙기간이 경과하였다면 임의퇴직의 권고가 가령 불법의 기도 내지 그릇된 인정에 의거하는 것이라고 근로자는 주장하더라도 고용계약의 합의해약이 무효가 되지 않는다. 즉 해약의 효력은 퇴직권고 사유와 별도로 고찰하여야 할 문제이며 임의퇴직의 권고의 불법성이 필연적으로 합의해약의 무효를 초래하는 것은 아니다. 오히려 임의의 퇴직원 제출은 합의해약에 수반하는 불이익의 수인으로 보아야 하며, 권고의 불법성을 해소하는 것으로 해석하여야 한다. 따라서 권고의 경위에 설사 불법성이 있었다고 하더라도 본인이 진의로 퇴직원을 제출한 이상은 임의퇴직으로 유효하게 된다.

③ 판례(대법 2003.12.26, 2003다26044 ; 2002.11.8, 2002다35379 ; 2000.4.25, 99다234475)는 「사용자가 사직의 의사 없는 근로자로 하여금 어쩔 수 없이 사직서를 작성·제출하게 한 후 이를 수락하는 이른바 의원면직의 형식을 취하여 근로계약관계를 종료시키는 경우처럼, 근로자의 사직서 제출이 진의 아닌 의사표시에 해당하는 등으로 무효이어서 사용자의 그 수리행위를 실질적으로 사용자의 일방적 의사에 의하여 근로관계를 종료시키는 해고라고 볼 수 있는 경우가 아닌 한, 사용자가 사직서 제출에 따른 사직의 의사표시를 수락함으로써 사용자와 근로자 사이의 근로계약관계는 합의해지에 의하여 종료되는 것이므로 사용자의 의원면직처분을 해고라 볼 수 없다」고 하여 표의자의 희망과 표의자의 내심의 의사를 구별하고 있다. 따라서 의사와 표시가 일치하

는지 여부를 판단하기 위해서는 먼저 당사자가 징계해고와 같은 어떠한 불이익을 피하기 위하여 희망하지는 않지만 진심으로 사직의 의사표시를 할 것인지, 아니면 사용자의 지시 또는 강요에 의하여 사직의 의사표시를 할 것인지를 검토하여야 할 것이다(유성재, 「판례노동법」 2008. p.323). 여기서 말하는 「진의 아닌 의사표시에 있어서의 진의란 특정한 내용의 의사표시를 하고자 하는 표의자의 생각을 말하는 것이지 표의자가 진정으로 마음속에서 바라는 사항을 뜻하는 것은 아니므로, 표의자가 의사표시의 내용을 진정으로 마음속으로 바라지는 아니하였다고 하더라도 당시의 상황에서는 그것을 최선이라고 판단하여 그 의사표시를 하였을 경우에는 이를 내심의 효과의사가 결여된 진의 아닌 의사표시라고 할 수 없다(대법 2003.4.25, 2002다11458)」고 한다. 비진의 의사표시란 의사표시의 행위자가 자신의 표시행위가 진의와 다른 의미로 이해된다는 것을 알면서도 그러한 의사표시를 하는 것을 뜻한다. 비진의 의사표시가 성립하기 위해서는 그 표시와 진의가 일치하지 않아야 한다. 즉, 내심의 효과의사(일정한 법률효과를 원하는 의사)가 표시상의 효과의사와 객관적으로 부합하지 않아야 한다. 당사자가 그러한 행위를 한 이유나 동기는 비진의 의사표시의 성립 여부와 무관하다. 상대방이나 제3자를 속이려고 하는 경우이든, 또는 그들이 당사자의 진의를 당연히 이해하리라는 기대 하에 한 것이든, 그 의사표시를 하게 된 동기는 묻지 않는다. 비진의 의사표시는 원칙적으로 법률행위의 효력에 영향을 미치지 않는다. 즉 당사자의 진의가 어떠한 것이든 표시된 대로의 효력이 생긴다. 다만 '상대방이 표의자의 진의 아님을 알았거나 이를 알 수 있었을 경우'에는 그 비진의 의사표시는 무효이다(민법 제107조제1항).

④ 근로자들은 사직을 선뜻 받아들일 수는 없었다 할지라도 그 당시의 경제상황, 회사의 구조조정계획, 회사가 제시하는 희망퇴직의 조건, 퇴직할 경우와 계속 근무할 경우에 있어서의 이해관계 등을 종합적으로 고려하여 당시의 상황으로서는 그것이 최선이라고 판단한 결과 사직원을 제출한 것으로 봄이 상당하고, 따라서 근로자들과 회사 사이의 근로관계는 근로자들이 회사의 권유에 따라 사직의 의사표시를 하고 회사가 이를 받아들임으로

써 유효하게 합의해지 되었으므로 근로자들의 퇴직이 해고에 해당하지 않는다고 판단하여 근로자들의 강박에 의한 의사표시 취소 주장 및 정리해고로서의 무효주장을 배척한 원심의 사실인정과 판단은 모두 정당하다고 한다(대법 2003.4.22, 2002다65066).

⑤ 비교적 강한 권유가 있었다 해도 인사상 불이익 대상자가 나름대로 합리적인 절차와 기준에 의해 결정되어 인사권 범위를 일탈하거나 남용하였다고 보이지 않고, 정리해고라는 극단적인 처방보다는 명예퇴직을 유도함으로써 근로자 의사를 최대한 반영하려 한 것으로 보이고, 근로자 또한 향후 예상되는 인사 및 급여상 불이익, 향후 발전 가능성을 종합적으로 판단하여 사직의사를 결정한 것이라면 이는 인사상 불이익이라는 강요에 의한 퇴직이라고 보이지 않는다(서울행법 2000.5.9, 99구27053 한국산업은행 사건). 또한 회사가 근로자에게 권고사직을 권유할 당시 회사의 경영상태 및 이로 인한 회사의 구조조정과 인력감축의 필요성 등이 있는 이상, 회사가 권고사직을 권유하는 과정에서 근로자에게 퇴직 권유에 응하지 않을 경우 어떠한 불이익을 입을 수도 있고 해고의 대상이 될 수도 있다는 취지의 설명을 하였다거나 전산망 차단이 이루어졌다는 사정만으로는 근로자가 회사의 기망, 협박, 강요로 인하여 어쩔 수 없이 사직서를 제출하였다고 볼 수 없다. 따라서 근로자와 회사 사이의 근로계약관계는 근로자의 사직서 제출과 이에 따른 회사의 수리로써 합의해지에 의하여 종료 되었다고 할 것이므로 이 사건 재심판정은 적법하다 할 것이고 이 사건 퇴직처리가 실질적인 해고에 해당함을 전제로 한 근로자의 주장은 이유 없다고 한다(서울행법 2004.2.6, 2003구합14819).

⑥ 또한「학교가 교사의 성희롱 의혹과 관련하여 징계절차를 개시할 움직임을 보이자, 교사가 교원징계위원회에서의 진상조사 등을 통하여 자신의 입장을 적극적으로 해명할 권리가 있었음에도 이를 행사하지 아니한 채 결국 사직서를 제출한 점에 비추어 교사로서는 성희롱으로 파면당할 것을 우려한 나머지 최악의 사태를 막는 나름대로는 최선의 방법으로 사직서를 제출한 것으로 볼 수 있고, 교사의 사직서 제출을 진의 아닌 의사표시라거나 학교 측의 강요나 협박, 기망 등에 의한 것으로 볼 수는 없다고 한다(대법 2003.12.26, 2003다26044)」.

2. 권고퇴직이 무효로 되는 경우

(1) 부부사원에 대한 사직강요

회사의 중간관리자들이 계속·반복적으로 행한 퇴직권유 또는 종용행위는 근로자들에게 우월적인 지위에 있는 회사의 강요행위로 볼 수 있고, 사직서 제출의 대가로 별도의 이득도 없이 퇴직을 원하는 내용의 사직서로 표명한 사직의사는 회사의 강요에 의하여 이루어진 것으로 내심의 효과의사 없는 비진의 표시로 의원면직의 외형만을 갖추고 있을 뿐 실질적으로는 회사에 의한 해고이므로, 정당한 해고사유가 없고 정당한 정계절차를 밟아 해고하였거나 근로기준법 제24조에 따른 정리해고의 요건을 갖추었다는 점에 관하여 회사의 아무런 주장이나 입증이 없으므로 부당해고에 해당한다고 한 사례(대법 2002.7.26, 2002다1929) 등이다.

(2) 회사의 권고사직 의견을 통보받고 불응한 경우

사용자의 권고사직을 받아들일 것인지는 근로자가 스스로 결정할 수 있는 문제에 불과하므로, 사직권고를 받은 것이 징계처분에 해당한다고 볼 수도 없다할 것인 바, 따라서 근로자가 회사로부터 권고사직 의결을 통보받고서도 이에 응하지 아니한 채 권고사직 의결의 부당성을 지적하는 내용의 의견서를 제출하였다 하더라도, 이러한 사실을 들어 그것이 취업규칙의 '징계처분을 받고 시말서 제출에 불응하거나 개전의 정이 없을 때'라는 징계사유에 해당한다고 볼 수 없다는 판단은 정당하다고 한다(대법 2002.11.22, 2002두3706).

Ⅶ. 일괄사표 제출 후 선별 수리한 경우

근로자가 사용자의 지시에 따라 일괄하여 사직서를 작성 제출하고 사용자가 선별 수리한 경우가 있다. 해고에 따르는 법률상의 부담을 상대방에 전가시키는 수단으로 해고에 임의퇴직의 형식을 뒤집어씌우는 일이 벌어지고 있는 것이다. 일괄사표에 있어서는 그것이 근로자의 의사에 반한 것인가가 먼저 조사되지 않으면 안 될 것이다. 근로자가 형식상 자유로운 상황에서 사직서를 제출하여 의원면직 형태를 취하여 사직하는 경우 또는 회사의 요구에 따라 일괄적으로 사직서를 제출하고 회사는 이를 선별적으로 수리하는 경우에, 사직서에 나타난 근로자의 사직의 의사표시를 유효하다고 할 수 있는 것인지, 아니면 이를 사실상 해고로 보아야 할지가 문제가 된다. 판례는 사직서를 내게 된 경위 등의 모든 사정을 종합적으로 고려하여 개별적·구체적으로 판단하고 있다.

1. 실질적인 해고에 해당한다고 본 판례

① 사용자가 근로자로부터 사직서를 제출받고 이를 수리하는 의원면직의 형식을 취하여 근로계약관계를 종료시킨다 할지라도, 사직의 의사없는 근로자로 하여금 어쩔 수 없이 사직서를 작성·제출하게 한 경우에는 실질적으로 사용자의 일방적 의사에 의하여 근로계약관계를 종료시키는 것이어서 해고에 해낭하며, 정당한 이유없는 해고는 부당해고에 해당한다(대법 2003.10.10, 2001다76229 ; 2002.10.25, 2002두6552).

② "근로자들에 대한 의원면직처분에 관하여, 근로자들의 사직의 의사표시는 비진의의사 표시에 해당하고 그 상대방인 회사도 이러한 점을 알면서 수리하였으므로 무효인 사직의 의사표시에 기하여 의원면직의 형식으로 근로계약관계를 종료시킨 행위는 실질적으로 사용자인 회사의 일방적 의사에 의하여 근로계약관계를 종료시킨 것이라 할 것이어서 위 의원면직처분은 그 형식에 불구하고 실질적으로 모두 부당해고에 해당한다고 한다(대법 1993.5.25, 91다41750).

③ 또한 연맹에는 조직 내 분위기를 쇄신한다는 이유로 창사 이래 6명의 총재 중 5명 총재 취임 후 직원들이 일괄 사표를 제출하였다가 1주일 후에 반려 받은 관례가 있었던 사실을 알 수 있는 바, 위와 같은 여러 사정에 비추어 근로자들은 사직서 제출시 그것이 수리될 수 있다는 인식 없이 총재에게 간부들의 신임을 묻도록 하자는 사무총장의 제안에 따라 간부회의의 분위기에 이끌려 어쩔 수 없이 사직서를 제출하였다 할 것인데, 연맹이 이러한 상황 하에서 제출된 사직서를 수리하여 근로자들을 의원면직한 것은 실질적으로 사용자의 일방적인 의사에 의하여 근로계약관계를 종료시키는 것이어서

해고에 해당한다고 한다(대법 2002.5.14, 2000두4675 한국청소년연맹사건).

④ 정부의 공기업 경영혁신 계획에 따른 인력감축의 일환으로 농어촌진흥공사가 구조조정 대상자를 선정함에 있어 합리적이고 공정한 기준 없이 일부 근로자를 문제직원으로 확정하여 그에 대하여 사직을 종용함으로써 의원면직 형식으로 근로계약관계를 종료시킨 경우, 이는 실질적으로 해고에 해당할 뿐만 아니라 경영상의 이유에 의한 정리해고의 요건도 갖추지 못한 것이라고 한 사례가 있다(대법 2002.6.14, 2001두11076).

2. 일괄사직에 대한 선별수리나 종용에 의한 사직도 유효하다고 한 판례

① 일괄사표를 제출하였다가 선별 수리하는 형식으로 의원면직되었다고 하더라도 공무원들이 임용권자 앞으로 일괄사표를 제출한 경우 그 사직원의 제출은 제출당시 임용권자에 의하여 수리 또는 반려 중 어느 하나의 방법으로 처리되리라는 예측이 가능한 상태에서 이루어진 것으로서 그 사직원에 따른 의원면직은 그 의사에 반하지 아니한다. 따라서 비록 사직원제출자의 내심의 의사가 사직할 뜻이 아니었다고 하더라도 그 의사가 외부에 객관적으로 표시된 이상 그 의사는 표시된 대로 효력을 발하는 것이며, 민법 제107조는 그 성질상 사인의 공법행위에는 적용되지 아니하므로 사직원제출을 받아들여 의원면직 처분한 것을 당연무효라고 할 수 없다고 한다(대법 1992.8.14, 92누909).

② 회사가 명예퇴직제를 시행하는 과정에서 명예퇴직자로 선정된 근로자 등에게 퇴직 권유에 응하지 않을 경우 인사상의 불이익을 입을 수 있다는 취지를 설명한 바 있지만, 인사상 불이익이라는 것이 나름대로 합리적인 절차와 기준에 의해 대상자와 내용이 결정돼 인사권의 범위를 일탈하거나 남용한 것으로 보이지 않으며, 또 일방적인 정리해고보다는 명예퇴직제를 시행해 근로자의 의사를 최대한 반영해 인원감축의 목적을 달성하려 했으며 근로자가 처음에는 아는 사람을 통해 명예퇴직 대상자에게 빠지려고 노력하다 여의치 않자 사직서 제출기한에 임박해 사직서를 제출한 것이지, 회사의 강요에 의해 어쩔 수 없이 사직서를 제출했다고 볼 수 없으므로 근로자와

회사 사이의 근로계약관계는 근로자의 사직서 제출과 이에 따른 회사의 수리로써 합의해지된 것으로 적법하다고 한다(대법 2002.9.7, 2000두9977).

3장

근로관계의 합의해지를 둘러싼 법률실무

Ⅰ. 합의해지의 의의와 유형

1. 합의해지의 의의

근로관계의 합의해지(합의퇴직)란 근로자와 사용자가 합의에 의하여 근로계약을 장래에 대해서 소멸시키는 것을 의미하는 것으로, 근로자의 사직의사표시 또는 사직원 제출방법에 의하여 근로계약 관계의 합의해지를 청약하고 이에 대하여 사용자가 이를 승낙함으로써 당해 근로계약 관계가 종료되는 것을 의미한다.

2. 합의해지의 유형

① 합의해지는 근로자가 주로 사직서를 제출함으로써 청약의 의사표시를 하는 의원면직

② 사용자가 근로계약을 종료하기 원한다는 청약의 의사표시를 하고 근로자가 이에 대하여 사직서를 제출함으로써 승낙의 의사표시를 하는 권고사직 (서울고법 2002.3.13, 2001누1835).

③ 사용자가 일정한 조건에 해당하는 근로자들을 대상으로 명예퇴직 또는 희망퇴직을 공고함으로써 청약의 유인을 하고, 이에 해당하는 근로자들이 명예퇴직 신청 등의 청약을 한 후 사용자가 일정한 심사 후에 명예퇴직 등의 대상자로 선정하여 명예퇴직 등을 승낙한다는 의사표시를 함으로써 집단적으로 퇴직하는 경우

근로자는 '희망 퇴직제에 의한 사직서'를 작성하여 제출한 사실이 있고 사용자는 근로자의 사직서에 기초하여 퇴직 처리를 하였으며, 근로자 또한 희망퇴직에 따른 퇴직위로금을 수령하였으므로 근로자가 제출한 사직서는 수리되었다고 보아야 하고, 근로자 제출의 사직서 하단부의 기재할 난이 공란으로 되어 있다고 하여 수리되지 않았다고 볼 수는 없다. 또한 근로자가 당시 희망퇴직의 권고를 선뜻 받아들일 수는 없었다고 할지라도 그 당시의 경제 상황, 회사의 구조 조정 계획, 회사가 제시하는 희망퇴직의 조건, 정리해고를 시행할 경우 정리기준에 따라 정리해고 대상자에 포함될 가능성, 퇴직할 경우와 계속 근무할 경우의 이해득실 등 제반 상황을 종합적으로 고려하여 심사숙고한 결과 사직서를 제출하였다고 봄이 상당하다. 따라서 근로자와 사용자 사이의 근로계약은 근로자가 사직서를 제출하고 회사가 이를 수리하여 근로자를 퇴직 처리함으로써 합의 해지에 의하여 종료되었다라고 한다(서울고법 2008.2.13, 2007누15386).

④ 근로자와 사용자간에 일정한 합의금 지급 등을 조건으로 근로계약을 합의해지하는 경우로 나누어 볼 수 있다.

Ⅱ. 합의해지와 해고와의 구분

① 실제상으로는 합의해지와 해고, 사직의 구분이 명확하지 않으므로 그 처리에 어려움이 있다. 합의해지는 해고가 아니기 때문에 근로기준법상 해고규정(근로기준법 제23조 · 제24조 · 제26조 · 제27조 · 제28조 · 제35조)과 해고권남용법리의 적용을 받지 않는다. 다만 민법상 법률행위(의사표시)에 관한 규정의 적용을 받는다. 예컨대 근로자가 사용자에게 사직서를 제출하는 경우, 이를 사직으로

해석한다면 사용자의 승낙 여부에 관계없이 계약해지의 효과에 따라 근로관계가 종료하지만, 이를 청약으로 해석한다면 사용자가 이를 승낙하여야만 효력이 생기고 사용자가 승낙할 때까지는 근로자가 이를 자유롭게 철회할 수 있다고 하여야 한다. 사용자가 근로자로부터 사직서를 제출 받고 이를 수리하는 의원면직의 형식을 취하여 근로계약관계를 종료시킨 경우, 사직의 의사 없는 근로자로 하여금 어쩔 수 없이 사직서를 작성, 제출케 하였다면 실질적으로 사용자의 일방적인 의사에 의하여 근로계약관계를 종료시키는 것이어서 해고에 해당한다고 할 것이나(대법 2002.6.14, 2001두11076), 그렇지 않은 경우에는 사용자가 사직서 제출에 따른 사직의 의사표시를 수락함으로써 사용자와 근로자의 근로계약관계는 합의해지에 의하여 종료되는 것이므로 사용자의 의원면직처분을 해고라고 볼 수 없다(대법 2003.4.11, 2002다60528).

② 회사가 근로자에게 일정 기간 종전과 동일한 급여를 지급하면서 개업 내지 취업 준비 기간을 부여하면 근로자는 기간 종료시 자진 퇴사하기로 하는 조건부 합의가 성립됐고, 회사가 이 조건을 준수한 이상 근로자는 위 합의 해지에 의해 당연 퇴직됐다고 보아야 할 것이므로, 회사가 근로자에 대하여 한 해고 통지는 위와 같은 당연 퇴직 사실을 확인하는 관념의 통지에 불과해 이를 근로기준법상의 해고라고 볼 수 없다고 판단하였다.

③ 해고와 근로계약의 합의해지는 개념상으로는 명백히 구분될 수 있다. 그러나 외관상 근로자가 자발적으로 사직서를 제출하는 형식을 취하더라도 사용자가 근로자를 기망하거나 사직서 제출을 강요함으로써 실질적으로는 해고로 보아야 할 경우도 많다. 사용자가 근로자를 해고할 경우에는 근로기준법 제23조의 적용을 받지만, 합의해지를 할 경우에는 근로기준법의 제한을 받지 않고 대등한 당사자간의 계약관계를 규율하는 민법의 적용을 받는다. 그러므로 사용자로서는 해고보다는 합의해지로 처리될 것을 선호한다. 근로자가 사직서를 제출하는 방법으로 근로계약이 종료되었을 때 이를 해고로 보아 노동법을 적용할 것인가, 합의해지로 보아 민법을 적용할 것인가의 문제는 당사자에게는 중요한 의미를 갖게 되며 이를 둘러싼 법적분쟁이 속출하고 있다(김유성, 「노동법 I」, p.329).

Ⅲ. 합의퇴직 의사의 철회

근로자의 합의퇴직의 청약에 대하여 사용자가 이미 승낙의 의사표시를 한 경우에는 합의해지가 성립하기 때문에 근로자의 의사표시에 하자가 있는 경우에는 문제가 될 수 있다. 즉 당해 의사표시가 비진의 의사표시이거나 강박이나 사기에 의한 의사표시이거나 또는 착오에 의한 의사표시인 경우에 취소할 수 있거나 무효로 되는 것을 제외하고는, 이미 성립한 합의해지의 효력을 부정할 수는 없다. 그러나 근로자의 합의퇴직의 신청에 대해 사용자가 아직 승낙의 의사표시를 하지 않은 경우에 근로자가 이를 철회할 수 있는지는 중요한 문제가 되고 있다.

민법에 의하면 계약의 청약은 이를 철회할 수 없고(민법 제527조) 합의해지도 일종의 계약인 이상 근로자가 행한 합의퇴직의 청약은 이를 철회하지 못한다고 보아야 할 것이다. 그러나 재산의 매매를 주된 목적으로 하는 민법과는 달리 근로계약관계는 계속적 채권관계이고 종속적 노동을 대상으로 하고 있으므로 철회부자유가 근로계약에 당연히 적용된다고는 볼 수 없다. 따라서 사용자가 승낙의 의사표시를 하기 전에는 근로자는 퇴직의 청약을 철회할 수 있다고 보아야 하며 예외적으로 사용자에게 예측하지 못하는 손해를 주는 등 신의칙에 반하는 행위가 있을 경우에 한하여 철회할 수 없다고 하여야 할 것이다.

판례도 희망퇴직제 실시에 따라 근로자가 회사에 대하여 사직서를 제출하고 회사가 이를 수리하여 면직한 것이 근로기준법상의 해고가 아니라고 본다(대법 2003.4.11, 2002다60528). 명예퇴직에 의한 합의퇴직과 관련하여 명예퇴직은 근로자가 명예퇴직의 신청(청약)을 하면 사용자가 요건을 심사한 후 이를 승인(승낙)함으로써 합의에 의하여 근로관계를 종료시키는 것으로, 명예퇴직의 신청은 근로계약에 대한 합의해지의 청약에 불과하여 이에 대한 사용자의 승낙이 있어 근로계약이 합의해지되기 전에는 근로자가 임의로 그 청약의 의사표시를 철회할 수 있다(대법 2003.4.25, 2002다11458).

4장

퇴직의 의사표시와 착오·강박을 둘러싼 법률실무

Ⅰ. 사직서 제출과 근로자의 비진의 표시

사직서제출이 근로자의 비진의 표시에 의해 이루어진 경우 퇴직의 효력이 있는가의 문제이다. 이에 관하여는 민법 제107조 [진의 아닌 의사표시]의 규정이 있다. 이에 의하면 「① 의사표시는 표의자가 진의 아님을 알고 한 것이라도 그 효력이 있다. 그러나 상대방이 표의자의 진의 아님을 알았거나 이를 알 수 있었을 경우에는 무효로 한다.

② 전항의 의사표시의 무효는 선의의 제3자에게 대항하지 못한다」고 규정하고 있다.

1. 사직서 제출과 퇴직의 효력

근로자가 사직하고자 하는 진정한 의사없이 사직서를 제출하였다 하더라도 근로자의 진정한 의사가 무엇인지에 관계없이 사직의 효력이 발생하는 것이 원칙(민법 제107조제1항 본문)이다. 민법 제107조(진의 아닌 의사표시)제1항에 의하면 「의사표시는 표의자가 진의 아님을 알고 한 것이라도 그 효력이 있다. 그러나 상대방이 표의자의 진의 아님을 알았거나 이를 알 수 있었을 경우에는 무효로 한다」고 규정하고 있다. 임금인상의 효과를 노리고 사직서를 제출하였으나, 사용자가 이를 알지 못한 채 사직서를 수리한 경우가 이에 해당한다.

'의원사직'의 실태에 있어서 합의해지의 형식을 취하는 경우가 많다. 즉, 근로자가 의원사직에 의한 퇴직원을 제출한 다음 이를 철회하거나 의사표시의 하자를 주장하면서 의사표시의 효력을 다투는 경우가 있다. 사직서의 제출 즉, 퇴직의 의사표시가 착오 또는 사기·강박에 의하여 행하여진 경우에는 계약이 성립한 이후에도 그 의사표시를 취소할 수 있다.

그러나 사용자가 근로자의 사직서 제출이 진정한 의사에 의한 것이 아님을 알았거나 알 수 있었을 경우(보통 사람의 주의를 기울였다면 알았을 경우)에는 그 사직의 의사표시는 무효가 된다(민법 제107조제1항 단서). 따라서 사용자가 근로자의 진의 아닌 의사표시를 알았거나 알 수 있었음에도 불구하고 그러한 의사표시(사직서 제출)에 따른 근로관계의 해지는 해고에 해당한다. 사용자가 사직을 종용하여 근로자가 마지못해 사직서를 제출한 경우, 또는 회사 경영상의 어려움으로 집단적으로 사직서를 제출한 경우 등이 이에 해당한다.

2. 사용자의 권고·종용에 의한 사직의 의사표시

비진의 의사표시와 관련하여 주로 문제되는 것은 사용자의 권고 또는 종용에 의해 근로자가 사직의 의사를 표시하는 경우이다. 사직서 제출이 사용자의 권고 또는 종용에 의해 이루어지는 경우가 많다는 점에 비추어 볼 때, 권고 또는 종용에 의한 근로자의 사직서 제출은 진의 아닌 의사표시에 해당할 가능성이 매우 농후하다.

사용자가 권고 또는 종용이 있은지 얼마 되지 않은 상황에서 근로자가 사직의 의사표시를 하였다면 사용자는 근로자의 의사표시가 진의 아님을 알았다고 할 것이므로 그 사직의 의사표시는 민법 제107조제1항의 규정에 의거 무효가 된다.

그러나 사용자의 권고가 있었다고 해도 근로자가 사용자의 권고를 수용하거나 회사의 형편을 이해하고(회사를 스스로 떠나는 것이 오히려 자신의 진로에 유익하다고 생각하는 경우 등) 사직의 의사표시를 하는 경우도 있을 수 있는 바, 이런 경우는 진의 아닌 의사표시라고 단정할 수 없다. 예를 들면 경영사정이 악화되자 회사는 회사에 대한 헌신성 내지 몰입도가 낮은 일부 근로자에게 사직을 권고하였고, 그 근로자는 회사 경영사정이 호전될 가능성이 희박하다고 판단하여 (혹은 회사의 사정을 충분히 이해하여) 사직서를 제출하였으나, 추후 경영상태가 호전되자 사직서 제출은 진의에 의한 것이 아니어서 무효라고 주장하며 부당해고 구제신청을 한 경우이다.

따라서 근로자가 회사의 권고 또는 종용에 따라 사직서를 제출한 경우에도 그것이 비진의 표시에 의한 것이라고 단정할 수 없고 사직서 제출전후의 사정, 사직서 제출과 관련하여 근로자가 취한 태도 등을 종합적으로 고려하여 비진의 표시인지의 여부를 판단하여야 할 것이다.

3. 관련 판례의 태도

① 근로자가 회사의 경영방침에 따라 사직원을 제출하고 회사가 이를 받아들여 퇴직처리를 하였다가 즉시 재입사하는 형식을 취함으로써 근로자가 그 퇴직 전후에 걸쳐 실질적인 근로관계의 단절이 없이 계속 근무하였다면 그 사직원 제출은 근로자가 퇴직을 할 의사없이 퇴직의사를 표현한 것으로서 비진의 의사표시에 해당하고 재입사를 전제로 사직원을 제출케 한 회사 또한 그와 같은 진의 아님을 알고 있었다고 봄이 상당하다 할 것이므로 위 사직원 제출과 퇴직처리에 따른 퇴직의 효과는 생기지 아니한다고 한다(대법 2005.4.29, 2004두14090).

② 해외근로자가 업무상재해의 치료를 위하여 중도 귀국함에 있어 미리 사직의 뜻이 담긴 귀국청원서를 제출치 아니하면 귀국시켜 줄 수 없다는 회사의 강요에 어쩔 수 없이 본의에 반하여 귀국청원서를 제출한 것이라면, 그 사직의 의사표시는 진의 아닌 의사표시로서 당시 회사도 그러한 점을 잘 알고 있었다고 보아야 하므로 무효라고 한다(대법 1992.9.1, 92다26260).

③ 근로자들의 각 사직의 의사표시는 비진의 의사표시에 해당하고 그 상대방인 회사도 이러한 점을 알면서 수리하였으므로 무효인 사직의 의사표시에 기하여 의원면직형식으로 근로계약관계를 종료시킨 행위는 실질적으로

모두 부당해고에 해당한다고 한다(대법 1993.5.25, 91다41750).

④ 근로자가 형사사건에서 유리한 처분을 받기 위하여 피해자의 요구대로 회사에서 사직한다는 내용의 사직서를 작성·교부한 것은 강박에 의한 의사표시이거나 공서양속 위반행위로서 무효라고 할 수 없다고 한다(대법 1994.2.8, 93누10699).

⑤ 근로자가 사직서를 작성하여 사용자에게 제출한 경우에 있어서는 그 사직서에 사직의 의사표시라고 볼 수 없는 한 그 사직서는 사용자와의 근로계약관계를 해지하는 의사표시를 담고 있다 할 것이고, 따라서 사용자가 사직의 의사표시 없는 근로자로 하여금 어쩔 수 없이 사직서를 작성·제출하게 한 후 이를 수리하는 이른 바, 의원면직의 형식을 취하여 근로계약관계를 종료시키는 경우처럼 근로자의 사직서 제출이 진의 아닌 의사표시에 해당하는 등으로 무효이어서 사용자의 그 수리행위를 실질적으로 사용자의 일방적 의사에 의하여 근로계약관계를 종료시키는 해고라고 볼 수 있는 경우가 아닌 한, 당사자 사이의 근로계약관계는 사용자가 그 사직서 제출에 따른 사직의 의사표시를 수락하여 합의해지(의원면직)가 성립하거나 민법 제660조 소정의 일정기간의 경과로 그 사직서 제출에 따른 해지의 효력이 발생함으로써 종료된다 할 것이고, 이와 같은 경우 사용자의 근로자에 대한 근로계약관계의 소멸통지는 관념의 통지에 불과하여 이를 근로기준법상의 해고라 할 수 없다(대법 1996.7.30, 95누7765).

⑥ 사용자가 사직서 제출에 따른 사직의 의사표시를 수락함으로써 사용자와 근로자 사이의 근로계약관계는 합의헤지에 의하여 종료되는 것이므로 사용자의 의원면직 처분을 해고라 볼 수 없고, 여기서 말하는 진의 아닌 의사표시에 있어서의 진의란 특정한 내용의 의사표시를 하고자 하는 표의자의 생각을 말하는 것이지 표의자가 진정으로 마음속에서 바라는 사항을 뜻하는 것은 아니므로, 표의자가 의사표시의 내용을 진정으로 마음속에서 바라지는 아니 하였다고 하더라도 당시의 상황에서는 그것을 최선이라고 판단하여 그 의사표시를 하였을 경우에는 이를 내심의 효과의사가 결여된 진의 아닌 의사표시라고 할 수 없다(대법 2000.4.25, 99다34475).

⑦ 근로자들은 의원면직의 형식을 빌렸을 뿐 실제로는 사용자의 지시에

따라 진의 아닌 사직의 의사표시를 하였고 사용자가 이러한 사정을 알면서 사직의 의사표시를 수리하였다고 할 것이므로 위 사직의 의사표시는 민법 제107조에 해당되어 무효라 할 것이며, 이처럼 사용자가 사직의 의사없는 근로자로 하여금 어쩔 수 없이 사직서를 작성·제출케 하여 그 중 일부만을 선별 수리하여 이들을 의원면직 처리한 것은 실질적으로는 사용자의 일방적 의사에 의하여 근로계약관계를 종료시키는 것이어서 해고에 해당하고 정당한 이유나 정당한 절차를 거치지 아니한 해고조치로서 근로기준법 제23조 등의 강행법규에 위배되어 당연 무효이다(대법 1992.5.26, 92다3670).

Ⅱ. 사기·강박에 의한 사직서 제출과 퇴직의 효력

사직서 제출이 사기·강박에 의해 이루어진 경우에도 퇴직의 효력이 인정되는가의 문제이다. 이에 관하여 민법 제110조[사기, 강박에 의한 의사표시]는 다음과 같이 규정하고 있다. 이에 의하면「① 사기나 강박에 의한 의사표시는 취소할 수 있다.

② 상대방 있는 의사표시에 관하여 제3자가 사기나 강박을 행한 경우에는 상대방이 그 사실을 알았거나 알 수 있었을 경우에 한하여 그 의사표시를 취소할 수 있다.

③ 제2항의 의사표시의 취소는 선의의 제3자에게 대항하지 못한다」고 규정하고 있다.

1. 사용자의 사기 또는 강박에 의한 사직서제출

근로자가 사용자의 사기 또는 강박에 의하여 사직서를 제출한 경우 민법 제110조제1항에 근거하여 사직의 의사표시를 취소할 수 있다. 민법 제110조제1항은「사기나 강박에 의한 의사표시는 취소할 수 있다」고 규정하고 있기 때문이다. 이 경우 사용자가 근로자의 취소의 의사표시를 받아들이지 않는다면 해고에 해당된다.

구체적 사례로는 ① 사직서를 제출하지 않으면 사생활의 비리를 폭로하겠다고 하여 어쩔 수 없이 사직서를 제출한 경우(강박), ② 사직서를 제출하지 않으면 형사 고발하겠다고 하여 사직서를 반강제적으로 제출하게 된 경우(강박), ③ 사용자가 상당히 많은 퇴직위로금을 주겠다고 약속해 놓고 사직서를 받은 후 이를 이행하지 않은 경우(사기), ④ 사직서를 받는 것은 직장분위기를 쇄신하기 위한 경고적 의미일 뿐이라고 사직서 제출을 종용한 후 그것을 수리하여 면직시킨 경우(사기)가 있다.

2. 제3자의 사기 또는 강박에 의해 사직의 의사표시를 한 경우

근로자가 제3자의 사기 또는 강박에 의해 사직의 의사표시를 한 경우 사용자가 그 사실을 알았거나 알 수 있었을 경우에 한하여 그 의사표시를 취소할 수 있다(민법 제110조제2항).

근로자의 사직서 제출이 사용자 또는 제3자의 사기 또는 강박에 의한 경우가 종종 문제될 수 있으나, 실무상 사기·강박의 사실 및 그 인과관계를 입증하는 것은 쉽지 않으므로 이 경우에 약한 사기·강박의 개연성을 증명하면 진의와 다른 의사표시라는 점이 입증될 수 있어 결국은 사직서 제출이 비진의 표시에 의한 것이어서 해고의 문제로 귀착된다.

3. 의사표시의 무효·취소 및 철회의 법리와 신의칙 내지 실효의 원칙

근로자의 사직의 의사표시가 비진의 의사표시에 해당되고 사용자가 그 의사표시가 진의 아님을 알면서도(알 수 있었을 경우에도) 사직서를 수리한 경우 법률상 당연히 무효이지만(민법 제107조제1항 참조), 실제로는 그 무효의 효과를 주장할 필요가 있는 근로자측에서(사직서제출이 부당해고에 해당한다고 주장하여 원직복직 할 의사가 있는 근로자) 무효를 주장하여야 한다.

이 경우 사용자가 근로자의 무효주장을 수용하지 않게 되면 비로소 해고의 문제로 표출되는 것이나, 근로자의 무효주장은 '실효의 원칙' 내지 '신의성실의 원칙'에 따라 일정한 제한이 가해지므로 무한정 무효를 다툴 수는 없다.

사직서가 진의에 의하여 제출되는 것이 아님을 알면서 의원면직처리한 것은 해고에 해당하나, 사용자로부터 해고된 근로자가 퇴직금 등을 수령하면서 아무런 이의, 유보 조건을 제기하지 않았다면 특별한 사정이 없는 한 그 해고의 효력을 인정한 것으로 볼 수 있고, 그로부터 오랜 기간이 지난 후에 그 해고의 효력을 다투는 소를 제기하는 것은 신의칙이나 금반언의 원칙에 위배되어 허용될 수 없는 경우에 해당할 여지가 있다 할 것이다(대법 1993.1.26, 91다38686).

이러한 실효의 원칙이 적용되기 위해서는 권리자가 상당한 기간 동안 권리를 행사하지 않았어야 하고, 의무자인 상대방이 권리가 행사하지 않으리라고 신뢰할 만한 정당한 사유가 있어야 하는 바, 실효의 원칙이 적용되기 위한 요건을 판단함에 있어서는 구체적인 경우마다 그 권리를 행사하지 아니한 기간의 장단과 권리자측(근로자)과 상대방측(사용자) 쌍방의 사정 및 객관적으로 존재한 사정 등을 종합적으로 고려하여 사회통념에 따라 합리적으로 판단하여야 할 것이다(대법 1992.5.26, 92다3670).

실효기간(권리를 행사하지 아니한 기간)의 길이에 관한 판례의 입장은 위와 같은 사정을 감안하여 10년부터 8개월까지 다양하게 나타나고 있다. 노동위원회에 제기하여 부당해고 구제신청 사건은 제척기간(3월)이 정해져 있으므로 이러한 실효의 원칙이 적용되는 경우는 극히 드물다고 할 것이다.

근로자의 사직의 의사표시가 사기·강박에 의해 이루어진 경우 근로자는 사직의 의사표시를 취소할 수 있으나(민법 제110조 참조), 사용자는 신의칙을 주장하여 근로자의 취소권을 배제할 수 있는 경우가 있을 수 있다. 즉, 사기·강박에 의하여 사직의 의사표시가 이루어져 해고에 해당한다고 하더라도 이의없이 상당기간 경과하였거나 다른 직장에서 근무하고 있어 부당해고를 다툴 이익이 없다는 등의 사정이 인정된다면 근로자는 신의칙상 사기 또는 강박에 의한 사직의 의사표시를 다툴 수 없다(대법 1992.8.14, 91다29811).

근로자가 일방적으로 근로계약관계를 종료시키는 해약의 고지방법에 의하여 임의 사직하는 경우가 아니라, 근로자가 사직원의 제출방법에 의하여 근로계약 관계의 합의해지를 청약하고, 이에 대하여 사용자가 종료시키게 되는 경우에 있어서는, 근로자는 위 사직원의 제출에 따른 사용자의 승낙의사가 형성되어 확정적으로 근로계약 종료의 효과가 발생하기 전에는 그 사직의 의사표시를 자유로이 철회할 수 있다고 보아야 할 것이며, 다만 근로계약

종료의 효과발생 전이라고 하더라도, 근로자가 사직의 의사표시를 철회하는 것이 사용자에게 불측의 손해를 주는 등 신의칙에 반한다고 인정되는 특별한 사정이 있는 경우에 한하여 그 철회가 허용되지 않는다고 해석함이 상당하다(대법 1992.4.10, 91다43138 ; 1993.7.27, 92누16492).

근로자가 7월 31일 퇴직한다는 의사를 밝히면서 4월 30일 사직서를 제출하였는데, 사용자는 대체 근로자를 7월 15일 채용하여 실무수습을 시키고 있었는데 갑자기 7월 5일 사직의사표시를 철회한 경우(이러한 경우 철회는 허용될 수 없고, 따라서 사용자가 4월 30일 제출한 사직서에 기하여 의원면직 처리하여도 해고가 성립하지 않는다고 보아야 할 것임)이다.

판례(대법 1992.4.10, 91다43138)는 「교사가 교직의 계속적인 수행이 어려워 사직하기로 결심하고 작성일자를 3개월 뒤로 한 사직원을 제출하였다가 사직원의 작성일자 이전에 학교측에 대하여 다시 근무할 것을 희망하는 의사를 밝힌 것은, 종전의 사직의사표시를 철회한 것으로 보아야 할 것인 바, 사직의사 표시의 철회를 허용하는 것이 학교측에 불측의 손해를 주게 되는 등 신의칙에 반한다고 인정되는 특별한 사정이 없는 한 적법하게 그 철회의 효력이 생긴 것이라고 보아야 하고 따라서 학교측이 위 교사의 사직의사 철회 이후에 비로소 종전의 사직원에 기하여 그를 의원면직한 것은 무효이다」라고 한다.

Ⅲ. 사직의사의 진정성 판단기준

사표제출이 자의에 의한 사직인지 혹은 부당해고인지 구체적인 판단기준이 있는가의 문제이다. 회사의 권고로 사직서 제출이라는 형식을 통해 사직의 의사표시를 한 근로자가 사직의 의사표시는 진의가 아니므로 합의 해지가 아닌 해고라고 주장하거나 강박에 의하여 사직서를 제출하였다고 주장하여 법적인 다툼으로 이어지는 경우가 많은 것이 현실이다.

1. 진의 아닌 의사표시

진의 아닌 의사표시란 의사표시의 행위자가 자신의 표시행위가 진의(眞意)

와 다른 의미로 이해된다는 것을 알면서도 그러한 의사표시를 하는 것을 뜻한다. 진의 아닌 의사표시가 성립하기 위해서는, 그 표시와 진의가 일치하지 않아야 한다. 즉, 내심의 효과의사가 표시상의 효과의사와 객관적으로 부합하지 않아야 한다. 당사자가 그러한 행위를 한 이유나 동기는 비진의 의사표시의 성립 여부와 무관하다. 상대방이나 제3자를 속이려고 하는 경우이든, 또는 그들이 당사자의 진의를 당연히 이해하리라는 기대 하에 한 것이든, 그 의사표시를 하게 된 동기는 묻지 않는다. 비진의 의사표시는 원칙적으로 법률행위의 효력에 영향을 미치지 않는다. 즉 당사자의 진의가 어떠한 것이든 표시된 대로의 효력이 생긴다. 의사표시는 표의자가 진의 아님을 알고 한 것이라도 그 효력이 있다. 그러나 '상대방이 표의자의 진의 아님을 알았거나 이를 알 수 있었을 경우'에는 그 비진의 의사표시는 무효로 한다(민법 제107조 제1항).

흔히 여기서의 진의란 것을 본심과 동일한 것으로 오해하곤 한다. '진의'의 의미에 대해 법원은 "특정한 내용의 의사표시를 하고자 하는 표의자의 생각을 말하는 것이지 표의자가 진정으로 마음속에서 바라는 사항을 뜻하는 것은 아니므로 표의자가 의사표시의 내용을 진정으로 마음속에서 바라지는 아니하였다고 하더라도 당시의 상황에서 그것이 최선이라고 판단하여 그 의사표시를 하였을 경우에는 이를 내심의 효과의사가 결여된 진의 아닌 의사표시라고 할 수 없다"고 판시하고 있다(대법 2000.4.25, 99다34475). 그러나 위에서 살펴 본 바와 같이 법률관계에서의 진의란 내심의 효과의사를 의미하고, 이는 자신이 특정한 의사표시를 하는 것을 의욕하는 것을 의미한다. 즉 진의란 당사자가 어떤 상황 하에서 자신이 가장 최선이라고 생각하는 선택이나 진정으로 원하고 있는 것을 의미하는 것이 아니라, 그 상황 하에서의 행동을 실제 의욕했다는 것을 의미하는 정도에 그치는 것이다. 다시 말하면, 회사측이 구조조정의 필요성이나 징계 회부의 가능성을 거론하며 근로자에게 사직을 권고할 때 당해 근로자는 진정으로는 그 회사에 계속 근무하기를 희망하고 그것이 가장 최선이라고 생각할 것이지만, 실제 여러 가지 사정들을 고려해서 차선책으로 사직을 결정하는 경우가 있다. 이 때 그 근로자의 진의는 전자가 아니라 후자, 즉 "현재 상황에서는 내가 사직서를 제출하는 것이 좋을 듯 하다"는 의사이다. 따라서 이 때 근로자가 사직서를 작성, 제출하는 것은 진의(내심의 효과의사)에 부합하는 의사표시라고 평가된다(중앙노동위원회 「신노동판례요약집」 2006년, p.247).

2. 사직의사의 진의 여부

① 사직서 제출이 부당해고에 해당하는지의 여부와 관련하여 가장 문제되는 것은 진의에 의한 의사표시와 비진의 표시(진의 아닌 의사표시)의 구분 기준이다. 근로자가 스스로 사직서를 제출하는 경우와 같이 근로자의 사직의사가 진의에 의한 것이 명백한 경우 해고가 성립할 여지가 없으나, 회사의 권고 또는 종용에 의하여 사직서를 제출하는 경우에는 그 사직의 의사표시가 진의에 의한 것인지의 여부에 따라 해고 여부가 결정되므로 이러한 경우에 근로자의 사직의 의사표시가 진의에 의한 것인지의 여부를 어떻게 판단할 것인지가 문제된다.

회사의 사직권유를 근로자가 기꺼이 수용하여 사직서를 제출하는 경우와 같이 근로자의 사직의사 표시가 진의에 의한 것이라고 볼 수 있는 경우도 있을 수 있다. 따라서 회사의 권고 또는 종용에 의하여 근로자가 사직의 의사표시를 한 경우 그 의사표시가 진의에 의한 것이냐의 판단기준으로 사직서의 기재내용, 근로자가 사직서와 관련하여 취한 태도(이의제기, 반발 등), 퇴직위로금 수령 여부 등을 중요한 징표로 삼을 수 있을 것이다.

② 무단결근 등 근로자측의 귀책사유 발생시 사용자측에서 징계 등을 통하여 그 책임을 묻는 대신 시말서와 함께 사직서의 제출을 요구하고, 근로자측에서도 이에 응하여 시말서와 함께 추후 상당한 귀책사유가 재발할 경우 사직서를 수리하여도 이의가 없다는 취지의 조건부 사직서를 제출하는 경우가 있는 바, 위 사직서 수리에 따라 퇴직처리가 정당하다고 하기 위하여는 사직서 수리의 요건이 되는 상당한 귀책사유가 발생하여야 할 뿐만 아니라 사직서 자체가 시말서와는 별개로 근로자의 진의에 의한 것으로서 시말서에 담겨 있는 귀책사유에 대한 반성과 재발방지 약속의 의미를 넘어서서 진정한 사직의 의사를 표현하고 있는 것으로 볼 수 있어야 할 것이다(서울행법 2003. 2.4, 2000구합25874).

③ 해당 근로자를 비롯해 정규직 공채에 응시한 계약직 직원들은 회사 측 설명에 따라 공개 채용에서 탈락할 경우 사직 처리된다는 사실을 알고 있는 상태서 사직서를 제출했으므로 근로자의 사직서 제출로 표시한 사직의 의사가 진의가 아니라고 할 수 없다. 설령 근로자의 사직서 제출이 진의가 아니었더라도 공채 경위, 사직서 제출 및 사직 의사 철회 경위 등에 비춰 회사로서는 근로자의 사직 의사가 진의가 아님을 알지 못했고 알 수도 없었던 바, 사직 처리는 정당하다(서울고법 2008.12.24, 2008누16423).

3. 사직의 의사표시가 진의인지 여부에 대한 판단기준

사직의 의사표시가 진의인지 여부에 대한 판단기준은 다음과 같이 유형화 할 수 있다.

사직의 의사표시가 진의인지 여부에 대한 판단기준

사직서의 내용	사직서와 관련하여 취한 태도	기 타
• 사직서 형식이 회사가 지정한 양식에 따른 사직서인지 또는 자필로 작성한 사직서인지 여부 • 사직서에 기재된 내용이 회사권유에 의한 사직인지 또는 개인사정으로 인한 사직인지 여부 • 회사의 형편을 감안한 사직이라는 내용이 포함되어 있는지 여부	• 사직권유를 받은 후 이의 제기 또는 반발이 있었는지 여부 • 퇴직금을 수령하면서 이의의 유보나 조건을 제기한 사실이 있는지 여부 • 사직서 수리 후 환송회에 참석하여 아무런 불만의 표출없이 작별인사를 나눈 사실이 있는지 여부	• 퇴직금 외에 퇴직위로금을 받은 사실이 있는지 여부

이 경우 사직서와 관련하여 취한 태도를 판단함에 있어 반드시 사직서를 수리할 수 있는 지위에 있는 자 즉, 사용자의 개념에 포함될 수 있는 자에 대해 이의를 제기하는 것 뿐만 아니라 회사동료, 직상급자, 인사·노무담당자에게 이의를 제기한 사실이 있는지의 여부도 고려하여야 할 것이고, 사직과 관련하여 이의제기 또는 불만을 토로한 대상자 수도 사직과 관련한 태도를 판단하는데 참고자료가 될 수 있을 것이다.

4. 사직의 의사표시가 진의인지 여부에 대한 입증책임

사직서를 낸 근로자의 구제신청의 경우 근로자가 내심으로 어떤 생각을 가지고 사직서를 제출하였는지에 관계없이 사직의 의사표시는 표의자가 진의 아님을 알고 한 것이라도 그 효력이 있다. 이러한 경우 권고사직의 법적인 성격은 근로계약의 합의해지이므로 노동위원회의 심판대상에 포함되지 않는다. 즉, 근로자가 사직서를 작성하여 제출한 경우에 특별한 사정이 없는 한, 그 사직서는 사용자와의 근로계약관계를 해지하는 의사표시를 담고 있는 것이고, 따라서 당사자 사이의 근로계약관계는 사용자가 그 사직서 제출에 따른 사직의 의사표시를 수락하여 합의해지나 의원면직이 성립하거나(대법 2003.4.11, 2002다60528), 민법 제660조 소정의 일정기간의 경과로 그 사직서 제출에 따른 해지의 효력이 발생함으로써 종료된다고 할 것이고, 이러한 경우에 사용자의 근로자에 대한 근로계약관계의 소멸통지는 관념의 통지에 불과하여 이를 근로기준법상 해고라고 할 수 없다(대법 1996.7.30, 95누7765 ; 2001.1.19, 2000다51919 • 51926). 그러나 사용자가 근로자의 사직서 제출이 진의 아님을 알고 있었다면 사직서 제출의 효력은 부정되고 노동위원회가 심판할 수 있다. 사직서 제출의 효력을 부인하려는 근로자는 상대방(사용자)이 표의자(근로자)의 사직의 의사표시가 진의 아님을 알았거나 이를 알 수 있었다는 것에 대한 입증책임을 진다.

"사용자가 사직의 의사 없는 근로자로 하여금 어쩔 수 없이 사직서를 작성 • 제출하게 한 후, 이를 수리하는 이른바 의원면직의 형식을 취하여 근로관계를 종료시키는 경우에 그 의사표시는 비진의 의사표시에 해당하여 무효이고, 그러한 사직서의 수리는 실질적으로 사용자의 일방적 의사에 의하여 근로계약관계를 종료시키는 해고에 해당한다"(대법 2001.1.19, 2000다51919).

5. 사직의사의 철회

사직원의 제출과 사용자의 승낙으로 확정적으로 근로계약 종료의 효과가 발생하기 전에는 사직의 의사표시를 사유로이 철회할 수 있다고 보아야 할 것이나, 근로계약 종료의 효과 발생 전이라고 하더라도 사직의 의사표시를 철회하는 것이 신의칙에 반한다고 인정되는 경우는 그 철회가 허용되지 않는 것이며(대법 1992.4.10, 91다43138), 퇴사의 효과가 발생하여 더 이상 사직 의사를 철회할 수 없는 시점에 이르러 계속 근로 의사를 표시한 근로자에 대한 회사의 퇴사 처리는 적법하다(서울행법 2005.12.8, 2005구합22654).

따라서 사직서 제출 과정에서 근로자에게 회사가 어느 정도 강력한 사직 권유가 있었다고 하더라도 회사 간부의 협박, 사기 또는 강박으로 의사 결정 자유를 박탈당했다거나 위법하게 침해받은 상태에서 사직서를 제출한 것이 아니라면, 사직서 제출은 유효하다고 할 것이며 퇴사의 효과가 발생한 시점에서야 이를 철회하는 것은 허용되지 않는다고 보아야 한다.

5장

합병 · 영업양도 · 분할 · 경매시의 근로관계와 퇴직금승계를 둘러싼 법률실무

Ⅰ. 기업의 합병시의 근로관계와 퇴직금승계

회사의 합병이란 두 개 이상의 회사가 계약에 의하여 신회사를 설립하거나 또는 그 중의 한 회사가 다른 회사를 흡수하고, 소멸회사의 재산과 사원(주주)이 신설회사 또는 존속회사에 법정절차에 따라 이전·수용되는 효과가 있는 것을 말한다(대법 2003.2.11, 2001다14351).

경영주가 당해 기업을 타인에게 양도하여 이를 인수한 새 경영주가 기업의 명칭을 변경한 경우나 당해 기업이 타기업에 합병되는 경우에 퇴직금이 승계 되느냐를 둘러싸고 많은 문제가 제기되었다.

하나의 회사가 다른 회사를 흡수합병하는 경우, 합병 후 존속하는 회사는 소멸회사와 그 회사 소속 근로자간의 근로계약관계를 그대로 승계하는 것이므로, 소멸회사 소속의 근로자들이 합병 후 존속회사에서 근무하다가 퇴직하는 경우 원칙적으로는 소멸회사에서의 근무기간까지 합산한 기간을 계속근로연수로 보아 퇴직금을 계산하여야 한다. 합병전회사와 합병회사 사이의 인수과정에 전회사에서의 근무기간을 퇴직금 산정기간에 포함시키지 않기로 합의했더라도 이는 근로자의 기득권을 제한하는 것인 만큼 근로자의 동의 없이는 효력이 없다(대법 1991.11.12, 91다12806).

그러나 만일 이 경우 소멸회사의 근로자들이 소멸회사에 사직서 제출 및 퇴직금을 수령하고 존속회사에 신규입사하는 경우에는, 그 근로자들의 의사가 소멸회사의 근로관계를 단절하고 존속회사와의 사이에 새로운 근로계약을 체결하기 위한 것으로 보인다면 법률적으로 종전의 근로관계는 소멸회사에의 사직서 제출로 단절되는 것이므로 소멸회사에서의 근무기간은 근속연수에 산입할 수 없다.

우리나라의 기업실정을 살펴보면 불황과 도산·산업재편성 또는 전략산업의 통폐합 등을 겪으면서 이러한 사례로 인한 퇴직금지급과 관련된 분쟁을 자주 목격하게 된다. 이에 대하여 기업의 양수나 합병이란 기업의 특정부분을 나누어 행하는 것이 아니라 기업을 구성하고 있는 모든 요소를 포괄적으로 승계하는 것이기 때문에 임금부문의 채무도 더불어 승계된다는 것이 일반적인 견해이다.

회사의 합병에 의하여 근로관계가 승계되는 경우에는 종전의 근로계약상의 지위가 그대로 포괄적으로 승계되는 것이므로(해산회사의 퇴직금규정이 흡수회사의 퇴직금규정보다 근로자들에게 불리하다고 하더라도) 합병 당시, 취업규칙의 개정이나 단체협약의 체결 등을 통하여 합병 후 근로자들의 근로관계의 내용을 단일화 하기로 변경·조정하는 새로운 합의가 없는 한, 합병 후 흡수회사는 해산회사에 근무하던 근로자들에 대한 퇴직금 관계에 관하여 종전과 같은 내용으로 승계하는 것이라고 보아야 한다(대법 2001.4.24, 99다9370). 퇴직금이 단수지급제인 회사가 누진제인 회사에 흡수합병된 경우 존속회사는 소멸회사 직원에게 단수제지급방식에 따른 퇴직금을 지급하여야할 의무만 승계한 것이므로 합병전 기간은 단수제로 지급해도 된다(서울고법 1992.1.21, 91나42325). 판례(대법 2001.7.24, 2001다24662)는 「근로자가 주식회사 대우의 일방적 결정으로 퇴직 및 신규입사 형식을 거쳤으나 근로자 뜻에 따라 주식회사 대우에서 퇴직하고 회사에 새로 입사한 것이 아니라 회사의 영업 일부 양도에 따라 경영주체가 변경된 것에 불과하므로 근로자의 퇴직 의사표시는 비진의 의사표시로 무효이며 근로자의 주식회사 대우와 회사에서의 근로관계는 단절되지 않고 계속되는 것이어서 퇴직금 산정시 근속연수도 합산돼야 한다」라고 한다.

그러나 합병 후 피합병회사 근로자들의 집단적인 의사결정 방법에 의한 동의를 얻은 취업규칙의 변경이나 그러한 근로자들이 속한 노동조합 사이에 단체협약의 체결 등을 통하여, 합병 후 근로자들이 근로관계 내용을 단일화하기로 변경・조정하는 새로운 합의가 있으면 그 새로운 취업규칙이나 단체협약이 유효하게 적용된다(대법 2001.10.30, 2001다24051 ; 2001.9.25, 2001다18421).

다만, 유의하여야 할 점은 기업의 채무에 의하여 그 기업의 부동산의 소유권만이 채권자에게 이전되고 그 후 당해 채권자가 같은 업종의 영업을 하는 경우에 문제가 발생한다. 동종의 영업을 한다 하더라도 이는 부동산의 개별적인 취득에 지나지 않는다. 즉 채권자가 기업의 모든 권리의무를 포괄승계한 것은 아니므로 고용관계까지 승계된 것은 아니다. 그러므로 이러한 사례에 있어서 종전 양수 전의 회사 소속 근로자에 대한 퇴직금지급에 대한 의무는 배제된다.

판례(대법 1991.5.28, 90다16801)는「갑회사의 사업 일부가 을회사에 영업양수됨에 있어, 갑회사의 근로자가 회사를 퇴직하여 퇴직금을 수령하고 재입사의 절차를 거쳐 근속연수가 재입사일로부터 기산되도록 할 것인지, 아니면 그 때 퇴직금을 수령하지 아니하고서 후에 퇴직할 때에 갑회사에서의 근로기간까지도 합산된 근속연수에 상응하는 퇴직금을 수령할 것인지를 결정하도록 하는 설문지를 배부 받고서, 전자를 선택하여 그때까지의 퇴직금을 정산지급 받았다면 그때에 기존의 근로계약관계는 유효하게 해지되었다고 할 것이다」라고 한다.

퇴직금 중간정산과 관련된 판례들은 대체로 이분법론적 입장을 취하면서 근로자 자신의 이익을 위하여 행한 경우에는 중간퇴직의 의사표시 및 중간퇴직금을 적법・유효한 것으로 판단하고, 반면에 사용자의 이익을 위하거나 경영방침에 의한 것일 경우에는 무효로 판단하고 있다. 양도시 중간퇴직으로 인한 퇴직금과 관련된 판례에서도 "퇴직이 근로자의 자의에 의한 것이 아니라 사업을 양도하는 기업의 퇴직금을 지급하기 위한 방편이나 사업을 양도・양수하는 기업들의 경영방침에 의한 일방적 결정에 따라 퇴직과 재입사를 거친 것에 불과한 경우에는 근로관계 단절의 의사표시를 인정할 수 없다"라는 견해를 보이고 있다.

Ⅱ. 회사의 영업양도에 의하여 근로관계가 승계되는 경우 퇴직금 지급의무의 내용

1. 영업양도의 의의

① 영업양도란 일정한 영업목적에 의하여 조직화된 업체, 즉 인적·물적 조직을 그 동일성을 유지하면서 일체로서 이전하는 것을 말하고 영업이 포괄적으로 양도되면 양도인과 근로자간에 체결된 근로계약도 그대로 양수인에게 승계되는 것이다(대법 2003.5.30, 2002다23826). 또한 영업의 일부만의 양도도 가능하지만 이 경우에도 해당 영업부문의 인적·물적 조직이 그 동일성을 유지하면서 일체로서 이전되어야 한다. 이러한 영업양도가 이루어진 경우에는 원칙적으로 해당 근로자들의 근로관계가 양수하는 기업에 포괄적으로 승계된다.

② 영업이란 일정한 영업목적에 의하여 조직화된 유기적 일체로서의 기능적 재산으로서 유기적 일체로서의 기능적 재산이란 영업을 구성하는 유형·무형의 재산과 경제적 가치를 갖는 사실관계가 서로 유기적으로 결합하여 수익의 원천으로 기능한다는 것과 이와 같이 유기적으로 결합한 수익의 원천으로서의 기능적 재산이 마치 하나의 재화와 같이 거래의 객체가 된다는 것을 뜻한다(대법 1997.11.25, 97다35085).

2. 영업의 동일성 판단기준

영업양도란 인적·물적 조직이 그 동일성을 유지하면서 일체로서 이전하는 것을 의미하는데, '영업의 동일성 여부는 일반 사회관념에 의하여 결정되어져야 할 사실인정의 문제'이기 때문이다. 즉 매 사건마다 사회관념에 비추어 '영업의 동일성' 여부를 따져야 하는데, 이것이 매우 불확정적이고 추상적인 개념이어서 정확한 판단을 내리는 것이 간단치 않다.

법원의 기준에 따르면 영업의 동일성 인정 여부는 양도계약 당사자의 주관적 의사에 의하여 결정되는 것이 아니라 '일반 사회관념'에 따라 객관적으로 결정된다. 이러한 법원의 입장은 타당하지만, 영업의 동일성이 존재하는지 여부, 즉 영업이 포괄적으로 승계되었는지 여부의 판단은 개별적 사건에 따라 달라질 수밖에 없다. 문제의 행위(양도계약관계)가 영업의 양도로 인정되느냐 안 되느냐는, 단지 「어떠한 영업재산이 어느 정도로 이전되어 있는가에 의하여 결정되어야 하는 것이 아니라 거기에 종래의 영업조직이 유지되어 그 조직이 전부 또는 중요한 일부로서 기능할 수 있는가」에 의하여 결정되어야 하는 것이다. 예컨대 영업재산의 전부를 양도했어도 그 조직을 해체하여 양도했다면 영업의 양도는 되지 않는 반면에, 영업재산의 일부를 유보한 채 영업시설을 양도했어도 그 양도한 부분만으로도 종래의 조직이 유지되어 있다고 사회관념상 인정되면 그것을 영업의 양도라 볼 것이다(대법 2003.5.30, 2002다23826 ; 2002.3.26, 2000다3347).

3. 영업양도가 인정된 사례

① 회사의 양도가 있는 경우에는 근로자가 자의에 의하여 계속근로관계를 단절할 의사로서 사업을 양도하는 기업에 사직서를 제출하고 퇴직금을 지급받은 다음 사업을 양수하는 기업에 입사하였다면 근로관계의 단절로 인정될 수 있을 것이다.

② 사무실・영업시설물을 인수하고 사업내용의 동일성이 인정되며 근로자의 거의 대부분이 인수되고 근로조건의 동일성이 유지된 경우

③ 물적시설의 일체 즉, 면허권, 종업원 등 운영조직 일체를 인수한 경우

④ 실질적인 입사절차를 거치지 않고, 퇴직금 및 근로조건이 동일한 경우

4. 영업양도가 부인된 사례

① 그러나 사업을 양도하는 기업의 퇴직금을 지급하기 위한 방편이나 사업을 양도・양수하는 기업들의 경영방침에 의한 일방적인 결정에 따라 퇴직과 재입사의 형식을 거친 것에 불과하다면 이러한 형식을 거쳐서 퇴직금을 지급받았다 하더라도 당해 근로자의 근로관계는 단절되지 않을 것이다.

② 근로자들에 대한 임금 및 퇴직금 등 채무를 청산하기로 하고, 면허 및 물적 시설만을 양도한 경우

③ 양도회사의 판매망과 생산시설을 바탕으로 운영하고 있으나 채권·채무 등을 모두 인수하지 않았으며, 양도회사 근로자들 일부만 신규입사 형식으로 채용하고 나머지는 전 회사에 잔류한 경우

④ 폐업사업체 자산을 개별적으로 매입하고, 그 근로자를 채용해도 동질성이 없으면 근로관계가 승계되지는 않는다.

영업의 양도가 있는 경우에는 근로자가 최종적으로 사업을 양수한 기업에서 퇴직하면 그 기업은 양도 전 기업에서의 근무연수를 합산한 계속근로연수에 상응하는 퇴직금에서 이미 지급된 퇴직금을 공제한 나머지를 지급하여야 할 것이다.

그리고 양도·양수회사간에 포괄승계 합의시에 근로자의 퇴직금 산정기간에 한하여 종전의 근속기간은 승계회사의 근속연수에 산입하지 않기로 하는 단서조항을 삽입하였다 하여도, 이는 종전의 근로계약관계를 포괄적으로 승계하면서 근속기간에 관한 근로자의 기득권을 제한하는 예외조항을 설치한 것이므로, 근로자의 동의가 없는 한 근로자에게 구속력이 미치지 아니한다(대법 1991.11.12, 91다12806).

5. 영업양도시 근로관계

① 영업양도에 있어서 양도인과 근로자간의 근로관계는 승계의 특약이 없더라도 당연히 양수인에게 승계된다(자동인수설, 당연승계설, 원칙승계설). 따라서 근로관계의 승계를 제외한다는 양도 당사자간의 특약은 무효가 되며, 근로관계의 일부를 승계의 대상에서 제외하기로 하는 특약은 정당한 해고사유가 있어야 유효하다(대법 1994.6.28, 93다33173).

② 근로관계가 승계되기 위해서는 근로자가 영업양도 계약체결일 현재 당해 영업부문에서 근무하고 있어야 하므로 계약체결일 이전에 해고된 자로서 해고의 효력을 다투고 있는 근로자의 근로관계까지 승계되는 것은 아니다(대법 1993.5.25, 91다41750). 그러나 양수인이 영업양수 당시에 해고가 무효임을 알았던 경우에는 원칙적으로 그 해고된 근로자의 근로관계도 양수인에게 승계된다(대법 1993.5.31, 96다33238).

6. 영업양도와 근로관계 단절 여부, 퇴직금 지급의 범위

① 영업양도의 경우에는 특단의 사정이 없는 한 근로자들의 근로관계 역시 양수인에 의하여 계속적으로 승계되는 것으로 영업양도시 퇴직금을 수령하였다는 사실만으로 전 회사와의 근로관계가 종료되고 인수한 회사와 새로운 근로관계가 시작되었다고 볼 것은 아니고 다만, 근로자가 자의에 의하여 사직서를 제출하고 퇴직금을 지급받았다면 계속근로의 단절에 동의한 것으로 볼 여지가 있지만, 이와 달리 회사의 경영방침에 따른 일방적 결정으로 퇴직 및 재입사의 형식을 거친 것이라면 퇴직금을 지급받았더라도 계속근로관계는 단절되지 않는 것이다(대법 2001.11.13, 2000다18608).

이와 같은 경우에 근로자가 최종적으로 사업을 양수한 기업에서 퇴직하면, 그 기업은 사업을 양도한 기업에서의 근속기간을 포함한 근속연수에 상응하는 퇴직금에서 이미 지급된 퇴직금을 공제한 나머지를 지급할 의무가 있다 할 것이다(대법 2005.2.25, 2004다34790).

② 영업의 일부 양도시 휴직자, 연수자, 노조전임자와 같이 근로관계가 일시 정지되어 있는 근로자도 근로계약에 의한 근로자의 지위가 계속 유지되고 있으므로 양도되는 영업부문에 전속되어 있다면 달리 볼 사정이 없는 한 고용승계 대상에 포함될 것이다(2002.6.12, 근기 68207-2196).

③ 다른 기업의 사업부문의 일부를 양수하면서 그 부문에 근무하는 근로자들에 대한 권리의무도 함께 포괄승계받기로 약정한 경우 해고 또는 면직처분의 효력을 다투는 해고근로자와의 근로관계도 승계하는지 여부

다른 기업의 사업부문 일부를 양수하는 계약을 체결하면서 그 물적 시설과 함께 그 사업부문에 근무하는 근로자들에 대한 권리의무도 함께 포괄승계받기로 약정한 경우에는 원칙적으로 해당 근로자와의 근로관계는 영업양수인에게 승계되는 것이지만, 이때 승계되는 근로관계는 계약체결일 현재 실제로 그 영업부문에서 근무하고 있는 근로자와의 근로관계만을 의미하고 계약체결일 이전에 해당 영업부문에서 근무하다가 해고 또는 면직된 근로자로서 해고 및 면직처분의 효력을 다투는 근로자와의 근로관계까지 승계하는 것은 아니다(대법 1993.5.25, 91다41750).

7. 영업양도와 집단적 근로관계 승계

① 양수인에게 승계되는 근로관계는 개별적 근로관계뿐 아니라 양도인과의 관계에서 형성된 집단적 근로관계도 포함되고, 이미 설립된 노동조합은 영업양도에 의하여 그 존립에 영향을 받지 않고 양수인 사업장의 노동조합으로 존속한다(대법 2002.3.26, 2000다3349).

② 다만 당해 양도가 기업의 일부 시설만 매각하는 등 자산매각에 해당한다면 기존기업을 조직대상으로 하는 노동조합은 양수기업의 노동조합으로 존속할 수 없다고 보아야 할 것이다(2001.1.4, 노조 68107-22).

Ⅲ. 회사분할에 따른 근로관계의 승계

1. 회사분할의 의의 및 효력

상법 제4장 제11절에 의한 회사의 분할시 고용승계 문제에 대해서는 기존의 판례나 학계의 확립된 입장이 아직 없고 일부 학자나 기타 법률 전문가 사이에서 논의되고 있는 실정이다.

새로운 회사분할 제도가 도입될 전후의 시기에 제시된 학계의 주된 견해는, 분할시에도 근로관계의 승계가 인정되어야 한다는 입장이었다. 분할이 합병의 대칭적인 의미를 가지고 합병의 경우와 마찬가지로 법인격의 변동을 초래하는 특징이 인정된다면, 분할에 있어서도 합병에서처럼 근로관계의 승계가 인정되는 것이 바람직하다는 것이다. 상법 내의 동일한 조직법적 원리가 적용되는 두 제도에서 상이한 법률효과가 발생한다는 것은 타당하지 못하며, 더군다나 현행 상법은 분할의 법적 효과에 대해서도 합병의 경우에서처럼(부분적) 권리・의무의 포괄승계를 인정하고 있으므로(상법 제530조의12), 근로관계의 승계도 포괄승계의 효과를 확대적용하는 것이 해석상 타당하다고 한다(김형배, 「노동법」 신판5판, p.487). 이에 관한 행정해석은 「상법 제539조의10(분할 또는 분할합병의 효과)에서 분할 또는 분할합병으로 인하여 설립되는 회사 또는 존속하는 회사는 분할하는 회사의 권리와 의무를 분할계획서 또는 분할합병계약서가 정하는 바에 따라서 승계토록 하고 있다. 회사분할에 따라 신설회사 등으로 이전되는 사업부문에 종사하고 있는 근로자는 원칙적으로 동 사업부문이 이전되는 신설회사 등으로 고용승계가 된다고 할 것이다」라고 한다(2001.6.11, 근기 68207-1873).

2. 회사분할과 고용승계

다만, 회사분할시에 분할계약서 등에 고용승계에 관하여 별도로 규정하고 있는 경우 고용승계의 원칙에서 일탈하지 않는 한 동 규정에 따라 고용승계가 될 것이다(2001.6.11, 근기 68207-1873)라고 한다. 문제는 회사분할시에는 근로자의 근로관계 존속보호 문제가 단순히 근로관계 승계를 인정하는 것만으로 충분히 달성될 수 없다는 어려움이 발생된다. 그러나 이와 같은 문제가 회사분할시 근로관계의 포괄적 승계를 부인해야 할 논거로 될 수는 없다. 이는 분할제도 남용의 측면에서 제한되어져야 할 것인지, 이를 이유로 분할제도의 본질적인 특성이 부인되어서는 아니 될 것이다. 왜냐하면 회사의 일정 사업부분을 폐지하면서 그 사업부서에 종사하던 근로자에 대하여 정리해고를 실시하는 것을 정당한 것으로 인정한 판례(서울행법 2000.3.17, 99구20694 ; 2000.11.7, 2000구11672)에 비추어 보면, 분할을 통한 청산절차를 금지 또는 배제하여야 할 것은 아니기 때문이다. 그러므로 분할제도의 남용은 사용자가 분할・퇴출시킬 사업의 소속근로자를 자의적으로 결정함으로써 결과적으로 정리해고 대상자를 합리적이며 공정한 기준 없이 일방적으로 처리하는 사례로서 문제시되어야 할 것이다.

3. 회사분할에 따른 노동조합의 존속 여부

하나의 회사가 사업부문별 경영을 위하여 회사를 신설하여 일부 사업부문을 분리, 신설회사에 양도하고 신설회사는 분할 전 회사에서 근로자를 포괄적으로 고용승계 하는 경우, 분할 전 회사의 근로자를 조직대상으로 하는 노동조합이 회사의 분할과 관계없이 종전과 같이 하나의 노동조합으로 운영하고자 하는 때에는 신설회사로 전적하는 조합원들이 참가한 상태에서 기존의 회사에 근무하는 근로자와 신설회사로 전적하는 근로자들을 포함하도록 규약상의 조직범위를 적법하게 변경하여야 할 것이며, 이와 같이 조직범위를 변경한 경우 신설회사로 전적한 조합원들은 기존 노동조합의 조합원 자격을 계속 유지하게 된다고 보아야 할 것이다(2006.2.20, 노사관계법제팀-418).

Ⅳ. 경매를 통해 기업시설이 타인에게 양도되는 경우의 근로관계 승계와 퇴직금 승계

신규회사가 기존회사의 부동산 등에 대한 저당권자의 경매신청에 의하여 경매되는 부동산 등을 경락받은 것뿐이라면 그에 대한 개별적인 권리만을 취득한 것에 불과하므로 기존회사의 고용관계에 대해서 당연히 승계한 것은 아니다. 신규회사가 법원의 경매에 의하여 경매의 목적인 권리를 취득한 후 기존 회사의 근로자들에 대하여 신규채용 하였거나 당사자간의 약정에 의해 고용승계 된 경우에는 정당한 이유없이 해고할 수 없다(2001.3.12, 근기 68207-783).

법인의 이름으로 기업을 경영하는 사용자가 법원의 경매절차를 통해 법인의 물적 기반인 기업시설 전체를 타인에게 양도함으로써 근로자의 일터를 잃게 했을 때에는, 비록 사용자가 폐업처분이나 그것을 전제로 한 해고처분을 한 사실이 없다 하더라도 특별한 사정이 없는 한 당해 근로관계는 합의퇴직으로 종료됐다고 볼 수 있으므로 경락인에게 근로관계가 승계되지 않는다(대법 1988.2.9, 87도2509).

법원의 경매절차를 통해 법인의 물적기반인 기업시설이 타인에게 양도됐다는 사실만으로 경락인에게 근로관계가 자동승계되는 것은 아니며, 경락인이 영업과 관련한 다른 자산이나 부채·채권과 채무 등 영업일체를 인수한 것으로 인정할 만한 다른 증거가 없는 한 실질적으로 영업을 포괄적으로 양도·양수했다고 볼 수 없으므로 고용승계 의무가 없다.

따라서 경락인과 '계약기간 2월'의 근로계약을 체결한 후 계약기간의 만료로 근로관계가 해지됐다고 해서 이를 부당해고라고 보기 어렵고, 신청인들 중 일부는 비조합원일 뿐만 아니라 조합원임을 이유로 한 불이익 처분이라고 볼 수 없다면 부당노동행위가 성립하지 않는다(중노위 2000.9.22, 2000부노71 및 2000부해279).

Ⅴ. 동종 업종의 타사 취직이나 동종 업종의 독립자영을 위한 퇴직과 경업금지의 유효성

회사의 제품제조 방법이나 영업상의 비밀을 알고 있는 근로자가 동종 영업을 하는 타사에 스카웃되거나, 퇴직 후 개별회사를 설립하여 동종 영업을 시작하는 일은 회사에게 경제적 타격을 줄 수 있으며 비밀준수 의무나 신의칙상의 문제가 발생할 수도 있으므로, 이와 같은 경업퇴직을 금지함은 회사로서 당연하다고 생각할 수도 있다.

그러나 일반적으로 근로자가 고용관계 중에 경업피지의무를 부담하고 있음은 당연하지만, 그 동안에 습득한 업무상의 지식・경험・기술은 근로자의 인격적 재산의 일부를 이루는 것으로서 이것을 퇴직 후에 어떻게 살려서 이용하여 나가느냐는 개인의 자유에 속한다. 따라서 퇴직 후의 경업이 금지되기 위하여서는 '특약'으로서의 '특별한 그 취지의 합의'가 필요하게 된다. 이러한 특약이 있다면 이와 같은 경업행위도 일응 금지의 대상이 될 수 있으나 이것은 직업선택의 자유나 독점금지와의 조화를 이루는 한도에서 유효하다. 이와 같은 퇴직 후의 경업금지가 유효하기 위하여서는 ① 제조나 영업 등 비밀의 핵심사업에 종사하는 자에 관하여, ② 그 비밀이 보호할 가치가 있는 적법인 것이며, ③ 또한 특약을 가지고 하는 한도에 있어서 유효하다.

한편, 특약의 내용에 관하어서는 ① 제한기간을 한정하여, 예컨대 1년간 등, ② 대상 지역에 관하여 규정하여 사안에 따라서는 전세계를 대상으로 할 수 있을 것이다. ③ 대상 직종이나 업무를 한정하여 당사의 전 영업종목이라는 포괄적인 것은 원칙적으로 인정되지 아니한다. ④ 이와 같은 제한의 어떠한 대상이 지급되고 있다는 것, 그 대상은 재직 중의 연구수당, 개발수당, 직책수당 등이라도 무방하다 등이 요건이 된다.

한 회사의 핵심 영업비밀을 알고 있는 근로자가 경쟁사로 이직했을 경우 그 영업비밀과 관련된 업무에 종사할 수 없나는 법원의 결정이 있다. 회사의 핵심 영업비밀을 알고 있는 근로자가 경쟁사로 하여금 핵심기술을 이용한 제품의 제조・판매 및 그 보조업무에 종사하는 것은 위 영업비밀이 보호되어야 할 가치가 있다면 부정경쟁방지법에 의해 금지할 수 있지만, 경쟁사로 전직시키는 것 자체를 금지하는 것은 헌법상의 직업 선택의 자유와의 관계에서 허용될 수 없다(서울지법 1995.3.27, 94카합12987).

회사가 다이아몬드공구의 제조공정에 있어서 일반적 지식 또는 기능이라고 할 수 없는 특수한 기술상의 비밀정보를 가지고 있고 이러한 비밀정보는 일종의 객관화된 지적 재산이므로, 퇴직사원의 영업비밀 침해행위에 대하여 회사와의 사이에 침해행위중지 및 위반시 손해배상약정금을 정한 합의가 이루어진 경우, 그 합의서의 내용을 회사의 영업비밀을 지득하는 입장에 있었던 사원들에게 퇴직 후 비밀유지의무 내지 경업금지의무를 인정하는 것으로 해석하는 것이 직업선택의 자유에 관한 헌법규정에 위반된다고 볼 수 없다고 한다(대법 1997.6.13, 97다8229).

6장

퇴직과 계속근로기간 산정을 둘러싼 법률실무

Ⅰ. 계속근로기간의 개념 및 산정기준

1. 계속근로기간의 개념

근로자퇴직급여보장법 제4조제1항제8조에서는 퇴직급여제도나 퇴직금제도에 있어서 계속근로기간 1년 미만과 1년 이상에 따라 설정의무의 유무가 결정되며 근로기준법 제60조에서는 계속근로기간을 기준으로 연차유급휴가를 산정하도록 규정하고 있는데, 당해 계속근로기간의 개념 및 산정 기준 내지 원칙 등에 관하여서는 별다른 규정을 두고 있지 않다.

종래 실무에서는 근로계약관계의 존속 기간 중에 사상병가・형사구속 등 개인적 사유에 의한 휴직기간, 징계조치로서 행하여진 정직기간・대기발령기간, 무단결근일, 불법 쟁의행위기간, 휴업기간 등 실제 근로제공이 이루어지지 않은 기간이 계속근로기간에서 제외되는 것인지 여부가 문제되어 왔으며 한편 실무상으로는 많은 기업들이 명확한 법적 근거 없이 그 의미를 '정상의 근로를 제공한 기간 및 관계 법령에 의하여 이에 준하는 것으로 볼 수 있는 기간'에 상당하는 의미로 보고 위 문제가 된 기간을 계속근로기간에서 제외하는 내용으로 운영하거나 이를 계속근로기간에 포함하는 내용으로 운영하여 일률적이지 않고 있다.

2. 계속근로기간의 산정기준

(1) 행정해석

행정해석은 계속근로연수를 '근로계약관계가 존속하는 기간 전체'로 보아야 한다고 하면서 문제된 기간들도 원칙적으로 계속근로연수에 포함된다는 입장이었던 것으로 보이는데(1987.5.4, 근기 01254-7175 ; 1987.1.1, 근기 01254-18575 ; 1983.10.11, 근기 1451-25560 ; 1978.4.21, 법무 811-3206 등 참조). 최근의 일부 사례에 있어서는 실제 근로를 제공하지 않은 기간은 계속근로연수에서 제외되는 것으로 볼 수 있다는 취지의 견해(2007.8.7, 근로기준팀-5819 ; 2005.5.4, 근로기준과-2495 ; 2003.4.24, 임금 68207-313 ; 1998.3.31, 근기 68207-608 등 참조)도 제시하고 있어 그 입장이 일률적이지는 않다.

(2) 판 례

판례도 계속근로기간에 관하여 별다른 언급을 함이 없이 다만 개별 사안에 있어 군복무로 인한 휴직기간은 계속근로연수에 포함되지 않는다든지(대법 1993.1.15, 92다41986) 직무와 연관하여 이루어진 해외유학기간은 포함되어야 한다(대법 1976.3.9, 75다872)는 정도의 견해를 제시하여 왔을 뿐이었다.

최근 판례(대법 2007.11.29, 2005다28358)는 "계속근로연수란 원칙적으로 근로자의 재직기간을 말한다. …단체협약이나 취업규칙으로 재직기간 중 일부를 퇴직금 산정의 기초가 되는 근속기간에서 함부로 제외하는 것은 그와 같이 하여 산정한 퇴직금의 액수가 근로기준법에 정한 산정방법을 적용하여 산정한 퇴직금의 액수 이상인 경우 등의 특별한 사정이 없는 한 허용될 수 없다"라고 하여 그 개념 및 산정기준 내지 원칙을 처음으로 언급하였다는 점에서 주목할 만하다.

(3) 평 가

비록 동 판결은 종래 문제되어 왔던 '재직기간 중 실제 노무 제공이 이루어지지 않은 기간'의 취급에 관하여서는 구체적인 언급을 하고 있지는 않으나, 계속근로연수가 '재직기간'을 의미하는 것임을 명시함으로써 그 산정기준의 출발점을 분명히 하였다는 점에서 의미가 있다고 판단된다.

3. 명예퇴직자의 전직지원 교육기간을 퇴직금산정기간에서 제외하기로 하는 정한 경우

(1) 판의 태도

판례(대법 2007.11.29, 2005다25358)는 단체협약 등에 의하여 재직기간의 일부를 함부로 계속근로연수에서 제외할 수 없다는 원칙을 언급하면서 당해 문제가 된 사안에 있어서는 "사용자가 명예퇴직 신청을 받아 명예퇴직을 명함으로써 명예퇴직자로 확정시킴과 동시에 그때부터 일정기간 전직(轉職) 지원교육을 실시하기로 하고 그 기간을 유급휴직기간으로 처리하되 퇴직금 산정의 기초가 되는 근속기간에서는 제외하기로 단체협약이나 취업규칙에서 정한 경우라면, 그 휴직기간은 사용자의 업무와 관련된 일반적인 근로관계는 사실상 마무리된 상태에서 명예퇴직자들의 이익을 위하여 특별히 설정된 기간이라는 점을 고려할 때, …그러한 취지를 정한 단체협약 등의 규정은 근로기준법에 위반하지 아니하여 유효하다 할 것이다"라고 판시하고 있다.

(2) 평　가

당해 휴직기간도 근로관계가 유지되고 있다는 점에서 '재직기간'에 포함되는 기간임이 분명하다고 할 것인데 단체협약에 의하여 배제를 인정한 것은 이는 당초 명예퇴직에 관한 당사자간 의사가 합치하는 시점에서 근로관계를 종료하는 것으로 정할 수도 있었던 것을 명예퇴직자를 배려하고자하는 취지에서 일정 기간 유급으로 직업교육의 기회를 제공한 것으로 볼 수 있어 당해 기간을 계속근로기간에서 제외하더라도 당초 근로기준법이 상정하고 있는 근로기준보다 불리한 사정이 발생한다고 할 수 없다는 사정을 고려한 것으로 보인다.

Ⅱ. 계속근로년수 산정의 기산점과 한계

1. 계속근로년수 산정의 기산점

1961.12.4 법률 제791호로 근로기준법 제28조가 개정되어 퇴직금제도가 신설된 이후에 퇴직금 지급사유가 발생한 경우의 계속근로년수의 기산점은 근로개시일이 근로기준법의 시행일인 1953.8.8 이전이라도 위 법 시행일 이전으로는 소급할 수 없지만, 위 법 시행일 이후인 이상 위 근로기준법 개정 전후를 불문하고 근로개시일로 하여야 한다(대법 1993.11.23, 93다13704).

2. 계속근로년수 산정의 기준시점

퇴직금 산정의 기초인 계속근로년수는 평균임금이나 퇴직금지급률과 같이 특별한 사정이 없는 한 퇴직 당시를 기준으로 하여야 한다(대법 1997.9.9, 97다2306).

3. 계속근로년수 산정의 한계

우리나라의 퇴직금제도는 사용자의 은혜적인 고려에 의하여 마련된 것이 아니라 원칙적으로 근로기준법 및 근로자퇴직급여보장법에 의하여 인정되는 강제적인 성격을 갖는 것이어서 그 시행 전에는 근로자가 퇴직금이나 이와 유사한 사용자로부터의 금원지급에 대한 법률상의 기대를 하지도 않았고 사용자도 근로자의 퇴직에 대비한 퇴직금 등의 재원을 준비하지 않았을 것이므로 근로기준법 자체 내에 계속근로년수의 통산에 관한 아무런 경과규정도 없는 이상 단체협약이나 취업규칙 등에 별도의 다른 규정이 있다는 등의 특별한 사정이 없는 한 근로기준법 시행일 이전의 재직기간만큼은 계속근로년수에 산입할 수 없다고 보아야 할 것이다(대법 1993.4.27, 92다37161 ; 같은 취지의 판례로 1991.12.24, 91다20494가 있다).

Ⅲ. 계속근로년수 산정의 방식

1. 계속근로년수 산정의 방식

구 근로기준법 제28조 소정의 계속근로년수의 계산은 동법 개정 전후에 관계없이 퇴직사유가 발생한 이상 그 개정법시행일(1961.12.4) 전후를 통산하여 계산함이 상당하다(대법 1971.5.24, 71다707 ; 같은 취지의 판례로 대법 1972.4.11, 71다1033, 대법 1981.12.22, 81다472 등이 있다).

2. 시행령 개정에 따른 계속근로년수 산정의 방식

근로기준법 제10조와 그 시행령 제1조의 개정과정을 살펴보면, 구 근로기준법 제28조의 퇴직금 규정은 1975.4.28 이전에는 상시 30인 이상, 그 이후 1987.12.31까지는 상시 16인 이상, 그 이후 1989.3.28까지는 상시 10인 이상, 그 이후에는 상시 5인 이상의 각 근로자를 사용하는 사업 또는 사업장에 한하여 적용하도록 개정되어 왔고, 법 자체 내에 계속근로년수의 통산에 관한 아무런 경과규정도 없는 점과 법에 의하여 인정되는 퇴직금제도는 강제적인 성격을 갖는 점을 감안하면, 단체협약이나 취업규칙 등에 별도의 규정이 있는 등의 특별한 사정이 없는 한 그 사업 또는 사업장이 근로기준법의 퇴직금 규정적용 대상이 아니었던 기간 동안의 근로기간을 퇴직금 산정의 기초인 계속 근로년수에 산입할 수 없다(대법 1996.12.10, 96다42024).

3. 연차휴가 산정과 퇴직금 산정에 있어서 계속근로기간의 차이

근로자가 퇴직하고 퇴직금을 수령한 후 그룹 계열사에 재입사한 사안에서 연차유급휴가일의 산정과 퇴직금 산정에 있어서의 근속기간의 인정은 별개의 문제이므로 연차유급휴가일을 산정함에 있어서 그룹 계열사에서의 전체의 근무기간을 계속 근속기간으로 인정하여 주었다고 하더라도 이로써 퇴직금 산정에 관하여 그룹 계열사에서의 전체의 근무기간을 계속근속기간으로 인정하였다고 단정할 수 없다(대법 1997.9.30, 97다6322).

Ⅳ. 1년 미만의 기간으로 반복 고용 및 근로계약을 반복 갱신시의 공백기간도 계속 근로로 인정될 것인가

1. 1년 미만의 기간으로 반복 고용한 경우

정부 또는 공공기관의 공무원이나 직원, 예를 들면 수위·운전기사·청소원에 대한 고용관행이 6개월을 단위로 해고하고 다시 채용되는 형식을 반복하는 경우에 이를 계속근로로 보아 퇴직금을 지급하여야 하는지 또는 근로관계가 단절된다는 형식적 논리에 의하여 퇴직금제도의 적용을 배제할 것인가. 이러한 문제는 일용근로자의 경우에도 발생되어, 일용이란 설령 같은 기업의 동일업무를 계속 수행한다 하더라도 매일 새로이 고용되는 형식을 취하는 것이기 때문에 일년 근속을 퇴직금지급의 기준으로 하고 있는 퇴직금 적용의 범위에 포함되는지 여부가 문제된다.

① 판례는「형식적으로 일용노동자라 하더라도 일용관계가 중단되지 않고 계속되어 온 경우에는 상용근로자로 보아야 하고 사용자로서는 그 취업규칙 및 보수규정상의 직원에 준하여 일용관계가 계속된 기간을 계속 근로연수로 계산하여 그에 상응하는 퇴직금을 지급하여야 하고 반드시 월 평균 25일 이상 근무하여야만 근로자의 상근성·계속성·종속성을 인정할 수 있는 것은 아니라 할 것이다」(대법 2002.7.26, 2000다27671)라고 한다.

② 일용직 근로관계에서 공사의 진행에 따라 근로의 제공이 일시적으로 중단되었다가 재개되는 등 근로 제공의 연속성이 떨어지는 것은 상근직이 아닌 일용직 근로의 특수성에 기인하는 것이므로, 계약기간이 정해진 근로계약을 체결한 일용직 근로자의 경우 계약기간이 끝나지 않은 이상 공사가 일시적으로 중지되었다고 하여 계약에 의한 기본적인 근로관계가 소멸한다고 할 수는 없다(대법 2009.5.14, 2009두157).

2. 갱신 또는 반복 체결된 근로계약에 있어서의 근로관계의 판단기준

근로계약기간이 만료되면서 다시 근로계약을 맺어 그 근로계약기간을 갱신하거나 동일한 조건의 근로계약을 반복하여 체결한 경우에는 갱신 또는 반복된 계약기간을 합산하여 계속 근로 여부와 계속 근로 연수를 판단하여야 하고, 갱신되거나 반복 체결된 근로계약 사이에 일부 공백 기간이 있다 하더라도 그 기간이 전체 근로계약기간에 비하여 길지 아니하고 계절적 요인이나 방학기간 등 당해 업무의 성격에 기인하거나 대기기간·재충전을 위한 휴식기간 등의 사정이 있어 그 기간 중 근로를 제공하지 않거나 임금을 지급하지 않을 상당한 이유가 있다고 인정되는 경우에는 근로관계의 계속성은 그 기간 중에도 유지된다고 한다(대법 2006.12.7, 2004다29736).

Ⅴ. 휴직기간은 근속연수에서 제외하여 계속근로기간 계산에서 공제할 것인가

근로자가 개인적인 사상병 등의 사정으로 휴직한 일이 있었을 경우에 당해 휴직기간은 퇴직금 계산에서 공제할 것인가. 근속기간 중의 근무의 중단이 근로자 개인의 사정에 의한 휴직으로 야기된 경우를 둘러싸고 논란이 있었다.

이 문제에 대하여 행정해석은 「설사 휴직이 근로자의 귀책사유 또는 자의에 의한 것이라 하더라도 단체협약, 취업규칙 또는 근로계약 등에 휴직의 요건과 기간을 명시하여 근로조건의 하나로 인정된다면 이때는 퇴직금의 기초가 되는 계속기간에 통산하여야 한다(1982.4.8, 근기 1455-9822)」고 해석하고 있다. 근로자가 재직중 사적사유(私的事由)로 인한 휴직기간이 있는 경우 그 기간도 퇴직금 산정을 위한 계속근로년수에 포함된다. 개인적인 질병으로 휴직한 경우, 범죄행위로 구금되어 휴직한 경우, 운전기사가 도로교통법 위반으로 면허정지 처분을 받은 경우 등 근로계약이 유효한 기간이라면 그 기간 모두 계속근로기간에 합산하여야 한다.

따라서 근로자가 계속하여 근로계약관계를 유지하고 있는 한 휴직기간에 있어서 보수의 지급 유무나 휴직사유를 불문하고 퇴직금을 계산함에 있어 휴직기간도 계속근무로 간주하여 통산하여야 한다. 그러나 근로자가 해외유학을 한 기간도 그 유학의 목적이 근로자로서의 본연의 직무와 관련되어 있는 것인 이상 실질적인 근로관계가 계속되어 있다고 보아 계속근로연수에 통산하여야 한다. 그러나 근로자가 근로와는 무관한 개인적인 목적으로 유학을 하고 그 때문에 그 기간 동안 휴직이나 정직이 된 경우에는 계속근로연수에 산입할 수 없다(대법 1976.3.9, 75다872). 근로자 귀책사유로 인한 휴직기간은 원칙적으로 사용종속관계가 유지되는 한 퇴직금 산정을 위한 계속근로연수에 포함되어야 할 것이나 단체협약, 취업규칙 등에 따로 있다면 이에 따라야 할 것이다(1993.5.27, 임금 68207-326).

판례(대법 1991.6.28, 90다14560)는 「근로계약이 존속하는 한 사업주의 퇴직금 지급의무는 발생할 여지가 없고 근로계약이 종료되는 때에 비로소 그 지급의무가 생기므로 정상적인 근무기간과 병가 또는 휴직기간이 있는 경우 근로자의 퇴직금을 각 기간별로 계산하여 합산한 금액으로 산정할 수는 없다」고 하여 이 점을 명확히 하고 있다.

Ⅵ. 누진율지급제의 퇴직급제도를 단순지급제(법정제)의 퇴직금제도로 변경할 수 있는가

1. 누진제에서 법정제로 변경될 경우의 퇴직금 산정방법

노사간 적법한 절차를 거쳐 퇴직금지급률을 누진제에서 단수제로 변경하면서 종전의 누진제 퇴직금에 대한 평균임금 산정기준일까지도 퇴직금채무가 된 경우라면 근로자가 퇴직(중간정산 요구)할 때에는, 종전의 규정에 의한 퇴직금(누진제퇴직금 채권확정액)에 새로이 변경된 퇴직금 지급률에 의하여 계산된 퇴직금[실제퇴직(중간정산 요구)시점의 평균임금에 법정률을 곱한 금액]을 합산하여 지급하여야 할 것이다.

그러나 퇴직금지급률이 단지 누진제에서 법정제로의 변경만 이루어지고 종전의 지급률에 의한 평균임금 산정기준일을 확정하지 않은 경우라면 이때의 퇴직금은 근로자가 실제 퇴직(중간정산 요구)한 시점의 평균임금에 종전의 누진율 및 새로이 변경된 지급률(법정제)을 각각 곱한 후 이를 합산 지급함이 타당하다(2001.5.2, 임금 68207-312).

2. 일정한 존속기간까지에 대하여만 누진율지급제를 정하고 있는 경우에 이를 초과하는 근속기간에 대한 규정이 없는 경우의 취급

기존 취업규칙에서는 근로자의 퇴직 당시의 1개월분의 평균임금에 근속연수에 따라 누진되는 지급개수를 곱한 금액을 퇴직금으로 지급하는 근속연수별 누진지급제의 퇴직금제도를 두고 있다가 그 취업규칙의 변경으로 근속연수 1년에 대하여 1개월분의 평균임금만을 지급하는 단순지급제의 퇴직금제도로 변경한 경우이다. 이와 같은 취업규칙의 불이익변경은 기존 취업규칙의 적용을 받고 있던 근로자 집단의 집단의사 결정방법에 의한 동의가 없는 한 취업규칙 변경의 효력을 가질 수 없어 그 근로자들에게는 적용되지 않는다.

근로기준법의 최저기준을 초과하는 수준의 퇴직금청구권은 그러한 퇴직금제도의 내용이 근로계약, 단체협약, 취업규칙 등에 규정되어 있는 경우에만 인정되는 것인 바, 퇴직금규정이 초창기에 우선 일정한 근속기간까지에 대하여만 지급률을 정하고 있었다면 이를 초과하는 근속기간에 대한 퇴직금규정은 정하여진 근속기간의 누진율을 그대로 적용하겠다는 취지로 볼 것이 아니라, 그 부분은 추후 검토하기로 유보하여 아직 제정되지 않은 것으로 보아야 할 것이다(대법 2001.10.30, 2001다24051)라고 한다.

Ⅶ. 정년퇴직자의 재고용과 계속근로연수의 산정

1. 정년퇴직자 재고용의 법적성격

정년이란 근로계약의 종기를 정하는 것으로 근로자가 일정 연령에 도달한 때에는 자동적으로 근로계약이 종료하여 근로자의 지위를 상실시키는 제도이다. 근로자의 의사와는 관계없이 자동적으로 퇴직을 시키는 것이다.

정년을 달리 적용받던 비정규직 근로자가 정규직 근로자로 전환될 경우라면 정규직근로자가 적용받는 취업규칙상의 정년규정을 적용받아야 할 것이다(2008.4.21, 근로조건지도과-997). 사용자가 정년에 도달한 근로자를 촉탁 등으로 기간을 정하거나 하여 재고용하는 사례가 증가하고 있는바, 이러한 정년 후 재고용도 새로운 근로계약의 체결로서 그 내용에 대해 쌍방의 합의를 요한다. 따라서 사용자는 재고용하는 자를 선별할 수 있는 것이 원칙이다. 그러나 취업규칙과 단체협약 등에서 정년퇴직자에게 결격사유가 없는 한 재고용권리를 부여하거나 그러한 취급이 관행으로서 확립되어 묵시적 재계약내용이 되었다고 인정되는 경우에는 정년퇴직자에게는 재고용계약의 체결을 요구할 권리가 발생한다. 또 정년 후 자동적인 고용계약 관행에 따라 사용자와 정년퇴직자간에 묵시적 재고용계약이 성립하고 있다고 판단되는 경우도 발생할 수 있다.

2. 고령자고용촉진법의 규정내용과 계속근로년수 산정

고령자고용촉진법 제2조제1호 및 시행령 제2조에 의하여 고령자를 55세 이상인자로, 준고령자를 50세 이상 55세 미만인 자로 정의하고 있다.

사업주가 근로자의 정년을 정하는 경우 그 정년이 60세 이상 되도록 노력해야 하고(동법 제19조) 정년을 현저히 낮게 정한 사업주에 대해 정년연장계획을 제출받아 변경을 권고할 수 있다(동법 제20조).

사업주는 정년에 도달한 자가 그 사업장에 다시 취업하기를 희망하는 때에는 그 직무 수행능력에 적합한 직종에 재고용하도록 노력하여야 한다(고령자고용촉진법 제21조제1항). 사업주는 고령자인 정년퇴직자를 재고용함에 있어 당사자간의 합의에 의하여 근로자퇴직급여보장법 제4조의 규정에 의한 퇴직금과 근로기준법 제60조의 규정에 의한 연차유급휴가일수 계산을 위한 계속근로기간 산정에 있어 종전 근로기간을 제외할 수 있으며 임금의 결정을 종전과 달리 할 수 있다(고령자고용촉진법 제21조제2항).

그러나 고령자고용촉진법의 규정은 계속근로기간 산정에 있어 정년퇴직 이전의 기간을 제외할 수 있도록 하고 있는 것뿐이므로, 비록 재계약의 형태를 취하고 있다 하더라도 근로제공의 단절없이 촉탁직으로 계속근로하는 경우에도 촉탁직으로 근로한 전체의 촉탁기간만이 계속근로로 인정되어 퇴직금 및 연차유급휴가를 산정하는데 있어서 반영되어야 할 것이다. 즉 촉탁직으로 재고용되더라도 1개월간 개근시에 1일의 연차유급휴가가 발생하고 근로기간이 1년을 초과하는 경우에 그 다음연도에 연차유급휴가를 부여하여야 할 것이다. 퇴직금의 산정은 촉탁직으로 고용된 시점부터 퇴사하는 시점을 계속근로기간으로 인정하여 평균임금을 산정하여야 할 것이다(2007.11.29, 근로기준팀-8048).

3. 명확한 정년퇴직시점

예컨대 만 55세를 정년으로 하고 있는 A사업장에서 일하는 근로자 갑의 생년월일이 1945년 4월 1일인 경우의 정년퇴직시점은 언제인가의 문제이다. 노동부행정지침(2007.11.29, 근로기준팀-8048)에 의한 정년퇴직시점은 다음과 같다.

① 정년퇴직 시점을 정년이 시작된 첫날로 규정한 경우

갑의 정년퇴직 시점은 2000년 4월 1일이 된다.

② 정년에 도달한 달의 말일로 규정한 경우

갑의 정년퇴직 시점은 2000년 4월 30일이 된다.

③ 정년에 도달한 해의 ○분기 말일로 규정한 경우

정년에 도달한 해의 2/4분기 말일로 규정하고 있다면 갑의 정년퇴직시점은 2000년 6월 30일이 된다.

④ 정년에 도달한 해의 ○반기 말일로 규정한 경우

정년에 도달한 해의 상반기 말일로 규정하고 있다면 갑의 정년퇴직시점은 2000년 6월 30일이 된다.

⑤ 정년에 도달한 해의 말일로 규정한 경우

갑의 정년퇴직시점은 2000년 12월 31일이 된다.

⑥ 정년이 종료되는 날로 규정한 경우

갑의 정년퇴직시점은 2001년 3월 31일이 된다.

4. 정년퇴직한 근로자의 재고용시의 법률문제

정년퇴직자를 기간의 정함이 있는 근로계약으로 재고용하는 경우에 당사자간의 특약이 없다면 근로자의 퇴직금 및 연차유급휴가일수 계산을 위한 계속근로연수는 재고용기간만 해당된다(2001.2.2, 근기 68207-338).

근로자가 정년이 지난 후에도 사용자의 동의 아래 기간의 정함이 없이 사용자와의 근로관계를 계속 유지하여 왔다면 사용자는 특별한 사정이 없는 한 단순히 당해 근로자가 정년이 지났다거나 고령이라는 이유만으로 근로관계를 해지할 수 없고 당해 근로자를 해고하기 위해서는 근로기준법 제23조 제1항 소정의 정당한 사유가 있어야 한다(대법 2002.12.12, 2002두12809).

정년퇴직한 근로자를 재고용하는 경우에도 재고용 시점부터 계속 근무한 기간이 1년 이상이면 퇴직금을 지급하여야 하는 바, 당사자간에 이를 지급하지 않기로 합의하였다 하더라도 동 합의는 강행법규 위반으로 무효이다(1999. 3.12, 근기 68207-584).

5. 일반정년과 직급별 임기를 함께 시행하는 것이 적법한지 여부

취업규칙으로 특정 직급(1급 또는 2급)에 대하여 일반정년제와 직급별 임기제(1급 직원은 10년, 2급 직원은 12년)를 함께 규정하고, 그 임기가 종료된 때에는 연임(재계약)되지 않는 한 일반정년(59세) 규정에도 불구하고 당연퇴직하도록 한 것이 적법한지 여부이다. 근로기준법은 정년에 관하여 별도의 규정을 두고 있지 아니하나, 일반적으로 '정년제'란 당해 사업장의 취업규칙 또는 근로계약에서 정한 연령이 되면 근로자의 재계약 의사 및 근로능력 여하에도 불구하고 근로계약관계를 종료시키는 제도를 의미하며, 이와 같은 정년규정(또는 제도)은 당해 사업장에 있어서 근로자가 제공하는 근로의 성질, 내용, 근무형태 등 제반 여건에 따라 합리적인 기준을 둔다면 같은 사업장내에서도 직책 또는 직급에 따라 달리 정할 수 있는 것이다(대법 1991.4.9, 90다16245). 따라서 직급별로 임기를 정하고 임기만료 이후 연임하지 못하면 퇴직토록 하는 방식의 직급별 임기제(또는 직급정년제)를 시행하거나, 일반정년제와 직급별 임기제를 함께 시행한다 하더라도 이를 반드시 법위반으로 보기는 어렵다 할 것이다. 취업규칙으로 '1급 또는 2급 직원의 정년을 59세로 정하고, 그와 함께 1급 직원은 10년, 2급 직원은 12년으로 직급별 임기를 정하되, 임기후의 재계약 여부는 2년마다 개인평가 등을 감안하여 결정하며, 임기를 정하여 임용된 직원(1급, 2급)은 연임(재계약) 되지 않는 한 그 임기가 종료된 때에 일반정년(59세) 규정에도 불구하고 당연퇴직'하도록 규정하고 있다면, 달리 볼 사정이 없는 한 일반정년과 함께 규정하고 있는 직급별 임기제를 반드시 무효라고 보기는 어렵다. 다만, 취업규칙으로 일반정년이 시행된 이후 직급별 임기제를 추가로 도입하여 일반정년 규정의 적용대상 근로자 일부가 직급별 임기제에 적용을 받게 되는 결과를 가져온다면 이는 취업규칙을 근로자에게 불리하게 변경하는 것이므로 근로기준법 제94조의 취업규칙의 불리한 변경 절차를 거치지 않을 경우, 특별한 사정이 없는 한 그 효력이 인정되기 어려울 것이다. 한편, 1급 또는 2급 직원의 직급별 임기가 만료된 경우 '연임희망서'를 제출한 자를 대상으로 전직원이 찬반투표를 실시하여 재계약(연임) 여부를 결정하는 것이 정당한가는 근로계약의 갱신 또는 새로운 근로계약 체결에 관한 문제로서 특별한 사정이 없는 한, 당사자의 자유의사에 따라 결정됨이 원칙이며, 근로기준법에 의거 해석할 사안은 아니다(2005.10.31, 근로기준팀-856).

Ⅷ. 연쇄적 계약 갱신의 경우의 계속근로년수 산정

1. 연쇄적 계약갱신의 경우의 계속근로 인정기준

계속적 근로관계가 유지되었다고 인정하려면 그동안의 근로제공형태, 노임지급관계 등 제반 사정을 상세히 심리하여 그럴만한 특별한 사정이 있다는 점에 대한 납득할 만한 설명이 있지 않고서는 안될 것이다(대법 1982.7.13, 81다카571).

2. 근로계약 반복 갱신과 계속근로년수의 산정

퇴직금을 산정함에 있어서는 근로계약이 만료됨과 동시에 근로계약기간을 갱신하거나 동일한 조건의 근로계약을 반복하여 체결한 경우에는 갱신 또는 반복한 계약기간을 모두 합산하여 계속근로년수를 계산하여야 한다(대법 1997.12.26, 97다17575).

3. 형식적인 일용근로자의 퇴직금 산정을 위한 계속근로기간

근로자들의 월 평균 근무일수가 25일 정도이고, 근로자들이 참여하던 프로그램을 마치고 다음 프로그램에 참여하기까지 공백기간을 갖기는 하였으나 그 기간이 15일을 넘지 않았으며 위 기간을 다음 프로그램에 참여하기 위한 대기기간 또는 재충전을 위한 휴식기간으로 인식하여 온 점을 알 수 있으므로 근로자들이 개별 프로그램의 제작에 참여한 기간만이 아니라 공사에서 근무를 시작하여 최종적으로 근무를 마친 전 기간에 대하여 근로의 계속성을 인정할 수 있다 할 것이므로 이에 대한 원심의 판단은 정당하다(대법 2002.7.26, 2000다27671).

Ⅸ. 고용형태가 변경된 경우의 계속근로년수 산정

1. 고용형태변경과 계속근로년수 산정

① 일용근로자로서 근무하다가 정규사원으로 임명되어 계속 근무한 경우 각 그 근무기간을 통산한 기간이 퇴직금 산정의 기초가 되는 계속근무기간에 해당하고 일용근로자로서의 근무기간과 정규사원으로서의 근무기간의 퇴직금 지급률을 각기 달리할 것이 아니다(대법 1982.4.13, 81다카137 ; 1980.5.27, 80다617 ; 1981.9.8, 80다3263 ; 1986.10.28, 86다카1347).

② 임시고용원으로 채용되어 근무하다가 중간에 정규사원으로 채용되어 공백기간 없이 계속 근무한 경우처럼 근속기간 중에 근로제공형태(직종 또는 직류)의 변경이 있는 경우에도 임시고용원으로서의 근무기간과 정규사원으로서의 근무기간을 통산한 기간을 퇴직금 산정의 기초가 되는 계속근로년수로 보아야 할 것이다(대법 1995.7.11, 93다26168).

2. 동일 기업내 직렬 변경으로 인한 신규채용시 계속근로년수의 산정시점

특수직 직원으로 근무하던 근로자가 근로조건 등이 유리한 일반직 4급 직원으로 환직하기 위하여 환직고시에 자발적으로 응시하여 합격한 후 일반직 4급 직원으로 신규채용되어 특수직 근무기간에 상응하는 퇴직금까지 지급받았다면 근로자의 위 사용자와 종전의 근로관계는 이로써 일단 단절되었다 할 것이고, 사용자가 환직한 근로자에 대한 연차휴가보상금을 산정함에 있어서 특수직 근무기간을 통산하였거나 근로자의 환직 당시 일고직으로 근무한 기간에 대한 퇴직금을 지급하지 않다가 뒤늦게 그 기간에 대한 퇴직금으로 근로자의 정년퇴직 당시의 평균임금을 기준으로 산정한 금액을 지급하였고, 환직 후에도 특수직 직원으로 근무할 당시의 종전의 인사기록카드를 그대로 사용하였으며 근로자가 환직 당시 사직서를 제출하지 아니하는 등의 사정이 있다고 하여 그 결론이 달라지는 것은 아니라 할 것이다. 또한 4급 직원으로 신규 채용되어 환직된 직원이 다시 3급 직원으로 승진하는 경우에 특수직으로 근무한 기간을 80%로 환산하여 4급 직원으로 근무한 경력으로 인정하도록 규정하고 있는 특수직 내규 제19조제2항은 오히려 특수직 근무기간 동안의 근로관계가 일반직으로 환직한 직원에게 원칙적으로 승계되지 아니함을 단적으로 나타내는 것이라 할 것이다.

따라서 같은 취지의 원심의 사실인정과 판단은 정당하다 할 것이고, 거기에 퇴직금 산정의 기초가 되는 근속기간에 관한 법리를 오해하거나 증거 판단을 잘못하여 사실을 오인한 위법이 없다(대법 1996.9.6, 95다29932).

Ⅹ. 재입사 경우의 계속근로년수 산정

1. 해임후 재입사한 경우의 계속근로년수 산정

근로자가 1973.3.15 공사의 임시직원으로 채용되었다가 1974.3.1 해임된 후 다시 1개월 후인 1974.4.1 정식직원으로 채용되었다가 1977.5.11 정년퇴직한 경우에 1973.3.15부터 1977.5.11까지 근로자·공사 사이에 고용관계가 계속되었다고 볼 수 없다(대법 1979.11.13, 79다1397).

2. 폐업후 재입사한 경우의 계속근로년수 산정

사용자가 사업체를 폐업한 후 사업을 재개하여 근로자를 다시 입사시켰다 하더라도 해고 이전의 근로기간도 퇴직금 산정에 포함시키기로 하였다고 볼 특별한 사정이 없는 이상, 근로관계는 다시 입사한 날로부터 새로이 성립되는 것이므로 다시 입사한 이후의 퇴직금은 다시 입사한 날로부터 기산하여 산정하여야 한다(대법 1995.10.12, 94다52768).

3. 사직후 바로 재입사한 경우의 계속근로년수 산정 기산점

동일한 기업 내에서 근로자가 스스로의 필요나 판단에 따라 자유로운 의사에 기하여 사용자에게 사직서 등을 제출하고 이에 따라 당해 기업으로부터 소정 퇴직금을 정산하여 지급받은 경우에는 사직서 등의 제출이 사용자의 일방적인 경영방침에 따라 어쩔 수 없이 이루어지거나 단지 형식적으로 이루어진 것으로 볼 수 없어 이로써 당해 기업과 근로자의 근로관계는 일단 유효하게 단절되고, 이 경우 근로자가 당해 기업에 종전의 근무경력을 인정받고 곧바로 재입사하여 계속 근무하다가 퇴직하였다고 하더라도 퇴직금 산정의 기초가 되는 계속근로년수를 산정함에 있어서는 재입사한 때로부터 기산하여야 한다(대법 2001.9.18, 2000다60630).

4. 청산회사에서 해고되었다가 다시 고용된 경우의 계속근로년수 산정

사업의 폐지를 위하여 해산한 회사가 그 청산 과정에서 근로자를 정당하게 해고한 경우 그로써 사용자인 회사와 근로자와의 근로관계는 일단 종료되는 것이고, 청산 중의 회사가 청산업무 등을 수행하게 하기 위하여 해고된 일부 근로자를 다시 채용하였다고 하더라도 특별한 사정이 없는 한 근로관계는 그 때부터 새로이 성립되는 것이므로 다시 채용된 이후의 퇴직금은 다시 채용된 날부터 기산하여 산정하여야 한다(대법 2002.11.26, 2001다36504).

XI. 계열기업간 인사이동 또는 전적의 경우의 계속근로년수 산정

1. 소속 기업 변경과 근로관계 계속의 요건

근로자가 법인격이 다른 기업으로 소속이 변경되었음에도 종전 기업과의 근로관계가 단절되지 않고 다른 기업에서 계속된다고 볼 수 있기 위하여는 원칙적으로 종전 기업과 다른 기업 사이에 근로관계가 포괄적으로 승계되는 법률관계가 있는 경우라야만 할 것이다(대법 1997.10.28, 96다13415).

2. 계열기업간 이동시 계속근로가 인정된 경우

① 별도의 법인체인 본사와 그 계열기업간의 조직변경 등에 따라 회사의 운영상 편의를 위하여 형식적으로 사직서를 제출하고 별도의 법인체에 입사

하는 등 형식을 취하면서 실질적으로는 조직변경 전후에 걸쳐 동일한 업무에 종사하여 왔다면 위 중간퇴직은 통정허위표시로서 무효라고 할 것이다(대법 1991.3.22, 90다6545).

② 근로자가 모회사로부터 자회사로 다시 자회사로부터 모회사로 전출되는 경우에 근로자가 자의에 의하여 계속근로관계를 단절할 의사로써 모회사 또는 자회사에 사직서를 제출하고 퇴직금을 지급받은 다음 자회사 또는 모회사에 다시 입사하였다면 전자와의 근로관계는 일단 단절될 것이지만, 그것이 근로자의 자의에 의한 것이 아니라 모회사의 경영방침에 의한 일방적인 결정에 따라 퇴직과 재입사의 형식을 거친 것에 불과하다면 이러한 형식을 거쳐서 퇴직금을 지급받았더라도 근로자에게 근로관계를 단절할 의사가 있었다고 할 수 없고, 따라서 계속근로관계도 단절되지 않는다고 할 것이다.

원심이 인정한 사실관계에 의하면 근로자들은 비록 중앙노동대책실무관계위원회의 조정을 거치기는 하였으나 애당초 피고 회사의 일방적인 경영방침에 따른 인사명령에 의하여 회사의 자회사인 한국자보서비스로 전출되었다가 비교적 짧은 기간 내에 다시 회사에 전입되었고, 근로자들에 대한 인사기록카드도 회사가 계속 작성・관리하였으며, 전・출입 전후에 걸쳐 근로자들의 업무의 내용 및 업무처리 장소에 변동이 없었고, 호봉승급이나 장기근속 등에 대한 판단기준에 있어서도 각 최초 입사일이 기준이 되었다는 것이고 한편 근로자들의 퇴직금 산정의 기초가 될 근속기간에 대하여는 위 근속기간을 통산하지 않고 전입 이후의 기간만으로 산정한다는 별도의 약정이 있었음을 인정할 다른 자료도 기록상 찾아볼 수 없으므로 근로자들이 비록 위 전・출입시에 전출회사에 사직서를 전입회사에 입사서류를 각각 제출하고 이러한 형식을 거쳐 퇴직금을 지급받았다고 하더라도 근로자들의 회사와 한국자보써비스에서의 근무는 그 계속성이 유지되는 단일 기간의 근로라고 보아야 할 것이다(대법 1997.3.28, 95다51397 ; 1997.3.22, 90다6545 ; 1991.8.13, 91다6856 ; 1991.11.12, 91다12806 ; 19927.14, 91다40276 등).

3. 계열사로의 이전시 계속 근로 여부

모기업의 일부 사업 부문이 상법상의 영업양도에 해당하는 요건을 갖추지

약이 있거나 이적하게 될 기업의 취업규칙 등에 종전 기업에서의 근속기간을 통산하도록 하는 규정이 있는 등의 특별한 사정이 없는 한 당해 근로자의 종전 기업과의 근로관계는 단절되는 것이고, 이적하게 될 기업이 당해 근로자의 종전 기업과의 근로관계를 승계하는 것은 아니라 할 것이다(대법 1996.5.10, 95다42270).

② 그룹 내 다른 계열사로의 전적을 명하면서 종전 기업에서의 근속연수만을 기초로 하여 산정한 퇴직금을 수령할 것인지 또는 그 퇴직금을 이적하게 될 기업으로 이체, 적립하여 근속기간의 통산을 받을 것인지를 근로자에게 선택하도록 하였는데 근로자가 자의에 의하여 퇴직금을 수령하는 쪽을 선택한 경우, 근로자의 종전 기업에서의 퇴직은 근로자의 자유로운 의사에 의하여 결정된 것으로서 그 종전 기업에서의 근로관계는 퇴직금 수령으로 종결되고 달리 특별한 사정이 없는 한 전적 후 기업으로 승계되어 계속된다고 보기 어렵다(대법 1996.12.23, 95다29970).

8. 자회사로의 전적시 근로관계의 계속이 인정되지 않은 경우

기업이 영업의 일부를 출자하여 자회사(子會社)를 설립하면서 그 출자된 영업에 속한 근로자들뿐만 아니라 다른 영업 부문에 속한 근로자의 일부도 자회사에 전적(轉籍)시킨 경우, 출자된 영업이 아닌 다른 부문에 근무하는 근로자가 종전의 모기업에서 퇴직하여 퇴직금을 수령하고 자회사에 입사하는 형식을 취하였다면 이는 기업그룹 내의 계열기업 사이의 전적과 같다고 할 것이어서 당사자 사이에 종전의 근로관계를 승계하기로 하는 특약이 있거나 이적하게 될 자회사의 취업규칙 등에 종전의 기업에서의 근속기간을 통산하기로 하는 등의 특별한 사정이 없는 한, 당해 근로자의 종전 기업과의 근로관계는 단절되는 것이고, 이적하게 될 자회사가 당해 근로자의 종전 기업과의 근로관계를 승계하는 것이 아니다(대법 1997.7.8, 96다38438).

9. 신설회사로의 자발적 입사로 보아 계속근로로 인정하지 않은 경우

소외 애경유지공업 주식회사(이하 '애경유지'라 한다)는 영업부진을 타개하고 경쟁력을 강화하기 위하여 1985.4.25 영국계 회사인 소외 유니레버 피엘씨

(UNILEVER PLC, 이하 '유니레버'라 한다)와 50%씩 공동출자하여 회사를 설립하였고 그 설립과 동시에 애경유지의 일반유지, 합성세제 등의 제조, 판매사업은 그 동일성을 유지한 채 회사로 이관된 사실, 그 당시 애경유지 소속 근로자들은 경영상태의 악화로 장래에 대하여 불안을 느끼고 있던 중 회사에서의 근로조건의 향상을 기대하며 대부분 회사에서 계속 근무하기를 적극 희망한 사실, 또한 근로자측 대표의 소집 요구로 개최된 1985.6.18자 노사협의회에서 근로자측은 애경유지의 근속기간에 대한 퇴직금(재직기간 1년 미만의 근로자들의 퇴직금 포함)과 10년 이상 장기근속한 직원에 대하여는 일률적으로 소정의 비율을 적용한 특별위로금 및 애경유지 입사일부터 1985.6.30까지 발생한 근속연가수당 등의 지급을 요구하였고 이에 회사측은 대표이사의 재량사항에 속하는 장기근속자에 대한 특별위로금 지급건을 제외하고 근로자측 의견을 모두 수용하되, 다만 재직기간 1년 미만의 근로자들에 대한 퇴직금은 애경유지 및 전출처 회사의 통산 재직기간이 1년이 되는 시점에서 애경유지에 재직한 기간에 해당하는 퇴직금만을 지급하기로 하여 노사양측이 합의한 사실, 그 후 애경유지에 근무하던 1,300여 명의 근로자들 중 원고 근로자들을 포함한 1,200여명은 위 노사협의회의 합의에 따라 애경유지로부터 퇴직금과 직급 및 근속기간에 따라 차등 결정된 특별위로금을 지급받기로 하고 1985.7.1 회사에 신규 입사절차를 밟은 후 애경유지로부터 퇴직금 및 특별위로금을 이의 없이 수령한 사실, 더구나 애경유지나 회사는 모두 근로기준법에 따른 단수제에 의한 퇴직금 제도를 채택하고 있어 근로자들로 하여금 회사에 신규 입사절차를 밟도록 하면서 퇴직금을 지급받에 한 것이 당시의 경제사정상 근로자들에게 불이익하였다고도 인정되지 아니하고, 그것이 소속 근로자들을 불합리하게 대우한 것이라고도 할 수 없으며 이로 인하여 근로기준법을 잠탈할 목적이 있었다거나 형평에 반한 것이라는 비난 가능성이 인정되지 아니할 뿐 아니라 근로자들 일부는 애경유지에 잔류하거나 같은 계열의 다른 회사로 옮긴 사실, 그 밖에 회사로 옮긴 근로자들은 종전보다 인상된 상여금을 지급받는 등 근로조건이 향상된 사실 등을 알아볼 수 있다.

사정이 이와 같다면 근로자들이 애경유지에서 퇴직하고 소정의 퇴직금 및 특별위로금을 지급받은 것은 그들의 자발적인 의사에 기한 것으로 봄이 상당하고 그것이 회사의 경영방침에 따라 강제되었다거나 형식적으로 이루어진 것으로는 볼 수 없다 할 것이다(대법 1997.6.27, 96다38551).

10. 자발적인 퇴사 및 타 회사 입사로 인정된 경우

다른 회사로의 이관 사실이 이미 수개월 전부터 원래 회사 내에 알려져 이에 대한 검토와 자신의 거취에 대한 의사결정을 할 충분한 시간적 여유가 있었음에도 원래 회사가 정부 시책에 의하여 부득이 업무의 일부를 다른 회사에게 위탁하게 된 상황을 이해하여 원래 회사로부터의 해고 조치를 수용하고 아무런 이의 없이 퇴직금까지 지급받은 후에 다른 회사에 신규로 임용되었다면 원래 회사로부터의 퇴직과 다른 회사로의 입사가 비록 원래 회사와 다른 회사의 인사발령만으로 전원에 대하여 일괄적으로 이루어졌다고 할지라도 그것이 근로자의 의사에 반하여 이루어진 것이라고는 볼 수 없고, 원래 회사로서는 사후에 위탁 업무가 다시 환원되리라고 예상할 수도 없었을 터이어서 원래 회사의 위와 같은 조치가 퇴직금 지급을 잠탈하기 위한 것이라고 볼 수도 없으므로 위와 같은 퇴직과 입사에 의하여 근로자와 원래 회사사이의 근로관계는 단절되었다고 보아야 하고 그 후에 우연한 사정에 의하여 다른 회사에 위탁되었던 업무가 다시 원래 회사로 환원됨에 따라 근로자가 다른 회사를 퇴직하고 다시 원래 회사에 임용되었다고 하더라도 일단 단절되었던 근로관계가 되살아난다고 볼 수는 없다(대법 1997.10.28, 96다13415).

11. 기업간 이동시 계속근로인정의 약정에 대한 해석의 특수한 사례

갑 회사와 을 회사가 갑에서 퇴직함과 동시에 을에 입사한 근로자에 대하여 갑에서 계속 근무하는 것으로 보며 갑의 직원과 동일 신분을 가진다고 약정한 경우 갑에서의 임금, 근속기간 등을 그대로 유지하고 인정하여 준다는 취지이지 임금이나 퇴직금 등을 갑이 지급한다는 취지는 아니다(대법 1992.12.22, 92다36090).

XII. 해외근무의 경우의 계속근로년수 산정

1. 해외근무 후 국내근무하는 경우의 계속근로기간의 산정 방법

근로자가 1973.3.1 대한방직그룹 내의 계열기업인 회사의 사원으로 고용되어 근무하던 중 그룹 내의 다른 계열기업이던 소외 대한종합개발주식회사(이하 소외 회사라 한다)가 아프리카 모리타니아에서 해외건설 공사를 수주하게 되어 소외 회사가 그룹의 방침에 따라 위 해외건설현장에서 근무할 지원자를 위 그룹 내의 계열기업 소속 직원들을 상대로 모집하게 되고 회사도 이에 따라 해외근무를 마친 직원들에게는 원래 근무한 원직에 복직할 수 있고 직급과 호봉에 있어서 아무런 손해를 보지 않도록 하겠다는 약속을 하기에 이르자 근로자는 위와 같은 소외 회사의 해외근무를 지원하여 1981.3.31 사직서를 제출하고 피고로부터 퇴직금을 수령한 다음 같은 해 4.1 소외 회사에 입사한 후 같은 달 10월경부터 소외 회사의 위 해외건설공사현장에서 회사의 사원으로서의 직급보다 한 직급 높은 과장대리로 근무하여 오다가 1983.2월경 해외근무를 마치고 귀국한 사실, 근로자가 위와 같이 해외근무를 마치고 귀국한 후 회사의 대구공장에서의 근무를 희망하자 회사는 당초 약속대로 원고를 그 희망에 따라 위 대구공장에서 원래의 직급인 주임급의 경비원으로 근무하도록 하여 원고는 1983.3.18 소외 회사를 퇴사하고 소외 회사로부터 그 근무기간에 상당하는 퇴직금을 지급받은 다음 회사의 사원으로 다시 입사하는 절차를 밟아 같은 해 3.21부터 회사의 경비원으로 근무하여 오다가 1992.1.21 정년으로 퇴직한 사실을 인정할 수 있다.

사실이 이러하다면 근로자의 소외 회사로의 입사나 회사의 사원으로서의 재입사는 실질적으로 위에서 본 기업그룹 내의 계열기업 사이의 전적에 해당하는 것으로 회사의 사원으로 근무하던 근로자가 소외 회사의 해외건설공사현장에서의 근무를 지원하여 회사에게 사직서를 제출하고 퇴직금은 수령한 것은 비록 소외 회사가 그룹의 방침에 따라 그룹내의 계열기업 소속 직원들을 대상으로 해외근무 대상자를 모집한 것에 기인한 것이라 하더라도 스스로 자발적인 의사에 기하여 한 것으로 유효하고 이로써 근로자의 회사

사원으로서의 종전의 근로관계는 단절되었다 할 것이고 마찬가지로 근로자가 소외회사에서의 해외근무를 마친 후 자신의 희망에 따라 다시 회사의 사원으로 입사하기 위하여 소외 회사에 사직서를 제출하고 퇴직금까지 수령한 이상 이로서 역시 소외 회사와의 근로관계도 단절되었다 할 것이다.

원심인정과 같이 회사가 근로자의 재입사 후에 있어서의 직급과 호봉을 산정하면서 소외 회사에서의 근무기간을 포함시켰고 또한 근로자가 1983.8월경 회사의 회사 창업 30주년을 기념하는 자리에서 10년 이상 근속한 직원들에게 수여하는 10년 근속상을 수여받았다고 하더라도 그와 같은 직급 및 호봉의 산정은 위와 같이 해외근무 지원자를 모집할 당시의 근로자와의 약속에 따른 것이고 10년 근속상도 그룹차원에서 그룹 내의 계열기업에서 근무한 모든 기간을 통산하여 10년 이상 근속한 근로자를 표창하기 위하여 수여한 것에 따른 것으로 보일 뿐이므로 그와 같은 사정만으로는 근로관계가 단절되었다고 판단함에 무슨 영향이 있다고 할 수 없다.

그럼에도 불구하고 원심은 근로자가 자발적으로 위와 같은 사직서를 제출하고 퇴직금을 수려한 사실을 인정하면서도 위에서 본 원심판시와 같은 사정 등을 들어 근로자의 회사사원으로서의 근무와 소외 회사에서의 근무는 근로관계의 계속성이 단절됨이 없이 그대로 유지되는 단일기간의 근무라고 판단하고 나아가 근로자가 회사의 사원으로 최초로 입사한 1973.3.1부터 정년퇴직한 1992.1.21까지의 전 기간을 근로자의 근속기간으로 보아 이를 토대로 근로자의 퇴직금을 산정하였으니 원심은 근속연수 산정 내지 계속 근로의 법리를 오해하여 판결에 영향을 미친 위법을 저질렀다 할 것이다(대법 1996.5.10, 95다42270)라고 한다.

2. 해외근무 후 재입사시 계속근로의 기산점

① 근로자들의 사직서 제출이나 해외근무의 종료는 근로자들이 스스로 선택한 바에 따른 것으로서 근로자들과 회사 사이의 근로관계는 근로자들의 사직서 제출에 기한 퇴직조치나 해외근무의 종료에 따른 소정의 퇴직금을 수령함으로써 일단 단절되었다 할 것이고, 회사에 재입사한 근로자들에 대하여 회사가 장기근속표창이나 경력 등에 있어서 해외근무기간을 통산하였

다고 하여 그 결론이 달라지는 것은 아니라 할 것이므로 근로자들이 회사에 재입사한 후 퇴직함에 따른 퇴직금의 기초가 되는 계속근로년수를 산정함에 있어서는 재입사한 때부터 기산하여야 할 것이다.

그럼에도 불구하고 원심은 이와 달리 근로자들이 스스로 선택한 해외근무에 따른 퇴직이 비진의 의사표시나 통정허위표시에 해당한다고 보아 근로자들의 해외근무기간 전후를 통산하여 근로자들의 계속근로년수를 산정하였으니 원심은 결국 비진의 의사표시 또는 통정허위표시에 관한 법리를 오해한 나머지 계속근로년수의 산정을 잘못하였다 할 것이다(대법 1996.7.9, 96다12535)라고 한다.

② 회사는 소속 근로자들 중 해외지점근무를 희망하는 근로자들을 선발하여 해외근무를 하게하고, 근로자 또한 스스로 해외근무를 희망하여 사직서를 제출한 사정을 엿볼 수 있고, 여기에 원심이 인정한 사실관계를 종합하여 보면, 근로자의 사직서 제출이나 해외근무의 종료는 근로자가 스스로 선택한 바에 따른 것으로서 근로자와 회사 사이의 근로관계는 근로자의 사직서 제출에 기한 퇴직조치나 해외근무의 종료에 따른 소정의 퇴직금을 수령함으로써 일단 단절되었다 할 것이고 회사에 입사한 근로자에 대하여 회사가 장기근속표창이나 경력 등에 있어서 해외근무기간을 통산하였다고 하여 그 결론이 달라지는 것은 아니라 할 것이므로 근로자가 회사에 재입사한 후 퇴직함에 따른 퇴직금의 기초가 되는 계속근로년수를 산정함에 있어서는 재입사한 때부터 기산하여야 할 것이다(대법 1996.9.10, 96다6141).

3. 해외근무시의 중간퇴직의 유효로 인정된 경우

근로자들의 사직서 제출이나 해외근무의 종료가 스스로의 선택에 따른 것이라면 회사의 방침에 따른 것이라고 하더라도 그 중간퇴직은 유효하다고 할 것이다(대법 1997.7.25, 96다22174).

4. 해외파견을 위한 중간퇴직이 유효한 것으로 인정된 경우

근로자가 해외파견을 위해 교육훈련소에 입소하면 퇴직 조치된다는 사실을 알면서 자유로운 의사로 해외파견을 택하여 교육훈련소에 입소하여 퇴직금까지 수령하였다면 당해 기업과 근로자와의 근로관계는 일단 유효하게 단절된 것이고, 이 경우 근로자가 당해 기업에 종전의 근무경력을 인정받고 곧바로 재입사하여 계속 근무하다가 퇴직하였다고 하더라도 퇴직금 산정의 기초가 되는 계속근로년수를 산정함에 있어서는 재입사한 때로부터 기산하여야 하고 종전의 근무기간을 통산하여서는 안된다(대법 1997.9.9, 97다2306).

XIII. 중간퇴직의 경우의 계속근로년수 산정

1. 중간퇴직에 불구하고 계속근로가 인정된 경우

① 근로자들이 단순한 잡급직원으로 근무하다가 정식사원으로 승진하였으나 입용절차에 있어서는 일단 잡급직을 사임하고 신규사원으로 발령받아 공백기간 없이 계속 근무한 경우에는 그 전후기간은 근로기준법상 이른바 계속근무에 해당하므로 퇴직하므로 퇴직금이 지급되어야 한다(대법 1980.5.27, 80다617).

② 근로자가 회사의 경영방침에 따라 사직원을 제출하고 회사가 이를 받아들여 퇴직처리를 하였다가 즉시 재입사하는 형식을 취함으로써 근로자가 그 퇴직 전후에 걸쳐 실질적인 근로관계의 단절이 없이 계속 근무하였다면 그 사직원 제출은 근로자가 퇴직을 할 의사 없이 퇴직의사를 표시한 것으로 비진의사표시에 해당하고 재입사를 전제로 사직원을 제출케 한 회사 또한 그와 같은 진의 아님을 알고 있었다고 봄이 상당하다 할 것이므로 위 사직원 제출과 퇴직처리에 따른 퇴직의 효과는 생기지 아니한다 할 것이다(대법 1988.5.10, 87다카2578 ; 1990.11.27, 80다카15939).

③ 근로자가 실제로는 동일한 사업주를 위하여 계속 근무하면서 일정기간동안 특별히 고액의 임금이 지급되는 업무를 담당하기 위하여 형식상 일단 퇴직한 것으로 처리하고 다시 임용되는 형식을 취하였다 하더라도 그 퇴직의 의사표시는 통정한 허위표시로서 무효이다(대법 1988.4.25, 86다카1124).

④ 근로자들로부터 포기서와 사직원을 제출받고 근로자들이 각 입사한 때로부터 형식상 퇴직일까지 종전 퇴직금규정에 의하여 그 당시의 평균임금을 토대로 계산한 퇴직금을 지급한 바 있더라도 근로자들이 실제로 퇴직한 것

이 아닌 경우에는 근로관계가 계속된 것으로 보아야 한다(대법 1990.12.26, 90다카24311).

⑤ 근로자들이 회사에 사직서를 제출하거나 회사로부터 중간퇴직금을 수령한 것이 근속연수의 기산점은 원래대로 놓아둔 채 퇴직금지급률을 누진지급제에서 단수지급제로 변경하는 회사의 방침에 따라 중간퇴직금을 받겠다는 내심의 의사에 기한 것이지 기존의 근로관계를 해지하거나 또는 퇴직금 산정에 있어 근속연수를 제한하려는 내심의 의사에 기한 것으로는 볼 수 없다(대법 1992.9.14, 92다18238).

⑥ 동일 사업 안에서 근로자가 자유로운 선택에 따라 자의로 사직하였다가 그 다음날 즉시 재입사하여 근무하는 경우에는 그로써 근로관계가 단절된다고 할 것이지만 근로자가 자유로운 선택에 따라 자의로 사직한 일이 없고, 사용자의 경영방침에 의한 일방적 결정에 따라 그 때까지의 퇴직금을 지급하는 형식을 취한 경우에는 근로관계가 단절되었다고 할 수 없다(대법 1992.2.9, 97다56235).

2. 중간퇴직시 계속근로가 인정되지 않은 경우

① 근로자가 자의로 사직서를 제출하여 중간퇴직한 이상 적어도 퇴직금 계산의 기초가 되는 근로관계에 관한 한 그때까지의 근로계약관계는 위 퇴직일로써 일단 종료되었다고 봄이 상당하고, 위 퇴직의 의사표시를 진의 아닌 의사표시로서 퇴직금 산정에 있어서 무효라고 볼 수 없으며, 중간퇴직을 할 것이냐의 여부가 기본적으로 근로자의 자유로운 선택에 맡겨져 있는 이상 이러한 근로자의 선택에 따라 근로자를 중간퇴직처리한 뒤 그 중간퇴직금을 지급한 행위를 근로기준법상의 퇴직금규정에 위배되는 탈법행위로서 무효라고 할 수도 없다(대법 1992.9.14, 92다17754).

② 근로자가 목돈이 필요하여 사직원을 제출하고 그동안 근속기간에 따른 퇴직금을 수령하는 한편 그때까지의 근로계약관계에 기한 제반 청구권을 포기하는 의사표시를 하였다면 그 다음 날 재입사하여 계속 근무하였다 하더라도 그의 퇴직금청구는 재입사일 이후부터의 근속기간에 관한 범위 내에서 민 이유 있나(대법 1991.5.28, 90다20398).

③ 인사규정상 1직급에서 5직급까지의 직급이 있는 회사에서 1직급사원 등의 요구에 따라 회사에 근무한 공로를 인정하여 1직급에서 승진기간 4년을 근무하였던 자들에게는 즉시 2직급으로 승진시키면서, 그 필요직급연수에 미달인 자에 대하여는 4년을 충족시킨 뒤 인사규정에 따라 심사를 받아 2직급으로 승진하든지, 아니면 당시의 1직급에서 사직하여 회사와의 고용관계를 일단 청산한 후 2직급 정식사원으로 재입사할 것인지를 선택할 것을 요구하였던 바, 근로자가 후자의 방법을 택하기로 하여 그때까지의 퇴직금을 수령하고 회사를 퇴직하고, 그때 2직급 사원으로 재입사하는 데에 이의를 제기하지 않았으며, 근로기준법상의 제반 문제는 거론치 않기로 하는 내용의 각서까지 작성하였다면, 위 퇴직은 진의에 의한 퇴직으로서 유효하며 그로써 근로관계는 단절되었다고 보아야 할 것이고, 그와 같은 경우에 재입사일 이후부터 근로한 것으로 보아 퇴직금을 산정하여야 할 것이다(대법 1992.5.22, 92다2295).

④ 근로자가 오로지 그의 형편에 따라 자유로운 의사와 선택에 의하여 사직서를 제출하여 사용자가 이를 수리하고 소정의 퇴직금을 이의없이 수령하였다면 적어도 퇴직금 계산의 기초가 되는 근로관계에 관한 한 근로자의 사용자간의 근로관계는 일단 종료되었다고 봄이 상당하고 따라서 그 후 단시일내에 다시 입사하였다고 하더라도 그 후의 퇴직금은 다시 입사한 날로부터 기산하여 산정하는 것이 옳다(대법 1992.11.24, 91다31753).

⑤ 원고들은 노사합의에 의하여 피고회사의 퇴직금 지급률 제도가 원고들의 퇴직과는 관계없이 누진제에서 단순제로 변경됨으로써 누진율의 상승에 의한 퇴직금의 상승을 기대할 수 없게 되자, 자유로운 의사에 기한 선택에 따라 중간퇴직을 하고 퇴직금을 수령하였다 할 것이므로 원고들과 피고 회사사이의 근로계약 관계는 위 중간퇴직에 의하여 일단 종료되었다고 봄이 상당하고, 원고들의 퇴직의 의사표시를 통정허위표시 또는 비진의 의사표시로서 무효라고 볼 수는 없다 할 것이다.

기록에 의하면 피고회사는 원고들과의 근로계약관계는 중간퇴직에 의하여 일단 종료되었으나, 원고들의 종전 경력을 인정하여 중간퇴직 후 신규입사시에 종전 직위와 호봉을 부여하였고 사실상의 근무기간을 통산하여 장기근속 표창을 하였을 뿐인 사실을 알 수 있는 바, 사정이 그러하다면 피고 회사가 이 사건에서 원고들과의 근로계약 관계가 중간퇴직에 의하여 단절되어 재입사 이후의 퇴직금 기산을 재입사 시점이라고 주장한다 한들 금반언의 원칙에 반한다고 할 수 없다 할 것이다(대법 1996.4.26, 95다2562 · 2579).

⑥ 동일한 기업 내에서 근로자가 스스로의 필요나 판단에 따라 자유로운 의사에 기하여 사용자에게 사직서 등을 제출하고 이에 따라 당해 기업으로부터 소정 퇴직금을 정산하여 지급받은 경우에는 사직서 등의 제출이 사용자의 일방적인 경영방침에 따라 어쩔 수 없이 이루어지거나 단지 형식적으로 이루어진 것으로 볼 수 없어 이로써 당해 기업과 근로자와의 근로관계는 일단 유효하게 단절된다 할 것이고, 이 경우 근로자가 당해 기업에 종전의 근무경력을 인정받고 곧바로 재입사하여 계속 근무하다가 퇴직하였다고 하더라도 퇴직금 산정의 기초가 되는 계속근로년수를 산정함에 있어서는 재입사한 때로부터 기산하여야 할 것인지 종전의 근무기간을 통산할 것은 아니다(대법 1996.9.6, 95다29932).

3. 사직후 바로 재입사한 경우의 계속근로년수 산정 기산점

동일한 기업 내에서 근로자가 스스로의 필요나 판단에 따라 자유로운 의사에 기하여 사용자에게 사직서 등을 제출하고 이에 따라 당해 기업으로부터 소정 퇴직금을 정산하여 지급받은 경우에는 사직서 등의 제출이 사용자의 일방적인 경영방침에 따라 어쩔 수 없이 이루어지거나 단지 형식적으로 이루어진 것으로 볼 수 없어 이로써 당해 기업과 근로자와의 근로관계는 일단 유효하게 단절되고, 이 경우 근로자가 당해 기업에 종전의 근무경력을 인정받고 곧바로 재입사하여 계속 근무하다가 퇴직하였다고 하더라도 퇴직금 산정의 기초가 되는 계속근로년수를 산정함에 있어서는 재입사한 때로부터 기산하여야 한다(대법 2001.9.18, 2000다60630).

4. 잡급직에서 고용직 공무원으로 신분 전환된 경우의 계속 근로 여부

고용계약에 의하여 지방자치단체의 잡급직원 등으로 근무하다가 퇴직하고 그 다음날 지방공무원법에 의한 고용직 공무원으로 임용된 경우에 양자는 신분상 관계가 판이하여 그 고용관계가 계속된 것으로 볼 수 없으므로 잡급직으로서의 고용관계는 그 퇴직한 날 종료된 것으로 보아야 하며, 잡급직 등으로 근무한 기간 동안의 퇴직금은 그 퇴직할 당시의 임금을 기준으로 산정하여야 하고 퇴직금 지급청구권은 잡급직에서 퇴직한 날 발생한다(대법 2001.2.9, 2000다21512).

XIV. 명예퇴직 근로자에 대한 전직지원 교육기간을 유급휴직기간으로 처리하면서 계속근로기간에서는 제외하기로 한 단체협약의 효력

1. 노사합의의 효력

원래 노동조합은 사용자와 단체협약에 의하여 근로조건을 자유로이 결정할 수 있으므로 당해 사업체의 명예퇴직금이 후불임금이라기보다 조기 퇴직에 대한 사례금 또는 장려금적인 성격이 농후한 상황에서 명예퇴직금 지급조건을 유리하게 변경하는 단체협약을 체결하면서 이미 명예퇴직이 확정된 근로자에 대하여는 그 적용을 배제하기로 하였다고 하더라도 그것이 현저히 합리성을 결하여 노동조합의 목적을 벗어난 것으로 평가될 정도의 특별한 사정이 없는 한, 그러한 노사합의의 효력을 부정할 수는 없다(대법 1999.7.9, 98다43816).

2. 퇴직금 산정 시 특정기간을 근속기간에서 제외하기로 한 단체협약과 취업규칙의 효력

판례는 「퇴직금에 관한 구 근로기준법(2005.1.27, 법률 제7379호로 개정되기 전의 것) 제34조제1항에서 말하는 계속근로연수란 원칙적으로 근로자의 재직기간을 말하므로 단체협약이나 취업규칙으로 재직기간 중 일부를 퇴직금 산정의 기초가 되는 근속기간에서 함부로 제외하는 것은 그와 같이 하여 산정한 퇴직금의 액수가 근로기준법에 정한 산정방법을 적용하여 산정한 퇴직금의 액수 이상인 경우 등의 특별한 사정이 없는 한 허용될 수 없다. 다만, 사용자가 명예퇴직 신청을 받아 명예퇴직을 명함으로써 명예퇴직자로 확정시킴과 동시에 그때부터 일정기간 전직 지원 교육을 실시하기로 하고 그 기간을 유급 휴직기간으로 처리하되 퇴직금 산정의 기초가 되는 근속기간에서는 제외하기로 단체협약이나 취업규칙에서 정한 경우라면 그 휴직기간은 사용자의 업무와 관련된 일반적인 근로관계는 사실상 마무리된 상태에서 명예퇴직자들의 이익을 위하여 특별히 설정된 기간이라는 점을 고려할 때, 그러한 휴직기간은 그 성질상 근로기준법상의 퇴직금 산정의 기준이 되는 계속근로연수에서 제외되어야 하므로 그러한 취지를 정한 단체협약 등의 규정은 근로기준법에 위배되지 아니하여 유효하다」(대법 2007.11.29, 2005다28358)고 한다. 유급휴직기간은 일반적인 근로관계가 사실상 마무리된 이후 명예퇴직자들의 전직 지원을 위해 특별히 설정된 기간일 뿐이므로 계속근로기간에서 제외하기로 한 노사합의는 근로기준법 위반이 아니라고 판단했다.

3. 명예퇴직이 확정된 근로자에게 이후 신설된 특별명예퇴직제도를 시행하지 않기로 한 노사합의의 효력

「사용자가 근속기간과 평균임금을 산정기초로 삼는 퇴직금제도 외에 별도로 명예퇴직금제도를 두고 그에 따라 지급하는 명예퇴직금은 그 지급대상, 지급요건 및 산정방법 등이 다양하여 그 성격을 한 가지로만 규정할 수는 없는데, 장기근속자의 정년 이전조기 퇴직을 유도하기 위하여 퇴직일부터 정년까지의 기간이 길수록 많은 금액이 지급되는 내용의 명예퇴직금제도를 설정하여 운영하는 경우, 그 명예퇴직금은 후불임금이라기보다는 조기 퇴직에 대한 사례금 또는 장려금적인 성격이 농후하다 할 것인바, 그러한 명예퇴직금제도는 구 근로기준법(2005.1.27, 법률 제7379호로 개정되기 전의 것) 제34조에서 규율하고 있는 퇴직금제도와는 그 성질을 달리하는 것이어서 같은 조 제2항에 정한 차등금지원칙이 적용된다고 보기 어렵다」고 한다. 명예퇴직금제도는 법상의 퇴직금제도가 아니기 때문에 퇴직금 차등제도금지 대상이 될 수 없어 근로자에게 적용된 명예퇴직제도와 신설된 특별명예퇴직제도를 퇴직금제도 차등금지의 대상으로 보지 않았고 이에 퇴직금 차등이라는 이유로 근로자에게 적용된 명예퇴직제도의 효력을 인정할 수 없다는 주장을 인정하지 않았다.

XV. 상시 5명 이상 · 미만 반복하는 사업장의 퇴직금 관련규정(1주 소정근로시간 15시간 이상 · 미만을 반복하는 근로자 포함)의 적용시의 계속근로기간의 산정방법

근로자퇴직급여보장법 제4조에 의한 퇴직급여제도는 같은 법 부칙 제1조에 의거 상시 5명 이상의 근로자를 사용하는 사업 또는 사업장에 적용(상시4명 이하의 근로자를 사용하는 사업장은 2008년 이후 2010년 이내에서 시행)되고 있는 바, 사업장에서 상시근로자수가 5명 이상과 5명 미만을 반복(또는 1주 소정 근로시간이 15시간 이상 · 미만을 반복하는 근로자)하는 경우 퇴직급여관련규정의 적용기준을 명확히 할 필요가 있다.

퇴직급여는 원칙적으로 그 지급청구권이 근로자가 퇴직한 날 발생하고 그 금액은 퇴직한 날 이전 3개월간의 평균임금을 기준으로 산정하며 지급청구권의 소멸시효 또한 퇴직한 날을 기준으로 기산하고 있다.

그러나 퇴직급여 관리규정이 「상시 5명 이상의 근로자를 사용하는 사업 또는 사업장」을 적용 대상으로 하고 있어 상시 근로자수가 5명 이상 또는 5명 미만을 반복하는 사업장의 경우와 「4주간을 평균으로 하여 1주간의 소정근로시간이 15시간 미만인 단시간근로자」에는 적용이 배제되고 있어 이들 근로자에 있어서도 동일한 문제가 발생된다.

이에 상시 근로자수 5명 이상 · 미만을 반복하는 사업장과 1주 소정근로시간이 15시간 이상 · 미만을 반복하는 단시간근로자에 대한 퇴직금 관리규정의 해석기준은 다음과 같다(2001.10.26, 임금 68207-735).

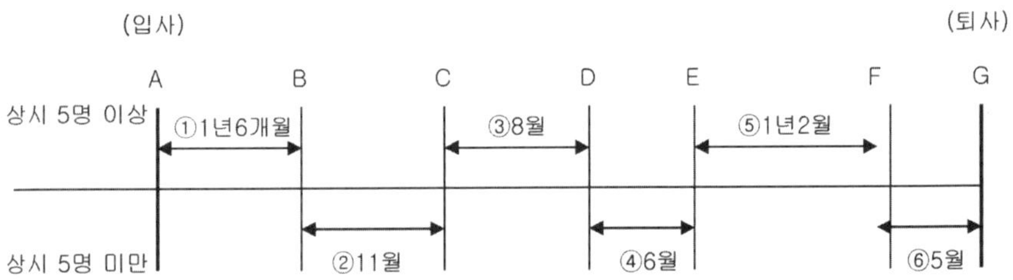

① 퇴직금의 지급청구권의 발생, 평균임금의 산정, 지급청구권의 소멸시효의 기산은 모두 근로자가 퇴직하는 날(즉 사례의 'G')을 기준으로 한다.

② 계속근로연수는 전체 재직기간 중에서 상시근로자수가 5명 미만인 기간, 기타 병역법에 의한 군복무기간 등을 제외한 기간(사례의 ①, ③, ⑤를 합산한 기간)으로 한다.

③ 이상의 해석기간은 1주 소정근로시간이 15시간 이상·미만을 반복하는 단시간 근로자에 대하여도 적용한다.

한편 퇴직급여제도의 설정은 상시근로자수 5명 이상의 사업주에만 적용(법 부칙 제1조)되므로 근로자가 상시근로자수 5명 미만인 경우에 퇴직하면 사업주에 대해서는 퇴직급여의 지급의무(근로자퇴직급여보장법 제9조)만 부과할 수 있다.

찾아보기

ㄱ

감　급…43
감급의 의의…43
감급제재의 제한…44
감량 경영설…356
감봉(감급)처분…181
감봉(감급)처분의 의의…181
감봉제재의 제한…182
감봉처분과 다른 처분·조치와의 관계…182
개인파산 선고와 불이익처분…199
개인파산 선고와 해고…201
개인파산제도…197
갱신거절의 '합리적 이유' 존재 여부…466
갱신기대권 근로계약 유형 판단기준…463
갱신기대권 유형…449
갱신기대권 인정기준…463
견책…43
결근일수 계산방법…78
결근일수…78
결근처리 절차…80
겸직 금지의 위반…122
경력사칭…63
경력사칭과 징계처분4장…63
경력사칭의 유형…65
경업금지 약정의 의의…215
경영상 필요성의 계속성…358
경영상 필요성의 심사 대상…359
경쟁사 취업제한 계약의 효력…215
계속근로기간의 개념…597
계속근로기간의 산정기준…598
계속근로년수 산정의 기산점…600
계속근로년수 산정의 기준시점…600
계속근로년수 산정의 방식…601
계속근로년수 산정의 한계…600
고용안정협약…427
고용안정협약의 규정방법…431
고용안정협약의 이행을 요구하는 쟁의행위의 정당성 여부…431
고용안정협약의 효력…428
고용형태변경과 계속근로년수 산정…610
고유권설…35
공동규범설…36
공사송달의 방법…544
구상권 행사의 대상이 되는 손해발생 행위…186
구상금액에 대한 구체적 사례…186
구제명령의 확정…319
구제신청 기간…314
구제신청 기간의 기산점…315
구체적인 보통해고 사유…331
국가의 고용보장의무…427
국민권익위원회…209
권고퇴직…557
권고퇴직을 행할 때의 포인트…558
권고퇴직의 방법…558
권고퇴직이 무효로 되는 경우…564
권고퇴직이 유효로 되는 경우…560
근로계약기간 만료의 유형…448
근로계약기간의 만료와 해고…446
근로계약의 반복 갱신 여부…451
근로계약의 종료…521
근로계약의 종료사유…527
근로관계의 자동소멸사유…33

근로관계의 합의해지…1, 568
근로기준법 제23조제1항의 정당한 이유…230
근로자의 귀책사유…292
근로자의 내부고발…202
근로자의 사생활에서의 비행과 징계…187
근로자의 수진의무 위반과 해고처분의 효력 여부…513
근로자의 인격, 자유…22
근로자의 일방적인 무단퇴직의 유효 여부…535
금전보상 명령의 방법…318
금전보상제의 법적 성질…317
금전보상제의 의의…316
기간갱신의 거절…228
기간의 약정과 근로계약의 종료…446
기본적인 쟁의행위…158
기소휴직(명령휴직) 명령의 의의…169
기소휴직의 정당성 판단기준…170
기업 밖에서의 비행으로 인한 징계…118
기업질서…17
기업질서와 복무규율…17
기업질서와 취업규칙…30
기업질서의 법적 근거…21
기업질서의 의의…17
기업질서의 준수의무…21
기업질서의 한계…21
긴박성의 정도…357
긴박성의 판단시점…360
긴박한 경영상 필요성의 판단기준…356
긴박한 경영상의 필요성…355
긴박한 경영상의 필요성이 인정되지 않은 경우…364
긴박한 경영상의 필요성이 인정된 경우…360

ㄴ

내부고발 보호의 필요성…203
내부고발과 징계처분…206
내부고발보호를 위한 법적장치…204
내부고발의 정당성 판단기준…204
노동위원회를 통한 구제…312
노동조합 활동의 정당성 판단기준…129
노조활동…128

ㄷ

단기간의 근로계약과 해고예고…288
당연퇴직시에 주의하여야 할 포인트…529
대기발령…166
대기발령 기간의 설정…168
대기발령의 개념…166
대기발령의 의의 및 정당성 판단기준…166
대기발령의 정당성 판단기준…167
도산 회피설…356
동료 또는 상사에 대한 폭행…111
동정파업…156

ㅁ

면직처분…32
면직처분과 근로기준법 제23조의 정당한 이유…33
면책합의…41
명예(희망)퇴직의 의의…554
명예・신용훼손 행사와 징계권 행사 대상

…194
명예퇴직…227, 554
명확한 정년퇴직시점…607
무단결근…72

ㅂ

범죄행위…119
법규범설…36
법원을 통한 구제…311
법정건강진단의 수진(受診)의무…513
별개의 새롭게 판명된 비위행위…504
보상금 지급명령의 형식…317
보상금 지급의 요건…317
보상금액 산정에 대한 불복방법…319
보상금액의 산정…318
보이콧트의 의의와 정당성 판단기준
…159
보조적인 쟁의 행위…158
보통해고…330
보통해고 사유로서 인정되는 경우…330
보통해고시의 체크포인트…334
보통해고와 징계해고…235
보통해고와 징계해고의 구별의 실익
…235
보통해고와 징계해고의 구분…330
복무규율…18
복무규율의 내용…18
복무규율의 의의…18
부당해고 구제명령시 원직복직의 의미
…507
부당해고 기간 중의 임금…303
부당해고 등 관련 민원사건 처리지침
…327
부당해고 등에 대한 구제절차…312
부당해고 이후 복직관련 급여정산…506
부당해고에 대한 구제방법…310
부당해고의 효과…300
부패방지및국민권익위원회의설치와운영에
관한법률…209
불륜문제…99
비밀유지 의무…210
비밀유지 의무의 존속기간…210

ㅅ

사실상 무기계약 유형…448
사실상 무기계약의 판단기준…465
사업의 양도, 기업의 합병 · 인수…360
사업장 출입의 허용한계…146
사용자의 권고 · 종용에 의한 사직의
의사표시…573
사용자의 사기 또는 강박에 의한 사직서
제출…576
사직서 수리 후 사직서의 철회…553
사직서 제출과 퇴직의 효력…572
사직시에 주의하여야 할 포인트…530
사직의사의 진의 여부…581
사직의사의 진정성 판단기준…579
사직의사의 철회…583
성(性)을 이유로 한 차별금지…414
성희롱과 성차별과의 관계…483
성희롱과 성폭력 · 성차별의 관계…482
성희롱과 성폭력범죄와의 관계…482
성희롱과 인격권과의 관계…483
순수기간제 유형…448
시말서 불제출과 징계처분…162
시말서 제출…162
시말서 제출의 의미…162
시말서제출 거부와 해고의 정당성 판단

기준…164
시설관리권…23
시설관리권과 조합활동과의 관계…27
시설관리권의 범위…24
시설관리권의 의의와 내용…23
쌍방 폭행의 경우…116

ㅇ

업무명령…107
업무명령 불복종 등…108
영업비밀보호와 직업선택의 자유의 관계…214
영업비밀의 보호…213
영업양도…435, 588
영업양도시 근로관계…590
영업양도의 의의…588
영업의 동일성 판단기준…588
예고 후의 해고시기의 변경…280
예고기간…279
예고기간 중의 근로관계…281
예고방법…280
예고수당의 공탁…282
예고수당의 법직 싱걱…279
예고수당의 산정…282
예고수당의 지급방법…282
예고수당의 지급시기…282
예고의 철회…280
예고의무 위반의 효력…288
예고해고와 즉시해고…237
예고해고의 적용예외…284
우선 재고용의무…426
위장취업…67
위장취업의 개념…68
위장취업의 사례…68
유니온숍 협정에 의한 해고의무…514
유죄판결을 선고받을 때의 의미…172
의원면직…225
의원면직의 법적 성질…226
이중처분 금지의 원칙…58
이행강제금…320
이행강제금 미납시의 조치…324
이행강제금 제도…320
이행강제금 제도에 대한 문제점…324
이행강제금과 처벌의 관계…326
이행강제금에 대한 불복절차…324
이행강제금의 반환…323
이행강제금의 부과기관…321
이행강제금의 부과기준…321
이행강제금의 부과대상…321
이행강제금의 부과유예…323
이행강제금의 부과절차…322
이행강제금의 의의 및 법적 성질…320
이행강제금의 입법취지…320
인원삭감의 필요성의 판단기준…357
일괄사표 제출…564
일방적 퇴직자에게 퇴직금의 지급 여부…537

ㅈ

자택대기…165
자택대기와의 이중처분 해당 여부…165
장기간 부당한 대기발령의 효력…169
재입사 경우의 계속근로년수 산정…611
쟁의적 준법투쟁…160
쟁의행위와 목적…153
쟁의행위의 시기…157
쟁의행위의 유형과 방법…158
쟁의행위의 정당성 판단기준…151

쟁의행위의 주체…152
전자메일의 감시・점검…192
전자메일의 감시・점검과 근로자의 프라이버시…192
정년…605
정년퇴직자 재고용의 법적성격…605
정당한 이유없는 해고의 효력…234
정당한 이유에 대한 대법원 판례의 태도…231
정당한 이유에 대한 헌법재판소의 견해…230
정당한 이유의 의미…230
정리기준의 설정 방법…403
정리기준의 의의…402
정리대상자 선정의 합리・공정성…397
정리해고…352
정리해고기준…397
정리해고시 노동부장관에의 신고…426
정리해고와 노동조합이나 근로자와의 성의있는 협의…414
정리해고와 단체교섭의 대상 여부…423
정리해고와 행정절차…426
정리해고와 희망퇴직…375
정리해고의 법적 근거와 그 내용…353
정리해고의 의의…352
정리해고의 특별요건…355
정리해고의 특징…353
정리해고의 판단기준…354
정직…44
정치파업…154
정치파업의 의의…154
제3자의 사기 또는 강박에 의해 사직의 의사표시를 한 경우…577
조건부 면직처분…228
조건형 성희롱 사례…476
조건형 성희롱의 구성요건…476
조건형 성희롱의 의의…476
조합활동의 목적…129
조합활동의 방법…129
조합활동의 성격…129
조합활동의 시기…129
준법투쟁…160
준법투쟁 사례…160
중간수입 공제에 관한 학설…304
중간퇴직의 경우의 계속근로년수 산정…622
중견 사원의 스카웃 퇴직과 직업선택의 자유…534
즉시해고…292
즉시해고의 요건…292
즉시해고의 의의…292
직위해제처분이 불법행위가 되기 위한 요건…308
직장내 성희롱…1, 471
직장내 성희롱 관련 해고사례…484
직장내 성희롱의 법적 개념…472
직장내 성희롱의 성립…474
직장내 성희롱의 성립 여부 판단…477
직장내 성희롱의 유형…480
직장내 성희롱의 의의…471
직장의 내부사실의 외부공표…202
직장점거의 의의와 정당성 판단…158
직장폐쇄와 퇴거불응죄의 성립 여부…161
진의 아닌 의사표시…579
징계…31
징계 양정 판단기준…178
징계 양정시의 유의사항…179
징계 양정에 관한 판례의 태도…175
징계 양정의 적정한 행사…174
징계 양정의 판단기준…174

징계권부정설…36
징계권의 법적근거와 한계…35
징계권의 법적성격…37
징계권의 한계…37
징계사유 중 일부가 징계사유로 인정되지 않는 경우…505
징계사유 판단기준…72
징계사유의 명확화…46
징계시효…39
징계시효의 기산일…41
징계양정…175
징계에 대한 법적 규제의 필요성…31
징계의 의의…31
징계처분…31
징계처분과 면직처분…32
징계처분과 손해배상…184
징계처분과 손해의 구상…185
징계처분과 퇴직금문제…179
징계처분의 양정 결정…47
징계처분의 정상참작사유…181
징계처분의 종류…43
징계해고…45, 344
징계해고 사유…344
징계해고 사유의 규정예(모델)…346
징계해고 사유의 유형…348
징계해고를 할 경우의 주의사항…344

ㅊ

처분절차의 공정…54
출근불량…83
출근정지…44
취업제한계약…216
취업제한계약의 효력의 판단기준…216

ㅌ

퇴직…521
퇴직과 해고의 구별…521
퇴직권장에 관한 판례…392
퇴직권장을 할 때의 포인트…390
퇴직권장의 방법…391
퇴직원의 철회…551
퇴직원의 효력발생시기…180
퇴직의 의사표시 방법…546
퇴직의 의사표시와 근로계약의 종료(퇴직) 관계…550
퇴직의 효력발생 시기…548
퇴직일의 계속근로년수 산입방법…550
퇴직증명서…498
퇴직허가제…535

ㅍ

파산원인에 대한 판단기준…198
폭행 상해…115
피케팅의 의의와 정당성 판단…158

ㅎ

합 병…433
합리적 필요설…356
합병의 개념…433
합의퇴직 의사의 철회…571
합의퇴직시에 주의하여야 할 포인트 …530
합의해지와 해고와의 구분…569
합의해지의 유형…568

합의해지의 의의…568
해고…223
해고가 무효인 경우의 해고기간 중의 임금…300
해고가 불법행위가 되는 경우…307
해고가 불법행위가 되는가의 문제…306
해고금지기간과 해고예고기간이 중복된 경우…281
해고대상자의 선정기준…397
해고된 자가 부당노동행위 구제신청한 경우의 근로자 지위…295
해고무효의 이론…297
해고무효의 주장과 실효의 원칙…297
해고사유 등의 서면통지…274
해고사유서…498
해고시에 주의하여야 할 포인트…531
해고예고 관련 민원 처리지침…289
해고예고 위반시 해고의 효력…283
해고예고수당…287
해고예고와 해고의 효력…286
해고예고의 의의…278
해고예고제도와 적용예외…284
해고의 개념…223
해고의 서면통지 관련 업무처리 지침…275
해고의 예고…278
해고의 종류…235
해고의 중요성…224
해고의 효력…295
해고의 효력을 다투고 있는 자의 출입 허용한계…147
해고회피노력 의무…367
해고회피노력을 인정하지 않은 사례…372
해고회피노력을 인정한 사례…370
해고회피노력의 구체적 방안…368
해고회피노력의 의의…375
해외근무의 경우의 계속근로년수 산정…619
행방불명된 증발사원의 퇴직취급 유효…543
허용장소 이외의 장소의 출입…147
환경형 성희롱 사례…477
환경형 성희롱의 의의…477
회사공금 착복・횡령…91
회사분할…592
회사분할과 고용승계…593
회사분할에 따른 노동조합의 존속 여부…593
회사분할의 의의 및 효력…592
횡령・배임과 징계처분…95
휴일・연장근로의 거부…109
휴직기간 만료로 인한 자동퇴직의 유효 여부…538
휴직기간을 둘러싼 실무사례…541
휴직사유 소멸의 효력…539
희망퇴직 대상자…381
희망퇴직 모집기간…379
희망퇴직 모집인원…379
희망퇴직과 근로관계의 합의해지…377
희망퇴직과 정리해고와의 비교…377
희망퇴직금액…379
희망퇴직에 있어서의 퇴직권장…389
희망퇴직자의 모집…378

저자소개 _ 김수복(金洙福)

약 력

- 고려대학교 경제학과 졸업
- 동국대학교 대학원 졸업(경제학박사)
- 행정고등고시합격(제3회)
- 노동부 총무과장 · 재해보상과장 · 법무담당관
- 중앙노동위원회 사무국장
- ILO(국제노동기구) 노동정책과정 이수
- 중앙노동위원회 알선위원
- 동국대 법과대학 강사
- 서경대학교 대우교수
- 광주여자대학교 겸임교수
- 공인노무사시험위원
- 노사관계개혁위원회 자문위원
- 사단법인 한국노동연구소장 겸 이사장(현)
- 국제공인노무사사무소대표 공인노무사(현)
- 숭실대노사관계대학원겸임교수
- 서울지방노동위원원회 공익위원
- 노동부규제심사위원회공동위원장
- 서울중앙지방법원 조정위원(현)
- 한국사회법학회 회장
- 단국대학교법무행정대학원강사

저서 및 논문

- 고용조정과 정리해고(중앙경제)
- 근로기준법 - 인사 · 노무실무사례(중앙경제)
- 근로시간 · 휴일 · 휴가의 법률실무(중앙경제)
- 근로자참여및협력증진에관한법률(중앙경제)
- 노동법(중앙경제)
- 노동조합및노동관계조정법(중앙경제)
- 단체협약의 체결과 운영(중앙경제)
- 비정규직근로자의고용및노무관리(중앙경제)
- 산업재해보상보험법(중앙경제)
- 산재보험법개론(매일경제신문사)
- 업무상 재해의 이론과 실제(중앙경제)
- 인사이동의 법률문제(중앙경제)
- 임금 · 퇴직금을 둘러싼 법률문제(중앙경제)
- 취업규칙 · 근로계약의 작성과 운영(중앙경제)
- 비정규직노동법(중앙경제)
- 근로자파견 · 도급 · 업무위탁 · 전출실무(중앙경제)
- 근로기준법 - 판례 · 해석통람(중앙경제)
- 징계 · 해고 · 퇴직의 법률실무(중앙경제)
- 노사협의회의운용과 법률실무(중앙경제)

연락처

직통전화 (02)556-9912